DAS HAUS

Vom Pfahlbau
bis zur Wohnmaschine

DAS HAUS

Vom Pfahlbau bis zur Wohnmaschine

Herausgegeben von

Ettore Camesasca

BERTELSMANN KUNSTVERLAG

Die italienische Originalausgabe
ist im Verlag Rizzoli, Mailand, unter dem Titel
"Storia della Casa" erschienen.

Aus dem Englischen, Französischen,
Italienischen und Spanischen übertragen
von Romanus Knust

Druck: Rizzoli, Mailand

Einband: Mohn-Druck Reinhard Mohn OHG, Gütersloh

Printed in Italy

ISBN 3 570 08420 5

Wohnhaus zwischen den Ardighelli-Türmen
in San Gimignano

S. 2 Altes und Neues in São Paulo

Die Idee zu diesem Buch stammt von PAOLO LECALDANO
und wurde verwirklicht von ETTORE CAMESASCA

unter Mitarbeit von

DANIEL ALCOUFFE
Paris, Musée du Louvre

P. M. BARDI
São Paulo, Museu de Arte

ANNE BERENDSEN
Delft, Stedelijk Museum

MARIO BUSSAGLI
Rom, Università degli Studi

GIANFILIPPO CARETTONI
Rom, Soprintendenza alle Antichità

SERGIO CORADESCHI
Mailand, Politecnico

JOHN DRUMMOND
Rom

JOSÉ GUDIOL RICART - SANTIAGO ALCOLEA
Barcelona, Instituto Amatller de Arte Hispánico

MIHAIL ILJIN
Moskau, Universitet

WOJCIECH KALINOWSKI
Toruń (Thorn), Uniwersytet

GIANNI K. KOENIG
Florenz, Università degli Studi

ADAM JERZY MILOBEDZKI
Warschau, Politechnika

CHARLES F. MONTGOMERY JR.
Manakin (Virginia)

MICHELANGELO MURARO
Venedig, Soprintendenza alle Gallerie

G. OPRESCO - P. PETRESCO
Bukarest, Institutul de Istoria Artei

Die mit einem Stern versehenen Artikel stammen von der Redaktion

Ettore Camesasca - Gianni K. Koenig

DER BEGRIFF "HAUS"

Russische Zeichnung belehrenden Charakters aus dem 19. Jahrhundert. Die Beschriftungen bedeuten (von oben nach unten): "rauhe Tundra", "nördliche Zonen", "mittlere Zonen", "südliche Zonen"; die entsprechenden hier abgebildeten Wohnungstypen sind: das Zelt; das Holzhaus; das große Holzhaus mit mehreren Teilen; das Haus aus Mörtel und Stroh in einem innerhalb der Einfriedung zerstreuten Organismus. Die punktierten Linien zeigen die Konzentration der Sonnenstrahlen, die von unten nach oben, d. h. von Süd nach Nord, abnehmen; die Ausdehnung der Bauten nimmt den entgegengesetzten Weg, wie das gleichschenklige Dreieck anzeigt. Es ist offensichtlich, daß die Gestalt der Wohnung nicht nur vom Klima und dem am besten zu beschaffenden Material abhängt; auch die entwickelte Aktivität der Bewohner, die Überlieferungen, die religiösen Überzeugungen usw. fallen entscheidend ins Gewicht.

Wie Fachleute behaupten, gehört das Wort "Haus" zu den Begriffen, denen man in der Literatur der verschiedenen Länder am häufigsten begegnet. Doch erhebt sich die Frage, ob diese Tatsache in den Handbüchern der Architektur genügend beachtet wurde, wenn man bedenkt, wie wenig da der Gesichtspunkt der Wohnung eine Rolle spielt. Daher ist das vorliegende Buch nicht so sehr dem Königspalast, dem Schloß, der Burg oder der Villa – auch nicht dem Proletarierhäuschen und schon gar nicht der Elendsbaracke –, sondern der Wohnung des Beamten, des erfolgreichen Kaufmanns, des Arztes wohlhabender Patienten, des à-la-mode-Künstlers, also dem "normalen" Stadthaus gewidmet.

Jedes Bauwerk nützt sich mit der Zeit ab. Die "vornehmen" Baumaterialen – Marmor und gehauener Stein, Keramik, Bronze usw. – werden nicht nur aus ästhetischen Gründen verwendet, sondern auch der Haltbarkeit wegen. Das Wohngebäude kann meistens solches Material entbehren, es sei denn, es handele sich um die Wohnung eines Fürsten, also das Schloß, die Burg, den Landsitz; daher nützt sich ein Wohnhaus auch rascher ab als ein "monumentales" Gebäude. Wenn das "Monument" auch weniger schnell verfällt, so muß es doch – wenn auch in längeren Zeitabständen – immer wieder restauriert werden. Wenn also das Monument "lebt" – wenn es durch die Zeiten hindurch seine eigentliche Bestimmung beibehält, wie das bei einer Kirche der Fall ist –, so ist es doch verhängnisvoll, wenn die ursprüngliche Gestalt von andern stilistischen Elementen überlagert, sein Aussehen verändert wird: die Barock-Balustrade in der romanischen Basilika, die Statue aus den dreißiger Jahren unseres Jahrhunderts auf der Rokoko-Balustrade usw. Der Restaurator steht heute vor zwei oft widersprüchlichen Aufgaben: der historischen, die verlangt, die Veränderungen ganz oder teilweise als Zeugen der Vergangenheit zu erhalten; und der ästhetischen, die die Herstellung der ursprünglichen Gestalt fordert.

Bei einem Wohngebäude sind die späteren Eingriffe zeitlich nicht so klar zu bestimmen. Man kann sogar so weit gehen, die Auswechselung eines Wasserhahnes an einem Waschbecken als einen verändernden Eingriff anzusehen; aber selbst wenn man an größere Veränderungen denkt, sind und waren das Aufstocken durch eine oder mehrere Etagen, eine Fensterblende, die Verwandlung eines Eingangs in ein Schaufenster an der Tagesordnung. Dennoch kann die äußere Gestalt manchmal ganz oder teilweise erhalten geblieben sein. Strom und Zentralheizung haben seit einem halben Jahrhundert das Innere älterer Gebäude erheblich verändert, und es ist unnötig, darauf hinzuweisen, welche Veränderungen die Umwandlung zahlloser großer und kleiner Privat-Paläste in Mehrfamilienhäuser im 17. und 18. Jahrhundert mit sich gebracht hat.

Dank der romantischen Vermengung von Kunst und der Person, die sie schafft, wurden die Häuser Goethes, Leopardis, Beethovens, Shaws und anderer liebevoll so erhalten, wie sie beim Tod ihrer berühmten Bewohner bestanden. Dadurch vermittelte man nachfolgenden Generationen den unmittelbaren Eindruck der Gepflogen-

Ein anderes Beispiel für die Anpassung der Baustruktur an "äußere" Einflüsse. (Unten) Ein Gebäude mit Eisengeflecht gegen Erdstöße (1877). Im vorigen Jahrhundert war die Verwendung von Eisen ziemlich üblich, um die Spannmauern zu stützen. Praktisch stammt diese Technik von Holzbalken-Konstruktionen ab, die aus denselben Gründen schon seit geraumer Zeit bekannt waren, wie z.B. bei diesem türkischen Haus (oben) – wir haben sein Skelett (rechts) und die fast vollendete Konstruktion aufgenommen –, bei dem eine alte Technik der Türkei angewandt ist.

Zwischen dem 16. und 18. Jahrhundert entstandene Häuser in Pescocostanzo (Abruzzen). Die Dächer stehen stark hervor, so daß sie starke Stützmauern erfordern, und überdachen, die kleinen Fenster und die engen Türen schützend, Außentreppen und Treppenabsätze. Der starke Wind in den Abruzzen hat diese Eigentümlichkeiten begünstigt.

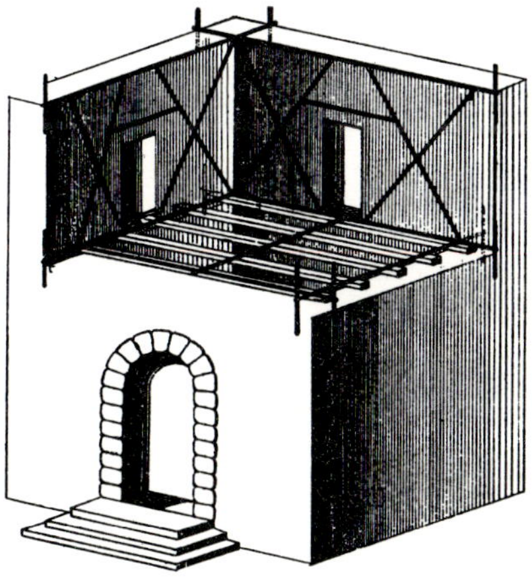

heiten und des Geschmacks zwar nicht einer Epoche, aber einiger ihrer bedeutenden Vertreter. Dies sind fast die einzigen glücklich erhaltenen Objekte für die Erforscher der privaten Wohnarchitektur; aber einleuchtenderweise können sie kaum verallgemeinert werden, außerdem beschränkt sich die Aufzählung auf die beiden letzten Jahrhunderte. Ansonsten besteht die Gefahr, sich von Ausstattungen rühren zu lassen, die von A bis Z erfunden sind – wie im Haus Petrarcas in Arquà und in dem Boccaccios in Certaldo – oder die einem höchstens Ehrfurcht vor dem Wissen der Ausstatter abnötigen, wie in dem "Haus El Grecos" in Toledo.

Für den modernen Wohnungsbau erweist sich das Problem des ursprünglichen Zustandes vielleicht als noch brennender, denn es ist nicht zu bestreiten, daß unsere heutige Bauweise einen rascheren Verfall mit sich bringt. Da die von Mies und Le Corbusier verkündete Gesellschaft keine feste Gestalt angenommen hat – ja, an ihrer Stelle sogar der Nazismus entstanden ist –, sind Meisterwerke wie das Haus Tugendhat und die Villa Savoye sehr rasch verwahrlost und haben sich inzwischen in Ruinen verwandelt. Das Haus Kaufmann, von Neutra in der Wüste von Colorado erbaut, ist fast im Sand untergegangen und muß vor der Restauration erst einmal ausgegraben werden, obwohl es noch keine zwanzig Jahre alt ist.

Die Verdienste Mies', Le Corbusiers und Neutras werden selbstverständlich nicht bezweifelt. Die Gründe müssen anderswo gesucht werden. Der Kuppelbau des Pantheon, der entstanden ist, um die Götterbilder der verschiedensten Religionen aufzunehmen, war durchaus in der Lage, auch dem einzigen Glaubensbekenntnis zu dienen, das alle andern ausschloß, da er gleichermaßen für andere Zwecke geeignet war. Man ersieht daraus, daß es höhere Werte sind, die für seine weitere Verwendung sprechen. Aber wenn die Architektur – wobei wir das Wort Théophile Gautiers ablehnen, nach dem das wirklich Schöne nur das sein kann, was zu nichts dient – ausschließlich oder vor allem als reine Funktionalität verstanden wird, ändern sich die Dinge grundlegend: mit dem Verlust der Funktion geht auch die Bedeutung verloren. Welchen Sinn hätte es darum, in zweihundert Jahren einen noch so schönen Bahnhof zu konservieren, wenn es dann keine Züge mehr gäbe? Es sieht alles danach aus, daß sich sogar die Überlegungen über Wert und Lage des Bauplatzes genauso absolut diesem überholten Funktionalitätsdenken unterordnen müssen.

Kurz und gut, von allen Seiten betrachtet, findet die Veränderung des Hauses ihr häufigstes Ende im Abbruch. Wir wissen viel über die Pyramide von Saqqara, aber nichts über das Haus des großen Imhotep, der sie geplant hat; wir denken gleich daran, in der Kuppel des Doms von Florenz die vom Künstler hinterlassenen Spuren zu entdecken, aber wie Filippo Brunelleschi das alltägliche Problem des Wohnens gelöst hat, bleibt ein Geheimnis; erhalten sind die Paläste, die Gaudi für seine klugen und reichen Auftraggeber gebaut hat, aber wer weiß etwas über die Wohnung, die der katalanische Künstler selbst bewohnt hat?

Das Studium der Wohnung erfordert Geduld, archivarischen Spürsinn und Gewandtheit in der Rekonstruktion der ursprünglichen Form, und es erfordert Bescheidenheit, da die dumme Hierarchie der "höheren" und "geringeren" Künste immer noch weithin anerkannt wird, was zur Folge hat, daß in den akademischen "Richterkollegien" die Forschung über ein palastähnliches Haus weniger Ansehen haben kann als die über einen Palast.

Und doch glaubt niemand, daß es für Könige noch möglich sei, in einem Königsschloß zu wohnen. In den Sälen des Buckingham Palace empfängt die englische Königin mit großem Zeremoniell ihre ausländischen Kollegen, die Minister und Bischöfe; für sich selbst hat sie ein Appartement reserviert mit kaum vergoldeten, aber sicherlich einladenden Sesseln, mit Schränken, die auch ohne eingeschnittenes Wappen durchaus wirkungsvoll sind usw. Wir bewundern die Paläste, aber sie bleiben uns fremd.

Unser Buch, gleichsam eine Reise durch die Wohnungen des Mittelstandes jeder Zeit und jeden Landes, entsteht genau aus diesen Gedanken heraus und entspricht dieser Tatsache.

Im Aufbau folgen wir selbstverständlich der chronologischen Ordnung; doch werden wir Atempausen, Exkurse, Rückblenden und Sprünge nach vorn in Kauf nehmen müssen, wenn die Thematik der folgenden Seiten dazu zwingt. Wie es in der Vorgeschichte unmöglich ist, die "mittlere" Höhle oder Hütte von der bescheidensten oder reichsten zu unterscheiden, so ist es uns heute gleicherweise nicht möglich, auch wenn wir uns auf die Häuser unserer Freunde beschränken, die zu kennen wir genügend Gelegenheit haben, eins von ihnen als Typ der Gegenwart auszuwählen. Von daher erweisen sich weitere Abschweifungen als notwendig, und wir werden an das Wissen des Lesers aus seiner Schulzeit über die Zusammenhänge zwischen der ökonomischen, sozialen und politischen Situation und bestimmten Bautypen appellieren müssen, um den Text nicht unnötig zu überladen.

Nachdem wir die mit dem Überleben der Privthäuser zusammenhängenden Fragen berührt haben, halten wir es für einleuchtend zu erklären, warum sich neben den fotografischen Wiedergaben in vielen Fällen noch die Aufnahme von Gemälden, Stichen und Zeichnungen angeboten hat. Der Originalentwurf eines Hauses, sein "Abbild" als Gemälde oder Druck, geben uns Zeug-

Unabhängig von der Abnutzung durch die Zeit und den sich aus praktischen Erfordernissen ergebenden Veränderungen ändert das Haus sein Aussehen auch aus Gründen, die man als "positiv" bezeichnen könnte. Oben und auf S. 9 zeigen wir zwei Ansichten der Casa Isolani in der Strada Maggiore in Bologna. Sie ist eins der am besten erhaltenen Beispiele der Wohnung des 13. Jahrhunderts in Italien. Das erste Bild zeigt das Gebäude nach den Restaurationen von 1877; die farbige Abbildung gibt den heutigen Zustand wieder, der von den Pfeilern aus Ziegelsteinen beeinträchtigt wird. Man errichtete sie, um das Gewicht des großen Vorsprungs im dritten Stock auf den drei Balken aus Eiche (9 m hoch) abzufangen. Soweit man auch versucht hat, die Pfeiler den Basen der Holzstützen, die ohne Zweifel ursprünglich sind, anzupassen, zeigt das Foto doch deutlich, daß die beiden Stützen den Anblick der Fassade entstellen. Auch die Abflußrohre der Dachrinne und die andern Elemente der heutigen Zeit (Beleuchtung usw.) tragen sicher nicht zur Verschönerung des Ganzen bei.

Auch das Wohnhaus der westlichen Welt kann Überbleibsel mit magischem Charakter zeigen. Das in das Dach dieses gegen Ende des 19. Jahrhunderts entstandenen amerikanischen Hauses eingefügte Auge (Periode des Goldrausches) bezieht sich offensichtlich auf das Übernatürliche: ein Glücksträger oder etwas Ähnliches. Außerdem ist es nicht klar, ob der, der es anbrachte, wirklich daran glaubte.

nis von dessen Gestalt, die heute fast nie mehr in dieser Form vorhanden ist; und wenn ein Gebäude Veränderungen unterworfen wurde, kann die Fotolinse nichts anderes tun, als auch diese zu registrieren. Außerdem weiß man nur zu gut, wie groß der Unterschied zwischen der Fotografie und der Wirklichkeit des wiedergegebenen Baues ist, da der Fotograf dazu neigt, den aufgenommenen Gegenstand seinem Geschmack entsprechend "zurechtzumachen". Aus diesen Überlegungen ging die Aufnahme der zahlreichen Skizzen hervor: Sie decken bei älteren Gebäuden manchmal die gefälschten Teile auf und drängen bei jüngeren darauf, solche Teile ohne Gnade auszumerzen. Wir haben auch Zeichnungen in großer Zahl zusammengetragen, da wir sie für unersetzliche Mittel halten, die Architektur zu "lesen".

Die Fachleute sind sich allgemein über die Bedeutung des Klimas für die Ausbildung des Wohngebäudes einig. So zeigt es sich zum Beispiel, daß die Wohnungen an den Alpen-Hängen Italiens, obgleich aus dem gleichen Holz und Schiefer gebaut, die auch von den französischen und Schweizer Talbewohnern verwendet werden, offener sind, da sie durch ihre natürliche Lage vor den kalten Nordwinden geschützt sind und daher nicht nur breite Fenster, sondern auch offene Hallen aufweisen, so daß Heu und Getreide ohne allzu große Furcht, es könne erfrieren, getrocknet werden können. Und gerade der Zwang, einen großen Teil des Lebens im Haus verbringen zu müssen, brachte im Norden Europas eine besonders liebevolle Sorgfalt für das Haus hervor. Man machte es warm, mollig und hell. Es ist kein Zufall, daß die germanischen Völker ein Wort haben – "Heim", "hjem", "home" –, um die Intimität der Wohnung auszudrücken, das in den romanischen Sprachen fehlt.

Doch wird die Form des Hauses – stärker noch als vom Klima – von dem diktiert, was der Boden bietet. So nimmt es nicht wunder, daß sich die Bewohner Patagoniens durch etwas schützen, was einem Windfang eher als einem Zelt ähnlich sieht; aber es überrascht,

Die drei Bilder hier oben geben Zeugnis von dem Wert des Hauses als rechtlicher Einheit. (Links) Südansicht des Palazzo Altieri in Rom nach den Plänen, die G. A. De Rossi gegen 1650 für den Kardinal Giambattista Altieri entwarf. (Mitte) Haustür und Fenster des Hauses, das von einer alten Frau namens Berta bewohnt wurde und das sich auf dem Platz befand, wo der Palazzo entstand; Berta, so scheint es, wollte nichts davon wissen, daß man ihre Wohnung abreißen wollte; deshalb mußte sie dem Palazzo Altieri an der Ecke zur Via del Plebiscito hin einverleibt werden; dadurch bestimmte sie die heute noch sichtbare Situation, die von der von De Rossi vorgesehenen (rechts) erheblich abweicht.

daß sich die Eskimos im Innern Grönlands im Sommer eines ähnlichen Unterschlupfes bedienen. Der Grund dafür liegt in der spärlichen Vegetation, die beide Seiten dazu zwingt, alle notwendigen Baumaterialien von weit her herbeizuschaffen, und die eine Hütte verhindert, die ohne allzu große Anstrengungen zu errichten wäre.

Daher könnte man die Geschichte des Hauses als das große Abenteuer bezeichnen, sich vor der Sonne oder dem Schnee zu schützen, wobei man fortschreitend das vorhandene Baumaterial entdeckt und benützt. Doch kann die Art einer Unterkunft auch unendlich vielen andern Motiven entspringen. Wenn sich auch die differenzierteren Häuser, die vielleicht sogar die schöneren sind, im allgemeinen in den höher zivilisierten Gegenden finden, so sollte man doch nicht vergessen, daß diese Häuser manchmal weniger komfortabel sein können als minder "zivilisierte" Wohnungen.

Plinius empfahl, dem Mörtel ein wenig Erde beizufügen, die man beim Hören des Kuckucksrufes unter dem rechten Fuß hervornehmen sollte, um von dem zu errichtenden Gebäude die Flohplage abzuwenden. Der Papua-Stamm der Kiwai ist überzeugt, daß das Wohnhaus das Abbild eines riesenhaften Wildschweins sei. Darum begraben sie unter einem Pfosten des Hauses die Pfoten dieses Borstenviehs, den Unterkiefer unter dem Eingang, bringen am First seine Wirbelsäule an usw. Für den Dogon-Stamm in Westsudan stellt die Unterkunft einer Familie das Paar der ersten Vorfahren in seinem Begattungsakt dar, und die verschiedenen Teile des Gebäudes werden denen des menschlichen Körpers oder dem Akt nachgebildet, worauf wir hier nicht einzugehen brauchen. Ähnliche Vorstellungen dieser Art überleben oder haben bis gestern auch in den entwickelteren Ländern überlebt. Aber daraus ergaben sich bei uns – weder für das Äußere, noch für das Innere des Hauses – keinerlei Folgen. Daher werden wir darauf nicht weiter eingehen. Dagegen haben ähnliche abergläubische Vorstellungen die asiatische Wohnarchitektur tief beeinflußt.

Auch die Bedeutung des Hauses als einer juristischen Größe ist mindestens seit der römischen Zeit vorhanden und hat zahlreiche Anekdoten hervorgebracht. Doch spürt man davon in Geschichte und Ästhetik praktisch nichts. So kann auch dieser Aspekt übergangen werden.

Dagegen muß die Konstruktion von Häusern mit gehauenen Salzblöcken, die durch bloßes Wasser zusammengefügt wurden, wie sie bei alten Völkern Westafrikas in Gebrauch war, große Änderungen des Aussehens der Wohnung und wahrscheinlich auch der Wohnbräuche mit sich gebracht haben. Herodot berichtet davon, ohne einen Hinweis auf die Gefahren des Regens zu unterlassen. Änderungen brachte auch der Wunsch, auf Flüssen zu leben: in den chinesischen Sampans oder in deren westlicher Abwandlung, die man häufig das Themse-Ufer entlang sieht; wirkliche schwimmende Städte, die Vanderbilt um die Jahrhundertwende als etwas aus der Märchenwelt Stammendes ausführte und auf dem Hudson ansiedelte, was vor ihm übrigens schon Caligula mit den Schiffen von Nemi verwirklicht hatte.

Doch hier handelt es sich sicherlich nicht um mittlere Stadthäuser, den eigentlichen Gegenstand unseres Buches. So halten wir uns aus dem gleichen Grund für berechtigt, die Wohnungen der nicht zu beweisenden, von Platon erwähnten Bewohner von Atlantis, jene von Utopia sowie die von den Dichtern erträumten Häuser zu übergehen.

Anton I. Iwanew (1818-1864), "Das Schiff der Brüder Cernetsew zur Zeit ihrer Reise auf der Wolga" (Ölgemälde 1838; Leningrad, Russkij Musej). Mehr als um das Innere eines Schiffes handelt es sich hier um eine wirkliche Wohnungsausstattung, die in der Lage ist, auf dem Wasser zu schwimmen: Es ist also einer der verschiedenen Sonderfälle, die hier nicht weiter untersucht werden sollen. Der Hinweis darauf mag unter anderm dazu dienen, das Alter solcher Lösungen zu bezeugen, die man meistens für das Modernste hielt und die den reichsten Klassen vorbehalten blieben.

Eingang zur Höhle von Font-de-Gaume in Les Eyzies-de-Tayac, eine der ältesten bekannten menschlichen Behausungen der Altsteinzeit. Die ungünstigen klimatischen Bedingungen jener Zeit zwangen den Menschen, sich in die Geschlossenheit von Grotten und Höhlen zurückzuziehen. Wahrscheinlich haben sich unsere ältesten Vorfahren in noch weiter zurückliegenden weniger rauhen Zeiten "Schutzwände" oder "Windschutzwände" errichtet wie jene auf S. 13, die noch heute unter den Buschmännern und den Ureinwohnern Zentralaustraliens verbreitet ist.

DIE SUCHE NACH EINEM DACH

Vorgeschichte und archaische Kulturen

Wir sprechen von "Höhlenmenschen", wenn wir mit einer Mischung aus Überlegenheit und Nachsicht etwas über unsere Vorfahren aussagen wollen, die schon seit langer Zeit vom Erdboden verschwunden sind. Weithin herrscht die Meinung, daß der Mensch am Anfang seiner langen Geschichte keine besseren Möglichkeiten hatte, als sich in Höhlen zu flüchten, wobei er die weniger zugänglichen bevorzugte, oder daß er einfach einen Felsvorsprung, der ihm die Vorstellung eines Daches gegeben haben könnte, als Wohnung benützte. Aber es zeigt sich, daß die Benützung von Höhlen oder durch Felsvorsprünge gebildeten Dächern nicht den Bedingungen irgendeiner Frühkultur entspricht.

Unter besonderen Klima- und Bodenverhältnissen drängte sich die Höhle zwar als Unterschlupf auf, aber aus den Zeugnissen weniger entlegener Zeiten geht hervor, daß die Existenz des Höhlenbewohnertums nur möglich, keineswegs sicher ist. Der Mensch hatte ganz bestimmte Gründe, wenn er in Höhlen lebte, und begnügte sich für gewöhnlich nicht mit dem, was ihm die Natur bot, sondern griff selbst ein, indem er eine Öffnung vergrößerte, eine andere zustopfte, hier verbesserte und da hinzufügte; oder er grub sich selbst eine Höhle von Anfang bis Ende aus.

Nicht einmal das Wohnen auf Bäumen ist ein Zeichen für Primitivität. Nur klar umrissene Notwendigkeit zwang den Menschen dazu, die Vögel nachzuahmen. Diese Notwendigkeit mußte so unüberwindlich sein, daß sie die daraus resultierenden Unbequemlichkeiten aufwog.

Schließlich steht die Sorgfalt, mit der eine Unterkunft errichtet werden kann, in keinem notwendigen Verhältnis zum Grad der Kultur des Erbauers. Nicht einmal all unsere Bekannten, die im gleichen Stadtviertel und im gleichen Stockwerk wie wir wohnen, zeigen dieselbe Sorgfalt in der Einrichtung ihres Appartements. Verschiedene Erfordernisse, wie z. B. das Leben der Nomaden, haben oft ein ausschlaggebendes Gewicht. Und auch unter einem unfreundlichen Himmel und bei Völkern, die alles andere als zurückgeblieben sind, können sich primitive und embryonale Wohntypen finden.

Daher ist es angebrachter, sich die ältesten Bewohner unseres Planeten nicht in der Dunkelheit einer Felsenhöhle herumtastend oder auf den Baumriesen der Urwälder hockend, sondern zusammengekauert hinter einem "Windschutz" vorzustellen: breite Stücke einer Baumrinde oder grobe Gestelle aus Ästen und eingeflochtenen Laubzweigen, oft etwa halbkreisförmig ausgebaut. Das sind die einfachsten Formen heutigen Wohnens, die von den Eingeborenen des Innern Australiens und von den Buschmännern Südafrikas verwandt werden. Doch handelt es sich hier immer um vorübergehende Zufluchtsstätten, die geschlossene Konstruktionen nicht ausschließen. Dagegen kann in der tropischen Hitze eine einzige Wand zwischen zwei Pfosten die alleinige Form der Unterkunft bilden: Die "Unterstände" der Vedda auf Ceylon, der Pygmäen in Malakka und auf den Andamanen, der Negritos auf den Philippinen und verschiedener Nomaden Amerikas sehen etwa so aus. Vielleicht waren das die wahren Unterkünfte der "Höhlenbewohner": urzeitliche Formen, die dank bestimmter Bedingungen bis in unsere Tage hinein überlebten.

Natürlich stehen wir hier vor Hypothesen, die mit Vorsicht angewandt werden müssen. Im Grunde wissen wir nichts über unsere Vorfahren.

VORGESCHICHTLICHES LEBEN IN UNSERER ZEIT

Die Tatsache, daß verschiedene Volksgruppen der Erde das tropische Schutzdach als Wohnung benützen, hat dazu geführt, diesem Schutzdach unter den verschiedenen Formen der Unterkunft als Hypothese für die Anfänge der Menschheitsgeschichte den Vorzug zu geben. Die Gewohnheit, in Höhlen oder unter Felsen Zuflucht zu suchen, ist dagegen heute sehr selten, obwohl sie immerhin im mediterranen Afrika und einigen Gebieten Spaniens, Frankreichs, Italiens und Griechenlands bekannt ist. Die Frage: Höhle oder nicht, hängt nicht so sehr von einer niedrigen Kulturstufe, sondern von klimatischen und geographischen Gegebenheiten ab.

Für die Wahl der Höhle können wir uns auf Robinson Crusoe stützen: "Auf der Suche nach einem geeigneten Platz entdeckte ich eine kleine Lichtung, die dicht an einem Hügel lag, dessen der Lichtung zugewandte Seite senkrecht wie die Vorderwand eines Hauses war, so daß vom Gipfel nichts auf mich herunterfallen konnte. Eine nicht sehr tiefe Einbuchtung an der Seite des Felsens schien der Eingang, eine Einmündung oder etwas dergleichen zu sein. Aber tatsächlich zeigte sich im Felsen weder eine eigentliche Höhle noch ein Durchgang." Aber auch der liebenswerte Robinson verließ als perfekter Höhlenmensch nach seinem ersten Jahr der Einsamkeit diese "Höhle" und grub sich eine künstliche.

Bisher blieb ein Wohntyp außer Betracht, über dessen "Primitivität" wir uns alle einig sind: die Hütte. Damit eine Unterkunft so genannt werden kann, genügt es, daß sie einen geschlossenen Raum umschließt. Auch die Unterkunft der Semang auf der Halbinsel Malakka ist eine Hütte, die aus einigen Palmblättern errichtet wird, die im Kreis in den Boden eingeschlagen und deren freie Enden in der Mitte zusammengefügt werden. Es besteht kein wesentlicher Unterschied, wenn an Stelle der großen Blätter Äste in der gleichen Weise in den Boden gesteckt und diese dann mit Laubzweigen bedeckt werden. Das wird wohl die Form sein, die von den Spezialisten als eine Konstruktion mit schirmförmig verspannten Rippen definiert wird. Dagegen werden bei der Hütte mit "Parallelrippen" beide Enden der Äste in der Erde befestigt, deren Zwischenraum mit Gras, Gesträuch oder Stroh ausgefüllt wird.

Die Form, die aus der Konstruktion mit "Schirmrippen" hervorgeht, hängt davon ab, wie weit sich die zur Verfügung stehenden Äste biegen lassen. Ist das sehr stark der Fall, so entsteht die Kuppelhütte; bei fehlender Biegungsfähigkeit entsteht die konische Hütte; bei mittlerer Kapazität ergeben sich Bienenstockformen.

Man hat die Flexibilität des für das Skelett der Hütte benützten Materials mit dem Grad der erreichten Zivilisation ihrer Bewohner gleichsetzen wollen, wobei man schloß, daß sich die weniger entwickelten Stämme damit begnügen, in kegelförmigen Unterkünften zu leben. Der Eingang zu diesen Hütten ist oft so eng, daß man hindurchkriechen muß. Im Innern finden sich häufig als einzige Ausstattung Matten und einige an den Wänden befestigte Gegenstände. Da der nur spärlich verfügbare Raum verschiedenartige Kunstgriffe notwending macht, ist die kegelförmige Hütte bei Völkern geringerer Kulturstufe weniger üblich, wohingegen sie bei einigen höher entwickelten Stämmen, vor allem bei den Nomaden, bevorzugt wird, die sie zu einem weiträumigen Zelt mit zum Teil transportablem Material ausbauten. Tierfelle oder Baumrinden bedecken die robusten Stangen des sibirischen Tschum und die des berühmten Zelttyps der Rothäute; ausschließlich Felle benützen einige Eskimo-Clans für ihr Sommerzelt. Gerade bei der kegelförmigen Konstruktion kann auch ein stärkerer Wind dem Zelt nicht allzuviel anhaben.

Der Zwischentyp der Bienenstockform zeigt vielleicht am deutlichsten, wie wenig eine notwendige Beziehung zwischen der Wohnung und der Kulturstufe ihres Erbauers zu bestehen braucht. Auf der einen Seite stehen die kleinen Hütten der Winnebago, der mehr oder weniger direkten Vorfahren der Sioux, die nie größer als zwei Meter im Durchmesser sind, auf der andern die

(Oben, von links) Hütte mit schirmförming verspannten Rippen im Kuppeltyp, verbreitet unter der Cumaná-Bevölkerung Venezuelas. Hütte der Artia mit konischem Dach (West-Sudan). (S. 14) Große Hütte auf Pfählen auf der Insel Sumatra; kuppelförmige Hütte der Waganda im Quellgebiet des Nil.

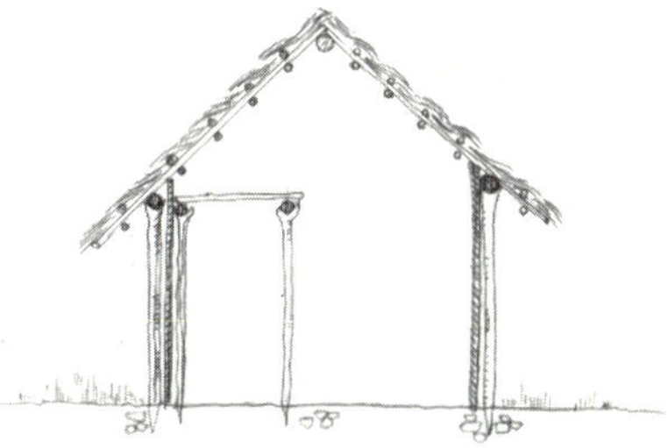

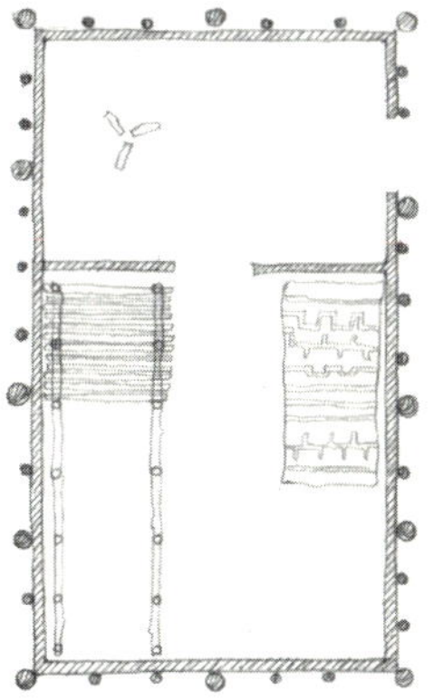

(Oben, von links) Konische Hütte (Ansicht mit Eingang und Plan) der Nomaden am Westufer des Tschad-Sees (ca. 4,50 m hoch). - Schnitt und Plan der Hütte mit vorstehendem Dach der Ostbangala (Kongo). (Unten, von links) Gerüst (Ansicht von der Seite und von oben) der Kuppelhütte in Nigeria. - Schlafgemach auf rundem Pfahlbau (und Fußboden) der Sokoto in Baro am Niger.

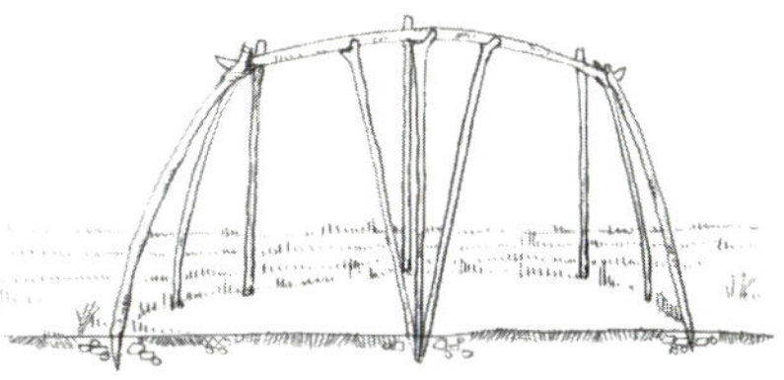

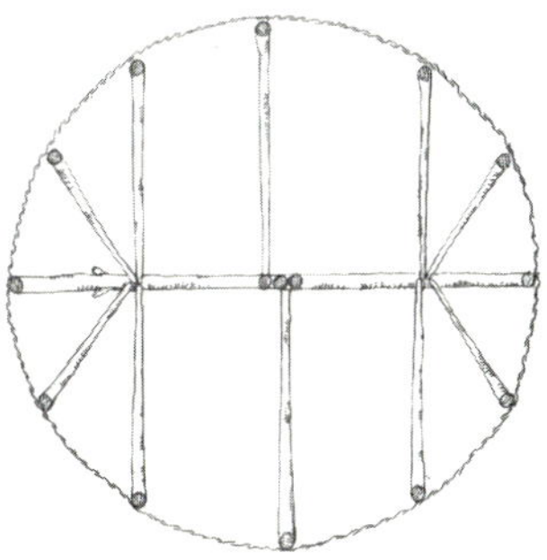

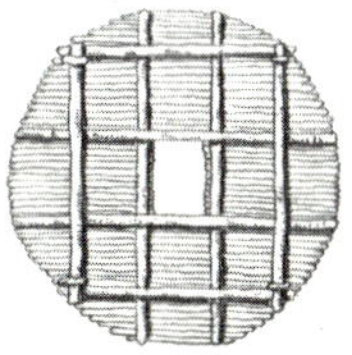

des Uganda-Stammes der Waganda, zehn bis zwölf Meter breit und bis zu acht Metern hoch, mit Stroh gedeckt, das rundherum auf einem massiven Rahmen von Stämmen befestigt wird. In beiden Fällen handelt es sich um bienenstockförmige Hütten; aber dem geringen Schutz vor dem Regen bei der ersten entspricht eine praktisch absolute Wasserundurchlässigkeit bei der zweiten. Mehr als sonst bedingen hier Unterschiede des verfügbaren Materials und geografische Gegebenheiten die Resultate: Gras und kleine Äste in den Steppen und Savannen, Rinde und robuste Pfähle in den gemäßigten Waldzonen des Nordens oder Südens, Bananen- oder Palmblätter in der Feuchtigkeit der Tropen; Matten bei den Hirten, Felle bei den Jägern, Stroh bei den Ackerbauern.

In Wüstennähe und dort, wo der Regen selten ist, so zum Beispiel in Colorado oder in weiten Gebieten Afrikas und des Vorderen Orient, erlaubt die Trockenheit, die Hütten mit Erde zu decken, die Hitze und Kälte hervorragend abhält. Die kuppelförmige Hütte mit dem Tondach erfreut sich eines besonderen Interesses, da sie der wahrscheinliche Vorfahr der Ton- oder Steinkuppel ist, die nicht mehr von einem Gerüst aus Stämmen gestützt wird. Wie sich dieser Konstruktionstyp weiter entwickelt hat, zeigt die Kuppel von Sankt Peter in Rom. So kann man im Mittelmeer-Raum, ausgehend vom Gubab in Syrien bis hin zu den Trulli Apuliens und den analogen aus Erde oder Kieselsteinen hergestellten Hütten der Sahara eine Entwicklung verfolgen, die sich im streng bautechnischen Sinn von Michelangelos wunderbarer Kuppel nur durch die Größenverhältnisse unterscheidet. Übrigens kann auch der einfallsreiche Iglu der Eskimos das Recht auf die Verwandtschaft mit der Kuppel beanspruchen. Daher wird es gut sein, diese Abhängigkeiten nicht nur auf den Mittelmeer-Raum zu beschränken.

Vertikal gehalten und in einer bestimmten Höhe abgeschnitten, bilden die "Schirmrippen" der Kuppelhütte

einen Zylinder oder einen fast zylindrischen Kegelstumpf. Setzt man ihm ein Dach in Zuckerhutform auf, so hat man einen der in den tropischen und subtropischen Gegenden verbreitetsten Typen, der von Ozeanien bis Asien, von Afrika bis hin nach Amerika reiche Formverschiedenheit aufweist. Allgemein strebt man danach, diesen Typ zugunsten eines ähnlichen, jedoch mit viereckigem Grundiß, aufzugeben. Doch herrscht der Toqul, wie die Araber die zylindrische Hütte mit Kegeldach nennen, auch im afrikanischen Kontinent, wo gerade diese Tendenz vielleicht stärker als anderswo zum Ausdruck kommt, noch immer in den weiten Gebieten der Savannen des Sudan und noch südlicherer Zonen vor und umfaßt sogar das Gebiet der äthiopischen Hochebene. Häufig steht das Dach über und bildet eine weiträumigen Regenschutz, der von Stämmen gehalten werden kann. Die Verwendung von Ton erlaubt Formen, die das Trageskelett entbehren können.

Auch das rudimentäre Schutzdach fand eine Reihe von Nachfolgern. Denn ein gegeneinander gelegtes Paar von Schutzwänden bildet schließlich ein nach beiden Seiten abfallendes Dach, oder wenn man will, eine viereckige, nach zwei Seiten offene Hütte. Allerdings bietet eine Unterkunft dieser Art nicht allzu viel Platz. Daraus ergibt sich wohl auch ihr geringer Erfolg. Wenn das so entstandene Dach allerdings durch eingeflochtene biegbare Äste gehalten wird, nicht in Kreisform, sondern in Parallelen aufruhend, haben wir die Tonnenform, die noch in außereuropäischen Erdteilen bekannt ist, den Beweis einer weiten Ausdehnung erbringt und vielleicht in die ältesten Zeiten zurückgeht.

Aus verschiedenen Gründen muß der Übergang zur viereckigen Form mit dem nach zwei Seiten abfallenden Dach und den vertikalen Wänden von dem Vorhandensein von Pfahlfundamenten abhängig gemacht werden, die dort üblich sind, wo man gezwungen ist, in sehr feuchtem Klima zu wohnen. In dem weiten Gebiet vom Malaiischen Archipel bis Melanesien, wo sie vielleicht entstand, ist die vierseitige Hütte in all ihren Stadien vorhanden, angefangen vom einfachen Schutzdach schlechthin bis hin zu den gigantischen Klubhäusern. Doch auch in jenen Gegenden erscheint der direkt auf dem Boden, ohne das Pfahlwerk errichtete Typ nur in den entwickelteren Formen, die von den Europäern eingeführt wurden, also neuester Zeit entstammen. Die ursprüngliche Hausform der malaiisch-melanesischen Zone scheint sich von eben dieser Zone aus über die übrige Welt ausgebreitet zu haben.

Besonderes Interesse verdient die Tatsache, daß aus den oben erwähnten Schutzdächern, oder besser aus den viereckigen Hütten mit dem nach beiden Seiten abfallenden Dach, die sich in den Tropen der Feuchtigkeit wegen als notwendig erweisen, das Wohnhaus des Abendlands in seinen Grundlinien entstanden ist. Allerdings ist es oft schwierig, durch all die Veränderungen hindurch die Entwicklungslinie klar zu verfolgen.

Wie sind diese Veränderungen entstanden? Wir müssen zum Ursprungsland zurückgehen, von dem aus sich diese Hütte mit dem nach zwei Seiten abfallenden Dach ausgebreitet hat. Der ursprüngliche, auf Pfählen ruhende Typ, der sich fast überall in Südostasien findet, herrscht mehr auf dem festen Land vor, wo ihn das Vorhandensein großer Flüsse und Sümpfe rechtfertigt, weniger ist er auf Inseln anzutreffen. Er ist üblich in den Talebenen Assams. Dieser Pfahlbau findet sich weiter in Venezuela und im Osten Kolumbiens, typischen Niederungsgebieten, und in weiten Gebieten Afrikas, vor allem im Zentralgürtel, und in Madagaskar, wo der Abstand vom Boden allerdings sehr gering ist. In Nordafrika, in Europa und im asiatischen Binnenland, von Indien bis China, unterlag die viereckige Hütte schießlich mannigfachen Veränderungen. Es sind nicht so sehr unsere Stadthäuser, die die ersten Anfänge zeigen, als vielmehr die bäuerlichen Wohnungen. In Asien, wo sich hoch entwickelte städtische Ballungen in den feuchten Tropenzonen finden, tritt die Entwicklung deutlicher als in Europa zutage, da das viereckige Wohnhaus in den weiten afro-asiatischen Wüsten, über die es nach Europa kam, vom Klima bedingte Sonderformen angenommen hat oder Abwandlungen unterlegen ist, die in den einzelnen Phasen nicht immer leicht zu rekonstruieren sind. So erweisen sich zum Beispiel die Bauernhäuser Nordeuropas und der Alpen mit ihren Blockwänden und dem Stroh- oder Schindeldach unmittelbar mit denen des Himalaya verwandt. Solche Ähnlichkeiten zwischen der russischen Izba, der Heuschoberhütte der Alpen und dem Blockbau des Himalaya sind nichts anderes als das Ergebnis der Anwendung verwandten Materials, das sich in den Waldgebieten jener Landstriche findet: Stämme großer Bäume, die für die rechteckige Struktur der ursprünglich tropischen Hütte verwandt werden.

Aus dem Blockbau Nordeuropas und seiner alpinen Abwandlung muß das viereckige Haus mit nach beiden Seiten abfallendem Dach Südeuropas entstanden sein. Hier wurde die Konstruktion mit Bäumen sicher rasch aufgegeben, da man sie nützlicherweise durch den handlicheren Ton oder durch Stein ersetzen konnte, der zwar schwieriger als Ton und vielleicht noch schwerer als die Stämme selbst zu verarbeiten, aber widerstandsfähiger gegen das Klima des nördlichen Mittelmeers, den großen Feind des bearbeiteten Holzes, ist.

Offensichtlich ist das Haus mit zwei Dachflächen dort verschiedenartiger, wo die Hütte gleicher Form in älteste Zeiten zurückgeht. In den ursprünglichen Typen erreichen die senkrechten Wände nur geringe Höhe, und das Dach ist sehr groß und reicht mit starkem Gefälle bis fast auf die Erde. Die Verkleinerung des Daches und die Vergrößerung der Wände treten vor allem in den gemäßigten Zonen des Nordwestens Amerikas und in Neuseeland auf. Anderswo, in Island zum Beispiel,

(S. 16) Ruanda Urundi: Konstruktion einer Hütte mit zylindrischem Unterbau und konischem Dach; einer der häufigsten Typen in den Tropen (man beachte die rudimentäre Brücke). Dahinter sieht man die gleiche Hütte bereits vollendet.

(Unten, von links) Zwei Typen von unterirdischen Wohnungen: Plan und Aufriß einer Grottenwohnung in Mopti, West-Sudan (man beachte die von einem einzigen Balken gebildete Treppe); halbunterirdische Hütte (Ansicht der Oberfläche und Schnitt) der kanadischen Salish (die Treppe ist die des vorigen Typs). - Beispiel einer Hütte mit parallel angeordneten Rippen (Gerüst und vollendete Konstruktion) der Somono-Fischer bei Bamako am Niger.

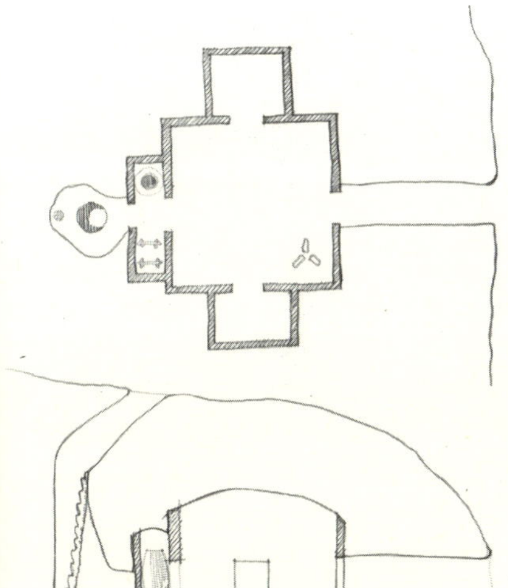

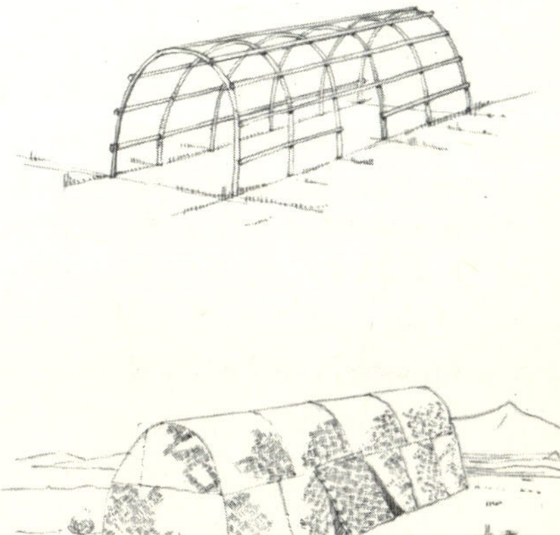

hat die ursprüngliche Anlage dagegen ihre charakteristischen Züge – ohne Zweifel unter dem Zwang besonderer Umwelteinflüsse – noch stärker ausgeprägt. Bei den ältesten rechteckigen Formen findet sich der Eingang an einer der Schmalseiten. Das ist die in den Tropen erhaltene Form. In den entwickelteren Konstruktionen hat die Tür ihren Platz an einer der Längsseiten (Indien, Europa usw.) und gestattet für das Innere des Hauses sehr wesentliche Veränderungen.

In den trockenen Gebieten brachte die rechteckige Hütte Ergebnisse hervor, die über Tausende von Kilometern hinweg fast identisch sind. So wie das Fehlen von Bäumen zur Verwendung von Ton oder Stein zwang, so bedingte der spärliche Regen die Preisgabe des nach zwei Seiten abfallenden Daches. Flache Dächer in Terrassenform sind daher in den grenzenlosen Weiten der Steppen und Wüsten zwischen dem Atlantik und dem chinesischen Becken, von Spanien bis nach Tanganyika üblich.

Das trockene Klima erfordert oft – ganz oder teil-

Die Trulli, die typischen Wohnungen der Murgia (Apulien), stehen vereinzelt oder auch in Gruppen von ziemlich großer Zahl wie im Dorf Alberobello (Bari), wo man mehr als 1070 davon zählt. Auf den niedrigen ohne Mörtel errichteten Außenmauern auf quadratischem oder rundem Grundriß ruhen die hohen konischen Dächer von grauem Schiefer, die, häufig untereinander zu großen Komplexen verbunden, robuste Schornsteine tragen. Auf der Spitze befindet sich ein Dachknauf aus Kalkstein, von dem die (nicht bestätigte) Tradition sagt, er habe als Haltepunkt für das Seil dienen sollen, wenn man das Haus abreißen wollte, um so den Besitzer den Steuererhebungen zu entziehen. Der Kontrast zwischen den vertikalen Mauern und dem dunklen Grau des Daches wird manchmal noch durch Beschriftungen oder religiöse Symbole betont, die mit Kalk auf die Dächer gemalt sind. Auf der Straßenseite wird der untere Rand in Tympanon-Form für den mit einem Bogen versehenen Eingang erhöht. Das Innere wird von einem Hauptraum gebildet, der direkt vom Dach bedeckt wird (äußerst selten sind Trulli von 2 Stockwerken, im ganzen ca. 15 m hoch) und von dem vier Bogen ausgehen: einer entspricht dem Eingang, die andern führen in die Küche usw. (Oben) Ein außergewöhnlicher Anblick der Trulli von Alberobello im Schnee. Als bewohnbares Haus geht der Trullo vielleicht ins 15. Jahrhundert zurück, aber seine Form stammt aus vorgeschichtlicher Zeit.

weise – eine Unterkellerung des Hauses. Auf der Suche nach der Kühle, die die Erde vom Winter her bewahrt, haben viele Völker in den Wüstenstrichen Nordafrikas wie in denen Chinas oder Amerikas ihre Unterkünfte in den Boden verlegt. Später haben Sicherheitsbedürfnisse einen langen Eingangskorridor angeregt, der ebenfalls in der Erde verschwindet. Was die Wohnung angeht, so ist das Gesetz der sich berührenden Extreme keineswegs paradox, sondern vielmehr die Konsequenz der Umwelteinflüsse, die soeben erwähnt wurden. Wie der Keller die Kühle des Winters erhält, so bewahrt er auch länger die Wärme der schönen Jahreszeit. Deswegen besteht eine Ähnlichkeit zwischen den Unterkünften, die mehr oder weniger vollständig begraben sind, in Asien und Amerika und in dem Trockenklima der subarktischen Steppen, wo sie verschiedenen Völkern, die nah am Pol siedeln, einen Unterschlupf für die kalten Monate bieten.

So kann sich das Haus also einige Meter unter oder über dem Boden befinden, soweit es das wechselnde Klima erfordert. Bis vor wenigen Jahrzehnten wurde der Wechsel der Jahreszeiten auf der Halbinsel Kamtschatka von der Bevölkerung dadurch sichtbar gemacht, daß sie ihre Hütte im Sommer auf den Bäumen und im Winter unter der Erde hatte.

Für uns ist es absolut normal, daß auch das einstökkige Haus in verschiedene Räume aufgeteilt sein und daß mehr als nur ein Raum durch Türen und Fenster mit der Außenwelt Verbindung haben kann. Dagegen haben die primitiven Häuser nur einen Raum, der, auch wenn er sehr groß ist, keinerlei feste Trennwände hat. Die einzige nennenswerte Ausnahme stellen die zylindrischen Hütten einiger afrikanischer Gebiete dar, die jedoch wie alle archaischen Unterkünfte nur eine einzige Tür haben, durch die jegliche Verbindung mit der Außenwelt hergestellt wird. Der Kamin ist bei den primitiven Völkern völlig unbekannt. In der Mitte ihrer Wohnungen können sie durchaus eine Feuerstelle gehabt haben, aber sehr häufig zündete man das Feuer im Freien an, entweder um die Brandgefahr auszuschalten, oder aber um sich vor Insekten und wilden Tieren zu schützen.

Auch die rechteckige Hütte entstand mit nur einem Eingang (der niedrig gehalten war, um die Kühle des Innern zu bewahren und wenigstens größere Schwärme von Stechmücken und andern Plagegeistern, die im feuchten Klima in großer Zahl vorhanden sind, abzuwehren) und ohne jede Trennwand. Hin und wieder wurden mehrere Hütten nebeneinandergestellt, die jedoch eher als eine Unterkunft aus verschiedenen Häusern denn als Wohnung mit mehreren Räumen definiert werden müßten. Genau gesagt, kann man vertikale Unterteilungen des Innenraums in unserem Sinn zuerst zwischen Melanesien und Polynesien finden. Daher ist der Begriff "Stockwerk" älter als das Wort "Zimmer".

Noch vor dem Problem, das Innere zu unterteilen, stellte sich jenes, die Eingänge und Fenster zu vermehren. Wenn auch vielleicht die Malaien hierin vorangeschritten, so erfreuten sich die Fenster sicher im kalten Klima größerer Beliebtheit als in den Tropen. In den Winterwohnungen der nördlichen Völker fehlen sie nur selten, und oft findet man sie auch in den Iglus, gerade deswegen weil Fenster dort notwendiger sind, wo das Licht spärlich ist und wo der Zwang zu heizen Rauch im Haus mit sich bringt.

(Oben, von links) Verschiedene Typen tönerner Begräbnisurnen aus vorhistorischer Zeit, die Wohnungen nachbilden. Die ersten zwei kommen aus Latium (in Tarquinia und Albano entdeckt); die dritte kommt aus Obliwitz; die folgende aus Phaestus (Kreta); die letzte wurde in Strelitz (Mähren) gefunden und ist den in der Ukraine verbreiteten ähnlich. (Links) Andere Urne (8. Jahrhundert v. Chr.; 40 cm hoch; Florenz, Museo Archeologico), die bei Vetulonia gefunden wurde. Diese Art von Funden ist für das Studium primitiver Wohnungen von großer Bedeutung.

Unter den Hirten der Maiella (Abruzzen) übliche Steinkonstruktionen: Sie sind "in Bienekorb-Form" errichtet, die bei den Pflanzenhütten aller Breiten oft verwendet wird.

DIE ANFÄNGE DES HAUSES

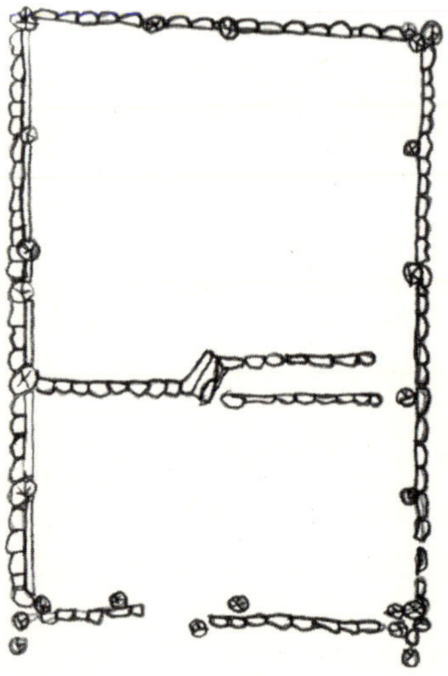

Wir wissen, mit welcher Vorsicht man über die ersten Menschen sprechen muß, und man dürfte sich daher die Frage stellen, ob sie wirklich eine Wohnstelle gehabt haben. Es gibt Anzeichen dafür, daß vor etwa 500.000 Jahren menschliche oder menschenähnliche Wesen, die es vielleicht schon seit 200.000 Jahren gab, sich bestimmt unter vorstehende Felsen flüchteten und Höhlen besetzten. Sie hinterließen uns dafür eindeutige Zeugnisse.

Man kann aber fragen, ob "sich flüchten" und einen Platz "besetzen" "fest wohnen" heißt. Einige gemalte Zeichen aus der älteren Steinzeit in den Höhlen Spaniens und Frankreichs könnten Hütten oder Zelte darstellen. So entstand die Hypothese, daß man im Winter in Höhlen oder unter Felsen und im Sommer in Zelten oder Hütten gewohnt habe. Auch die ersten Menschen haben sich dort, wo natürliche Zufluchtsstätten fehlten, Unterkünfte geschaffen, die sich von den noch heute in den primitivsten Kulturen üblichen nicht unterschieden.

Das wahre Zeitalter der Höhlenbewohner begann jedoch später, in der Zeit der letzten Ausläufer der großen Eiszeiten, während der 50.000 Jahre, die auf das 115. Jahrtausend v. Chr. folgten. Eine weitere Verbreitung fand die Benützung von Höhlen jedoch noch später, nämlich erst in der sogenannten Jungsteinzeit.

Einem neuen Wohntyp begegnet man dagegen schon früher, in der älteren Steinzeit. In dieser Zeit zogen sich die Mammut-Jäger im Gebiet der heutigen Tschechoslowakei hinter Knochen zurück, die mit Stämmen, Laubzweigen und Erde bedeckt waren. Das war ihr Winteraufenthalt, Zelte aus Fellen bildeten dagegen ihre Sommerwohnung. Weitere Reste von halbeingegrabenen Hütten finden sich noch in Rußland und Sibirien. Man weiß nicht sicher, wie sie bedeckt waren, doch kennt man wenigstens einen ungefähr ovalen Boden, der aus Baumstämmen gebildet war.

25.000 Jahre später begann unsere heutige geologische Formation. In dieser Zeit entstand eine Gruppe von 38 ovalen Häusern (3,5 mal 2 m), die in den Rand des Federsee-Moors (Württemberg) leicht eingegraben sind, mit Spuren von Holzgerüsten, die aus Pflöcken bestanden und wahrscheinlich mit Laub bedeckt wurden. Aller Wahrscheinlichkeit nach waren es Sommerunterkünfte, denen der Pennine Hills (Schottland), die aus Birkenästen hergestellt waren, sowie denen von Seamer (Yorkshire) ähnlich, wo ein ebenfalls aus Birke bestehender Boden entdeckt wurde, der aus Stämmen bis zu 35 cm Dicke geschnitten ist. Zur etwa gleichen Zeit entsteht die erste europäische Hütte, deren Inneres man von oben bis unten kennt. Sie wurde bei Bochum (Ruhr-Gebiet) ausgegraben. Die Rahmenelemente haben einen Durchmesser von ca. 6 cm, die Feuerstelle ist aus Kies. In Farnham (Surrey), in einer Gruppe von Hütten aus der gleichen Zeit, bildet die Feuerstelle den Boden, die Wände müssen mit Erdschollen bedeckt gewesen sein. Vor allem sind die 15.000 Kieselsteine, die man in einer dieser Hütten gefunden hat, ein bedeutender Beweis dafür, daß es sich ziemlich sicher nicht um eine provisorische, sondern um eine dauerhafte, feste Wohnstätte handelte.

Um 8000 v. Chr. entstanden in Europa und im Mittelmeer-Becken, einem Gebiet, das von Wäldern bedeckt war, in denen schon alle heutigen Tierarten lebten, neben den Höhlenwohnungen und den halb unterirdischen Hütten auch zahlreiche Wohnungen an der Oberfläche und andere, die durch Pfahlbauten über der Erde oder dem Wasser errichtet wurden. Als der Mensch Ackerbauer, Töpfer oder Bergmann geworden war, wurde er seßhaft und schuf sich Dörfer, die bis zu 35 und mehr Hütten aufwiesen. Der runde Grundriß herrscht vor, und verschiedene Indizien lassen den Schluß zu, daß die Fülle festen Holzes besonders in Mittel- und Nordeuropa zur Ausbreitung der Kegelform beigetragen hat.

In der neueren Jungsteinzeit, also etwa im 3. Jahrtausend v. Chr., erscheint auch die rechteckige Wohnung, wie es viele Gräber aus der Bronze- und Eisenzeit und vor allem verschiedene Urnen in Hüttenform zeigen, die als treue Reproduktionen der Wohnungen der Lebenden angesehen werden müssen. Diese neue Form kam zusammen mit den Pfahlbauten aus dem Nahen Orient. In Europa scheinen der runde und rechteckige Typ gebräuchlich gewesen zu sein, wie aus gleichzeitigen Urnen hervorgeht, die beide Formen abbilden. Doch fehlt es nicht an Gelehrten, die annehmen, daß es sich bei den Urnen um Modelle handelt, die schon außer Gebrauch waren.

Das Italien der Jungsteinzeit weist vorwiegend runde Hütten auf, die entweder ein oder zwei Meter in den

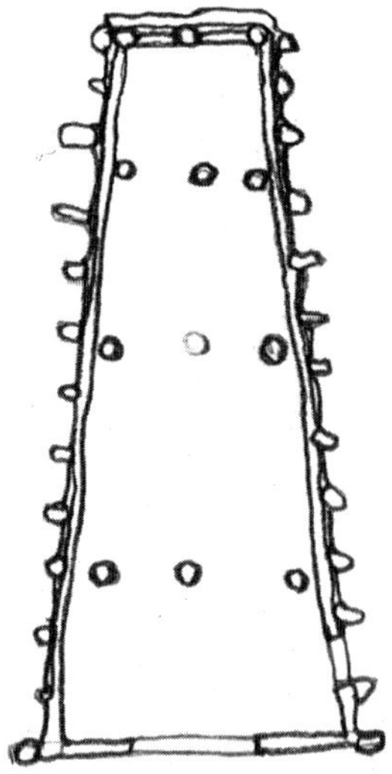

(Links und rechts oben) Plan und Modellrekonstruktion einer Hütte in Keilform, die auf die späte Jungsteinzeit zurückgeht. Das Beispiel verdanken wir in Westfalen vorgenommenen Ausgrabungen: ähnliche Formen waren jedoch für einige gleichzeitige Dörfer Polens typisch. (S. 20) Plan einer rechteckigen Wohnung aus der Steinzeit, in Schussenried (Oberschwaben) gefunden.

Boden versenkt (wie im Vibrata-Tal bei Teramo) oder auf Pfahlbauten (wie in der Emilia) errichtet wurden. Nördlich der Alpen gibt es ganz andere Unterschiede. Im Gebiet von Michelsberg (Baden) fand man Spuren von Hütten in Hufeisenform vor.

Ovale Wohnungen entstanden zu Beginn der Jungsteinzeit im Uppland (Schweden), wo man drei einander berührende Gebäude feststellen kann, davon diente eins als Küche, eins als Aufenthaltsraum und eins als Schlafraum. In Dänemark kannte die Insel Själland schon früh Hütten, die auf schwimmenden Flößen errichtet waren. In der Schweiz gab es Steinzeit-Wohnungen mit zwei Räumen. In andern Teilen des Kontinents ist die Skala der Grundrißformen nicht weniger umfangreich. Runde Hütten, von mehr als fünf Metern Durchmesser und auf einem Steinsockel ruhend, treten in der portugiesischen Festung Sabroso auf, rechteckige Häuser, zuweilen mit abgerundeten Kanten, in Tres Cabezos und in Parazuelos in Spanien, ovale und runde in Frankreich und England, die gleichen Formen, aus Stein oder Holz, in Holland, viereckige mit einem Kuppeldach von der Dnepr-Mündung bis nach Mähren, runde oder rechteckige, aus Stein, Lehm oder Holz, erhöht oder tief eingegraben, in Deutschland.

Soweit wir heute etwas darüber wissen, scheint sich die rechteckige Form von der Bronze- bis zur Eisenzeit mehr in den größeren Zentren, die runde in den ländlichen Gegenden durchgesetzt zu haben. Es wurde üblich, die Hütte des ersten Typs in zwei Räume aufzuteilen, von denen der Schlafraum höher gelegen war als der Wohnraum. Im Gebiet zwischen Bayern und Istrien entwickelt sich die Hütte so, daß sie dem griechischen Megaron mit seinem freien Atrium und dem Steinfundament ähnelt. In Deutschland und Frankreich zeigt diese Form schon den Übergang zum wirklichen und eigentlichen Haus, das bis zu der Zeit bestand, als die Römer begannen, Wohnungen einer andern Form zu verbreiten, bzw. bis in das Mittelalter hinein.

Hatte man einmal die unbequeme Schwelle überschritten, so wiesen diese Hütten noch in der Bronzezeit nichts anderes auf als Felsblöcke als Sitzgelegenheiten und Blätter und Tierfelle als Schlafstelle. Ein großer Stein, der als Feuerstelle diente, vervollständigte – wenn auch nicht immer – die Einrichtung. Die ersten Möbel treten im Norden des Mittelmeer-Beckens erst in der Eisenzeit auf: eine Kopfstütze und Wandbretter.

(Links) Plan eines vorgeschichtlichen Hauses bei Melsungen (Kassel). (Unten) Aufgeschnittene Modellrekonstruktion einer Steinhütte aus dem 5. Jahrtausend v. Chr., gefunden in Khinokitia auf der Insel Zypern.

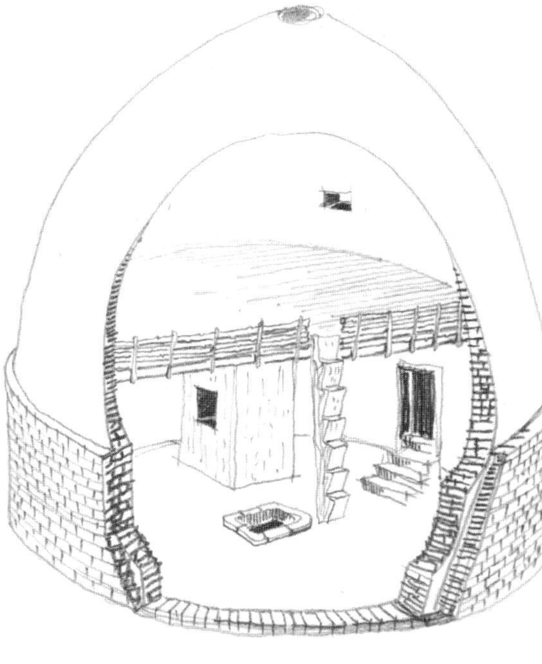

Der Alltag in einem Dorf der Jungsteinzeit

Schematische Reproduktion der Felsmalereien von Valcamonica (von Anati). (Oben links) Gebäude des verbreitetsten zweistöckigen Typs; die Figur links ist vielleicht die eines Mannes, der die Hütte reparieren will, deren Strahlenkranz der aus dem Dach heraustretenden Balken unvollständig zu sein scheint. (Rechts) Haus mit Außentreppe für den Zutritt zum Obergeschoß, wo sich die eigentliche Wohnung befand. (Links) Hier scheint die "Bau"-Tätigkeit klar zu sein: Der Mann hebt einen Balken an, um das Dach zu errichten oder zu reparieren. - (Darunter) Das scheint der Aufriß eines im Bau befindlichen Gebäudes zu sein: im ersten Stock auf dem Boden liegende Materialien; die beiden Personen im Innenraum sind vielleicht dabei, einen Querbalken an seinen Platz zu bringen.

Dreißig Kilometer nördlich von der Spitze des Iseo-Sees lernen wir in Valcamonica die Geschichte eines Alpenvolkes kennen: Bauern und Reiter mit unbestimmbaren Scharmützeln beschäftigt, Jäger im Kampf mit Hirschen, Bären und Gemsen, Gänsehirtenbuben, Schmiede, Weberinnen, führende Persönlichkeiten auf Wagen und Ackersleute mit dem Pflug, Schwertkämpfer und Zauberer, Fischer mit Fallen und Fromme in Prozession führen dort auf 30.000 Einritzungen ihr Leben.

Verschiedene Zeichnungen beziehen sich auf Kult- oder Wirtschaftsgebäude: Kapellen, kleine Tempel und Heuböden, Ställe und Magazine, aber nicht wenige davon scheinen eigentlichen Wohnungen gewidmet zu sein. Überall sonst haben wir nur die aus den Ausgrabungen aufgetauchten Trümmer, die eine Hütte darstellen. Aus dem Sockel oder einigen Fragmenten der Struktur versucht man durch Deduktion, so gut wie möglich die wirkliche Form der Bauelemente zu rekonstruieren. Kleine tönerne Modelle lassen jede Hypothese über die Art des nur summarisch in Ton wiedergegebenen Materials zu. Hier dagegen ist die Wohnung gut erhalten in der faßbaren Wirklichkeit ihrer einzelnen Teile, mit den Menschen, die um sie herumstehen oder an sie herantreten, den im Innern sichtbaren Besitzern, ja, selbst mit den Arbeitern, die dabei sind, das Haus fertigzustellen oder es zu reparieren.

Man kann feststellen, daß die frühen Bewohner von Valcamonica in durchweg kleinen Häusern gelebt haben, die für eng begrenzte Familiengemeinschaften bestimmt waren und im allgemeinen auf einem Pfahlbau ruhten, auch wenn in verschiedenen Fällen die Pfähle nicht mehr feststellbar sind. Es waren zweigeteilte Hütten; der untere Teil wurde für Geräte, Heu oder ähnliches benützt, zum oberen stieg man über eine äußere Treppe empor. Er war von einem nach beiden Seiten abfallenden Dach bedeckt. Da diese Felsen eine sehr ausgedehnte Mustersammlung bieten (bis zu zwanzig verschiedenen Häusern auf demselben Felsen), lernen wir kleine und große, reiche und bescheidene, einfache und luxuriöse Wohnungen kennen, während sonst die prähistorischen Ansammlungen eine eher trostlose Gleichförmigkeit zeigen. Es ist klar, daß der Priester, der Reiche oder der Führer bessere Häuser als der Bauer oder der Handwerker hatte, die sich durch eine nicht zu übersehende Einfachheit auszeichneten. Aber was am meisten auffällt, wenn wir an die übliche Nivellierung vorhistorischer Völker denken, ist die Verschiedenheit auch im gleichen Milieu der vornehmesten Wohnungen, die auf eine Liebe zum Haus, verbreitet auch in den weniger hohen Ständen, schließen läßt und die sich im Wunsch nach Ver-

Abdruck einer Felsmalerei von Valcamonica: Pfahlbau. Die Vorsprünge des Daches endeten vielleicht in Sonnenscheiben, wie man es auf andern Darstellungen klarer sieht, die sich allerdings auch auf Kapellen oder andere Kultgebäude beziehen könnten.

schönerung, verschieden von der des Nachbarn, in klarer Individualität offenbart. Fern von jeder Monotonie unterscheiden wir bei diesen Zeichnungen Hütten mit rundem Grundriß neben andern mit rechteckigem oder quadratischem und Konstruktionen aus Holz, Stein oder getrockneter Erde. Das alles läßt sich übrigens durch die lange Zeit, in der sie entstanden, erklären, da die letzten erst zu Beginn der Eisenzeit errichtet wurden, als Rom schon seinen eigenen Baustil zu entwickeln begonnen hatte.

Schließlich können die Felsen von Valcamonica auch die Städtebauer verwirren, da sie uns Dorfanlagen mit der Anordnung der Hütten, der Kornspeicher, der Ställe, der Einfriedungen, der Gärten, der Felder, der Bäche, der Hügel, der Befestigungen bewahrt haben, die es uns erlauben, diese Dorfgemeinschaft in den verschiedenen Stadien ihrer Entwicklung zu verfolgen. Diese neusteinzeitlichen Pläne sind so getreu, daß der Verlauf des Baches oder die Formation des Felsens noch im heutigen Dorf nachzuverfolgen ist. So kann man tatsächlich ein Mäuerchen bzw. einen kleinen Acker feststellen, die in der Bronzezeit "abgesteckt" wurden.

(Links) Hirtenhütte, die bis vor wenigen Jahren in der römischen Campagna noch in Brauch war und in einigen Fällen noch besteht. (Oben) Modernes Hüttenhaus im Gebiet des Rio Cavalli (Liberia); neben der Form des Bauwerks erinnern auch die Außendekorationen an äußerst alte, auf die Vorgeschichte zurückgehende Strukturen.

NOCH EINMAL HÜTTEN

Die Hütte ist keineswegs nur die Wohnung der frühen oder heutigen Primitiven. Ihre Entwicklung beschränkt sich nicht auf eine bestimmte Zeit und auch nicht auf einen bestimmten Raum, sondern sie übt gerade heute vor unsern Augen Einfluß auf das Haus aus.

Im allgemeinen neigen die Hütten bei uns dazu, in Form und Material das "architektonische" Haus nachzuahmen. Dennoch ist es nicht selten, daß sie archaische Elemente bewahren, die in der hergebrachten Wohnung verschwunden sind, und daß diese Elemente sich tatsächlich unabhängig weiterentwickelt haben. Zum Beispiel ist es einigermaßen erstaunlich, daß die Rundhütte mit dem Zylinderdach in vielen ländlichen Gegenden des zivilisierten Europa weiterbesteht. Dagegen ist die Bienenkorbform sehr selten, dennoch bewahren sie die apulischen Trulli und einige andere Konstruktionen mit flacher Kuppel aus nichtzementiertem Stein.

Eine entwickeltere Form kann man bei der zylindrischen Hütte mit der Schilddachform feststellen. Wenn man Reste archaischer Gebäude mit rundem Grundriß entdeckt, ordnet man sie spontan gerade diesem Typ zu, falls nicht Zweifel bestehen, ob es sich hier nicht vielleicht um alte Bienenkorb-Konstruktionen handelt. Daß es schilddachförmige Hütten gegeben hat, beweisen die bestehenden Spuren an Kultgebäuden, wie der sogenannte Vesta-Tempel in Rom. Einige Trulli von größerer Bedeutung zeigen ebenfalls Überreste der Schilddachform.

Die üblichste Hütte Europas hat einen rechteckigen Grundriß und ein nach zwei Seiten hin abfallendes Dach. Bestimmte Exemplare mit stark herunterhängendem Dach, dem Eingang unter dem First, ohne Fenster und

(S. 25) Gerolamo Pennacchi da Treviso, genannt der Alte (dok. 1455-1497): "Auferstehung mit Kalvarienb... im Hintergrund" (Ausschnitt); Treviso, Museo Civico. Seltenes Zeugnis von Ställen, Heuschob... und vielleicht auch Wohnungen (wie es die rechts aufgehängten Windeln vermuten lassen) in Hüttenform in ei... Stadt der Renaissance; solche Formen stellen ein Überleben des Mittelalt... dar, als die Wohnungen meistens aus Holz und Stroh errichtet wa...

(Rechts) Schematischer Plan einer Gruppierung von Iglus, der Wohnung der Eskimos von November bis Januar, der Zeit der großen Schneefälle und Stürme. Die schraffierten Zonen zeigen Schneebänke, die häufig seitlich eingehöhlt sind, um Schemel aufzunehmen. Vom allgemeinen Atrium (1), das manchmal unbedeckt ist, gelangt man in die Vorräume (2), die so bedeckt sind, daß sie den "freien" Durchgang von einem Raum (3) zum andern erlauben (von denen im allgemeinen jeder einen Familienkern beherbergt). Der hier untersuchte Fall weist eine "private" Speisekammer (4) auf; zuweilen sind die Vorratsräume jedoch kollektiv und bilden Anhängsel zu den Vorräumen.

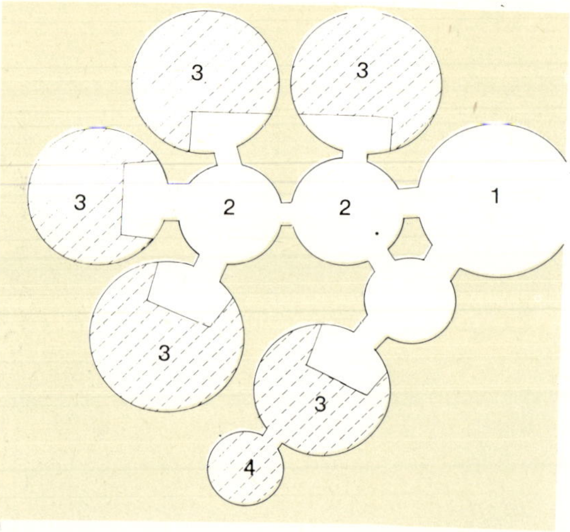

(Links) Steinwohnungen in Graoun-Loto.
(Darunter) Anschauliche Darstellung der Rothäute: der hochgerollte Rand beim Zelt im Vordergrund macht das Gerüst der Stäbe sichtbar.

mit aufgesetzten Wandbalken veranlassen die Ethnologen zu langen Betrachtungen über das Überleben primitiver Elemente, die dem normalen Gebäude unbekannt sind. Aber größeres Interesse finden die Trulli, d. h. Konstruktionen mit einem Kegeldach auf quadratischem Grundriß; große ovale Hütten mit verkürzter Apsis und offenem Dachstuhl, die in Latium entstanden sind; fremdartige Konstruktionen, ebenfalls oval aber mit Steinwänden, einem niedrigen Strohdach und der Öffnung an der Beitseite. Man sucht ihre frühen Vorfahren in verlassenen Gebieten Asiens und Afrikas. Doch das sind nur wenige Beispiele unter den vielen Variationen in ganz Europa, vom Norden bis nach Südfrankreich, von den Balearen bis nach Kreta.

Vor allem sollte man die Bedeutung der Hütte in der europäischen Geschichte nicht übersehen. Hütten oder, wenn man will, Holzhäuschen – wobei man schwerlich deren wirklichen Unterschied erklären könnte – sind die genuinen Vorfahren der mittelalterlichen Städte, und zwar auch noch zu einer Zeit, als die wuchtigen Erscheinungen aus Stein, die romanischen und gotischen Kathedralen, schon ihre Schatten über sie ausbreiteten. Ärmliche Baracken nahmen auch später noch über Jahrhunderte hinweg große Teile des Mittelstandes auf. Es ist nicht nötig, an das London des 15. und das Moskau des 17. Jahrhunderts zu erinnern. Selbst für die Wiege der Renaissance gilt das gleiche. So spricht ein florentinischer Chronist des 13. und 14. Jahrhunderts, Giovanni Villani, bei der Erwähnung eines Brandes von "Häusern und Hütten", die von den Flammen verzehrt wurden, und ein anderer, Matteo Villani, kennt bei der Wiedererrichtung von Florenz keine Wohnungen, die sich von "Hütten" unterscheiden. Dabei sind wir hier schon im 14. Jahrhundert. Die italienische Malerei liefert uns auch für die darauf folgenden hundert und mehr Jahre unzweideutige Zeugnisse hierfür.

Wohnung eines vornehmen Haussa in Nigeria. Die Maurer haben den Lehm so geformt, daß man ein wirkliches Werk der Bildhauerkunst erhalten hat.

ARCHAISCHE MEISTERWERKE

Das Urteil über eine Hütte oder ganz allgemein über eine primitive Konstruktion erfordert gleichen Einfallsreichtum und Respekt, der auch zum Verständnis für ein hergebrachtes Erzeugnis notwendig ist, sowie eine gewisse Dosis an Vorurteilslosigkeit. So darf man zum Beispiel bei einem Trullo die Verwendung des Steins für das Dach und die andern ausgeprägten Unterschiede im Vergleich zu unsern Häusern nicht negativ bewerten. All das sind Binsenwahrheiten. Dennoch ist das Verhalten des florentinischen Kaufmanns Messer Filippo Sassetti auch heute noch weit verbreitet. Als er 1583 aus Geschäftsgründen nach Goa zog, veranlaßten ihn die ersten Begegnungen mit den dortigen Eingeborenenhäusern, die "Paläste" des Ortshäuptlings und "seiner Bürger" folgendermaßen zu beschreiben: "Es gibt ebensoviele Schweineställe wie Häuser. Ich sage das nicht, um fremdes Eigentum zu schmälern, aber man stelle sich vor: Sie liegen ein wenig unter der Erde, und ein Mensch kann drinnen nicht aufrecht stehen! Die Mauern und auch das Dach sind ganz aus Palmblättern hergestellt, Ausgang und Fenster sind genauso. Ich habe nie etwas Ekelhafteres gesehen." So schreibt er in einem Brief kurz nach der Ankunft. Doch Sassetti, ein Mann von hoher Kultur und, was noch mehr zählt, intellektuellen Fähigkeiten, hatte nach kurzer Zeit Gelegenheit, sich zu bekehren. Schon zu Beginn des Jahres 1585 zeigt er in einem andern Brief sein wachsendes Verständnis, daß die indischen Häuser "hier besser und da schlechter sind"; vor allem in Kochchi ließen ihn die "die wunderschönen Paläste, die vornehmen Wohnungen" ausrufen: "O, welch schöne Ansichten und Architekturen!" und regten ihn sogar zu einem Vergleich mit den Häusern mit vorkragenden Obergeschossen der Piazza Santa Croce seines Florenz an, "die einen so schönen Anblick bieten, wenn dort Fußball gespielt wird und die Fenster voll von schönen Frauen sind."

Andere vornehme Wohnung in Ksar el-Barka (Mauretanien): die Aufteilung der Steine, die die Fenstergitter bilden – einfache Luftdurchlässe in geometrischer Zeichnung –, unterbricht die strenge Horizontale der Fassade durch ausgeglichene Motive.

Haus in Laimy (ehemals französischer Sudan). Die machtvollen Vorsprünge schaffen einen Komplex von nüchterner, lebhafter Kraft.

Für den Bereich der figurativen Kultur Mesopotamiens, die meistens einen höfischer Charakter trägt, bildet dieses auf das 1. Jahrtausend v. Chr. zurückgehende und in Susa gefundene (heute im Louvre in Paris) Flachrelief aus bituminösem Stein ein kostbares Zeugnis häuslichen Charakters. Auch wenn es sich hier um eine Spinnerin der gehobenen Klasse handelt, was die Sklavin beweist, die mit dem Fächer hinter ihr steht, gibt uns die Darstellung doch ein ziemlich treues Bild der Einrichtung in den reichen Wohnungen: Wir sehen einen Hocker (auf dem die Dame nach orientalischer Art mit untergeschlagenen Beinen sitzt) und einen Tisch, beide mit Löwenfüßen, massiven Linien und wenigen Dekorationen; vielleicht waren die hier abgebildeten Originale aus Holz, aber es ist nicht ausgeschlossen, daß sie aus Bronze waren.

Ettore Camesasca

GRANIT UND LEHM

Frühgeschichtliche Reiche

Das Ende der Vorgeschichte und der Beginn der geschichtlichen Zeit, also das Auftauchen der ersten schriftlichen Dokumente, wird in dem Maße zurückverlegt, wie die Archäologen in der Lage sind, immer ältere Zeugnisse zu entziffern. Auf diese Weise wird das Gebiet der Frühgeschichte immer größer und umfaßt in einigen Zonen immer längere Perioden, die in andern noch Vorgeschichte sind.

In den Gebieten, die die Frühgeschichte interessieren, bilden sich die Dörfer der Jungsteinzeit mit dem Auftreten von kostbaren Heiligtümern und blühenden Märkten zu Städten um, die oft groß und stark bevölkert sind. Die Gebundenheit an einen Ort begünstigt Austausch und Erfahrungen, die wiederum Handwerk und Handel fördern, wodurch Berufe entstehen können, die nicht mehr bloß nützlichen Erfordernissen dienen. Die Bronze und das Eisen bieten in steigendem Maße die Mittel für einen solchen Fortschritt und damit auch die Möglichkeit, einen Stammeshäuptling zu verstehen, der Gruppen von blühenden Städten zu Reichen zusammenschließt.

Es war gerade das Sammeln technologischer Erfahrungen, die immer größere Notwendigkeit der Verwaltung, der Wunsch, das Andenken kriegerischer Kämpfe weiterzugeben, das die Schrift und damit auch die überlieferung entstehen ließ. Da man gerade dort zu schreiben begonnen hatte, wo es etwas gab, was des Überlieferns würdig war, zeigt sich, daß der Begriff "Frühgeschichte" viel mehr ist als eine bloße Übereinkunft.

Von hier aus ergibt sich die Berechtigung, den Komplex "Gebäude" zwischen Euphrat und Tigris und dem Nil-Tal in einem einzigen Kapitel zusammenzufassen, auch wenn so verschiedene Völker dessen Begründer gewesen sind. Als friedliche Bauern, die von einem natürlichen Wüstengürtel geschützt wurden und an die gute Macht kosmischer Kräfte glaubten, vielleicht durch die jährliche, günstige Nil-Überschwemmung hervorgerufen, haben die Ägypter eine wirklichkeitsnahe Kultur entwickelt, die für Abstraktionen wenig offen war. Auch die durch Menschenhand regulierte Überschwemmung der beiden Flüsse brachte in Mesopotamien ähnliche Wohltaten hervor; allerdings lebte man trotzdem aus unbekannten Gründen wie unter einer ständigen Drohung feindlicher Mächte. So gaben die ersten Bewohner jene kriegerische Unruhe an die verschiedenen Völker weiter, die in diesem Gebiet aufeinander folgten und so großartige Ergebnisse hervorbrachten. Die ägyptische Kultur blieb autonom und in sich geschlossen, während die andere, vorwiegend merkantile, die in Vorderasien entstand, reich an vielseitigen Aspekten und von expansiver Gewalt war, so sehr, daß man noch lange Zeit deren Konsequenzen sowohl im Orient wie auch Okzident spürte.

Im Zusammenhang mit dem Problem der mittelständischen Wohnung ist vielleicht ein Hinweis auf die staunenerregenden Berichte nützlich, die periodisch von diesem oder jenem Forscher aufgetischt werden, der nach unendlichen Forschungen, vor allem in Bibliotheken, dazu kommt, auf den Hügeln der mesopotamischen Ebene Reste von Wolkenkratzern zu entdecken. Der Hinweis auf die städtische Situation in Ägypten ist ebenfalls angebracht: der Königspalast des Pharao, eine riesige Erscheinung aus vergoldetem und bemaltem Granit, und daneben ringsherum eine Menge von elenden Buden, verwahrloste Kästen aus getrocknetem Lehm.

All das verbindet sich mit unserer kurzen Kenntnis der frühgeschichtlichen Kulturen. 1904 reservierte Salomon Reich in seinem umfangreichen Werk *Apollo*, in dem er seine soeben gehaltenen Vorlesungen in der École du Louvre über "Die allgemeine Geschichte der plastischen Künste" aufgezeichnet hatte, zwölf Seiten (die Illustrationen eingeschlossen) für "Ägypten, Mesopotamien und Persien": eine ganze Vorlesung. Hundert Jahre zuvor wußte man über die Assyrer nicht mehr als das, was die Bibel über sie berichtet, und "Sumerer", "Hethiter", "Akkader" waren unbekannte Namen.

In den glücklichsten Fällen stützen sich unsere Kenntnisse über das Wohnhaus der Frühgeschichte auf Funde wie diesen, der in Byblos (Libanon) ausgegraben wurde. Der trapezförmige Umriß im Vordergrund bezieht sich eindeutig auf eine Wohnung; die andern beiden Komplexe betreffen dagegen den Tempel des Rechef (dahinter) und den sog. "Tempel der Obelisken" (im Hintergrund, rechts).

Das, was übrigbleibt

Seit 1877 hat der in Basra residierende Franzose E. de Sarzec Ruinen entdeckt, die ihm die Kultur der Sumerer offenbart hätten; doch gebührt dem Diplomaten nur das mittelbare Verdienst an dieser großen Offenbarung, da er sich, was ihn anging, einzig und allein damit beschäftigte, Statuen für den Louvre auszugraben. Einige Jahrzehnte zuvor hatte ein anderer französischer Konsul in Mosul, P.-E. Botta, eine Anzahl davon besorgt. Dank seiner Pionierleidenschaft und des zeichnerischen Talents E. Flandins bestehen noch Zeugnisse der Hunderte von Metern langen assyrischen Reliefs, die im Gebiet von Khorsabad ausgegraben und dann in der folgenden Zeit verschwunden oder derartig verwüstet wurden, daß sie heute wenig mehr als eine Ansammlung von erratischen Massen zu sein scheinen. Man kann sicher nicht annehmen, daß sich Botta oder de Sarzec um Wohnungen gekümmert haben, da sie doch noch nicht einmal die Königspaläste und Tempel beachteten. Aber darüber gab man sich erst gegen Ende des Jahrhunderts Rechenschaft, als nach Beendigung des wahllosen Zusammenraffens die Phase der großen Ausgrabungen einsetzte in der Hoffnung, die Residenz Nebukadnezars oder einer andern bekannten Persönlichkeit wiederzufinden. Diese Arbeiten nehmen Ingenieure und Architekten vor, während die Archäologen weiterhin in Europa bleiben und damit beschäftigt sind, die Scherben von Krügen für die Vitrinen der Museen zusammenzustellen.

Zu Beginn des 20. Jahrhunderts kamen die deutschen Architekten, die nach Babylon entsandt waren, um dem Kaiser einen Spaziergang in den hängenden Gärten der Königin Semiramis zu ermöglichen, darauf, daß die Wände der tausend bedeutungsvollen Türme aus Ziegelsteinen gebaut waren und daß selbst der kleinste und verfallenste Ziegelstein seine Bedeutung haben kann, wenn nur der Ort genau bekannt ist, an dem er entdeckt wurde. So wurden jeder Ziegelstein und jedes Steinstückchen auf genaueste Karten eingetragen. Damit war die Voraussetzung für eine bessere Kenntnis der Vergangenheit geschaffen.

Das wahre Problem aber bestand nicht darin, so viel Erde wie möglich zu schürfen, um die Wahrscheinlichkeit für einen glücklichen Fund zu erhöhen. Notwendig waren spezialisiertes Personal, ein auf lange Sicht geplantes Gebiet, die "vertikale" Untersuchung, die von den obersten, historisch jüngsten, über die immer tieferen und älteren Schichten bis zur "jungfräulichen" Erde führt, was allein garantiert, daß jede Schicht der menschlichen Aufeinanderfolge des vorgewählten Ortes durchlaufen ist – all das ausgeführt mit größter Sorgfalt auch für die kleinste Besonderheit, ohne dabei irgendetwas anzutasten, bevor man peinlich genaue Kenntnis davon genommen hat. Nur auf diese Weise, wenn man den Tempel wie die Baracke dessen, der ihn erbaut hat, und die Werkstatt, wo die Tasse des Arbeiters hergestellt wurde, den Thronsaal Seiner Majestät wie den Abort des Zeremonienmeisters und die Heuscheuer des Urgroßvaters des Zeremonienmeisters beachtet, wird der Königspalast nicht zum Zentrum einer alten Verwaltung deklassiert, sondern wird zu einer Seite Geschichte, die nicht weniger wesentlich ist als andere Seiten, die gerade von der Keramik-Werkstatt, der Heuscheuer und dem Abort gebildet werden.

(Oben) Auf Viollet-le-Duc zurückgehende Modell-Wiederherstellung einer mittleren assyrischen Wohnung: Steinfundament, Mauern aus ungebrannten Ziegeln, Terrassendach, Außentreppe: eine extreme Fülle an Einzelheiten, die nicht absolut gesichert ist.

DER NAHE OSTEN

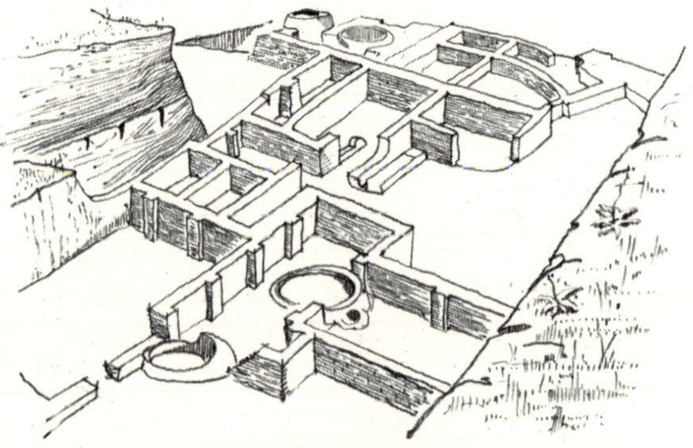

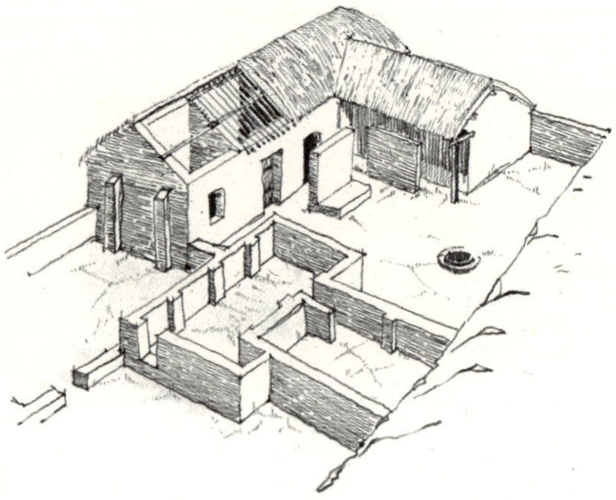

(Von oben) Reste eines auf das 5. Jahrtausend v. Chr. zurückgehenden Bauernhofes, der in Hassuna in Mesopotamien ausgegraben wurde, und Modell-Wiederherstellung. Es handelt sich um das älteste bekannte Beispiel einer "architektonischen" Wohnung.

1955 identifizierte R. J. Braidwood während einer Ausgrabungskampagne in Muallafat im nordöstlichen Irak "das älteste Dorf" Mesopotamiens. Es ist sicher älter als die Wohnung von Jarmo, die 1948 wiederentdeckt wurde und die nach der Kohlenstoffdatierung aus der Zeit um 5000 v. Chr. stammt.

In Jarmo haben frühe Handwerker mit bloßen Steinwerkzeugen kleine Figuren von Tieren modelliert und so den berühmten gehauenen Zoo von Mesopotamien geschaffen. Es handelte sich um Höhlen-Nomaden, die nur einen sehr unvollkommenen Begriff von ihren enormen Möglichkeiten hatten. 200 Kilometer weiter östlich, genau "zwischen den beiden Strömen", haben nur wenige Jahrhunderte später Menschen, die schon Bauern waren, uns die ersten Zeichen einer Kunst hinterlassen, die für die täglichen Gebrauchsgegenstände angewendet wurde, und zwar nicht nur zum Zweck eines nebensächlichen Schmuckes, sondern um formale Begriffe durch eine durchdachte und wirksame Sprache auszudrücken. Was noch wichtiger ist: Dieselben Bauern bauten Häuser mit Räumen, die nach einem harmonischen Plan funktionsgerecht aufgeteilt waren. Es waren wirkliche Wohnungen, die durch ihre "Rationalität" die Geschichte der Architektur begründen.

Der Lehm, das für dieses Gebiet typische Baumaterial, wurde schon bald nicht mehr als unförmiger Brei verwendet, sondern in Form von Fliesen, die in der Sonne getrocknet wurden.

An den Monumenten, die im 3. Jahrtausend in Ur entstanden, tritt ein Material auf, das völlig neu ist und eine lange Geschichte haben sollte. Es handelt sich zwar immer noch um Ziegelsteine, deren oberer Teil konvex ist, aber das Neue bestand in der Art des Brennens, wodurch sie so fest wurden, daß sie in der Härte mit dem Stein konkurrieren konnten, den sie in der einfacheren und schnelleren Verwendbarkeit sowie in der Schönheit übertrafen. Die "rohen" Ziegel, die nur in der Sonne getrocknet waren, wurden mit Tonmörtel fest gemacht, für die neuen benützte man dazu einen Binder aus Erdpech. Darüber berichtet auch die Bibel, wenn sie davon spricht, daß den Menschen bei der Ankunft in

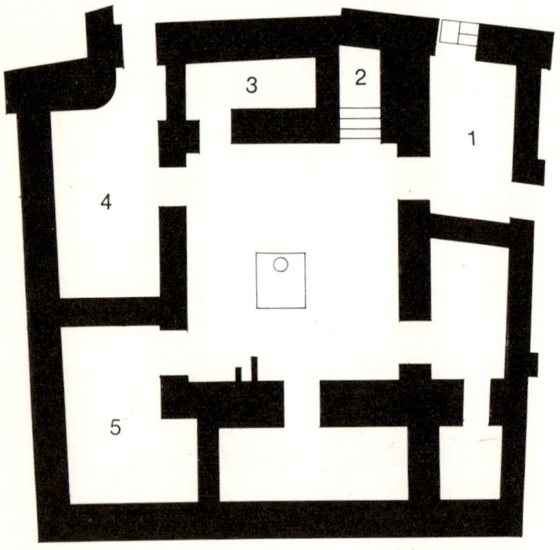

Plan eines in Ur ausgegrabenen Hauses. Die untere Seite ist ungefähr 12 m lang. Das Schema ist typisch für die sumerischen Wohnungen der Patriarchen-Zeit: Der enge Eingang führt in das Atrium (1), das mit dem Hof im Zentrum in Verbindung steht; auf diesen Hof gehen die verschiedenen Räume: Waschküche (3); Küche (4); Speisekammer (5); die Treppe (2) führte wahrscheinlich in das Oberstockwerk.

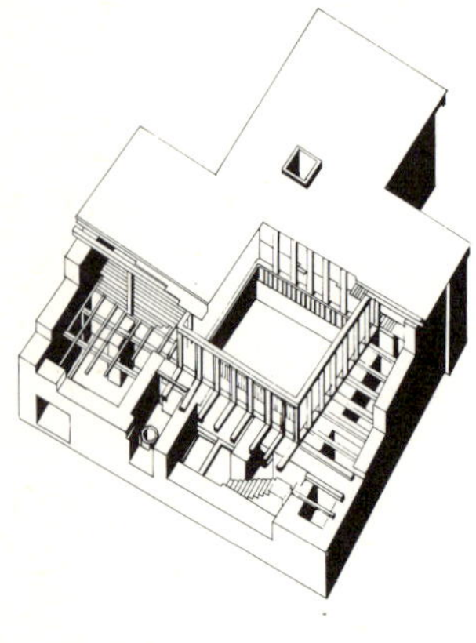

(Von links) Verkleinerte Rekonstrukt
(von Wheeler) eines der größeren Hä
von Mohenjo-daro (Westpakistan), das
dem 3. Jahrtausend v. Chr. eine große V
kommenheit erreichte; um den Hof her
angeordnete Zimmer mit Terrassendach
Häuser in Kairouan (Tunesien): sie wied
holen die Jahrtausende alten Typen des N
hen Ostens. (S. 33) Plan eines Hauses aus
akkadischen Zeit in Assur (Ende des 3. Ja
tausends v. Chr.); acht Räume flankieren
Binnenhof. - Rekonstruktion des Innenrau
eines alten assyrischen Hauses: links
Kultnische; vorn ein Bett mit Kopfkissen;
Hintergrund Hocker und Kissen.

der Ebene von Schinear "Ziegel als Stein und Erdpech als Mörtel diente": Sie wollten den Turm von Babel bauen.

Die Sumerer des 3. Jahrtausends benützten gebrannte Ziegel nur für den Sockel, den Boden, die Eingangsbögen und die Gewölbe ihres Gebäudes. Bögen und Gewölbe sind zwei weitere wesentliche Elemente für die spätere Entwicklung der Architektur.

Gleichzeitig verwendete man weiter die alten rohen Ziegel auch für einige Tempel, wie die von Istarat und Ninni-Zaga: Gebäude mit einem flachen Dach, mit Räumen, die sich an die Außenmauern anschlossen und sich nach innen auf Säulengänge hin öffneten. Sie bildeten so ein Klaustrum, dessen eine Seite von dem eigentlichen Heiligtum eingenommen wurde, woran die Räume der Priester anschlossen, die einen andern Hof bildeten. Wir brauchten diese "Häuser Gottes" nicht zu erwähnen, wenn sie – von einigen architektonischen Raffinessen und den größeren Dimensionen abgesehen, die des heiligen Gastes würdig waren – nicht so sehr den besseren Wohnungen ähnelten.

Doch im Grunde unterschieden sich auch die Wohnungen der einfacheren Bürger nicht allzu sehr von den Tempeln und wurden von den Erbauern mit nicht weniger Sorgfalt errichtet, wenn sie natürlich auch kleiner waren. Es herrschte der übliche rechteckige Grundriß vor – der Eingang auf einer der Schmal- oder Breitseiten, jedoch nie mehr als einer; das Atrium und der Hof, auf den die Räume (unter ihnen die Küche mit der Feuerstelle oder dem Herd) führten. In einigen Fällen mag es ein oberes Stockwerk gegeben haben, aber im allgemeinen breitete sich die Wohnung nur im Erdgeschoß aus. Die Fundamente, der Boden des Hofes und einiger Räume waren immer oder fast immer aus gebrannten Ziegeln, die das zusammenhaltende Erdpech undurchlässig machte. Das Übrige wurde mit ungebrannten Ziegeln errichtet. Die sanitären Anlagen waren nicht so vollständing und reich an Keramik-Becken wie in den Königspalästen, die im ganzen Altertum unübertroffen blieben, aber sie gewährleisteten doch eine genügend wirksame Hygiene.

Auch die prunkvollsten Königspaläste hatten häufig nur ein einziges Stockwerk, das von Terrassen bedeckt war. Die Anordnung von gehauenen Blöcken, die an den Kanten aneinander gefügt wurden, war auch für die Königspaläste der Assyrer typisch und bestimmte im wesentlichen die in der gesamten asiatischen Welt übliche Residenz mit den drei Elementen des Hauses, das für die Männer, die Frauen und die Diener. Das erste Element ergibt sich aus der repräsentativen Funktion des Palastes, im zweiten spielte sich das Familienleben ab, hierhin zog sich der Fürst mit seinen Frauen, den Konkubinen und den zahlreichen Kindern zurück, und das dritte war für die ersten beiden notwendig. Jeder Teil war deutlich von den andern geschieden, ihnen aber durch den Hof zugeordnet, dessen Seiten von je einem dieser drei Teile gebildet wurden.

Es handelt sich immer noch um das in Ur und im allgemeinen bei den Sumerern übliche Schema, und es ist wahrscheinlich, daß sich die Babylonier und Assyrer nicht von den Gewohnheiten der Vorgänger gelöst haben, nicht einmal was die Höhe der normalen Wohnungen anging, die gleichfalls auf höchstens ein Stockwerk beschränkt war und nur eine Tür als einzige Öffnung zur Straße hin besaß, falls es nicht das eine oder andere hochgelegene kleine Fenster gab. Über dem bewohnten Stockwerk war oft eine Galerie errichtet, die von einem ebenen Dach bedeckt war, das wiederum von Pfeilern getragen und auf dem Gartenerde ausgebreitet wurde. Mosul und Bagdad zeigen auch heute noch Wohnungen, die denen der Babylonier und Assyrer fast gleich sind. Daß diese mit aller Treue die sumerischen Unterkünfte nachgeahmt haben, kann man auf den wohlbekannten orientalischen Konservativismus zurückführen.

Die mesopotamischen Kulturen haben weniger Zeugnisse über die Wohngebräuche hinterlassen als die ägyptischen. Die in Babylon und Ninive entdeckten Gegenstände zeigen im allgemeinen einen sehr hohen Entwicklungsgrad, dennoch scheint die Einrichtung wenig abwechslungsreich gewesen zu sein. Die Möbel wurden aus Zedernholz oder aus eingeführten Hölzern wie indischem Nußbaum, Teakholz und vielleicht noch andern hergestellt. Oft wurden sie mit Ebenholz- oder Elfenbein-Intarsien verziert und mit Bronze-Aufsätzen versehen. Im 8. und 7. Jahrhundert erreichte der Luxus der assyrischen Möbel in der Sargoniden-Zeit eine Höhe, die kaum je überboten wurde. Bronze und Messing dienten anscheinend als Material für die Rahmen, die man vergoldete und versilberte und mit Kissen aus bemalten oder bestickten Stoffen schmückte. Die Dekorationen – Skulpturen oder Gravuren von wilden Tieren – entstammen den ältesten Überlieferungen und zeigen die rohe Aggressivität der großen Monumental-Reliefs.

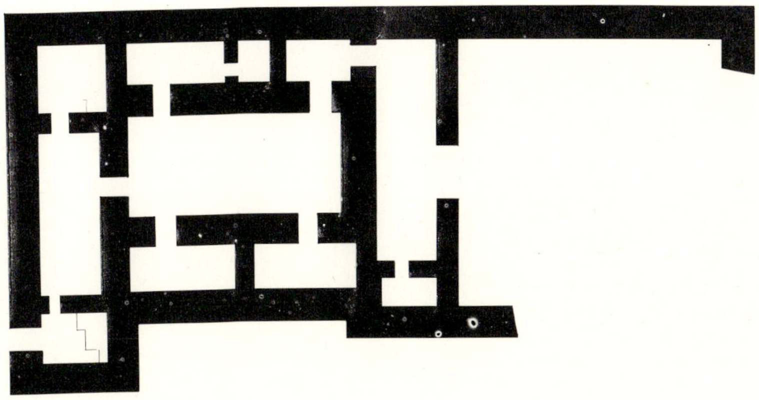

Wäschetruhe (48 cm lang), heute in Turin im Museo Egizio, gefunden in Der el-Medina im Grab des Cha', der unter dem Pharao Amenophis II. (1433-1413 v. Chr.) lebte. Der Tote ist rechts mit seiner Frau abgebildet, beide sitzen auf schwarzen Stühlen mit vier Beinen und hoher Lehne (unter dem der Frau entdeckt man Toilettenartikel); vor den Eheleuten ein einbeiniger Tisch mit Nahrungsmitteln; stehend zwei der Kinder des Cha'.

ÄGYPTEN

Wenn wir die Geschichte des alten Ägypten auf die Stadtkulturen beschränken wollten, könnten wir uns bei den vielen Ruinen des Nil-Tals auf die von Sesostris II. (1906-1888) in El-Faiyum und von Amenophis IV. (1370-52) in El-Amarna hinterlassenen konzentrieren. Es handelt sich um zwei kurzlebige Hauptstädte, die durch den Willen des Pharao nach einem einheitlichen Plan entstanden sind. Diese Städte wurden sofort nach dem Tod ihrer Gründer oder bald danach verlassen.

Die Stadt des Sesostris war deutlich zweigeteilt; ein Teil wurde von der 9 m breiten Hauptstraße durchzogen und von unzähligen Querwegen zerschnitten, an die sich die dicht gedrängten Häuser mit einem Korridor und wenigen Räumen von unglaublicher Enge anlehnten. Im andern Teil führten breite Straßen zu Wohnungen, die fast fünfzigmal so groß wie die ersten waren. Bei El-Amarna standen innerhalb der Stadtmauern – wobei wir den Königspalast und den Haupttempel ausklammern wollen, die mit den dazugehörigen Gebäuden einen eigenen Bezirk bildeten – die Luxushäuser Seite an Seite mit den sehr viel bescheideneren der kleinen Beamten, der freiberuflich Tätigen, der Handwerker und Kaufleute. Eine solche Verstädterung spiegelt deutlich die Ideen der Zeit wieder, einschließlich einer vielleicht weniger embryonalen Demokratie, als man gemeinhin annimmt. Diese Welt war aber immerhin für die Steinmetzen, die Totengräber und Einbalsamierer verschlossen, die als Untermenschen betrachtet und in die Zahl der untersten Sklaven eingereiht wurden.

Wie alle vollkommenen Verwirklichungen eines Plans stellten die beiden Städte eine Ausnahme dar, die von der Art ihrer Gründung und der Kürze ihrer Existenz abhing. Man kann annehmen, daß auch sie sich, wenn sie nicht so rasch verödet wären, in das Chaos von Memphis, Theben oder anderer ägyptischer Zentren verwandelt hätten. Hier, ringsherum um den Bereich des Tempels und des Königspalastes, mischten sich die Residenzen des Wesir und anderer hoher Würdenträger in einem typisch levantinischen Durcheinander unter Regierungsgebäude, kleine Paläste, Heiligtümer, Basare, kleine Häuser, Springbrunnen, Parks, Werkstätten, Wachkasernen, Brunnen und elende Hütten, die bis an den Mauergürtel reichten und ihn häufig überschritten. Sie griffen wie in Tanis auf die Prachtstraßen und die wunderbaren Gärten und vielleicht sogar auf die vornehmen Gräber über, wie es der Priester Gedhor für die Gräber der heiligen Falken in Athribis feststellen mußte, auf denen sich einige Bürger eine Bleibe errichtet hatten.

Diese Bleibe bestand aus einer Hütte aus ungebrannten Ziegeln. Das darf uns nach dem, was über große und kleine Paläste gesagt wurde, nicht erstaunen, da auch heute noch die Verwendung des Lehms für die Häuser des Nil-Tals üblich ist. Diese primitive Form wird ungefähr 17 Jahrhunderte nach der Errichtung der Pyramiden wieder zur Norm. Wie überall haben auch in Ägypten die vorgeschichtlichen Menschen gegen Ende der großen Eiszeiten begonnen, sich Zufluchtsstätten zu

(S. 35, von links) Plan eines Herrenhauses in Ägypten zur Zeit des Zweiten Reiches mit ähnlichen Dimensio und Strukturen wie denen des auf S. 38 im Schnitt abgebildeten Komplexes. - Plan eines Hauses für die Mittelkla mit zwei Schlafzimmern (1, 3), Speisezimmer (2), Küche mit Herd (4), Hühnerstall und Taubenschlag (5, Latrine (8) und Speisekammer (9); die letzten liegen im Garten (7). - Plan von kleinen, zwei bis Räume umfassenden Wohnungen, die im Verlauf der Ausgrabungen in Tell el-Amarna gefunden wurd

(Links) Tonmodell eines ägyptischen Hauses aus der vordynastischen Zeit, gefunden in El-Amrah. (Rechts) Holzmodell eines mittleren Hauses aus der spätpharaonischen Epoche: Diese Wohnungsart blieb typisch für die Kultur des alten Ägypten.

errichten. Näher kennen wir mit Laubästen gebildete Dächer, die von Pfählen gestützt und vielleicht noch einmal mit Schlamm bedeckt wurden. Diesen Menschen gelang es sogar, bis zu 30 cm tiefe Feuerstellen in den Felsen zu kratzen. Bald ging man zu Wohnungen aus ungebrannten Ziegelsteinen über, die aus einem Gemisch aus Lehm und Stroh geformt wurden. Es gab nur einen einzigen Raum von rechteckigem Grundriß, den Eingang an einer der Schmalseiten, der von einem Querbalken aus Holz überdeckt wurde, und am entgegengesetzten Ende ein Fensterchen, das die Lüftung garantieren sollte. So hielt man es lange, während zur gleichen Zeit die Grab-Architektur schon in kolossalen Wunderwerken kulminierte. Und in genau solchen Häuschen wie den soeben beschriebenen hausen noch heute zwischen dem Nil-Delta und Nubien Tausende von Fellachen. Im Mangel an Holz, der in Ägypten herrscht (die Palmen zählen nicht, da sie zum Bauen ungeeignet sind), und durch den Gebrauch dieses ärmlichen Pfählchens als Querbalken selbst nahegelegt, sucht man auch den Grund, weshalb die Ziegel, anstatt gebrannt, nur in der Sonne getrocknet werden.

Dennoch begegnet man besonders im holzreicheren El-Faiyum Resten von Städten mit mehrstöckigen Häusern, die aus gebrannten Ziegeln hergestellt wurden. Was ihre Größe und die der Häuser in jedem andern Teil

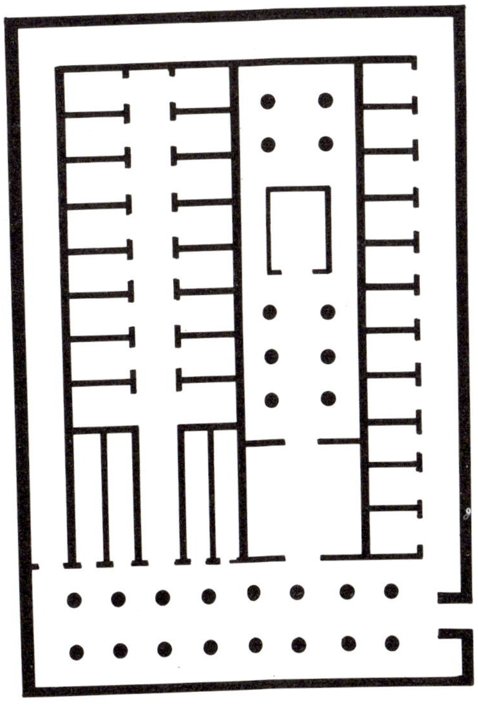

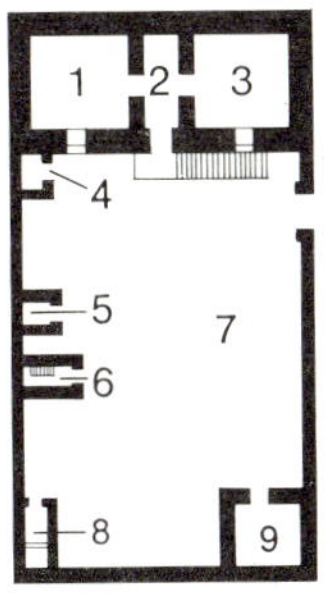

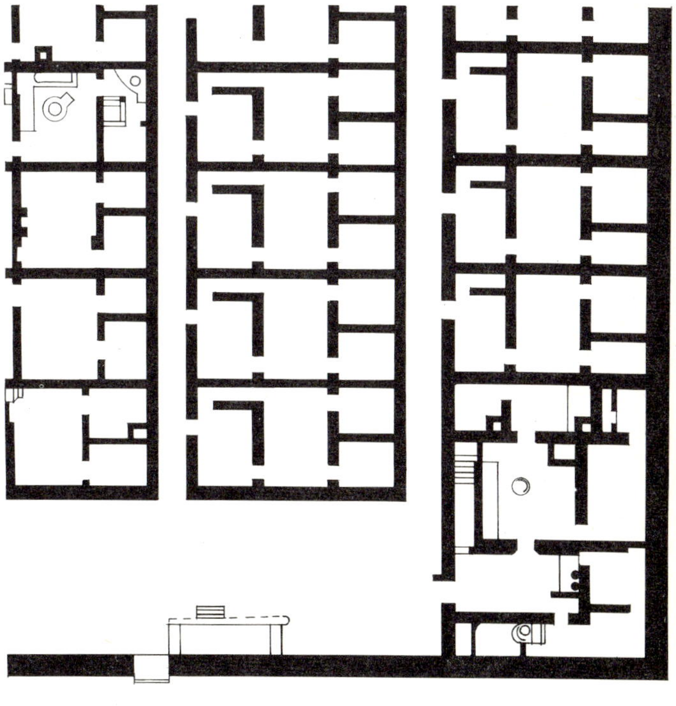

Andere Typen ägyptischer Möbel: Hocker, Wäschetruhe (von der Schmalseite gesehen, links die Griffe), Sessel (mit Löwen als Armlehnen), Bett, anderer Sessel (ohne Armlehnen), Truhe, anderer Hocker (wie der erste hat er zusammenklappbare Beine). Die Ausführung der luxuriösesten Stücke war so hervorragend, daß die im Grab des Tutench-Amun gefundenen Möbel einschließlich der Betten wegen ihrer Exaktheit und der Gediegenheit ihrer Verbindungen praktisch ohne jede Deformation geblieben sind.

des alten Ägypten angeht, so haben wir schon gesehen, daß sie vom Stand und den wirtschaftlichen Möglichkeiten dessen abhingen, der sie erbaute oder sich erbauen ließ. So fand man in Illahun ein vornehmes Haus, das 60 m lang und 45 m breit war und etwa 70 Räume aufwies. Wie andere Wohnungen wohlhabender Familien hatte es wahrscheinlich die Form eines Tempelchens mit dem Portikus aus Papyrus-Säulen vorn, darüber ein herausragender Architrav mit einem palmettenverzierten Gesims. Palmetten schmückten auch den Eingangsbalken, der von Steinen eingerahmt war. Noch vornehmere Bauten hatten einen Säulengang um das ganze Gebäude herum, der von einem hervorstehenden Dach überdeckt wurde. Auf der Eingangsseite mündete der Säulengang ins Vestibül, das seinerseits in die Repräsentationsräume führte und diese vor den Blicken der Vorübergehenden schützte. Ein oder mehrere Empfangssäle waren mindestens seit dem Neuen Reich mit Säulen ausgestattet, die unmittelbar das Gewicht des Daches trugen. Danach gelangte man in die Vorratskammern und in andere Räume, die die Garderobe gebildet haben könnten, mit Behältern aus Ziegelsteinen, die vielleicht als Schränke dienten. Das private Leben der Familie spielte sich in den restlichen Teilen des Gebäudes ab, wo sich die Schlafzimmer für den Besitzer und seine Frauen, die Bäder und die Toiletten befanden. Die Diensträume, d. h. die Wohnungen für die Sklaven und ihre Aufseher, die Küchen, die Herde, die Pferdeställe usw. bestanden aus kleinen Gebäuden am Rande des Hofes. Ein nie fehlender Garten vervollständigte den Komplex.

Das Haus des Mittelstandes hatte im allgemeinen mehrere Stockwerke. Das Erdgeschoß erhielt sein Licht durch die Tür und wenige Fensterchen, die dagegen in den oberen Stockwerken einigermaßen zahlreich waren. Der zweite Stock war so niedrig, daß man die Decke berühren konnte, wenn man nur die Hände ein wenig ausstreckte. Mehr als acht Öffnungen pro Stockwerk scheint es allerdings nie gegeben zu haben, offensichtlich um das Einströmen der Hitze zu verhindern. Ein Vorratsraum für Getreide und andere Dinge und darüber eine Terrasse vervollständigten das Gebäude. Die Seiten der Terrasse waren mit einem Gitter versehen, wahrscheinlich zum Schutz der Kinder oder um das Schlafen in der Frische der Nacht zu ermöglichen. Es ist wahrscheinlich, daß die nach zwei Seiten hin abfallenden Dächer unbekannt waren oder daß man sie doch nicht benützt hat, da nur selten mit Regen zu rechnen war.

Die für das ägyptische Leben typische Autarkie brachte es mit sich, daß jedes Haus, auch der mittleren oder bescheidenen Klasse, über angestellte Handwerker, wie Weber, Töpfer, Zimmerleute, verfügte, die praktisch alle Bedürfnisse der Familie befriedigten und ihre Arbeit im Erdgeschoß abwickelten. In einem oder mehreren der anstoßenden Räume bereitete man die Speisen. Im ersten Stock befand sich der Wohnraum des Besitzers, das heißt der Saal mit der von Säulen getragenen Decke. Im zweiten Stock spielte sich das häusliche Leben ab. Hier hörte der Besitzer, nachdem er gewaschen und rasiert war, die Berichte der Schreiber an, kontrollierte das Hin- und Hergehen der Diener und den Warentransport zwischen dem Vorratsraum oben und der Küche unten und diktierte Briefe, kurz, ging seinen häuslichen Geschäften nach. Im Haus eines gewissen Mahu in Tanis waren in diesem Stock viele Angriffs- und Verteidigungswaffen aufgestapelt, sein Handwerkszeug, denn es handelte sich um den Chef der städtischen Polizei. Im zweiten Stock mußten sich auch immer die Schlafzimmer der Hausbesitzer befunden haben.

Die Möblierung war bequem und elegant, sie spiegelt eine Kultur von raffiniertem und im ganzen delikatem Geschmack wieder. Darüber hinaus zeugt sie von einem erstklassigen Handwerkerstand. In den glänzendsten Jahrhunderten war die Einrichtung reich und sehr abwechslungsreich. Die Ägypter saßen nicht nach orientalischem Brauch auf der Erde, deshalb begnügten sich die Wohlhabenden auch nicht mit Teppichen, Matten, Kissen oder einem Diwan. Sie zogen einfache Schemel vor, quadratische Kästen ohne Rückenlehne oder mit einer Lehne, nicht höher als 15-20 cm, mit geraden oder noch öfter x-förmigen Füßen. Die Kostbarkeit des Materials und der Verarbeitung glich die Einfachheit der Form aus, die übrigens durch die gekreuzten Beine dem Wunsch entsprach, zusammenklappbare Sitze zu erhalten. Bei den luxuriösesten Exemplaren bildeten Enten-

36) Ägyptische Betten aus der pharaonischen Zeit: die
ten drei in Stier-, Schakal- und Löwenform; die
den folgenden sind in Panther-Art dekoriert; die beiden
zten laufen in Katzenpfoten aus. Die Beine in Form
n Tieren bilden unter den noch bestehenden Beispielen die
breitetsten Typen. Die Seite, die wie eine Bettstatt abschloß
er doch immerhin von einem vertikalen Element
bildet wurde, war das Fußende; auf der entgegengesetzten
ite brachte man die Kopfstütze (wie man sie bei den beiden
tersten Betten sehen kann) aus Ebenholz oder Elfenbein
Auch das Gestell der luxuriösesten Betten war meistens
ten aus Ebenholz mit einem Überzug aus Gold oder
enbein; unten befinden sich gebogene Spannvorrichtungen,
das Nachgeben der aus Schnur
knüpften Matratzenhalterung verhindern sollen.

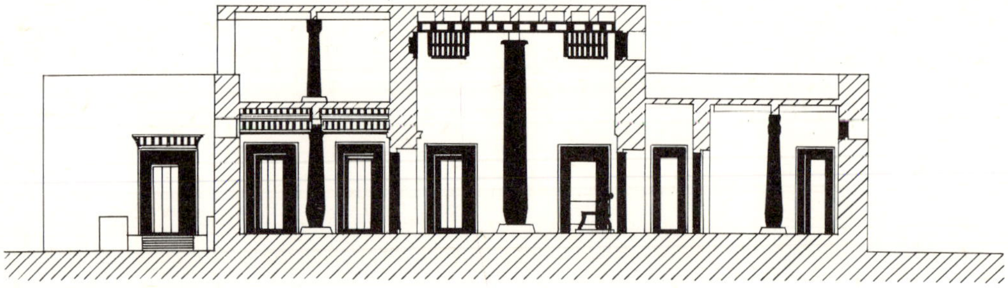

Echnaton, die Hauptstadt des "häretischen" Pharaos Amenophis IV. im Gebiet von Tell el-Amarna, wurde nach der vorübergehenden Blüte gegen 1370 v. Chr. so unversehrt verlassen, daß für Veränderungen des ursprünglichen Stadtbildes keine Zeit blieb: von daher ergibt sich ihre Bedeutung für die Erforscher des alten Ägypten.

(Unten) Modell der Residenz von Echnaton (früher in den Staatlichen Museen in Berlin, im Zweiten Weltkrieg zerstört). Die vordere Mauer ist 77 m lang; auf der gegenüberliegenden Seite endet der Bezirk in einer mit Bäumen bestandenen Allee. Links der in den reichen ägyptischen Wohnungen übliche Garten mit Laubengang und kleinem See; in der Mitte die Wohnung des Besitzers (für die wir uns wegen seiner Ähnlichkeit auf den oben abgebildeten Schnitt beziehen können, auch wenn er ein anderes Bauwerk darstellt); rechts die Wohnung der Dienstboten und (das zweistöckige Gebäude) der Verwalter.

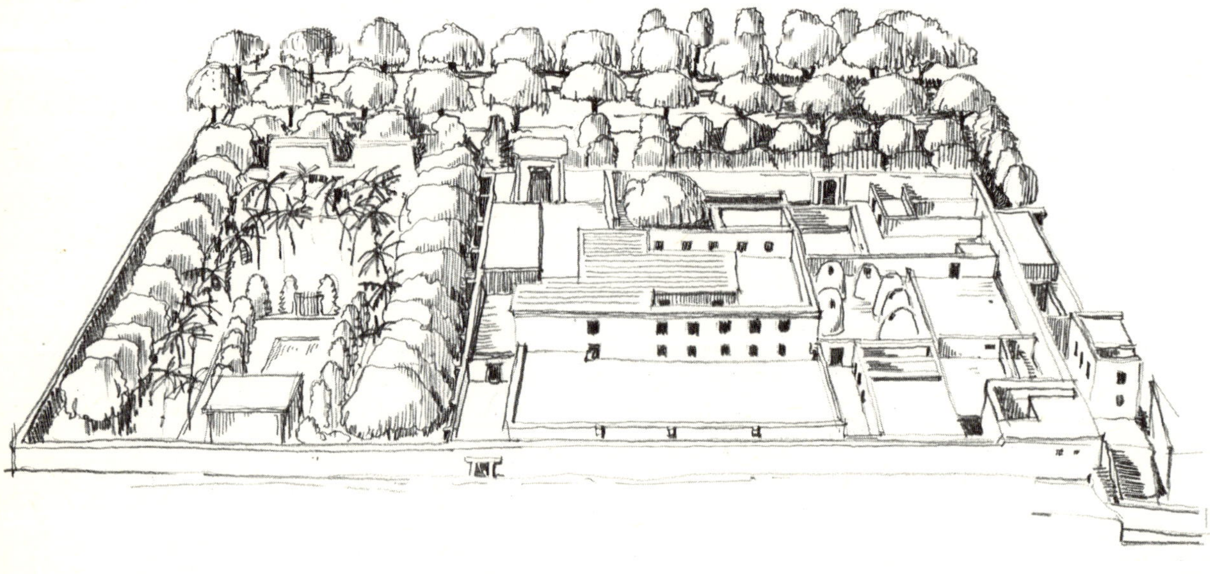

köpfe die Füße. Auch die Querstangen wiesen Tierskulpturen auf, und die Seiten wurden mit Schildkrötenpanzern geschmückt. Seltener waren Sessel mit bequemem Sitz auf vier Löwen- oder Stierpranken, mit Arm- und hoher Rückenlehne. Bei den Sesseln wie bei den Schemeln herrschten lebhafte Farben vor, und auch die Kissen, die auf den Sitz oder gegen die Lehne gelegt wurden, waren mehrfarbig. Die Möbel im Speiseraum waren klein, aber zahlreich: die üblichen Schemel, Tische und Konsolen, die als Anrichten dienten. Das Bett wurde von einem rechteckigen Holzrahmen gebildet, in den ein Netz von Schnüren oder Lederbändern gespannt war, um die darauf gelegte Matratze zu halten. Das ganze ruhte auf vier zylindrischen, im allgemeinen niedrigen Füßen ohne Ornamente; so in den einfacheren Wohnungen. Das Bett der Reichen, wenn es auch den gleichen Aufbau hatte, war viel höher und wies Stützen in Löwen- oder Stierprankenform auf, die wiederum auf kegelförmigen Füßen ruhten. Zwei Köpfe (im allgemeinen von Löwen) schlossen das Gestell oben ab. Das ganze war in lebhaften Farben gehalten und mit kostbaren Materialien bedeckt. Zwar gab es Möbeltypen, die unsern Schränken und Wandschränkchen ähnlich waren, aber vor allem benützte man Truhen (vorzugsweise in Hausform), die im allgemeinen mit vielfarbigen Bildern bemalt waren. Wenn man in den Überresten eines Hauses – über die Tongefäße und die Spuren einer Matte hinaus – ein paar Konsolen oder eine große Holztruhe findet, ist das schon Zeichen einer gewissen Wohlhabenheit.

VON SYRIEN NACH PERSIEN

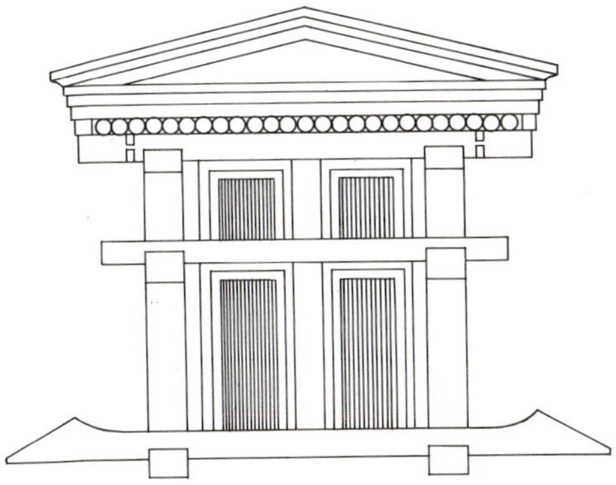

Vorderansicht eines Felsengrabes aus dem 4. Jahrhundert v. Chr. in Xanthos (Lykien). Die Konstruktion ahmt wahrscheinlich ein Privathaus nach.

Die andern alten Kulturen des östlichen Mittelmeer-Raums weisen enge Beziehungen zu denen Mesopotamiens und Ägyptens auf. Der Waren- und Ideen-Austausch war vielseitig. Auf dem Landweg ging er vom Tigris über das Gebiet der Hethiter, die in Vorderasien wohnten, zur Küste. Die Hethiter hinterließen beachtenswerte Spuren von Monumenten, aber fast nichts über ihre Wohnungen. Auf dem Seeweg waren die Phönizier die großen Vermittler, die dafür sorgten, daß im ganzen Mittelmeer-Becken die Neuerungen der entwickelteren Länder ausgebreitet wurden.

Ihre Städte drängten sich innerhalb starker Mauergürtel auf engstem Raum zusammen, um eine möglichst wirksame Verteidigung zu garantieren. So war es notwendig, daß sich die Häuser stark in die Höhe entwickelten und mehrere Stockwerke erhielten. Obwohl die Phönizier tüchtige Konstrukteure und Zimmerleute waren, haben sie gebrannten Ziegel anscheinend doch erst verwendet, nachdem sie in Kontakt mit den Römern gekommen waren. Zum Ausgleich schlugen und verwandten sie den Stein in so vollendeter Weise, daß die Griechen ihre Bauweise nur noch nachzuahmen brauchten. In ihrer westlichen Kolonie Karthago haben sie allem Anschein nach sechsstöckige Gebäude errichtet. Aber die Zerstörung der Stadt, die planmäßig von den römischen Legionären ausgeführt wurde, macht jede Hypothese über die Richtigkeit vieler unsicherer Beschreibungen unmöglich. So können wir nur von einer Möglichkeit sprechen, daß diese hohen Häuser über Innenhöfe mit einem Portikus, über große Balkone in den oberen Stockwerken und über leistungsfähige Zisternen für den Wasserbedarf verfügt haben.

Auf jeden Fall aber ist sicher, daß sich die Hebräer an die Phönizier wandten, wenn sie sich, wie im Fall des Salomonischen Tempels in Jerusalem, architektonisch betätigen wollten, so daß ihre monumentale Bauweise als ein Sproß der phönizischen angesehen werden muß. Ihre Wohnungen waren im Unterschied zu den großen steinernen Monumenten aus ungebrannten Ziegeln errichtet, mit einer Terrassendecke, die, von Balustraden geschützt, auf Palm- oder Sykomoren-Stämmen ruhten und mit einer dicken Schicht aus gestampfter Erde bedeckt waren. Unter dem Dach breitete sich das hebräische Haus im allgemeinen nur über ein Stockwerk auf Straßenhöhe aus, wo die verschiedenen Räume um den Hof in der Mitte herum angeordnet waren. Dieser Hof war mit Gemüsebeeten und Krügen für die Reinigung ausgestattet. Ein anderer eifersüchtig eingehegter Hof befand sich häufig vor dem Gebäude. Die reicheren Wohnungen verfügten vielleicht über ein oder mehrere obere Stockwerke, zu denen man über eine äußere Treppe emporstieg und die zusammen mit dem Vorhof die Fassade bildete. Das Mobiliar war – anscheinend durch phönizische Vermittlung – von ägyptischem Stil.

Auch im alten Persien waren die normalen Häuser wie in Ninive von Terrassen bedeckt. In den Häusern der oberen Stände fanden sich oft ein oder mehrere Säle mit Kuppel- oder Tonnengewölben. Es ist nicht klar, ob diese Bauweise auf die Mesopotamier oder auf die Perser selbst zurückgeht. Die Möbel ahmten sowohl die ägyptischen wie die assyrischen nach und sollten später den griechischen ähnlich sehen.

Eine besondere Erwähung verdienen auch die Lykier. Lykien, das dem Südosten der asiatischen Türkei entspricht, war reich an Stein und Wäldern, so daß dort gut bezeugte Häuser entstehen konnten, die aus Stämmen erbaut waren. Die aus den Wänden quer herausstehenden Balken verliefen parallel zum Boden und zum Dach.

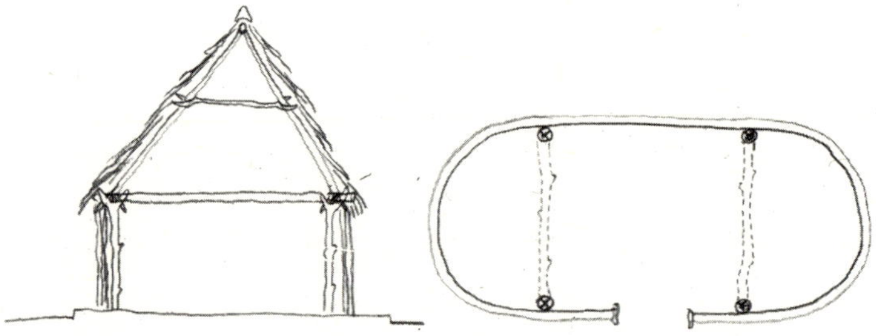

AMERIKA VOR KOLUMBUS

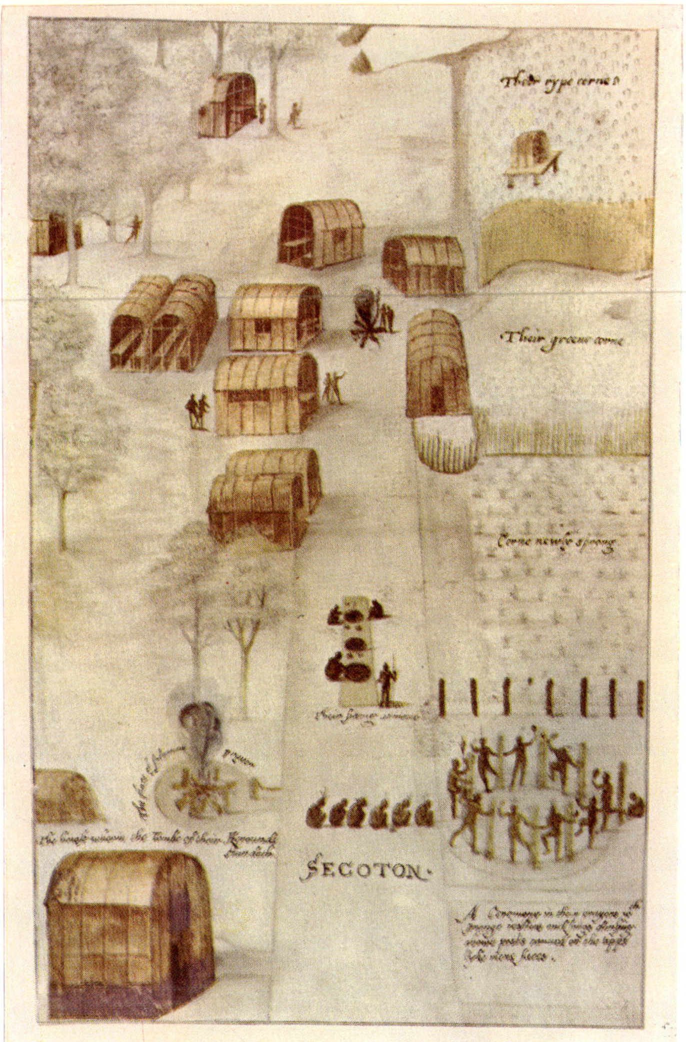

Diese Skizze von Th. de Bry (1585) darf als eine ziemlich glaubwürdige Synthese des Dorfes betrachtet werden, in dem die amerikanischen Ureinwohner von Kanada bis nach Argentinien ihr Leben zubrachten. Die Hütte im Vordergrund wird als die des Häuptlings bezeichnet; rechts vollführt man Ritualtänze und weiter hinten auf der "Hauptstraße" zwischen dem Tabakfeld (links) und den Kürbis- und Maisfeldern wird ein Essen bereitet; noch weiter hinten die Hütten; im Hintergrund der als Wasserreservoir dienende kleine See.

Als die Spanier mit kleinen Kommandos über die Völker asiatischen Ursprungs in Amerika losbrachen, die hinter den natürlichen Schutzgürteln des Meeres, der Flüsse, Vulkane und Wälder hausten, fanden sie die Kulturen der Maya, Azteken und Inka vor, zwar schon im Verfall begriffen, aber dennoch großartig und verblüffend. Es herrschten noch die Priesterkasten, die alle Geheimnisse, das Volk in Zaum zu halten, kannten. Sie kannten die Disziplinen der Astronomie, der Architektur, der Naturwissenschaften und der Landwirtschaft. Sie bedienten sich dieses Wissens, um durch den Zauber der Riten und Opfer über das Volk zu herrschen. So war der Kontrast zwischen dem Luxus der Mächtigen und dem Elend der unteren Klassen ungeheuer, wie er leider auch heute noch für Südamerika charakteristisch ist. Das Haus des Steuerzahlers war kaum mehr als eine Höhle, die Monumente der Könige und des Klerus dagegen waren aufsehenerregend. Während man die astronomischen Gesetze, die Zahl Null, die Ideogramme, die Mittel, um den Stein mit Jade zu schneiden, und unzählige andere nützliche Dinge entdeckte, die geheim gehalten oder über die Götter offenbart wurden, war das Volk Sklave eines Systems, das sich absurderweise "sozialistisch" nannte. Der Betrug war so perfekt, weil sich die Mächtigen in Festen einschlossen, die mit Lebensmitteln angefüllt waren, um eventuellen Revolten widerstehen zu können, und über ein gut ausgebildetes Spionagesystem verfügten.

In den Geschichten dieses Volkes erzählt man von "Häusern, über deren Schwelle ein Zeuge die Braut dem Mann für die Trauungszeremonie zuführte", und man spricht vom "ehelichen Dach". Als Haus verstand man die Hütte, die aus Lehmwänden bestand und von einem Satteldach bedeckt war.

Für die etwas gehobeneren Klassen bestand das Haus aus Ziegeln, die in der Sonne getrocknet wurden, das Dach aus zusammengefügten, undurchlässigen Stämmen. Als Mobiliar kannte man Stühle mit Rückenlehne, verziertes Geschirr und steinerne Mörser. Wenn man in der Hierarchie weiter oben stand, so konnte das Haus

40) Ansicht, Schnitt und ...n einer Maya-Hütte. (Hier ...hts) Besonderheit des Holzgerüstes, das von natürlichen gegabelten Elementen gebildet wird. ...handelt sich um eine Gebäudeform, die heute noch den üblichsten Typ in den Yucatán-Dörfern bildet: Flechtwerkwände und Strohdächer; meistens in einem Garten mit vielen gut gepflegten Pflanzen gelegen, der von einer Steinmauer ohne Mörtel eingegrenzt wird. Das Kochen der Speisen geschieht noch heute im Freien; und noch heute, wie wahrscheinlich schon zur Zeit der Maya, ist das Innere der Hütte außerordentlich sauber.

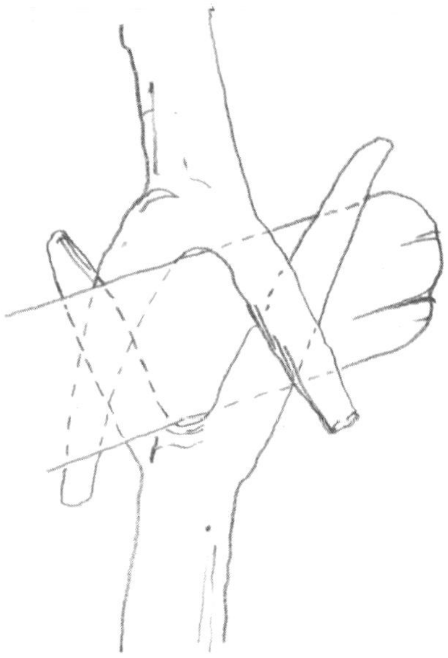

der Wohlhabenderen einen gewissen Grad an Bequemlichkeit aufweisen, der allerdings von staatlichen Inspekteuren kontrolliert wurde in der Absicht, den Grad der Einfacheit festzustellen, da der Luxus ein Vorrecht der Regierenden war. Der Handwerker hatte seine Werkstatt, der Kaufmann seine Lagerräume neben der Hütte. Man kochte im Freien, wenn es das Wetter zuließ. Im allgemeinen diente die Hütte nur zum Schlafen und als Wetterschutz. Es scheint, daß der Städtebau, wenn man ihn nach den noch vorhandenen Monumenten beurteilt, eine gewisse Planmäßigkeit gekannt hat. Das gilt auch für die "Arbeiterhäuser". Es bestand ein Netz von Kanälen, und man verfügte über geräumige Höfe. Ferdinand Kolumbus erwähnt in seinem Bericht über die Abfahrt seines Vaters, des Admirals und Entdeckers, "bestimmte, nach ihrer Gewohnheit gut gebaute Häuser, die einen freien Platz und den Ausgang zum Meer hatten, und eine Straße, die sehr breit war und Türme aus Rohr auf beiden Seiten aufwies".

Die Königspaläste waren prunkvoll. Als Fernando Cortéz in den Königspalast Montezumas II. kam, verschlug es ihm die Sprache: "Ich bin darin so lange herumgegangen, bis ich müde wurde, und es ist mir nie gelungen, alles zu sehen." Diese Paläste waren reich an Truhen und spanischen Wänden – eine Neuheit für die Konquistadoren –, die Wände waren mit Marmor getäfelt, bemalt und geschmückt, glänzendes Gold war überall verteilt, Teppiche aus Fellen und Vogelfedern, die Flamme, die zu Ehren des Feuergottes immer brannte und mit wohlriechendem Räucherwerk vermischt war, und Blumen und Amulette: – all das erinnert an eine Sammlung à la Cecil B. De Mille. Wenn die Armen ihre Hütte mit Meerschweinchen und Insekten teilten, so pflegten die Reichen in den Thermen mit perfekten Saunen beim Kugelspiel und bei wer weiß welch andern Zerstreuungen der Muße; die Paläste verfügten über "ausgewählte Frauen", die in besonderen Flügeln untergebracht waren, über Priester, Waffenträger und Knechte.

Vorausgesetzt, es handelt sich um Wohnungen (aber das kann man unmöglich mit absoluter Sicherheit sagen), mußten einer solchen Gruppe von Privilegierten einige imponierende Bauwerke gehört haben, die wahrscheinlich aus der Tulha-Olmeken- (1.-2. Jh. n. Chr.) und Tolteken-Zeit (5.-6. Jh.) stammen und im wesentlichen die ältesten bisher gefundenen und erforschten sind. Gewöhnlich wiesen sie drei Gebäudekomplexe auf: den Hauptteil, der, wie man annehmen kann, vom Hausbesitzer und seiner Familie bewohnt wurde und aus Räumen in parallelen Reihen über die ganze Länge des Hauses bestand; die übrigen Teile rechtwinklig zum ersten an seinen beiden Enden angelegt, müssen für die Arbeit und die Diener bestimmt gewesen sein. Der freie Raum, der von den drei Gebäuden umschlossen wurde, ließ Platz für einen Hof, von dem man wegen des günstigen Klimas annehmen kann, daß er Versammlungen und Zeremonien gedient hat, die wegen der Enge in den Räumen des Herrschaftsteils undenkbar waren.

Diese Bauwerke waren wie die Pyramiden, die Tempel und die andern spektakulären Kolosse der vorkolumbischen Zeit aus Steinblöcken erbaut und wurden durch Putz oder Plattenverkleidungen vervollständigt. Steinplatten bedeckten auch die Zimmer. Und gerade diese Materialverwendung verhinderte Räume, die größer als 2 oder 3 m in der Länge waren. Über dem Eingang ragte eine Art steinernes Schutzdach heraus. Es bildete zusammen mit den Simsen die Einleitung zu einer vollkommenen Harmonie der übrigen Ornamentierung, die innen und außen reich und vielfältig war. Sie begrub die Wände unter einer Menge von geometrischen Motiven, Figuren und Hieroglyphen, die sauber und tief aus dem Stein geschnitten wurden. Die Fenster waren wegen der Konstruktionstechnik selten und klein, so daß die Zimmer fast nur durch die Tür Licht erhielten. Das Dach hatte Terrassenform.

Uxmal (Yucatán) Ausschnitt des Frieses auf dem westlichen Palast im sog. "Festungsviereck der Nonnen" (nach Stierlin). Das abgebildete Gebäude ist die wohlbekannte Hütte auf ovalem Grundriß, die heute bei der Yucatán-Bevölkerung in Gebrauch ist, zu der der größte Teil des Maya-Volkes gehörte.

Im Süden des Palastes von Knossos (Kreta) innerhalb der Gruppe von Häuserruinen, die durch die Ausgrabungen wieder ans Licht gebracht wurden und von denen man allgemein annimmt, sie stellten die Wohnungen bedeutender Persönlichkeiten dar, neben dem sog. "Haus des Südostens" zu Füßen des "Prozessions-Korridors" liegt das für den Oberpriester bestimmte Haus: ein kleines Krypta-Heiligtum mit einer Folge von Räumen, die sich auf drei Stockwerke verteilen. Das Gebälk, die Pfeiler und die Säulen, die in Rot gehalten sind, während man die Kapitelle der Säulen grün bemalte, entsprechen dem fröhlichen "mediterranen" Begriff, den man von der alten kretischen Welt hat. Die innere Wirtschaftlichkeit der Gebäude mit der "modernen" gegenseitigen Entsprechung der verschiedenen Räume und die meisterhafte Raffinesse einiger sanitärer Anlagen sind der Achtung durchaus würdig, die die Gelehrten dieser Bauweise zollen.

Gianfilippo Carettoni

VOM ZUFALL ZUM PLAN

Das klassische Altertum

Dem weiten Feld religiöser Architektur, das uns aus dem goldenen Zeitalter Griechenlands erhalten ist, entsprechen für das Privathaus nur spärliche Reste von Fundamenten in Athen und wenige andere Spuren. Es gibt kein erhaltenes Haus, keine vollständige Abbildung. Daher bleibt dieses Gebiet nur für Hypothesen offen, und die Seltenheit selbst indirekter Zeugnisse müßte jeden Schluß auf ästhetischem Gebiet unmöglich machen. Und doch setzt man im allgemeinen voraus, daß die Häuser der Griechen von dem gleichen großartigen Geist geadelt gewesen sein müssen, den wir an den für die Götter errichteten Wohnungen bewundern.

Es ist heute allgemein bekannt, daß die Fähigkeit des griechischen Auges so groß wie die unseres Ohres war. Aus uns unbekannten Gründen konnten die Grieche die Proportionen eines natürlichen Gegenstandes, vor allem des menschlichen Körpers, werten, so wie wir heute instinktiv musikalische Zusammenhänge einzuordnen wissen. Obgleich die Gebäude kein einziges Element der Natur und noch weniger den menschlichen Körper wiedergeben, gestaltete sich die plastische Durchformung des architektonischen Raums in Hellas nach Maßen, die denen der Bildhauerkunst analog waren. Das geschah in verschiedenen Schritten. Die ältesten Konstruktionen haben noch nicht diese innere Harmonie der verschiedenen Teile, diese höchste Übereinstimmung, die uns beim dorischen Tempel so anzieht, nachdem er seine vollendetste Form gefunden hat. In der Berechenbarkeit der gesamten Struktur des Gebäudes selbst liegt der Schlüssel für seine ästhetische Größe.

Gerade wegen dieser "natürlichen" Faktoren, die in diesen Werken enthalten sind, halten wir es für gerechtfertigt, diesen Titel auch auf das private Bauwerk, auszudehnen, auch wenn schriftliche Unterlagen oft etwas anderes nahelegen könnten. So sagt Xenophon gegen 30 v. Chr. im *Verwalter*: "Mein Haus ist nicht durch diesen oder jenen Schmuck verschönert. Die einzelnen Zimmer sind nur zu dem einzigen Zweck errichtet, nützliche Aufnahme für das zu bieten, was dorthin gebracht wird, so daß jeder Raum das aufnimmt, was ihm bestimmt ist. Der Ablageraum, der in einem sicheren Teil liegt, nimmt Wertgegenstände, Stoffe und kostbares Gerät auf, die trockenen Räume das Getreide, die kühlen den Wein, die hellen all das, was des Lichtes bedarf."

Xenophon gibt weiter Auskunft darüber, daß das Gynäzeum "vom Androzeum durch eine Tür getrennt war, mit einem Riegel verschlossen, damit das, was nicht nach draußen gehört, nicht hinausgetragen wird". Das entspricht dem orientalischen Begriff des Hauses, das in einen "intimen" und einen "öffentlichen" Bereich geteilt war. Die Römer wunderten sich darüber: "Für uns", bemerkt Cornelius Nepos, "sind Dinge, die sie (die Griechen) für ungebührlich halten, nicht unmoralisch. Welcher Römer würde sich je schämen, seine Frau zu einem Gastmahl mitzunehmen? Welche Hausfrau nimmt bei uns nicht den ersten Platz des Hauses ein oder hält sich nicht im besuchtesten Raum auf? Ganz anders kann sie in Griechenland nur dann zu einem Essen zugelassen werden, wenn nur Angehörige daran teilnehmen, und sie bleibt im allgemeinen im innern Teil der Wohnung, dem sogenannten Gynäzeum, zu dem niemand Zutritt hat, es sei denn, er wäre ein naher Verwandter." Bei den Etruskern herrschte dieselbe Meinung. Von daher ergibt sich der Unterschied zwischen ihren Häusern und denen der Römer einerseits und denen der Griechen anderseits. Doch wurde dieser Unterschied mit der Zeit immer geringer, da es in Italien Mode wurde, all das, was man in Hellas tat, zu kopieren. Schon im 1. Jh. v. Chr. stellt Varro in einer Abhandlung über die Landwirtschaft fest: "Schon glaubt niemand mehr, ein wirkliches Haus zu besitzen, wenn man den verschiedenen Räumen nicht griechische Namen gibt, wenn man nämlich nicht ein Prokoiton (Vorzimmer), ein Apodyterion (Ankleidezimmer), ein Peristyl (Innenhof), ein Ornithon (Vogelhaus) usw. vorweisen kann."

*

ÄGÄIS UND GRIECHENLAND

Auf Kreta, dem Zentrum der ägäischen und der Wiege der griechischen Kultur, wird die Aufmerksamkeit immer wieder von den Königspalästen angezogen, die mehrmals zerstört und mehrmals auf den Ruinen wieder aufgebaut wurden und deren verworrener Grundriß von Zimmern, Sälen, Magazinen, Terrassen, Höfen und Durchgängen, auf verschiedene Stockwerke verteilt, die Phantasie der alten Griechen dermaßen gefangen nahm, daß die Sage des Labyrinths entstehen konnte. Aber die Ausgrabungen sowie die Abbildungen auf einigen Täfelchen beweisen die Existenz von bescheideneren Wohnungen der einfachen Bürger und kühner Kaufleute, die mehr als 200 Jahrhunderte vor unserer Zeit bis an die entferntesten Landeplätze des Mittelmeers vorstießen. In den Stadtgebilden dieser Insel hatte der Palast des Herrschers mit der Menge seiner Bediensteten sicher eine beherrschende und anregende Bedeutung für einen Großteil der übrigen Wohnungen. Die wenigen, auf das 2. Jahrtausend v. Chr. zurückreichenden Häuser, die hielten, aber wir kennen das Geschirr, Krüge in eleganter Form und lebhaften Farben, verschiedenartig in Form und Größe, bis zu enormen eiförmigen Tongefäßen.

Die Wohnung des gutsituierten kretischen Bürgers, von Loggien und Terrassen modernen Stils belebt, entspricht dem fröhlichen, sonnigen Bild des Lebens der Ägäis des 3. und 2. Jahrtausends v. Chr., das in vielen Kunstwerken verewigt wurde: die berühmten Scharen der singend von der Arbeit heimkehrenden Schnitter, die Kraft- und Geschicklichkeitsproben der Athleten und Tänzer, die sich vor dem Fürsten produzieren, die gemalten Naturabbildungen mit ihren Pflanzen, Blumen und Tieren, Dinge, die nicht einmal von den Mysterienkulten der doppelten Axt und der Schlangengöttin verdunkelt werden können, die aber schließlich gegen Ende des 2. Jahrtausends v. Chr. in der finsteren und fatalen Atmosphäre der Königsgräber von Mykene und dem Milieu der Tragödien des Äschylos ihr Ende fanden.

Die Welt, von der Homer spricht, wenn er das Bild einer prunkhaften und oft wahnwitzigen Verschwendung zeichnet, ist die Welt Kretas und Mykenes. Die archäologischen Wiederentdeckungen zeigen, daß zum Beispiel der normale Sitz eine hohe Lehne und Skulpturornamente – wie der sogenannte Thron des Minos –

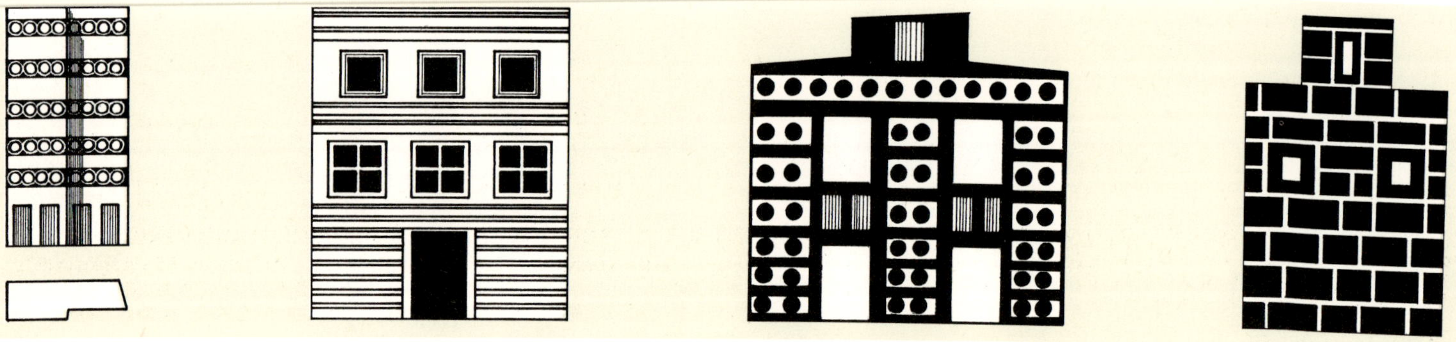

man beim Königspalast von Knossos (Haus des Hohenpriesters) und von Hagia Triada entdeckt hat, wiederholen, wenn auch in vereinfachter Form, den Plan des "königlichen" Appartements: Alles ist auf den zentralen Saal mit der Feuerstelle und den vier Säulen, die das Dach trugen, ausgerichtet. Der Saal war in der Mitte offen, damit der Rauch abziehen konnte. Das Terrassendach ist vielleicht das älteste Beispiel dieser typisch mediterranen Hausbedeckung. In einigen Wohnungen sind die Räume auf verschiedene Stockwerke verteilt, wie man es bei den Modellen beobachten kann, die auf den Täfelchen abgebildet sind. Von einfacherer Form, mit unregelmäßigem Grundriß, der an die primitiven Stadtgebilde erinnert, sind die Wohnungen des Ägäer-Volkes in Gurnià, die auf einem Hügel um den Palast und den Platz herum liegen und die untereinander durch zwei gepflasterte Hauptstraßen, durch Gäßchen und Stufen verbunden sind. Die Räume haben Steinböden, die Wände zeigen Stuck und Bemalung. Wenig oder nichts wissen wir über die Einrichtung, die sie entgehabt hat, auf dem Kissen oder Tierfelle angebracht waren. Die Betten hatten ein durchbrochenes Kopfteil, das manchmal mit Intarsien geschmückt war, der Rahmen wies Lederriemen auf, um die Matratze oder die üblichen Pelze aufzunehmen, wie jene, auf denen die Helden der *Ilias* geschlafen haben. Das Geschirr aus kostbaren Metallen oder von staunenerregender Keramik ist zweifellos reich und endet nun in den Museen.

In Griechenland entwickelt sich die Wohnarchitektur aus der rundeiförmigen oder rechteckigen Hütte der Jungsteinzeit oder der Bronzezeit. Die rechteckige Hütte, die sich für Erweiterungen besser anbietet, entwickelt sich durch Hinzufügung eines Portikus vorn und eines oder zweier Wohnräume im hinteren Teil. Das ist im Embryonalzustand schon die Form des Megarons, des Saales, der den Mittelpunkt des Familienlebens bildet; eine Form, die über die Weihe als Wohnung der Gottheit hinaus noch durch den Gebrauch veredelt wird, den das Haupt der irdischen Gemeinschaft, der König, davon macht.

Aus diesen Typ entwickelt sich langsam im Lauf des 7. und 6. Jh. v. Chr. das Haus mit zwei oder drei nebeneinander liegenden Räumen, das meistens keinen Hof besaß oder nur einen sehr kleinen. Manchmal war es mit einem oberen Stockwerk versehen, das über die Treppe zu erreichen war. Wir wissen von Plutarch, daß Alkibiades seine Wohnung von Agatarkos ausmalen ließ, wobei er ihn solange eingeschlossen hielt, bis er die Arbeit vollendet hatte, "danach ließ er ihn mit reichen Geschenken ziehen". Im 5. Jh. wird die Grundrißplanung – gleichzeitig mit dem wachsenden Wunsch den Innenraum auszuschmücken, worüber auch andere alte Autoren berichten – regelmäßiger, und es kündigt sich das Bestreben nach einer systematischen Planung der Wohnung an, die dann für das klassische Altertum charakteristisch geworden ist. Aber in Athen ist die Stadt noch nicht geplant: Die Häuser liegen ungeordnet am Fuß der Akropolis und waren meistens so bescheiden, daß es die Athener selbst beeindruckte. Demosthenes teilt in seinen *Olynthischen Reden* mit: die Bürger der Vergangenheit "haben für uns so viele öffentliche Gebäude und so viele Tempel von solcher Schönheit errichtet, daß sie keinem Nachfahren die Möglichkeit gelassen haben, es besser zu machen. Im Privatleben waren sie dagegen so bescheiden und streng an die staatlichen

Von der Eingangstür gehen schmale Korridore aus. Auf einer Seite liegen die Ställe, auf der andern die Räume für die Türhüter, von hier öffnen sich die Durchgänge, die ins Innere führen. Der Zwischenraum zwischen diesen Räumen und dem Eingang nennt sich Thuroreion (Vestibül). Von hier aus tritt man in das Peristyl, das auf drei Seiten je einen Portikus und auf der vierten im Süden zwei Säulen aufweist, die sehr weit auseinander stehen, und auf denen die Balken ruhen. Einige nennen diesen Ort Prostás andere Pastás. Dahinter öffnen sich weiträumige Säle, wo die Hausfrau mit den Sklavinnen sitzt und spinnt. Rechts und links vom Prostás sind die Schlafzimmer, von denen eins Thalamum, das andere Amphithalamum genannt wird. Um die Portikus herum liegen die Speisezimmer, die kleineren Zimmer und die Zellen der Diener. Diesen Teil nennt man Gynäkonitis (Gynäzeum)." Der griechische Mann verbrachte den größten Teil des Tages an öffentlichen Plätzen, in der Agora und auf dem Areopag, wo er berufen war, seine bürgerlichen Pflichten zu erfüllen, in der Palästra und in den Theatern sowie an den Kultplätzen, wo er Körper und Geist stählte. Und diese Teilnahme am öffentlichen Leben ließ ihn weniger das Bedürfnis nach einer bequemen häuslichen Umgebung spüren. Das Haus schien tatsächlich nur dann Bedeutung zu haben, wenn

Eine Serie von glasierten Täfelchen (2-3 cm breit) im archäologischen Museum von Heraklion dokumentiert die Verschiedenheit der Fassaden auf dem Gebiet des antiken Wohnhausbaus auf Kreta, eine Verschiedenheit nicht nur in der Ornamentik (häufig abhängig von der willkürlichen Verwendung des Baumaterials), sondern auch in der außergewöhnlichen Vielfältigkeit der Strukturen; so hatte man Fassaden mit attischen Dachlösungen, mit turmartigen Vorbauten, mit vielen oder wenigen, großen oder kleinen Fenstern, die gelegentlich zwei Flügel hatten.

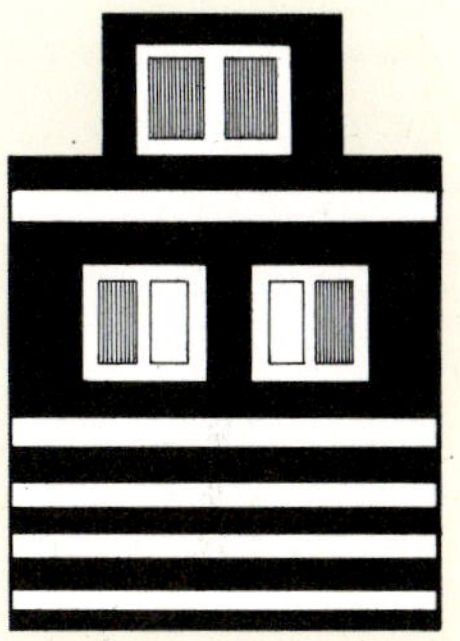

Einrichtungen gebunden, daß jemand, der gern gewußt hätte, welches das Haus des Aristides oder des Milkiades oder anderer berühmter Leute dieser Zeit gewesen sei, gesehen hätte: es war um nichts reicher als das des Nachbarn." Darüber gaben auch Ausländer, wie z. B. der Skeptiker Heraklit, Rechenschaft: "Die Stadt ist trocken und entbehrt des Wassers; die Aufteilung der Viertel ist wegen des Alters schlecht gelöst. Im großen und ganzen taugen die Häuser nicht viel, und es gibt nur wenige wertvolle. Beim ersten Anblick könnte ein Fremder daran zweifeln, daß ausgerechnet das die so viel besungene Stadt Athen sei."

Im athenischen Haus, das einer wohlhabenden Familie aus der Zeit des Perikles und des Parthenon gehörte, sind etwa zehn Räume um den südlichen Turm gruppiert, während sich die normalen Aufenthaltsräume (oikos) auf der Nordseite befinden, weiter innen und intimer und vor allem für die weiblichen Mitglieder der Familie bestimmt. Vitruv registrierte diese Besonderheit: "Die Griechen benützen und konstruieren kein Atrium.

es von Diskussionen während einer erwählten Versammlung belebt wurde. Das bestätigen die bei Callias zusammengekommenen Sophisten, so wie Platon sie im "Protagoras" schildert: "Beim Eintritt verweilten wir zunächst im Vestibül, um zu diskutieren...; nachdem wir eingetreten waren, fanden wir Pythagoras, der im vorderen Portikus wandelte... Hippias aus Elis saß auf der entgegengesetzten Seite auf einem hohen Sitz; um ihn herum auf Bänken Eriximakos, Phaidros... Prodikos aus Keos war in einem Raum untergebracht, der früher dem Hipponikos als Magazin gedient hatte, den aber Callias wegen der großen Zahl der Sophisten, die zu ihm kamen, geräumt und zu einem Fremdenzimmer umgebaut hatte. Prodikos lag, in Schafsfelle und zahlreiche Decken gehüllt. Bei ihm auf den benachbarten Liegen waren Pausanias und ein junger Mann..."

Auch diese kurzen Hinweise können einen genügend klaren Eindruck über die normale Wohnungseinrichtung vermitteln: die unentbehrlichen Schemel und Stühle von verschiedener Form, mit geraden oder gekreuzten

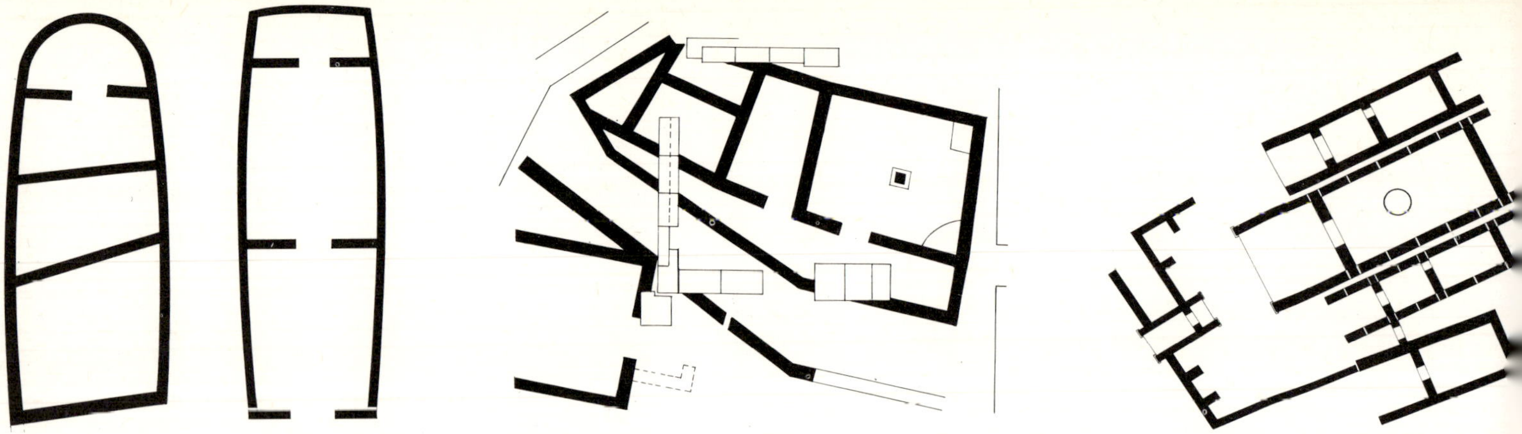

(Unten, von oben) In Olynthos, der im 4. Jahrhundert v. Chr. von Philipp von Makedonien zerstörten Stadt, begegnet man griechischen Häusern, die in der Verteilung der verschiedenen Räume rationell geplant wurden: Hauptatrium (1), das in den Säulenhof führt (2), auf den die Wohnräume stoßen (4-8); auf dieser Seite findet sich ein Nebeneingang (3); die Treppe (9) führte in das obere Stockwerk, das für die Gäste und die Dienstboten bestimmt war: große und bequeme Räume, die jedoch nie oder nur äußerst selten sanitäre Anlagen hatten. Das Haus auf einem regelmäßigen Grundriß (unten), das in Mália (Kreta) gefunden wurde, gehörte vielleicht einem reichen Kaufmann und ist typisch für die kretische Kultur des 2. Jahrtausends v. Chr.; vom Vestibül (1) gelangte man in den Korridor (2); links kleine Räume (Abstellräume?) und das Bad (3); rechts größere Räume (vielleicht Vorratsräume); im Hintergrund der Eß- und Schlafraum (4) ohne Fenster, aber mit einem Vorraum mit Pfeilern (5).

In der homerischen Dichtung wird ein ziemlich komplexer Wohnungstyp beschrieben mit Vestibül, Säulenhöfen, Saal, Schlafzimmer und Aufenthaltsraum für die Frauen: Es handelt sich nicht um gewöhnliche Wohnungen, sondern um Königspaläste, die die mykenische Kultur widerspiegeln. Im 8. und 7. Jahrhundert v. Chr. wies der Wohnhausbau in Griechenland und Kleinasien erheblich bescheidenere Lösungen auf: ovale, rechteckige oder verschiedenlinige Hütten (die ersten beiden Grundrisse, oben, von links) aus Holz oder ungebrannten Ziegeln. In Eleusis (dritter Grundriß) finden wir ein Haus, das in gewisser Weise mit dem griechischen der geschichtlichen Zeit verwandt ist; in ihm sind die verschiedenen Räume, zu denen man von einem Vestibül aus gelangt, organischer verteilt. Schließlich bildet das "Megaron" eine vornehme Form der primitiven Zweiraum-Wohnung: ein Frontal-Portikus (vom Tempel abgeleitet) und ein Saal mit dem Herd. Im zweiten Grundriß (rechts) (Troja; 3. Jahrtausend v. Chr.) haben wir mehrere "Megala" nebeneinander aus ungebrannten Ziegeln.

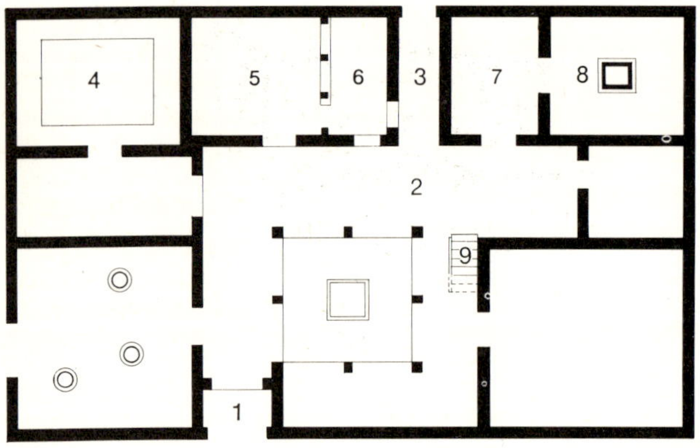

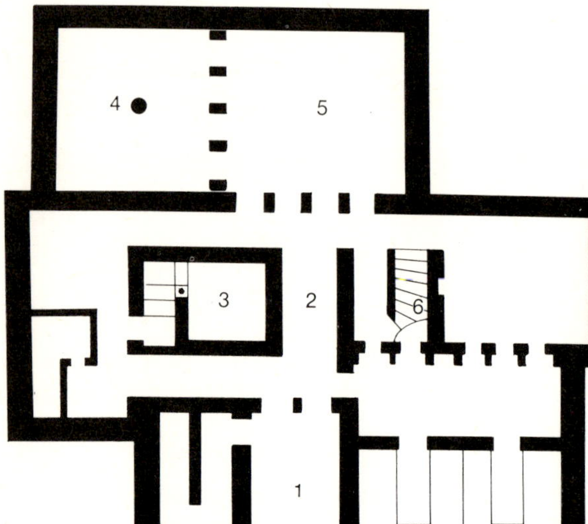

Beinen (daher faltbar, wie die ägyptischen Exemplare, die sie inspiriert haben), mit oder ohne Lehne (die man geneigt vorzog) und Armstützen, häufig mit einem Tierfell, das darauf als Polster angebracht war; wenige Tische; Betten, die auf einem Gestell ruhten und Decken oder auch große Säcke voll von Blättern oder Wolle an Stelle der Matratzen aufwiesen. Schließlich gab es noch Truhen, die als Sitze dienten und vor allem den Schrank ersetzten, der wahrscheinlich noch nicht bekannt war. Das Grundprinzip wurde im wesentlichen von einer klar zutage tretenden Funktionalität diktiert. Das ausgewogene Zusammen der einzelnen Teile schuf eine Harmonie, die wir bei zahlreichen Vasenfiguren bewundern können.

In der hellenistischen Periode, vom 4. bis zum 2. Jh. v. Chr., wird die griechische Wohnung bequemer und reicher, wahrscheinlich, weil der Bürger erst jetzt das Bedürfnis verspürte, dort einen großen Teil seiner Zeit zu verbringen, da seine direkte Teilnahme am politischen Leben der Gemeinde zurückging und die Geschicke der Stadt einem Herrscher anvertraut wurden. Die besten Beispiele der Wohnarchitektur bietet Priene, eine reiche Handelsstadt in Kleinasien, in der die Stadtplanung sehr regelmäßig ist und die rechtwinkligen Strassen das Wohngebiet in rechteckige Abteilungen teilen. Die im allgemeinen bescheidenen Häuser bewahren die wesentlichen Charakterzüge der griechischen Wohnung: den Oikos im Norden, den für die Männer bestimmten Teil (Andron) im Südosten des Hofes, der seinerseits im Südteil des Komplexes liegt.

Dagegen müssen wir die großartigen palastartigen

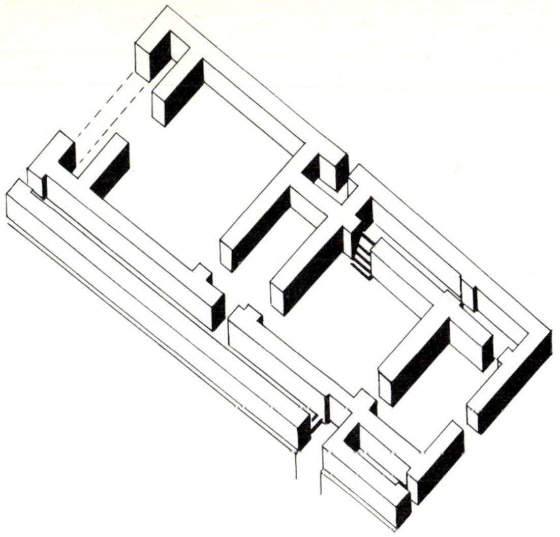

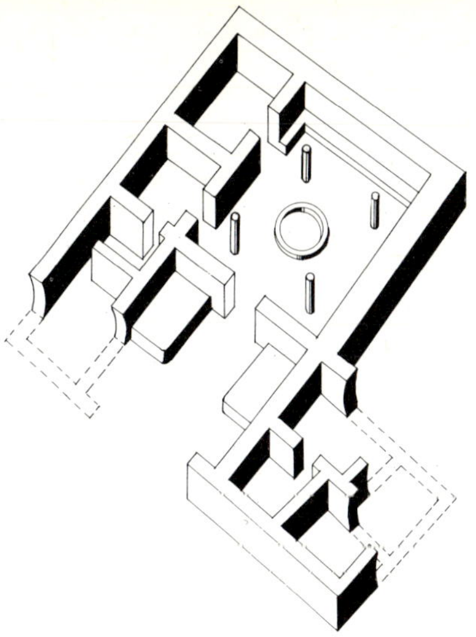

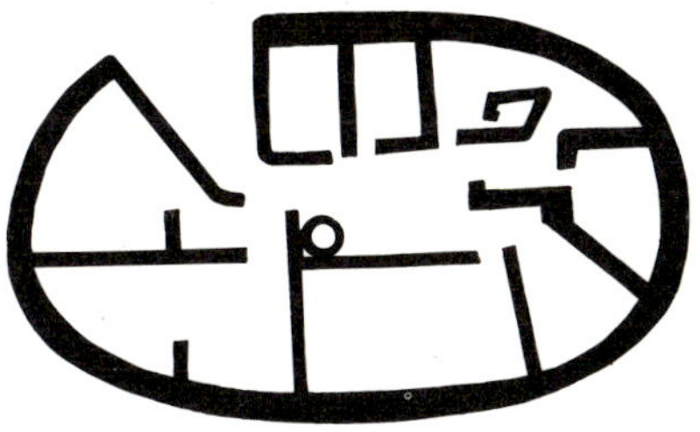

(Oben, von links) Grundriß des "Hauses der Dachziegel" (ca. 2000 v. Chr.) in Lerna (Argolis); das 20 m lange Bauwerk verdankt seinen Namen den Tonziegeln, die sein niedriges Hüttendach bedecken, vielleicht das älteste noch bestehende Beispiel dieser Art. In der komplexen Ausführung der großen ägäischen Paläste (Knossos, Phaestus, Tiryns) wird das "Megaron" zum Zentrum des Hauses wie in diesem Gebäude (rechts) in Kültepe (Türkei); das Dach, das häufig offen ist, um den Rauch abziehen zu lassen und die Räume zu erleuchten, wird von Säulen getragen. (Links) Grundriß eines alten Hauses auf Kreta, wo die Häuser mit rundem Grundriß sehr verbreitet waren. (Unten) Die griechische Stadtplanung begann die Wohnviertel bald nach den von Hippodamos von Milet im 5. Jahrhundert v. Chr. festgelegten Normen rationell zu gestalten; in Prienai in Kleinasien wie in Agrigent (siehe Plan) bilden sich an den Hauptstraßen gleiche Viertel heraus, die von engen Gassen für den Wasserabzug durchzogen werden; die schrillen Farben der Fassaden lockerten die Monotonie der strengen Aufteilung.

Villen für Ausnahmen halten, die Familien von beachtenswertem sozialem Niveau, wenn nicht gar solchen aus fürstlichem Geschlecht, gehören, reich an Mosaiken und Marmor, an weitläufigen Peristylien und Sälen und an Fläche wie in jener Villa, die erst kürzlich in Pellas in Makedonien, der Stadt Alexanders, entdeckt wurde. Aber die Häuser von Delos, die sich in den Straßen und engen Gäßchen der Insel drängen, repäsentieren besser die Wohnung des mittleren Typs in einer griechischen Stadt des 2. Jh. v. Chr. und zeigen die lebhafte politisch-wirtschaftliche Aktivität, an der auch schon römische Bürger teilnehmen: das Gebäude, im allgemeinen mit zwei Stockwerken, verteilt seine Räume von unregelmäßigem Grundriß um einen kleinen Hof mit dem Portikus, während die Marmorsäulen und die raffinierte Dekoration der Wände in Stuck und Farben den Eindruck von Wohlhabenheit oder komfortabler Intimität erwecken.

Nach dem 3. Jh. v. Chr. breitet sich der Haustyp mit dem Peristyl immer mehr aus und wird zur Standard-Wohnung des Mittelmeer-Raums. Es ist der Haustyp, der über die griechischen Kolonien Süditaliens zu den Römern kommt und von ihnen übernommen wird. In den Städten griechischer Herkunft in Sizilien spielt sich das Leben des Durchschnittsbürgers im gleichen Milieu wie dem des Mutterlandes ab. Das hellenistische Viertel von Agrigent ist dafür die klarste Bestätigung. Was die Möbel der hellenistischen Zeit angeht, so kann man sich an die römischen halten, die ihnen ziemlich treu nachgebildet sind. Spätere Jahrhunderte werden immer wieder auf griechische Elemente zurückgreifen.

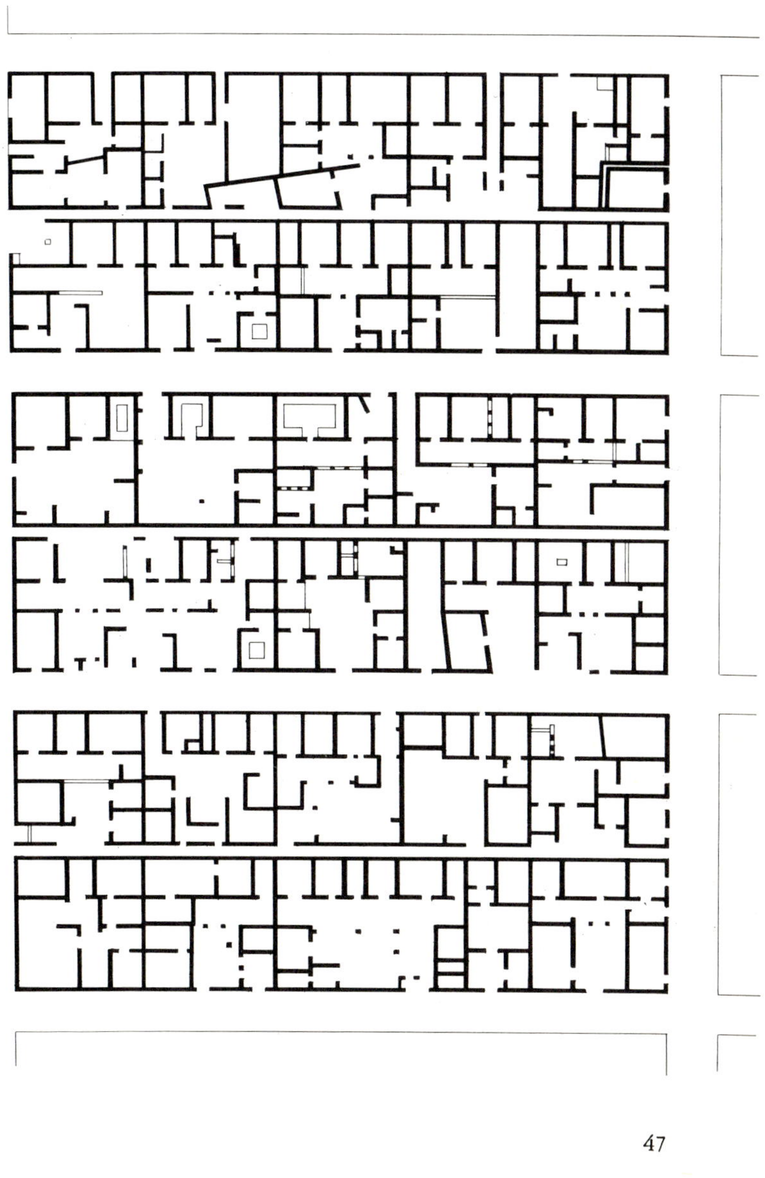

ETRURIEN

Wir wissen wenig über das etruskische Haus, auch wenn sein wichtigstes Element, das Atrium, nach dem Zeugnis der Alten den Kern des römischen Hauses gebildet hat. In der Tat sind die bewohnten Zentren Etruriens weit weniger bekannt als die Griechenlands und Roms, und aus den Resten, die bei den Ausgrabungen von Marzabotto, Veio und Vetulania wiedergefunden wurden, kann man nur wenige Elemente des Konstruktionstyps erkennen: Räume, die um einen Binnenhof herum angeordnet waren, oder auch Wohnungen mit ein, zwei oder mehr Räumen ohne Hof. In Marzabotto, einer etruskischen Stadt mit regelmäßigem Plan und breiten Straßen, die sich im rechten Winkel schneiden, sind die noch vorhandenen Fundamente nur wenige Dezimeter hoch und aus Fluß-Steinen errichtet. Man nimmt an, daß der obere Teil der Mauern aus Holz oder ungebrannten Ziegeln bestand. Einige Asche-Urnen geben in verkleinertem Format die Außenansicht der etruskischen Wohnung in der Blütezeit dieser Kultur (6. 5. Jh. v. Chr.) wieder: Die Konstruktion ruht auf rechteckigem Grundriß und hat ein nach zwei Seiten hin abfallendes Dach. Auf einer dieser Urnen hat man die Darstellung eines oberen Laubenganges festgestellt, der die Existenz eines oberen Stockwerkes beweisen könnte.

Die Gräber geben uns vor allem indirekt Kenntnis von der etruskischen Wohnung. Die Felsengräber von Blera, Norchia und Sovana gewähren architektonische Einsichten in die äußere Konstruktion, während die hypogäischen Gräber von Tarquinia und Orvieto und die in Grabhügelform von Cervèteri einen Eindruck von der inneren Einrichtung der Räume geben können. Der Eingangskorridor (dromos), der zum Zentralraum des Grabes führt, entspricht dem Vestibül des Hauses, das in das Atrium mündet, den großen Zentralraum, um den herum die andern Zimmer angelegt sind und der die gleiche Funktion wie der Hof im griechischen Haus erfüllt. Das Atrium, das Vitruv als tuskanisch, d. h. etruskisch, definiert, hatte eine Öffnung in der Mitte des Daches, um den andern Räumen der Wohnung, die im allgemeinen keine Fenster nach außen hatten, Licht und Luft zu geben. Einige Sarkophage und die Totenbetten in den Gräbern, die in den an den Mittelraum anstoßenden Räumen aufgestellt waren, zeigen Triklinien, auf denen die Etrusker speisten oder ruhten. Auf den Wänden erscheinen gemalte Szenen von Festmählern, Schauspielen, Jagd- und Kriegsunternehmen und Gegenstände des täglichen Gebrauchs. Der Verstorbene ist mit Gegenständen umgeben, die ihm im Leben dienten und ihm nun dort helfen können, weiterhin am Gemeinschaftsleben teilzunehmen.

(S. 49) Totenkammer des "Grabes der Reliefs", auch "schönes Grab" genannt, in der etruskischen Totenstadt von Cervèteri. Die reiche Struktur ist die der andern Gräber der gleichen Zeit (4.-2. Jahrhundert v. Chr.) mit zwei Pfeilern, die das vorstehende Dach tragen, und den kleinen Räumen darum herum; eine Besonderheit ist dagegen die realistische Wiedergabe der den Toten teuersten Gegenstände (Waffen, Wappenschilde usw.) und der häuslichen Geräte (Möbel, Küchen- und Tischgeräte) in bemaltem Stuck auf den Pfeilern und an den Wänden, die praktisch das einzige Dokument darstellen, das noch über das private Leben der Etrusker besteht. Darüber hinaus stellt das Grab in der Mitte der hinteren Wand ein Bett mit Kopfkissen und einen Hocker dar, auf dem ein Paar Sandalen steht.

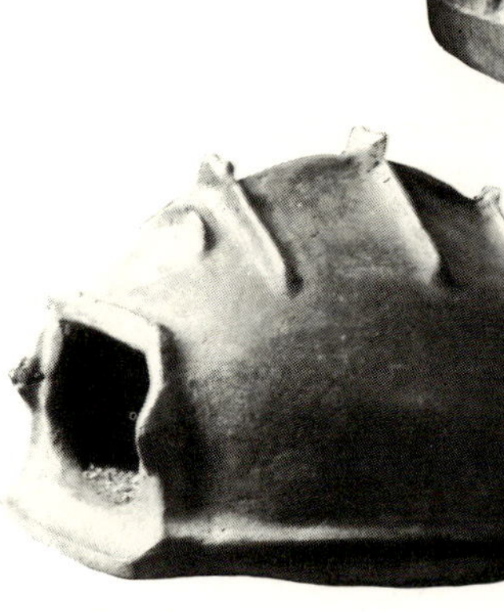

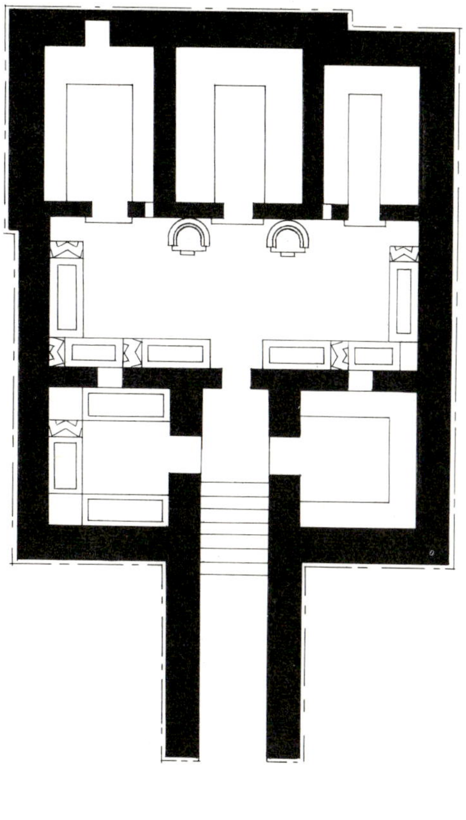

chts) Grundriß des "Grabes der Schilde und Sitze" ebenfalls in der enstadt von Cervèteri. Das Grab ist wichtig wegen der kleinen one, der Totenlager und der Schilde, die mit der üblichen Deutlichkeit in den 'stein gehauen sind, um für die Toten die Räume, lenen sie gelebt haben, noch einmal herzustellen, vor allem aber wegen es Aufteilungsschemas, das wahrscheinlich mehr als in jedem andern Grab dem des leren etruskischen Hauses verwandt ist: rechteckiger Grundriß dem Vestibül, das in die beiden Seitenräume und in den großen tralraum, das Atrium, führt, dem sich die kleineren Räume anschließen.

48) Hütten-Urnen der etruskischen Zeit im Museo Gregoriano des Vatikan, Rom.

Fragmente des Stadtplans von Rom (Maßstab 1:240), unter Kaiser Septimius Severus in Marmor geschnitten. Auf den hier abgebildeten Teilen entdeckt man ein Viertel, das von dem "(VICVS BV)BLARIVS" durchzogen wird: wahrscheinlich handelt es sich wegen der nach den von Nero herausgegebenen Gesetzen regelmäßigen Aufteilung um eine der flachen Zonen der Stadt. Die Blöcke stellen Ladenreihen dar; einige haben Innenhöfe, andere Treppen nach oben.

ROM

Das römische Haus kann in all seinen Formen und Entwicklungen, von den Anfängen der Hütte Latiums bis zu den großen Gebäuden mit vielen Wohnungen in der Kaiserzeit, vom bescheidenen Haus des plebejischen Stadtbewohners in Rom bis zu den Villen der Landgüter, die in großer Zahl in den Provinzen des Reichs verstreut waren, verfolgt werden. Die archäologische Dokumentation ist groß und vielfältig. Sie bezeugt, daß der römische Bürger die Fähigkeit hatte, sich den verschiedensten Lebensformen und Klimata anzupassen, und daß er auf einer ununterbrochenen Suche war, seine Unterkunft wohnlicher zu gestalten. Es war die ständige Sorge des Römers, überall, wohin er sich als Soldat oder Kolonist wagte, der eigenen Wohnung die wesentlichen Elemente eines komfortablen Lebens zu sichern, wobei er so weit wie möglich die örtlichen Gegebenheiten im Hinblick auf die beiden wichtigsten Lebenselemente ausnützte: das Wasser, das den verschiedenen häuslichen Zwecken diente, das zunächst in Zisternen gesammelt und später aus den Quellen geschöpft und in den Aquädukten eingefangen, durch diese an die Privatwohnungen, Thermen und öffentlichen Bäder ausgeteilt wurde; in den kalten Klimata die Wärme, die systematisch durch die Heizung der Räume verteilt wurde, wobei man die warme Luft unter den Böden und im Innern der Mauern zirkulieren ließ.

Die ursprüngliche Wohnung im Rom des 8. Jahrhunderts v. Chr. unterscheidet sich nicht von der anderer italischen Völker: Es ist die Hütte der Eisenzeit, die im Raum der Toscana, Umbriens und Latiums üblich war, im allgemeinen eiförmig, mit Holz, Stroh und Ton errichtet. Dafür sind in verkleinertem Maßstab die Aschenurnen Latiums ein Modell, die dem Toten das Haus nachbilden, in dem er im Leben gewohnt hatte. Fast nichts weiß man von der darauffolgenden Zeit, von der Wohnung, die im 6. und 5. Jahrhundert v. Chr. die ursprüngliche Hütte abgelöst haben muß. Um zum römischen Haus mit Atrium zu gelangen, d. h. mit bedecktem Binnenhof, der in den letzten Jahrhunderten der Republik üblich war, bleibt eine Lücke von ein paar Jahrhunderten offen. Es ist schwierig auszumachen, ob dieser Haustyp, der sich schon in Etrurien entwickelt hatte, von den Römern seit den ersten Eroberungen im etruskischen Gebiet übernommen wurde oder ob er aus einer natürlichen, gleichzeitigen Entwicklung entstanden ist, die vielleicht im etruskischen Raum besser gelöst wurde: durch das ursprüngliche Hüttenhaus, an das sich durch reichere Planung langsam neue Räume anschlossen. Doch es ist sicher – das bezeugt die literarische Tradition und die Existenz dieses besonderen Typs des sog. tuskanischen Atriums –, daß die Beziehungen zum etruskischen Raum sehr eng waren.

Der Ort der Begegnung und Vermischung des toskanisch-römischen Atrium-Hauses mit dem Peristyl-Haus aus der hellenistischen Tradition war dagegen Kampanien: Pompeji und Herculanum bieten vielfache Beispiele einer solchen Vermengung, die sich in der Schaffung einer einzigen, großen Wohnung zeigt. Das Haus mit Atrium bildet den vorderen Teil, der über das Vestibül mit der Straße in Verbindung steht, und das hellenistische Peristyl mit Säulen aus kostbarem Marmor den hinteren, intimeren, aber auch prunkvolleren Teil an Stelle des bescheidenen hortus oder Gartens der alten römischen Wohnung. Mosaiken und Intarsien aus Marmor dokumentieren auch für die bescheideneren Gebäude den Wunsch, die Wohnung behaglicher, sagen wir ruhig, luxuriöser zu gestalten. Besondere Umweltbedingungen beeinflußten natürlich die Architektur des

Auf dem als Wohnung des Romulus angegebenen Palatin haben ere Ausgrabungen Hütten aus dem 8. Jahrhundert v. Chr., der G dungszeit Roms, freigelegt. Dieses Modell gibt die größte dieser ten wieder (4,90 mal 3,60 m): Die Pfähle sind in den Tuff eingela die Wände aus Ästen und Ton, das Dach aus Spreu; ein weiteres nes Dach findet sich über der Tür; vielleicht hatte es ein Seitenfe und ein anderes über dem Eingang für den Rauchabzug (die Fe stelle war in der Mitte des Raums); Rinnen an der Außenmauer ten zum Sammeln des Regenwassers in entsprechenden Zisternen

Hauses. Daher wird bei den Wohnungen auf einem Hügel das Peristyl häufig von einer Terrasse ersetzt, die auf das Tal hinausschaut.

Der Typ der römischen Wohnung in den Provinzen des Imperiums war wieder anders, da die Beschaffenheit und die Verteilung der verschiedenen Räumlichkeiten von den besonderen Umwelt- und Sozialbedingungen abhingen.

In Rom bestand die traditionell gewordene Wohnung mit dem Atrium und dem Peristyl noch im 3. Jahrhundert des Kaiserreiches, war allerdings wohl auf wenige Herrenhäuser beschränkt, die den alten vornehmen Patrizierfamilien gehörten. Dafür haben wir in einem Fragment des großen marmornen Stadtplans aus der Zeit des Septimius Severus ein grafisches Zeugnis. Die Wohnung mittleren Typs, in der der gewöhnliche Bürger der großen städtischen Ballungszentren wohnte, war natürlich bescheidener und von geringeren Ausmaßen. Oft wies sie nur einen kleinen Hof und enge Räume auf, wie in Herculanum, und hatte ein ausgeschmücktes oberes Stockwerk, das der Straße zugekehrt war, mit Holzbalkonen und Bogengängen, wo sich die Familie aufhielt, um zu essen oder die Kühle zu genießen.

Die ungeheuer schnelle städtische Entwicklung, die sich gegen Ende der republikanischen Zeit in Rom feststellen läßt, sowie die Ausbreitung neuer Bautechniken, die, wie die Bauweise mit Zement, den Mauern größere Haltbarkeit verliehen, regten die Erbauer an, die Häuser immer mehr in die Höhe zu ziehen, so daß sie nun verschiedene Stockwerke umfaßten. Die Gesetzgebung hatte sich jedoch schon in der republikanischen Zeit darum gekümmert, das Bauen zu disziplinieren und Mißbräuche abzustellen. Die "Lex Julia de modo aedificandae Urbis" beschränkte seit Augustus die Höhe der Häuser auf ca. 21 m. Die Höhenentwicklung der Häuser war schon zur Zeit der Kriege gegen Hannibal beachtenswert. Livius berichtet von einem "Wunder" das 218 v. Chr. geschehen sein soll: "Ein Ochse stieg aus eigenem Antrieb ins dritte Stockwerk eines Hauses auf dem Forum Boarium und stürzte sich, von dem Spektakel der Menschen erschreckt, hinunter." In einem seiner berühmten Epigramme macht sich Martial über den Vielfraß Santra lustig, der sich mit Lebensmitteln belud und sie "über 200 Stufen bis zur Wohnung" mit sich schleppte. Er mußte in einem alten entlegenen Haus gewohnt haben, da die Gesetze des Augustus über die obere Grenze von 70 Fuß (genau 20,70 m) schon in Geltung waren, die die neuen und "die den öffentlichen Wegen zugekehrten" Gebäude betrafen. Diese Gesetze wurden offensichtlich erlassen (wie es übrigens auch der

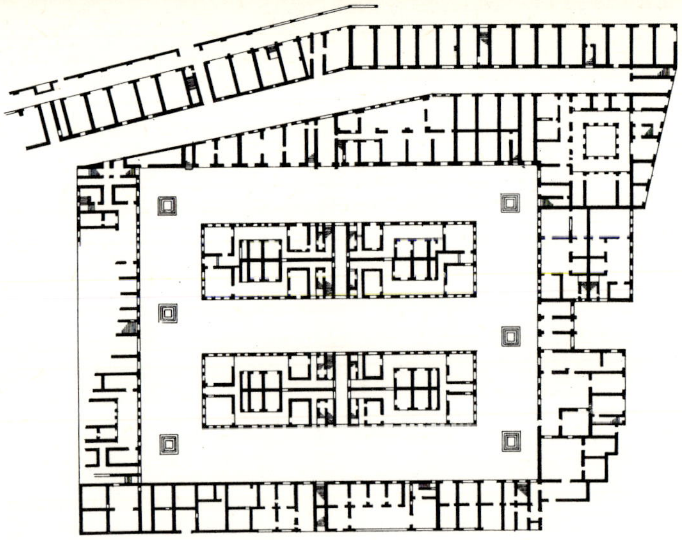

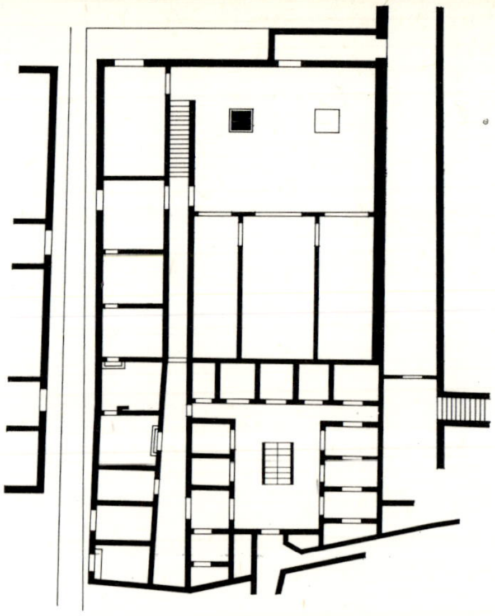

(Links) Ostia, das Hafenviertel des antiken Rom, zeigt noch verschiedene mehrstöckige Häuser für mehrere Familien, die seit dem 2. Jahrhundert n. Chr. die neue Charakteristik in der Bauweise der Hauptstadt bildeten. Diese Organismen hatten oft große Innenhöfe und schlossen manchmal kleinere Gebäude mit Portikus ein. Der Appartement-Typ bestand aus einem Eingang, der mit dem Hauptraum in Verbindung stand, Nebenräumen an den Seiten und in einer Ecke der Küche und den sanitären Anlagen (die Latrinen waren oft kollektiv). Die Wasserversorgung wurde durch Brunnen und Regenwasser-Zisternen in den Höfen gewährleistet. (Rechts) Grundriß des Hauses der Livia auf dem Palatin mit Fresken, doch ohne Marmor und andere Luxus-Ornamente: deshalb kann es als eine mittlere Wohnung zu Ende der Republik betrachtet werden. Vom Vestibül (oben rechts) gelangt man zum Atrium, dieses führte in drei große Wohnräume; das Triklinium war wahrscheinlich der isolierte Raum, der auf die fünf kleinen Räume folgte; eine Treppe führte in die oberen Gemächer.

Geograf Strabo bestätigt), um der Einsturzgefahr zu begegnen. Oder – und das ist sehr wahrscheinlich – es handelte sich um ein Gebäude, das unter Umgehung der Gesetze errichtet war, also eine Frucht der Häuserspekulation, von der wir wissen, daß sie auch in jenen Zeiten blühte. Zum Beweis braucht nur die Höhe der Mieten angeführt zu werden: 10.000 Sesterzen nahm nach dem Zeugnis Ciceros Publius Clodius Pulcher für ein "kleines Appartement" auf einer Insel, die ihm gehörte. Später habe Trajan noch einmal die Grenze für die Höhe auf 60 Fuß (17,25 m) heruntergestzt, weil – so teilt der Historiker Aurelius Victor im 4. Jh. n. Chr. mit – die Häuser immer noch der Einsturzgefahr ausgesetzt waren und "der Aufwand zu groß" war, sie bei Überschwemmungen, Erdbeben und Feuersbrünsten wieder zu errichten, und mehr noch, weil schon die Augusteischen Gesetze bestimmt hatten, daß die Außenmauern nicht stärker als eineinhalb Fuß (0,45 m) sein durften, wie wir es von Vitruv erfahren. Man kann sich gut vorstellen, daß die Unternehmer mit dieser Auflage sehr einverstanden waren.

Anderseits bemerkt derselbe berühmte Architekt: "Die ungeheure Größe der Stadt und die unendliche Zahl ihrer Bewohner machen es notwending, die Wohnungen zu vermehren. Da die Ausdehnung der Grundstücke für die Wohnungen für eine solche Menge nicht ausreicht, sah man sich gezwungen, einen Ausweg in der Höhe der Gebäude zu suchen. Daher werden die sowieso schon hohen Häuser auf Steinpfeilern in Ziegelsteinbau und Zementmauern oft durch Dachböden noch höher, die sich als sehr nützlich erweisen. Auf diese Weise verfügen die Bewohner Roms, nachdem

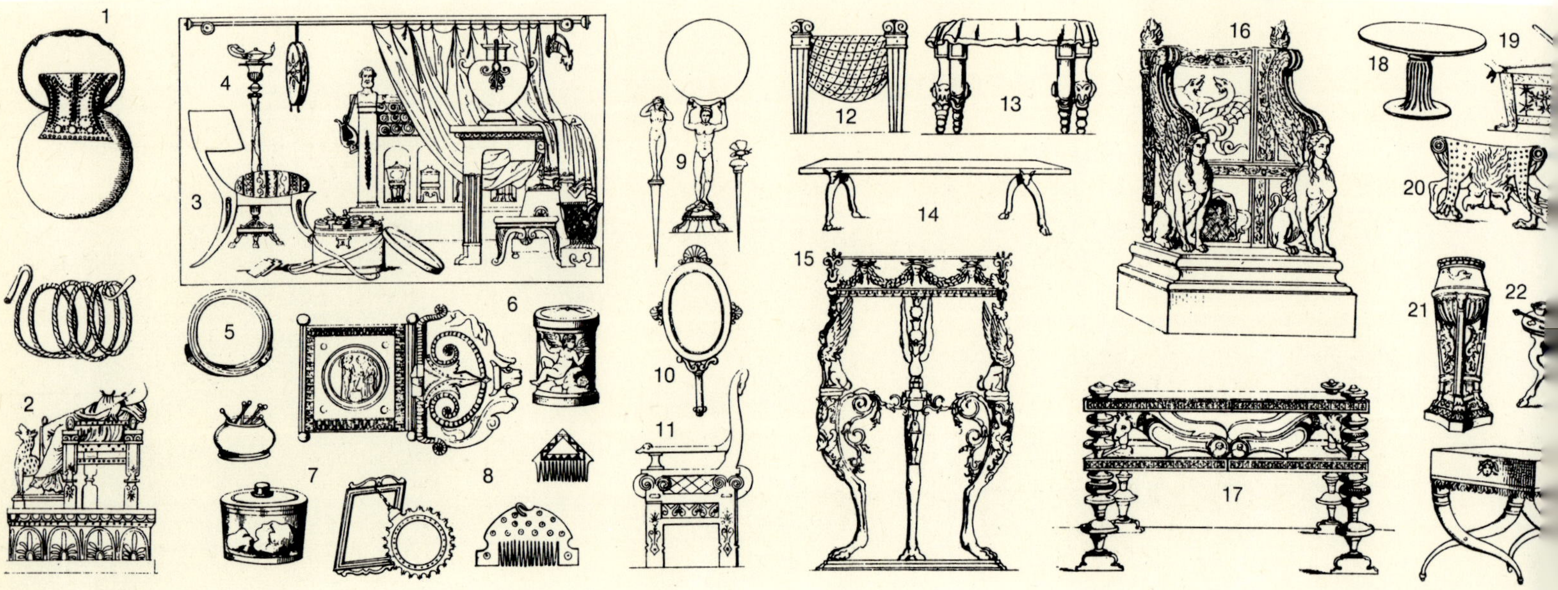

(Links) Herculaneum: Haus "der roten Säulen". Mit seinen grellen Farben, mit denen auch architektonische Elemente wie Säulen, Kapitelle usw. bemalt wurden, gibt es Zeugnis von einem der typischsten Aspekte der antiken mediterranen Bauweise.
(Rechts) Viele Häuser in Pompeji zeigen ein ähnliches Schema, das in der republikanischen Zeit in der römischen Architektur üblich war: oben die Vorderfront mit dem Vestibül, neben dem sich zwei häufig als Laden benützte Räume befanden; man gelangt ins Atrium, von dem kleine Seitenräume ausgehen; dahinter der Wohnraum, hinter dem sich das Peristyl, der große Säulenhof, befindet; einer der Räume, die neben ihm liegen, war das Triklinium für die Mahlzeiten mit den Liegen in der Mauer und dem Marmortisch für die Speisen in der Mitte. Die Wirtschaftsräume (Küche, Latrine, Ställe usw.) befanden sich in den weniger sichtbaren Winkeln des Komplexes.

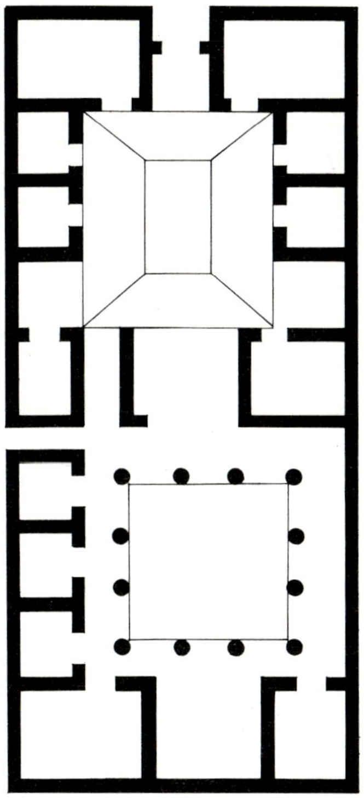

sie die Gebäude nach oben hin vergrößert haben, über hervorragende Wohnungen." Gerade gegen Ende des 1. Jahrhunderts des Kaiserreiches vervollkommnete die städtische Architektur den Typ des Mehrfamilienhauses, der auf einem rechteckigen Grundriß errichtet und durch ein von vier Straßen gebildetes Karree (insula) eingegrenzt wurde. Eine ausgefeilte Bautechnik bot immer größere Entwicklungsmöglichkeiten; so kam man zum Mietshaus mit mehreren Stockwerken und verschiedenen Wohnungen, die mehrere Treppenaufgänge aufwiesen, eine Erscheinung, die auch in unsern Tagen bekannt ist. Häufig hatten diese Komplexe unter den bewohnten Stockwerken Räume für den öffentlichen Gebrauch (Läden, Büros, Bäder usw.). Manchmal gruppieren sich die Zimmer – wie in Ostia – um einen Arkaden-Hof, wo man vergeblich die Elemente des römischen Atriums oder des griechischen Peristyls suchen würde, und dessen Bogen-Architektur schon irgendwie die Rhythmen der Renaissance-Höfe vorwegnimmt. In diesem neuen Haustyp wird das Leitmotiv des mediterranen Hauses aufgegeben, das von Kreta kommend über Griechenland und Etrurien auch das römische Haus bestimmte, die Wohnung für indiskrete Blicke Fremder schloß und wo die Familie ihr vom pater familias bestimmtes Leben führte.

Die Umwandlung des traditionellen Wohntyps ist die Folge eines sozialen Umschwungs, der sich in einer qualitativen und quantitativen Änderung der Zusammensetzung der Bewohner der großen Stadtzentren ausdrückt. In Rom lebte der größte Teil der 1.000.000 Einwohner – man nimmt an, daß die Hauptstadt des Imperiums in ihrer größten Ausdehnung zu einer solchen Zahl gelangt ist – aufs äußerste zusammenge-

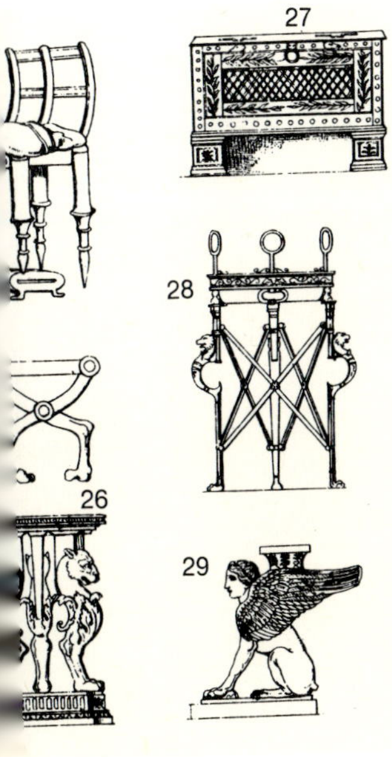

Neben Gegenständen für Schönheitspflege – Spiegeln, Kämmen, Kosmetik-Kästchen usw. (1, 5, 6, 7, 8, 9, 10) – sind hier die üblichsten Möbel des griechisch-römischen Hauses abgebildet. Schemel (12, 13), häufig zusammenklappbar (20, 23, 25) und sehr kompliziert (17); Stühle mit hohen Rückenlehnen und Kissen (3, 24, 35, 36), Sessel aus Marmor oder Holz mit Bronze-Ornamenten (2, 11, 16, 32, 37), meistens runde Marmortische mit einem einzigen Fuß (18, 21) oder mit drei tierförmigen Beinen (14, 22, 26, 33, 38); Ablagen aus Bronze für Becken oder andere Gefäße (15, 28); Lichtständer (4) oder große Leuchter (34); Betten (30, 31), häufig mit hohen Lehnen versehen, die sie wie die unsern den heutigen Diwanen ähnlich machten, mit Matratzen, Decken und Kopfkissen; Truhen (19, 27).

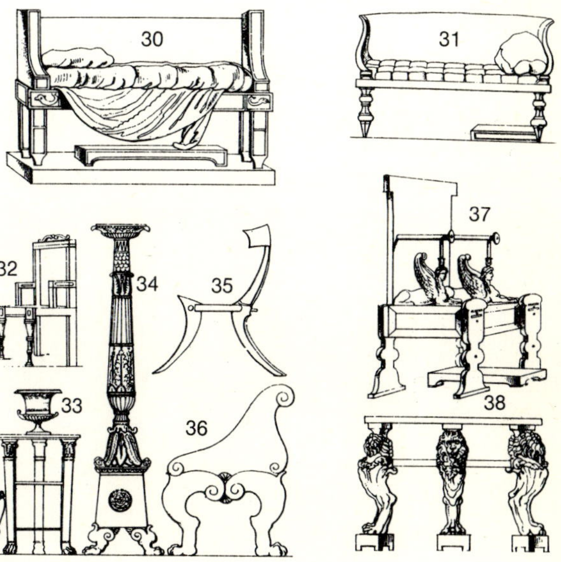

pfercht in einigen Vierteln, die (wie die Suburra, das sich an die Foren anschließende berüchtige Gebiet) von Menschen verschiedenster Rassen und Lebensweisen wimmelten, während im ebenen Teil der Stadt (Marsfeld) weitausgedehnte Gebiete von einer ununterbrochenen Reihe von öffentlichen Monumenten eingenommen wurden. Die Reichen hatten es vorgezogen, sich in die gesünderen und ruhigeren Hügel-Viertel zurückzuziehen (wobei sie den Palatin verließen, der schon völlig von der kaiserlichen Wohnung mit Beschlag belegt war) und hatten sich für ihre weitläufigen Wohnungen, die reich an Nutz- und Ziergärten waren, die Höhen des Esquilin, des Pincio und des Quirinal erwählt. Gegen Ende des 19. Jahrhunderts herrschten in Rom noch nach so vielen Jahrhunderten ähnliche Zustände. Das einfache Volk wohnte in den überfüllten Vierteln, die sich um das monumentale Zentrum herum zusammendrängten, während die Patriziervillen mit den dazugehörigen weiten Parks die anmutigeren Gegenden auf den Hügeln einnahmen.

Tacitus weist in seinen Annalen darauf hin, daß Nero nach dem Brand des Jahres 64 n. Chr. anordnete, "die zerstörten Häuser nicht wieder so aufzubauen, wie man es nach dem von den Galliern verursachten Brand getan hatte, sondern die Viertel in ihrer Größe zu beschränken, ihnen breite Straßen zu geben und die Häuser niedrig zu halten ... Nero versprach, all das auf eigene Kosten zu unternehmen und die so sanierten Gebiete den Eigentümern zu übergeben ... Er setzte fest, daß ... mehrere Gebäude keine gemeinsame Mauern haben, sondern jedes Haus von den eigenen Wänden umgeben sein sollte."

Als Konstantin im 4. Jh. die Reichshauptstadt von Rom nach Byzanz verlegte, änderte sich auch die lateinische Welt, die sowieso schon gründlich hellenisiert war, durch den Kontakt mit orientalischer Lebensweise; man strebte mehr als je zuvor nach Luxus und seiner offenen Zurschaustellung. Dieser Prozeß zeigte sich natürlich auch in der neuen Hauptstadt. Die byzantinischen Mosaiken geben ein ziemlich genaues Bild der reichen Wohnungen, die höfisches Gepräge trugen und Marmorverkleidungen und kostbaren Dekor aufwiesen. Bei den Unterkünften des Mittelstandes tappen wir im Dunkeln.

Die Sitze, die Truhen und die Betten, die von den alten Römern benützt wurden, waren in Form und Ausstattung einfach. Langsam setzten sich aber griechische Formen durch, jedoch vereint mit der massigen Solidität etruskischer Herkunft und überladenen Verzierungen, die dann die typisch römische Form charakterisierten. Etruskisch ist auch die Form des Stuhles mit hoher gebogener Lehne und massiver Basis und der Andeutung von Armlehenen, wie sie sich im römischen Raum immer mehr durchsetzte.

Vom dritten vorchristlichen Jahrhundert an beginnt Rom, entweder über die Vermittlung der Etrusker oder durch direkten Kontakt, die alexandrinische Kultur zu assimilieren, wobei es deren Geschmack als Zeichen des Wohlstands wertete. So verbreitete sich in Rom der Schrank mit einzelnen Fächern, der sicher ein übliches Stück der hellenistischen Einrichtung war und der in verschiedenen Fällen die alte Truhe ersetzte Die Lateiner schlossen ihn mit zwei Türen, die oft als Grund für kostbare Dekorationen dienten. Die Vermehrung des Mobiliars und die neuen Erfordernisse der Bequemlichkeit machten dieses Möbelstück wirklich notwendig. Von den Etruskern hingegen übernahmen die Römer den Gebrauch des Trikliniums, das übrigens ebenfalls griechischer Herkunft war. Es war im allgemeinen durch reiche Verzierungen geschmückt und wies ein Übermaß

(S. 55) Klassischer Sarkop
in Simpelveld gefunden (heut
Rijksmuseum van Oudhede
Leiden), der innen die Einrich
eines römischen Hauses dars

Wandgemälde eines Hauses auf dem Esquilin, bekann als die "Aldobrandinische Hochzeit" (Vatikanische Museen). Es stellt eine Brautkammer dar: Die auf dem Bett sitzende Braut in den Gewändern des Ritus, der Venus beisteht, erwartet den Gatten; rechts Hymeneus, der Hochzeitsgenius. Das Bett, auf dem man die Matratze, Decken und Kopfkissen unterscheidet, ist das typische Bett der Römer.

Dieses Haus am Abhang des Kapitols bildet das bisher einzig bekannte Beispiel in Rom eines großen mehrstöckigen Gebäudes aus der Kaiserzeit, das den Häusern in Ostia ähnlich ist (S. 52). Neben dem Erdgeschoß mit den Läden bestehen noch Überreste von mindestens vier Stockwerken; die Anordnung der Fenster über den Läden entspricht dem Zwischenstock, wo die Kaufleute mit ihren Familien wohnten. Wo, wie in diesem Fall, das Haus auf einem Hügel stand, gingen die oberen Stockwerke direkt nach draußen.

an Decken und Kissen auf. Der Eßtisch wiederholt die verschiedenen bei den Griechen schon üblichen Formen, war allerdings reicher verziert. Die Form war quadratisch mit drei Beinen, rechteckig mit vier oder mehr Stützen oder rund mit einem einzigen Fuß in der Mitte. Die Römer verwendeten Marmor für die Tischplatte, Pranken des Löwen, des Greifs, der Sphinx und anderer Tiere als Stütze und ein Übermaß an bronzenen Ornamenten. Häufig bestand das gesamte Mobiliar aus Bronze, vor allem im Fall der runden oder dreifüßigen Tische, bei denen die Platte machmal durch eine Schale ersetzt wurde, in der man die täglichen Gebrauchsgegenstände ablegen konnte. Plinius d. Ä. liefert fast unglaubliche Berichte über die Preise, die von Liebhabern für Möbelstücke oder auch nur für das zu ihrer Herstellung notwendige Holz bezahlt wurden. In Rom war der vornehmlich gebräuchliche Sitz der Hocker mit senkrechten oder gekreuzten Beinen. Dieser letzte ist in zwei Typen bekannt, mit geraden Beinen auf rechteckiger Basis oder mit zangenförmigen Beinen auf ruder Basis, der später der offizielle Prunksessel werden sollte.

Man muß anerkennen, daß das römische Mobiliar im Unterschied zum griechischen im Lauf der Zeit die ursprüngliche Nüchternheit der Linien der hellenischen Vorfahren wiederaufzunehmen bestrebt war, wobei man dennoch auf beachtenswerte Bequemlichkeit Wert legte. Diese "Rückentwicklung" zeigen die Einrichtungen der ersten christlichen Jahrhunderte, während in der byzantinischen Welt das Mobiliar auch in den Provinzen einen immer feierlicheren Prunk aufwies. Inzwischen wurde das Triklinium, das sich zur Zeit des Untergangs des Westreichs in einen halbrunden Diwan ohne Rückenlehne verwandelt hatte, in Byzanz von Polsterstühlen, die häufig drei Füße und halbrunde Lehnen hatten, oder auch von Bänken und Hockern ersetzt, die nur aus Sitz und Beinen bestanden.

*

DIE UMWELT PRÄGT DIE ARCHITEKTUR

Asien

Die Wohnung in Asien spiegelt vor allem die ungeheuren Unterschiede in Klima und Lebensraum wieder, die diesen Kontinent prägen. Von den arktischen Gebieten bis zu den Tropen wechseln sich Tundren-Gürtel mit Wäldern und Steppen ab, Wüsten- und Halbwüstenzonen mit Gebirgsketten, Hochebenen, wasserreichen Tälern und Dschungeln. Dieser außerordentliche Wechsel in den Lebensräumen hat nicht nur die wirtschaftliche und organisatorische Struktur dieser verschiedensten Völker und Kulturen, sondern auch die Entwicklung des Hauses und vor allem eine besondere Geisteshaltung geprägt, die man als die Urwurzel der "Kunst" zu wohnen bezeichnen kann.

Abhängig von den verschiedenen Gebieten und Perioden kann das Haus in die Erde vergraben, in den Felsen geschlagen oder unter freiem Himmel mit den verschiedensten Baumaterialien errichtet sein (wobei das Holz den Vorzug hat), kann von Zelten aus Filz ersetzt werden oder mit andern ähnlichen Gebilden in chaotischer Unordnung zusammengepfercht oder nach genauer Planung erbaut sein, wie das seit dem 3. Jahrtausend v. Chr. für die Stadthäuser der Indus-Kultur gilt.

Ausdehnung, architektonischer und dekorativer Geschmack, Kontakt mit der Umwelt und mit andern Wohnungen ändern sich offensichtlich von Fall zu Fall und bieten enorme Lösungen an, die sich oft über Perioden von mehr als fünftausend Jahren ausdehnen. Die großen asiatischen Kulturen, die chinesische, indische, iranische, japanische usw., bilden die verschiedenen Komponenten für das Problem des Hauses. Das gilt in vielen Fällen für die magisch-religiösen Werte, nicht nur bei der Auswahl des Baugeländes, sondern auch für die symbolischen Elemente, die der Struktur der Wohnung selbst innewohnen: in sich geschlossen als Teil der Erde (Indien und Iran), oder auch in der Mitte offen und mit einem Brunnen für die Wasserversorgung versehen, damit der Weg zum Himmel und zu den Verstorbenen offen ist (altes China), da die Toten und die Lebenden der engeren Familie nach einer wirklich hohen Auffassung von Familie und Leben auf ewig verbunden bleiben.

Über die magisch-religiösen Werte hinaus spiegelt sich in der asiatischen Wohnung oft auch der schon angeführte Geschmack in den Bauten wieder. Er ist daher ein Echo der großen Kunst mit all ihren stilistischen, historischen und traditionellen Variationen. So kann im indischen Subkontinent, wo seit Jahrtausenden eine dörfliche Wirtschaftsform besteht, die die großen Stadtzentren auf ein Mindestmaß beschränkt, das Problem der Integration eines alleinstehenden Hauses in die umliegende Landschaft nicht entstehen. Dagegen hat man die Idee des Gartens weit entwickelt, entweder weil man ein natürliches Ornament suchte, oder weil man die innerhalb der Stadtmauern liegenden Häusermeere in ihrer erstickenden Schwere durch Grünflächen auflokkern wollte.

Daher müssen so komplexe Urteile und Forschungen wie die über die Wohnung in Asien im wesentlichen historisch vorgehen, und deshalb bildet die Gesamtheit der asiatischen Zivilisationen und Kulturen den wesentlichen Teil einer Welt, die seit den Anfängen eng mit denen des Westens verbunden und dennoch wegen der gleichen Vielfalt der geistigen Erfahrungen, wegen der unzähligen organisatorischen und sozialen Varianten

Frascati (Rom), Villa Aldobrandini. Ausschnitt eines mit chinesischem "Papier peint" tapezierten Raums, ausgeführt gegen Ende des 18. Jahrhunderts. Es stellt eine Landschaft dar, die, obwohl sie eine erstaunliche Synthese verschiedener Elemente ist, frei nach der Wirklichkeit gestaltet ist. Es bietet uns Motive von beachtlichem Interesse für die "geringere" Wohn-Architektur.

Rekonstruktion des Maler Quinto Cenni, angeblich "historisch", jedoch nicht gesichert, was die Verwendung der Lasttiere und die rollenden tatarischen oder mongolischen Zelte angeht.

Typische mongolische Jurte aus Filz mit Zugstangen gegen die starken Steppenwinde; das Gerüst wird von einem hölzernen Netzwerk gebildet; oben die Öffnung für den Rauchabzug; am Eingang die Oriflamme, Andenken an alten Kriegsruhm. Ähnliche Wohnungen erscheinen schon auf prähistorischen Graffiti.

und vor allem wegen des höheren Grades der Fähigkeit des Menschen, seine eigene Existenz zu gestalten, von ihnen verschieden ist.

Andere Elemente berechtigen uns, den asiatischen Aspekt des Problems, das uns hier beschäftigt, in einheitlicher Weise zu betrachten. Das erste ist die Fortdauer von Traditionsmomenten, die oft in alten Kulturen ihren Ursprung haben. Diese konservative Haltung macht überall wesentliche Änderungen des Hauses unmöglich.

Ein charakteristisches Merkmal dieses Konservatismus ist die Neigung, das Leben auf dem Boden zuzubringen und damit konsequenterweise die Art zu sitzen (in der "orientalischen" Position mit gekreuzten Beinen), die sich zum Teil aus dem kontemplativen Charakter, zum andern Teil aus ältesten Gewohnheiten ergibt und die ihrerseits wiederum Form, Größe und Beschaffenheit des Mobiliars beeinflußt. Der zweite einheitliche Aspekt betrifft dagegen die letzten Jahrzehnte, d. h. die Haltung, die von den Asiaten dem Angebot der westlichen Bauweise gegenüber eingenommen wird: Im allgemeinen sucht man sich den örtlichen Erfordernissen des Klimas und der Lebensweise anzupassen. Doch mit Ausnahme von Japan kann man sagen, daß der europäische und amerikanische Beitrag vorherrschend bleibt, da man ein modernes asiatisches Gebäude nicht wirklich von den westlichen Vorbildern unterscheiden kann.

Wir wissen noch nicht, ob wir uns hier vor einem einheitlichen übernationalen Stil (besser: vor einem genormten Gebäude) befinden, oder ob man erwarten kann, daß die asiatischen Traditionen ihre Kraft wiederfinden und in der Lage sein werden, mit autonomem Stil und Geschmack die westlichen Vorbilder umzuformen.

Für Indien versuchte Gandhi, die Wesensmerkmale der Bauernhütten mit den modernen Erfordernissen und der Ziegelstein- und Eisenbeton-Bauweise beim Bau der Häuser in Einklang zu bringen, die er in seinem Dorf

Vornehmes Haus des 18./19. Jahrhunderts in Südsibirien. Im wesentlichen handelt es sich um ein in Holz errichtetes Zelt auf achteckigem Grundriß. Der Fußboden ist leicht erhöht; ein Quadrat nackter Erde erinnert an den Zentral-Eingang der halb eingegrabenen Wohnungen (siehe S. 59), von denen diese Wohnung an der Oberfläche abstammt.

Winterwohnung der Grönland-Eskimos. Die "Garmot" genannte Konstruktion hat aus abwechselnden Schichten von Stein und Torf zusammengesetzte Wände; das Dach – auf das die typischen Boote aus Fell gelegt werden, um sie der Gefräßigkeit der Hunde zu entziehen – wird von den Stämmen gebildet, die vom Meer auf die Strände gespült werden.

Shivagram bei Vardha in Zentralindien errichten ließ. Offensichtlich zog Gandhi die größeren Erfordernisse der modernen Zeit und vor allem die beträchtlichen klimatischen Verschiedenheiten durchaus in Betracht. Diese Häuser nützen die natürlichen Gegebenheiten aus und nehmen dabei die alte Tradition der indischen Gärten wieder auf. Die gleiche Konzeption der Gartendörfer findet sich auch in Chandigarh, der großen Schöpfung Le Corbusiers, die über den Versuch einer streng funktionsgerechten Planung hinaus für den Innen- und Aussenraum die charakteristischen Lichtverhältnisse Indiens in Erwägung zieht. Doch bleibt Chandigarh eine westliche Interpretation der gegenwärtigen und zukünftigen Traditionen und Erfordernisse des indischen Milieus.

Für die traditionellen Typen ist der magisch-religiöse Gesichtspunkt einer der charakteristischsten. Neben der dauernden Bemühung um geometrische und astrologische Ermittlungen, den für die Errichtung eines Hauses günstigsten Ort und Zeitpunkt zu finden, damit es seinen Bewohnern kein Unglück bringe, muß auf die Bedeutung hingewiesen werden, die in fast allen asiatischen Kulturen dem für das individuelle Leben bestimmten Raum beigemessen wird. Die bezeichnendste Ausnahme hiervon bilden die großen Wohnungen der sogenannten Indus-Kultur, die dem arischen Einfall vorherging. Es fällt auf, daß sakrale Bauten völlig fehlten; vielleicht wurden sie durch öffentliche Bäder ersetzt. Diese Handelskultur, die seit der zweiten Hälfte des 2. Jahrtausends v. Chr. über mehrere Jahrhunderte hinweg bestand, schuf eine komplexe Stadtbildung, die unter anderem Wasser-und Abwässerversorgung mit einem eigenen Abfluß für jedes Haus vorsah.

Eine stark gemeinschaftsbezogene Haltung mißt dem privatem Raum wenig Bedeutung bei; Komfort und Hygiene gehen dafür weit über die für diese Zeit vorstellbaren Grenzen hinaus.

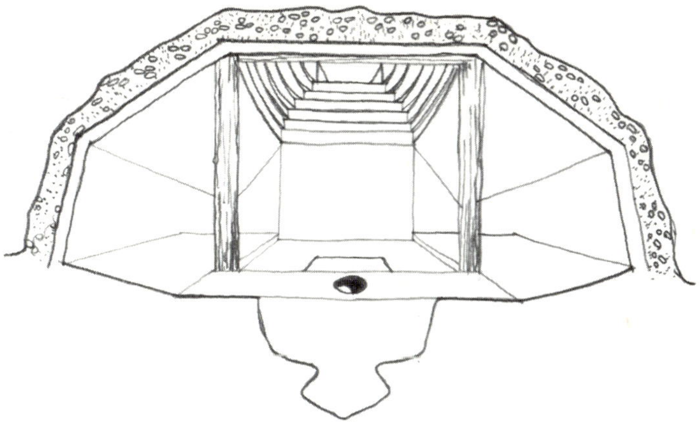

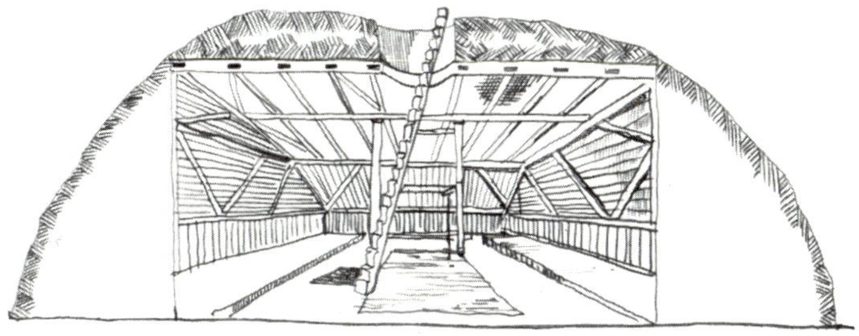

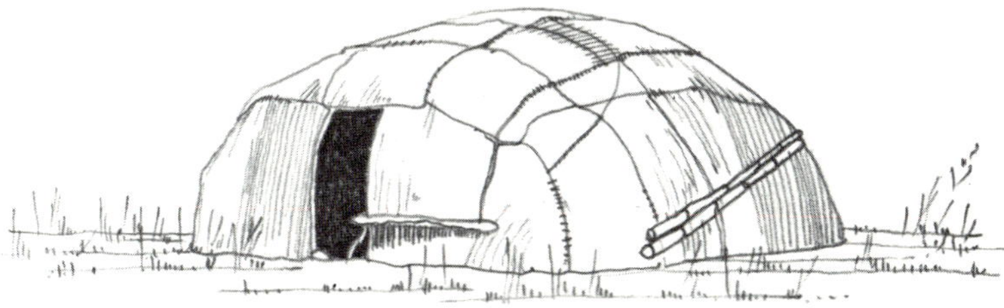

(Oben) Schnitte von Winterwohnungen der westlichen Eskimos und derer von Alaska. Beide halb unterirdischen Typen sind mit Erde bedeckt und haben einen Eingang von oben und einen unterirdischen; die beiden Eingänge beziehen sich vielleicht auf schamanische Vorstellungen über die Möglichkeit, mit dem Himmel und der Unterwelt in Verbindung zu treten. - (Mitte) Alte Wohnung der Kamtschatka-Bevölkerung, die der eben beschriebenen ähnlich ist, aber einen rechteckigen Innenraum hat; die obere Öffnung, die auch als Kamin dient, war den Männern vorbehalten; die Frauen und Kinder benützten dagegen den unterirdischen Durchgang. - (Unten) Zelt der Rentier-Hirten in Ostsibirien, dem mongolischen Zelt sehr ähnlich.

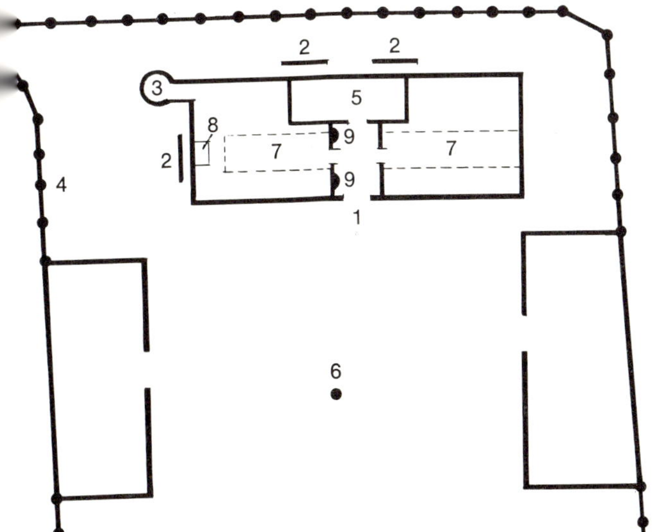

Grundriß eines Wohnkomplexes eines mongolischen Schamanen. Der Außenumfang (4) entspricht dem geheiligten Raum, in dem sich die magische Kraft des Schamanen offenbart. Der abgegrenzte Raum dient der Feier der Riten und der Aufbewahrung der liturgischen Geräte, die normalerweise auf äußeren Ablagebrettern liegen (2); der Innenraum enthält einen Kamin (3), eine Wohn- und Ruhezone (5), zwei Gebiete der Repräsentation (7) mit dem Altärchen der Ahnen (8) und zwei Feuerstellen (9), außerdem den Eingang (1). Der Ort für die Zeremonien (6) befindet sich im Freien.

DER CHINESISCH-JAPANISCHE RAUM

Neben der Indus-Kultur gibt es eine andere, ebenfalls für kollektive Werte offene Kultur, die Nomaden und Seßhafte miteinander verflicht und die vom 6.-4. Jh. v. Chr. in der Tiefebene des Amu-Darja (Oxus) beheimatet war. Sie kann als eine Zivilisation der "Dörfer aus bewohnten Mauern" bezeichnet werden, da in den ungeheuren Umfassungsmauern von wenigstens 25 m Dikke Porticus und Wohnräume entdeckt wurden. Der rechteckige Umfang der Mauern, die oft mehr als einen Kilometer lang waren, umschloß einen hohlen Raum, der Schaf- und Rinderherden aufnahm. Durch die relative Seßhaftigkeit der Hirtennomaden versagt sich diese Kultur der rauhen Intimität des Zeltes und seinen Symbolen. Man folgt einem gemeinschaftlichen Leben und fügt damit einen weiteren Faktor hinzu, der von dem geschlossenen, der Familie vorbehaltenen Raum völlig verschieden ist.

Dagegen kennt man den für das individuelle und familiäre Leben bestimmten Raum in China schon von Anfang an. Hier ist die Familie die Urzelle des Lebens, und alles spielt sich im Innern des Hauses mit wenig Beziehungen nach draußen ab, wie die seltenen Öffnungen zeigen, die fast immer auf den Eingang beschränkt bleiben. In der Mitte des Hauses fand sich ein Hof, der "Himmelsbrunnen" genannt wurde und der schamanischen Traditionen über die Beziehungen zu überirdischen Welten entsprach. Im Norden bestehen allerdings noch – einer in der Chou-Dynastie 9.-5. Jh. v. Chr. entstandenen Tradition entsprechend – unterirdische oder halbvergrabene Häuser, die sich – ebenfalls von schamanischen Auffassungen inspiriert – in ihrer Struktur tiefgreifend von dem traditionellen Haus unterscheiden, wie es sich seit der Han-Dynastie (202 v. Chr. - 220 n. Chr.) entwickelte. Der wesentliche Unterschied lag im Fehlen des Binnenhofes, der durch die zentrale Öffnung des Kamins ersetzt wurde. Der Gedanke, der diese Aufteilung beeinflußte, war immer noch, eine Kommunikation entweder mit dem Himmel oder mit den Toten auf der Grundlage der ewigen Einheit der Familie und der Fähigkeit des Schamanen (eine Art Zauberer) zu ermöglichen, der zu beiden Welten Zugang hatte. So zeigt das chinesische Haus eine klare Beziehung zum Leben und zum Tod und wird so zu einem viel komplexeren und wichtigeren Gebilde, als es eine einfache Wohnung sein könnte.

Ähnliche Auffassungen, wenn auch weniger entwickelt und stärker an die Praktiken archaischer Magie gebunden, finden sich in Sibirien, in Nordostasien und an den amerikanischen Pazifik-Küsten bis nach Mittelamerika im Gefolge der Wanderungen der Mongolen-Völker, aber sie tauchen zum Beispiel auch in andern Teilen Zentralasiens und im Kaukasus auf.

Auch die Wohnung Tibets ist wie die chinesische

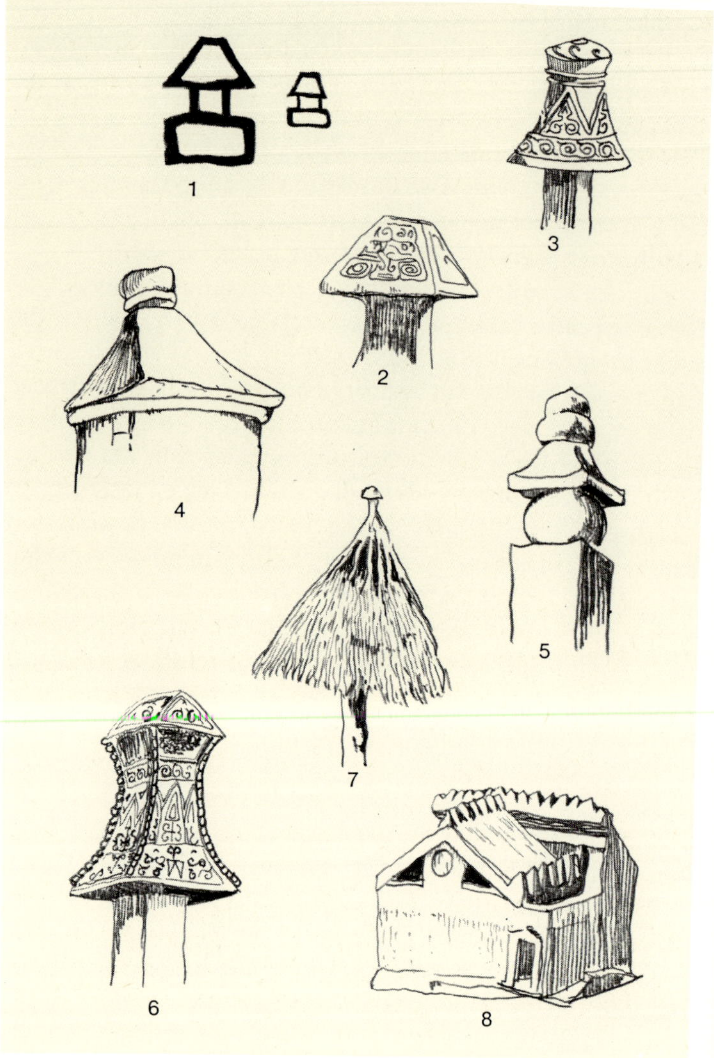

nach außen hin geschlossen. In verschiedenen Stockwerken errichtet, bewahrt sie als Mittelpunkt des gemeinsamen Lebens den Raum, wo die Feuerstelle die Öffnung zum Himmel notwendig macht. Offensichtlich ruft die Wärme des Ofens selbst die Bewohner des Hauses zusammen, aber dieses Zusammenrufen beruht auf symbolischen Faktoren, die in der eigentlichen Struktur des Hauses liegen und nicht von ihr zu trennen sind. In einem bestimmten Sinn kann die Abfolge der Stockwerke, da sie eine vertikale Rangordnung der Bedeutung der Räume wiederspiegelt, wie Dokumente ausdrücklich betonen, mit dem Aufbau der himmlischen Welten verglichen werden. Dem entpricht die umgekehrte Rangfolge solcher unterirdischer Wohnungen in China, die die Hierarchie der unterirdischen Welten wieder aufnimmt, jedoch ohne den Faktor einer ewigen, unwiderruflichen Verdammung, die so typisch für den Westen ist. Die chinesische Wohnung aus Holz und Mauerwerk bewahrt bis in die moderne Zeit den Stempel der ursprünglichen Traditionen, auch wenn diese abge-

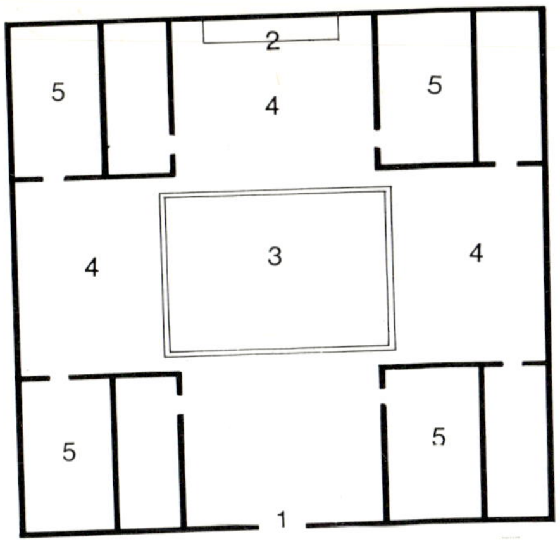

Grundriß einer Hakka-Wohnung (Kanton) aus Holz; das Schema stammt wahrscheinlich aus Zentral-China; es stellt den "Brunnen des Himmels" (3) im Zentrum, die Eingangs-Öffnung (1), die Repräsentationsräume (4) in Verbindung mit den Privaträumen (5) und den Altar der Ahnen (2) dar. Es handelt sich um eine Mittellösung zwischen der archaischen Wohnung mit dem Binnenhof und der späteren, die die verschiedenen Räume so vereint, daß sie einen Hof im Zentrum bilden.

Mehrfarbiges Keramik-Modell eines chinesischen Hauses für den Totenkult, das in die Han-Dynastie (202 v. Chr. - 220 n. Chr.) zurückgeht und im Gebiet von Thanh Hoa (Vietnam) gefunden wurde. Der Aufbau ist mit dem der Wohnungen der mittleren gehobenen Klasse der Chou-Dynastie verwandt, die im "Erh-ya", einem der ältesten chinesischen Verzeichnisse, beschrieben werden. Das Werk gehört dem Atkins Museum von Kansas City.

. 60) Vom archaisch-chinesischen Charakter, den das Haus r. 1 anzeigt, stammen nach Carl Heutze die sog. ornamentalen "Knäufe" der efäße aus der Shang und Yin-Zeit (1400-1057 v. Chr.) ab, e die vier Seiten eines überstehenden Daches darstellen können (2) ler sich in ein Glockenmotiv verwandeln (3). Der gleiche yp findet sich in kleinen hölzernen Totenmonumenten wieder, und zwar mongolischen (4) und japanischen (5), bei denen ebenfalls das otiv des Hauses sichtbar wird. Das in eine symbolische Hütte umgewandelte otiv (7) findet sich noch heute auf der Insel Flores ndonesien). Eine Sage bezeugt seinen chinesischen Ursprung. Eine ittelform von "Knauf" und Stiel bildet ein Element, s auf alte chinesische Bronze-Ornamente zurückgeht (6); ein Echo on dieser und anderen Formen scheint in dem kleinen Modell eines alten ruanischen Hauses (8) erkennbar zu sein, dessen rsprünge vielleicht im Fernen Osten gesucht werden müssen.

schwächt oder verschwunden sind. Das erklärt, warum die Kaminöffnung zu einem symbolischen Motiv werden konnte, das der Weltachse entspricht.

Es wurde schon darauf hingewiesen, daß sich in asiatischen Wohnungen das Leben auf dem Fußboden abspielt: Daraus erklärt sich eine bestimmte Ausformung des Mobiliars und der verbreitete Gebrauch von Teppichen. Wenn diese Lebenspraxis auch verschiedenen asiatischen Zivilisationen gemeinsam ist, hat sie doch verschiedene Varianten. Äußerst entwickelt und noch heute im modernen Japan vorhanden, bringt sie den absoluten Vorrang der gebohnerten Holzfußböden und der "Tatami" genannten besonderen Matten mit sich, für die eine einheitliche Größe charakteristisch ist, während andernorts der Fußboden aus Ziegeln, Stein oder gestampfter Erde besteht und mit dicken Teppichen belegt wird.

Die vorzugsweise in Holz errichtete japanische Wohnung übernimmt im allgemeinen die Bautechnik des chinesischen Holzhauses, allerdings mit autonomen Aspekten, da sie das Haus in die umliegende Landschaft einfügen will. Die Schiebewände, die so gehandhabt werden können, daß nur noch das Hausskelett sichtbar bleibt, dienen gerade dazu, diesen Effekt zu erzielen, der durch die beschränkte Höhe der Räume und den höher als das umliegende Gelände liegenden Fußboden begünstigt wird.

Das japanische Gespür für die Umgebung, der einen tiefen Sinn für die Intimität des Hauses nicht ausschließt, hängt zum Teil ebenfalls von religiösen Vorstellungen ab (dem Zen, einer aus China kommenden kontemplativen Strömung des Buddhismus), so daß die familiäre Struktur den moralistischen Traditionalismus Chinas wiedergibt, auch wenn er vollkommen anders interpretiert wird. Anderseits erreicht die aristokratische Gesellschaft Japans, die ebenfalls verschieden von der chinesischen ist und die dennoch eine enthusiastische Begeisterung für die Kultur Chinas zeigt, schon zur Zeit Heians, des heutigen Kyoto (9. Jh. n. Chr.), eine fast grenzenlose, unaussprechliche Harmonie zwischen der äußeren Welt und dem Innersten des menschlichen

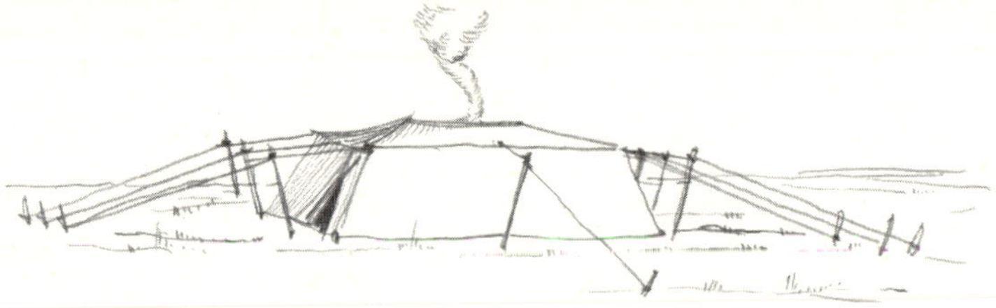

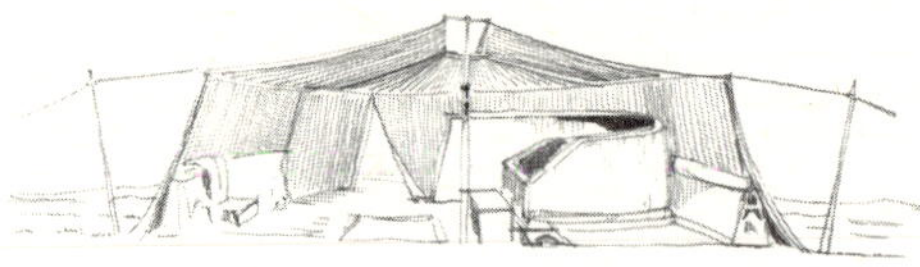

Geistes, die der moderne Mensch zum großen Teil vergessen hat. Es ist gerade dieses besondere Gespür für die Möglichkeiten, aus Nichts den Sinn für das Unendliche zu schaffen, der durch einfache Klarheit des Materials und bewußte Zartheit der Formen hervorragende Eleganz zu erreichen versteht.

Dem traditionellen japanischen Haus kommt die Tatsache zugute, daß die Küche – wohl aus Sicherheitsgründen – immer außerhalb des Gebäudes liegt und die Heizung niemals über ein Holzkohlenbecken hinausgekommen ist, und schließlich, daß die Treppen fehlen. Der Wohnraum wurde durch eine überstehende Veranda nach draußen (auf Säulen ruhend wie das Haus) vergrössert, die auf der Sonnenseite lag.

In der Zeit der Momoyama (vom Ende des 16. bis zum 17. Jh. n. Chr.) fand die Tee-Zeremonie, die so typisch für das japanische Leben war, ihre eleganteste Vollendung, auch wenn sie äußerlich einen recht bäuerlichen Eindruck machte. Der Garten war eine wahre Miniatur-Landschaft, die, schon unabhängig von chinesischen Einflüssen, allen Pomp ausschloß, um eine wahrhaft unvergleichliche, raffinierte Eleganz zu erzielen.

In China und Japan ist es noch heute üblich, die Stadt an einer vertikalen Nord-Süd-Achse entlang bzw. stern- oder strahlenförmig zu entwickeln. Aber die Beziehung zwischen Haus und Straße ist von Anfang an in beiden Ländern völlig verschieden: planmäßig in Japan, wo die Straße eine schnelle Verbindung zwischen zwei bestimmten Punkten darstellt; in jeder Hinsicht chaotisch in China, wo der verfügbare Raum und die Tendenz zur Dezentralisation der Stadt bewirken, daß die Straße ohne jeden Plan dort entsteht, wo die anliegenden Häuser Platz gelassen haben, ohne daß man sich dabei um ihre Länge kümmerte.

Das sichtbarste und, so könnte man sagen, volkstümlichste Charakteristikum der Wohnungen (und noch

Schnitt eines tibetanischen Hauses, den wir dem Gelehrten Nai-k'iang verdanken: unten der Stall (1); darüber das Wohnzimmer (2) und die Latrine (3); dann die Terrasse für das Dreschen des Getreides (4) und die Kapelle (5); schließlich das Kohlenbecken für den Ritus (6) und der Totempfahl (7).

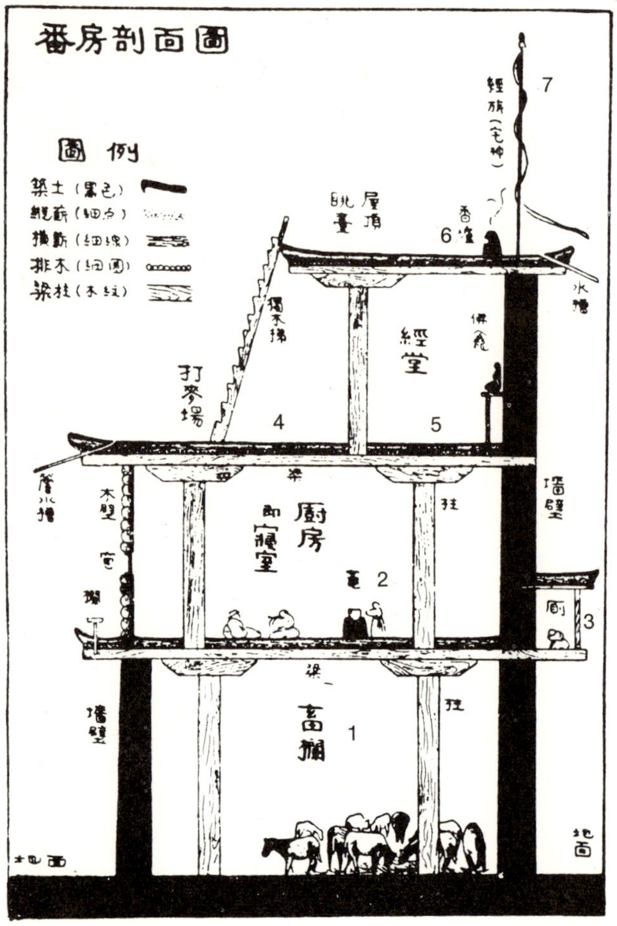

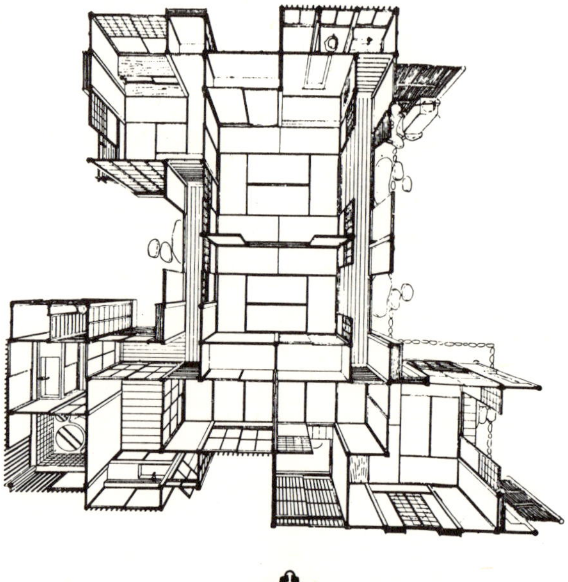

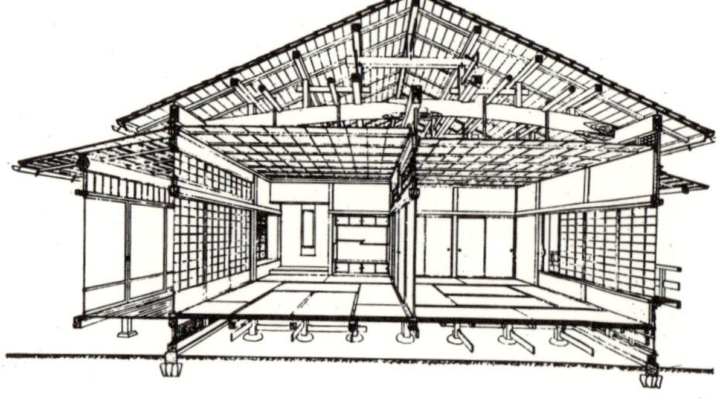

62) Tibetanisches Zelt (Äußeres und im Aufriß). Obwohl seine Formen aus Gründen
Transportes anders sind, gibt es doch die Elemente des idealen chinesischen
›uses wieder: der Pfahl in der Mitte symbolisiert die Weltachse; der Herd im Zentrum ist der
›lige Schwerpunkt der Wohnung; über ihm die Öffnung für den Rauchabzug.

allgemeiner fast aller Bauwerke) Japans und Chinas ist das große, überstehende und an den Kanten gebogene Dach. Es spiegelt einen ganz besonderen Geschmack wieder, der Tradition geworden ist, der aber ursprünglich wohl von ausländischen Einflüssen verursacht wurde; wahrscheinlich waren es indische, wie der Gebrauch von Bambus-Gerüsten zur Stützung des Daches nahelegt. Immerhin kann die Wahl des Materials für das Dach, das leicht und flexibel ist, teilweise für diesen Geschmack bestimmend gewesen sein. So kann man sagen, daß die chinesische, japanische und koreanische Vorliebe für gebogene Linien, und im besonderen der Hang der Chinesen zu elliptischen Kreisabschnitten ihren Einfluß geltend gemacht haben. Sagen wir also, daß alles, traditioneller Geschmack, technische Notwendigkeiten und Art des verwendeten Materials in verschiedenem Grad zur Bildung einer so charakteristischen Form der Architektur beigetragen haben.

(Oben) Modernes japanisches Haus in Kyoto, konzipiert nach den alten Schemata trotz der Verwendung von Glas an Stelle des traditionellen Papiers; das stark hervorragende Dach schützt die Außenmauern und schafft zur gleichen Zeit eine Beziehung zwischen Haus und Garten. Die natürliche Escheinungsweise des Materials bleibt erhalten; der Baum an der Wetterseite bedeckt das Dach.

*62) Ansicht von oben und perspektivischer Schnitt
›s traditionellen japanischen Hauses
verschiebbaren Außen- und Innenwänden, die
Papier und Holzrahmen bestehen; diese Rahmen sind mit
erster technischer Raffinesse hergestellt. Der
›boden ist mit Matten aus fein
›ochtenem Stroh bedeckt, mit Stoffrändern, meistens in
›kler Farbe; die Matte
1 mal 2 m) bildet die Maßeinheit
den bewohnbaren Raum des japanischen Hauses.*

(Links) Reiches Haus in Burma im traditionellen Stil; die Anlage, die der der indischen Häuser verwandt ist, weist verschiedene Charakterzüge chinesischer Herkunft auf. (Oben) Tibetanisches Haus in Lhasa, das bei der städtischen Mittelklasse üblich ist: der Unterschied zu dem auf S. 62 untersuchten Haus, das typisch für kleinere bäuerliche Siedlungen ist, tritt sehr klar zutage. Das Dach zeigt vergoldete Ornamente; an den Fenstern Vorhänge statt der Scheiben.

DER INDISCHE SUBKONTINENT

Im indischen Raum spürt man bei der Struktur des Hauses und den damit zusammenhängenden Faktoren eher die verschiedene, sehr viel komplexere und strengere soziale Ordnung, die in bestimmter Hinsicht allen oder fast allen religiösen Strömungen Indiens gemeinsam ist (vor allem der Glaube an das Gesetz des Karma und an den ewigen Zyklus von Geburt und Wiedergeburt, der die Tragik des Todes zwar auflöst, aber auch die Gefühlsregungen vermindert).

Der südliche Teil der weiten indischen Halbinsel tritt oft blitzartig in die Geschichte ein: durch unvorhergesehene bewaffnete Übergriffe der im Zentrum oder im Norden entstandenen Reiche. Darüber hinaus ist die Entwicklung des Südens, der von verschiedenen Rassen, den Munda und Drawida vor allem, bewohnt wird, langsamer, weil er schon in den Zonen liegt, die sich bis nach Australien erstrecken und wo die für das Leben zwar günstigen, aber für die Arbeit niederdrückenden klimatischen Verhältnisse den menschlichen Fortschritt lähmen. Im gesamten klassischen und mittelalterlichen Indien ist das Individuum in drei große soziale Organismen eingegliedert: die Kaste (varna), den Stamm oder um es in lateinischer Sprache zu sagen – die *gens* (gotra), die Familie (kula). Dieser letzte Organismus ist die grundlegende Zelle des gesamten Sozialgefüges. Aber sie ist an die Kaste gebunden. Diese entspricht sowohl einer Arbeitsspezialisierung als auch einer unüberschreitbaren Begrenzung der individuellen, familiären oder stammgebundenen Position in der hierarchischen Stufenleiter, die von den Kasten selbst gebildet wird und jeden sozialen Aufstieg unmöglich macht. Auch deshalb gründete sich die Struktur des indischen Raums mehr auf das Dorf als auf die Stadt, obgleich die Hauptursache dafür in der vorwiegend landwirtschaftlichen Wirtschaftsform Indiens zu suchen ist.

Die Dorfwohnung unterschied sich sehr deutlich von der Stadtwohnung. Die erste bestand im wesentlichen aus einer Hütte auf rechteckigem oder rundem Grundriß mit einem Dach aus Palmblättern oder Stroh, das im ersten Fall nach beiden Seiten hin abfiel, oder im zweiten ei- oder kegelförmig war. Das Gerüst aus hartem Holz wurde direkt in den Boden aus gestampfter Erde getrieben und wies nur einen Eingang und fast immer ein einziges Fenster für die drei Räume der Wohnung auf, das Schafzimmer im Norden, die Küche in der Mitte und den Aufenthaltsraum mit dem Eingang im Süden. Die Mauern bestanden aus gestampfter Erde und Kuhmist und das Balkenwerk aus Bambus; das Dach aus Pflanzen war wasserundurchlässig. Das Mobiliar war spärlich, weil die Religion vor allem aus hygienischen Gründen die Zerstörung des Geschirrs nach jeder Mahlzeit vorschrieb, so daß Teller und Gläser fast immer durch dicke große Blätter ersetzt wurden.

Wenn auch die Dorfwohnungen einfach und ärmlich waren, so waren die großen Stadthäuser in den meisten Fällen betont luxuriös. Allgemein betrachtet wies die häufig mehrstöckige indische Stadtwohnung zwei Fassaden auf, von denen die größere auf eine Straße oder eine Allee und die andere auf den inneren Garten schaute. So hoben sich die indischen Häuser, eins ans andere der mehr oder weniger mit Bäumen bestandenen Straßen entlang gestellt, die im Verhältnis zum nur mässigen Verkehr ziemlich breit waren, wegen ihres blendend weißen Kalkputzes heraus. Das gebogene, auf Bambus gesetzte Dach wurde von Dach- oder Flachziegeln in Terrakotta gebildet. Manchmal wurde es durch eine Terrasse ersetzt. Feste oder bewegliche Treppen mit Geländern oder Balustraden in Ziegel, Stein oder Marmor im ersten und aus Holz im zweiten Fall, mit bunten harten Steinen geschmückt, gewährten den Zugang zu den einzelnen Stockwerken. Die Hauptfassade umfaßte eine Veranda im ersten Stock, die im allgemeinen an der ganzen Hauslänge entlang lief. In den oberen Stockwerken belebten Balkone mit starkem Vorbau die Fassade. Das oberste Stockwerk, der Dachboden, empfing sein Licht von Dachfenstern und bildete den wichtigsten Abstellraum und die Speisekammer des Hauses. Die Dachfenster („kudu" genannt, bogenförmig wie ein großes Omega) bestanden aus Holz und waren mit bunten Skulpturen geschmückt, die man wegen der Biegung des Daches von der Straße aus sehen konnte. Durchbrochene Fensterläden, Matten und Vorhänge schmückten die Holzfenster, die oft mit Symbolen von Äxten versehen waren.

Küchen, Eßzimmer, Schafzimmer, große oder kleine Empfangsräume waren in verschiedener Ordnung verteilt, verschieden von Region zu Region oder nach dem Geschmack des Auftraggebers oder des Erbauers. Fast immer gab es ein Versteck für die Reichtümer der Familie, manchmal war es ein wahres Geheimzimmer. Sehr häufig unterteilte man die verschiedenen Räume durch farbige Vorhänge oder Holzschotten. Gleichfalls bunt waren die Fußböden (manchmal in Mosaik) und die Nischen, die in die Wände eingelassen waren, um Statuen aus Elfenbein oder Metall aufzunehmen.

Das indische Haus suchte, wie man sieht, innen und außen Gelegenheit für Bequemlichkeit und Farbeffekte, daher die Balkonvorbauten, der Schmuck der Dachfenster, die verschiedenfarbigen an den Fenstern aufgehängten Vogelkäfige, die mit dem milchfarbenen Weiß des Kalks kontrastierten und recht angenehme Effekte hervorriefen. Die Buntheit und die viel aufgelockertere Struktur mit mehreren Stockwerken genügen, um das indische Haus von dem des Fernen Ostens zu unterscheiden. Der Gebrauch der Ziegel, des Steins und des Marmors (der letzte vor allem in der Mogul-Zeit oft

(Rechts) Teil der Decke einer alten halb unterirdischen Wohnung der Hunza (Kaschmir). Man beachte das zu einem Stein-Ornament gewordene Motiv der Öffnung für den Rauchabzug, das bei den Holzwohnungen (S. 69) eines großen Teils des asiatischen Kontinents üblich ist.

verwendet) bezeugt nicht nur einen sehr verschiedenen Geschmack, sondern auch einen ganz und gar autonomen Geist des indischen Stadtgebäudes. Man betrachtet die Wohnung als eine Architektur, die vom umliegenden natürlichen Raum unabhängig ist und sich gut in das sich zum Teil willkürlich wie ein Ölfleck ausbreitende Stadtgebilde einfügt.

Das indische Haus ragt in die Höhe, wobei es das Baugelände anders als im Fernen Osten ausnützt und auf die Intimität kleiner Räume verzichtet, die in den dörflichen Wohnungen erheblich besser verwirklicht und bewahrt wurde. Stattdessen entwickelt es einen ins Auge fallenden Prunk, der moralisch sowohl durch das Kastensystem als auch und vor allem durch das äußerst spärliche soziale Interesse des religiösen hinduistischen Denkens gerechtfertig ist, das das Individuum in das feste Gefängnis seiner Verdienste und Fehler einschließt, die es während seiner verschiedenen früheren Existenzweisen erworben hatte.

Eine solche vertikale Unterteilung des Wohnraums, der von einer einzigen Familie bewohnt wird, nutzt verhältnismäßig intensiv das Baugelände im Stadtzentrum aus. Doch schließen die magisch-religiösen Zeremonien, die dazu dienen, festzustellen, ob ein Gelände für den Bau eines Hauses günstig ist oder nicht, jene Gebäude aus, die für unglücklich oder unangebracht erachtet werden. Das gilt sowohl für die Wohnungen der Dörfer als auch für die der Städte. Das Gebiet der Stadt gilt durch die Stadtmauern als eingefriedet. Diese Mauern dienen der Verteidigung und einer strafferen Organisation, aber es sind auch hier wiederum magisch-religiöse Gründe maßgebend, da dieses Gebiet magisch günstig und religiös konsekriert ist. Weitere praktische Gründe für die Straßenführung, die Ausdehnung der Gärten und die Zentrierungstendenz, die man auch in den größeren monastischen Niederlassungen und in den weiten heiligen Bezirken der bedeutenderen Tempel entdecken kann, üben ihren Einfluß in größeren Masse als in China und vor allem als auf dem japanischen Archipel auf die senkrechte Entwicklung der Gebäude aus.

(Oben) Hütte eines vornehmen Naga Mao in Assam. Die Elchhörner auf der Spitze des Daches bilden wie die lebhafte Bemalung der Fassade ein typisches Ornament. - Wohnung in Ayutthaya, der alten Hauptstadt Thailands auf einer Insel des unteren Menam-Bogens. Die Häufigkeit der Überschwemmungen zwang zum Pfahlbau. Die Dach-Ornamente sind in der siamesischen Architektur häufig. (Links) Häuser in Katmandu, der Hauptstadt von Nepal, mit Elementen von lebhaften Holzintarsien vor allem an den typischen stark hervorstehenden Loggien. Datierung der Gebäude: 17. bis 19. Jahrhundert.

Es kann daran erinnert werden, daß die großen Hauptstädte der von Indien beeinflußten Reiche im indochinesischen Raum einen noch bestehenden Teil aus Stein und Ziegeln zeigen, wie Angkor Vat, von den Herrschern Khmers errichtet, der von Tempeln, Mönchsbehausungen, Bibliotheken, Galerien und heiligen Türmen eingenommen wird, während der als vergänglich betrachtete Teil der Residenz, die Wohnung der Könige eingeschlossen, in Holz errichtet wurde und daher verlorenging.

Bisher haben wir das indische Haus hinduistischer oder jainistischer Tradition und den Komplex jener Faktoren betrachtet, der ebenso für die islamischen Gebäude gilt. Es muß jedoch hinzugefügt werden, daß die Farbigkeit, die hier schon herausgebildet war, mit dem Vordringen des Islam und vor allem mit der Herrschaft der Mogulen ungeheuer anwuchs und im 17. Jh. ihren Höhepunkt erreichte. Perlmutter, Silber, Goldplättchen, Hartsteine, kostbarer Marmor, Jade wurden für die äußere Dekoration der großen architektonischen Gebilde und auch für die innere Ausschmückung der reicheren Häuser verwendet. Farbige Fliesen und andere bunte Ornamente fanden häufige Verwendung, wobei der Schmuck durch glasierte Terrakotten nicht auftritt, der im Iran und noch allgemeiner im übrigen islamischen Raum so üblich war. Die einzige Ausnahme hiervon machen zwei Herrscherpaläste, einer in Gvaliyar, der andere in Chittaogarh, beide vom Anfang des 16. Jhs. Doch ist dieser Schmuck auch bei ihnen selten. Die reichen islamischen Wohnungen im Indien der Mogulen zeigten weiter eine Vorliebe für Gartenpavillons und Wasserspiele, die oft wirklich erstaunlich waren und deren Wirkung noch durch die nächtliche Illumination mit farbigen Lampions erhöht wurde. Wir können nur wenig über die kleinen Wohnungen sagen, die meistens einfache Hütten waren.

Es soll nun noch auf einige Regionalunterschiede hingewiesen werden. Die Residenzen der vornehmen Rajput, der tapfersten Widersacher der islamischen Eroberungsheere, von den Wohnungen der untergebenen Bauern umgeben, waren zugleich prunkvolle Schlösser und Zentren der kollektiven Verteidigung. Das Hauptcharakteristikum dafür ist das Skelett, von Säulen und Querbalken aus Hartstein fugenweise zusammengefügt und mit Marmorkalk zementiert. Die militärische Funktion dieser Unterkünfte offenbart sich in der Robustheit des Gerüstes und in den Mauern aus Hartholz und gestampfter Erde, in den Schießscharten und der einzigen Eingangsöffnung, die ebenfalls von Gründen der Verteidigung diktiert war. Gleich in der Funktion, aber verschieden in Technik, Form und Material sind die Festungen der Marathen in Stein, Ziegeln und gestampfter Erde. Als wahre Bergfesten nahmen sie bei Gefahr die Bevölkerung des Dorfes auf.

Vor allem jedoch muß daran erinnert werden, daß in der klassischen Zeit im Nordosten des indischen Raums Wohnungen und Städte in einem modifizierten griechischen – oder besser hellenistischen – Stil entstehen. Auf dieser Basis entwickelt sich das Gebäude des Nordwestens und zum Teil das in Kaschmir, wobei es noch andern Vorlagen und Impulsen ausländischer Herkunft folgt, die mit den Invasionen eingedrungen sind, aber willig aufgenommen und verarbeitet wurden. Die Entwicklung des Handwerks und des Handels offenbart sich auch im Vorhandensein von Läden im Erdgeschoß des Hauses, die vom hellenistisch-römischen Typ inspiriert sind, so wie das gesamte Stadtbild jenes Raums – unter Einschluß des ganzen modernen östlichen Afghanistan – hellenistischen Einfluß zeigt.

Die Erscheinungsform des Hauses auf dem indischen Subkontinent zeigt andere Grenzfälle in den östlichen Peripherien. So bemerkt man in Nepal, einem Gebiet, das Dschungel und unwegsame Gebirgsketten umschließt, eine starke Vorherrschaft des Holzes. Ja, die eigentlich indischen Einflüsse werden seit der sogenannten Pala-Serra-Zeit (zwei kulturell und politisch wichtige Dynastien), das heißt seit dem 10. Jh., aufgenommen, assimiliert und von Stein in Holz umgeformt. Das gilt besonders für die Dekoration der Wohnungen Nepals, die zu den interessantesten Holzkonstruktionen des indischen Raums gehören. Säulen-Portikus, Balkon-Brüstungen, Architrave, Konsolen, Dachluken, Fenster, Gitter, Türen und Tore werden mit bunten Holzskulpturen und andern Motiven geschmückt, bei denen der indische Ursprung klar hervortritt, auch wenn das nepalesische Haus gekrümmte und nach zwei Seiten hin abfallende Dächer kennt wie die Typen des Fernen Ostens. Die Grundform der Wohnung Nepals kommt also von der indischen her, auch wenn Modifizierungen vorliegen mögen, genau wie die große nepalesische Kunst, obwohl in vielen Dingen autonom, doch letzten Endes nur einen besonderen Aspekt der Kunst Indiens bildet.

Indische Wohnung der Mittelklasse in Jaipur (Rajasthan). Ihr Formenreichtum, der vom Kontrast zwischen der natürlichen Farbe des Holzes und der blendenden Helligkeit des Putzes noch unterstrichen wird, mag westlichem Geschmack als Mangel eines strengen Stils erscheinen; doch zeigt sich das Bauwerk in Harmonie mit dem Klima und den lokalen Bräuchen, die von der Tendenz charakterisiert werden, aus der Hülle des Gebäudes Balkons, Loggien, Vordächer und Balustraden mit einer der tropischen Vegetation ähnlichen Verschwendung nach draußen vorzukragen, so als ob man das Haus auch auf die Straße ausdehnen wolle, eine Tendenz, die im asiatischen Raum eine so große Bedeutung hat.

DER ISLAMISCHE RAUM

Im Westen Indiens bietet der iranische Raum, der nach Zentralasien und Indien auf den mesopotamischen und mediterranen Westen übergreift, nur eine spärliche Dokumentation für die normalen Wohnungen der vormohammedanischen Zeit.

Die großartigen Überreste der Achämeniden, Parther und Sassaniden tragen fast ausschließlich königlichen oder religiösen Charakter, so daß die Struktur der mittelständischen Wohnung aus verschiedenen Gründen fast unbekannt bleibt. Die Wohnungen der Achämeniden-Zeit waren aus Holz. Die monumentalen Steinkomplexe der großen Städte übten vor allem Repräsentationsfunktionen aus. Doch wissen wir, wenn wir von den Überresten frühgeschichtlicher Wohnungen absehen, die im ganzen iranischen Gebiet verstreut sind, daß das städtische Leben der vorachämenidischen Zeit im Susa des 4. Jahrtausends v. Chr. seinen Anfang nahm und sich

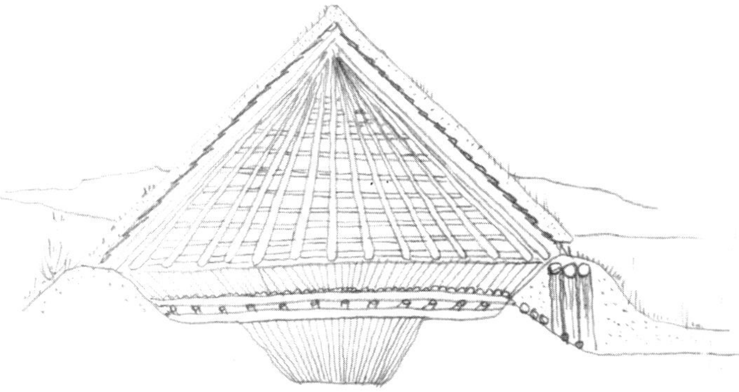

Schnitt einer halb unterirdischen Hütte in der Kolchis, nach Vitruv. Die in diesem Gebiet, im Osten des Schwarzen Meeres, durchgeführten Ausgrabungen haben keine Anhaltspunkte für das vorliegende Schema in konischer Form ergeben, das von dem der östlichen Ebenen verschieden ist.

dann unter mesopotamischen und syrischen Einflüssen weiterentwickelte. Die Häuser wurden aus Ziegeln und Holz errichtet.

Die kleineren Häuser der Festung von Hasanlu, die viel später, nämlich im 10. Jh. v. Chr., entstanden sind, geben uns einen Begriff des Hauses im vorachämenidischen Iran. Durch die Ausgrabungen sind nur die Mauern des Erdgeschosses des sogenannten Hauses der Perlen und des Hauses des Südens ans Licht gekommen, die in beiden Fällen zwei Räume (das Eingangszimmer und ein anderes ohne Fenster) auf rechteckigem Grundriß umschlossen. Doch wissen wir, daß wenigstens ein Obergeschoß bestand, das dazu bestimmt war, die besseren Räume der Wohnung aufzunehmen, wie das heute noch bei den modernen Häusern dieses Gebiets der Fall ist.

In der parthischen und vor allem in der sassanidischen Zeit entwickeln sich der Bogen und die Kuppel, Formen, die dann später auf den ganzen mohammedanischen Raum, besonders den östlichen Teil, übergreifen. Wir finden sie nicht nur bei berühmten Monumenten, sondern auch bei städtischen und ländlichen Wohnhäusern wieder, ja, in einigen Gebieten bilden die kleinen weißen Kuppeln auf den Häusern eine für die Landschaft charakteristische Note.

Üblicherweise sind der besser erforschte Teil der bildenden Kunst des Islam die großen Monumente, so daß die profane Architektur (von den Palästen Syriens zu den Fürstenresidenzen der Herrscher, Kalifen und Sultane) vor allem luxuriöse Werke kennt, die – unabhängig vom ästhetischen Wert – dem Wunsch entsprechen, den Reichtum und die Macht derer zu zeigen, die sie erbauen ließen. Darüber hinaus dienten sie der Regierung, der Repräsentation und dem öffentlichen Leben und erweisen sich so als etwas völlig anderes als die normalen Wohnungen. Man sieht ein, daß von Anfang an auch ein anderer Haustyp bestanden haben muß, mag er auch noch so schlecht dokumentiert und erforscht sein. Er ist durch den Schluß auf die Erfordernisse anderer sozialer Klassen, vor allem der Kaufleute und

Afghanische Wohnung in Kabul mit dem Wohnzimmer im obersten Stock des Gebäudes; die Dekoration nimmt vorislamische Motive aus Zentralasien auf. Wahrscheinlich im 18. Jahrhundert errichtet, zeigt dieses Haus klar kriegerische Züge, die, wie man sagt, auf die Zeiten der Mongoleneinfälle im 13. Jahrhundert zurückgehen. Doch verhindert die Turm-Anlage keineswegs eine reiche Variations-Skala, wie es die folgenden Seiten zeigen.

Weitere Beispiele afghanischer Turm-Wohnungen. In einigen Fällen handelt es sich um übernommene militärische Gebäude: Auf dem gezinnten Tor-Turm einer Stadtmauer hat die Familienwohnung Platz gefunden (oben rechts) als Aufsatz auf älteren Mauerteilen; in andern Fällen wird der obere Teil des Tor-Turms selbst für die Wohnerfordernisse durch das einfache Einbrechen von Fenstern adaptiert (unten, das zweite Haus). Aber häufig ist der kriegerische Anblick gewollt: so entsteht die achteckige Anlage (oben links), deren Vorbild die Befestigungsanlage der Stadtmauer (daneben) war. Der Wohnteil harmoniert glücklich mit der Basis des Bauwerks. Es ist merkwürdig, wie unmittelbar die kriegerische Vorlage oft ins Auge fällt: Der zur Verfügung stehende Turm auf runder Basis bestimmt die Anlage der Wohnung (unten im Vordergrund) auch auf die Gefahr hin, ein rundes Schema mit einem rechteckigen zu verbinden. Übrigens wurden solche Lösungen von der Notwendigkeit der Verteidigung in den Jahrhunderten der Plünderei nahegelegt.

Handwerker, bekannt, deren Aktivität – man vergesse das nicht – schon früh begann und über viele Jahrhunderte hinweg blühte. Ihre Blütezeit währte länger als die ihrer europäischen Kollegen. Überdies bleibt neben dem reichen Gebäude einiger großer Städte, den Provinz- oder Reichshauptstadten, die Hütte oder die Dorfwohnung der kleinen bäuerlichen Gemeinschaften, die besonders stark die Bedingungen der Umwelt widerspiegeln, ja, sogar das Zelt des Nomaden oder des Karawanen-Kaufmanns bestehen.

Die engen, ruhigen Straßen, von Mauern ohne Fenster begrenzt, verbergen auch in den großen Zentren das Privatleben der arbeitenden Bevölkerung, das sich jenseits jener Mauern abspielt, sich als öffentliches Leben auf die lärmenden Märkte, die "Suk", oder um die enormen Sakralbauten herum, später auch in die öffentlichen Bäder und auf die Plätze ergießt und dort an den Spielen, Prozessionen und Militärparaden teilnimmt. Das völlige Fehlen einer Stadtplanung, mit Ausnahme einer solchen, die an religiöse und moralische Erfordernisse gebunden und vom religiösen Gesetz des Islam auferlegt ist, bringt manchmal pittoreske Effekte hervor.

Die Viertel des Bürgertums und des Volkes waren säuberlich von den Residenzbezirken getrennt, die häufig von ungeheuren Ansammlungen von Palästen gebildet waren und in Gebieten entstanden, die man wegen ihrer natürlichen Schönheit und Ruhe gewählt hatte. Vage Reminiszenzen der griechisch-römischen Stadtplanung, durch die Notwendigkeit modifiziert, den architektonischen Komplex der Moschee und des Fürstenpalastes ins Zentrum zu setzen, schlossen die Teilung der Viertel nicht aus, so daß sie von den benachbarten durch ein Mauer- und Torsystem getrennt waren, das im Falle einer Gefahr geschlossen werden konnte.

Selbstverständlich variiert die islamische Wohnung nach Zeit und Ort. In den größeren bürgerlichen Residenzen – wenn dieser Ausdruck erlaubt ist – der Omaj-

In den Gebieten Afghanistans, die weniger unter dem Räuberunwesen zu leiden haben, behält die Wohnung, trotz des Verzichts auf die Turmstruktur, in den unteren Stockwerken den geschlossenen Anblick einer Festung bei, was sich aus dem sprichwörtlichen orientalischen Mißtrauen und aus dem Wunsch erklären läßt, die Frauen den indiskreten Blicken zu entziehen. Hier (vor allem oben rechts) tauchen hellenistische Charakterzüge auf, erkennbar in den Säulen, den Bogengängen und den bogenförmigen Öffnungen, die wahrscheinlich auf die Zeit der Invasionen Alexanders des Großen zurückgehen; diese Charakterzüge fehlen auch anderswo keineswegs, nicht einmal in einigen Turmhäusern (S. 68, oben rechts).

(Unten) Häuser in Konya, in der mittleren südlichen Türkei. Es handelt sich um im vorigen Jahrhundert entstandene Gebäude; der orientalische Charakter tritt vor allem in der Vorkragung des Innenraums aus den Fassaden in Erscheinung: eine typische Erscheinung in den kalten Gebieten, gerechtfertigt durch die Suche nach besserer Beleuchtung, und den südlichen Regionen, in denen sie dagegen vom Wunsch nach Ventilation diktiert wurde. Das Vorherrschen des Holzes als Baumaterial erklärt sich, da die örtlichen Vorräte nicht ausreichen, primär aus der Notwendigkeit, Gebäude zu bauen, die den in diesem Gebiet häufigen Erdbeben zu widerstehen im Stande sind.

Wohn- und Schlafzimmer einer Wohnung des Nordkaukasus aus dem 19. Jahrhundert. Die Feuerstelle im Zentrum ist von Steinplatten gebildet; von oben hängt eine Kette herunter, an der der Kochtopf aufgehängt wird; darüber der Kamin in der Form eines Pyramidenstumpfes. Hier ist die Verwandtschaft mit den "Laternen"-Decken der halb unterirdischen Wohnungen Zentralasiens evident (s. S. 65).

jaden- und Abbasiden-Zeit überlebten ziemlich gut zu erkennende Elemente der privaten iranischen Wohnungen aus der Sassaniden-Zeit, die ihrerseits die Struktur der parthischen Paläste widerspiegelten. Die Annahme des Iwan, des mit Nischen versehenen Portikus, der auch im westlichen Raum des Islam weite Verbreitung finden sollte, zeigt die Kraft jener wechselseitigen Einflüsse.

Sonst kennen wir die privaten Wohnungen der Sassaniden-Zeit nur durch die familiären Teile der Königspaläste. Doch sah die omajjadische Herrschaftswohnung mit dem großen rechteckigen Zentralhof die Existenz dreier Säle mit Alkoven vor, die sich an einer der zwei Seiten des Hofes entlang öffneten. Die abbasidischen Häuser, wenigstens jene von Samarra, sind sehr weiträumig und haben viele Höfe, auf die zahlreiche Zimmer führen. Auf einer der Schmalseiten der Wohnung auf rechteckigem Grundriß öffnete sich stereotyp ein großer Saal, in dessen Hintergrund ein Iwan Platz fand. Halb unterirdische Räume dienten während der warmen Jahreszeit wegen ihrer Kühle als Wohnung. Wie man sieht, sind wir jedoch auf einem sozialen Niveau, das höher als das mittelständische ist.

Die Begegnung der islamischen mit der spanischen Architektur bringt verschieden Stile hervor, die unter dem Namen hispanisch-maurisch zusammengefaßt werden können.

Die private Wohnung der Türkei, die im Gegensatz zum westlichen Raum des Islam, wo wirtschaftliche, klimatische und traditionelle Gründe schwere gehauene und getünchte Steine anraten, immer aus leichtem Material errichtet ist, bestimmt die charakteristische Gestalt der türkischen Städte, wobei Variationen je nach Zeit und Ort aufgenommen werden.

Die absolute Vorrangstellung des mit andern, wirtschaftlich wenig wertollen Materialien verbundenen Holzes, die in verschiedenen Zonen gefunden wird, unterscheidet das türkische im Raum der europäischen Türkei von dem im klassischen und byzantinischen Westen traditionellen Haus. Allgemein gesprochen bildet das fensterlose rechteckige Erdgeschoß die Grundlage (aus Ziegelsteinen und einem hölzernen Gerüst) für das Stockwerk, das, mit hellen und luftigen Zimmern, als eigentliche Wohnung, dient. Die sehr zahlreichen und großen Fenster nützen praktische Vorbauten aus, so daß der Blick (und die Lüftung) drei oder wenigstens zwei Seiten zur Verfügung hat. Das zweite Stockwerk, soweit vorhanden, ist durch die völlig offene Loggia oder Galerie noch luftiger. Für alle Fälle gibt es ein Heizungssystem mit kleinen Kaminen aus Keramik – Folge der Vorliebe für glasierte Terrakotten, die der türkischen Kunst eigen, oder besser, stärker in der türkischen Kultur als irgendwo sonst ausgeprägt ist. In einem bestimmten Sinn spiegelt das türkische Haus jeder Epoche den praktischen Geist und die organisatorische Fähigkeit dieses Volkes wider, wie sie sich auch in der geordneten Stadtstrukur zeigt. Der Geschmack am städtisch-gemeinschaftlichen Leben offenbart sich in den großen Plätzen für Spiele und Militärparaden.

Vornehme Wohnungen in San'a, im Stil des Yemen errichtet. Im Vergleich zu den gewöhnlichen, kleinen, parallelepipedonförmigen Häusern mit einem einzigen Raum sind sie wirkliche Paläste. Die nicht zu übersehende Höhe und die launisch variierte und doch in den Grenzen weniger fester Motive bleibende Dekoration der Fassaden verleihen diesen aus ungebrannten Ziegeln errichteten arabischen "Wolkenkratzern" große Feierlichkeit.

OZEANIEN

Kanaken-Hütte auf Neukaledonien. Die totemistischen Darstellungen auf der Spitze des Zentralmastes und auf den Holzbrettern an den Seiten des Eingangs bezeugen die Wohnung einer vornehmen Familie.

Wir haben schon gesehen, daß Ozeanien und besonders Australien noch Formen ursprünglicher Zufluchtsstätten bewahren. Selbst die ziemlich entwickelten Stämme, wie die Wonkonguru, geben sie nicht auf. Dieses an den Ufern des Eyre-Sees lebende Volk baut bienenstockförmige Hütten von ca. einem Meter Höhe, unter denen die des Häuptlings im Norden die Gruppe durch eine Erderhöhung beherrscht. Das Holzgerüst wird mit Lehm, Schilfrohr oder Baumrindenstücken bekleidet. Dort, wo die Moskitos besonders lästig sind, bleibt das Feuer im Innern angezündet, und alle Öffnungen werden mit Rinde verschlossen. Im Zentrum des Dorfes bewahrt man auf einer anderthalb Meter hohen Plattform zur Sicherheit vor den Hunden die Lebensmittel und das Wasser auf. Ein wenig entfernt davon dient ein weiter Raum, der durch ein oder zwei an den Ecken zusammengefügte gebogene Wände ohne Dach (also eine "Schutzwand") gebildet wird, der Gemeinschaft als Schutz vor der Tageshitze.

Anderswo, in Melanesien zum Beispiel, ist die viereckige Hütte mit Satteldach, die wahrscheinlich von den malaiischen Inseln eingeführt wurde, sehr häufig. Aber auch die kegelförmigen Gebilde, die manchmal mit rechteckigen vermischt sind, fehlen nicht. Diese letzteren sind jedoch dem vorbehalten, "der den Hauch empfangen hat", also dem Magier und seinen Verwandten. Holzhäuser findet man in Neuguinea und auf den Karolinen, wo sie häufig ein Steinfundament haben. Bei den Maori erreichen diese Typen nicht nur wegen der schönen, mit den Figuren der Schutzgeister geschmückten Säulen, sondern wegen der gelungenen Harmonie der Anlage eine besondere Würde.

Doch ist das ausgeprägtere Charakteristikum der Wohnung Ozeaniens der Pfahlbau. Er könnte aus der Notwendigkeit, sich vor Reptilien, Nagetieren, Bestien, vor Feinden oder Räubern, vor Feuchtigkeit oder Überschwemmungen zu schützen, oder auch aus dem Wunsch des Familienoberhaupts entstanden sein, volle Übersicht über alles zu haben, was sich unter dem gleichen Dach findet (Waren und Personen). In keinem andern Kontinent finden sich so viele Hütten auf Stämmen, die eine Länge von wenigen Dezimetern bis zu drei und mehr Metern aufweisen. Gewöhnlich sind diese Wohnungen rechteckig und haben eine Veranda, wo sich die Männer unterhalten oder ausruhen, die Kinder spielen und die Frauen schaffen, und von der das Innere der Wohnung sein Licht erhält.

*

(Links) Vornehme Hütte im Dorf Obulaku auf der Insel Kiriwina (Neuguinea). (Unten) Mit Palmblättern bedecktes Haus auf den Fidschi-Inseln (Melanesien). Der Verlauf des Daches offenbart die im Fernen Osten üblichen Charakteristiken.

Eine Mischform aus dem asiatischen und dem ozeanischen Haus ist die Batak-Wohnung des maliischen Archipels. Auch in ihren einfachsten Formen erweist sich diese Wohnung als das Ergebnis eines klugen Gleichgewichts in der Aufteilung, einer äußerst genauen Ausführung und einer Ornamentik in Skulptur und Malerei, die reich an lebhaften, aber wunderbaren Effekten ist. Das Schema ist nahezu unveränderlich: die Basis ruht auf Pfählen (auch wenn das Wasser dafür keinen triftigen Grund darstellt); gewöhnlich hat sie nur einen Raum für das häusliche Leben; der Kornspeicher oben wird direkt von dem äußerst umfangreichen Strohdach bedeckt, das in einer Spitze endet.

Michelangelo Muraro

VOM PLAN ZUM SCHÖNEN

Mittelalter und Renaissance

Durch die ganze römische Herrschaft hindurch bewahrten einige Länder, wie Gallien, die alten Holzhäuser. Die Germanen-Einfälle breiteten sie dann zusammen mit den Überresten der lateinischen Profan-Architektur noch weiter aus. Im Norden der Alpen wurde sie jedoch selten oder nur inadäquat angewandt, da sie dem feuchten Klima nicht entsprach. Diese Tatsache zeigt sich noch gegen Ende des 11. Jh., als sich schon ein andersartiger Kontrast zu profilieren begann: Dort, wo die Kirche durch die Abteien regierte, herrschten die gemauerten Häuser vor; in den Feudalgebieten der Laien gab man dagegen den Holzbauten den Vorzug.

Inzwischen bevölkerten sich die Städte wieder mit ihren engen, schmutzigen und verschlungenen Gäßchen, an denen sich die Häuser mit ihren schmalen Fassaden drängten. Die nachfolgende Kommunalbildung führt, auch wenn sie das eine oder andere Element der lateinischen Traditionen aufnahm, doch allgemein zu neuen, von den alten verschiedenen Bauformen. So zeigen die Häuser, anstatt sich auf Innenhöfe zu öffnen, zahlreiche Öffnungen auf die Straße. Doch wird dieser Bauweise, vor allem in Italien, nur kurze Dauer beschert sein, da schon um die Mitte des 13. Jh. die Gebäude unter dem Druck neuer politischer Unruhen wieder anfangen, die Fassaden zu blenden.

So kann man vor dem 14. oder 15. Jh. kaum von eleganten Wohnungen sprechen. Bis zu dieser Zeit führten die Reichen, also die Grundbesitzer und die großen Kaufleute, ein rauhes Leben, mehr auf der Suche nach Beute oder fernen Versorgungsquellen als nach einem gemütlichen häuslichen Herd. Wenn im Hochmittelalter kleine Möbel nach dem Geschmack der Phönizier und ihrer Nachfolger üblich waren, so war das auch in der Feudalzeit nicht anders, gerade deshalb, weil selbst viele, die sich eine gediegene Einrichtung schaffen konnten, Faltsitze, auseinandernehmbare Betten und große Kisten (d. h. Koffer) vorzogen: also sehr einfache, schlichte, auf das Wesentliche beschränkte und praktisch in ganz Europa übliche Reisemodelle.

Noch im 15. Jahrhundert aßen und schliefen die Reichen und die weniger Bemittelten im gleichen Raum. Erst gegen Ende des Jahrhunderts bilden sich Zimmer und Vorzimmer heraus. In der italienischen Renaissance waren sie schon 100 Jahre früher bekannt. Von verschiedenen Gründen begünstigt, breitet sich die auf dieser Halbinsel begonnene Sitte langsam auf ganz Europa aus, und man kann sagen, daß um 1550 herum der italienische Geschmack zu einer stilistischen Einheit auf dem Kontinent beitrug.

Wohl verstanden, es zeigten sich fühlbare Unterschiede zwischen den in den verschiedenen Ländern entstandenen Häusern und der Art, wie sie eingerichtet wurden. So fehlt es weder an Reaktionen auf die einbrechende Kraft der Renaissance, die häufig auf schon in der romanischen Zeit begründete Typen stieß, noch bedeutete die Annahme italienischer Tendenzen immer eine Steigerung des künstlerischen Wertes. Das italienische Haus der Renaissance in seiner vollkommensten Ausbildung entwickelte Folgen von Sälen, die über den Wunsch hinaus, einen schönen Anblick für das Auge zu bieten, keinerlei genaue Bestimmung hatten. Und wenn die auf der Halbinsel hergestellten Möbel diesen Häusern auch angemessen waren, so paßten sie sich doch den transalpinen Wohnungen nur schwer an.

chnitt aus der "Auffindung des Leibes des hl. Herkulanus" im von Benedetto Bonfigli gegen 1460 in der Kapelle des zo dei Priori in Perugia (heute Sitz der Galleria Nazionale dell'Umbria) gemalten Fresken-Zyklus. Das übrige des großen en-Teils stellt die von Totila über Perugia verhängte Belagerung dar, und die Komposition wird von einem liosen Panorama der Stadt beherrscht; auf dem hier abgebildeten Teil erkennt man neben der Stadtmauer auch noch die be des hl. Herkulanus zwischen hohen Adelshäusern und -türmen, die für das Zeitalter der Stadt-Republiken typisch sind.

ITALIEN
Holz und Trümmer

Nachdem Rom gefallen und sein Imperium zerstört war, wandelte sich überall das soziale Leben radikal. Da die zentrale Regierung und die Autorität ihrer Gesetze fehlten, wurden Verkehr und Versorgung immer schwieriger. So kann man sich die Entvölkerung der Städte und den Grund erklären, warum die zerstreuten Bewohner auf dem Land Zuflucht suchten: entweder, um etwas zu finden, wovon sie leben konnten, oder um den dauernden Gefahren der Invasionen zu entgehen.

Als Nomaden vor allem von Jagd und Fischfang lebend, flüchteten sich die Menschen dieser "dunklen" Jahrhunderte in Höhlen oder improvisierte Zelte. Erst als sie zum Ackerbau zurückkehrten, spürten sie das Bedürfnis, sich feste Unterkünfte zu errichten, um sich selbst, das Werkzeug und die für die Arbeit notwendigen Tiere vor Witterungseinflüssen zu schützen. So wiederholte man die Phasen, die die Urväter der ersten Zeiten durchliefen. Da das Andenken an die errungenen Fortschritte verschwunden war, mußte man wieder von vorn anfangen. Das Wort "casa" entspricht übrigens nicht dem von den Römern für das gemauerte Wohnhaus verwendeten Begriff. "Casa" bezeichnet im lateinischen unsere "Hütte". Und sie war wirklich die Wohnung des mittelalterlichen Menschen. Aus praktischen Notwendigkeiten entwickelt sich die moderne Wohnung schrittweise mehr aus der Hütte als aus der domus (Haus), wobei sie durch neue Formen angereichert, nach sozialen und klimatischen Bedingungen variiert wurde und Schritt für Schritt der Geschichte der Menschheit folgte. Noch heute bestehen in Italien sehr alte Gebäude, die oft ihre ursprüngliche Funktion verloren haben und deshalb außerhalb der Zeit zu stehen scheinen. Zuweilen dienen diese ärmlichen Hütten den Tieren als Unterschlupf oder als Geräteschuppen. Sehr selten werden sie als menschliche Behausung benützt. Man denke an die Steinansammlungen im Süden Italiens oder Istriens und an die "Häuschen", die in ihren entwickelteren Formen Gestalt und Name der Trulli annehmen. Denken wir weiter an die Stroh- und Heuschober, die in der Mitte leer bleiben und manchmal noch Pilger oder Tiere aufnehmen, an die Hütten aus Holz, Rohr oder Zweigen, mit dem strohgedeckten Dach. Die entwickeltste dieser Hütten ist der "casone", planvoll und gemütlich, der noch auf dem Land um die venetische Lagune herum üblich ist.

Wenn wir die größeren Bauwerke ausschließen, können wir sagen, daß bis zum 15. Jahrhundert die bewohnten Zentren mehr eine Ansammlung von ärmlichen Häusern und Hütten als eine Stadt im heutigen Sinn darstellten. Das Beispiel des hier wiedergegebenen Casone erweist sich als so bezeichnend wie nur möglich. Der Portikus, die Eingangszelle des Gebäudes, gleicht den halboffenen Schutzdächern der Bauern auf den Feldern. Dieser Eingangszelle sind zwei weitere Räume zugeordnet, und der so gebildete Komplex wird von einem einzigen Dach überdeckt. Der Rauch zieht nicht mehr durch die Tür, durch Mauerritzen oder durch ein Loch an der Seite nach draußen ab, sondern wird gesammelt und durch einen angesetzten Schornstein geleitet. Um den Ausbruch des Feuers zu verhüten, entsteht die Notwendigkeit, das Abzugsrohr in eine gemauerte Wand oder, doch seltener, in Mauern aus roher Erde oder aus Ziegelsteinen einzufügen. Aber wieviele Jahrhunderte und Generationen mußten vergehen, bis man zu solchen Resultaten gelangte!

Es ist wahrscheinlich, daß das typisch venezianische Haus mit seinen Räumen, Fassaden und Türmchen, die den Kamin einschließen, vom alten Casone abstammt, als letztes Glied einer Jahrtausende währenden Kette, die schließlich mit der römischen und byzantinischen identisch ist und dabei nach Überwindung derselben Probleme zu ähnlichen Resultaten kommt.

Völlig anders sind die Erfordernisse dessen, der im gemäßigten oder warmen Klima wohnt, wo sich das Le-

Einer der nicht seltenen "Casoni", die sich heute noch im Veneto, vor allem an der unteren Brenta entlang, finden. Außer der vom Strohdach inspirierten unmittelbaren Erinnerung an alte Formen ist die Abstammung von primitiven Hütten zu erkennen, deren Wände aus Rohr oder anderem Material durch gemauerte Wände ersetzt wurden. Heute verschwindet diese äußerst alte Form als feste Wohnung immer mehr; doch besteht sie vor allem im Po-Delta als vorübergehende Wohnung für Fischer und Flußwächter oder als Vorratsschuppen weiter, meistens auf künstlichen Erderhebungen gelegen, behält sie den rechteckigen Grundriß bei und ist oft in lebhaften Farben gehalten.

ben zum großen Teil im Freien abspielt. Wir können das bei den traditionellen Häusern des neapolitanischen Gebiets mit ihren freien Treppen und dem Terrassendach feststellen, das so angelegt ist, daß das vom Himmel kommende Wasser bis zum letzten Tropfen ausgenützt werden kann.

Doch ist das Aussehen des Hauses außer von den Bedingungen des Klimas auch noch von Veränderungen abhängig, die sich aus lokalen Begebenheiten, d. h. aus der Verschiedenheit des verwendeten Materials – getrockneten Mauern, gehauenen Felsblöcken, Backsteinen, Balken und Brettern – ergeben. Vor allen Dingen gilt das für die Zonen, die waldreich sind und wo man sich leicht mit Holz versorgen kann, wie in Venedig, wo wir den noch heute bestehenden Typ des Holzhauses mit der äußeren Galerie sehen können, die die verschiedenen Räume des Hauses umgibt. An diesen Galerien, die übrigens im gesamten Italien des Mittelalters und der Renaissance häufig sind, werden Stoffe und andere Waren aufgehängt.

Den Übergang von einer Wohnungsform zur andern verdankt man oft der Verwendung neuen Materials und der Erfindung von entwickelterem Arbeitsgerät. Aus Faulheit oder Bequemlichkeit blieb man manchmal weiter in mehr oder weniger modifizierten Höhlen wohnen oder man errichtete das Haus auf den Ruinen alter Monumente. Das geschah immer dann, wenn das Volk, da es schon wieder etwas durch die Streifzüge der Soldaten und Räuber zu verlieren hatte, das offene Land verließ, um sich in den wenigen noch bestehenden Städten oder in den großartigen lateinischen Villen zu konzentrieren, die eine wirksamere Verteidigung garantierten. So wurden diese Ruinen zu Kernen neuer Wohnzentren umgewandelt. Die fast überall verstreuten Reste der alten Landhäuser übten vielleicht eine stärkere Anziehungskraft aus, entweder wegen ihrer hervorragenden Lage an Flüssen oder Straßen, oder weil sie wahre Steinbrüche für das Material waren, das man für die neuen Gebäude gut gebrauchen konnte, oder aber weil sie immer noch als Wohnung oder Zufluchtsort geeignet schienen. Viele Monumentalbauten des Altertums ertrinken noch heute in Ansammlungen kleiner Häuser, so z.B. das Hadrians-Theater in Rom.

Holzhäuser in Venedig am alten "Squero" (Stapelplatz) am Rio di San Trovaso. Die Konstruktionen bezeugen die Verwendung der im Mittelalter üblichen Materialien, von denen nur noch wenige Beispiele bestehen. Auch die Bauart mit der Außengalerie als Zugang zu den verschiedenen Räumen ist in Venedig zum großen Teil seit einiger Zeit verschwunden.

Wohnung an den Hängen des Vesuv; diese hier befindet sich in Boscotrecase. Wahrscheinlich ist es kein sehr altes Gebäude, das umso weniger, als Boscotrecase 1631 und noch einmal 1906 zum großen Teil von der Lava zerstört wurde; dennoch nimmt es archaische Formen des Mittelmeerbeckens auf, die mit alten mesopotamischen Bauwerken verglichen werden können.

Die pittoresken Ruinen des Teatro di Marcello in Rom. Das Bauwerk wurde auf die Initiative Julius Cäsars hin begonnen und 13 v. Chr. von Augustus vollendet; es wurde von zwei (vielleicht auch drei) Reihen von Säulengängen gebildet und konnte 20.000 Zuschauer aufnehmen. Im 4. Jahrhundert begann man es zu demolieren: im 12. Jahrhundert wurde es zu einer Festung umgebaut: im 16. Jahrhundert machten sich die Savelli und später die Orsini einen Palast daraus. Typische Adaptation eines antiken öffentlichen Bauwerks als private Wohnung, die sich aus den hohen Kosten des Baumaterials im Mittelalter und der Renaissance ergab.

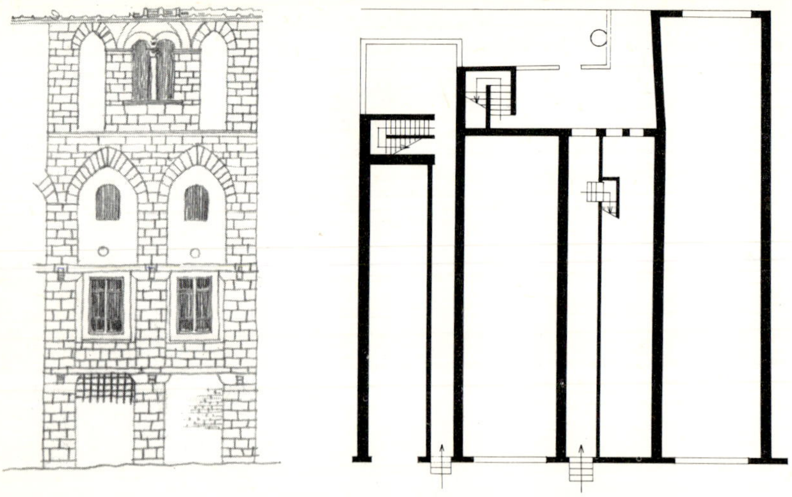

Vorderansicht und Grundrisse mittelalterlicher Turm-Häuser in Lucca. Im allgemeinen zeigen die Mauern in diesem Wohnungstyp auf Straßenhöhe eine beachtliche Dicke, die in den oberen Stockwerken abnimmt; es können vier und mehr Geschosse sein. Form und Zweck des Bauwerks schlossen nicht aus, daß das Erdgeschoß oft als Laden oder Warenlager benützt wurde; die Wohnräume befanden sich darüber. Die Notwendigkeit der Enge des zur Verfügung stehenden Raums verursachte die verlängerte Form des Schemas.

Häuser zur Kriegsführung

Mit der Aufgabe der alten Bauernhöfe nahm die Bedeutung des bäuerlichen Standes in der Feudalzeit immer mehr ab. Der Bauer betrachtete sich nicht nur als Besitzer des Hauses, sondern auch als den des eingefriedeten Hofes, sowie des Gartens und des Ackerlandes. Wie die auf ihren Landgütern lebenden Römer fühlte er sich autonom und trotz seiner Einsamkeit als freier Herr. Damit war es zu Ende, als neue geschichtliche Konstellationen die Bevölkerung zwangen, sich gegenseitig zu Hilfe zu kommen. So verschanzten sie sich hinter bewehrten Mauern oder stellten sich unter den Schutz des Adels und der niederen Feudalherren, denen es in dieser Unordnung gelungen war, durch ihre Waffen und die

Ausschnitt aus dem 1338 von A. Lorenzetti im Friedenssaal des Palazzo Pubblico in Siena a fresco gemalten Zyklus, der die Früchte einer guten Regierung darstellt: eine günstige Gelegenheit, eine Vedute von Siena selbst darzubieten: seine Straßen, die Paläste, die Türme, die Turm-Häuser, die Läden.

Ausschnitt aus der "Auferweckung der Tabitha" in der Cappella Brancacci al Carmine in Florenz; die Autorschaft Masolino da Panicales für dieses Fresko (kurz nach 1425) wird heute allgemein angenommen, aber auch eine Intervention Masaccios gibt man zu, dem wahrscheinlich besonders die Planung und die Ausführung des hier abgebildeten architektonischen Teilstücks zufiel. Sieht man von der einstimmigen Meinung über Masaccio und sein tiefes menschliches Interesse ab, so war gerade er es, der – mehr als der der Eleganz des internationalen höfischen Lebens der Gotik ergebene Kollege – einer so unmittelbaren Darstellung mehr bürgerlicher als herrschaftlicher Bauwerke in der sakralen "Geschichte" einen Platz geschaffen hat.

Viterbo war einen Großteil des Mittelalters als Sitz der Konklaven und als Hauptstadt von Adelshäusern, denen es gelungen war, ihre Herrschaft über ein großes Gebiet Latiums auszudehnen, sehr bedeutend. Diese Stadt bewahrt bei der Kirche des hl. Pellegrino ein Viertel aus dem 13. Jahrhundert, das nicht nur reich an Türmen, Straßenbrücken und ärmlichen Unterkünften ist, sondern auch an Wohnungen für den Mittelstand, die wegen der Verschiedenartigkeit der Linien, der oben einbogigen und der kleinen, romanischen zweibogigen Fenster, der Mündungen der Gäßchen, die im Wechsel des Lichts bei verschiedenen Tageszeiten sehr unterschiedliche Aspekte bieten, einen Komplex von gewinnender Anziehungskraft bilden. Eines der erlesensten Beispiele einer solchen Bauweise ist der kleine Palast der Alessandri (unten), ein glückliches Beispiel eines Privathauses des 13. Jhs., dessen nüchterne Fassade im ersten Stock durch den großen Balkon unterbrochen wird, der sich unter dem abgeflachten Bogen hinzieht.

Stärke ihrer Burgen gewappnet und unangreifbar zu sein.

Der Feudalismus war keine typische Herrschaftsform Italiens. Er wurde von den Ländern nördlich der Alpen durch die Invasionen und den Kontakt mit den Völkern germanischer Kultur eingeführt. Auf dem Hof der Feudalherren wie dem der Konvente bildeten sich überall in Italien Gemeinschaften mit autarkem Charakter heraus, da die Vasallen dazu herangezogen wurden, alles für die Gemeinschaft Notwendige herzustellen. Wie sahen die Häuser der Mittelklasse in der Feudalzeit aus? Im strengen Sinn des Wortes gab es keine Mittelklasse. Man kannte nur Herren und Knechte. Die ersteren lebten in Gebäuden, die ein Mittelding zwischen Turm und Burg gewesen sein müssen: vielleicht ein mit Bastionen bewehrter Turm. Ohne Öffnung im Erdgeschoß (das wahrscheinlich als Magazin diente) wurde dieser Turm im ersten Stock vom Herrn und im Oberstock von seiner Familie bewohnt. So lassen es wenigstens die spärlichen, noch bestehenden Zeugnisse vermuten. Darum herum wimmelte es von den ärmlichen Behausungen der Untergebenen, des armen Volkes, das innerhalb der bewehrten Einfriedung Schutz suchte und dabei, wenn nötig, all seinen Besitz dem Feind überließ. Später umschließen die Bastionen den bewohnten Kern ganz oder zum größten Teil. So ist die Burg innerhalb der Umfassungsmauern eine Ballung von Gebäuden und offenen Plätzen, in der wir schon die zukünftigen Strukturen der städtischen Zentren erkennen können: die Kreuzgänge und die Plätze, die Laden-Häuser den Regierungspalast und den Turm.

Im Innern der Städte ändern die Wohnungen ihr Aussehen je nach dem Temperament der Bewohner und den besonderen historischen Bedigungen, denen jede einzelne Gemeinschaft unterworfen war. In der Toskana zum Beispiel bestehen noch heute die Grundmauern der alten Wohnungen, die aus gehauenen Steinen und Ziegeln erbaut waren. Dagegen wurden die Zwischendekken, die Treppen und die Trennwände aus Holz verbrannt und zerstört, jedesmal wenn, so kann man sagen, die Stadtregierung von einer andern abgelöst wurde. So lassen sie kaum eine unsichere Hypothese über die innere Aufteilung zu. Der Palazzo Davanzati in Florenz, nach toskanischer Art aus Blöcken von massivem Fels, vermischt mit Elementen von leichterem Stein, entbehrt der Zinnen, die im allgemeinen die alten Türme krönten. Oben ragt ein sehr großes Vordach heraus, das die schöne offene Loggia im obersten Stock und mit seinem weiten Überhang die gesamte Fassade und die Passanten schützt.

Lösungen dieser Art breiten sich in der Zeit der freien Städte immer mehr aus, nachdem im 13. und 14. Jh. die Herren hinausgeworfen waren und die Städte sich in demokratischer Form zu organisieren beginnen. Diese geschichtliche Periode fällt vor allem in die Bildungszeit des modernen Italien: Die Kommune bestimmt und umgrenzt in der Tat den besonderen und speziellen Charakter einer jeden Stadt der Halbinsel. Liebe zur Unabhängigkeit und Furcht, die eroberte Freiheit zu verlieren, sind so groß, daß sie – dem Beispiel der Feudalherren folgend – zur Errichtung neuer Stadtmauern führten, innerhalb derer sich das Arbeitsleben der Zünfte abspielte.

Im Verlauf des 14. Jahrhunderts machte die Bauweise überall große Fortschritte. Zeugnisse dafür sind die Gesetze für die Errichtung von Kaminanlagen, die Verordnungen zur Verbesserung der städtischen Bauordnung und zur Ausstattung der Gebäude, vor allem jener, deren Fassaden auf die großen Straßen der Stadt gehen. Ambrogio Lorenzettis Fresken im Friedenssaal des Rathauses in Siena zeigen neben den verschiedenen Bildfolgen einer guten Verwaltung im Hintergrund die typischsten Gebäude der mittelalterlichen Bauweise und stellen uns die Formen und Bauten vor, die in Italien für das ganze Jahrhundert mehr oder weniger üblich werden: Turmhäuser mit Zinnenkränzen oder mit weit herausragenden Dachrinnen; Häuser mit von Balken und Strebemauern gehaltenen Erkern; Loggien und von Wachsleinwand oder Glas geschützte große Fenster. Trotz all seiner Bemühungen, realistisch darzustellen, ist es evident, daß Lorenzetti auch in diesem Fall die öffentlichen, religiösen oder kommunalen Gebäude seiner Stadt stärker ins Licht rückte und damit allgemein die Aufmerksamkeit in besonderer Weise auf das profane Gebäude von größerer Bedeutung lenkte.

Die auf uns gekommenen Notizen über die Wohnung der Mittelklasse in den Jahrhunderten, die unmittelbar vor der Renaissance liegen, sind sehr spärlich und unsicher; die Schriftsteller sprechen nicht darüber, die Maler erachten sie der Wiedergabe nicht für würdig. Man muß auf die Miniatur oder auf Streit- und Erbschaftsdokumente zurückgreifen, um das eine oder andere konkrete Detail zu erfahren. Die ursprünglichen Spuren solcher Gebäude sind ebenfalls äußerst selten, entweder weil sie mit weniger ausgewähltem und dauerhaftem Material gebaut waren, oder aber weil sie Feuersbrünsten und Umwandlungen mehr unterworfen waren. Doch halten alle Gelehrten übereinstimmend fest, daß das niedere Gebäude im allgemeinen die Form und den Stil der zeitgenössischen reicheren Architektur imitierte, wobei allenfalls die Ornamentik vernachlässigt wurde.

Die Gebäude auf dem Ponte Vecchio in Florenz zeigen noch einige typische Beispiele für das Haus des 14. Jahrhunderts. Hier, wie in Perugia, in Viterbo und anderswo hat man genügend klare Zeugnisse für den Aufbau der alten Laden-Häuser. Zu ebener Erde war die Werkstatt, der Laden, die Taverne, der Raum also, in dem man arbeitete und die Waren verkaufte. Er führte direkt auf die Straße und wies natürlich die für den jeweiligen Beruf charakteristischen Unterschiede auf. Hinter oder neben dem Laden befanden sich das Magazin und die Treppe, die in das obere, von der Familie bewohnte Stockwerk führte. Durchweg bestanden die Wohnungen des 14. und 15. Jahrhunderts aus einem Raum mit dem Herd und dem Eßtisch – Küche, Eß- und Wohnzimmer zugleich – und aus einem oder mehreren andern, die als Schlafzimmer für den Hausbesitzer, seine Familie, die Diener und Lehrlinge dienten. Seine besondere Anlage gestattete dem Laden, gleichzeitig Werkstatt oder Magazin und Laden für den Verkauf zu sein, mit der Möglichkeit, die Produkte und Waren auszustellen. Sie wurden außerhalb des Ladens auf der Straße, unter dem Schutz eines Vordaches feilgeboten, das den Einlaß des Lichtes in den Laden selbst regulierte. Ein solches auf die Straße herausragendes Vordach schützte auch die Kunden während der Verhandlungen. Die Käufer befanden sich dabei meistens draußen, der Besitzer hinter dem Eingang, der den Ladentisch bildete. Die Abfolge der Läden schuf eine Art Halbgalerie, die von selbst (da sie Schutz vor der Sonne oder dem Regen bot) dazu einlud, die von Läden übersäten Straßen zu durchwandeln. Diese Anlage der Läden ist der der alexandrinischen Zeit (wie man sie in Pompeji sieht) und des orientalischen Raums sehr ähnlich, wo sie heute noch in dem Gebiet von Kairo bis nach Kalkutta vorzufinden ist. In florentinischen Dokumenten werden diese Gebäude "Häuser zu ebener Erde" oder "Häuschen mit ganz wenig Wohnung" genannt. Eine andere Bezeichnung stammt wahrscheinlich aus der Zeit, in der sich der Brauch durchzusetzen begann, den Laden von der eigentlichen Wohnung seines Besitzers zu trennen. In einem interessanten Archivstück wird der Gebäudetyp, der beide Funktionen – des Hauses und des Ladens – erfüllt, als "laborerium" bezeichnet, sozusagen um den Bewohner von Florenz durch die Werkstatt- und Standesbezeichnung als Bürger einer freien Stadt auszuweisen, denn dadurch unterschied er sich im sozialen Gefüge von anderen seiner Zeit.

Der Palazzo Davanzati im historischen Zentrum von Florenz ist ein Gebäude aus dem 14. Jahrhundert, das seinen Namen von der Familie herleitet, die es vom 16. bis zum 19. Jahrhundert bewohnte. Die Konstruktion mit ihrem fortifikatorischen Charakter veranschaulicht die Worte Stendhals, wenn man beim Anblick solcher Häuser in Rechnung stellt, daß die Gefahr oft durch die Straßen lief. Der Palazzo Davanzati entspricht mit der trotzigen Rustika und den massiven Toren im Erdgeschoß, dem Vestibül in der Art einer Wachtstube, den engen Fenstern und der Bestimmung einiger Räume, Sicherheit innerhalb der eigenen Mauern zu garantieren, den alten Anforderungen.

Kaufleute und Handwerker

Nach einem Brauch, den Ostrom zum Teil auf die mittelalterlichen Zünfte übertrug, mußten alle Handwerker einer bestimmten Kategorie in ein und demselben Viertel wohnen. So erklärt sich die Konkurrenz, die in freieren Regierungsformen immer mehr dazu beiträgt, die Qualität der Erzeugnisse und das Persönlichkeitsbewußtsein zu heben. Die Autonomie, die das Individuum unter dem Impuls des Humanismus erwirbt, gibt auch dem Haus, das man sich errichtet und in dem man lebt, einen eigenen Charakter. Das Stadthaus nimmt zu Beginn der Renaissance nicht nur wegen der Abhängigkeit von Material und Klima verschiedene und zuweilen schon endgültige Formen an. Auch die Gesetze passen sich den in jeder Region und jedem Zentrum vorherrschenden Gegebenheiten an und tragen dazu bei, den italienischen Profanbauten ihre große Variabilität zu geben.

Besonders in der Toskana behält die Wohnung manchmal den kriegerischen Aspekt des Turm-Hauses bei; die alte Burg bildet oft so etwas wie eine Zitadelle im eigentlichen Stadtkern. Der Lauf der Geschichte hat glücklicherweise doch Komplexe mit Türmen wie San Gimignano bewahrt. Deshalb sind wir in der Lage, uns eine Vorstellung anderer bedeutender Zentren des 14. Jahrhunderts zu machen, so z.B. für das nach der endgültigen Vorherrschaft der Guelfen-Partei wiederaufgebaute Florenz.

Mit dem Anwachsen des Wohlstandes und Reichtums entsteht auch bei den Durchschnittsbürgern der Wunsch, Form und Schmuck der eigenen Wohnung zu verschönern. Die Stadtregierungen erlassen besondere Gesetze, die Straßenberichtigungen zur Pflicht machen. Die öffentlichen Raum einnehmenden Erker, durch die die Hausbesitzer versuchten, die oberen Stockwerke auf Kosten der Helligkeit der Straßen zu vergrößern, werden verboten. Darüber hinaus werden die Zeugnisse für Vorsichtsmaßnahmen immer häufiger: Gesetze, die die Gerbereien aus den Wohnzentren entfernen, die Feuer und Öfen verbieten, soweit sie Brände verursachen könnten, und die Lampen vor Heiligenbildern erlauben, um nachts die Sicherheit der Passanten zu garantieren. Gegen Ende des 14. Jahrhunderts lassen sich schon Beispiele zum Beweis dafür anführen, wie der Wunsch nach einem schönen Haus ein allgemein verbreitetes Bedürfnis ist.

…hnitt aus dem von Domenico Ghirlandaio in der Kapelle …ti di Santa Trinita in Florenz ausgeführten Fresko (1483-86) …er Abbildung des Papstes Innozenz III., der die …iskanerregel bestätigt; im Hintergrund …ittleres Haus aus dem Florenz des …hrhunderts mit dem Laden, der am Eingang einen …rung zur Ausstellung der Waren aufweist.

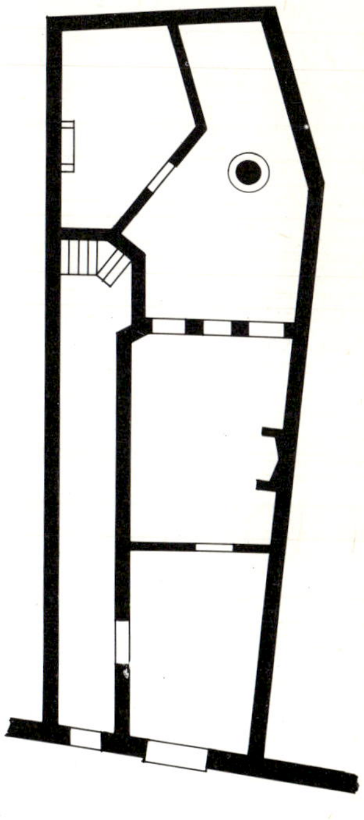

Grundriß eines mittelalterlichen Hauses aus Italien. Der Laden befindet sich an der Vorderfront (unten) neben dem Eingang; hinter dem Laden ein großer Raum, das Magazin, in Verbindung mit dem Hof, auf den auch der Stall geht; die eigentliche Wohnung liegt in den oberen Stockwerken.

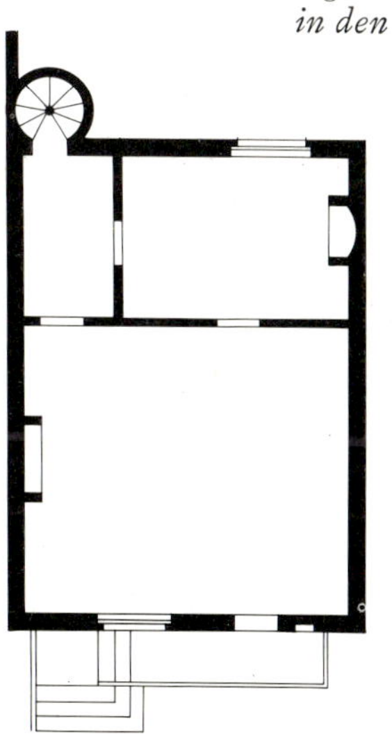

Anderes Wohnungs-Schema des italienischen Mittelalters. Dieses Gebäude hatte wahrscheinlich keinen Laden; im Hintergrund führte ein kleiner Korridor zum Hauptraum, wo sich ein großer Teil des häuslichen Lebens abspielte, auf die Treppe, die zu den oberen Stockwerken ging.

Fassade der Ca' da Mosto über dem Canal Grande in Venedig. Es ist eines der interessantesten und charakteristischsten Häuser des venezianisch-byzantinischen Typs, der sich im 13. Jahrhundert trotz zahlreicher Umarbeitungen und der Hinzufügung der obersten beiden Stockwerke durchsetzen konnte. Besonders bemerkenswert die Fensterreihe im ersten Stock mit Bogenformen jeder Art und den Kapitellen, den Rahmen, den Marmorverkleidungen, die die Bedeutung der da Mosto, berühmter Seeleute und Entdecker, unterstrichen.

Ein Beispiel für die exotischen Tendenzen der Kaufleute des italienischen Mittelalters ist der bizarre Palazzo della Giudecca im alten Getto von Trapani: Ein Gebäude aus dem späten 15. Jh. mit einem breiten keilförmigen Portal, Fenstern mit gotisch-katalanischen Ornamenten und dem wuchtigen Turm.

In dem römischen Viertel, in dem sich im Mittelalter und in der Renaissance fast alle Gasthäuser konzentrierten, befindet sich das Hotel "dell'Orso", wo Rabelais, Montaigne und Goethe abstiegen; nach der Überlieferung soll auch Dante dort gewohnt haben. Obwohl es weitgehend umgewandelt ist, zeigt es formale Lösungen von hohem Interesse.

(S. 82f.) Im großen Hof der Sforza-Burg in Mailand, der "Piazza d'armi" genannt wird, sind auf der Ostseite bei der Porta dei Carmini an der Aussenmauer Reste von Innenfassaden alter bürgerlicher Häuser angebracht: links die eines Renaissance-Hauses aus der Via Porrone, die schon mit Fresken-Ornamenten geschmückt waren; daneben die einer Wohnung aus dem 15. Jahrhundert.

Bewußtsein des klassischen Geistes

Im Hintergrund verschiedener Gemälde, wie dem von Mantegna mit dem Martyrium des hl. Sebastian im Louvre, sind die Haustypen dargestellt, die man zu dieser Zeit in allen Teilen Italiens antreffen konnte: in den Ruinen alter Bauwerke haben die Händler mit ihren Familien Zuflucht gefunden; oben, auf dem fast unzugänglichen Berg liegt die Burg des Feudalherrn, überall verstreut die einfachen Häuser der Untergebenen, Handwerker oder Bauern. Jedes dieser Gebäude mit seinen besonderen Eigentümlichkeiten und Gliederungselementen bildet das Erbe einer Vergangenheit, die unerläßliche Voraussetzung für das Verständnis der verschiedenartigen Aspekte der italienischen Profan-Architektur der Renaissance werden sollte.

Aber vor allem ist es das Bewußtsein des klassischen Geistes, das die einheitliche Kulturbasis bildet, die sich wiederum als das notwendige Fundament der neuen Architektur erweist. Das zusammengedrängte Weichbild, das einmal in die Stadtmauern eingeschlossen war, breitet sich langsam aus. Die durch Entfernung und religiöse Vorurteile auferlegten Schranken werden durchbrochen. Die Herren des Okzidents versuchen um jeden Preis, die raffinierten Erzeugnisse des mediterranen Orients zu erhalten, wo der klassische Geist, oder wenigstens sein erstrebter Glanz wunderbar überlebt zu haben scheint, bereichert durch den Kontakt mit alten Kulturen. Die Kultur der Araber und ihre aufwendige Lebensart scheint am geeignetsten, zur Erneuerung des Hauses für das Großbürgertum Südeuropas beizutragen, nicht nur, weil Metall- und Einrichtungsgegenstände, Stoffe und verarbeitete Lederwaren die Bequemlichkeit des Lebens immer mehr steigern, sondern auch deshalb, weil die arabische Wohnung den gleichen Situationen und Erfordernissen verschiedener Zonen Italiens und Spaniens entspricht. Die Vorliebe der Araber für die Natur läßt Grünanlagen und Wasserspiele aufkommen und trägt zur Errichtung der mit Pflanzen und Kunstwerken geschmückten Säulengänge, Loggien und Balkone bei.

Die ersten Italiener, die mit den schönen arabischen und allgemein mit den orientalischen Häusern in Kontakt kamen, waren natürlich die Seeleute, vor allem die Kaufleute der Seerepubliken, die einen Teil ihres Lebens in den an allen Küsten des Mittelmeers und der anliegenden Meere verstreuten Niederlassungen zubrachten. Im Ausland paßten sie sich aus sachlichen Notwendigkeiten gern den neuen und raffinierteren Gebräuchen an. Gründe des Prestiges führten sie dazu, in Pomp und Reichtum mit den begütertsten Ortseinwohnern zu wetteifern. In die Heimat zurückgekehrt, importierten sie gleichsam als Trophäen kostbare Stoffe, Möbel, Einrichtungsgegenstände und Kunstwerke.

Die Ca' da Mosto, die noch heute ihre Portikus und die durchbrochenen Loggien im Wasser des Canale Grande spiegelt, bildet ein typisches Beispiel. Diese domus de statio – d. h. Wohnhaus – gehörte einem berühmten Seefahrer. Trotz seines Namens diente dieses Haus wie andere Gebäude dieser Zeit auch dem Handel, da der ebenerdige Portikus zum Laden und Löschen der Waren benützt wurde. Dennoch ist der Schmuck der Fassade mit größter Sorfalt durchgeführt. Offensichtlich ist in Venedig die Zeit überwunden, in der das Gesetz Daula vorschrieb, daß alle Häuser gleich zu sein hätten: Schon weist man der Fassade die Aufgabe zu, die Macht und den Reichtum des Besitzers allen vor Augen zu führen. Die Venezianer ließen in ihrer Ablehnung der Tyrannei nur einen Palast, den des Dogen, zu, wie sie auch den Begriff "Platz" nur für den von San Marco reservierten. Der Besitz der märchenhaften Reichtümer erlaubt den vornehmsten Familien dieser oligarchischen Republik dennoch, sich von den andern zu unterscheiden und so gleichzeitig das Ansehen der Stadt dadurch zu heben, daß sie ihre eigenen Wohnungen mit dem größtmöglichen Schmuck ausstatteten. Die Vermehrung der Fenster und der Balkone kann mit dem Wunsch – man kann sagen, der Notwendigkeit – in Verbindung gebracht werden, den politisch-religiösen Zeremonien beizuwohnen, die im Leben dieser Stadt eine so entscheidende Rolle spielten. Der extrovertierte Charakter des Venezianers erklärt die fremdartige Schönheit der Fassaden, geschmückt durch Wandmalereien, die wir häufig Malern wie Giorgione und Tizian verdanken.

Während in den andern italienischen Städten mit dem Verfall der kommunalen Ordnung die Fürsten dem Bürgertum das Stadtrecht fast völlig nahmen, war die Mittelklasse in Venedig immer geachtet, so wie es bei den römischen cives, d. h. den Bürgern mit vollem Recht, üblich war.

Natürlich spiegelt Venedig in der Profan-Architektur den besonderen Status der großen, vor allem merkantilen, in ständiger Beziehung zur Levante stehenden Seemacht zusammen mit seinen besonderen geografischen und klimatischen Bedingungen wider. Anderswo verursachen andere Bedingungen andere Gebäudetypen. In Mailand zum Beispiel herrschen die Bauten mit horizontaler Gliederung vor, häufig mit doppeltem Laubengang um den weiträumigen Hof herum, mit Portikus auf drei Seiten und dem großen Festsaal an der vierten. Hierfür ist die Casa Borromei charakteristisch, eine der wenigen noch bestehenden privaten Wohnungen der Lombardei aus dem frühen 15. Jahrhundert.

Unter Ludovico il Moro (1478-1508) erfuhr der Profanbau im Gebiet von Mailand auch durch die Tätigkeit eines Architekten wie Bramante weitgehende Förderung. Dem Fürsten lag viel am Schmuck der Stadt. Ihm zuliebe ließ er die elenden Häuser und Hütten aus dem Mittelalter niederreißen, die bestimmt nicht zum Ruhm seiner Herrschaft beitrugen. In dieser Zeit begann das Problem der Heizung für die Wohnungen der Reicheren aufzutreten, das die nördlichen Baumeister schon seit einiger Zeit beschäftigte. So hing praktisch die Raumdisposition der neuen Häuser von der Lage des Kamins ab. Von der Zahl der heizbaren Räume kann man deshalb auf den sozialen Stand dessen, der dort wohnte, schließen. Anderseits bildet die Heizung nur einen der verschiedenen, für die Wohnungen der Reinaissance bestimmenden Faktoren, die die Besitzer mit dem Wachsen des Wohlstandes immer bequemer und luxuriöser wünschten. Der Brauch, zu mehreren in ein und demselben Zimmer auf Strohsäcken oder Bettstellen, kaum von Vorhängen geschützt, zu schlafen, verschwindet mehr und mehr. Aber damit das möglich ist, muß man die Häuser durch Galerien, Treppen, Korridore und einzelne Zimmer in Räume aufteilen, so daß einer vom andern getrennt ist.

Einem Grenzfall dieser Tendenz begegnet man im Albergo dell'Orso in Rom, der schon zur Zeit Dantes bestand und in dem es möglich war (begünstigt durch

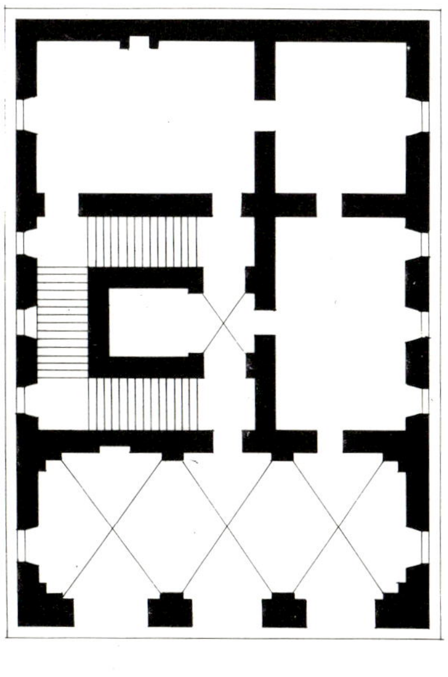

Fassade und Grundriß des Erdgeschosses der früheren Casa Cocchi, jetzt Casa Serristori, auf der Piazza Santa Croce in Florenz, gegenüber dem Dom. Die Stockwerke des Gebäudes werden (unsicher) dem Architekten Bartolomeo Baglioni, bekannter als Baccio d'Agnolo (1462-1543) zugeschrieben. Charakteristisch für die einzigartige Konstruktion sind die beiden oberen Stockwerke, die von Lisenen unterteilt werden. Der Grundriß offenbart die Bemühung um einladende Klarheit: es genügt den großen Raum zu betrachten, der vom Atrium und von dem Treppenhaus eingenommen wird, das ins erste Stockwerk führt.

Auf Wunsch Marino Contarinis wurde 1434 über dem Canal Grande in Venedig die Ca' d'Oro fertiggestellt, die sich auf einem früheren venezianisch-byzantinischen Gebäude erhob. Sie wurde wahrscheinlich von Marco di Amadio geplant; zunächst wurde sie von lombardischen Meistern unter der Führung von Matteo Reverti, dann von andern lokalen Baumeistern unter der Führung der beiden Bon errichtet. Nach einer übrigens unkontrollierbaren Hypothese soll links ein Gebäude gestanden haben, das dem auf der entgegengesetzten Seite glich.

(S. 87) Ausschnitt eines wahrscheinlich 1506 von Giovanni Mans ausgeführten Bildes, das die 1414 geschehene wunderb Heilung der "Fantolina di Benvegnudo" darstellt, die, seit il Geburt gelähmt, sich durch die Berührung von Kerzen, die der Vater mit einer Reliquie des Kreuzes beri hatte, vom Bett erhob (Venedig, Gallerie dell'Accadem Das Geschehen wird in einem reichen Zim dargestellt, zu dem man über eine Außentreppe gelangt. Umgebung, die der Künstler als Berufserfordernissen angepaßt schildert, ist dokumentarischem Interesse als Zeu für einen Renaissance-Innenraum einer wohlhabenden Wohn

Grundriß des Erdgeschosses der Ca' d'Oro; unten die auf den Canal Grande gehende Seite. Auf dieser Seite befindet sich der "Portego" (Portikus) – der öffentliche Hauptraum der venezianischen Wohnungen –, der in einem Quergang endet. Auf der entgegengesetzten Seite liegt der schöne Hof mit dem Brunnen und der bedeckten Treppe. Der Hof öffnet sich mit einem gotischen Portal auf die schmale Straße, die am Gebäude vorbeiführt.

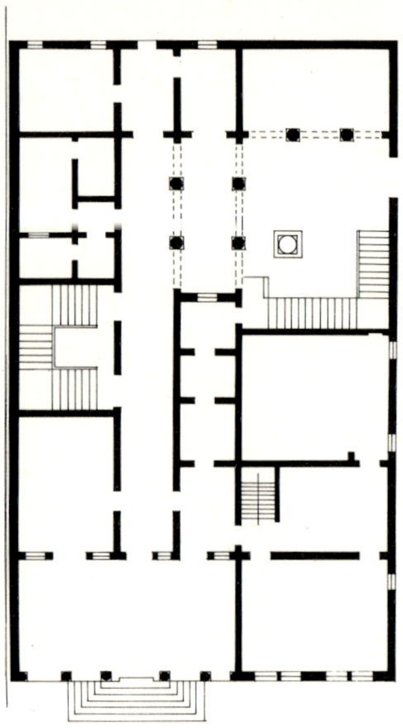

das gemäßigte Klima), unter einem einzigen Gewölbe mehreren wohlhabenden Pilgern oder Botschaftern einen genügend komfortablen Aufenthalt zu bieten. Später wurden diese mittelalterlichen Strukturen wesentlichen Änderungen unterworfen: Die offenen Loggien blieben in den oberen Stockwerken bestehen, dagegen verschwanden nach und nach die Portikus, die früher an den Hauptstraßen der Stadt entlangliefen (vor allem seit den Bestimmungen Papst Sixtus' IV.).

Im Norden Italiens machte der Wunsch, die verschiedenen Teile des Hauses unabhängig zu machen, vor allem wegen der klimatischen Bedingungen größere Schwierigkeiten. Als später, bedingt durch die hohen Grundstückskosten oder die begrenzte Verfügbarkeit des Raums (zwei Aspekte desselben Problems), das Gebäude in einer Anzahl von übereinanderliegenden Appartements ausgeführt wurde, mußte der Baumeister ganz und gar neue Aufteilungen erdenken. In Häusern mit ein oder zwei Stockwerken reichten das Atrium, das Peristyl und der Hausflur aus, jeden Raum selbständig zu machen. Jetzt wurde es notwendig, Galerien hochzuziehen, die an der Fassade entlangliefen oder sich sogar auf alle inneren Wände, die auf den Hof schauten, verzweigten. Jedenfalls gilt das für die billigeren Typen. Um die verschiedenen Stockwerke der vornehmeren Häuser miteinander zu verbinden, legten die Architekten Außentreppen an, wie z. B. die "scala del Bovolo" in Venedig (s. S. 354).

Übrigens ist diese Treppe der einzige fertiggewordene Teil der Ca' Contarini, aber wir wissen nicht, aus welchen Gründen das Gebäude unvollendet blieb. Begegnet man hier einem Eingreifen der durchlauchtigsten Republik, die immer Angst hatte, der Ehrgeiz einzelner Bürger könnte die Freiheit bedrohen? In Venedig wie auch anderswo beweisen die Verordnungen der Baupolizei, wie groß der Ehrgeiz der wohlhabenden Bürger war. Aber es handelt sich hier um einen indirekten Beweis, daher muß man sich auf das verlassen, was die Malerei zeigt, wenn man einen praktischen Eindruck von den reicheren Interieurs haben will.

In Giovanni Mansuetis gemalten "Wunder des Kreuzes" erscheint die Loggia einer hochvornehmen Wohnung in Venedig aus der Renaissance in all ihrer Pracht. Von der äußeren Treppe gelangt man zu einem halboffenen Raum, unter dem einer der Canali entlangfließt. Auf dieser Seite erhebt sich die Fassade des Gebäudes, wie es die Säulen und Fenster anzeigen. An den übrigen Wänden befinden sich die Durchgänge, die die Verbindung zum inneren Teil des Hauses herstellen.

In der Tat fehlt es in Venedig für die innere Raumverteilung nicht an noch heute bestehenden Beispielen. So stellt die Ca' d'Oro die wesentlichen Charakteristiken der wohlhabenden Wohnung in Venedig dar: mit dem Portikus, dem Hof, dem Brunnen mit der "Einfassung" und der zur Aufnahme des Regenwassers bestimmten Zisternen, den Außentreppen, die zum Hochparterre oder zum piano nobile führen, den Loggien, dem Empfangssaal, den Balkonen, den Zinnen, den Kaminen. Die Seitenfassaden sind aus einfachem gebrannten Ton. Nur für die Hauptfassade wird jeder nur erdenkliche Schmuck verwandt: kostbarer mehrfarbiger Marmor, Flachreliefs und Statuen, Säulen, Maßwerk und die Vergoldungen, denen das Haus seinen Namen verdankt und die damals durchaus üblich waren.

Man braucht nicht zu wiederholen, daß es sich hier um fast exklusive Erscheinungen handelt, die sich aus der Ausnahmesituation Venedigs ergeben. Viel typischer für die italienische Renaissance, ja, für einen großen Teil Europas ist das Profan-Gebäude in Florenz. Schon mit Brunelleschi erhielt das florentinische Haus neue Würde und wurde durch Portikus, Loggien und Dekorationen bereichert. Im 15. Jh. will keine der bekannteren Familien mehr in den Wehr-Türmen der Vorfahren wohnen. Dem Ziegel zieht man den Stein vor. Leon Battista Alberti schuf im Haus der Rucellai das vielleicht vornehmste Beispiel der Profan-Architektur des ausgehenden Mittelalters. Die Aufnahme architektonischer Prinzipien, die einst dem Monumentalgebäude vorbehalten waren, und die unterteilten Fenster bilden ebenfalls Neuheiten, die dann nach und nach von den Baumeistern aller Länder übernommen wurden. Die großartige offene Loggia für die Zeremonien und großen Gelage, die Außenbänke für die Passanten, die Überfülle an Öffnungen auch im Erdgeschoß kann man als Anzeichen für den Wunsch werten, am Gemeinschaftsleben in einem Klima andauernden Friedens teilzunehmen.

Von nun an sollte man sich in Florenz und in jedem italienischen Zentrum an Architekten wenden, die für die Errichtung von immer reicheren und viefältigeren Häusern und Palästen qualifiziert waren. In Venedig beauftragten die Dario Pietro Lombardi mit einem mehrstöckigen Haus am rechten Ufer des Canale Grande, und das Gebäude erweist sich der Weihe und dem Genius der Stadt ("Genio urbis") würdig, wie eine Inschrift besagt: Marmorverkleidungen und bunte Stein-

Fresko von Domenico Ghirlandaio aus einem 1485-90 in der Kirche Santa Maria Novella in Florenz ausgeführten Zyklus; die Darstellung der Geburt des hl. Johannes des Täufers geschieht in einem Renaissance-Zimmer, das mit Elementen aus "pietra serena" und mit einer Kassetten-Decke versehen ist: das Bett ist nach dem Zeitgeschmack von Truhen umgeben, die als Sitzbänke dienten.

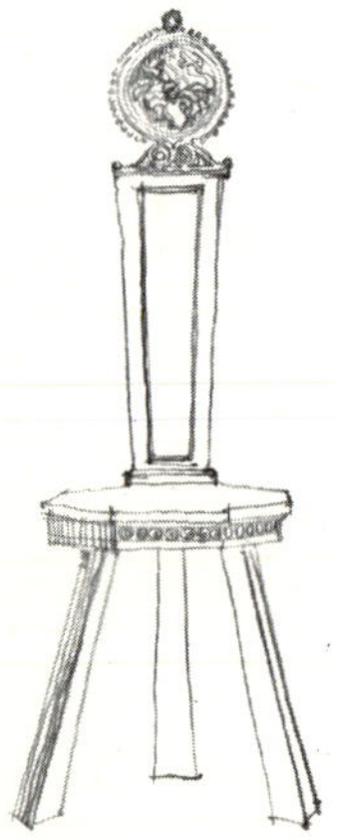

Toskanischer Stuhl mit Rückenlehne (Wien, Privatbesitz) mit dem Zeichen der berühmten Florentiner Familie der Strozzi. Eine Arbeit des 15. Jahrhunderts; unsicher jedoch ist, ob er, wie es eine Überlieferung will, von dem bekannten Bildhauer Benedetto da Maiano ausgeführt oder wenigstens entworfen ist.

filigran-Arbeit in köstlichen Arabesken, zahlreiche viergeteilte Fenster für eine größere Teilnahme am Leben der Stadt. Oben die eleganten, sehr hohen Schornsteine, auf die Venedig, wie jedes Wohnzentrum, das der Brandgefahr ausgesetzt ist, jede nur mögliche Sorgfalt verwandte. Zwei Seiten des Gebäudes führen direkt auf die Canali und daher verfügten beide über eine eigene Öffnung zum Wasser mit den entsprechenden Landungsplätzen. Der Ausgang zum Erdboden öffnet sich auf eine sehr enge Gasse, in die man durch einen kleinen Garten gelangt. Für das Innere sind nur einige Hypothesen möglich, so z. B. daß sich dort ein Raum wie jener befand, in dem sich Vittore Carpaccio die wohlbekannte "Vision des hl. Augustinus" mit der schönen Kathedra, den Arbeitsgeräten, der Antiquitäten- und Büchersammlung, der Privatkapelle und dem winzigen Studierzimmer vorstellte.

Rilke berichtet über einen alten Seemann, der eine große Freude im Betrachten des Meeres von seinem Hause aus empfand. Leider wuchsen um ihn herum die Häuser der Nachbarn immer mehr in die Höhe, und er war gezwungen, seinem eigenen immer neue Stockwerke hinzuzufügen, um sich die Aussicht zu bewahren. Im Grunde handelt es sich hier um ein ziemlich häufiges, schon vor der Zeit, von der wir sprechen, auftretendes Problem in den italienischen Küstenstädten. So verlegen einige genuesische Adelsfamilien der Renaissance ihre Wohnungen an das Meer, wie z. B. die Doria und andere große Familien.

Überdies spiegeln diese Gebäude schon den Baugeschmack des Manierismus wider. Soweit diese Kunstrichtung nicht aus der Nachahmung klassicher Elemente oder aus vorbarocken Übertreibungen besteht, offenbart sie das Gespür ihrer Architekten für kühne, kapriziöse, fast kann man sagen virtuose Lösungen, was nicht abwertend gemeint ist. Eleganz und Spielfreude führen oft zu unerwarteten, köstlichen Resultaten, deren sich die Profan-Architektur des späten 16. Jahrhunderts in aller Freiheit und Phantasie erfreute. Man denke an die Art, wie bei der Casa Corsini an der Brücke der Santa Trinità in Florenz mit einem schönen Brunnen und der kleinen offenen Loggia im ersten Stock dieses Problem gelöst wurde. Man denke weiter an zahlreiche andere toskanische und römische Bauten dieser Zeit, die reich an Gärten und raffinierten Ornamenten, staunenerregend, äußerst zügellos und doch streng einheitlich und nach klaren Maßen konzipiert sind.

Neben diesen von einem neuen und verschwommeneren Humanismus hervorgebrachten Ausdrucksformen breitete sich auf der ganzen Halbinsel auch der beladene und schwülstige Stil aus, der auf der einen Seite die gegenreformatorischen Impulse und auf der andern die spanische Besetzung widerspiegelt. Die Bedürfnisse der neuen absolutistischen und bigotten Aristokratie, die Konzentration des Reichtums in den Händen weniger, der Wunsch, der eher düsteren Gegenwart durch die Heraufbeschwörung einer viel lichteren Vergangenheit zu entfliehen, prägen dem Profangebäude monumentale Züge auf, so daß diese klassizistischen Absichten und die Zurschaustellung der Unrast sehr häufig ins Lanweilige und Geschmacklose abgleiten.

Die Braut-Truhe sollte zwischen dem 15. und 17. Jahrhundert Ornamente verschiedener Art (gemalt, intarsiert, gemischt, vergoldet, Elfenbein usw.) aufnehmen; die älteren Beispiele sind meistens sehr nüchtern, doch gibt es auch reichere wie die aus dem 10. oder 12. Jh. aus Terracina im Museum des Palazzo Venezia in Rom.

Die Häuser der großen Meister

Es ist üblich, von "finsteren" Werkstatt-Höhlen zu sprechen, in denen die mittelalterliche Kunst, die wir in den Kirchen und Museen bewundern, ausgeübt wurde. Doch muß darauf hingewiesen werden, daß die Maler, Bildhauer und Goldschmiede des Mittelalters nur als Handwerker galten. Und wie alle Handwerker machten die Zunft-Statuten auch ihnen zur Pflicht, bei guter Beleuchtung zu arbeiten. Darüber hinaus waren sie wie alle Handwerker in besonderen Stadtvierteln untergebracht. So bevölkerten die Maler im Florenz des 14. Jahrhunderts zwei schmale, zwischen Turm-Häuser gedrängte Sträßchen, den Corso degli Adimari und die Via San Bartolo, die heute zu einer einzigen Straße, der Via dei Calzaiuoli, zusammengefaßt sind. Wir können uns vorstellen, daß ihre Werkstätten, wie jene der Goldschmiede auf dem Ponte Vecchio, ihr Licht von Fensterchen oberhalb des Vordaches, vom Eingang und vom Verkaufsraum erhielten. Die Familie wohnte wahrscheinlich im oberen Stockwerk.

Damals waren die Mieten für die Werkstätten ziemlich hoch. Masaccio, der sich nur mit einem "Teil einer Werkstatt" begnügte, zahlte jährlich zwei Gulden (ungefähr DM 260.-). Aber der große Neuerer hatte kein Glück, er starb beladen mit Schulden. Einer seiner Gläubiger, der sonst unbekannte Maler Niccolò di Lapo, gab für das eigene Atelier jährlich sieben Gulden aus. So hoch war die übliche Miete. Die Bildhauer, die mehr Raum benötigten, zahlten etwa 15.

Seit 1450 hatte Ghiberti seine Werkstatt der florentinischen Kirche Santa Maria Novella gegenüber, in einem Raum, in dem 100 Jahre später Vasari den enormen Schmelzofen bewunderte. Dieselbe Werkstatt wurde, nachdem sie von den Söhnen Ghibertis, Goldschmieden von Beruf, benützt worden war, gegen Ende des Jahrhunderts von Perugino gemietet. Danach diente sie Bonaccorso, einem Enkel des ersten Mieters, der ebenfalls Goldschmied und Schmelzer war, schießlich dem Sohn Bonaccorsos, einem Bildhauer und Maler. Andere ähnliche Fälle sind mit Sicherheit bezeugt.

Ohne jeden Zweifel handelte es sich um Räumlichkeiten mit besonderen Ausstattungen. Die Maler und Bildhauer unserer Tage achten darauf, daß ihre Ateliers präzisen Erfordernissen entsprechen, und in manchem Punkt, wie z. B. der Lichtführung, sind sich fast alle einig. Dagegen zeigen die mittelalterlichen Verfasser, einschließlich Cennino Cenninis, keinerlei Sorgen dieser Art. Nur Leonardo betont die Notwendigkeit, daß die Arbeitsräume im Norden lägen, Fenster, die nach Belieben abgeblendet werden können, und grau getönte Wände hätten, um eine zuträgliche Verteilung des Schattens zu garantieren. Weiter empfiehlt Leonardo Räume von kleinen Ausmaßen, damit sich der Künstler dort in absoluter Ruhe konzentrieren könne.

Palazzo Pandolfini in Florenz, ca. 1520 von den Sangallo nach dem Entwurf von Raffael konstruiert: er blieb wahrscheinlich unvollendet, wie es die Einfügung des Portals in einen einstöckigen Bauteil zu beweisen scheint.

Palazzo Uguccioni auf der Piazza della Signoria in Florenz, ca. 1550 von Mariotto Folfi errichtet, nach einem Plan, der verschiedentlich Michelangelo, Raffael oder Sangallo zugeschrieben wird. (Unten) Der köstlich manieristische kleine Palast, den Federico Zuccari für sich entwarf, als er 1578 seinen Wohnsitz von Rom nach Florenz verlegte.

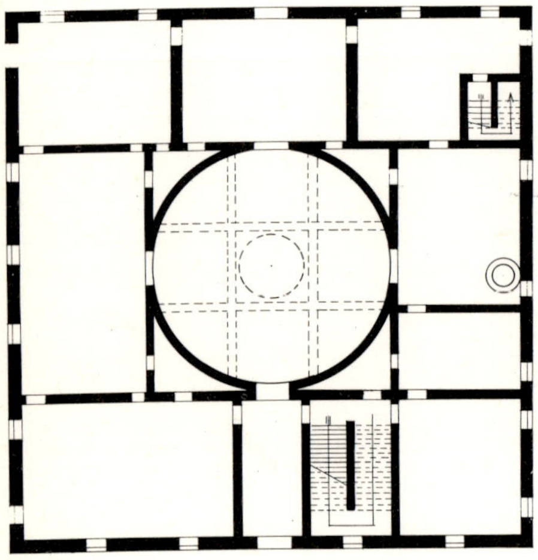

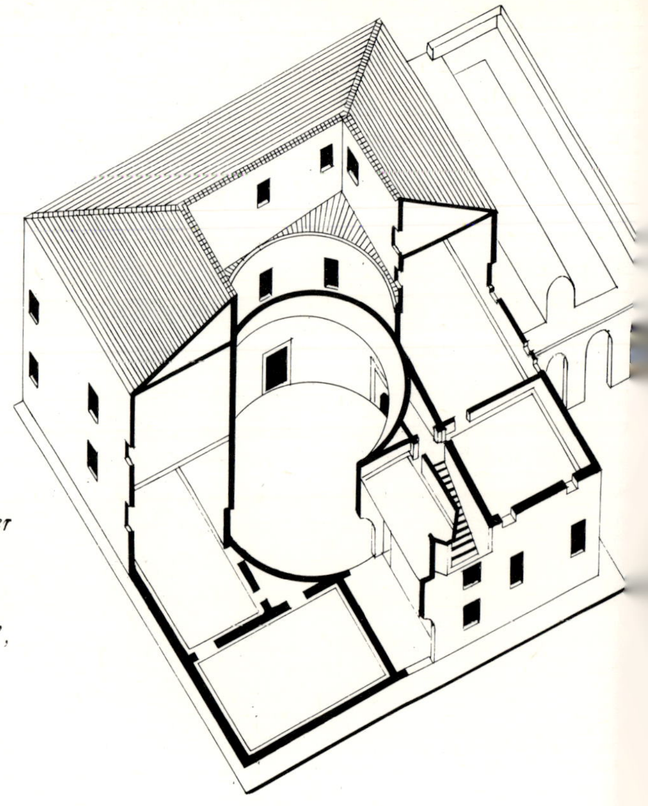

Schnitt und Grundriß (links) und Modell-Aufriß (rechts) der Casa del Mantegna in Mantua nach den wahrscheinlichen Absichten des Planers, der mit ziemlicher Sicherheit der Künstler selbst war, dessen Entwurf jedoch von den Restauratoren sehr entstellt wurde. Mit aller Wahrscheinlichkeit handelte es sich um eine "Villa Rotonda", ein Typ, der sich gegen Ende des 15. Jahrhunderts in Italien auszubreiten begann. Der Zentralhof war wahrscheinlich mit einem Kuppeldach geplant, ähnlich dem des Pantheons.

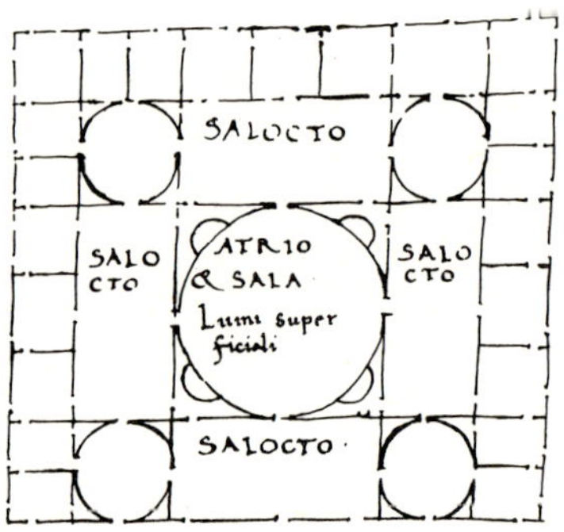

Als Beweis für die Ausbreitung der "Villa Rotonda" auch als Stadtwohnung findet sich ein Schema unter den Skizzen, die Francesco di Giorgio Martini für sein Traktat (1482) anfertigte, das dem der Casa del Mantegna ähnlich ist.

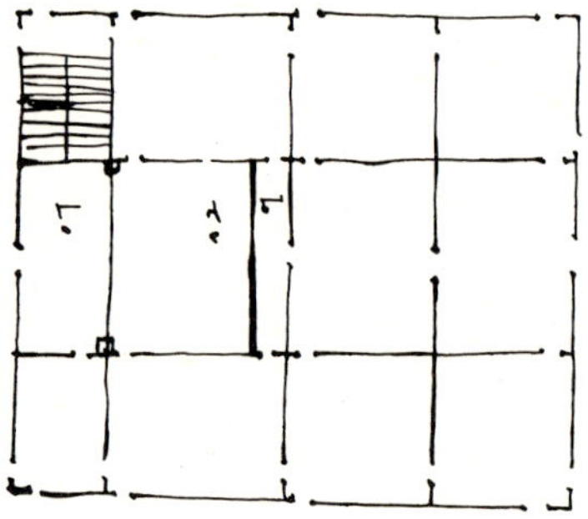

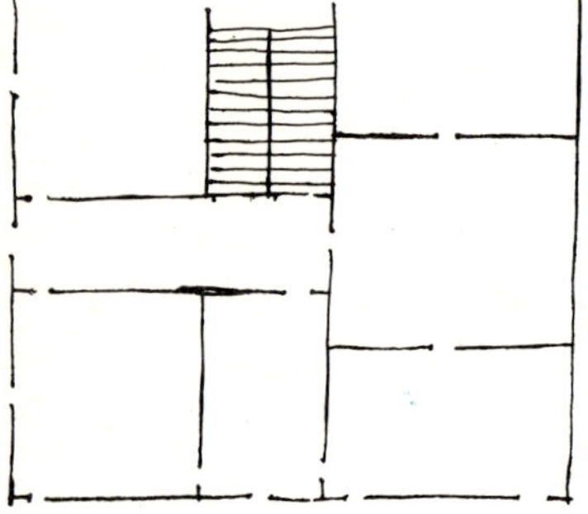

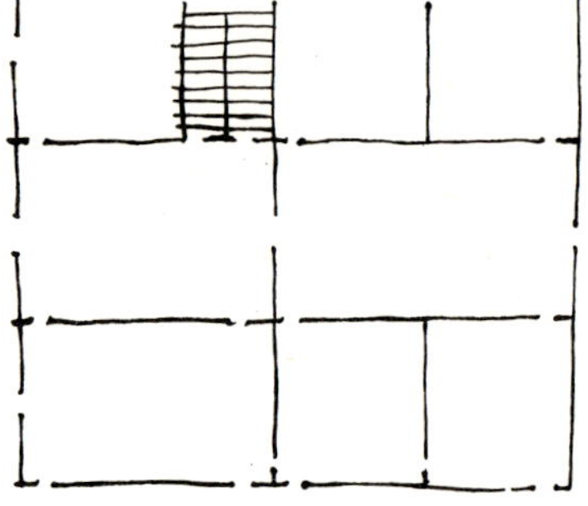

Von Francesco di Giorgio stammen ebenfalls diese drei interessanten Skizzen für Häuser von Künstlern und Handwerkern.

Und das ist schon alles, da von Leonardo weder seine Werkstatt in Florenz, noch die in Mailand, noch die letzte besteht, die er in Frankreich innehatte. Die römische Wohnung Raffaels wurde ebenfalls zerstört (es besteht noch die seines Vaters in Urbino, die aber sehr angegriffen ist) und ihr Verlust schein doppelt schmerzlich, da es so aussieht, als habe sie der große Bramante erbaut. Und zerstört oder so wesentlich verändert, daß sie für unsere Wißbegier über die Arbeitseinrichtung als nicht vorhanden betrachtet werden müssen, sind auch die Wohnungen der berühmten oder weniger berühmten Künstler der Renaissance vor Sanzio, denn ein Haus stellte vor allem einen praktischen Wert dar, den man nicht als Museum für die Bewunderug späterer Zeiten opferte. Als Zeugnis für das Atelier sagt auch Mantegnas Haus in Mantua, über dessen Funktion als Wohnung und Galerie viel diskutiert wurde, wenig oder nichts. Außerdem hat sie der Künstler noch zu Lebzeiten aufgegeben und nach den seit dieser Zeit wahrscheinlichen Änderugen wurde noch eine ziemlich wunderliche spätere Restauration vorgenommen.

Aus der späteren Zeit besteht noch ebenfall in Mantua das in der Blütezeit des Manierismus entstandene Haus des Giulio Romano und in Florenz, Rom und Arezzo die kleineren Paläste der Zuccari und des Vasari, die für die Kenntnis des Profangebäudes dieser Zeit sehr interessant sind. Sie sind aber wie üblich von den späteren Bewohnern und Restauratoren oder auch in Erwartung eines bewahrenden Eingriffs, wie im Fall der florentinischen Wohnung Vasaris, in deren al fresco gemalten Wänden ein Magazin eines Lederwarenhändlers Unterkunft fand, umgewandelt worden. Was die ebenfalls in Florenz liegende berühmte Casa Buonarroti angeht, so erwarb sie Michelangelo 1508, als vor dem Künstler noch ein halbes Jahrhundert seiner Karriere

lag. Doch verdankt sie ihre heutige Form fast ausschließlich den Ausbesserungsarbeiten, die im frühen 17. Jahrhundert ausgeführt wurden.

Als Ersatz dafür bestehen noch einige Bauwerke, von denen man behauptet, sie seien nach Plänen der "Grossen" der Kunst, einschließlich Raffaels und Michelangelos, errichtet. Michelangelo kennen alle. Über Raffaells Tätigkeit gibt es genügend Anhaltspunkte, die ihm einen hohen Ruf garantieren, auch wenn man sonst nichts von ihm wüßte. Aber in vielen Fällen ließ die Forschung die Zuordnung solcher Bauwerke zu einem der beiden nicht gelten. Zum guten Teil handelt es sich dabei fast immer um Erzeugnisse, die würdig sind, neben den von den berühmtesten Architekten und bekanntesten Baumeistern wie Alberti, Palladio, Scamozzi und Vignola inspirierten zu stehen. Es ist jedoch eine Unsitte, Kunstwerke, die erst seit kurzem als künstlerisch bedeutend erachtet werden, stets Künstlern ersten Ranges zuzuschreiben.

*

(Oben) Vedute des sog. Landhauses Raffaels in der Villa Borghese in Rom, die durch J.-A.-D. Ingres in den ersten Jahren seines römischen Ruhestandes (ca. 1807) von der Villa Medici übernommen wurde; das kleine äußerst feine Gemälde (Durchmesser 16 cm) befindet sich im Musée des Arts Décoratifs in Paris. (Unten) Andere Vedute des gleichen Landhauses, von einer andern Seite gesehen: wir verdanken sie einem Maler, den eine Unterschrift am Fuß der Seite als "Giacomo Romano" mit der Jahreszahl 1814 bezeichnet. Das abgebildete Gebäude verdankt seinem Namen der Tatsache, daß der große Künstler hier dann und wann wohnte, dagegen scheint es ganz ausgeschlossen, daß er es selbst entwarf. Leider wurde es 1849 niedergerissen: es war ein gutes Beispiel für die nichtfürstliche Stadtvilla.

José Gudiol Ricart - Santiago Alcolea

DIE BEGEGNUNG ZWEIER KULTUREN AUF DER IBERISCHEN HALBINSEL

Seit dem 11. Jahrhundert begann sich die ursprüngliche Bescheidenheit und Nüchternheit im alltäglichen Leben der Könige und Vornehmen zu wandeln, und die Tendenz zur Zurschaustellung und Luxus breitete sich in den höheren Schichten des Landes schnell aus, Tendenzen, die durch die bei den Siegen über die Muselmanen erworbene Beute gefördet wurden.

Die Wohnung ändert sich im frühen und späten Mittelalter nicht wesentlich und behält als Basis die römische Profan-Architektur bei. Wegen des begrenzten verfügbaren Raums innerhalb der Stadtmauern waren die mittelalterlichen Stadthäuser im allgemeinen klein und zum größten Teil ärmlich und bescheiden, nur die Herrenhäuser machten hier eine gewisse Ausnahme. Sie hatten in allgemeinen einen größeren Grundriß mit einem kleinen Lichthof im Zentrum oder im hinteren Teil, einen Innenhof, der in den vornehmeren Wohnhäusern einen Brunnen und eine Treppe aufwies, die zum ersten Stock führte. Zu den anderen Stockwerken gelangte man über enge Binnentreppen. In den bescheideneren Häusern gab es keinen Binnenhof.

Das Studium dieses Wohnungstyps ist sehr schwierig, da wir uns dabei nur auf sehr wenige Beispiele beziehen können, die – wenn auch sehr verändert – heute noch die Fassaden enthalten. Selbst sie sind verändert; neue Öffnungen, der Lichtführung entsprechend, veränderten ihr Aussehen und ihren Charakter. Nichts blieb von der ursprünglichen Raumdisposition, die der natürliche Entwicklung der Gewohnheiten und der Mode geopfert wurde.

Die architektonischen Fortschritte in Aufteilung und Konstruktion der Wohnungen und die größere Bequemlichkeit der Möbel und der häuslichen Einrichtungsgegenstände verdankt man zum größten Teil den Mönchen und Bürgern, den einzigen Klassen der Bevölkerung, die wegen ihrer seßhaften Lebensweise dem Haus größere Aufmerksamkeit schenken konnten; denn die Könige und die Mitglieder des Adels sahen sich zu dauerndern Reisen gezwungen, die dem Interesse für die Verschönerung und Verbesserung der Wohnung wenig förderlich waren.

Unter den Beispielen, die man anführen kann, müssen wir das Haus aus dem 12. Jahrhundert in Estella (Navarra) hervorheben, das man das Haus der Herzöge von Granada nennt. Es zeigt einen im wesentlichen bürgerlich-städtischen Charakter und weist im Erdgeschoß Säulen und Rundbogen und im ersten Stock Doppelfenster mit vier kleinen Bogen auf, die von kleinen Säulen getragen werden. All das ist mit bemerkenswerten Kapitellen bereichert, die mit figürlichen Darstellungen versehen sind. In Segovia bestehen noch etwa zwanzig Häuschen im Kanoniker-Viertel (beim fürstlichen Schloß) mit einigen romanischen Elementen, und vor allem mit Rundbogen-Portalen. In León gibt es die Überreste eines Hauses aus dem späten 12. Jahrhundert im Inneren das Augustiner-Konvents und genügend unvollständige Häuser aus dem 12. und 13. Jahrhundert in den pyrenäischen Gebieten Aragoniens und Kataloniens.

Die besten Beispiele für das gotische Haus in Spanien findet man in Katalonien. Hier haben wir noch Anzeichen eines interessanten gotischen Stils mit romanischen Elementen aus dem 13. Jahrhundert. Aber schon zu Ende dieses Jahrhunderts bildete sich eine Regionalstil heraus, der im 14. und 15. Jahrhundert hervorragende Resultate aufweisen wird. Wir haben hier Gebäude von großer Schönheit mit sehr nüchternen Mauerstein-Fassaden, die manchmal mit Türmen versehen sind, mit doppelten oder dreifachen Fenstern, mit sehr schlanken Säulen und typischen Kapitellen und im allgemeinen ohne Ornamentik. Im Oberstock ist eine von Pfeilern

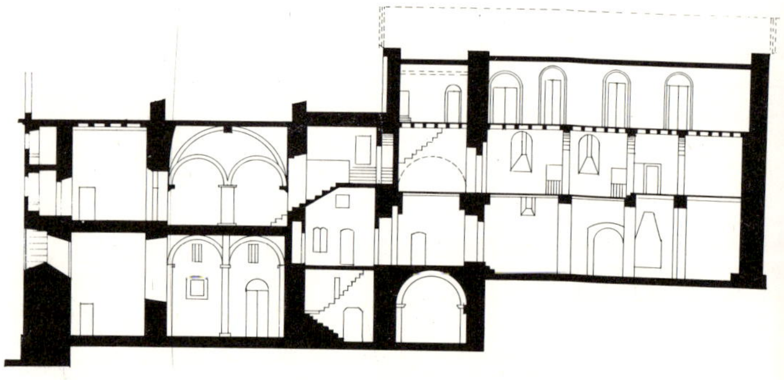

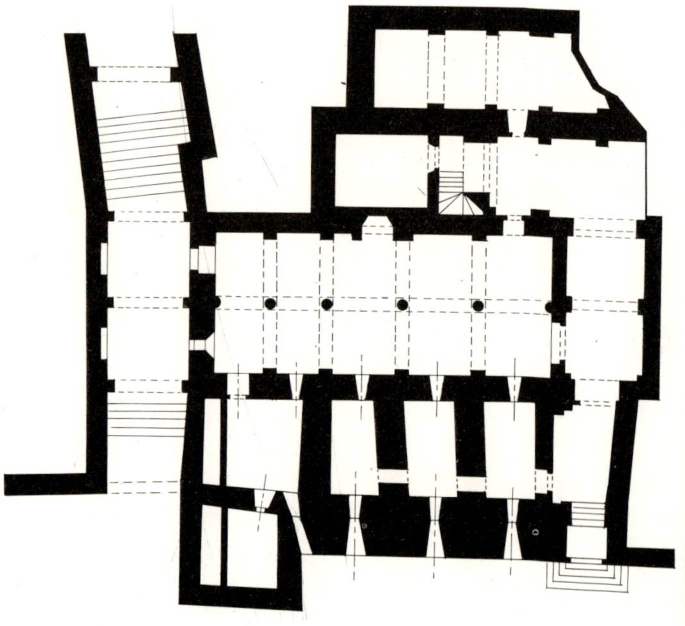

Wohnung der Grafen de Luna in Saragossa (heute Appellationshof), gegen 1550 von Juan de Amezcueta und Juan de Albirtu errichtet; das Portal mit Karyatiden und einem Relief (Einzug des Gegenpapstes Benedikt XIII. in Rom) wurde von Guillaume de Brimbez ausgeführt. Wie bei vielen Bauwerken Aragoniens aus dem 16. Jahrhundert ist der Sockel aus Stein, der obere Teil aus Ziegeln.

oder Säulen getragene Galerie und als Abschluß ein vorspringendes Vordach üblich. Einige dieser Häuser hatten kleine, durch Arkaden geöffnete Läden, die als Schaufenster und Ladentische dienten.

Der Grundriß dieser Stadthäuser war sehr verschieden. Die einfacheren hatten eine Länge von ungefähr fünf Metern. Andere, ein wenig größer, waren um einen kleinen Binnenhof herum angelegt, der in den vornehmeren Wohnungen eine größere Bedeutung hatte und im ersten Stock Bogen-Galerien aufwies, die auf lebhaften kleinen Säulen ruhten. Im Erdgeschoß lagen der Laden, das Magazin, die Ställe, die Remisen und gelegentlich die Wohnräume der Sklaven. Gewöhnlich fand sich hier auch die Küche, die manchmal gleichzeitig als Eßzimmer diente, mit dem Herd, dem Backtrog und dem Backofen. Eine im offenen Hof liegende Treppe führte ins Obergeschoß, dem herrschaftlichen Stockwerk, wo sich der Salon und die Wohnräume befanden. Diese Räume wiesen oft steinerne Arkaden auf, die die Decke stützten. Im obersten Stock waren der Dachboden und sehr häufig auch eine Terrasse. Zahlreich waren die Häuser, die ihren eigenen Zier- oder Nutzgarten im hinteren Teil hatten.

Unter den verschiedenen Beispielen, die wir anführen können, müssen genannt werden: in Barcelona ein Haus aus dem 13. Jahrhundert in der Calle Correu Vell; die Casa Berenguer de Aguilar (15. Jahrhundert) und andere in der Calle Montcada; die Casa Padellás und – schon zu Ende dieser Zeit – das Haus des Archidiakons Luis Desplá, das schon Renaissance-Formen aufweist; in Gerona das Haus der Fontana d'Oro (13. Jahrhundert); in Tárrega die Casa Sobiés (13. Jahrhundert); in Tortosa die Casa Oliver de Boteller; das Haus der Aguiló in Montblanch und die Casa Llobera in Solsona, alle aus dem 14. Jahrhundert.

Im Gebiet von Valencia muß die Wohnungs-Architektur einen starken katalanischen Stempel getragen haben, der ein wenig durch den aragonischen Einfluß modifiziert wurde. In Valencia ist das mittelständische Haus der Gotik verschwunden und hinterließ nur einige Beispiele für die Wohnung des Bürgertums und des Adels, unter denen das sog. "Haus des Admiral" hervorsticht. Sie hatten üblicherweise eine auf Bogen ruhende Treppe im Hof, doppelte oder dreifache Fenster mit kleinen Säulen und Salons in starken Farben – alles Details katalanischer Herkunft –, wohingegen die Bogengalerien im Oberstock der Fassaden aragonischen Einfluß verraten.

In Aragonien ist der Einfluß der katalanischen Gotik trotz der jahrhundertelangen dynastischen Personalunion mit Katalonien sehr gering. Nur wenige erhaltene Beispiele erlauben es, charakteristische Züge aufzuweisen, die mit Sicherheit erst im 16. Jahrhundert auftreten.

) Schnitt und Grundriß des Erzbischöflichen Palastes
tiago de Compostela, der in seiner heutigen
auf das 17. Jahrhundert zurückgeht,
noch Teile des ursprünglichen Kerns, der alten Residenz des
irez, des ersten Erzbischofs der Stadt (1120-1140) enthält.

Die Gebiete der Halbinsel, die während dieser Zeit unter kastilischem Einfluß standen, zeigen in der Wohnarchitektur andere Aspekte. Verschieden davon wieder sind die Überreste in den kantabrischen Gebieten. In Galizien muß es sicherlich wegen des Reichtums seiner herrschenden Klassen, wegen seiner Kaufleute und wegen der Bedeutung von Santiago de Compostela reichere mittelalterliche Stadtpaläste gegeben haben. In Santiago ist der noch aus dem 13. Jahrhundert bestehende Abschnitt des alten Bischofspalastes von größerer Bedeutung. Doch ist er in vielen Elementen noch romanisch, was übrigens auch für die Überreste des ebenfalls bischöflichen Wohnsitzes in Orense gilt. Einige gotische Häuser bestehen noch in Santiago de Compostela. Spärlich sind auch die Zeugnisse in Asturien, wo das große Haus Valdecarzanas in Avilés Erwähnung verdient, ein Werk mit geteilten Bogenfestern aus dem 14. Jahrhundert; die Casa de la Rúa in Oviedo (15. Jahrhundert) und das Haus der Valdés in Salas, das schon den Übergang zum 16. Jahrhundert markiert, seien noch genannt.

In Santander sind die ältesten Spuren der Profan-Architektur, die Türme, aus dem 13. und 14. Jahrhundert; der größte Teil liegt in ländlichen Zonen, aber auch einige in den Stadtzentren. Es sind niedrige, massige Konstruktionen auf quadratischem Grundriß mit wenigen Öffnungen und von wenig heiterem Anblick. Im allgemeinen bestehen nur noch ihre Grundmauern, aber der von Merino in Santillana del Mar hat noch heute seine innere Struktur aus Holz. Die Türme des 15. Jahrhunderts, wie der des Infantado in Potes und der der Borgia, ebenfalls in Santillana, sehen nicht so finster aus und sind bequemer.

In Kastilien und León bestehen nur noch wenige von den vielen gotischen Herrenhäusern, die in deren Städten errichtet wurden, und die besten stammen aus den letzten Dezennien des Mittelalters. Eine große Zahl von ihnen wurde aus den im Land heimischen Materialien errichtet, wie Lehm, Holz, ungebrannten und gebrannten Ziegeln, wofür das Geburtshaus Isabellas der Katholischen in Madrigal (Avila) ein Beispiel ist, ein typisches Exemplar einer kastilischen Wohnung des 15. Jahrhunderts. Großen Reichtum zeigen das Haus des Juan de Contreras in Ayllón (Segovia), ein Werk aus den letzten Jahren des 15. Jahrhunderts; das Haus der Doña María la Brava in Salamanca, vielleicht das schönste und charakteristischste der kastilischen Häuser aus der zweiten Hälfte des 15. Jahrhunderts; das Haus der Alvarez Abarca, ebenfalls in Salamanca (15./16. Jahrhundert) und schließlich das berühmte Haus der Picos in Segovia (um 1500).

Die wahre Hauptstadt Neukastiliens war bis gut zu Anfang des 16. Jahrhunderts Toledo. Diese Stadt wurde Vorbild vor allem für Talavera, Ocaña, Torrijos, Alcalá de Henares und Guadalajara. In den Wohnungen dieser Gegend ist der Gebrauch des im Lande heimischen Baumaterials üblich: Lehm, Backstein, Bruchstein, Gips und gemusterte Hölzer. Sie zeigen gewöhnlich Fassaden von Mauerwerk mit hohen Giebeln und gelegentlich Blendbogen-Arkaden, weite Höfe mit Doppelgalerien an den Seiten, die den Salons und den andern Räumen Licht und Zugang gewähren, häufig Dekorationen mit Gipsfiguren, Stuck usw. Am besten ist hier der Palast von Fuensalida erhalten.

In Andalusien sind die gotischen Paläste vor der expansiven Entwicklung des Mudéjar-Stils sehr selten. Aus seiner Schlußperiode stammt der Palast der Herzöge von Arcos in Marchena (Sevilla), dessen reiches Portal sich in den Gärten des Fürstenschlosses von Sevilla erhalten hat. Im Gebiet von Jaén bildete sich eine Art Vermählung zwischen Andalusien und Kastilien, wie sie sich bei vielen und interessanten Wohnungen dieser Epoche in Úbeda und Baeza zeigt.

Eine größere Fülle der gotischen Stadtarchitektur findet sich in Estremadura. Wir können hier zwei Typen unterscheiden: Einige Häuser bewahren noch als Elemente der Verteidigung die besonders robusten Türme, wie das bei verschiedenen Häusern in Cáceres der Fall ist; andere haben einen völlig bürgerlichen Charakter

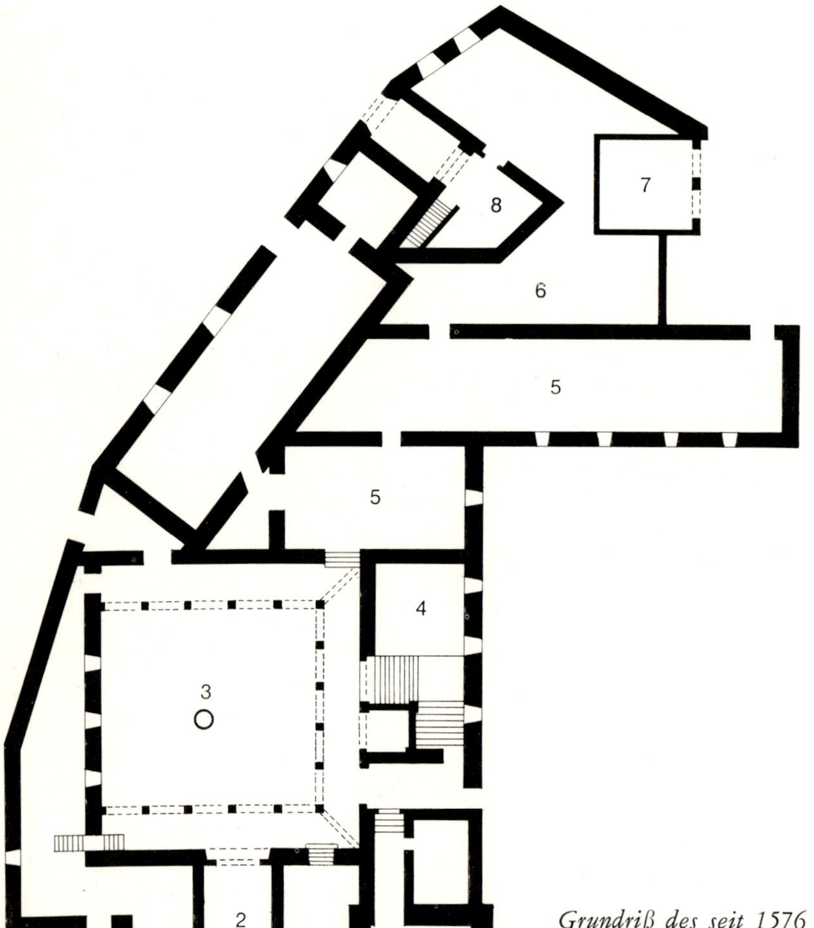

Grundriß des seit 1576 für den italienischen Bankier Nelli errichteten Hauses in Valladolid (Architekt: Juan de la Lastra); an der Fassade mit den beiden Türmen (1) arbeitete 1594 Pedro de Mazuecos; das Portal ist von Diego de Praves. Vorn der Hof (3) mit dem Atrium (2); links die Kellertreppen; rechts der Weinkeller (4); dahinter die Pferdeställe (5); hinten Räume der Dienstboten (6), eine Remise (7) und der kleine Hof (8).

(wie der Palast der Grafen de la Roca in Mérida), trotz der Türme, die oft ihre Fassaden flankieren.

Die besonderen Umstände der spanischen Geschichte erklären die große Bedeutung, die das muselmanische Element in bestimmten Perioden hatte, und den anhaltenden Einfluß, den seine künstlerischen Lösungen in einem weiten Gebiet der Halbinsel ausübten.

Das Zentrum des spanisch-muselmanischen Hauses ist der Binnenhof, der sich in den großen Palästen ebenso wie in den kleinen Stadtwohnungen findet. Von ihm erhält die Wohnung Luft und Licht, da sie kaum irgendwelche Öffnungen auf die engen und unbequemen Strassen aufwies. Den ältesten Typ bildet eine Gruppe von Häuschen, die noch aus dem 11. Jahrhundert in der Alcazaba von Malaga besteht. Sie nützt den begrenzten verfügbaren Raum aufs beste aus. Der Hof ist fast quadratisch; man betritt ihn durch ein Vestibül. Auf jeder Seite des Hofes ist ein Portikus mit kleinen rechteckigen Wohnräumen, die sich auf den Hof öffnen. Die Toilette ist obligatorisch und so angelegt, daß sie so weit wie möglich von der übrigen Wohnung entfernt ist, wobei man auf die Kanalisation (den Zu- und Abfluß) große Sorgfalt verwandte. Hat das Haus zwei Stockwerke, so gewährt eine kleine Treppe den Zugang in den oberen Stock, der wie das Erdgeschoß aufgeteilt ist. Eine Küche gab es nicht, da man gewöhnlich auf tragbaren Öfen kochte. Das Dach war eine Schicht von Kalkmörtel, mit Rötel gefärbt. Genauso war auch der Sockel des Hauses im Hof und an der Straße gefärbt.

In Almería hat man die Überreste eines arabischen Hauses gefunden, die denen der Ebene der Chanca ähnlich sind. Die Häuser im Granada des 14. und 15. Jahrhunderts, die durch die in der Alhambra gefundenen Reste bekannt sind, zeigen die gleiche Form. Neu aber ist, daß sich an den schmalen Außenseiten des Hofes Portikus erheben. Außerdem gibt es Alkoven auf Podesten, Alkoven, die man nur in Spanien findet. Da sie nicht im Orient erscheinen, könnten sie aus dem spanisch-römischen oder westgotischen Haus hervorgegangen sein.

Von besonderem Interesse für Spanien ist das Haus des Mudéjar-Stils, der die Applikation muselmanischen Geistes auf die in den christlichen Ländern ausgeführte Kunst darstellt. Die Wohnungen des Mudéjar-Stils haben eine auf dem Hof basierende Disposition mit zwei Galerien und Sälen an den Seiten. Die Fassaden haben weder Türme noch andere Elemente militärischen Ursprungs, dafür aber ein reich geschmücktes Portal. Sie kennen keine monumentalen Treppen, doch stattdessen besondere Räume für das Bad, das in den Palästen christlichen Typs unbekannt ist.

In Sevilla, wo keine Überreste muselmanischer Häu-

Hof der "Casa de las Conchas" in Salamanca. Der Bau verdankt seinen Namen den Muscheln, die die Relief-Dekoration der Fassade bilden. Auch der Hof mit der Doppelgalerie ist reich an Ornamenten: über der ersten Säulenreihe tragen Löwenköpfe die Wappenschilde mit den Lilien; über der zweiten sind die Wappen in Muscheln gefaßt; reich geschmückt sind auch die Schulterbogen und Balustraden. Das Gebäude ist das repräsentivste Beispiel des Wohnbaues zur Zeit der "katholischen Könige".

Hof im Palast de Aguilar in Barcelona, Sitz des Picasso-Museums. Das Gebäude wurde mit ziemlicher Sicherheit im 15. Jahrhundert wahrscheinlich von Juan de Berenguer de Aguilar in Auftrag gegeben, zeigt aber Elemente des vorhergehenden und folgenden Jahrhunderts.

Die seltsame Küche in der sog. "Casa del Greco" in Toledo. Das vielleicht von dem berühmten Maler bewohnte Gebäude hat noch Fundamente, die auf das 14. Jahrhundert zurückgehen; es wurde wahrscheinlich für Samuel Levi, den Schatzmeister des Königs Don Pedro, erbaut. Heute gehört es den Markgrafen de Vega-Inclán, die es restaurieren ließen und es als Museum benützen. Wegen dieser Wiederherstellungsarbeiten bleibt es sehr schwer, den Grad Authentik zu beurteilen, vor allem in den Innenräumen, wie gerade bei der Küche.

ser festgestellt wurden, gibt es eine wichtige mittelalterliche Gruppe im Mudéjar-Stil, für die der Alcázar von Sevilla ein führendes Beispiel ist, ein Werk des kastilischen Königs Pedro I., mit allen Charakteristiken dieses Stils, wie wir ihn auch im Herrensitz des Grafen von Palma (14. Jahrhundert) wiederfinden, der fast vollständig im Konvent der Karmeliter von Ecija (Sevilla) aufgegangen ist. In Toledo hemmte die Stärke der Mudéjar-Bauweise die Entwicklung des gotischen Stils. Der Einfluß des Mudéjar-Stils wird im 16. Jahrhundert immer stärker. Er zeigt sich nicht nur in Granada, sondern auch in Sevilla. In Granada gibt es eine interessante Häusergruppe, die von maurischen Künstlern vor 1570 in ihrer traditionellen Bauweise errichtet wurde und die die muselmanischen Formen treu nachahmt. Wichtig sind die sog. Häuser von Chapiz. Doch das am Besten erhaltene Beispiel ist, trotz leichter Änderungen, die an ihm vorgenommen wurden, das Haus in der Calle del Horno de Oro. In Sevilla sind die Paläste des Mudéjar-Stil aus dem 16. Jahrhundert von Interesse, wie die der Dueñas und Abades und die Casa de Pilatos, die eine Mischung von muselmanischen und gotischen Elementen sowie solchen der spanischen Frührenaissance zeigen. In Andalusien nimmt die Renaissance gegen Ende des 16. Jahrhunderts strengere Formen an, ohne sich jedoch von der muselmanischen Tradition zu lösen, wie man das im Haus der Valenzuela in Ronda (Malaga) sehen kann, dessen Hof in den Mudéjar-Stil gehört.

Die von der Profan-Architektur in diesem Jahrhundert erreichte Entwicklung ist beachtenswert. Man errichtete imposante Wohnungen in allen großen Zentren – eine Folge des wirtschaftlichen Aufschwungs auf der Halbinsel durch die Entdeckung Amerikas.

Kastilien und León erreichten in dieser Zeit größten Glanz und höchste Blüte, was leicht dargestellt werden kann. So ragt in Salamanca die Casa de las Conchas heraus, die anscheinend 1512 für den Doktor Talavera Maldonado, Professor der Universität und Bürgermeister, errichtet wurde. In Burgos sind die Wohnungen der reichen Kaufleute fast völlig verschwunden, und es besteht nur noch, wenn auch sehr verändert, die des Kaufmanns Andrés de Maluenda in der Calle de la Coroneria und die wunderbare Casa de Miranda, die 1545 für den Abt von Salas erbaut wurde. In Medina del Campo muß der Palast der Dueñas genannt werden, der fast vollständig aus Ziegel und Lehm errichtet wurde, während man den Stein für das Portal, den Hof und die Treppe reservierte. Er entstand zwischen 1528 und 1543 und scheint bis 1553 im Besitz des Kaufmanns Francisco de Dueñas gewesen zu sein. In Valladolid ragt das im letzten Viertel des Jahrhunderts für den Bankier Fabio Nelli de Espinosa errichtete Haus hervor, sowie das ein wenig frühere des Advokaten Butrón und jenes, das sich der Bildhauer Alonso Berruguete nach 1528 erbaute, ein Haus, das noch zum Teil besteht. In Avila gibt es viele Paläste, die eine gut gelungene Verbindung der Renaissance mit der durch den Gebrauch des Granits jener Gegend auferlegten Nüchternheit zeigen. In Segovia bestehen noch einige Häuser mit charakteristischen Sgraffiti. In den südlicheren Gebieten nimmt der mittlere Typ Variationen auf, die man im Haus des Arztes Francisco Vallés in Alcalá de Henares bewundern kann und die sich auch im Haus der Fugger in Almagro sowie in verschiedenen Wohnungen in Toledo finden, unter denen die sog. Casa del Greco ein besonderes Interesse verdient. Sie steht nahe an der Stelle, wo der große Maler wirklich gewohnt hat, und ist ein typisches Beispiel für das mittlere toledanische Haus des 16. Jahrhunderts. Eine interessante Lösung im Herrera-Stil zeigt das Haus in der Cachicania oder die Wohnung des Gärtners, die 1596 im Escorial nach den Plänen von Francisco de Mora errichtet wurde.

Trotz der Restauration bildet die Casa del Greco, hier vom Garten aufgenommen, der reich an archäologischen Funden ist, ein interessantes Beispiel für die Wohnung der Mittelklasse, wenn nicht aus dem Mittelalter, so doch aus dem 16. Jahrhundert, die durch den Zaguán (Atrium) und den kleinen Hof, mehrere Zimmer, den Empfangssalon, die Wirtschaftsräume und den alten Garten charakterisiert wird.

Wieder anders ist die Situation in verschiedenen kastilischen Randgebieten. In Galizien ist die architektonische Aktivität sehr gering und die bestehenden Beispiele bleiben auf Santiago de Compostela, Ribadavia und einige wenige andere Zentren beschränkt. In Santander zeigen sich die typischen Formen der Wohnung dieser Gegend, die den klimatischen Bedingungen dieses Landes entspricht. Am andern Ende Kastiliens ist eine ausserordentliche architektonische Blüte festzustellen, die sich in den reichen Renaissance-Häusern mit starkem kastilischem Einschlag der Städte Cáceres, Trujillo, Plasencia und anderer größerer Orte zeigt.

Nicht weniger zahlreich sind die Zeugnisse in Andalusien. Die große städtische Entwicklung Sevillas im 16. und 17. Jahrhundert war der Grund für das Überdauern des sevillanischen Haustyps in allen Teilen der Halbinsel. Sein Plan entspricht der Interpretation des Hauses mudéjarischer Herkunft durch die Renaissance, wofür die schon zitierten Häuser de Dueñas und de Pilatos beispielhaft sind. Allgemein kann man sagen, daß sich hinter dem weiten Portal die Wagenschuppen und Pferdeställe auf der einen, die Räume für die Diener auf der andern Seite befanden. Eine eiserne Barriere schließt den Haupthof nach hinten ab, der Zentrum des Lebens der Besitzer im eigentlichen Sinn ist. Im Erdgeschoß verteilen sich verschiedene Räume, die Treppe, die Küche, der Sommer-Speisesaal und der Garten, im ersten Stock gab es zahlreiche Zimmer, Vorzimmer, Kabinetts und Alkoven, den Winter-Speisesaal und den Salon oder den Estraden-Saal, der für Feste und Zusammenkünfte bestimmt war.

Einen andern, mehr dem Kastilischen verbundenen Charakter zeigen weitere andalusische Zentren, vor allem Baeza und Úbeda. In dieser letzten Stadt müssen wir das Haus in der Calle Montiel (erbaut zwischen 1510 und 1515) als eins ihrer ersten Bauwerke der Renaissance mit immer noch gotischen Anklängen und den für Francisco de los Cobos, den Sekretär Karls V., erbauten Palast erwähnen. In Córdoba nennen wir das vermeintliche Haus des Humanisten Hernán Pérez de Oliva (um 1540 fertiggestellt), dessen Portal eine sehr elegante und reine Dekoration aufweist.

In den östlichen Gebieten der Halbinsel, die dem alten Königreich Aragonien entsprechen, zeigt die Profan-Architektur der Renaissance ihre eigene Charakteristik. Das wichtigste Beispiel bildet Aragonien selbst, wo die Paläste jener Zeit einfache Fassaden, die an den Ecken mit Türmen versehen sind, das große Bogenportal, eiserne Balkone, die obere Galerie mit kleinen Rundbogen und das Vordach aus Holz zeigen. Man gebraucht vornehmlich Ziegel für die Mauern und Gips für die Skulpturen, da brauchbarer Stein sehr selten ist. Die Aufteilung geht von der Basis eines Zentralhofes aus: Der Eingang führt in ein großes Vestibül, das zum Hof zu offen ist. Im Erdgeschoß gruppieren sich verschiedene Räume, Wagenschuppen, Ställe und Läden und im Obergeschoß folgen große Salons mit Stuckarbeit aufeinander. Der Hof ist sehr charakteristisch und hat wenige, aber große Säulen aus Stein im Erdgeschoß, die Architrav-Balken und Holzstützen tragen. Im Obergeschoß verteilen sich zahlreiche kleine Bogen auf Säulen, den Abschluß bildet ein hölzernes Vordach. Die Treppe hat im allgemeinen getrennte Auf- und Abgänge und ist normalerweise von einem künstlerisch gestalteten Dach überdeckt, das ein gotisch-mudéjarisches Gewölbe oder eine mit Stuck versehene Kuppel ist. Auch die Galerie findet sich hin und wieder.

Unter den vielen Beispielen müssen wir nennen: Das Haus, das zwischen 1537 und 1547 für den Advokaten Miguel de Lope erbaut wurde; die sog. Casa de Gil Morlanes, eines Bildhauers, die nur Überreste der Fassade aus Ziegel mit sieben reich geschmückten Balkonen

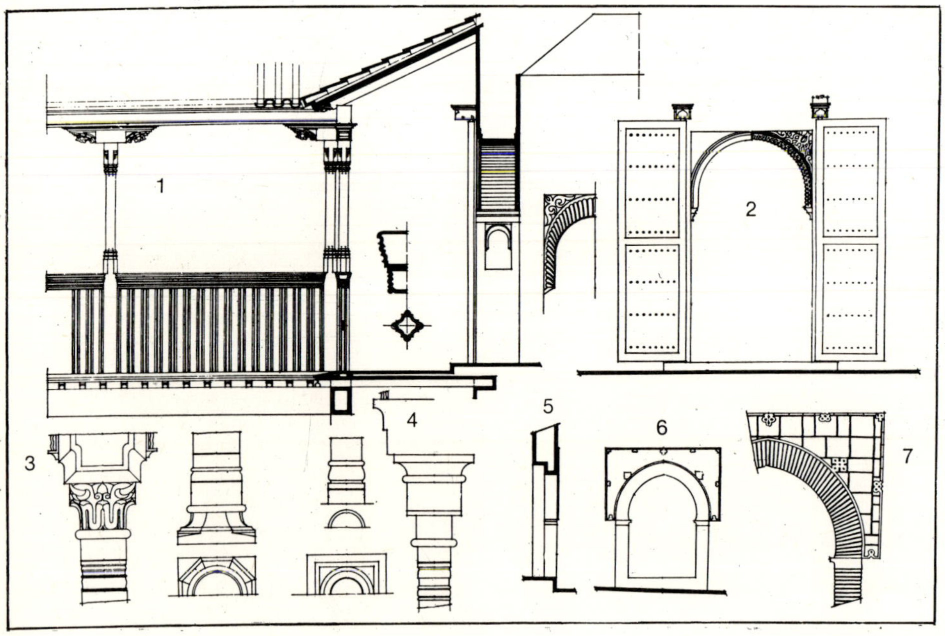

In der Albaicín von Granada, wo sich die Mauren nach der Reconquista zusammenfanden, bestehen noch verschiedene Beispiele von maurischen Wohnungen; das vollständigste ist zweifelsohne das zweistöckige Haus in der Calle del Horno de Oro (Ende des 15. Jahrhunderts) von dem wir hier (unten, von links) den Querschnitt, eine Ansicht des Hofes und den Grundriß wiedergeben, in dem sich der Hof – mit der für die Wasser-Aufnahme bestimmten bedeckten Zisterne im Zentrum – als der eigentliche Kern des Bau-Organismus offenbart. Die Darstellung der Einzelheiten (links) zeigt: einen Teil der Galerie im Oberstockwerk (1), einen Eingang (2) dieser Galerie (2,63 m hoch), Teile der Säulen im Erdgeschoß (3, 4), Schnitt (5), Vorderansicht (6) und ein Detail (7) des Hauseingangs (dessen lichte Höhe in der Vertikale 2,25 m mißt).

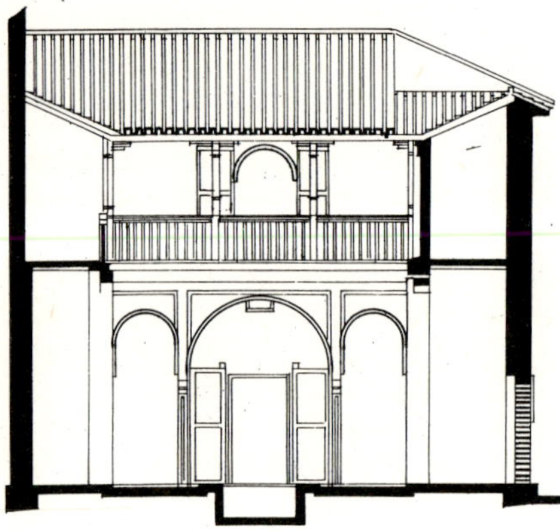

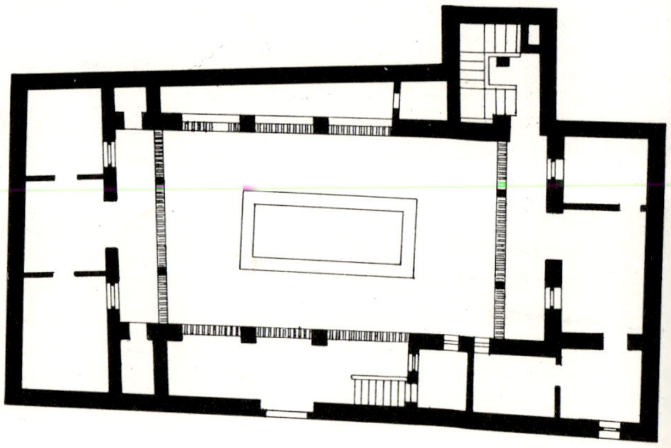

bewahrt hat; das Haus, das sich der Bankier aus Saragossa, Miguel Zaporta, nach 1546 erbaute, in der der interessanteste und wertvollste Teil der sehr repräsentative und mit reicher Skulpturen-Ornamentik versehene Hof ist, und den äußerst charakteristischen Palast der Luna.

Großartig ist das Stammhaus der Argensola in Barbastro, wo die Dichter Bartolomé und Lupercio Leonardo de Argensola geboren wurden. In Navarra finden sich die wenigen erwähnenswerten Renaissance-Paläste in Tudela. Sie haben eine enge Beziehung zu dem aragonischen Typ.

Im oberen Aragonien gibt es weiter noch eine kleine Gruppe, in der sich eine gewisse Gebirgsrauheit mit Elementen einer eleganten, reichen und wenig spanischen Renaissance verbinden, wie sie sich z. B. im Palast der Ribagorza in Benasque und in andern Häusern von Plan, Benabarre und einigen weiteren Orten zeigen. Vermutlich wirkte sich ein toledanischer Einfluß über die Pyrenäen hinweg aus.

Die Renaissance-Architektur Kataloniens behält im wesentlichen den gotischen Stil bei, der in diesem Gebiet vorherrschend bleibt. Nur in den Details erscheinen neue Formen. Die Fassaden zeigen einen größeren Reichtum an Skulpturen. An den Fenstern verschwinden die kleinen Säulen, und die Öffnungen werden viereckig und haben kleine Überdächer von verschiedenen Formen, in deren Mittelpunkt man nach italienischem Geschmack Medaillons anbringt, die Portale nehmen Säulen und Täfelungen auf. Die Wohnungen aus dieser Zeit sind spärlich und nur wenige sind erhalten, wie die Casa Júdice in Barcelona, die einer Genueser Familie gehörte. Besondere Formen zeigt der Palast des Vizekönigs, ebenfalls in Barcelona, der Details aufweist, die in enger Beziehung zu den aragonischen stehen. Die Casa Durán in Sabadell ist eine typische Residenz eines wohlhabenden bäuerlichen Eigentümers des 16. Jahrhunderts.

Die valencianischen Paläste zeigen einen doppelten Stileinfluß. Einerseits spiegeln sie die aus Italien kommende Mode wider, die sich im Palast des Botschafters Vich in Valencia offenbart. Viele seiner Elemente weisen italienische Details auf. Die andere Einflußsphäre kommt von Aragonien oder Kastilien und ist spanischer Herkunft.

John Drummond

VON DER SÄCHSISCHEN HÜTTE ZUR TUDOR-RESIDENZ

(Oben) Fish House in Meare in Somerset (ca. 1350). (Unten links) Grundrisse des Erdgeschosses und des ersten Stocks und Hauptfassade des Manor House in Boothy Pagnell (Lincolnshire), etwa gegen 1180 errichtet.

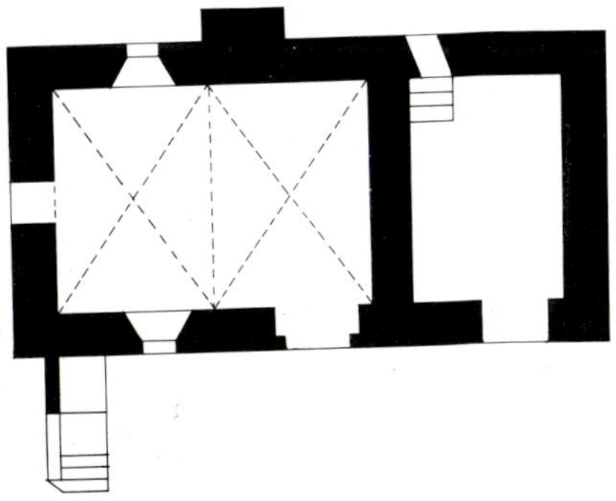

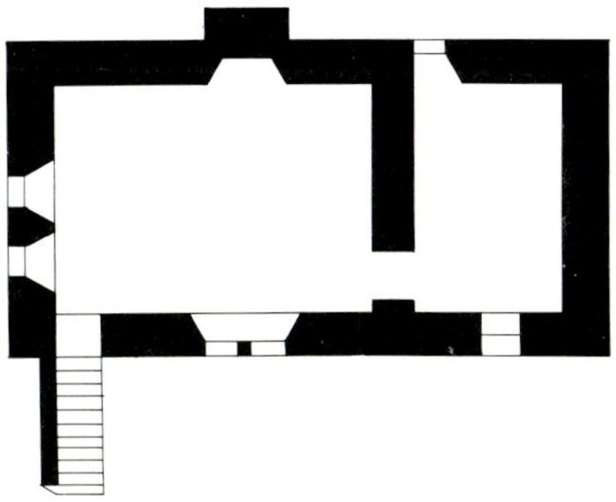

Die Normannen und das Haus Anjou breiteten die romanische und gotische Architektur in England aus, doch handelt es sich bei den aus dieser Periode noch bestehenden Bauwerken fast ausschließlich um Kathedralen und Burgen oder auch um geplünderte und zum großen Teil verfallene Klöster. Die noch existierenden mittelständischen Privatwohnungen sind äußerst selten; dieser Seltenheit verdanken das Haus des Juden in Lincoln und das nicht weit entfernte Manor House von Boothby Pagnell ihren großen Ruf. Ihr Überleben verdanken sie ohne Zweifel der Tatsache, daß sie ausnahmsweise in Stein errichtet waren. Die sächsischen Barone bewohnten Großräume, wo der Besitzer, seine Familienangehörigen, die Diener und das Vieh alle zusammen unter einem Dach lebten. Diese Großäume waren praktisch nur Hütten, wenn auch größer als die der Bauern. Sie hatten einen rechteckigen Grundriß, ein Gerüst aus Holz, ein Dach aus Stroh und Wände aus Rohr, das mit Lehm, Ton, Kot oder etwas ähnlichem verstopft wurde.

Das rudimentärste und primitivste System beim Bau dieser Holzwohnungen war die "cruck construction".

(Rechts) Haus aus dem 15. Jahrhundert in Canterbury mit Holzverkleidung. (Unten) Das sog. "Jew's house" im Strait von Lincoln; eine auf den Beginn des 12. Jahrhunderts zurückgehende Wohnung: eins der ältesten Gebäude der Stadt, das dennoch zu den an historischer Bedeutung reichsten in England gehört.

Sog. "Cottage der Anne Hathaway" in Shottery bei Stratford-on-Avon (Warwickshire). Die Hathaway wurde die Gemahlin des großen Shakespeare und das, was ihr Haus gewesen sein soll, ein malerisches elisabethanisches Bauwerk mit einem köstlichen Garten, kann – wie übrigens verschiedene andere – als Beispiel für das mittelständische Holzhaus dienen, das im 15. oder 16. Jahrhundert üblich war (mit dem 17. Jahrhundert wurde das Holz Mangelware). Das Mauerwerk des Erdgeschosses scheint eine moderne Befestigung zu sein; auch die Ziegel im ersten Stock ersetzen wahrscheinlich das ursprüngliche Flechtwerk und den Lehm. Das Dach ist aus Stroh, dem damals billigsten Deckmaterial, das heute, da die Handwerker, die es ausführen können, selten geworden sind, einen Luxus für wohlhabende Liebhaber darstellt, das um so mehr, da es häufiger Auswechselung bedarf.

(S. 101) Ockwells Manor (ca. 1465) in Bray (Berkshire). Gebäude in Holzbauweise wie das angebliche "Cottage H… way"; doch handelt es sich hier um ein "manor house" Herrenhaus, das gewöhnlich in Stein erbaut wurde, also eine… tenheit darstellt. Es nimmt schon einige Besonderheiten de… genden Jahrhunderts vorweg, mit von Pfeilern (aber häufige… Holz als aus Stein) unterteilten Fenstern und dem geschloss… Balkon (dem "bay-window") im Wohnzimmer. Die M… sind mit Ziegeln im Fischgrätenmuster ausgefüllt. Die Fe… bestehen aus kleinen Scheiben mit heraldischen Motiven.

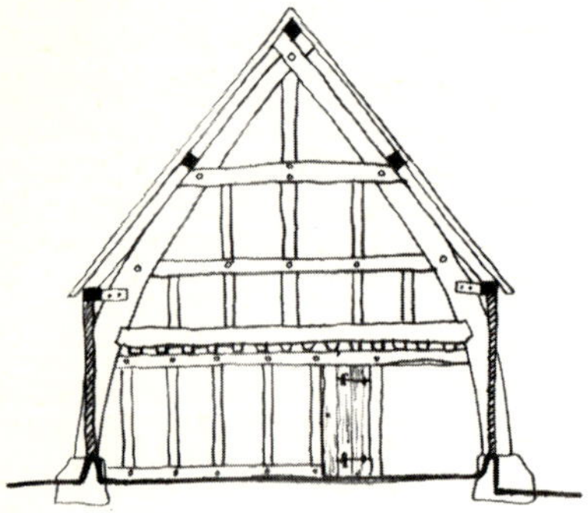

(Oben) Das wesentliche Element der "cruck construction": die beiden gebogenen Stämme (also die "crucks") stammen vom selben Stamm und werden oben durch einen Bogen abgeschlossen. Wie man auf dem Schema eines fertigen Gebäudes sieht (unten) (Höhe ca. 6 m), bilden die "crucks" das eigentliche Stütz-Gerüst der gesamten Konstruktion vom Dachfirst bis zum Boden, wo sie auf dem Steinsockel ruhen.

Die paarweise in den Boden gesteckten "crucks" (von Natur gebogene Stämme) wurden oben zusammengefügt, so daß sie die Form eines gotischen Spitzbogens annahmen. Ein Querbalken verband die oberen Enden der "crucks", die hin und wieder auch ein Obergeschoß umschlossen. Das übliche Rohr bildete die Mauern, die keinerlei Anspruch erhoben, das Gewicht des Daches zu tragen. Jahrhundertelang baute man diesen Hüttentyp. Manchmal ersetzte man das Holz durch Stein oder Ziegel, so daß später die nun stärkeren Wände auch wirkliche Tragemauern für das Dach werden konnten.

Der Rittersitz, das Manor House, d. h. die Wohnung

Landhaus aus der Elisabethanischen Epoche in Mayfeld, Sussex (1575). Es zeigt noch Berührungspunkte mit Ockwells Manor, aber nur das zweite Stockwerk springt als ganzes vor. Ein Gebäude mit noch gotischem Timbre mit Ausnahme einiger Einzelheiten und vor allem mit Lösungen von makelloser Schönheit.

des Feudalherrn, entwickelte sich aus dem sächsischen Großraum. Er bestand aus einem großen rechteckigen Saal, dessen eines Ende von dem "Hochsitz" (eine Art Estrade) für den Herrn und seine Familie eingenommen wurde. Auf der entgegengesetzten Seite diente eine Holztrennwand, die nicht bis zum Dach reichte, dazu, den Luftzug des Haupteingangs aufzuhalten, der fast unmittelbar dahinter lag. Nur die kleinen Vorratsräume fanden sich noch dazwischen. Bei einigen alten Herrensitzen aus Stein, wie bei der um 1260 entstandenen Little Wenham Hall, lag die Wohnung des Besitzers aus Sicherheitsgründen im ersten Stock.

Die zweistöckige Konstruktion über dem "Hochsitz" und die Unterbringung der Küche und der Vorratsräume in einem eigenen Gebäude bildeten einen weiteren Entwicklungsschritt zum Herrenhauses, das jetzt einen sehr verbreiterten H-förmigen Grundriß annahm. Man verwendete daher Querdächer, die Flügel zu bedecken, und über der Fassade erschien das spitze Giebeldach, d. h. der "gable", neben den beiden seitlichen Querdächern. Ein anerer "gable" konnte über dem Haupteingang emporragen, der sich mehr oder weniger in der Mitte der Frontseite befand. Ockwells Manor zeigt gut diese Konstruktionsart. Die Kapelle, die Stallungen und verschiedene Vorratsräume lagen um den Hof herum. In dieser Weise gelangt der Landsitz des Adels zu seiner Aufteilung, die für Jahrhunderte typisch blieb und die nicht übergangen werden kann, wenn man die mittelständische Wohnung auf den britischen Inseln behandeln will.

In der Stadt war das mehrstöckige Holzhaus mit dem Laden auf Straßenhöhe das ganze Mittelalter hindurch üblich. Sein bemerkenswertestes und pittoreskestes Charakteristikum war des Vorkragen eines jeden Stockwerks über das darunterliegende. Man hat versucht, diesen praktisch andauernden Brauch als ein Fortbestehen der Portikus zu erklären, die während der römischen Herrschaft entstanden sind und die dieselbe Aufgabe hatten, nämlich die draußen ausgestellten Waren der Läden und die Kundschaft zu schützen. Man kann in ihm auch einen Ausweg sehen, um mehr Wohnraum zu gewinnen, oder eine technische Notwendigkeit, da sich das Gewicht der Pfosten eines Stockwerks auf die Enden der Balken der darunter liegenden Zwischendecke stützte, und zwar außerhalb des Punktes, wo die Balken selbst von den Pfosten des wieder darunter liegenden Stockwerks getragen wurden. So könnte diese Bauweise entstanden sein, um das Einsinken der Zwischendecke unter dem Gewicht ihrer darüber liegenden Last zu verhindern.

Eine weitere Besonderheit des englischen Wohnhauses des frühen Mittelalters, die dann typisch für die Tudor-Zeit im 15. Jahrhundert wurde, ist das Fenster mit Mittelpfosten (mullioned window), das den gekreuzten Fensterrahmen der italienischen Renaissance ähnlich ist, aber schlankere Öffnungen und manchmal mehrere Querstreben aufweist.

Unter Heinrich VIII. arbeiteten italienische Künstler und Handwerker in England und hinterließen einige Spuren der Renaissance-Ornamentik am Hampton Court und anderswo, ohne jedoch die "geringere" Architektur zu beeinflussen, die uns hier interessiert. In der zweiten Hälfte des 16. Jahrhunderts, genauer zur Zeit der grossen Elisabeth, als die Tudor-Aristokraten, jung von Adel und neureich – der Reichtum entstammte vor allem den geplünderten Klöstern –, sich ihre enormen, betäuben-

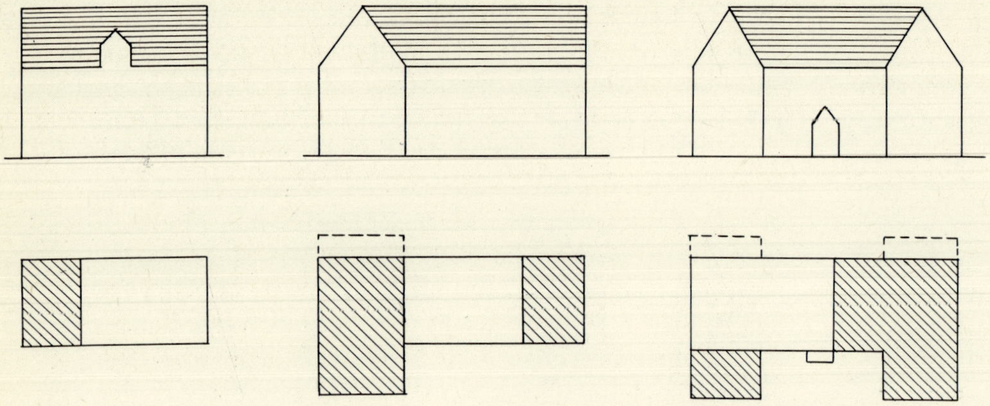

Prospekte und schematische Grundrisse von mittelständischen englischen Häusern des 16. Jahrhunderts. Die Entwicklung der alten "hall" (links) kommt durch die Aufnahme eines (Mitte) oder zweier (rechts) Vorbauten am Gebäude ziemlich klar zum Ausdruck.

den Wohnungen errichteten (der erklärte Zweck war, den Besuchen der Königin einen würdigen Rahmen zu bieten), gab es eine zweite Welle italienischen Einflußes. Seine Vermittler waren die Adligen, die in Italien gewesen waren, architektonische Abhandlungen wie die "Chief Grounds of Architecture" von John Shute (1563) und besonders das Beispiel Hollands, wo die Elemente des italienischen Manierismus gute Aufnahme und weite Verbreitung gefunden hatten. Doch hat das elisabethanische England die Botschaft der klassischen Architektur in ihrem Wesen eigentlich nie verstanden. Mehr oder weniger spätreife Renaissance-Elemente wurden ohne jede Ordnung übernommen.

Natürlich meldete der englische Konservativismus seine Bedenken an. Wie der Dichter Langland im 15. Jahrhundert in den Kaminen ein Zeichen der Dekadenz sah, so beklagte 200 Jahre später der Geistliche William Harrison die schöne antike Feuerstelle, die in der Mitte der Halle ihren Platz hatte und sie mit Rauch erfüllte. Sie war, so sagt der ehrwürdige Harrison, bis zur Herrschaft Heinrichs VIII. in Gebrauch, und der Rauch enthielt alle für die Bekömmlichkeit erforderlichen Ingredienzen. In ganzen, so hat es den Anschein, übernahmen die Engländer den Kamin mit dem gleichen Widerwillen, den sie heute bei seiner Aufgabe zeigen. Doch handelte es sich hier um eine unumgängliche Erneuerung für die Wohnlichkeit der Innenräume. In den für die Tudor-Zeit typischeren Räumen war das attraktivste Element das "bay-window", d.h. das vorspringende Fenster, oder besser das Erkerfenster, in dem der bürgerliche Komfort seinen Höhepunkt erreichte, und der sich, nach einem zeitweiligen Rückgang im 18. Jahrhundert, in der ganzen viktorianischen Ära und später bis zum langweiligen Überdruß durchsetzte.

Um zum 15. Jahrhundert zurückzukehren, so lag der Luxus der Einrichtung mehr in den Stoffen – den Wandteppichen, den Teppichen, den Tapeten, den Vorhängen, den Decken und den Kissen – als in den Möbeln, von denen es übrigens nur wenige gab: Bänke, Hocker und ein leicht zu transportierender Tisch in der Halle; ein Bett mit kleinen Säulen und vielen Vorhängen (das auffallendste Möbelstück des Hauses), einige Sitze ohne

Grevel House (gegen 1400 entstanden) in Chipping-Campden (Gloucestershire), einem alten Wollzentrum, das noch verschiedene Häuser wohlhabender Kaufleute wie das vorliegende aufweist.

Rücken- und Armlehnen und eine oder mehrere Truhen im Schlafzimmer. Der eigentliche Stuhl war eine Seltenheit. Er war mehr ein Ehrensitz (den klassischen Kathedren ähnlich und für das Familienoberhaupt reserviert) als ein Gegenstand des praktischen Gebrauchs. Noch zu Ende des 16. Jahrhunderts beklagten sich einige Höflinge der Königin Elisabeth darüber, daß sie ziemlich unbequem auf urtümlichen Schemeln sitzen mußten.

Die Fußböden waren mit Stroh oder duftenden Blättern belegt, wenn man das so sagen kann, denn sie wurden selten erneuert. Erasmus von Rotterdam fand, daß dieser Brauch der Hygiene widersprach. Die Wände konnten verschiedenartig ausgeführt sein: von einfacher Kälkung bis zu den Eichentäfelungen, die häufig durch Intarsien bereichert waren. Als Treppen benutzte man in den Steinhäusern wenig bemerkenswerte Wendeltreppen. In den Holzkonstruktionen blieben sie eng und steil, solange die Zimmerleute keine Möglichkeit fanden, einen Raum im Fußboden zu öffnen, ohne die Stabilität des Hauses zu gefährden; dann allerdings konnten sie zu einem ornamentalen Element und oft sehr vielgestaltig und kostbar werden.

Die Holzarbeit war die Grundlage für die Einrichtung des Mittelalters und der Tudor-Zeit. Gegen Ende des 15. Jahrhunderts hatten die Tischler eine wahrhaft beachtenswerte Finesse entwickelt und erreicht. Dagegen nahmen die hölzernen Einrichtungsgegenstände, vor allem die Möbel, in der elisabethanischen Zeit eine grobe und anmaßende Schwere an. Sie wollten die Vorbilder der Renaissance nachahmen und erreichten nur deren ungeordnete Nachäfferei.

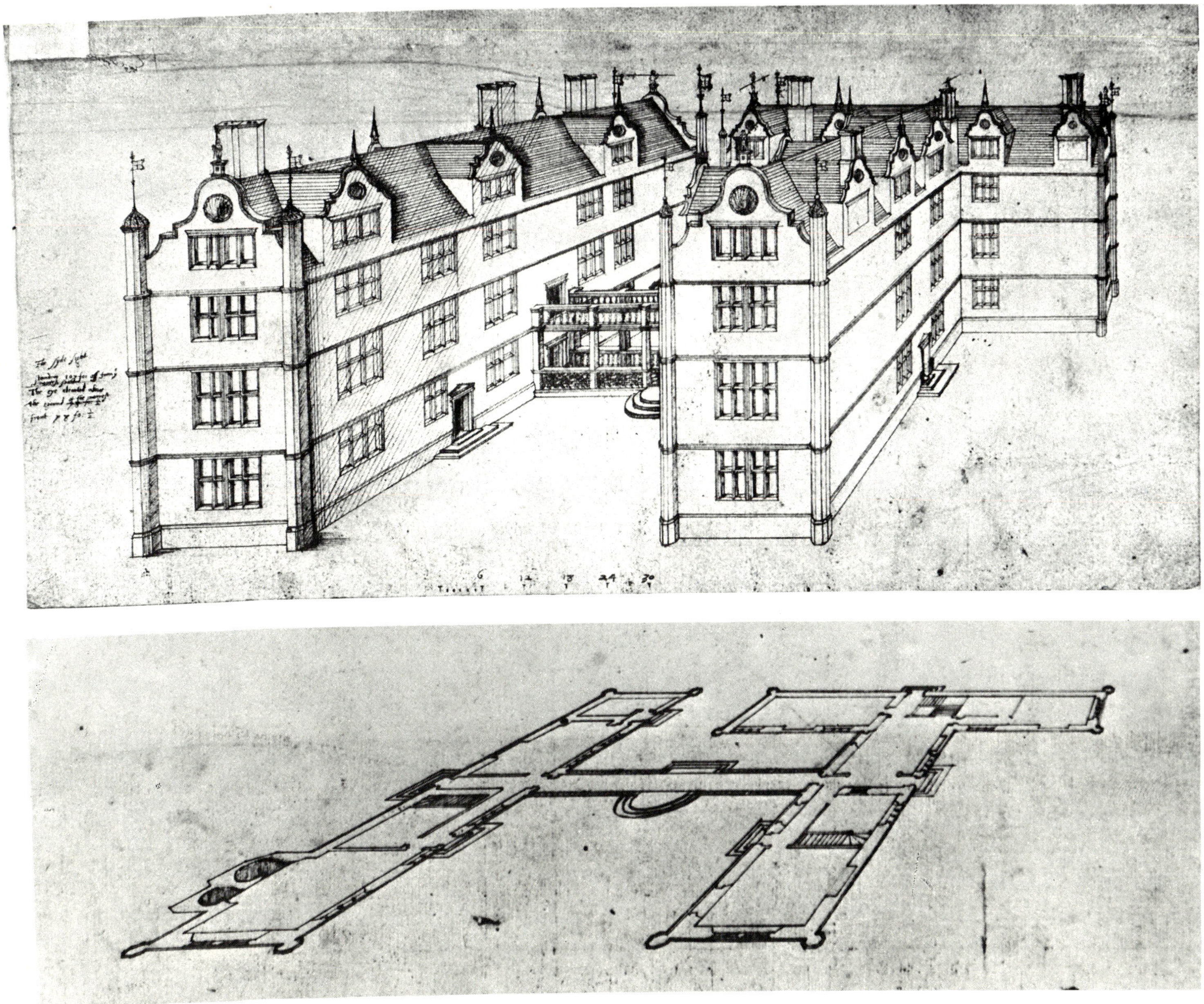

John Thorpe (ca. 1563-1655), Feld- und Landmesser des Königs, verdankt seinen beachtlichen Ruhm dem Zufall, daß sich eines seiner Skizzen-Hefte bis heute erhalten hat (London, Soane's Museum); es enthält Grundrisse, Fassaden und Perspektiven von noch bestehenden und andern nie erbauten Gebäuden, aber es besteht kein Grund, ihm auch die Ausführung der Bauwerke zuzuschreiben, wie man es früher tat: Seine Skizzen können höchstens nur Hinweise darstellen; die letzte Form hing dagegen vor allem von den Baumeistern, den Steinmetzen und Zimmerleuten ab. Hier hatte Thorpe die Laune, ein Haus in Form seiner Initialen "IT" zu zeichnen.

Daniel Alcouffe

IN FRANKREICH ENTWICKELT SICH EINE WIRKLICHE FUNKTIONALITÄT

Es ist schwer, sich die französische Stadt zu Ende des 10. Jahrhunderts vorzustellen. Die ländlichen Marktflekken, in denen man die Prinzipien der römischen Architektur nur schlecht den geografischen und klimatischen Gegebenheiten des Landes angepaßt hatte, waren verfallen. Ohne Zweifel hat das antike Haus den späteren ein-oder zweigeschossigen Gebäuden Platz gemacht, die meistens aus Holz errichtet wurden.

Erst im Lauf des 11. Jahrhunderts wird die Bedeutung der Städte größer. Dank der politischen Stabilität, die unter der Herrschaft der Kapetinger mehr und mehr wuchs, beginnt man wieder ein aktiveres wirtschaftliches Leben in einer embryonalen Handelswelt zu führen. Zu gleicher Zeit wird ein fast instinktives Bedürfnis immer stärker, sich um ein Stadtzentrum herum zu gruppieren und dort Fuß zu fassen. Im 12. Jahrhundert geben sich die Städte in wachsendem Maße ihre kommunale Verfassung, die durch die mit ihnen verbundenen Herrscher noch gefördert wird. Die Bildung zahlreicher neuer Städte bezeugt die Wiedergeburt und die Anziehungskraft städtischer Zivilisation. Jetzt, da die Gemeinden wieder an die Traditionen der römischen Stadtbehörden anknüpfen (was sich aus einer allgemeineren Sehnsucht nach der Romanität entwickelt, die wir noch heute in den Amtsbezeichnungen vieler Beamten – Konsul, Quästor, Präfekt, Prior usw. – bezeugt finden), entsteht das französische Stadthaus, dessen die Zeiten überdauernde Qualitäten sich lebendig entfalten. Es wird mit den Materialien des Landes errichtet und steht mit dessen Klima in voller Harmonie. Seine eigene Natur zwingt es zu Wirtschaftlichkeit und Einfachheit. Da aus diesem Grund auch der Schmuck nützlich sein muß, nimmt es von den Erneuerungen, die von den Architekten aller Zeiten vorgeschlagen werden, nur die Verbesserungen an, die den Bedürfnissen und dem Geschmack der jeweiligen Zeit am besten entsprechen.

Da Frankreich sowohl an Stein als auch an Holz reich ist, werden diese beiden Materialen in allen Gebieten des Landes bis in das 18. Jahrhundert hinein verwendet. Wenn das Alter der erhaltenen Steinhäuser in einigen Fällen bis in das 12. Jahrhundert reicht, so gehen die allerdings reicher vorhandenen Holzhäuser selten weiter als bis in das 15. Jahrhundert zurück. Wie auch immer die Konstruktionsart sein mag, ihr Aufbau zeigt überall die gleiche Form. Sie setzt sich schnell durch und ändert sich bis in das 16. Jahrhundert hinein kaum. Wegen der Begrenztheit des einem jeden Haus vorbehaltenen Bauplatzes zeigt dieses meistens mit Stroh oder runden Dachziegeln gedeckte Haus den Giebel der Straße zugekehrt. Ein oder zwei Etagen erheben sich über dem Erdgeschoß und dem Keller. In den bevölkerteren Städten gibt es seit dem 12. Jahrhundert auch Häuser mit drei Obergeschossen. Der große, gut erleuchtete Saal des Erdgeschosses ist zugleich Wohnzimmer, Küche, Eßzimmer und Empfangsraum. Er kann von kleineren Räumen flankiert sein, aber diese befinden sich im allgemeinen mit ihren Nebenräumen (Garderoben und Toiletten) im Obergeschoß. Wenn die Zimmer nicht direkt miteinander verbunden sind, werden sie durch einen Seitenkorridor oder eine offene Galerie verbunden, die auf den Hof hinter dem Haus führt und sich manchmal an zwei Etagen entlang hinzieht. Sie stellt ohne Zweifel das Überbleibsel eines antiken Elements dar. Eine Galerie kann auch das Hauptgebäude mit einem zweiten Wohnflügel im hinteren Teil des Hofes verbinden.

Die für Anordnung der Tür-und Fensteröffnungen, der Kamine und der Treppen angestellten Überlegungen zeitigen im 14. Jahrhundert reiche und glückliche Resultate. Im 15. Jahrhundert entsteht nach dem Hundertjährigen Krieg ein neues Lebensgefühl. Die nun in Sicherheit lebenden Bürger errichten sich komfortable, luftige Häuser, deren Aufteilung besser durchdacht ist. Der klare Plan tritt mit allem Freimut nach außen in Erscheinung und wird noch von der pittoresken Ornamentik unterstrichen, mit der die ausgehende Gotik ihre Kirchen versah.

Nachdem sich die Vorliebe für das Ornament einmal durchgesetzt hat, kommt auch das Verspielte in Mode. Es ist die Zeit der Kriege in Italien. An den noch nach traditionellen Plänen errichteten Gebäuden und mitten im gotischen Schmuck, dessen Naturalismus sich mehr und mehr erschöpft, erscheinen immer häufiger antike und italienische Motive: Kandelaber, Laubwerk, Medaillons und Putten. Durch die Art und Weise dieser unerwarteten Nebeneinanderstellung disparater Elemente wird die neue Kunst, in der Italien die griechisch-römische Antike interpretiert, offenbar gemacht. Man empfängt in der Folgezeit italienische Künstler, man konsultiert die Werke der Architektur aus dem Land jenseits der Alpen. Unter der Herrschaft Franz' I. und Heinrichs II. wird die offizielle Baukunst prachtvoller und entwickelt sich auf eine gebildete Kunst hin, die auf einer gelehrten Nachahmung der Antike basiert. Auf die Meister der mittelalterlichen Kunstwerke folgen moderne Architekten, Theoretiker und Pädagogen wie z. B. Androuet du Cerceau. Hier ist eine Probe dafür, die aus seinen "Livre d'Architecture ... Contenant les plans & dessaings de cinquante bastiments tous differens: pour instuire ceux qui desirent bastir, soient de petit, moyen, ou grand estat" (Paris 1559) entnommen ist. Es handelt sich um den "Vorschlag für ein Haus, das für eine 'Person mittleren Standes' bestimmt ist": das Gebäude – so schlägt du Cerceau vor – muß sich ausbreiten "auf einem Gebiet von zwölfeinhalb Klafter (24, 26 m) Breite und fünfeinhalb Klafter (10, 71 m) Tiefe, wobei die Dicke aller Umfassungsmauern eingeschlossen ist; so wird das

(Oben) In das Hochmittelalter zurückgehende Häusergruppe in Straßburg, einer Stadt, die in den ältesten Vierteln bis heute den Charakter der Jahrhunderte nach 1000 mit meistens engen und gewundenen Straßen beibehalten hat. (Unten) Romanisches Haus in der Rue de la Republique in Cluny. In der Vorstadt, die sich zu Füßen der immensen Benediktinerabtei ausbreitete, entstanden nach dem furchtbaren Brand von 1159 zahlreiche Häuser, darunter wahrscheinlich auch dieses: in Stein erbaut, mit dem nur nach einer Seite hin abfallenden Pultdach, mit nicht sehr dicken Mauern und breiten Fenstern, die das milde Klima erlaubte und zu denen die Notwendigkeit einer guten Beleuchtung zwang, da Nebel häufig und die Straßen eng waren. Wie andere Häuser in Cluny hat es zwei Eingänge im Erdgeschoß: der größere mit dem in vielen romanischen Bauten, vor allem in Burgund, üblichen Spitzbogen führt zum Laden oder zur Werkstatt; der kleinere mit dem Architrav führt in den Korridor, der sich durch das ganze Haus zieht und außerdem Zugang zu einer Treppe gibt, die wie in andern Gebäuden gerade war und aus Stein oder Holz sein konnte; sie führte in das Obergeschoß, das wie das darunterliegende aufgeteilt war. Während in dieser Region die Fassade im Erdgeschoß im allgemeinen ohne Ornamente bleibt und nur zarte Motive den oberen Teil des Ganzen schmücken, bereichert hier dagegen eine Loggia mit Rundbogen auf kleinen Säulen die Fassade; die Rosetten darüber unterbrechen die Lisenen, eine hier übliche Dekorationsform.

Vorder- (Mitte) und Rückfassaden (links), Aufriß (rechts), Grundrisse und Details des Hôtel de Vauluisant in der Rue des Capucins in Provins (Seine-et-Marne) von einem Skizzenblatt aus dem Jahr 1847. Das in das 13. Jahrhundert zurückgehende Gebäude wurde nach dem Zisterzienserkonvent benannt, dem es als Absteige oder Magazin in der Stadt diente. Provins, zwar schon im langsamen Verfall begriffen, hatte aber damals nach drei Jahrhunderten Blützeit noch einen guten Ruf als Messe-Zentrum. Das Innere des Baues wies zwei Schiffe mit je drei Jochen im Erdgeschoß auf; der Oberstock, zu dem man über eine schwere Steintreppe gelangte, zeigt nicht die üblichen Gewölbe, stattdessen tragen zwei schlanke monolithische Säulen eine Holzdecke mit lebhaften bunten Dekorationen; in die Mauern der Fensterhöhlungen sind die auch in Italien und anderswo üblichen Bänke eingelassen, die im allgemeinen mit Kissen bedeckt wurden.

Gebäude also von außen gemessen, allerdings bleibt der Hof mit seiner Einfriedung ausgeschlossen"; das Gebäude erscheint "geplant und angeordnet wie folgt: Von dem Niveau der Erde des Hofes bis oben zum Gesims sind es drei Klafter (5, 84 m) Höhe und vom eigentlichen Erdgeschoß oder dem Niveau des unteren Geschosses bis zur Tiefe zwei Klafter (3, 89 m), unter Einschluß der Fundamente, was zusammen fünf Klafter (9, 73 m) macht. Zum unteren Stockwerk steigt man sieben Fuß (2, 27 m) vom Niveau des Eingangs aus empor ...", und die Aufzählung fährt mit ihrer nicht zu übertreffenden pedantischen Akribie fort, wobei sie der Launenhaftigkeit, die die mittelalterliche Architektur so unvergleichlich machte, nichts konzediert.

Die dekorative Vorstellungskraft dieses und anderer Theoretiker kann jedoch dem Stadthaus nichts anhaben. Sicher verbreiten sich ihre Theorien in der Provinz, und jede Region nimmt ihre Vorschläge mit mehr oder weniger Geschick auf. Wenn im Mittelalter die Form, die Größe und die Verteilung der Öffnungen von ihrer Funktion abhingen, so sucht man jetzt die Regelmässigkeit um jeden Preis. Aber die nationale Tradition lebt zum Beispiel im geneigten Dach fort, das das feuchte Klima erfordert und das die italienische Terrasse nicht

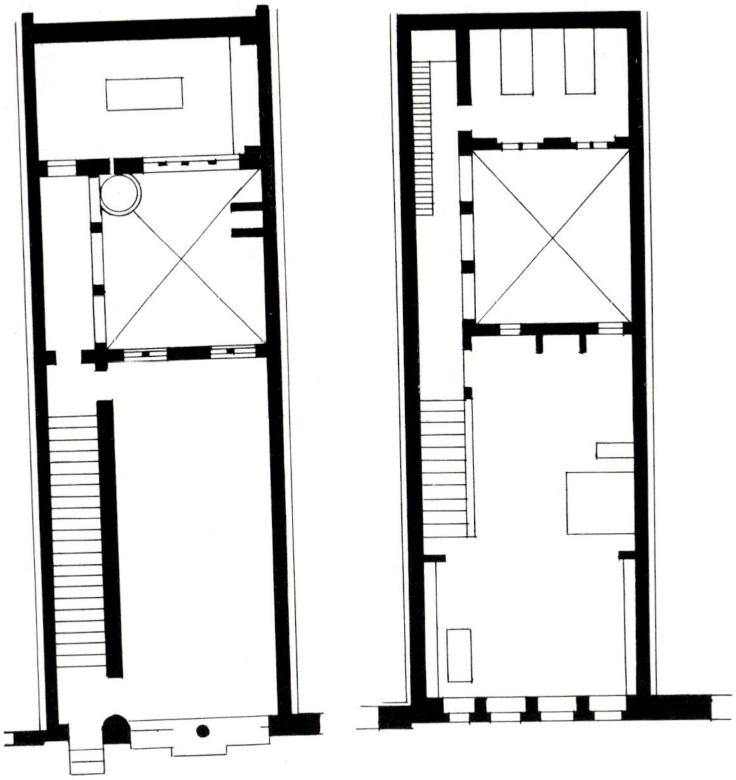

Planskizzen französischer gotischer Häuser. Wie in den mittelalterlichen Städten anderer europäischer Zentren begegnet man auch hier einer klaren Vertikalentwicklung hinter der engen Fassade (unterer Teil der Skizzen). Analog zum Haus in Cluny (S. 105) weist das erste Beispiel (links) zwei Ausgänge zur Straße hin auf, und die kleinere Tür führt zur Treppe. Das zweite Beispiel ist dem ersten ziemlich ähnlich; in beiden Fällen ist der Raum hinter dem Eingangsraum eingewölbt.

Heutiger Zustand des Hôtel de Vauluisant (s. S. 106). Der Prospekt, analog zu dem des Hauses in Cluny (S. 105), gibt mit der Verschiedenartigkeit der Öffnungen ein Zeugnis für den strengen Funktionsbegriff der mittelalterlichen Baumeister, die Eingänge und Fenster nach der jeweiligen Notwendigkeit anbringen und komponieren. Der größere Eingang wird von einem Architrav abgeschlossen und durch einen Spitzbogen (eine Form, die auch in der Profan-Architektur der Gotik häufig war) aufgelockert. Die Bogenfenster im ersten Stock bilden eine Reihe, in der je eine Zwischenstütze den Architrav trägt; das Tympanon mit fester Einfassung wird von Kleeblättern durchbrochen. Eine Seite des Daches endet rechts in einem Dachspeier (wie es die Zeichnung auf S. 106 zeigt).

ersetzen kann. So wie sich das französische Renaissance-Haus der Weitschweifigkeit des Dekors der Spätgotik versagt hatte, vermeidet es auch die Übertreibungen in der Strenge der Linienführung und in der Überfülle der Ornamente. Dagegen übernimmt es in einer Weise, die vielleicht selbst in Italien unbekannt ist, die Verschiedenheit und die Menge der Einrichtungsgegenstände, die in der neuen Zeit in diesem Land üblich wurden.

Dafür liefern einige Inventare wirklich erstaunliche Zeugnisse: Nach dem Tode Gaston Oliviers (1552), des Schloßkaplans Heinrichs II., werden allein in einem einzigen Zimmer des Erdgeschosses des Hauses, das diesem Eigentümer gehörte, aufgezählt: ein langer vierbeiniger Tisch und die dazugehörigen zwei Böcke mit gedrechselten Füßen, vier Stühle aus Nußbaumholz, weitere drei Nußbaumholz-Stühle mit gedrechselten Füßen, eine Kredenz und ein kleiner Schreibtisch aus Eiche, ein Feldbett und eine -liege in Eberesche, ausgestattet mit einer Fülle von Strohsäcken, Matratzen, Kopfkissen und Decken, ein "türkischer" Teppich, ein kostbar gerahmtes Ölgemälde mit der Jonas-Geschichte, ein Schachbrett aus Nußbaum mit dem dazugehörigen Spieltisch, acht Wandteppiche aus Tournay mit Laub-und Brunnnenverzierungen, eine hölzerne Kamineinfassung usw. Im Ankleidezimmer nehmen ein Schrank und vier Truhen die Kleidung und Wäsche des Verstorbenen auf.

(S. 109) Gemälde aus der Schule J. Bourdichons (Ende des Jahrhunderts; Paris, École des Beaux-Arts), das die Werk eines Möbeltischlers mit zahlreichem Handwerkszeug darst

Die Art des verfügbaren Holzes ließ die französischen Baumeister dem Stützgerüst aus Holz auf einer Basis aus Stein oder Ziegeln den Vorzug geben. Das Skelett des Gebäudes wird aus vertikalen und horizontalen Balken gebildet, die durch diagonale Stämme verbunden sind; als Füllung der Mauern dienten Steine oder Backsteine oder auch Mörtel aus Lehm und Stroh. Zunächst waren die Längsbalken so hoch wie das ganze Gebäude wie hier in der sog. "Maison d'Abraham" in Sens (Anfang des 14. Jahrhunderts); später wurden sie auf die Höhe eines Stockwerks beschränkt und erlaubten so das Vorkragen der oberen Teile.

Hof der Maison de Pierre du Puy (gegen 1490) in Tours. Struktur und Grundriß ahmen die früherer Jahrhunderte nach, aber die Adelsresidenzen regen zu neuen Details an, die auf größere Bequemlichkeit und mehr Schmuck abzielen. Die Verwendung von Ziegeln und Stein (reihenweise an den ausgearbeiteteren Stellen – Mauerecken und Öffnungen – angebracht) kommt von den Burgen; so ist der kleine Turm rechts, der eine Wendeltreppe umschließt, ebenfalls aus Ziegeln; solche Vorsprünge, durch die man ohne Zögern den Verlauf der Fassade unterbricht, stellen eine praktische Lösung dar, die hier dem Hauptteil des Gebäudes und einem ihn flankierenden Flügel zugute kommt.

Französischer Sessel mit Armlehnen aus dem 16. Jahrhundert (Paris, Musée des Arts Décoratifs). Das Möbelstück aus intarsiertem Nußbaum mit Stoffüberzug ist 144 cm hoch, 61 cm breit und 41 cm tief.

Eichentruhe (79 mal 169 mal 67 cm) aus dem Anfang des 14. Jahrhunderts (Paris, Musée Carnavalet): eins der ältesten bekannten Möbelstücke Frankreichs. Es ist aus sehr dicken Platten (der Gebrauch von dünnem Holz war unbekannt) mit verzierten Kanten und Bügeln aus Schmiedeeisen gearbeitet, die es zusammenhalten. Ursprünglich war es bemalt, während andere aus der gleichen Zeit meistens mit vergoldetem Leder bezogen waren.

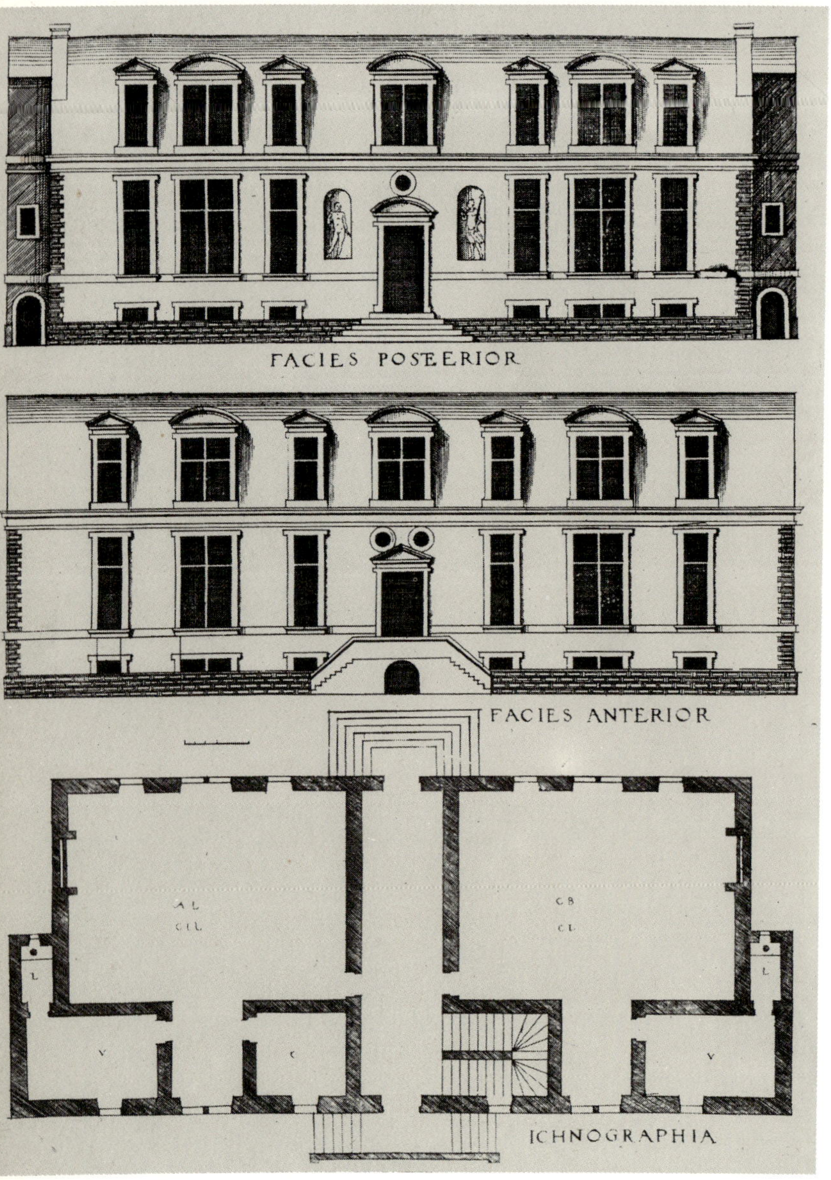

Kredenz (155 mal 108 mal 60 cm) aus der zweiten Hälfte des 15. Jahrhunderts (Paris, Musée des Arts Décoratifs). Im 15. Jahrhundert wird das Mobiliar mit massiven Wänden von anderem leichterem und vor allem soliderem ersetzt; hier werden in einen Rahmen von dicken Längs- und Querbalken kleine Eichenfüllungen eingefügt.

Tafel aus dem "Livre d'Architecture" von J.-A. du Cerceau. Interessant ist die Rückfassade (oben), deren klassizistischer Aufbau in strenger Symmetrie mit den beiden Statuen-Nischen den Einfluß der italienischen Renaissance offenbart.

Anne Berendsen

DER BEGRIFF DER HÄUSLICHEN GEMÜTLICHKEIT ENTSTEHT IN DEN NIEDERLANDEN

Seit dem Ende des 14. Jahrhunderts beginnt sich das Leben der flämischen Bürger in Reichtum und Komfort zu entwickeln. In den nördlichen Niederlanden zeigt sich erst um 1450 eine größere Bequemlichkeit des Lebens. Das Haus, das Ergebnis dieser Verbesserung und der Umsicht der Regierenden, trägt natürlich seinerseits ebenfalls dazu bei. Schon im 14. Jahrhundert bestimmten die örtlichen Autoritäten, die Dächer der Holzhäuser wegen der Feuergefahr mit Ziegeln zu bedecken. Der Holzfußboden wurde jedoch nur selten durch Ziegel ersetzt, die offensichtlich die Kälte und Feuchtigkeit weniger abhielten. Da die Straßenfront der Häuser teuren Platz einnahm, sind die holländischen Häuser dieser Zeit schmal und lang. Wie überall war auch in Holland – dem Gebrauch aller europäischen Häuser dieser Periode (d. h. während des ganzen 14. und des folgenden Jahrhunderts) folgend – der Innenraum des Hauses bis zum 15. Jahrhundert nicht unterteilt; doch bald bilden sich verschiedene Stockwerke heraus. Jede Etage weist jetzt einen vorderen und einen hinteren Raum auf.

Die Eingangstür führte direkt in den vorderen Raum des Erdgeschosses, der hoch und verhältnismäßig hell war und entweder als Werkstatt oder als Laden benützt wurde. Nur wenn er nicht für gewerbliche Zwekke gebraucht wurde, diente er häuslichen Funktionen. Im Lauf der Jahrhunderte trat der Beruf des Ernährers in Aufteilung und Gestalt des Hauses immer mehr in den Hintergrund.

Der hintere Raum, von vorderen – "voorhuis" genanten – durch eine hölzerne Trennwand abgeteilt, diente dem Leben der Familie. Oft wurde ein Extrastockwerk angefügt. In diesem Fall enthielt der untere Teil die Küche und den Zugang zum (unter dem "voorhuis" liegenden) Keller, während der obere Teil, das eigentliche Wohnzimmer, aus diesem Grund höher als der Laden lag. Eine hölzerne Wendeltreppe verband die verschiedenen Teile des Hauses miteinander. Diese Treppe befand sich im Laden an der hölzernen Trennwand. Über dem hinteren Teil des Ladens wurde eine "hangkamer" (Hängeraum) befestigt, die sich langsam zu einem richtigen Zwischenstock auswuchs und den gesamten Platz des "voorhuis" einnahm.

Nur wenige örtliche Unterschiede sind zu bemerken: eine große Nische über fast die ganze Fassade, in der

Haus "Bethlehem", Nr. 25 der Gasthuisstraat in Gorinchem (zwischen Rotterdam und Herzogenbusch), erbaut 1566. Heute befindet sich hier das heimatgeschichtliche Museum. Die Fassadenbekrönung hat statt der gotischen Stufen elegante Voluten von schon entschiedenem Reinaissance-Charakter.

(Oben, von links) Haus der Familie Borluut in Gent (ca. 1175): ein seltenes noch bestehendes Beispiel der Romanik, charakteristisch in der horizontalen Aufteilung der Fassade. Die Stufen des Giebels sind mit kleinen Dächern in Eselsrückenform bedeckt, noch nicht mit jenen später üblichen Platten. - Gotisches Haus in Brügge hinter dem Rathaus. Die Gesimsglieder über den Fenstern (in eleganter Linienführung in den beiden oberen Stockwerken) sind typisch für die örtliche Bauweise. - Haus van 't Sestich in Löwen (ca. 1445). Wie beim Haus in Brügge unterscheidet sich die vertikale Unterteilung der Fassade von der in Gent. Die spätere Öffnung der beiden Fenster im zweiten Stock hat die Rosetten und einige Fischblasen verschwinden lassen, die den Giebel ursprünglich schmückten. Es ist typisch für die mittelalterliche Periode in Flandern und in Holland, daß auch ein so reiches Bürgerhaus Gesimsglieder eher aus Ziegel als aus Stein aufweist.

(Unten) Haus aus der ersten Hälfte des 16. Jahrhunderts am Luttik-Oudorp-Kanal in Alkmaar. Die Fassade mit Dekorations-Elementen im Renaissance-Stil zeigt im unteren Teil – dem Erdgeschoß entsprechend – Holzstrukturen.

die Fenster untergebracht sind (Brügge), Treppengiebel mit Zinnen auf der Spitze und an beiden Seiten (Gent) oder ein Spitzbogen, der von einer horizontalen Traufrinne unterbrochen wird, die an der ganzen Breitseite entlangläuft (Gent, südlicher Teil Nordhollands). Der in Mecheln übliche Haustyp, der waagerechte Steinstreben zeigt, die die rote Ziegelfassade horizontal aufteilen, setzt sich als der normale Typ durch, der dann für ganz Holland in der Renaissance charakteristisch wird. Tatsächlich geben diese Querstreben die erdgebundene Schwere des nördlichen Renaissance-Menschen wieder.

Die gotischen Möbel zeigen geschmückte Füllungen innerhalb der nüchternen Rahmen. Für die nördlichen Völker hatte die Farbe eine große Bedeutung. Wir haben das schon an den roten Ziegeln der Fassaden gesehen, die von dem gelblichen Stein durchsetzt sind. Im 16. Jahrhundert entwickelt sich diese Tendenz bis zu einem Punkt, daß der Gesamteindruck der Fassaden ein pittoreskes buntes Gemisch von verschiedenen Ele-

Ausschnitt oben links aus dem Bild "Madonna, das Kind stillend" (London, National Gallery), Robert Campin (ca. 1378-1444) zugeschrieben. Es ist unbekannt, welche Stadt dargestellt wird; wahrscheinlich handelt es sich um eine Phantasie-Vedute mit Elementen, die aus der Wirklichkeit stammen: Stufengiebel, vertikale Aufteilungen, Fischblasen-Ornamente, Holzstrukturen kennzeichnen die vom gotischen Maler dargestellten Häuser, der sie so viel wie möglich allen erkennbar machen will.

menten darstellen kann. Ihre Konturen werden vor dem normalerweise grauen Himmel eher verwischt, als daß sie die klar bestimmte Konstruktion zeigen, die man auf den Stichen der architektonischen Vorlagenbücher immer wieder bewundert.

Auch im Innenraum nimmt die Farbe eine besondere Stellung ein. Die blassen, gewöhnlich weiß getünchten Wände kontrastieren angenehm mit den Eichenbalken der Türen und Möbel. Kacheln und Stoffe, Majolika und Metallgegenstände fügen weitere verschiedene farbenfrohe Akzente hinzu. Wenn es auch Klima und Heizung erforderlich machen, die Fenster mehrere Monate des Jahres hindurch geschlossen zu halten, so tritt das Licht doch durch kleine rautenförmige oder runde Glasscheiben von grünlicher oder gelblicher Farbe, die das Licht selbst ebenfalls bunt tönen, in die Räume.

Nirgends wurde die Eiche so sorgfältig und geschickt getrocknet wie in den Niederlanden: Ja, man sandte die Eiche sogar aus vielen Ländern hierher, damit sie in dieser Weise vorbereitet wurde, und führte sie dann wieder aus. Und tatsächlich wußten die Holländer, wie sie all die verborgenen Qualitäten der Eiche, die so verschiedenartig in ihrer bloßen Struktur ruhten, zum Leben bringen konnten. Einen großen Raum nahm die Stoff- und Leinenornamentik ein. Auch die schmiedeeisernen Einrichtungsgegenstände (häufig mit Zinn bedeckt und manchmal mit einer Schicht von roter Farbe oder mit Stoffen versehen) ergaben weitere hübsche Farbkontraste.

Die Räume waren mit einem Maß an Luxus möbliert, der – auch wenn er uns heute unbequem erscheint – von einem bestimmten Raffinement zeugt. Die oft in Intarsien-Arbeit angefertigten Möbel waren weniger schwer als zu früheren Zeiten und konnten deshalb leichter herumgetragen werden. So paßten auch sie zu diesem Lebensgefühl voller Improvisation. Viele Möbelstücke dienten einem doppelten Zweck, da die geistigen Inhalte der Lebenspraxis noch nicht eindeutig gegeneinander abgegrenzt waren. Nur die Etikette der Gotik behandelte die Dinge auf einer höheren Ebene anders, als es bei den alltäglichen häuslichen Beschäftigungen der Fall war. Die Widerspiegelung der Mentalität, aus der sich diese Etikette herleitete, kommt im Innenraum nur in wenigen Elementen zum Ausdruck: der hochlehnige Armsessel, der neben dem "Paradebett" stand (das eindrucksvollste Möbelstück im Haus), war dem Familienoberhaupt verbehalten. Abgesehen davon, wurde das Mobiliar gebraucht und herumgetragen, wie es die Notwendigkeit gerade ergab. Eine Truhe konnte auch einmal als Tisch oder Sitzgelegenheit benützt werden. Ein kleines Bett konnte nur jeweils für die Nacht aufgestellt werden. Einige Stühle hatten eine verstellbare Lehne und gaben so die Möglichkeit, nach einer oder nach der andern Seite in Gebrauch genommen zu werden. Die an den Wänden befestigten Kerzenleuchter konnten an verschiedene Plätze gebracht werden.

Schließlich soll noch auf einen Punkt hingewiesen werden, der bezeichnend ist für den großen Reichtum der niederländischen Bürger: den Toilettentisch (dressoor). Er war für die Ablage des sehr wertvollen Besitzes (goldene oder silberne Platten oder Krüge) gedacht und ist in Flandern entstanden.

Im 16. Jahrhundert lebten noch die meisten der alten Prinzipien fort. Die Ideen der italienischen Renaissance wurden zwar dekorativ umgedeutet, aber berührten die eigentlichen Konstruktionsprinzipien nicht. Doch beginnen einige wenige Veränderungen sichtbar zu werden: Jetzt werden die Gestelle geschmückt, während die Füllflächen nüchtern bleiben. Die Schönheit der Täfelungen tritt so noch besser hervor. Die Eisengegenstände werden einfacher und auf das Wesentliche zurückgeführt. Die Innenwände bleiben weiß, und die dunkle Eiche bildet immer noch die Baßnoten der Farbensymphonie. Aber die Fensterläden verändern sich, sie öffnen sich nicht mehr in den Raum hinein, sondern werden draußen angebracht. Sie befinden sich an der Ziegelfassade, sind grün gestrichen und bilden so einen effektvollen Kontrast mit den Ziegeln. In den Räumen werden weniger Farben verwendet: Fenster und Böden sind nicht mehr so kunterbunt wie manchmal im 15. Jahrhundert. Und sicherlich ändert sich nicht nur das Temperament, sondern auch die Lebensart. Und gerade diese neue Lebensart begründet vielleicht neue Tendenzen. Die einzelnen Möbelstücke werden nun häufig auf eine einzige Bestimmung eingeschränkt. Das Leben wird schematischer und weniger improvisiert. Es ist wert, der Tatsache Aufmerksamkeit zu schenken, daß das mit erhabener Arbeit versehene goldene Leder für die Tapezierung der Wände, ursprünglich aus Spanien, in Flandern schon im 15. Jahrhundert gebraucht wurde. Nun findet es sich auch in den reichen Häusern der nördlichen Niederlande des 16. Jahrhunderts.

Holländischer Eichentisch, wahrscheinlich um 1570 entstanden (Privateigentum). Die serienmäßig hergestellten Stützen und das ornamentale Motiv der Beine erinnern an Zeichnungen des bekannten H. Vredeman de Vries.

14, von links) Haus Zundenbalch in Utrecht (1467/68). Es ein Bürgerhaus, sondern die Stadtwohnung einer Familie lem Landadel, was der Zinnenkranz beweist: eins der weni- noch bestehenden Beispiele eines bewehrten Hauses. - Wohn- aus dem Jahr 1547 beim Zaadmarkt (Donnerstagsmarkt) utphen (Geldern); ursprünglich waren die Stufen des Gie- mit kleinen Türmchen versehen, und die Fenster der n unteren Stockwerke waren wie die andern eingefaßt.

Die "Schottenhäuser" (der Name verbindet sich mit dem Handel der Wolle, die vor allem aus Schottland kam) in Veere (Westholland): das linke wird das "Haus des Lammes" genannt wegen des Wappens im Zentrum der Fassade; das andere aus gleichem Grund das "Haus des Straußen"; ursprünglich wies auch dieses letztere einen Giebel auf. Beide Häuser wurden 1651 erbaut und zeigen, wie man sieht, Gesimsglieder aus Stein: eine wirkliche Seltenheit in einem Land ohne Steinbrüche.

Dieses Wohnhaus in dem hübschen Städtchen Zwolle ist als "Haus Kaiser Karls V." bekannt: die Entstehungszeit 1571 und die für die manieristische Periode typischen Stileigentümlichkeiten tragen ohne weiteres zu dem Namen bei, der ansonsten von keinem ernstzunehmenden historischen Faktum erhärtet wird.

Gianni K. Koenig

FRANKO-FLÄMISCHE TENDENZEN IN DEN DEUTSCHEN LÄNDERN

Die Bilddokumente, die uns zeigen, wie die Lebensgewohnheiten des späten deutschen Mittelalters ausgesehen haben, sind glücklicherweise sehr genau, so daß sie uns erlauben, sie mit ziemlicher Exaktheit zu rekonstruieren. Man kann sofort sagen, daß die Gestaltung des Innenraums nicht wesentlich von der der gleichzeitigen französischen und flämischen Wohnungen abweicht. Man unterscheidet auf den ersten Blick die Wohnung des Herrn, die im Kleinen die charakteristischen Züge der alleinstehenden Burg wiederholt, von der sehr bescheidenen der Diener und Bauern, die fast immer in Holz errichtet war. Das Bürgertum im heutigen Sinn entsteht spät, und so ist auch der mittlere Haustyp, der heute fast die Gesamtheit unserer Stadtbilder ausmacht, noch nicht vorhanden. (Das erste Interieur einer Wohnung von typisch bürgerlichem Charakter ist auf dem bekannten Gemälde "Giovanni Arnolfini und seine Frau" zu sehen, das Jan van Eyck 1434 malte). Wegen ihres – ihnen eigenen – dauernden Wachstumsprozesses ist von den kleinen Wohnungen der Diener und Bauern nur sehr wenig Ursprüngliches erhalten. Ihre Flexibilität ließ sie sich immer wieder den Erfordernissen anpassen, wie sie sich nach und nach ergaben, wobei man weitere Räume durch Teilung oder Aufstokkung hinzufügte.

Die Herrschaftswohnungen waren im Innern in wenige große Räume aufgeteilt und mit wenigen Einrichtungsgegenständen versehen.

Der Hauptsaal, der als Wohnraum, Eßzimmer, Musik- und Ballsaal diente, nahm fast immer das ganze erste Stockwerk ein. Bedenken wir, daß auch die Paläste des Volkes, die Rathäuser, die im 13. Jahrhundert aufzutauchen beginnen, das gleiche Schema des Adelshauses aufnehmen: Das Erdgeschoß war dem Waffensaal, den Vorratsräumen und den Ställen vorbehalten, während der große Versammlungssaal immer im ersten Stock erscheint (das gilt auch für die italienischen Beispiele), nicht selten direkt von draußen über wunderbare Freitreppen zu erreichen, die heute noch eine der größten Attraktionen jener Bauwerke darstellen.

Die Einrichtung des Herrensaales war äußerst einfach: Der Tisch für den Hausherrn, seine Familie und Ehrengäste stand nicht selten auf einer erhöhten Plattform. Die andern Gäste und Hausbewohner saßen um transportable Tischplattern herum und gewährten der Runde des Ehrentisches durch ihre Manieren so etwas wie ein Schauspiel. Man konnte dort auch authentischen Schauspielen folgen, die in Ermangelung der öffentlichen Theater im Haus vorgeführt wurden. Aber das erregendste Schauspiel – das Aufhängen eines Mörders oder die Verbrennung eines Ketzers – spielte sich, frei für alle, auf dem Marktplatz ab und war großen Gelegenheiten vorbehalten, so daß man mit der Hinrichtung der Verurteilten gewöhnlich wartete und sie für einen hohen gebotenen Feiertag aufbewahrte, wenn alle die Möglichkeit hatten teilzunehmen. Die vornehmsten Häuser lagen fast immer am Marktplatz, so daß ihre Besitzer bequem vom Fenster aus die Exekution verfolgen konnten.

Ein großer Kamin übernahm während der langen Winterzeit die Heizung, aber auch die darunter liegende Küche trug dazu bei, den Fußboden zu erwärmen. Die Truhen bildeten zusammen mit den Schemeln die einzigen beweglichen Teile der Einrichtung. Diese Truhen erfüllten verschiedene Funktionen. Vor allem dienten sie als Koffer, da die Feudalherren je nach Jahreszeit in verschiedenen Burgen lebten. Diese Truhen begleiteten auch die diversen Jagden, die den großen Sport jener Zeit darstellten. Man trug sämtliche Gegenstände mit sich, nicht nur das Geschirr und die persönliche Kleidung, sondern auch die Wäsche, die Wandteppiche und Tapetenbehänge (sehr wichtig, um sich vor dem Luftzug zu schützen, der bei dem unvollkommenen Zustande der Verschlüsse äußerst stark war) und sogar die Stühle, die gerade deswegen faltbar und aus Eisen, Holz oder Leder waren. Die Truhe wurde also als Koffer gebraucht, d. h. als Behälter, der auf Wagen oder auf dem Rücken des Maulesels transportiert wurde und der all die Dinge enthielt, die der Herr mit sich führte. Aber waren die Gegenstände einmal im Saal den Wänden entlang angebracht, diente die Truhe als Bank oder Sitz für Unterhaltungen. Darüber hinaus diente sie natürlich noch als häuslicher Behälter für andere Gebrauchsgegenstände.

Im Schlafzimmer war die Einrichtung ebenfalls einfach: neben den üblichen Truhen und Schemeln, der einen oder andern Konsole, die an der Wand angebracht war und zur Ablage von Gegenständen diente (meistens Krüge), war der einzig beherrschende Gegenstand dieses Raums das Bett mit dem Baldachin. Seine Funktionen waren vor allem psychologischer Natur. Da oft auch die persönlichen Diener in diesem großen Raum schliefen, mußte die Intimität des Herrschaftspaares in irgendeiner Weise geschützt werden, und der Baldachin war die einfachste Art, das zu erreichen. Da die Schlafräume normalerweise sehr kalt waren, hielt der Baldachin die Körperwärme (oder gab die Illusion, sie zu halten). Aber vor allem schützte er die Schläfer (damals kannte man das Nachthemd noch nicht) vor dem starken Luftzug, von dem schon die Rede war. In einigen Fällen hatte der Baldachin in den kälteren Ländern sogar Holzwände. So erhielt man das Schrank-Bett, dessen Gebrauch sich bis in die Zeit erhielt, da die Heizung aus andern und wirksameren Energiequellen als geschnittenem und getrocknetem Holz gespeist wurde.

Erinnern wird uns im Zusammenhang mit dem Holz

und den Energiequellen daran, daß sich mit der Erfindung der Sägemühle, die um 1350 in Bayern entstand, auch die Technik der Möbelherstellung rasch änderte. Nicht mehr aus Holzblöcken angefertigte, äußerst schwerfällige Möbel, die durch die dauernden Transporte oft in die Brüche gingen, wurden fabriziert, sondern sog. gerahmte Möbel, deren tragendes Gestell von stabilem, leichtem und billigem Holz wie der Tanne war, umkleidet von kostbareren Hölzern wie dem Nußbaum. Aber die verhältnismäßig starke Zerbrechlichkeit dieser leichteren Stücke verhinderte den dauernden Transport von einem Ort zum andern. Daher begannen sie eine dauernde Bleibe in jeder Wohnung zu finden.

Was das Bad angeht, so war dieser Brauch ein Luxus, der sehr kompliziert auszuführende Handlungen erforderlich machte. Man mußte zahlreiche Bottiche mit warmem Wasser in der Küche wärmen und sie dann mit den Händen die Treppen herauf und herunter tragen. Daher waren die Becken meistens aus Holz, ziemlich kleine Wannen, in denen man sitzend badete. Um Wasser zu sparen, nahm die Wanne, eine elliptische Form an, um besser den sitzenden menschlichen Körper umschließen zu können. In einigen Fällen war diese Ellipse sehr länglich, um als Wanne mit zwei Plätzen dem gemeinsamen Bad der Eheleute zu dienen. Das Bad gemeinsam zu nehmen, gehörte auch zu den Vorbereitungsriten der Hochzeit. Wie man sicher weiß, waren die Menschen des 14. und 15. Jahrhunderts sehr viel sauberer als die der folgenden Jahrhunderte. Es genügt, an die Kleidung vor allem der Männer zu denken, die gewiß einfacher und hygienischer war als die von der komplizierten Barock-Toilette auferlegte.

Die Beziehung zwischen Möbel, Wohnung und Lebensgewohnheit entwickelt sich nur äußerst langsam: Um den Truhen-Bänken ihre zweite Funktion als Bank zu nehmen und die erste – als Behälter – herauszuschälen, vergehen noch mindestens 200 Jahre. Erst in der Renaissance kommen die Schränke in allgemeinen Gebrauch. Dann werden diese Möbel mit einer Öffnung vorn und verschiedenen Innenfächern versehen. Der Schrank enthielt die kleinen und kostbaren Gegenstände, die Wäsche wurde weiter in Truhen aufbewahrt. Wirkliche Schubladen kennt man überhaupt noch nicht.

Eine ländliche Abwandlung der Truhe ist der Backtrog, ein Küchenmöbel mit einer besonderen, unverwechselbaren Funktion, nämlich als Fläche, auf der man das Brot kneten konnte. Aber vor allem war der Backtrog unersetzlich, um den Brotteig während der Durchsäuerung einzuschließen und ihn vor dem Luftzug zu schützen, von dem wir schon mehrere Male gesprochen haben. Ein einfacher Luftzug genügt, um den Gärungsprozeß zu unterbrechen. Außerdem schmeckte den Mäu-

Ausschnitt (ungefähr doppelt so groß wie das Original) des Bildes "Sacra Conversazione" des Schweizers Konrad Witz (Neapel, Gallerie Nazionali di Capodimonte). Wie in den größten Werken dieses Meisters der van Eyck-Nachfolge weicht die Kleinteiligkeit einer lichtvollen Synthese oft auf Kosten der dokumentarischen Treue; und doch wird hier (auch wenn man von dem Geweih auf dem Dach und der Einzigartigkeit des Eingangstores im ersten Gebäude absieht) die Atmosphäre des 15. Jahrhunderts in einer mitteleuropäischen Stadt besser wiedergegeben als in vielen Abbildungen von "sorgfältigeren" Malern.

"Der Tod der Madonna", 1510 von Albrecht Dürer geschaffen (Datum und Initialen am Fuß des Bettes), gibt ein Beispiel für die klösterliche Nüchternheit der nördlichen Innenräume auch nach Ende des Mittelalters: Truhen um das Bett herum, als Sitze und Behälter dienend, wenige Möbelstücke und ein großer Baldachin, dessen Einzelheiten genau herausgearbeitet sind.

Dieser andere Dürersche Druck von 1511 stellt die Übergabe des Hauptes des Täufers an Herodias dar. Wie im "Tod der Madonna" will der Raum nicht königlich, sondern wohlhabend bürgerlich sein. Wie üblich stellt der Künstler äußerst interessante Zeugnisse dar: das Tischchen im Vordergrund ist mit technischer Genauigkeit ausgeführt.

Der Holzschnitt, mit dem Dürer (Datum rechts unten) das Thema hl. Hieronymus im Gehäus beg Es erscheinen schon Elemente, sich im Kupferstich von 1514 (S. wiederfinden und die wahrschei in eine enge Mönchszelle gestellt den: das Bett dient als Sitzgelegen das Schreibpult als Nachttisch.

sen und Insekten das Mehl zu allen Zeiten, so daß es auch deshalb entsprechend geschützt werden mußte. Der schwere Deckel diente in vollkommener Weise unter anderm gerade diesem Zweck.

Einen weiteren Schritt nach vorn in der Entwicklung des Hauses stellt die Einführung des Holzparketts dar (das man schon auf dem oben erwähnten Gemälde "Giovanni Arnolfini und seine Frau" entdecken kann), sei es auch nur in seiner rustikaleren Form aus Brettern und Dauben. Dieser Fußbodentyp scheint weniger hygienisch als der Stein- oder Ziegelboden zu sein und ist außerdem feuergefährlich. Aber das Gefühl der Wärme, das sich aus seiner tatsächlichen Wärme-Isolation ergibt, war vor allem für die Schlafzimmer sehr willkommen.

Um die Füße vor der Kälte zu schützen, fehlte der Holzfußboden nie in den Studierstuben, d. h. in jenen Räumen, die für das Studium, die Sammlung und die Meditation, aber auch für die Abwicklung von Geschäften oder die Erledigung der Korrespodenz geschaffen waren. In dem bekannten Bild "Heiliger Hieronymus" von Antonello da Messina (London, National Gallery) hat diese Studierstube die charakteristischen Züge eines wirklichen Zimmers im Zimmer, in dem, vom Armstuhl und der üblichen Truhe abgesehen, alle andern Einrichtungsgegenstände unbeweglich und Teil eines einzigen geplanten und festen Organismus sind, so wie es viele Jahrhunderte später Frank Lloyd Wright bei seinen organischen Konstruktionen ausführen wird.

Auf den beiden Darstellungen von Dürer "Hieronymus im Gehäus" (Holzschnitt 1511; Kupferstich 1514) erscheinen ziemlich verschiedene Räume. Der des Holzschnitts offenbart sich als beachtenswert archaischer, so als ob die rustikale Technik des Holzschnitts sich auf den dargestellten Raum auswirke. Das Studierzimmer ist ziemlich hoch und mit einem Tonnengewölbe gedeckt, das nur wenig breiter als das kleine Bett ist, das dem Heiligen auch als Sitzgelegenheit dient. Ein Vorhang trennt diesen mikroskopischen Alkoven vom übrigen Zimmer, und die Einrichtung besteht neben dem Bett nur aus Wandbrettern, auf denen sich in wohldurchdachter Unordnung Krüge, Bücher und Kerzenleuchter abzeichnen, während andere Gegenstände, wie Wischer, Scheren und Federn, in Riemen aus Leinen oder Leder stecken. Diese Riemen sieht man auch an der Vorderseite des Schreib- und Lesepultes, das sonst als Nachttischchen benützt wird. Die Truhe im Vordergrund kann durch ein paar schäbige Kissen zum Ehrensitz für Besucher erklärt werden.

Das Ganze ist eng bis zur Unmöglichkeit. Man könnte sagen, der Grund dafür, daß der gelehrte Hieronymus mit dem auf die Schultern heruntergelassenen Hut arbeitet, liege in der Tatsache, daß es wirklich keinen freien Platz mehr gibt, wo er ihn ohne Akrobatik, die eines Heiligen unwürdig ist, ablegen könnte. Auf dem einzigen noch verbleibenden freien Platz kauert der arme Löwe, der zu wohlerzogen ist, als daß er sich auf die Truhe setzte. Alles erscheint so erstaunlich modern und funktionsgerecht, daß es dem selbstvergessenen Kirchenlehrer jenes Existenz-Minimum garantiert, von dem

)as Thema des hl. Hieronymus im Ge-äus wurde in diesem Kupferstich von 514 wiederaufgenommen; das Datum eht unten rechts neben dem Mono-ramm. Jetzt zeigt der Raum über eine iemliche Bequemlichkeit hinaus Ansprü-he der Eleganz, als ob er der Kardinals-ürde entsprechen wolle, die die Tradi-on dem gelehrten Heiligen zuspricht.

Stich mit "MZ" gezeichnet (vielleicht bezieht sich das Monogramm auf Matthäus Zasinger), der einen Ball am Hof Herzog Alberts III. von Bayern, gestorben 1508 (Orientierungsdatum für die zeitliche Bestimmung des Drucks), wiedergibt. Mit Ausnahme des wahrscheinlich vergoldeten und mit Elfenbein besetzten und sicher gotischen Tisches und des Paradehumpens, der auf ihm thront, erweist sich die Einrichtung als von fast zurückhaltender Wesentlichkeit. Interessant ist der Erker, in dem sich der Tisch befindet: es ist der geschlossene Balkon, der (wegen des kalten Klimas) für Mittel- und Nordeuropa charakteristisch ist, sowie für weite Gebiete Südostasiens, wo er vor der Sonneneinstrahlung schützen soll.

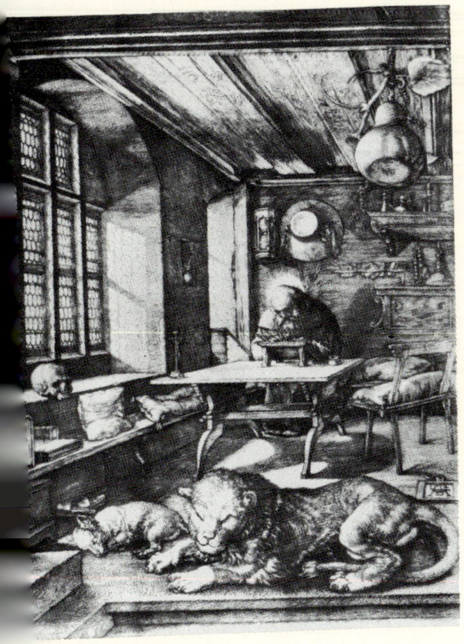

viele Jahrhunderte später Walter Gropius sprechen wird.

Auf dem andern Bild ist der Heilige umgezogen. Die dicken Deckenbalken deuten ein oberes Stockwerk an, wo Hieronymus wahrscheinlich mit sehr viel größerer Ruhe als in der soeben vom Holzschnitt dargestellten Zelle schlafen kann. Das von dieser Funktion befreite Studierzimmer ist zu einem angenehmen kleinen Salon geworden, der gut erleuchtet und reich an vielen wohlgeformten Bank-Truhen ist, sogar mit einer kleinen Bank mit Rückenlehne versehen, die wir auch als einen "kleinen Diwan" bezeichnen könnten, ohne damit den Ernst des Ortes zu gefährden. Im Hintergrund ist der Hut endlich an einem Haken befestigt. Weiter sehen wir Wandbretter, die schon eher als Schrank dienen können. Der auf dem Fensterbrett verlassene Totenschädel befindet sich an einem Ort, der seiner Bestimmung des memento mori nur wenig entspricht. Und der Löwe, der nun nicht mehr allein ist, lächelt zufrieden, daß er endlich eine so angenehme Wohnung gefunden hat.

Zwischen den beiden Räumen – dem ersten monastischen und dem zweiten bürgerlichen – liegt eine ganze Welt, ein vollkommen verschiedenes Lebensgefühl. Und daß es der zweite war, der sich durchsetzte, zeigt ein späterer "Heiliger Hieronymus" im Hessischen Landesmuseum zu Darmstadt, der 1525 von Cranach gemalt wurde. Er ahmt in der Einrichtung treu das Schema des Kupferstichs von Dürer nach, allerdings mit mehr Gefallsucht und Bequemlichkeit, die sicher auf den Kardinal Albrecht von Brandenburg zurückzuführen ist, der sich in den Kleidern des Heiligen darstellen ließ (S. 404). Praz bemerkt in seinem Buch "Die Inneneinrichtung", daß mit diesem Bild "der Weg für die Interieur-Maler des Biedermeier schon vorgezeichnet ist". In Wahrheit erweist sich das Bild, nachdem die Einheit des Raums des ersten Dürerschen "Hieronymus" einmal zerstört ist, als nichts anderes als eine Mustersammlung von toten Gegenständen, von denen jeder in einer eigenen Einheit komponiert ist und unter denen die menschliche Person so viel gilt wie ein Korb mit Früchten oder eine in schöner Manier auf dem Tisch ausgebreitete Decke. Die sich mit allen Menschen verbrüdernde mittelalterliche Mystik wird schon von einem individualistichen und bürgerlichen Lebensgefühl abgelöst.

Die Integration der Straße nicht nur als ein Element des Städtebaus, sondern auch in ihrer Einbeziehung in die Wohnungsdisposition ist keine Errungenschaft der Frührenaissance, sondern des 16. Jahrhunderts. In Italien nimmt die Außenwelt nicht vor 1517 (als Michelangelo die gebogenen Fenster in den schon bestehenden Palazzo de' Medici in der Via Larga brach) am Leben der Wohnung teil. Aber die seitliche Sicht auf die Straße hat man in Deutschland schon seit einiger Zeit, ohne daß man dafür ins Erdgeschoß herabsteigen müßte, und zwar durch die heraussstehenden Öffnungen, die im Innern einen Raum im Raum schaffen – den Erker. Dieser Raum bildet den idealen Platz für Arbeit und Unterhaltung und hat in der italienischen Architektur keine Entsprechung, weil es das gemäßigte Klima erlaubt, diese Dinge auf offenen, doch gegen Wetterunbilden geschützten Loggien vorzunehmen.

Holzhäuser

Die Wohnungen aus Holz waren in der Antike an allen Orten verbreitet, wo der Reichtum an Wäldern (und damit auch an Bauholz) diesen Konstruktionstyp billiger als die andern machte. Wir können sie heute noch in ganz Europa, vom Balkan bis nach Spanien, von den wuchtigen norwegischen Konstruktionen bis zu den eleganten hohen Häusern des mittelalterlichen Bologna sehen. Schon Tacitus bemerkte mit großem Erstaunen die unerwartete Heiterkeit der germanischen Holzhäuser, die mit lebhaften Farben bemalt waren, dem von Ochsenblut erhaltenen Rot, dem Ockergelb und dem Rostbraun: ein wertvolles Zeugnis dafür, wie alt die Beziehung zwischen Architektur und Dekoration auch beim bescheideneren Haus ist.

Die ältesten waren die heute noch in Schweden, Norwegen und dem Alpen-Bogen verbreiteten Typen, errichtet mit aufeinandergelegten, rauh an zwei gegenüberliegenden Seiten gehobelten Holzstämmen, so daß ein Balken auf den andern paßte. Aber dieses primitive Konstruktionssystem weist einige Unzulänglichkeiten auf. Vor allem ist es schwierig, eine vollkommene Dichtigkeit des Gebäudes, das dem natürlichen Arbeiten des Holzes unterworfen war, zu erreichen. Daher hatte man in jedem Hause einen Vorrat an Stoffetzen und Lumpen zur Hand, mit denen man die sich dauernd öffnenden Spalten verstopfte. Weitere Unzuträglichkeiten ergaben sich aus dem durch die ungünstigen Wettereinflüsse bedingten Faulen des Holzes und der Tatsache, daß alle Arten von Insekten und anderer kleiner Schädlinge in ihm Unterschlupf fanden. Weiter waren die Kosten, die sich aus der großen Menge des notwendigen Materials ergaben, sehr hoch und sind es noch, so daß in den nichtalpinen Zonen wie Norddeutschland die großen Holzreserven sehr sehr rasch aufgebraucht waren.

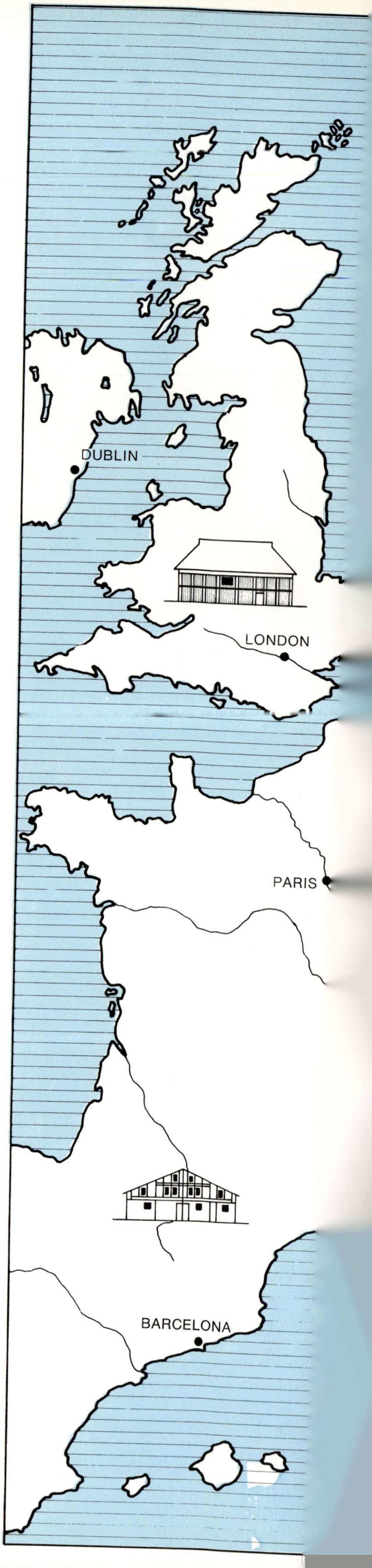

Die Holzhäuser sind in ganz Europa verbreitet; aber die Verschiedenheit der Typen und der Konstruktionsarten folgt örtlichen Normen, die vom Klima, der geschichtlich-sozialen Situation usw. abhängen. Wenn die Anlage auf der Balkan-Halbinsel mit Männer- und Frauentrakt türkischen Ursprungs ist, so wird die Casa Isolani in Bologna durch die hohen Portikus der städtischen Tradition charakterisiert, während die hohe Basis in Skandinavien auch bei hohem Schnee Verbindung zur Außenwelt ermöglicht.

OSLO
HELSINKI
LENINGRAD
STOCKHOLM
KOPENHAGEN
DANZIG
TERDAM
BERLIN
WIEN
BUDAPEST
BERN
BELGRAD
BUKAREST
SOFIA
ROM
KOSTANTINOPEL

Kurz, es entstand die Notwendigkeit, das Bauholz rationeller zu verwenden, da es zu einem ziemlich kostbaren Baumaterial geworden war und nicht mehr in genügender Länge für die Konstruktion mit aufeinandergelegten Stämmen zur Verfügung stand. Mindestens erschöpften sich die Vorräte in der Nähe der Flüsse bald; deshalb war der Transport, der sich besonders auf dem Wasser vollzog, sehr schwierig und damit auch teurer geworden. Daraus ergab sich die heute noch übliche gemischte Konstruktionstechnik: Das Holz bildet eine Netzstruktur, in die andere Materialien eingefügt werden, die den statischen Bemühungen zwar weniger entgegenkommen, dafür aber wetterbeständiger sind und die Hohlräume besser schließen.

Die Beispiele für diese Technik sind unzählbar. Durch ihre Geschichte hindurch nimmt man in jedem Teil Europas an ihrer Entwicklung teil: von primitiv errichteten Konstruktionen bis zum entsprechenderen Gebrauch des Holzes. Im 16. Jahrhundert gelangt diese Technik schießlich zu einer Voherrschaft ornamentaler Faktoren, als die Konstruktion im wesentlichen dekorativen Zwecken diente, die von statischen Überlegungen unabhängig zu sein und die Mauerstrukturen nur nachzuahmen scheinen.

Eine der ältesten Arten, die tragenden Elemente zu ordnen, wird von noch bestehenden Beispielen dokumentiert, wie von dem hier wiedergegebenen elsässischen Haus bei Belfort. Die Stämme werden in regelmäßiger Breite mit flachen und rechtwinkligen Flächen geschnitten. Aber der natürliche Verlauf einiger dieser Balken war nicht gerade; so nützte man diese Unregelmäßigkeit aus, um fast diagonale Stützbalken zu erhalten. Es handelt sich hier – wohlverstanden – nicht um eine Laune, sondern um einen normalen Fortschritt. Die Füllung wird durch die Einfügung kleinerer Hölzer gewonnen, die als Skelett für eine Masse von tonartigem Mergel fungierten. Dieser Mergel garantierte ziemlich solide Wände und einen guten Schutz vor den Witterungseinflüssen.

Trotz seiner primitiven Technik ermangelt das elsässische Beispiel – wie so viele andere ähnliche – nicht der kompositorischen Finesse. Vor allem sieht man eine klare Symmetrie im Aufbau, der von einer zentralen senkrechten Achse ausgeht, eine Symmetrie, die sehr leicht zu erreichen ist: von den in zwei Teile geschnittenen Stämmen werden beide Teile symmetrisch zur Mittelachse angebracht. Die verschiedene Unterteilung des unteren und oberen Teils des Hauses kann nicht zufällig sein. Sie wird durch die Annäherung der senkrechten Pfosten im oberen Teil an die Mittelachse erreicht, die ihrerseits wiederum Zwischenachsen bilden. Selbst in all ihrer Einfachheit haben die unbekannten Erbauer dieser Hütte die Konstruktionsvorlagen der großen romanischen und gotischen Kathedralen übernommen, deren Themen sich hier wiederfinden: zwar in niederer Form und fast parodiert, aber dennoch klar vorhanden.

Ein weniger primtives Beispiel als das gerade beschriebene stellt die Konstruktion eines Hauses in Schlitz

bei Kassel dar. Es weist zwei Besonderheiten auf: Die Balken sind mit planmäßigerer Regelmäßigkeit benützt und die festigenden Querelemente sind auf ein großes X reduziert, das durch das ganze Gebäude läuft. Interessant ist die absolute Arhythmik der horizontalen und vertikalen Unterteilungen, zu der man offensichtlich dadurch gelangte, daß man der verschiedenen Länge des zur Verfügung stehenden Holzes folgte. Wir haben hier also einen eher organischen als geometrischen Konstruktionsprozeß. Die Füllung, die in der Folgezeit in den verschiedenen Rechtecken erneuert wurde, geht über den ursprünglichen Gebrauch des Ton-Mergels, über verschiedene Ziegelfüllungen bis zu den Zementblöcken, die erst vor kurzer Zeit angebracht wurden. Es handelt sich hier klar um ein technisch absurdes System: Zement und Ziegel als neutrale Elemente zu benützen, die von den alten Holzbalken getragen werden, die sehr viel weniger widerstandsfähig als jene sind, ist ein Konstruktions-Widerspruch. Aber dieses Faktum zeigt auch, wie sich einige traditionelle Techniken länger als das Material selbst halten, das sich mit der Zeit ändern muß.

Was an diesem Haus besonders erstaunt, ist die Farbkomposition und die Beziehung zwischen ihr und der arhythmischen Struktur. Der Grund dafür liegt in den großen vertikalen und horizontalen Linien, die die Oberfläche in viele rechteckige Felder von verschiedener Farbe aufteilen. Der Vergleich mit Mondrian drängt sich spontan auf, und heute scheint es nicht mehr so gewagt zu sein, anzunehmen, daß die holländischen Holzhäuser, die dem hier beschriebenen sehr ähnlich sind, den jungen Mondrian in mehr als einem Punkt bei der Umwandlung der natürlichen Gegebenheiten zu reinen Linien und Farben beeinflußt haben, mindestens in der Beziehung, daß die farbigen Flächen immer von den großen schwarzen Linien getrennt gehalten sind.

Im Mittelalter spürte man den Mangel an Bauplatz in den großen Städten und den sich daraus ergebenden *haus bei Belfort im Elsaß: Seitenansicht. Typisches Beispiel ie Verwendung von gebogenen Balken, die der Länge nach ei Teile zersägt wurden; sie wurden dann so angebracht, daß "spiegelverkehrt" zum andern steht: so schaffen die chen Bemühungen einen sicheren gleichmäßigen Widerstand.*

hohen Preis fast so wie heute. In Italien, in Florenz, Bologna und Venedig, versuchte man dieses Problem durch die durchaus üblichen Häuser mit freitragenden vorstehenden Stockwerken zu lösen, so daß zur Wahrung einer planvollen Ordnung Mustermaße für die Überhänge erlassen wurden, die bei Strafe des Niederreißens der Häuser nicht überschritten werden durften. Andere Maße setzten fest, daß diese Überhänge nicht unter einer bestimmten Höhe vom Boden entfernt angebracht werden durften, um zu verhindern, daß sich zerstreute Reiter den Kopf an solchen Vorsprüngen stießen.

Die Überhang-Häuser waren auch in Deutschland sehr häufig. Aber ihre Konstruktionsweise war sehr verschieden von der italienischen, da man einem einzigen, stark betonten, freitragend herausragenden Oberstockwerk, das nur auf einem Krag-Gesims aus Stein ruhte, immer mehr kleinere vorzog, die der Holzkonstruktion angemessener waren, wobei die unteren die oberen Stockwerke in Vorsprüngen mit aufeinanderfolgenden Krag-Gesimsen trugen. Wie man weiß, sind die Holzkonstruktionen dauernden starken Umwandlungen unterworfen, die das ganze Bauwerk schief und ungerade erscheinen lassen, was, falls es ungewohnt ist, den Eindruck hervorruft, als seien sie in einem beängstigenden statischen Zustand. Für einen Steinbau trifft das auch zu, wo das Abweichen von der Vertikalen tatsächlich abnorm und sehr gefährlich ist, während es beim Holz eine ganz normale Erscheinung darstellt. So können wir "auf antik gemachte" oder vollkommen erneuerte Häuser gerade an ihrer Regelmäßigkeit erkennen, die sich bei den alten Bauten nicht findet. Sie sind eben wegen des natürlichen Arbeitens des Holzes immer mehr oder weniger schief.

Eine Randbemerkung: Als zu Beginn der zwanziger Jahre die expressionistischen Filme erschienen, vor allem der Golem mit P. Wegener, dessen Bühnenbildner der große Architekt Hans Poelzig war, wurden die Deformationen der Architektur mit den unausgewogenen Bogen und den engen Türen für geniale Erfindungen der Phantasie gehalten. In Wirklichkeit waren sie nichts anderes als die Interpretation von Gebäuden, die bestanden haben oder noch bestanden, wobei man natürlich ihre Anomalien aus Gründen des filmischen Ausdrucks besonders hervorhob.

Es wurde schon von den Überhängen gesprochen, die mehr und mehr in freitragender Weise die höheren Stockwerke der Wohnung trugen und ein charakteristisches Zeichen der Profan-Architektur in Niedersachsen darstellen. Anderswo, wie in Skandinavien, findet sich dieses Element selten, während ein anderer Konstruktionstyp dort üblich ist, der raffinierter und sehr viel weniger den Senkungen unterworfen ist. Er zeichnet sich durch seine Seitengesimse aus, die sich auf der Fassade entwickeln, wobei sie mit den senkrechten Pfosten eine Art Dreizack oder Pfeilspitze bilden, die entweder nach oben oder nach unten zeigt.

Manchmal ergibt sich aus dieser Bauweise eine außerordentliche Eleganz, wie in der Abtei Bebenhausen bei Tübingen. Hier, in einem Innenhof, bilden die dreizakkigen Doppelgabeln zu ebener Erde unregelmäßige Achtecke, in die selbst wieder die Fenster eingelassen sind, deren Fensterbretter und Querbalken sich so verlängern, daß sie auf die Hauptpfosten der Konstruktion treffen. Die Struktur, die in den vorangegangenen Beispielen noch arhythmisch war, ordnet sich in diesem Zeugen des 15. Jahrhunderts nach einer strengen, konstruktiven

(Unten) Ansicht eines Fachwerkhauses auf dem Marktplatz in Helmstedt; auf dem das Erdgeschoß oben abschließenden Architrav liest man folgende Inschrift "SAMUEL MEIER. MARIA PAUSTS. 1648". - (Darunter) Innenhof der Zisterzienserabtei Bebenhausen (bei Tübingen), gegründet 1181 und oftmals erneuert bis 1807, als sie königliche Residenz wurde.

und formalen Norm. Trotzdem besteht immer noch ein großes Maß an Freiheit: Wenn man die trapezförmigen Flächen neben den Fenstern betrachtet, so finden sich dabei nicht zwei, die sich gleichen, abgesehen von dem Faktum, daß eins der zentralen Fenster des Erdgeschosses fast doppelt so breit wie die andern ist. Das in der Architektur immer etwas labile Gleichgewicht zwischen organischem Charakter und Abstraktion, zwischen Freiheit und Ordnung, zwischen kompositorischer Linie und Rhythmus ist in dieser Holzkonstruktion des 15. Jahrhunderts vollkommen oder nahezu vollkommen erreicht. Hier offenbart sich ein zur gleichen Zeit kompositorischer und ästhetischer Rhythmus, der dem Gebäude

Haus in Schlitz. Ausschnitt aus der Fachwerk-Struktur mit Ziegelfüllung: das teilweise Verschwinden des Putzes und die verschiedene Farbe der Ziegel, die sich aus vielen aufeinanderfolgenden Renovierungen ergeben, bilden eine äußerst reich Farbigkeit.

seinen kraftvollen Charakter verleiht, ohne es jedoch in stereotype Schemata zu pressen, wie wir sie bei späteren Gebäuden beobachten können, bei denen sich Exzesse der Ordnung und Mangel an Phantasie ohne Erfolg hinter einer übertriebenen Dekoration zu verstecken suchen.

Bei dem wunderbaren Haus an der Pegnitz in Nürnberg paart sich die schwäbische Konstruktionsweise mit dem Dreizack an der Seitenmauer des Gebäudes mit den aufeinanderfolgenden Überhängen des niedersächsischen Typs. Diese exakte Konstruktion bringt als unmittelbar ästhetische Reflexion eine Bedeutung der horizontalen Linien mit sich, die im Hinblick auf die bisher beherrschende Vertikale betont sind. Das Gebäude ruht auf einem Steinsockel, der das Bauwerk vor Feuchtigkeit und dem hohen Wasserstand des Flusses bewahrt, während die große Loggia auf der dem Wasser zugekehrten Front von einer Holzverkleidung mit vertikalen Achsen geschützt ist. Unter dem großen Satteldach finden drei Stockwerke gut Platz, von denen wenigstens zwei zum Wohnen bestimmt sind. An den Seiten erscheinen lange Reihen von Dachfenstern, die für diese Konstruktion charakteristisch sind.

Die Holzhäuser in Hildesheim, von denen viele bis ins 16. Jahrhundert zurückgehen, bilden einen der besten Komplexe in ganz Deutschland. Leider sind sie – Ironie des Schicksals – noch in den letzten Tagen des Zweiten Weltkrieges vom Feuer zerstört worden. Wir geben die wesentlichen Besonderheiten dieses Gebiets anhand eines der wenigen Beispiele wieder, die die Zerstörung überstanden haben. Es ist offensichtlich, daß die Struktur neben der Dekoration den zweiten Platz einnimmt. Letztere tritt nach außen in figurativer Weise deutlich in Erscheinung, während sie bisher in dieser Art andern Holzgegenständen vorbehalten war, die sich im Innern des Hauses befanden, wie Truhen, Schränke und andere Möbelstücke.

Schließlich noch zwei Beispiele aus dem 17. Jahrhundert. Das erste, bescheidenere wird von mehreren Reihenhäusern gebildet, die für die hübsche Stadt Helmstedt typisch sind. Hier war Giordano Bruno Rector Magnificus der örtlichen Universität; er fand in einem ähnlichen, kleinen, noch bestehenden Haus Wohnung. Im Vergleich zum vorhergehenden Jahrhundert erscheint die Form stärker geordnet und bietet nichts Hervorstehendes mehr. Die Qualität des Gebäudes liegt in der sehr zurückhaltenden Dekoration, die in fächerförmigen Halbkreisen, Sternen und geflochtenen Bändern besteht. Das Dachfenster ist schon zur Ehre eines Fenstergiebels aufgerückt und setzt die Rhythmen und Proportionen der darunterliegenden Struktur fort. Es fallen die Öffnungen in die Augen, die in ihrem kurvenlinigen Verlauf schon gewisse Barock-Tendenzen vorwegnehmen. Sie waren für den Möbeltransport, der nur sehr schwierig über die Innentreppen möglich war, oder auch für die Aufnahme des Getreides notwendig, das unter dem Dach aufbewahrt wurde.

Endlich bietet sich ein Haus auf dem Marktplatz in Hameln dar, der niedersächsischen Stadt des Rattenfängers, wie verschiedene andere dieses Gebiets in einer Mischform erbaut: unten in Stein, in den oberen Stockwerken in Holz. Aber beide Teile werden in derselben Weise ausgeführt, so daß es auf den ersten Blick nicht ganz klar wird, ob der Erker, der Vorbau des vornehmsten Zimmers im ersten Stock, aus dem einen oder dem andern Material errichtet ist: Das Holz hat seinen typischen Charakter verloren, und auch die zweifarbige Dekoration – weiß und braun – folgt einer Intarsien-Technik, die sich schon mit den Sgraffiti und den Grotesken der Paläste des 16. Jahrhunderts verschwägert. Der Komplex ist geprägt von einem raffinierten Geschmack, die Komposition erscheint gut dosiert und ausgewogen, aber das grundlegende Durcheinander läßt sich nicht übersehen. Es läßt sich auch nicht als Versuch rechtfertigen, mit dem Ansturm der Stein- oder Ziegelkonstruktionen zu wetteifern. So tritt das Holzhaus langsam zurück, nimmt immer mehr ähnliche Kompromiß-Gemische auf und verliert schließlich ganz und gar die charakteristischen Züge, die es Jahrhunderte hindurch entscheidend geprägt haben.

Haus aus dem 18. Jahrhundert in Hameln (Niedersachsen): Beispiel für eine gemischte Bauweise aus Stein und Holz.

(Von links) Ausschnitt des unteren Teils eines Fachwerkhauses aus dem 17. Jahrhundert in Hildesheim (Niedersachsen): wie fast bei allen entwickelteren Fachwerk-Konstruktionen ruht die Holz-Struktur auf einem Steinsockel. - Detail des Hauses in Schlitz (Hessen).

Großes Fachwerkhaus in Nürnberg an der Pegnitz, bei der Brücke Henkersteg. Es entstand im 16. Jahrhundert, aber infolge der großen Beschädigungen aus dem Zweiten Weltkrieg mußte es zum großen Teil erneuert werden. Im Lauf der Renovationsarbeiten wurden unechte Teile wie die andern Schornsteine eliminiert; so erscheint der Komplex heute dem ursprünglichen Anblick sehr viel verwandter als vor der Zerstörung, dennoch ging der Zauber des alten Baumaterials verloren, der sich aus der Handarbeit (und der Unregelmäßigkeit in der Anbringung der Balken, die vielleicht gewollt war) und außerdem aus der Patina ergab, die die Zeit mit sich brachte.

G. Opresco - P. Petresco

DIE LÄNDLICHEN STÄDTE SÜDOSTEUROPAS

Nach dem Zusammenbruch des Römischen Reiches waren die Geschicke der verstreuten Zentren in dem mehr oder weniger korrekt genannten "balkanischen" Gebiet (das man mit größerer Genauigkeit südosteuropäisch nennen müßte) von denen des übrigen Europa verschieden. Auch auf dem Balkan hatten verschiedene blühende Städte in einigen römischen Provinzen bestanden: Adrianopolis, Serdica und Apollonia in Thrakien (zwischen dem Schwarzen Meer und dem Marmara-Meer), Viminacium, Raciaria und Tomi in den beiden Moesien (untere Donau), Apulum, Porolyssum und Ulpia Traiana in Dakien (Siebenbürgen und benachbarte Gebiete), Naissus und Remesiana in Dardanien, Dyrrhachium im Illyrikum (zwischen Makedonien, der Adria und Istrien) und Salonae und Pola in Dalmatien. Der alte Stadtplan überlebte in einigen Fällen, wobei er jedoch unter byzantinischem Einfluß einigen Änderungen unterworfen wurde, doch häufig ging er bei der Ausbreitung der zahlreichen Invasionen unter, die vom 3. bis 9. Jahrhundert aufeinanderfolgend auch neue politische Strukturen und verschiedene architektonische Ausrichtungen mit sich gebracht haben mußten.

Der starke deutsche Stempel des alten Hermannstadt im südlichen Siebenbürgen wird in der Hauptfassade und vor allem in dem hohen Dach dieses Wohnhauses aus dem 16. Jahrhundert, das als "Haus Haller" bekannt ist, sichtbar.

Die Woge der südslawischen Gruppen gewann bald die Oberhand. So gelang es den byzantinischen Traditionen nur in den Außenprovinzen, entlang den Küsten der Adria und des Schwarzen Meeres, sich unvermischt zu erhalten.

In der langen Zwischenzeit vom 11. bis 16. Jahrhundert traten die Ereignisse ein, die den charakteristischen Aspekt des südosteuropäischen Stadtlebens formten, eines Lebens übrigens, das durchaus nicht einheitlich, sondern manchmal von beachtenswerter Verschiedenheit gezeichnet war. Der ottomanische Vorstoß seit dem 14. Jahrhundert prägte den südslawischen Staaten von Grund auf seinen Stempel auf. Einer solchen Durchdringung verdankt man den veröstlichten Charakter, der allen balkanischen Städten gemeinsam ist, obgleich – daß muß man anerkennen – die Türken architektonisch-städtebauliche Elemente byzantinischer Herkunft aufnahmen und in einigen Fällen sogar ihre Verbreitung begünstigten. Gleichzeitig zeigten sich westliche Charakterzüge fast ohne Unterbrechung weiter, zunächst dank der venezianischen Präsenz nahezu an der ganzen dalmatinischen Küste, dann durch den Zustrom deutscher Gruppen, die von den Ufern des Rheins und der Mosel kamen und sich seit dem 12. Jahrhundert in Siebenbürgen niederließen, während weite Gebiete wie Slowenien, Kroatien, die Gebiete zwischen Save, Drau und der Vojvodina, ununterbrochenen Austausch mit dem mittelsüddeutschen Raum unterhielten.

Ein solches Abwechseln und Schichten verschiedener Völker auf dem gemeinsamen thrakisch-illyrischen Untergrund und das Aufeinanderfolgen und Sich-Verschlingen der Umstände, durch die diese oft entfernten und entgegengesetzten Bevölkerungen mit so verschiedenen Kulturen miteinander in Kontakt kamen, sind zu beachten, wenn man die architektonischen Formen des balkanischen Raums untersuchen will, so wie man auch auf keinen Fall vergessen darf, daß der Südosten in seiner Gesamtheit Sitz einer kraftvollen bäuerlichen Kultur war, die noch heute die Sozialstrukturen dieses Gebietes bestimmt.

Daraus erklärt es sich, warum so lange Zeit nach dem Untergang des römischen und byzantinischen Reiches verstreichen mußte, bis man wieder von bevölkerten und wohlorganisierten Stadtzentren sprechen kann. Praktisch gab es sie erst im 18. Jahrhundert, in manchen Fällen noch später.

In jedem Fall sind schon seit der Jahrtausendwende Nachrichten über Festsetzungen städtischen Charakters bekannt. Die russische Nestor-Chronik bemerkt, daß zu Ende des 10. Jahrhunderts im Donau-Gebiet gut "80 goroduri", d. h. befestigte Plätze, bestanden haben. Es ist klar, daß es sich um eine noch recht rudimentäre Lebensform handelte. Dennoch erlaubte sie anspruchslosen

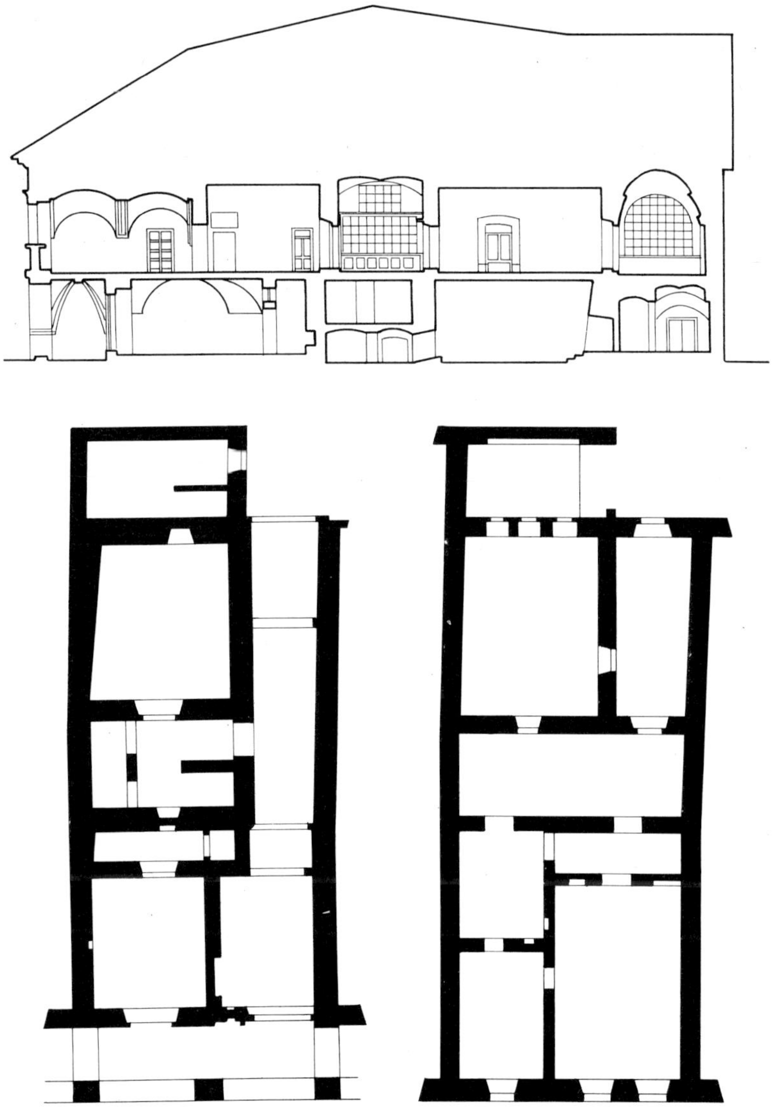

Längsschnitt und Planskizzen des Erdgeschosses und des ersten Stocks von Haus Peterman (15. Jahrhundert, in Bistritz, einer andern "sächsischen" (d. h. germanisierten) Stadt in Siebenbürgen). Die Länge des Hauses ist beachtlich: mehr als 31 m.

Handwerken, ihre eigene Tätigkeit voll zu entfalten.

Im 13. Jahrhundert beginnen mit dem Einströmen deutscher Emigranten in Siebenbürgen festere Stadtbildungen aufzutreten. Eine ähnliche Erscheinung zeigt sich auf der andern Donau-Seite in der Stadt Turnovo. Im 13. und 14. Jahrhundert wuchs Turnovo zusehends. Seine terrassenförmig angelegten Stadtviertel waren zahlreich. In einem wohnten die Handwerker, ein anderes, in dem die westlichen Bewohner Unterkunft gefunden hatten, war allgemein als das "Viertel der Franken" bekannt.

Verschiedene jugoslawische Städte wie Zagreb, Dubrovnik, Split, Bitola und andere zeigen ähnliche Vorgänge aus dem 14. Jahrhundert, auch wenn sie im übrigen wesentlich früher entstanden sind.

Einer sehr alten örtlichen Tradition folgend, waren die Häuser des 14. und 15. Jahrhunderts in Suceava im Norden Rumäniens, sowie jene in Hermannstadt und Kronstadt in Siebenbürgen zum größten Teil aus Holz. Doch hinderte der Gebrauch des gleichen Materials je nach den verschiedenen Zonen keineswegs unterschiedliche Resultate. Diese Städte ähneln den westlichen Vorlagen mit ihren engen kleinen Straßen, die sich zwischen den zu kleinen Gruppen zusammengeschlossenen Häusern hindurchschlängeln. Seit dem 14. Jahrhundert hat man in Siebenbürgen – zum Beispiel in Sighisoara – innerhalb der bewehrten Stadtmauern klar getrennte Viertel, von denen jedes für einen bestimmten Handwerkszweig gedacht war: die Schmiede, die Gerber, die Holzschnitzer usw. Auch die öffentlichen Gebäude, vom Rathaus bis zu den Läden verschiedenster Art erscheinen nach einem ziemlich oft wiederkehrenden Schema verteilt.

Die mittelalterlichen oben erwähnten Häuser Hermannstadts und Kronstadts wurden sehr bald in Stein erbaut, ohne daß jedoch der Plan geändert wurde, der weiter einen einzigen rechteckigen, sehr in die Länge gezogenen Raum umschloß, in dem sich das gesamte häusliche Leben abspielte und der zu gleicher Zeit Küche, Eßzimmer und Empfangsraum, Werkstatt und Schlafzimmer war. Auf die Straße gelangte man von einer der Schmalseiten aus. Eine der Breitseiten stand mit dem Hof in Verbindung, dessen Umfriedung über ein Tor für die Wagen verfügte. Aus diesem Typ, der fast oder vollständig mit dem auf dem Lande üblichen identisch war, wird sich in den folgenden Jahrhunderten die Stadtwohnung entwickeln, wenn auch mit Änderungen im Baumaterial von Stein zu gebranntem Ton, mit der Hinzufügung neuer Räume auf den Hof hin und schließlich mit dem Aufstocken einer weiteren Etage. So gelangen wir zum Bauwerk aus der zweiten Hälfte des 14. Jahrhunderts mit dem Treppengiebel, den gotischen Fenstern und den ebenerdigen gewölbten Räumen, die für Hermannstadt typisch sind. Den Bedürfnissen der Handwerker entsprechend, die auf eine Wageneinfahrt verzichten konnten, erscheinen deren Bauwerke in ähnlicher Form (einige sind nach einheitlichem Plan entstanden, während in anderen Fällen ältere Konstruktionen erweitert wurden). Sie haben statt der Wageneinfahrt einen Raum, der im allgemeinen als Laden mit Keller und Dachboden benützt wurde. Der letzte diente als Magazin und war mit dem Erdgeschoß durch einen Flaschenzug über dem breiten Straßenfenster oder eine Falltür verbunden.

Im 15. Jahrhundert knüpfte Siebenbürgen infolge eines lebhaften wirtschaftlichen Aufschwungs engere Beziehungen zu Italien. So kommen Elemente der Renaissance von der mediterranen Halbinsel hierher. Sie zeigen sich vor allem in der architektonischen Ornamentierung an den Monumentalbauten, aber auch an den Häusern, die Kaufleuten und Handwerkern gehören. Es handelt sich dabei um Komplexe, bei denen die Läden oder Werkstätten mit ihren Magazinen die üblichen, im allgemeinen sehr langgestreckten Räume auf Straßenebene bilden. Die Verbindung zur Straße stellt ein Portal her, das oft gewölbt erscheint. Im ersten Stock findet sich die Wohnung des Hausbesitzers und seiner Familie. In einem Gebäude, das 1480 in Bistritz entstand, umfaßte das erste Stockwerk den Saal, einen Salon und zwei Schlafzimmer im vorderen Teil, drei weitere Räume und eine Eßküche hinten. Diese Aufteilung scheint sich fast

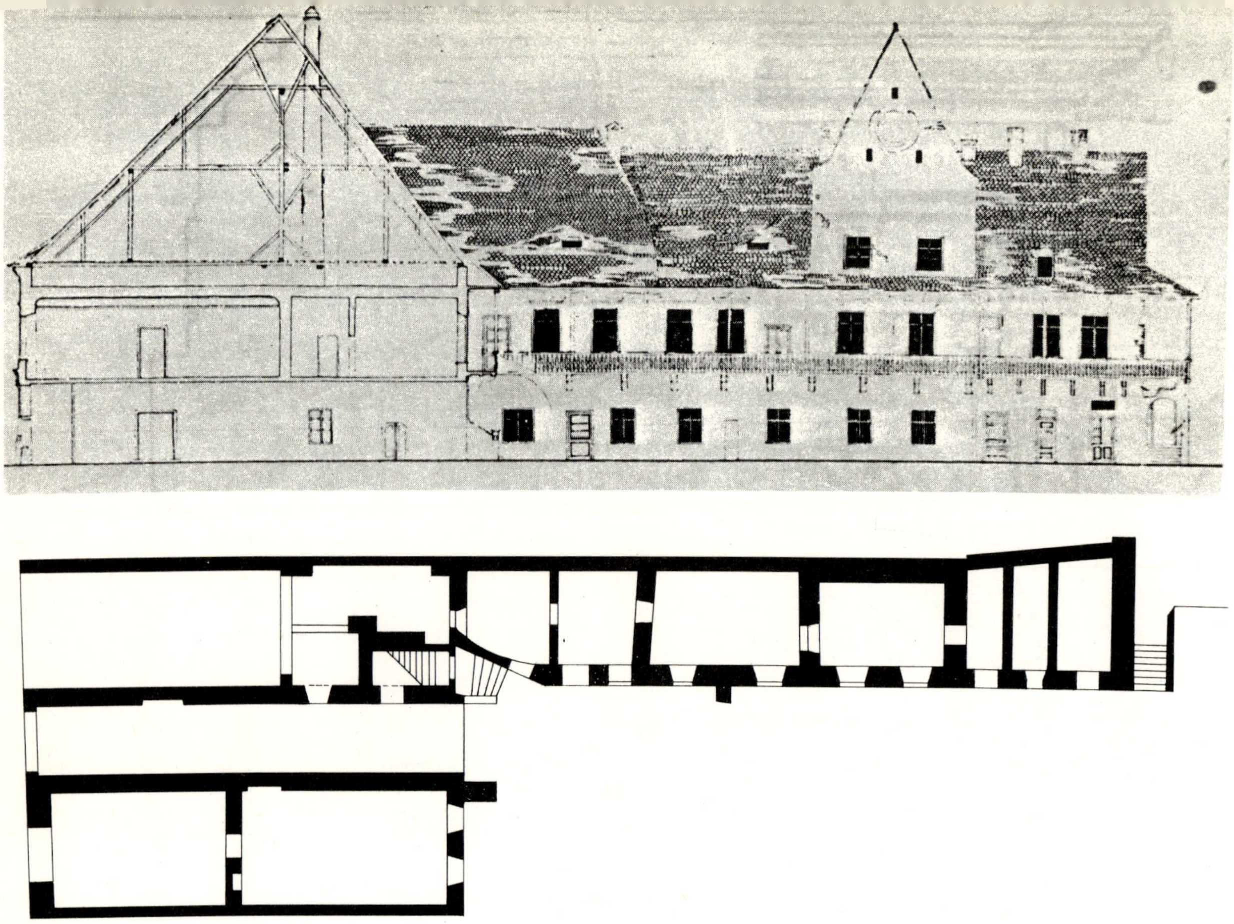

Längsschnitt und Grundriß des Erdgeschosses von "Haus Haller" in Hermannstadt aus dem 16. Jahrhundert (die Fassade ist auf S. 126 abgebildet).

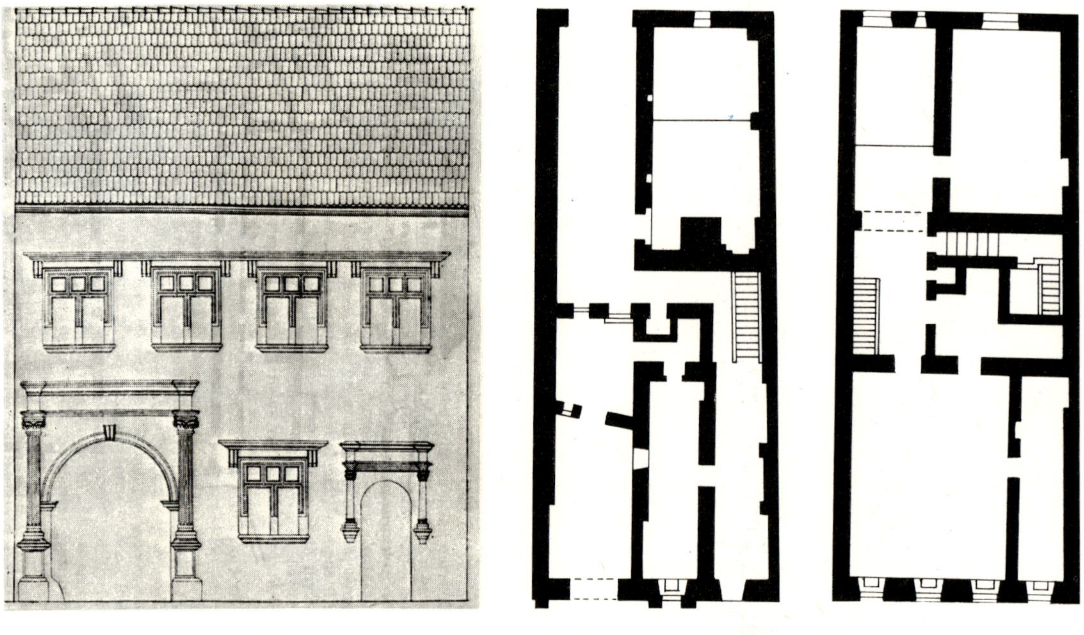

Die Stadt Bistritz war auch wegen ihrer Metallverarbei bedeutend. Das Gebäude (16. Jahrhundert), von dem wir hier die Hauptfassade und die Grundrisse des Erdgeschosses (links) und des oberen Stockwerks gebe gehörte einem "Argintarulu d. h. einem Silber- (oder Gold-)schmied. Die B der Fassade beträgt etwas als 10 m; die Anordnung der Öffnungen und ihre Form zeigen den Einfluß von Renaissance-Vorlagen. Wie in andern Teilen Eu führte der größere Eingang wahrscheinlich in den Lade

unverändert auch im folgenden Jahrhundert gehalten zu haben, während die Ornamentierung wuchs, sich aber in den Grenzen einer eher straffen Nüchternheit hielt und eine gewisse Tendenz zu launenhafter Asymmetrie eigentlich nie aufgab.

In den Fürstentümern Moldau und Walachei hatten die Großgrundbesitzer – Bojaren und Geistliche – schon seit einiger Zeit einen enormen Sickerprozeß in die bevölkerteren Zentren – Vorstädte oder Städte – eingeleitet, wobei sie Arbeiter von ihren eigenen Landgütern nach sich zogen. Um die herrschaftliche Residenz herum, die zum wahren Kern dieser Agglomerate geworden war, entstanden die Läden und Werkstätten, die jedoch die ländlichen Vorlagen immer in Erinnerung behielten. So entstanden diese charakteristischen Wohnzentren mit ziemlich vereinzelt stehenden Häusern die von gewundenen Straßen durchzogen waren. Sie sollten für Jahrhunderte typisch für die rumänischen Städte bleiben.

Wojciech Kalinowski

POLEN BLICKT NACH WESTEN

Schon in der vorhistorischen Zeit bietet das polnische Gebiet beachtenswerte Beispiele bewohnter Zentren einer hohen Entwicklung, die sich bis zu den Barbareneinfällen im 5. Jh. n. Chr. fortsetzte. Kurz darauf, im 6. Jh. n. Chr., beweisen jedoch in Holz errichtete Häuser in verschiedenen Systemen eine lebhafte Wiederaufnahme dieser Entwicklung, die von der Verbreitung des Mörtel-Mauerwerks begünstigt wurde. Es entstehen Gebilde, die Sitz der weltlichen Herrschaft werden und sich im 10. Jahrhundert durch die Verbindung mit angrenzenden Märkten zu Städten umwandeln. Kurz nach der Jahrtausendwende regen die Höfe und die Kirche die Baukunst gründlich an, wobei sie sich auf verschiedene Strömungen westlicher Einflüsse stützen (Sachsen, Rhein- und Mosel-Gebiet, Burgund und Italien).

Eigentlich städtische Bautraditionen beginnen sich auf polnischer Erde in der zweiten Hälfte des 13. Jahrhunderts abzuzeichnen, gefördert von dem enormen Prozeß der Stadtgründungen. In früheren Perioden (7. bis 13. Jahrhundert) ist der vorherrschende Gebäudetyp – sowohl auf den Dörfern wie in den präurbanen Siedlungen – ein einräumiges Holzhaus, das auf einem nahezu rechteckigen Grundriß errichtet war.

Das 14. Jahrhundert zeigt die Entwicklung zwei verschiedener Regionaltypen von Stadthäusern: die nördliche Gruppe, die ursprünglich mit den nordeuropäischen Typen der Bürgerhäuser verbunden ist, und die südliche Gruppe, die durch mediterrane Traditionen beeinflußt ist. Gleichzeitig jedoch bleibt in den kleineren Städten der vorherrschende Gebäudetyp das einstöckige Holz-, Ziegel- oder Steinhaus, das sich aus der ländlichen Hütte ableitet.

Die Patrizier-Häuser Mittel- und Südpolens waren auf verhältnismäßig kleinem Grundstück errichtet. Sie schauten mit ihrem Giebel auf den Marktplatz oder die Straße und hatten oft Terrassen. Sie waren so tief wie zwei Räume. Das Erdgeschoß umfaßte eine große Halle, die als Werkstatt oder Laden diente. Die Wohnräume nahmen den oberen Stock ein.

Unter Sigismund I. (1506-1548) zeigt sich in Polen eine erste Periode der Renaissance, entweder weil dieser Fürst eine lombardische Adlige, Bona Sforza, geheiratet hatte, oder wegen dynastischer Bande mit Ungarn, das schon vorher sehr offen für italienische Einflüsse war. Eine zweite Welle ist kurz nach 1550 unter der Herrschaft König Sigismunds II. zu beobachten und eine drit-

Häuser in Biecz, einer karpatischen Kleinstadt südöstlich von Krakau (nach einer um 1850 ausgeführten Zeichnung von Jan Matejko). Es handelt sich um Wohnhäuser, die zwischen dem 15. und dem 17. Jahrhundert entstanden und die typisch für die kleineren Stadtbildungen Mitteleuropas sind. Im allgemeinen hatten sie nur ein Stockwerk und eine Wageneinfahrt: die hölzernen Aufbauten dienten meistens als Lagerräume.

te sollte im letzten Viertel des Jahrhunderts folgen, die noch einige Jahrzehnte des folgenden prägte. Zu dieser Zeit befanden sich zahlreiche Architekten und Konstrukteure im Land, die aus der Toskana, dem Veneto, von Latium und der oberen Lombardei kamen. Es genügt, an Bartolomeo Berecci, Gianmaria Padovano, Giambattista Quadrio, Santi Gucci zu erinnern, die Bildhauer nicht zu nennen, die sie ebenfalls in großer Zahl begleiteten. Es ist nur natürlich, daß – auch dank des wachsenden Wohlstandes – solche Künstler den Geschmack für die Kunst auch außerhalb des Raums beeinflußten, der sie selbst bestimmt hatte.

Im 16. und 17. Jahrhundert unterlag der hergebrachte Stadt-Wohnhaus-Typ einigen Änderungen: Die Handelsräume im Erdgeschoß wurden erweitert, der Laden wird eine abgetrennte Einheit für sich und die Zahl der Wohnräume wächst. Als Folge davon wurden die Häu-

Straßenfassaden (unten) und Grundrisse (oben) von Wohnhäusern aus dem 15./16. Jahrhundert in Warschau in einem Viertel neben dem Markt (aus "Stare miasto w Warszawie", Warschau 1956). Es handelt sich um Konstruktionen der Gotik nach den in Hansestädten üblichen Schemata (in der Planskizze sind die noch bestehenden gotischen Strukturen in Ziegeln schwarz angegeben, wobei die Fassaden der Schmalseite entsprechen); in der ersten Hälfte des 17. Jahrhunderts wurden die Häuser zum großen Teil umgebaut, wobei man sie tiefer machte (bis zu drei Räumen) und die Treppe in der Mitte des Gebäudes anbrachte. In der gleichen Zeit wurde der große Saal im Erdgeschoß unterteilt, um Läden und Werkstätten Raum zu geben. Die ursprünglich gotischen Straßenfassaden nahmen Elemente auf, die von der manieristisch-barocken Profan-Architektur beeinflußt waren.

ser drei Räume tief und erhielten weitere Stockwerke. Zur gleichen Zeit wurden die Fronten unter dem Einfluß italienischer Baumeister umgeformt: Renaissance-Dekorationen erschienen auf den alten gotischen Strukturen, und die steilen gotischen Dächer wurden durch niedrigere ersetzt, die hinter einer die Fassade krönenden dekorativen Brüstung verborgen wurden. Häufig, vor allem in Krakau, wurden die Bürgerhäuser durch Innenhöfe mit Bogengängen versehen. Und ganz allgemein nahmen die Gebäude imposante Formen an, die bis dahin unbekannt waren.

Während der letzten der drei Renaissance-Perioden, die noch ins 17. Jahrhundert hinein nachwirkte, erhält auch die private Wohnung des nordeuropäischen Typs einen starken Impuls als Folgeerscheinung der holländischen Kultur, die in Polen von großer Bedeutung war.

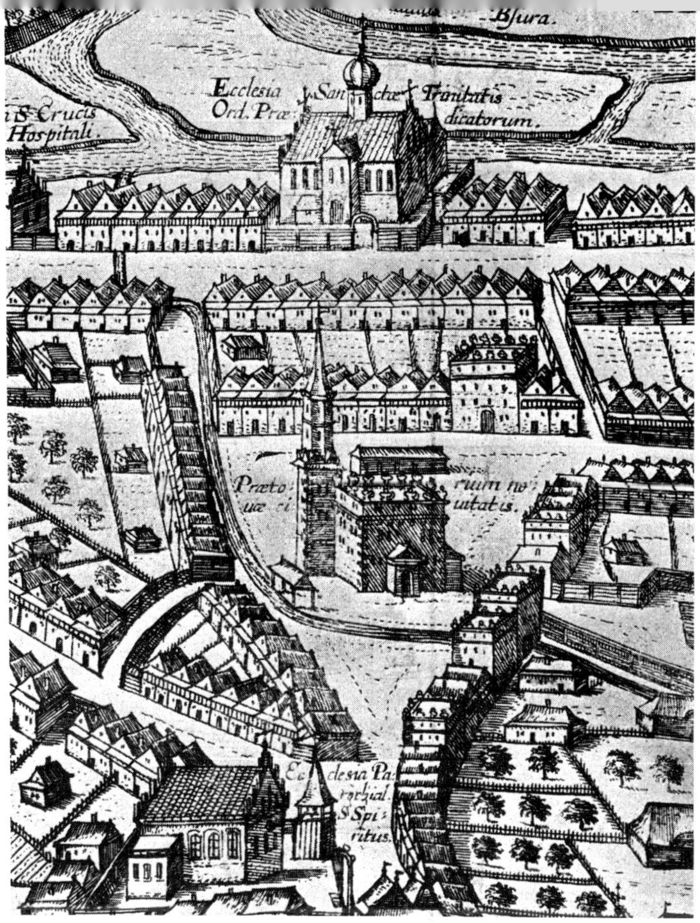

Ausschnitt aus einem von G. Braun und J. Hogenberg ausgeführten Stich (in "Civitates orbis terrarum", Nürnberg 1617 Bd. VI), der Wohnhäuser und das Rathaus am Marktplatz zu Lowicz am Fluß Bzura ("Bsura" auf dem Druck), südwestlich von Warschau, darstellt. Die sichtbaren Häuser zeigen die Entwicklung der mitteleuropäischen einstöckigen Standard-Wohnung; einige weisen auch zugefügte Oberstockwerke auf und werden von dekorativen Brüstungen bekrönt.

Doppelhäuser, die die Brüder Przybyla 1615 in Kazimierz, einer Kleinstadt an der Weichsel westlich von Lublin, errichten ließen. Mit den auf den Marktplatz gehenden Hauptfassaden – die mit einer reichen Ornamentik (z.T. mit religiösen Themen) versehen und von ausgeprägten dekorativen Brustwehren gekrönt sind, in denen Beschlagwerk und Elemente russischer Herkunft zusammenfließen – stellen sie ein gutes Beispiel für die Modifikationen dar, die man in Südost-Polen dem Schema des in Mitteleuropa üblichen Adelshauses entnahm, damit sie den verschiedenen Bedürfnissen der wohlhabenden Handwerker oder Kaufleute der Provinz besser entsprächen.

Mihail Iljin

ISBA:
DAS HEIZBARE HAUS

Nach der Gründung des Fürstentums Kiew im 10. Jahrhundert bis zu 13. Jahrhundert gab es in den russischen Städten zwei Wohnungstypen: die südliche Wohnung, die eine Art halb in die Erde gegrabene Hütte war, und die nördliche Wohnung, ein rechteckiges Haus aus Balken errichtet, also das, was zur Bildung einer monogamen Familie mit eigener häuslicher Wirtschaftsführung notwendig war. Schon zu diesem Zeitpunkt erscheint der Begrff "Isba", das heißt Wohnung mit Ofen, heizbare Wohnung. "Die Wohnung eines Künstlers" in Kiew, die bei den Ausgrabungen 1938 ans Licht gebracht wurde, kann als Modell einer solchen südlichen Hütte aus dem Anfang des 13. Jahrhunderts betrachtet werden. Sie war einen oder eineinhalb Meter tief in den Boden eingegraben. Die Mauern und Wände waren aus gebranntem Ton. Über einer rechteckigen Vertiefung von 14-16 m erhob sich ein hölzernes Gestell, das ebenfalls mit Ton verkleidet war und ein Dach in Kegelform aufwies. Über dem Eingang mit den ebenfalls in die Erde eingelassenen Stufen war ein Schutzdach, so daß das Ganze einer Freitreppe ähnlich sah. In der Ecke, nahe beim Eingang, befand sich auf einer Erhöhung von 20 cm ein großer Ofen, der von einem kuppelförmigen Gewölbe überdacht war. Der Rauch stieg entweder direkt in die Wohnung selbst hinein ("Schwarze Heizung") und verschwand durch die Tür, oder er verließ den Ofen durch ein mit Ton versehenes Holzrohr, das sich über dem Ofen befand. Das Handwerkszeug des Künstlers (eines Malers oder Goldschmieds) befand sich neben seinen andern Gebrauchsgegenständen. Der Tisch und die Bänke entlang den Wänden waren in den Bo-

(Oben) Konstruktions-Schema eines alten Holzhauses in Rußland. Wie man sieht, war auch das Dach aus Holz, das nach Prinzipien ausgeführt war, die von denen der römischen Dachpfannen nicht verschieden waren. (Unten) Grundriß der sog. "Wohnung des Künstlers" in Kiew (13. Jh.). Die Schmalseite (unten) ist nicht einmal drei Meter lang.

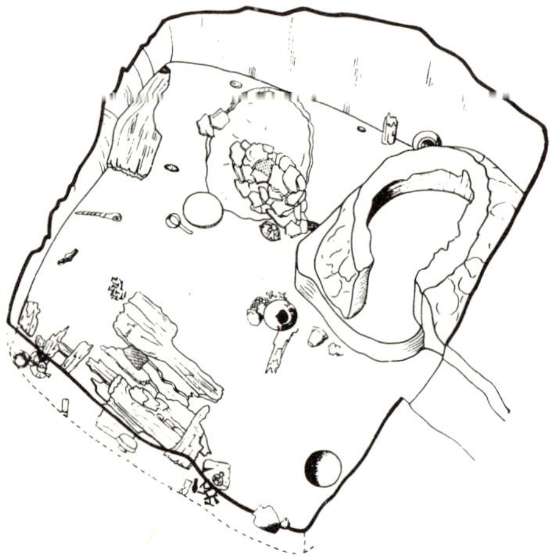

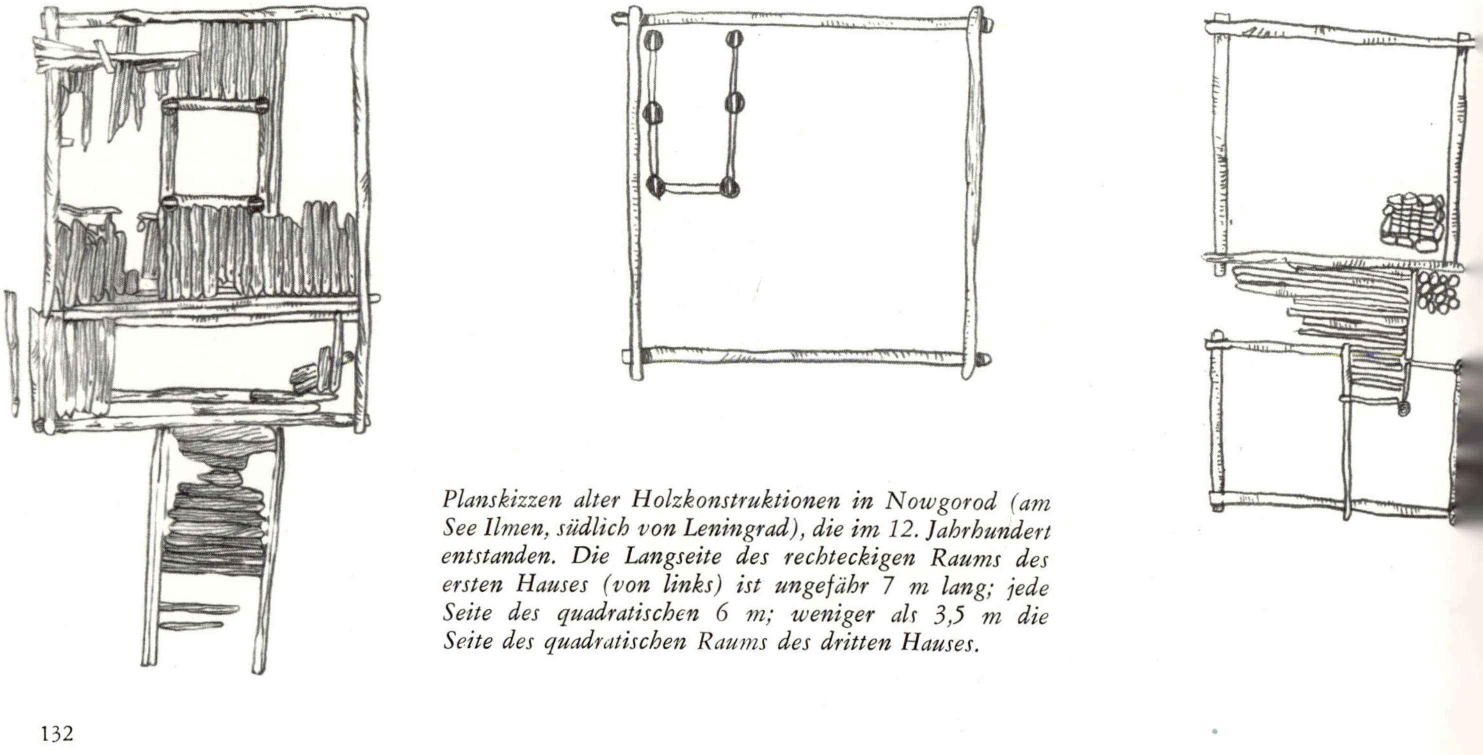

Planskizzen alter Holzkonstruktionen in Nowgorod (am See Ilmen, südlich von Leningrad), die im 12. Jahrhundert entstanden. Die Langseite des rechteckigen Raums des ersten Hauses (von links) ist ungefähr 7 m lang; jede Seite des quadratischen 6 m; weniger als 3,5 m die Seite des quadratischen Raums des dritten Hauses.

den eingelassen. Man sieht solche Hütten im Norden, in Suzdal und Riasagne.

Wie schon bemerkt, war jedoch das eigentliche Holzgebiet der Norden mit seinen weit ausgedehnten Wäldern. Solche Holzhäuser aus dem 10.-15. Jahrhundert, die aus Stämmen erbaut waren, hat man bei den Ausgrabungen in Nowgorod und am alten Lagoda-See entdeckt. Unter ihnen gab es einfache Häuser, die nicht mehr als einen einzigen Wohnraum mit einem davorliegenden Eingang in leichterer Konstruktion hatten, der ebenfalls die Wärme zurückhalten sollte, und entwickeltere Häuser mit einem heizbaren Wohnzimmer, einem nicht heizbaren Zimmer für den Sommer und einem Vorzimmer, das die beiden Räume miteinander verband. Viele dieser Häuser waren zweistöckig. Man setzte den Ofen in die Ecke des Raums, aber später infolge der Entwicklung des Handels und der andern Berufe war man oft gezwungen, ihn in die Mitte zu rücken, da er dort den Arbeitserfordernissen der Handwerker besser dienen konnte. Die wohlhabenderen Besitzer verfügten über eine perfektioniertere Heizungsanlage. Bevor man jedoch von wirklichen Öfen sprechen konnte, kannte man die roh errichtete primitive Feuerstelle, die hin und wieder von trockenen Schutzwänden oder seltener von Ziegelmauern beschützt gewesen sein mag, die auf dem Erdboden oder, wie im Fall der Wohnung des Künstlers in Kiew, auf einer Erhöhung von kleinen Pflöcken angebracht waren. Doch dürfte die Verbreitung der enormen Öfen als Wärmequellen, Kochgelegenheit und Fläche für die Kissen, auf denen man schlief, nicht lange auf sich warten gelassen haben. Unter den Aussprüchen von Guennady aus dem Jahre 1076 scheint einer gut die Situation wiederzugeben: "Die Reichen" sitzen im Winter in einer warmen, bequemen Wohnung. Sie sind entkleidet, ohne Angst vor der Kälte zu haben. Doch denken wir an die Armen, wie sie sich niederbeugen, zusammengekauert über ein schwaches Feuer. Während ihre Augen schrecklich unter dem Rauch leiden, ist das Feuer selbst kaum in der Lage, ihre Hände zu wärmen, derweil der Rücken und der übrige Körper zu Eis geworden sind."

Die Länge der Mauern, die ebenfalls vom Reichtum des Besitzers abhing, war 2,5 - 3 m, aber auch bis zu 12 - 13 m, und der Durchmesser der Stämme betrug 22 - 24 cm. Die Mauern der Häuser, zwischen deren Stämme man Moos tat, waren auf Fundamenten aus Pfosten, Stein oder kleinen Holzstücken errichtet. Man gebrauchte doppelte Fußböden aus guten Planken.

Die Fenster waren klein und länglich, aus zwei parallelen Balken gebildet. Anstelle des Glases verwandte man Glimmer oder auch Fisch-Schwimmblasen. Importierte Glasscheiben erscheinen nicht vor dem 14. Jahrhundert. Die Dächer fielen im allgemeinen nach zwei Seiten hin ab, aber es gab auch solche, die nach vier Seiten abfielen. Ihre Form entwickelt sich so, wie es im 16. Jahrhundert zu sehen ist.

Eine große Aufmerksamkeit verwandte man auf die Eingangsfreitreppe, die Treppenstufen, Treppenabsätze und ein eigenes Vordach in Pyramidenform aufwies. Schon seit früher Zeit tauchen sehr verschiedenartige Skulpturdekorationen sowohl außerhalb wie innerhalb der Wohnungen auf, wovon uns eine kleine Holzsäule in Nowgorod aus dem 13. Jahrhundert Zeugnis gibt, die mit Monstren-Ornamenten bedeckt ist. Die ersten Ziegel-Wohnhäuser erschienen in den russischen Städten im 15. Jahrhundert. Einem solchen Haus waren die Gemeinschafts-und Einzelräume für die Dienstboten verbunden, die den auf die Straße führenden Hof einschlossen. Das Haus verfügte häufig auch über einen Obst- und Gemüsegarten. Allgemein war der gesamte Besitz von einer soliden Maurer aus Pfählen umschlossen. Die Einrichtung beginnt an Möbeln und Gebrauchsgegenständen reicher zu werden und weist lebhafte Blumenmuster auf, an denen sich westliche Einflüsse verraten.

der Grundlage von Funden wie denen auf S. 132 abgebildeten wurde dieses Modell eines :glomerats von Holzhäusern aus dem 13./14. Jahrhundert in Nowgorod erstellt.

AÑO 1694

DIE KLASSISCHE STRENGE DES BAROCK

Das 17. Jahrhundert

In der Vorkriegszeit wurde den Kunsthistorikern Italiens oft widersprochen, da ihre ausländischen Kollegen von der Renaissance meistens sofort zum Stil Ludwigs XIV. übergingen, der so die Priorität des Barock für sich beanspruchte. Man vergaß dabei Bernini, der schon gefeiert wurde, als der Sonnenkönig den Thron bestieg, und man übersah Rubens, der ebenfalls schon in den ersten Jahren des 17. Jahrhunderts ganz barock malte.

Ohne Zweifel blieben Italien und Holland nicht nur auf dem Gebiet der "großen" Kunst, sondern auch auf dem des Mobiliars bis zur Mitte des Jahrhunderts die Lehrmeister eines großen Teils Europas, Frankreich eingeschlossen. Und doch ist das "moderne" Haus des 17. Jahrhunderts das französische. In den Renaissance war – wie wir gesehen haben – der Begriff, den wir von einem Appartement haben, unbekannt: Oft wohnten auch wohlhabende Familien in einem einzigen großen Raum, der Mädchen für alles war.

Die Franzosen des 17. Jahrhunderts beginnen als erste, die Notwendigkeit zu spüren, einige Räume des Hauses in verschiedener und einander ergänzender Weise einzurichten, so daß ein wirkliches Appartement entstand, in dem der Besitzer Bequemlichkeit und Gemütlichkeit für sich und seine Besucher finden konnte. Möglicherweise stand zu Anfang einer solchen Entwicklung die Binsenwahrheit Pate, daß ein kleiner Raum besser geheizt werden kann als ein großer. Aber man kann auch den Wunsch nach freierem menschlichem Kontakt nicht ausschließen, der durch die Freuden des Gesprächs und des Spiels gefördert wird. Es ist eine Tatsache, daß sich die berühmten Pariser Salons in diesem Jahrhundert zu öffnen begannen.

Daß aber auch in Frankreich eine tiefe Kluft zwischen der Adelswohnung und der des Bürgers bestand, ist nicht weniger wahr. Vor allem beim höchsten Adel hatten die Möbel vorwiegend Paradefunktionen: ein Pomp, der darauf abzielt, ausgestellt zu werden und sich bewundern zu lassen, der übrigens auch mit der Form des Gebäudes, der Grandiosität der Säle und der weiten Galerien, mit der Würde des Eingangs übereinstimmt. Der Dekor entwickelt sich dabei jedoch auf Kosten des Komforts. Im Bürgerhaus kommt dagegen das Mobiliar, das im übrigen nie von Nützlichkeitserwägungen abgegangen war, mit seinem begrenzten Schmuck der Teilung des alten, großen Raums in mehrere Zimmer entgegen und erzeugt so ein neues Gefühl für behagliche und bequeme Gemütlichkeit.

Schließlich ist es möglich, daß die von der Mittelklasse vorgelebte Vernunft auch die Besitzer der immensen Paläste überzeugte, was dazu führte, daß sie sie ebenfalls annahmen, wobei sie zunächst nur den einen oder andern Saal opferten und dann zuließen, daß der süße Zauber des bequemen Wohnens die ganze oder fast die ganze Wohnung gefangennahm.

Aber bis es so weit war, mußte erst der größte Teil des 17. Jahrhunderts verstreichen.

*

dem reichen, feierlichen Portal mit den gedrehten Säulen (vgl. S. 142) befindet sich ein
Adelswappen, unter dem das Jahr eingeschnitten ist: "Año 1694"; es handelt sich um den
en Rocafull-Palast, die frühere Residenz der Guevara, in Lorca im Südwesten
erischen Halbinsel. Man rechnet ihn zu den Meisterwerken des Gebiets um Murcia herum, ja,
sogar eins der repräsentativsten Wohngebäude der Barockzeit in Spanien überhaupt.

Wegen ihrer Größe und imposanten Erscheinung gehört die Ca' Pesaro zu den bedeutendsten Bauwerken in Venedig: gewiß handelt es sich hier nicht um eine mittelständische Wohnung, sondern vielmehr um den Extremfall des Prunks der Barockzeit. Entworfen von Baldassare Longhena, dessen Meisterwerk es ist, war das Gebäude im Rohbau kurz nach 1663 vollendet, während die Fassade zum Canal Grande (oben) erst 1710 fertiggestellt wurde, nach einer durch den Tod des Architekten (1682) hervorgerufenen Unterbrechnung. Die Kanalfassade verdanken wir Antonio Gaspari. Im Zentrum des Komplexes befindet sich ein majestätischer Hof, von dem die alten Chronisten sagten, er sei von "Loggien und immensen Korridoren" umschlossen.

Agostino Tassi "Der Zug des Präfekten Taddeo Barberini" (Rom, Banco di Santo Spirito). Das Ereignis fand 1631 in Rom auf dem Corso statt, der Verbindungslinie zum Stadtteil der antiken Via Flaminia, die im Mittelalter Ort der Pferderennen geworden war; hier erscheint der Umzug am Ende des Corso zur Piazza Venezia hin, die im 15. Jahrhundert von Papst Paul II. berichtigt, um 1650 herum begradigt und 1736 gepflastert wurde; der Corso zieht sich zwischen zwei Palastreihen aus der Spätrenaissance und dem Barock hin. Das Gebäude in der Mitte mit dem Altan ist offensichtlich ein Haus mit Etagenwohnungen, doch entspricht es voll den danebenliegenden Gebäuden adliger Besitzer.

Sergio Coradeschi - Michelangelo Muraro

Die italienische Mittelklasse in der Eigentumswohnung

Als ein seit Jahrhunderten umstrittenes Land und potentieller Kriegsschauplatz bietet das Italien des 17. Jahrhunderts Stadtstrukturen, die den neuen Formen der Kriegsführung angepaßt sind, wo die Reiterschwadronen nicht mehr die bedeutendste Rolle spielten. Anstatt sich auf den alten quadratischen oder rechteckigen Grundrissen auszubreiten, erheben sich die Städte jetzt auf vieleckigem oder sternförmigem, in Bastionen eingeschlossenem Raum, um dem Artilleriefeuer besser widerstehen zu können. Die Grundstückspreise bleiben deshalb weiterhin hoch, und man stößt auf eine Rückkehr zu mehrstöckigen Häusern und Serien von Reihenhäusern. Wie Heine zwei Jahrhunderte später in Genua feststellte, "... mußten, der Raum-Ersparnis wegen, die Häuser sehr hoch und die Straßen sehr eng gebaut werden, so daß diese fast alle dunkel sind, und nur auf zweien derselben ein Wagen fahren kann. Aber die Häuser dienen hier den Einwohnern, die meistens Kaufleute sind, fast nur zu Warenlagern und des Nachts zu Schlafstellen; den schachernden Tag über laufen sie umher in der Stadt oder sitzen vor ihrer Haustüre, oder vielmehr in der Haustüre, denn sonst würden sich die Gegenüberwohnenden einander mit den Knieen berühren." Oft sind dic Baugrundstücke nur in so geringem Umfang vorhanden, daß sich auch die wohlhabenderen Bürger mit einem Teilbesitz an einem Haus zufrieden geben müssen, der jedoch den individualistischen Ansprüchen Rechnung trägt: Eigentumswohnung.

Was ihre Form angeht, so unterscheidet sich die Stockwerk-Eigentumswohnung von den für eine einzige Familie bestimmten Palästen nur durch eine größere Zahl von Innentreppen. Für die ästhetische Wirkung bleibt die Autorität der von den Renaissance-Verfassern kodifizierten Normen weiterhin maßgebend, aber ihre Anwendung wird immer häufiger – fast könnte man sagen systematisch – durch die Ausrichtung auf neue, phantastische, manchmal tatsächlich bizarre Formen vereitelt, die aber dennoch oft gerade durch die Unregelmäßigkeit der zur Verfügung stehenden Grundstükke gerechtfertigt sind. In der raschen Aufnahme immer wieder verschiedener Vorschläge wendet man sich schließlich von den klassischen Schemata ab und verwirklicht Lösungen von beträchtlicher Selbständigkeit.

Darüber hinaus brachten der Übergang von einer im wesentlichen merkantilen zu einer vorwiegend physiokratischen Gesellschaftsstruktur sowie der Anstoß der

Gegenreformation, der sich in einer wachsenden Finanzstärke der religiösen Orden zeigte, eine bisher nie erreichte Vielseitigkeit der Bautätigkeit mit sich. Bei der Konstruktion oder Renovation ganzer städtischer Häuserblöcke, die einem einzigen Besitzer gehörten, hatten die Architekten die güngstige Gelegenheit, ausgedehnten Teilen des Stadtgebildes, manchmal sogar ganzen Vierteln, ja, sogar einer Stadt einen einheitlichen Stempel aufzuprägen.

Was zur gleichen Zeit in Venedig geschieht, ist kaum wesentlich verschieden und kann als Beispiel für die ganze Halbinsel dienen. Auch hier gibt es wirtschaftlichen Aufschwung, aber mehr noch Reichtum aus Bankgeschäften oder Grundstückspachten, gibt es einen Adel, der nicht frei von hispanisierendem Dünkel ist, eine Regierung und kirchliche oder kirchenähnliche Organisationen, die – manchmal nicht ohne verantwortungsbewußte Weitsicht – Wohnviertel schaffen, um auch die Reihenhäuser für Menschen bescheidener Verhältnisse mit bis dahin unbekanntem Komfort und Bequemlichkeit auszustatten.

Übereinstimmend mit dem übrigen Europa, aber vielleicht mit größerem Hang zu Prunksucht, beobachtet man eine Tendenz zum Spektalulären, zu pomphaften Lösungen auch auf dem Gebiet der Stadtplanung. Der

In der Via Giulia in Rom (alte gerade Verbindungsstraße: die erste ihrer Art in der Stadt, zu Beginn des 16. Jahrhunderts von Julius II. eröffnet und ungefähr einen Kilometer lang) erhebt sich hinter der Kirche des hl. Aegidius und zwischen der Kirche der hl. Katharina von Siena und der andern der Santa Maria dell'Orazione die Fassade des Palazzo Falconieri (16. Jh.). Zum Lungotevere hin zeigt dasselbe Gebäude einen ganz andern Anblick (oben): die drei Stockwerke (das oberste mit der Loggia) verdanken wir Francesco Borromini.

Rechts an der Piazza di Spagna, ebenfalls in Rom, am Schnittpunkt der herrschaftlichen Via Sistina und der Via Gregoriana befindet sich der kleine Palast Federico Zuccaris (der berühmte Maler starb 1609), der wegen des Portals und der beiden Fenster auf die Via Gregoriana, die einen monströsen Anblick bieten, bekannt ist. Die konvexe Fassade (rechts) mit dem Säulengang-geschmückten Portikus wird Filippo Juvara zugeschrieben; sicher ist sie später als der übrige Bau und wurde 1711 von der polnischen Königin Maria Kasimira in Auftrag gegeben.

(Oben) Palazzo d'Aste in Rom, entworfen von dem Architekten Giovanni Antonio de' Rossi. Wie im Fall des Palazzetto Zuccari, allerdings auf niedrigerer Ebene, zeigt der Grundriß (rechts) die durch den verfügbaren Raum verursachte Unregelmäßigkeit; daraus ergibt sich eine tiefgreifende Verschiedenheit von den regelmäßigen Grundrissen der Adelswohnungen der Renaissance; besonders bemerkenswert ist vor allem die Aufteilung in viele kleine Räume, die in gewisser Weise die Raumverteilung des Rokoko schon vorwegnimmt.

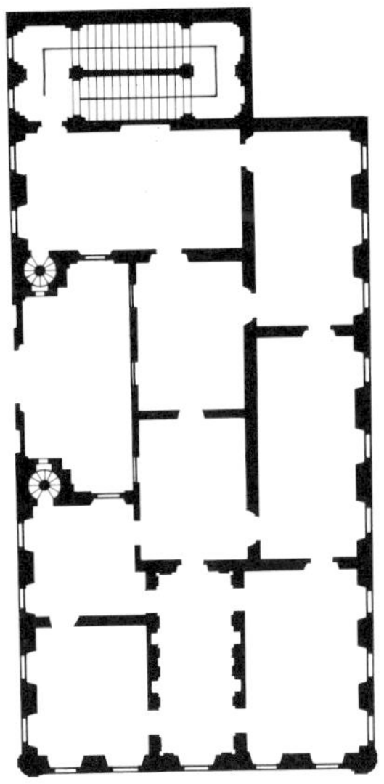

Staat läßt den Hof des Palazzo Ducale mit Porticus und Loggien vervollständigen. Die kirchlichen Autoritäten zeigen sich in der Errichtung des Convento di San Giorgio und der Chiesa della Salute nicht weniger aktiv. Nie hat die Bürgerschaft einer so großen Zahl an religiösen und zivilen Zeremonien beigewohnt. In diesem Zusammenhang erklärt sich der Prunk der Ca' Pesaro vollkommen, der kaum von der Beachtung alter Traditionen in Schranken gehalten wird. In einigen Fällen setzen sich die Ideen Palladios in Gebäuden mit einigermaßen nüchternen Linien durch, doch mehr herrscht der Einfluß des schon im 16. Jahrhundert barocken Sansovino vor, mit dem die venezianische Wohnung größere Proportionen angenommen hatte und nun begann, sich um einen grandiosen Hof herum zu entfalten.

Meistens erscheinen die alten Renaissance-Strukturen den Augen der Venezianer streng und irrational. Die Funktion des Sales wird eingeschränkt; es ist schon nicht mehr nötig, daß die sich ihm anschließenden Räume die gleiche Höhe einnehmen. Die Zwischenstockwerke breiten sich aus, die Bequemlichkeit wächst, die Dienstbotentreppen vermehren sich und machen die verschiedenen Appartements unabhängig voneinander. Nur die Fassaden behalten ihren Prunk bei, ja, werden mit der Zeit sogar noch pomphafter. Die Sondersituation Venedigs zeigt sich in der Aufnahme von Gebräuchen und Konstruktionsprinzipien der Levante, mit der diese Stadt politisch-wirtschaftliche Beziehungen unterhielt. Das Fehlen trinkbaren Grundwassers führte zur Sammlung des Regenwassers, woraus sich die weiten Terrassen auf den Dächern ergeben, während die Feuchtigkeit und die Gefahr des Hochwassers weiterhin die Öffnungen an den unteren Teilen der Gebäude auf ein Mindestmaß einschränken.

Der heutige Palazzo Moro-Lin in Venedig, "Palast der dreizehn Fenster" genannt, am Canal Grande wurde für Pietro Liberi erbaut, nach einem Plan, der seinem Kollegen Sebastiano Mazzoni zugeschrieben wird (beide gehören zu den bedeutendsten Malern des 17. Jahrhunderts in Venedig) oder Liberi selbst, der dort 1686 starb. Später wurde er von den Lins erworben und gelangte endlich (1788) an die Moros, die ihn um ein Stockwerk aufstocken ließen. Das Gebäude steht in keiner Weise hinter den Bauwerken der reichsten venezianischen Familien zurück.

Innenraum der Villa Aldobrandini in Frascati (das Gebäude ist auch als Belvedere bekannt), zwischen 1598 und 1603 von Giacomo della Porta für den Kardinal Aldobrandini, einen Neffen Papst Clemens' VIII., entworfen. Es handelt sich um einen zweitrangigen Raum, wenn auch im Teil des Besitzers gelegen (die Repräsentationsräume sind überreich mit Fresken von Zuccari, Cavalier d'Arpino und andern berühmten Malern ausgeschmückt); so kann er einen Eindruck von einem Saal eines wohlhabenden, nichtfürstlichen Hauses vermitteln. Die streng bestimmte Räumlichkeit, deren monotone Quadratur noch die höfische Strenge der Renaissance widerspiegelt, wird durch die kostbare Goldleder-Verkleidung nicht belebt, die dennoch den Raum vereinheitlicht und in gewisser Weise die Leere in der Mitte kompensiert, die aus dem Fehlen der Möbel außer denen an den Wänden hervorgeht.

José Gudiol Ricart - Santiago Alcolea

PRACHT UND STRENGE IN SPANIEN

Seit die spanische Monarchie ihren Hof endgültig nach Madrid verlegt hatte, erbauten sich auch die Adligen und Beamten aller Stufen ihre Wohnungen in dieser Stadt, was einen enormen Wohnungsbau zur Folge hatte.

In den Werken Francisco de Moras zeigt sich eine elegante Konstruktion auf rechteckigem Grundriß mit schlichten Mauern, großen rechteckigen Lichthöfen, feierlichen Portalen in klassischer Ordnung, Höfen mit Säulen und Türmen an den Ecken. All das sind Elemente flämischen Ursprungs, die von Philipp II. übernommen wurden und dann die charakteristische Form der kastilischen Architektur des 17. Jahrhunderts bildeten. Auf niederer Ebene waren die Wohnungen weiträumige

Auf der Plaza del Justicia in Saragossa öffnet sich das Portal des Colegio San Felipe auf einen Hof, der von dieser prunkvollen Einfassung beherrscht wird. Es handelt sich um die alte Residenz der Grafen de Arguillo: ein typisches Beispiel des 17. Jahrhunderts für den Fortbestand der charakteristischen Palast-Elemente in Aragonien, die sich im 16. Jahrhundert durchgesetzt hatten, mit der Hinzufügung einer Dekoration, die die neuen barocken Tendenzen mit sich brachten.

Das um 1605 von Miguel de Cervantes bewohnte Haus in der Calle del Rastro in Valladolid. Der berühmte Dichter lebte mit seiner ganzen Familie in vier bescheidenen Zimmern im ersten Stock. Die Regierung erwarb das Gebäude und machte ein Museum daraus, als es noch die ursprüngliche Raumaufteilung bewahrte: es handelt sich daher um ein treues Zeugnis der Wohn-Architektur zu Beginn des 17. Jahrhunderts, in dem man gar nicht oder kaum irgendwelche barocken Tendenzen entdecken kann, die sich in den gleichzeitigen wohlhabenderen Wohnungen offenbarten.

Innenhof der Casa Dalmases in Barcelona. Der Bau aus dem späten 17. Jahrhundert wird neben den übrigens offensichtlichen barokken Motiven auch noch von Elementen manieristischer Herkunft charakterisiert. Vor allem fällt das prunkvolle Treppenhaus mit den gedrehten Säulen auf, die gerade für den Manierismus typisch sind, nachdem sie Raffael in einem Wandteppich für Leo X. und Giulio Romano in der Architektur angewandt hatten; in Spanien werden sie "salomonisch" genannt, da sie denen in Sankt Peter in Rom ähnlich sind, von denen die Tradition behauptet, sie kämen aus dem Salomonischen Tempel in Jerusalem.

Ziegelbauten mit großen Fenstergittern und Balkonen aus Eisen, den einzigen ornamentalen Schmuck wies das Portal auf. Nur wenige haben im Innern einen Hof, viele dagegen eine große Zahl an Sälen und Gemächern und in manchen von ihnen befand sich eine Hauskapelle. Ausreichende Wohnräume für die Dienstboten fehlen, und die Bäder sind vollständig verschwunden. Zu diesem Typ gehört das Haus, das der große Dichter und Dramaturg Lope de Vega im Jahre 1610 in Madrid kaufte. In Valladolid besteht auch noch das Haus, das Miguel de Cervantes gegen 1605 bewohnte. In einem großen Teil Kastiliens ist der getrocknete Ziegel das häufigste Baumaterial, doch in den nördlichen Gebieten von Burgos und in der Rioja, Gebieten, die an Steinen reich sind, gibt es Häuser mit Fassaden aus Quadersteinen und reichen hölzernen Vordächern.

In Galicien entsteht ein sehr charakteristischer Typ. Der Plan baut sich normalerweise auf dem Grundriß eines rechteckigen Kerns auf, von dem einige Flügel nach vorn oder hinten ausgehen, die weitere Höfe bilden. Die Fassaden sind einfach und haben als üblichen Schmuck einige Medaillons und große Wappenschilde und als Zeichen der Herrschaftsklasse einen oder mehrere quadratische, mit verkümmerten Mauerzinnen gekrönte Türme. Fast nie fehlt die Kirche daneben, und im hinteren Teil breitet sich ein Garten mit Treppen und Galerien aus, der feucht und melancholisch ist und in vollkommener Weise mit der düsteren Granit-Architektur dieser Paläste harmoniert.

Der ganz umschlossene Stadtkern von Santander gehört zu einer der charakteristischsten Regionalgruppen der spanischen Architektur dieser Epoche. Innerhalb der natürlichen Variationen bilden der rechteckige Grundriß, Satteldach, der weite Säulenvorbau zu ebener Erde, der große gedeckte oder offene Balkon im ersten Stock mit der Brüstung aus gedrechselten Holz-Balustraden oder dem Geländer aus Schmiedeeisen, das sehr geschwungene Vordach und das große steinerne Wappenschild im Mittelpunkt der Fassade die gemeinsamen Charakterzüge. Gelegentlich kompliziert sich der Plan durch vorspringende Flügel, die eine Art Ehrenhof vor der Fassade bilden, in andern Fällen gibt es einen alten mittelalterlichen Turm, der in die neue Konstruktion einbezogen wird, und nie fehlt das großartige Portal. Fast immer besteht eine Privatkapelle, die in den führenden Palästen sogar den Status einer öffentlichen Kirche erlangen kann.

Die zahlreichen Beispiele für die Wohnarchitektur im Baskenland des 17. Jahrhunderts zeigen eine eigene Entwicklung. Sie können in zwei Hauptgruppen aufgeteilt werden. Eine von ihnen, die charakteristischere, hat einen viereckigen Grundriß ohne Hof und Türme, im Erdgeschoß die Ställe, ein Vestibül (von wo die Treppe ausgeht) und die Küche, im Obergeschoß Salons und Schlafzimmer. Ihre Fassaden zeigen die Variationen der iberischen Architektur dieser Periode. Die andere Gruppe zeigt kastilischen Einfluß. Ihre Fassaden haben Ecktürme, ein Portal und die innere Aufteilung geschieht um einem Zentralhof herum.

In Südspanien müssen die reichen Wohnungen Nordandalusiens von den Häusern unterschieden werden, die man in Südandalusien errichtete. Hier vermischt sich jetzt die für dieses Gebiet typische Renaissance mit ihren Mudéjar-Elementen mit den kastilischen Barock-Strömungen. Im Gebiet Sevillas verwirklichen die Baumeister, die dessen traditionelle mudéjarische Ausrichtung beibehalten, in Ziegel Werke eines sehr charakteristischen Barock. Die übliche Aufteilung verwirklicht sich auf der Grundlage zweier Höfe, von denen einer das Zentrum der Komposition bildet, während sich der andere, dahinterliegende, zum Garten entwikkelt. Die Fassade weist gewöhnlich das reiche Steinportal und an den Seiten Fenstergitter und Balkone auf. Cádiz steht als Zentrale des Handels mit Amerika in einer Glanzperiode. Hier ließen sich viele Kaufleute nieder. Ein großer Teil von ihnen waren Flamen oder Genuesen, deren aktiver Handel sie großen Reichtum erringen ließ, der es ihnen erlaubte, sich großartige Wohnungen zu errichten. Wegen des beschränkten Bauplatzes im Zentrum werden Häuser mit drei oder vier Stockwerken üblich, über denen sich die Türme erheben. Von hier aus konnte man das Meer sehen, von dem der Reichtum der Stadt kam. Auf den Fassaden werden ausgedehnte geometrische Ornamente von rötlicher Farbe üblich, die mit dem intensiven Weiß des Kalks kontrastieren. Durch ihre Großartigkeit ragen die Häuser hervor, die 1686 und 1693 unter der Leitung des italienischen Architekten G. A. Ponzanelli für den Ritter Ignacio de Barrios gebaut wurden.

In Aragonien besteht der im 16. Jahrhundert entwikkelte Palasttyp mit leichten Strukturänderungen fort. Einerseits werden die Höfe, die Treppen und die Galerien vereinfacht, andererseits gestaltet man das Portal reicher und barocker und überlädt die Form der Vordächer. Als Beispiel können mehrere Paläste in Zaragoza, wie z.B. der des Grafen de Argillo, oder die Adels-Stammhäuser angeführt werden, die sich auf das ganze Gebiet verteilen. Katalonien entwickelt die Tendenzen dieser Epoche mit wenig Einfallsreichtum weiter, was ebenfalls für Valencia gilt. Hier errichtet man einen Typ der Herrschaftswohnung, der sich direkt von dem im Zentrum der Halbinsel hervorgebrachten ableitet. Jedoch entwickelt sich parallel zu diesem Typ ein anderer, vollkommen regionaler Typ, der im 18. Jahrhundert eine überaus großartige Verbreitung finden sollte.

(S. 145) N.-J.-B. Raguenet, "Place Dau
et Pont Neuf" (Ausschnitt; 1777; Paris
sée Carnavalet). Es ist der älteste ge
Platz in Paris (ca. 1610); dem geometri
Umriß mußten sich die Gebäude anp
Die Konstruktionen sind typisch für di
Heinrichs IV. und Ludwigs XIII.: M
aus Stein und Ziegel, Schiefer auf de
chern; Fassaden von klassischem Stemp
für weitere zwei Jahrhunderte typisch
ben; sie waren durch Steinreihen in vie
schnitte unterteilt, mit einer leichten R
im untersten Abschnitt, der blinde S
gänge aufwies; genauso waren die
Oberstockwerke angeordnet; die Be
tendiert später dahin, sich nach obe
vergrößern, wobei man italienischen
lagen folgte, die hier schon die Einf
gen prägen; große Fenster werden vo
zeitgenössischen Theoretikern vorgesch
um den Wohnungen Hygiene und
zu garantieren. Von Anfgang an
diese Häuser auf Veränderung bere
und wurden im 18. Jahrhundert aufges

(Oben) J. B. Martinez del Mazo, "Die Familie Velázquez" (Wien, Kunsthistorisches Museum). (Unten) Zimmer im 1610 von Lope de Vega erworbenen Haus in Madrid: die Ähnlichkeit mit der Wohnung der Velázquez, die del Mazo dargestellt hatte, tritt klar zutage.

IN FRANKREICH HAT NUR DER KÖNIG ITALIENISCHEN GESCHMACK

Daniel Alcouffe

Die Unruhen des ausgehenden 16. Jahrhunderts bringen die Architektur in Frankreich zum Erliegen. Zu Ende der Herrschaft Heinrichs IV. wird sie jedoch dank des wiedergekehrten Friedens mit großem Eifer wiederaufgenommen. Diese Tatsache ruft in dem Teil des Bürgertums, der im Lauf des 16. Jahrhunderts zu Besitz gelangt war, den Wunsch hervor, durch schöne Wohnungen seinen Wohlstand nach außen zur Schau zu stellen, während gleichzeitig die Entwicklung der vom offiziellen Merkantilismus geförderten Manufakturen die städtische Bevölkerung anwachsen läßt. Aus allen Provinzen strömen die Menschen in Paris zusammen. So vermehrt sich die Zahl der Stockwerke innerhalb der Stadtmauern. Neue Viertel für das Volk und die Vornehmen breiten sich in den Vorstädten aus.

Die Architekten des 16. Jahrhunderts hinterlassen ihren Nachfolgern die Bindung an griechisch-römische und italienische Vorbilder. Aber wenn auch die Kunst des Hofes immer großartiger und betont antiker wird, wenn die sakrale Kunst unter dem Einfluß der Jesuiten in der Zeit Ludwigs XIII. die italienischen Kirchen kopiert, entwickelt sich die Wohnarchitektur dagegen erheblich freier. Die Übersetzungen der Werke Vignolas und Palladios werden viel gelesen, aber ziemlich kühl untersucht. Man kritisiert bei ihnen mit viel gesundem Menschenverstand, daß sie den Kaminen und Öffnungen eine so geringe Bedeutung beimessen. Durch viele Werke angeregt, breitet sich ein Typ des nationalen Hauses aus, der dem Barock mißtraut und das Renaissance-Prinzip regelmäßiger Ordnung und Symmetrie beibehält, aber bei dessen Anwendung nach noch mehr Maß und Harmonie sucht.

Unter dem hohen Dach, das von den großen französischen Kaminen beherrscht wird, zeigt sich die Aufteilung der Fassade sehr deutlich, in einigen Häusern ganz einfach durch die regelmäßige Verteilung der Fenster, während die Ausgewogenheit der Proportionen und der von Italien übernommene Anblick der Öffnungen und der Bogenrundungen genügt, dem Auge zu gefallen. Dieselbe Wirkung wird durch die Aufnahme griechisch-römischer Elemente, der Pfeiler und Säulen, die "dem übrigen Maß und Ordnung geben" (François Blondel), und der Kranzleisten mit antiken Motiven erzielt. Tatsächlich ist die Architektur bis zur Mitte des 19. Jahrhuderts zu einer Ornamentik verurteilt, die im wesentlichen von antiken Reminiszenzen bestimmt ist. Wenn sie sich im 16. Jahrhundert auch zu stark durchzusetzen versuchte, so wird sie nun diskreter angewandt.

Während die Suche nach dem schönen harmonischen Effekt zu Übertreibungen, bei den großen Gebäuden

dieser Epoche zu erkünstelten Schöpfungen neigt, erringt man beim mittleren Haus natürlichere Erfolge. Aber auch hier opfert man den Plan der Fassadenanordnung, die dem Gebäude “aufgeklebt” wird. Die Zwischenstockwerke und die gräßlichen Nebenausgänge sind dunkel. Die unbequeme Aufteilung der Wohnung des reich gewordenen Bürgers entspricht ebenfalls der Vorliebe für die Symmetrie: Die viereckigen Räume stehen alle miteinander in Verbindung, und den Luftzug hat man in Kauf zu nehmen, da alle Türen auf derselben Achse angebracht sind.

Zum Ausgleich dafür sind die Türen und die andern schließbaren Öffnungen Gegenstand kostspieliger Sorgfalt. Ein Vetrag, der in Paris “am Nachmittag des zweiten Tages des Januars des Jahres Tausendsechshunderteinundsiebzig” zwischen dem Maler Philippe Desnois, wohnhaft Rue du Figuier, und dem Handschuh- und Parfumhändler Jean Delaistre, wohnaft Rue St. Anthoine, geschlossen wurde, gibt darüber bestens Auskunft. Meister Philippe verpflichtet sich Monsieur Delaistre gegenüber, “ihm zweimal in gelber Ölfarbe alle Fensterrahmen, Gestelle, Treppengeländer und Türen und gleichzeitig die Verschlüsse der beiden Läden und andere Dinge”, wobei er “Farbe und Öl mit allem notwendigen Werkzeug und Material” zu stellen hatte, für die Vergütung “der Summe von neununddreißig Livres zu streichen”, eine Summe, die durchaus nicht unbeträchtlich war. Es ist klar, daß es sich vor allem um den Wunsch handelte, durch auffällige Farbe, die durch das dick aufgetragene Öl noch mehr in Erscheinung trat, “eine gute Figur zu machen”. Dafür liefert ein anderes Pariser Dokument einen noch besseren Beweis; es wurde am 30. Mai 1643 von dem Tischlermeister Jean Chrestien als Konstenvoranschlag vorgelegt für “die auszuführenden Schreinerarbeiten in den zwei Wohnungen von Monsieur Victor Edler de Chauray”. Mit der vom Mittelalter überkommenen Genauigkeit setzt die Akte fest “erstens”, daß “zu machen sind drei Durchfahrt-Türen von ca. zehn Fuß (3,248 m) Höhe mit Einlaßtüren von sechseinhalb Fuß (2,106 m) Höhe, mit elf Türfüllungen, jede hinten mit dem Andreas-Kreuz bedeckt, eine dieser Türen von acht Fuß zwei Zoll (2,646 m) Breite und die beiden andern von sieben Fuß acht Zoll (2,484 m) Breite.” Sie müßten sich erweisen als “geschmückt mit Kranzleiste, Friesen, einem Querbalken mit Bekrönung. Auf dem Fries wird ein Blattrelief oder ein anderes Ornament angebracht, und über der Bekrönung wird zwischen den beiden Flächen dieser Türen das gleiche Ornament wie auf der Kranzleiste sein. Oben an der Bekrönung wird es einen Zierrahmen mit dem Namenszeichen darin geben. Dieser Zierrahmen dedeckt die Verbindung des Ornaments auf der Bekrönung der Kranzleiste. Das Holz des Ornaments, des Frieses, der Bekrönung und der Querbalken wird die notwendige Höhe und Dicke haben und in allem den von Monsieur de Chaurais unterzeichneten Zeichnungen folgen. Diese Türen werden von diesem Herrn gegen Rechnung mit 110 Livres das Stück, d. h. 330 Livres für alle drei bezahlt.” Weiter “sind auch zu machen Holztüren von eineinhalb Zoll (0,040 m), von sechs Fuß (1,994 m) bis sieben Fuß (2,268) Höhe und von drei Fuß (0.972 m) bis drei Fuß, acht Zoll (1,188 m) Breite, geleimt und eingepaßt mit Schlüssel und Keil. Es werden sichtbare Stangen oder Glasrahmen an diesen Pforten angebracht, die der genannte Herr de Chauray wünscht, in der Mitte derselben eine kleine Schiebetür. Diese Türen werden bezahlt: jene mit den sichtbaren Stangen oder Glasrahmen gegen Rechnung mit zehn Livres und die andern gegen Rechnung mit neun Livres das Stück. Weiter “sind zu machen Fenster mit sechs Fensterflügeln, sechs Glasrahmen und sechs inwendigen Fensterrahmen, diese Fensterrahmen zusammenlegbar und geschmückt mit sechs Flächen jeder”; es folgen die Maße und die Preise. Schließlich “sind zu machen andere Fenster von zweieinviertel Fuß (0,729 m) Breite zwischen den beiden Gestellen, was mit den Falzen zwei Fuß sieben Zoll (0,837 m) Breite macht, die gezahlt werden gegen Rechnung mit dreißig Sou pro Fuß. Diese Fenster werden von gleicher Qualität wie die andern oben aufgeführten sein.” Wie man sieht, interessierten nur die Maße, die Preise und vor allem die Ornamente. Vielleicht war die Haltbarkeit eingeschlossen und die gute Ausführung ein frommer Wunsch. Immerhin, vergleicht man die Ausgaben für die Schreinerarbeiten mit denen des Anstreichers, erscheint der Unterschied der Summe beträchtlich.

Zu den klassischen Regeln zurückkehrend, muß man anmerken, daß der Bevölkerungsüberschuß indessen ihre Einhaltung nicht immer erlaubte. Zahlreich sind die Häuser von drei bis fünf Stockwerken, die mehr in die

Die Grande-Rue in Richelieu (Indre-et-Loire). 1625 entscheidet sich Kardinal Richelieu, erst seit kurzer Zeit an der Spitze der Regierung, den ererbten Rittersitz im Poitou umzugestalten; sechs Jahre später erlaubt ihm der König, bei seiner Burg eine Festungs-Stadt zu erbauen, deren Bewohner sich besonderer Steuerprivilegien erfreuen sollten. Da ihnen das Baugelände geschenkt wurde, lassen sich Lokalbeamte und Geldleute aus allen Teilen des Reiches überzeugen und werden 1633 Eigentümer von 28 gleich großen Grundstücken (78 mal 19,5 m) an der zukünftigen Grande-Rue, mit der Auflage, dort nach einem vom Minister vorgeschriebenen Entwurf auf eigene Kosten gleiche Häuser zu erbauen. Es sind sehr nüchterne Gebäude aus verputztem Naturstein, die durch weiße Steinbänder gestützt werden; die Schieferdächer weisen Mansardenfenster mit bogenförmigen oder dreieckigen Tympana auf; das Erdgeschoß umfaßt eine Wageneinfahrt, Küche, Flur und Stall; der erste Stock 2 Zimmer und eine Garderobe; nach hinten ein Hof mit Brunnen und dahinter ein Garten. 1635 ist die Grande-Rue fertig; in den Nebenstraßen entstehen ähnliche, aber niedrigere Häuser. Obwohl die Besitzer der größeren Häuser diese nicht selbst bewohnen, ist die Stadt 1642 bevölkert; 20 Jahre später scheint sie schon ausgestorben. Es war eine künstliche und nutzlose Schöpfung; aber sie kann sich rühmen, mit zehn Jahren Vorsprung die Anordnung von Versailles, wie sie Ludwig XIV. wünschte, vorgebildet zu haben.

*46) Haustypen aus der Zeit Ludwigs XIII. Der
ınende Klassizismus akzentuiert die Regelmäßigkeit,
i man immer mehr auf die launenhafte
ımetrie der Spätgotik verzichtet; gleichzeitig wächst das
ühen, dem Kompositionszentrum der Fassade, also
Eingang, größte Bedeutung beizumessen. Die
den, obwohl sie immer stärker mit Pfeilern,
eldächern und andern Dingen versehen
en, verdanken ihre Eleganz vor allem den wunderschönen
fer-Dächern. Die Seitenflügel, die manchmal vorstehen,
en Eingangshof zu umschließen, geben dem Bauwerk eine
ıdere Wärme und stehen im offensichtlichen
nsatz zum verschlossenen Mißtrauen italienischer Paläste.*

Portal eines Wohnhauses in der Rue de Fouarre in Paris aus dem letzten Viertel des 17. Jahrhunderts. Im 17. Jahrhundert durchdringt der klassische Geist auch die Hochburg der mittelalterlichen Tradition, das Quartier Latin, wie es dieser wunderbare Eingang beweist. Dieser Typ erscheint häufig in den Bauwerken der Zeit. Auf der Place Dauphine (S. 145) begnügte man sich damit, schönes Baumaterial dafür zu verwenden, jetzt wünscht man auch eine Ornamentierung: Schmiedeeisen, einige Rosetten, Einfassungen und am Portal, einem wahren Bravourstück, aus Fratzen, Kartuschen und Girlanden gebildete Linien wie in Versailles. Manchmal umgeben auch Bogen wie dieser, nur größer, das Fenster eines Zwischenstockwerks; hier öffnet sich ein Ochsenauge, das den Korridor beleuchtet, der auf die Treppe führt.

Sessel aus Nußbaum im Louis-XIII.-Stil (89 cm hoch, 61 breit, 45 tief) im Musée des Arts Décoratifs in Paris. Im 18. Jahrhundert führen die großen Kragen der Herren- und Damenmode zur Aufgabe der Sessel mit hoher Rückenlehne, und man verwendet Exemplare wie dieses nach spanisch-flämischer Vorlage, die fast breiter als hoch sind und eine strenge Linienführung aufweisen. Um die entstehenden Wohnungen schnell einzurichten, macht man weiten Gebrauch von der Drechselarbeit, einer schnellen und leichten Holzverarbeitungsweise, die die Schnitzdekoration überflüssig macht.

Höhe als in die Breite, wenig solide und oft aus Holz gebaut sind und wo vier Zimmer auf jeden Treppenabsatz kommen. Die Handwerker wohnen gewöhnlich in zwei Räumen, die der ganzen Familie dienen und oft nicht einmal zusammenhängen. Diese Arbeiterwohnungen sind in den Händen der Hauptmieter, die die Miete festsetzen und bei ihrer Einziehung ebenfalls gut an sich selbst denken. Der Bürger wird zum Unterhalt der Straßen, der öffentlichen Beleuchtung und der Befestigungsanlagen sowie zur Unterbringung der Kriegsleute herangezogen. Daher versuchen die ärmeren Leute, durch häufiges Umziehen niedrigere Mieten zu erzielen, die sie nur in den Vorstädten finden können.

Das vom heutigen Belgien eingenommene Gebiet ist Schauplatz der gleichen Konfrontation zwischen nationalen Baugebräuchen und italienischen Einflüssen, aber das Ergebnis ist sehr verschieden.

Das städtische Leben war in diesem Gebiet im 15. Jahrhundert und in der ersten Hälfte des 16. hervorragend, so daß die Wohnarchitektur tief von dem Wohnungstyp gezeichnet ist, der sich jetzt in gotischer Umwelt entfaltet. Er paßt ausgezeichnet in das Land, und die Baumeister sind darauf bedacht, in ihren Werken auch den Fortschritt zu berücksichtigen. Diese einfache und vernünftige Art zu bauen, deren Erfolg auch im 18. Jahrhundert noch andauert, ist durch das System der Utluchten gekennzeichnet: unter einem hohen Giebel

Gillis van Tilborgh (ca. 1625-1678?), "Familien-Gruppe" (Rotterdam, Museum Boymans - van Beuningen). In seinen Wohnungsplänen unterscheidet Le Muet (s. S. 152) Wohnzimmer, Schlafzimmer, Garderobe usw.; aber in Wirklichkeit blieben die Bestimmungen im 17. Jahrhundert noch unklar: häufig empfing man im Schlafzimmer, und manchmal befand sich das Bett in irgendeinem Raum. Dieses flämische Wohnzimmer aus der Jahrhundertmitte ist den französischen aus der gleichen Zeit sehr ähnlich. Über dem großen Kamin hängt ein Bild mit einem Ebenholzrahmen; die Wandtapete ist aus Seide; der Tisch ist mit einem Orient-Teppich bis zum Boden herunter bedeckt; die Lampe ist vom herkömmlichen Typ, der von van Eyck im "Hochzeitsbild des Arnolfini" (London) unsterblich gemacht wurde. Einen großen Teil dieser Möbel findet man auch in Frankreich wieder, das sie aus Holland einführte; das gilt auch für die "Cabinets", die jedoch schon seit 1635 von Pariser Handwerkern hergestellt werden. Jedoch gelangen "Cabinets" wie dieses hier links unter dem andern Bild sichtbare mit Intarsien aus Schildpatt, Elfenbein oder Gebein auf Ebenholz erst gegen 1650 in die französische Hauptstadt.

Nußbaumsessel im Louis-quatorze-Stil (118 mal 64 mal 60 cm) im Musée Carnavalet in Paris. Die Aufgabe der gestärkten Kragen der vorhergehenden Epoche und der Wunsch nach einer feierlicheren Haltung bestimmen vor allem die Unterschiede zu dem auf S. 148 abgebildeten Sessel; die Einzelheiten jedoch und vor allen Dingen der kurvenlinige Verlauf der Armstützen, der Beine und der unteren Verstrebung sind von dem in der Holzverarbeitung erreichten Fortschritt bestimmt. Sessel dieser Art konnten Vergoldungen aufweisen, entweder durch einige Goldfäden oder auf der ganzen Oberfläche des Holzes.

3) Gonzales Coques, "Lernbegieriger Jüngling und Mädchen am Clavicembalo" Kassel, Gemäldegalerie). Seit ungefähr 1660 kommt in Frankreich Flandern zu dem eher zurückhaltenden Mobiliar die lebhafte Dekoration ände. Hier haben wir Goldleder vor uns, das Spanien und Holland in reichem n das Frankreich des 17. Jahrhunderts einführten; jedoch schon zu Ende rhunderts produzierte man es auch in Paris, während Colbert die tion von Gobelins in Lyon und in Tours ankurbelte. In den bescheideneren ngen waren die Wände statt mit Leder oder Seide mit Tapeten "aus Bergamo" rt, die man aus dem Ausschuß von Stoffen erhielt. Die Stühle zeigen das stem der Polsterung durch einfache Kissen, die auf das Holz gelegt wurden; hon setzte sich das feste System durch mit der von Riemen nen Roßhaar-Füllung und dem am Rahmen befestigten Bezug (rechts).

Hôtel des Jean-Baptiste Lully in Paris. Nachdem er 1661 musikalischer Intendant und Komponist des Königs geworden war, investierte auch der italienische Meister nach dem Brauch der Zeit so viel Geld wie er hatte in unbewegliche Güter. Von Daniel Gittard ließ er sich zwei Häuser bauen, dieses in der Rue des Petits-Champs, wo er mit seiner Familie wohnte, und ein anderes daneben, das er vermietete. 1671 entstanden, dem Gründungsjahr der französischen Akademie der Architektur, deren Mitglied Gittard sofort wurde, zeigt das abgebildete Bauwerk klar die offiziellen Theorien der Epoche: von Pilastern unterteilt, die häufiger als die Säulen verwendet wurden, erscheint es durch die überlegte Unterteilung der Füllungen und Öffnungen, durch das Sich-Abwechseln von glatten Oberflächen und geschmückten Flächen trotz seiner begrenzten Ausmaße majestätisch. Die Rustika im Erdgeschoß muß dem Besitzer besonders teuer gewesen sein, da sie ihn an sein Geburtsstadt Florenz erinnerte. Der Innenraum wurde durch Bon de Boullogne ausgeschmückt. Seine Fresken sind jedoch vollständig verschwunden.

bilden die übereinanderliegenden Fensteröffnungen vertikale Utluchten, die durch einen schmalen Zwischenraum voneinander getrennt sind. Diese wahren Glaskäfige bieten zur gleichen Zeit den engen Rahmen, dessen der dekorativ-phantasievolle Künstlergeist dieses Landes zu seiner Zucht und Ordnung bedarf. Sie entdecken mit Enthusiasmus in den italienischen Formen neue Ausdrucksmöglichkeiten, die ihrem Wunsch nach Originalität entsprechen. Der Zwischenraum zwischen den Fenstern verbreitert sich, um einen Pfeiler aufzunehmen. Im 17. Jahrhundert lernen die Architekten der südlichen Niederlande, daß die Pfeiler und Säulen nicht nur Ornamente sind, sondern daß sie eine tragende Rolle für ein Gesims oder eine Arkade spielen können. Die klassische Ordnung muß sich an das System der Utluchten gewöhnen, um angenommen zu werden. Der italienische Einfluß kann das mittelalterliche Konzept des Hauses nicht ändern.

Für Frankreich ist das 17. Jahrhundert ein grand siècle auch in der Einrichtung: Damals bildete sich der immense Vorrat, der in einem dauernden Auf und Ab, aber dennoch in klarer Beständigkeit auf einem sehr erwählten Niveau die Antiquitäten-Märkte unserer Nachkriegszeit belieferte. Doch fehlte es auch vorher schon – mindestens seit 1850 – nie an Liebhabern und Sammlern dieser Barock-Stücke.

(Unten) Paris: Haus Le Ménestrels, 1670 Schatzmeister des "Conseil des Bâtiments du Roi", harmonische Konstruktion in der Rue de Richelieu.

Die Frage, die sich vernünftige Menschen stellen, ist die: Wie kann die für ein relativ beschränktes Publikum (das französische des 17. Jahrhunderts und wenige Ausländer) bestimmte Produktion so viele Exemplare hinterlassen haben, so daß heute in fast jedem eleganten Haus auf der ganzen Erde einige davon zu finden sind? Wenn die Tatsache der zahlreichen Fälschungen auch bestehen bleibt, so ist es um nichts weniger wahr, daß die Mode in der Einrichtung schon im 17. Jahrhundert eine Rolle spielte und vollständige und häufige Neueinrichtungen auch in den Bürgerhäusern verursachte, genauso wie das in den folgenden Jahrhunderten der Fall war. Ihr konservativer Geist führte die Franzosen dazu, eine großen Teil dessen, was ausrangiert wurde, auf dem Dachboden aufzustapeln.

Das Besitzinventar der Jeanne Elisabeth Le Vau, das am 20. April 1682 nach dem Tod der Besitzerin aufgenommen wurde, gibt unter anderm einen Begriff davon, was man alles in einem der verschiedenen Räume einer Wohnung der Pariser Mittelklasse jener Zeit ansammeln konnte. Das Appartement befand sich auf der Ile Saint-Louis. Die verstorbene Besitzerin war die Tochter des Architekten François Le Vau und Frau des Jean Rillart, Obersteuereinnehmer und Rentmeister des Klerus unter Ludwig XIV. Folgende Möbel richteten den "Saal neben dem Studierzimmer des besagten Herrn Rillart" ein:

Die Aufzählung beginnt mit "einen Tisch und zwei runden einfüßigen Tischen; der genannte Tisch ist mit einer Schublade versehen"; es folgen die Schätzpreise, die wir übergehen. Dann "acht Stühle und acht Sessel aus Nußbaum, bedeckt mit einer tiefgrünen Brokatmöbeldecke, der Sitz und die Rückenlehe sind mit Stoff und Fransen aus mehrfarbiger Seide überzogen"; "ein großer Spiegel aus venezianischem Glas von ca. dreißig Zoll (0,810 m) Höhe und vierundzwanzig (0,648 m) Breite, mit einem Rahmen und Aufsatz aus schwärzlichem Holz, mit Täfelchen aus Goldleder bedeckt, und mit einer Schnur aus Seide und falschem Silber geschmückt"; "ein großer Schrank (cabinet) aus Nußbaum mit Elfenbein-Fäden"; "ein Cembalo auf einem Fuß von schwärzlichem Holz mit chinesischer Farbe bemalt"; "ein Vorhang aus Goldleder in fünf Stücken, die den ganzen Saal umgeben"; "ein weiterer doppelter Vorhang aus grünem Leinen"; "ein großes Gemälde, auf Leinwand gemalt, mit einem Goldrahmen, das Gladiatoren darstellt"; "ein anderes Gemälde, das einen Turm, und schließlich ein kleines Bild, das eine Landschaft darstellt, ebenfalls mit Goldrahmen"; "acht Steingut-Vasen von verschiedener Größe und eine mit Bronze überzogene Gipsfigur".

Was das "Studierzimmer des besagten Herrn Rillart" angeht, so werden des Inventars würdig erachtet: "eine kleine Feuerpfanne auf zwei Böcken, Schaufel, Pinzette und Zange aus Schmiedeeisen"; "ein Schreibtisch aus Eichenholz mit zwei Schubladen mit einem grünen Überzug und ein kleines Tischchen aus Nußbaum"; vier Stühle und vier Sessel aus gedrechseltem Nußbaum, zwei kleine Schemel aus dem gleichen Holz mit gelbem

Haus des Malers Jacob Jordaens in Antwerpen. Es liegt in der Rue Haute, einer der ältesten Straßen der Stadt nahe beim Hafen; hier wurde Jordaens auch geboren (1593). 1616 zog der Künstler in ein anderes Haus in derselben Straße um, und 1639 kaufte er sich ein drittes danebenliegendes Haus; einige Jahre später erbaute er sich nach eigenen Plänen diesen kleinen Palast, nachdem die beiden Nachbarhäuser zerstört waren. Von allen Zentren der Niederlande war Antwerpen das für die italienische Renaissance offenste, wie es schon 1565 das von C. Floris entworfene Rathaus beweist: ein halbes Jahrhundert später zeigen die aus Italien zurückgekehrten Rubens und der Architekt J. Franquart die Dynamik des Barock, die sich durch die für die Flamen typische Überfülle an pittoresken Effekten auszeichnet. Im Portikus der Wohnung, die sich Rubens erstellte, war die Angleichung an Barock-Motive vollständig; Jordaens übernimmt davon Balustraden, Pilaster, Falze, Büsten, Vasen, Voluten, Fruchtkörbe, die sich in überreichem Maße in den Reliefs finden und die ständige Licht-Schatten-Spiele hervorbringen, die ihrerseits wiederum von der glücklichen Komposition reguliert werden, die persönlichen Ideen entspringt (sichtbar z. B. im Tympanon an Stelle der Giebelfassade) und das Ergebnis rettet. Der Innenraum beherbergt noch zahlreiche Gemälde des alten Hausbesitzers; im 18. Jahrhundert wurden sie im Verlauf von tiefgreifenden Veränderungen zum großen Teil entfernt; durch sehr gute Restaurierungen wurden sie haltbar gemacht.

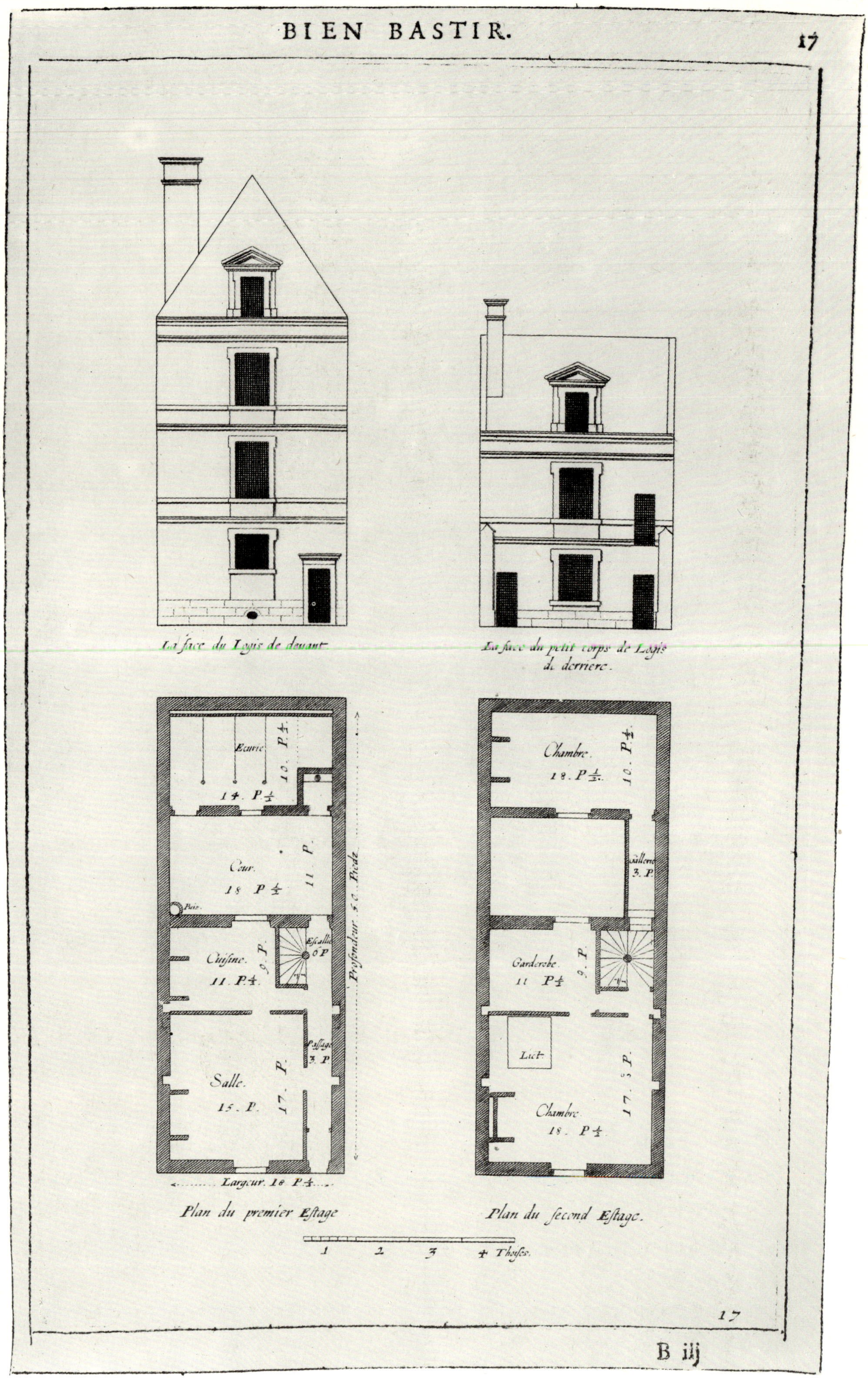
BIEN BASTIR.
17
La face du Logis de deuant
La face du petit corps de Logis de derriere
Escurie
14. P. ½
10. P. ½
Cour.
18 P ½
11 P.
Puis
Escallie 6 P
Cuisine.
11. P. ¼
9. P.
Passage 3 P
Salle.
15. P.
17. P.
Profondeur 50 Piedz
Largeur. 18 P. ¼
Plan du premier Estage
Chambre.
18. P. ½.
10. P. ½
Gallerie 3. P.
Garderobe.
11 P. ½
9. P.
Lict
Chambre.
18. P. ¼
Plan du second Estage
1 2 3 4 Thoises.
17
B iij

Haus aus dem späten 17. Jahrhundert in der Rue Sainte-Catherine in Brüssel. Dem Charakter der Stadt gemäß läßt die Annahme der Renaissance die gotischen Traditionen nicht vergessen, die sogar in der Baustruktur beibehalten werden. Italien ist, so kann man sagen, mehr als alle andern Länder durch die geschickte Anwendung der Ideen Serlios präsent. Serlio schlägt vor, das System des Balkengerüstes durch die Einfügung langer Leerflächen neben starken Akzenten zu beleben: die Simse über den Fenstern und der gebogenen Öffnung im vierten Geschoß unterbrechen tatsächlich in glücklicher Weise die monotone Aufteilung des Prospektes. All das findet auch im Werk der örtlichen Theoretiker wie Hans Vredeman de Vries eine Erklärung, dessen Modellsammlungen (zu Ende des 16. Jahrhunderts herausgegeben) die italienischen Themen in Motive übersetzen, die auf das Wesentliche zurückgeführt sind; und gerade die wachsende Bedeutung, solcher Giebelfassaden-Modelle erscheint hier sehr klar, vor allem in den Voluten, die das Stufen-Profil der Front abschließen sollen. Ende des Jahrhunderts verringern sich die Stufen, entwickelte Voluten treten auf; dann gliedern auch sie sich in ein Spiel von Kurven ein.

52) Entwurf für ein Wohnhaus, geplant für ein s 20 m langes und 6 bis 6,50 m breites Gelände: aus bhandlung Pierre Le Muets über die iere de bien bastir pour toutes sortes de personnes", 1647 ris erschienen. Die Tafel gibt die Vorderfassade links), die Hinterfassade (oben rechts), den Grundriß Erdgeschoß (unten links) mit Wohnzimmer, e, Hof und Stall und den des ersten Stocks rechts) wieder mit einem Zimmer an der Fassade), der Garderobe neben der Treppe und dem Korridor.

und rotem Brokat und zwei andere Schemel mit Fadenbrokat und grüner Wolle überzogen"; "ein großer Ruhesessel aus gedrechseltem Nußbaum mit einem weißen Überzug mit roten und schwarzen Blumenmotiven, ein Kissen mit dem gleichen Überzug, das mit Federn gefüllt ist"; "ein kleines Bett mit hohen Beinen aus Nußbaum ... der Aufsatz dieses Bettes ist mit Vorhängen und Überzügen aus Seidenbrokat in gelben und roten Blumen und mit Fransen und Läufern aus mehrfarbiger Seide versehen"; "ein kleiner Tisch aus Nußbaum mit einer Schublade und einem gedrechselten Säulenfuß und ein kleiner Schrank aus demselben Holz mit vier verschließbaren Schubladen"; "ein zweitüriger Schrank ebenfalls aus Nußbaum mit Eisenscharnieren, auch er ist mit einem Schlüssel abzuschliessen, ein Bücherschrank aus weißem Holz mit vier Fächern und ein anderes Brett zur Aufnahme von Büchern"; "ein Glasspiegel im venezianischen Stil mit einem Rahmen aus Nußbaum von achtzehn Zoll (0,486 m) Höhe und zwölf (0,324 m) Breite, mit einer Seidenschnur versehen"; "vier Stück flämische Wandteppiche mit Gemüsemustern"; "ein großer Fenstervorhang aus Kattun".

Bei einigen Stücken in beiden Räumen, wie dem Tisch mit gedrechseltem Säulenfuß, haben wir es wahrscheinlich mit überkommenen "Stücken" aus früheren

Generationen zu tun; aber die Schränke, die Spiegel, die Möbel in chinesischer Manier und verschiedene andere Teile sind mit ziemlicher Sicherheit Stücke der neuesten Mode.

Um eine solche Fülle zu erklären, muß daran erinnert werden, daß wir auf einen wesentlichen Faktor stoßen. Jede Zeit kannte prunkvolle und nützliche Möbel; mit Ludwig XIV. aber entstand ein Hof-Mobiliar, das mehr von der Idee des Luxus als von der der Nützlichkeit getragen war. Der monarchische Absolutismus führte die wohlbekannte Etikette und die ebenfalls bekannten und verwickelten "Präzedenzen" ein. Daher entsprach zum Beispiel ein bestimmter Sessel einem Würdenträger oder er tat es nicht; erst in zweiter Linie war es interessant, ob er über eine Rückenlehne verfügte oder nicht: All das hing von Normen ab, die das Gewicht einer Staatsfrage annahmen. In einer solchen Vorstellungsordnung mußte sich jedes Möbelstück als niemals fehlendes und unersetzliches Stück in einen streng vorgeschriebenen Zusammenhang einfügen.

So übten innerhalb kurzer Zeit und dank einer günstigen Konstellation die Vorbilder des Hofes ihren Einfluß auf die Möbelherstellung des gesamten Königreichs aus, bis hin zur bescheidensten Bürgerwohnung. Daraus erklären sich Länge und Reichtum des Inventars der Madame Rillart wie auch vieler anderer Zeitgenossen und Nachfahren sowie die spätere Reichhaltigkeit des Angebots für den Antiquitäten-Markt.

*

Erasme de Bie, "Place de Meir en Anvers" (ca. 1650; Antwerpen, Musée Royal des Beaux-Arts). In der Entwicklung von Antwerpen im 16. Jahrhundert ist die empirische Stadtplanung wichtiger als ästhetisches Interesse; als die Place de Meir in einem Volksviertel entstand, nahm sie einen eleganten Aspekt an. In der zweiten Hälfte des 16. Jahrhunderts hatten die niederländischen Baubehörden die Holzhäuser verboten: in Flandern benützte man daher Ziegel, in Brabant Stein. Dennoch lebte die dreieckige Front der Holzhäuser an den Fassaden mit den nach zwei Seiten hin abfallenden Dächern fort, und sie ist es, die den offensichtlich gotischen Charakter des Platzes bestimmt.

In Highgate, der nördlichen Vorstadt Londons, erhebt sich auf der Spitze des Hügels von Hampstead bei der ehemaligen Wohnung Arundels in Hornsey Lane dieses 1637/38 erbaute Haus (dessen schöne Linien im Zweiten Weltkrieg ein wenig gelitten haben). Es ist als Cromwell House bekannt, obgleich es keine Beziehung zu dem berühmten Diktator hat. Im Innern befindet sich eine großartige Eichentreppe mit geschnitztem Geländer, die typisch für das 17. Jahrhundert ist.

JOHN DRUMMOND

DIE ENGLÄNDER ENTDECKEN ANDREA PALLADIO

Kein anderes Jahrhundert der englischen Geschichte erlebte so radikale Veränderungen wie das 17. Es begann mit Elisabeth I., die den Thron noch innehatte, und dem Tudor-Adel, der noch immer das Steuer des Staates in den Händen hielt, und schloß mit der Regierungsfrom, die sich bis heute erhalten hat. In der Zwischenzeit gab es die Gegensätze zwischen Krone und Parlament, Bürgerkriege, Königsmord, Diktatur der Puritaner, religiösen Fanatismus, Unterdrückung in Irland und Schottland, Wiederherstellung der Stuart-Herrschaft, wirtschaftliche und militärische Auseinandersetzungen mit den Niederlanden und schließlich die sogenannte "Glorreiche Revolution" (1688) mit der Wiedereinführung der religiösen Toleranz, der Pressefreiheit und der parlamentarischen Regierung.

Die Veränderungen waren auch in der Architektur tiefgreifend und verursachten eine Aufeinanderfolge von Stilen, die zeitlich nicht sehr gut unterschieden sind. Sie sind zum Teil mit den politischen Vorgängen und den sich aus ihnen ergebenden fremden Einflüssen, zum Teil mit zufälligen Fakten verknüpft wie der Seltenheit des Holzes und dem großen Brand Londons von 1666.

Die ersten vierzig Jahre des Jahrhunderts entwickeln sich unter der "jakobianischen" und "nachelisabethanischen" Führug. Die Pracht des späten 16. Jahrhunderts gilt jetzt fast als Verirrung, vor allem in der Innenausstattung. Es war die Zeit Jones'.

Obwohl von niedrigster Herkunft, konnte sich Inigo Jones (1573-1652) mehrere Male in Italien aufhalten, zuerst von 1597-98 und dann noch einmal als künstlerischer Berater von Lord Arundel 1613-14. Es besteht noch seine Abschift der "Vier Bücher der Architektur" von Palladio mit zahlreichen eigenen Randbemerkungen, die beweisen, wie sorgfältig er Palladios Zeichnungen der antiken Monumente mit den Originalen verglich und wie er sich dem eingehenden Studium der Bauwerke Palladios hingab, die dieser im Veneto errichtet hatte. Zwischendurch wurde Jones als Hofregisseur und Hersteller von Bühnenbildern, Theatermaschinen, Kostümen und Ausstattungen der berühmteste Bühnenbildner auf den britischen Inseln. 1615 erhielt er den Ruf als Intendant der königlichen Oper. Diese Stellung hatte er bis zum Bürgerkrieg inne. Wegen seiner zeichnerischen Begabung, die einige noch bestehende Blätter bezeugen, seiner Vielseitigkeit seiner Aufträge und der erhaltenen Dankschreiben, des Erfolges und der Resonanz der von ihm formulierten Ideen ist seine Karriere mit der Berninis vergleichbar. Er hätte dessen Ruhm verdient und wohl auch erhalten, wenn es das puritanische Element nicht gegeben hätte, das die Eng-

Zeichnung (1725) aus dem "Vitruvius Britannicus", der seit 1717 vom schottischen Architekten Colon Campbell veröffentlichten Sammlung. Hier ist das Haus des Lord Carlton in Amesbury (Wiltshire) abgebildet: Fassade und Grundrisse des Erdgeschosses (links) und der Beletage (rechts). Das Gebäude wird fast unvermeidbar Inigo Jones ("Inig Iones inv.t") zugeschrieben; tatsächlich entstand es 1661, als der berühmte Baumeister schon neun Jahre tot war; es ist in Wahrheit von John Webb (1611-1672) erbaut, der von 1628-52 Schüler und Assistent Jones' war und der einen größeren Ruf gehabt hätte, wenn er einen großen Teil seiner Karriere nicht im Schatten des Meisters verbracht hätte, obwohl er seit 1648 selbständig arbeitete. Wie Raynham Hall (s. S. 159) zeigt auch das Haus des "Right Honourable" Lord Carlton irgendwie anmaßende Formen: eine Mischung aus dem von Jones verwirklichten aber schon degenerierten Palladianismus und dem späteren Stil Wrens mit dem Pavillondach; die Rustika, die sich bis zum ganzen ersten Stockwerk erhebt, scheint eine Vorliebe Webbs gewesen zu sein. Der kleine Palast wurde 1834 von Grund auf erneuert.

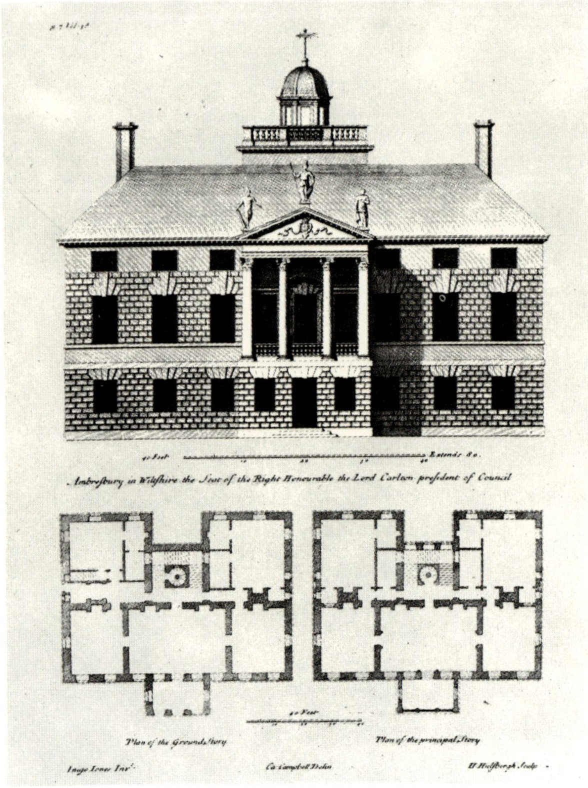

länder veranlaßte, Ausübung und Hochschätzung der Künste als in gewisser Weise sündhaft zu betrachten: Wenn andere Gründe gefehlt hätten, so hätte die Liebe zur Kunst schon genügt, den leidenschaftlichen Sammler Karl I. zu enthaupten.

Wie viele andere Engländer sich auch schon nach Italien gewandt und die Überreste der Antike und die Renaissance-Bauwerke bewundert haben mögen, ohne die Palladios und seiner Kollegen zu übergehen, so war Jones doch der erste, der sie von Grund auf verstand.

Es gibt nur wenige sicher auf Jones zurückführbare Gebäude, und sie sind unserem Thema fremd. Diese Tatsache trifft auch für das Queen's House zu, das dennoch hier abgebildet wird, um zu zeigen, welche unerhörte Neuheit das Auftreten seiner klassischen und kubischen Formen in einer Welt wie der englischen gewesen sein muß, die noch im wesentlichen gotisch war.

Während sich Hof und Adel den architektonischen Stil Palladios und vor allem seine Interpretationen durch Inigo Jones und seiner Nachfolger zu eigen machten, schauen die Londoner Kaufleute und die Puritaner der südlichen Grafschaften nach Holland. Unter Karl I. entsteht daraus ein Stil, der ohne weiteres "holländisch" genannt wird. Sein charakteristischstes Zeichen ist der "Holborn gable", ein Giebeldach-Typ, der erstmals um 1619 herum erscheint, wie aus einer Zeichnung John Smythsons hervorgeht. Dieser Typ wurde mit gutem Effekt in der Raynham Hall verwirklicht, die auch wegen ihres gewölbten Satteldaches bekannt ist. Es wird von zwei Kurven gebildet, der unteren konkaven und der oberen konvexen. Doch begegnet man dem "holländischen" Stil vor allem in sehr bescheidenen Bauwerken; Raynham Hall ist eine Ausnahme.

Daneben (verwandt und gleichzeitig) gibt es eine andere Tendenz, die in neuerer Zeit von James Lees-Milne wiederaufgegriffen wurde. Man kann sie flämisch-klassizistisch nennen, wenn sie sich auch nicht so sehr von Flandern und noch weniger vom eigentlich typischen lateinischen Raum, sondern von Ligurien ableitet; sie kam aber über Rubens und sein Buch über die "Paläste von Genua" nach England. Ihr unterscheidendes Merkmal ist das Zeltdach mit weiten Dachtraufen und Dachfenstern und bei den vornehmeren Konstruktionen eine Balustrade auf dem Dach selbst um eine zentrale Kuppel herum, die als Laterne die darunterliegende Halle erleuchtet, wo sich der Treppenaufgang befindet. Die Hauptvertreter des flämisch-klassizistischen Stils sind Peter Mills (ca. 1600-1670), dem Thorpe Hall zugesprochen wird, und Sir Roger Pratt (1620-1684).

Der berühmteste englische Architekt, Sir Christopher Wren (1632-1723), war nie in Italien, doch stieß er bis nach Paris vor. Vor allem beschäftigte ihn die Wiederherstellung der St. Paul's Cathedral und anderer 52

John Smythson war mit ziemlicher Sicherheit der Sohn Roberts, eines genialen Baumeisters aus der Provinz, dessen Name als Planer und Konstrukteur sich mit einigen unter den großen elisabethanischen Wohnungen verbindet. Auch John entwarf und erbaute wichtige Bauwerke unter Jakob I. (Bolsover Castle in Derbyshire usw.). Um 1618 nach London gekommen, sah er im alten Stadtzentrum in Holborn dieses erst vor kurzem fertiggestellte "Haus der Lady Cooke" und gab es in dieser Zeichnung wieder (London, Sir Banister Fletcher Library). Smythson mußte vor allem von der hohen Fassade beeindruckt gewesen sein, die vorher in keinem Winkel des Königreichs zu sehen war und die in der Folgezeit daher "Holborn gable" genannt werden sollte. Durch dieses Element begann die weitgehende Aufnahme holländischer Einflüsse auf den britischen Inseln. Ein anderes Unterscheidungsmerkmal dieses neuen Stils sind die sehr akzentuierten klassizistischen Fenstereinfassungen. Das "Bay-window" über zwei Stockwerke, ein altes elisabethanisches Motiv, sollte später aufgegeben werden.

Kirchen Londons, die durch den Brand von 1666 zerstört waren. Wir erwähnen ihn hier wegen seines enormen Einflusses, den er in dieser Übergangsperiode ausübte, als sich die Stile dauernd überstürzten, auch wenn die allgemeine Tendenz zum Klassizismus vorherrschte. Diese Übergangszeit umfaßte die Jahre von der Restauration von 1660 bis zum Tod der Königin Anna 1714. Sie entspricht gerade der Zeit des intensivsten Wirkens Wrens. Wenn es überhaupt einen englischen Barock gibt (was einige bestreiten), identifiziert er sich gerade mit der Wrenschen Produktion, weiter mit Nicholas Hawksmore (1661-1736), Sir John Vanbrugh (1664-1726) und vor allem mit Thomas Archer (1668-1743).

Doch die mittleren Wohnungen dieser Zeit zeigen tatsächlich selten barocke Elemente. Noch weniger kann man sie mit den Stilen in Verbindung bringen, die als "carolean", "William and Mary" oder "Queen Anne" bezeichnet werden. Doch bieten sie immerhin einige Besonderheiten, die sich in Ermangelung geeigneterer Termini unter dem Etikett "Wrenscher Stil" zusammenfassen lassen. Es sind Häuser, deren Plan sich mehr um den häuslichen Komfort als um eine schöne Erscheinung kümmert. Im übrigen ähneln sie jenen, die aus dem oben erwähnten flämisch-klassizistischen Stil entstanden sind. Doch wenn wir uns nach rückwärts wenden, mischt sich der Stil Palladios eines Inigo Jones mit der Einfachheit des gleichzeitigen "holländischen" Stils, trotz der häufigen von der jakobianischen Zeit ererbten Spitzfindigkeit. Schauen wir nach vorn, so können wir sie als wirkliche Vorläufer des Landsitzes der georgianischen Ära betrachten.

Praktisch handelt es sich um Gebäude von rechteckigem Grundriß und einer symmetrischen Vorderansicht. Das Erdgeschoß ist nach den Geboten Palladio-Jones' fast ganz auf die Funktion des Kellers beschränkt oder überhaupt nicht für Wohnzwecke gedacht. Gewöhnlich gibt es zwei wichtige Stockwerke, jedes mit sieben Öffnungen in der Fassade, von denen die mittlere auf Bodenhöhe den Eingang bildet, häufig in klassischer Manier durch Säulen und Freitreppen erhöht. Eine besondere Note kann auch die Mitte der Front mit den drei leicht vorgeschobenen Fensteröffnungen annehmen, die oft ein Tympanon aufweisen, das glatt oder auch mit

(S. 159) Vedute und Grundriß des Erdgeschosses von Ray
Hall in Norfolk (ca. 1635). Der Architekt des Gebä
in dem sich eigenartig aber gekonnt verschiedene Stile vermische
unbekannt. Es wurde für Sir Rogers Towns
einen Architektur-Liebhaber, errichtet und
Zeit als ein Werk Inigo Jones' betrachtet; heute denkt man
an seinen Nachfolger Webb; der monumentale Palladianismus eri
an beide, wenn er sich auch mit holländischen Elem
vermischt (vor allem die "Holborn gables" über der Fassad
ist gerade diese Verquickung, die das Bauwerk charakter
Darüber hinaus fügte William Kent im 18. Jahrhu
weitere Veränderungen hinzu, wie die "englis
Fenster und den Eingang an der hinteren Fassade (in un
Grundriß abgebildet), was es noch schwieriger m
zu bestimmen, wer dieses Gebäude wirklich entworfe

Das aus der Stuart-Epoche stammende Zimmer im Greffrye Museum in London. Die Einrichtung (1668) entspricht der eines Zimmers der zeitlich früheren "Pewterers' Hall": ein typisches Beispiel für den Stil Christopher Wrens, eines Literaten, Mathematikers und Astronoms, der die zweite Hälfte der Stuart-Periode beherrschte, nachdem er sich erst spät der Architektur gewidmet hatte. Beachtenswert ist die Decke mit dem besonders robusten Stuck, der mit der nüchternen Form und Ornamentik der Möbel übereinstimmt; besonders die Ornamentik steht zur prunkvollen Überladenheit der Elisabethanischen Ära im Widerspruch.

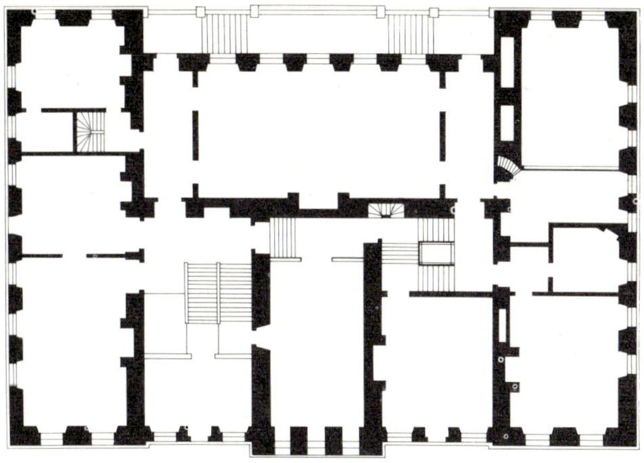

; der ersten Stadtplanungs-Periode Londons, die dem Covent Garden entspräche und unter Inigo Jones verwirklicht wurde 30/31), besteht praktisch nichts mehr. Die zweite Periode (1637-41) entspricht der Great Queen Street und den Lincoln's Inn Fields; das einzige vollständig ıltene Gebäude ist dieses (unten), das später Lindsay House genannt wurde. Seit dem 18. Jahrhundert wurde es für ein Werk von Jones selbst gehalten, heute schreibt ıan es meistens Nicholas Stone (1586-1647) zu, der auch andere Arbeiten für den ersten Besitzer von Lindsay House, Sir David nyngham, ausführte. Es ist das älteste noch bestehende Beispiel eines "Terrace-house", s als integrierender Bestandteil eines großen Organismus, einer Platzanlage, geplant war. Im Verlauf der Zeit wurden efgreifende Änderungen vorgenommen, vor allem infolge der Unterteilung des Gebäudes in zwei selbständige Teile.

Prospekt (oben) und Grundriß (unten) von Eltham Lodge in Bromley (London), von Hugh May entworfen. Im Gefolge der mit der Restauration zurückgekehrten Monarchisten setzte sich der "holländische Palladianismus" in England durch. May war ein Exponent dieses Stils, der Stein mit Ziegel kombiniert.

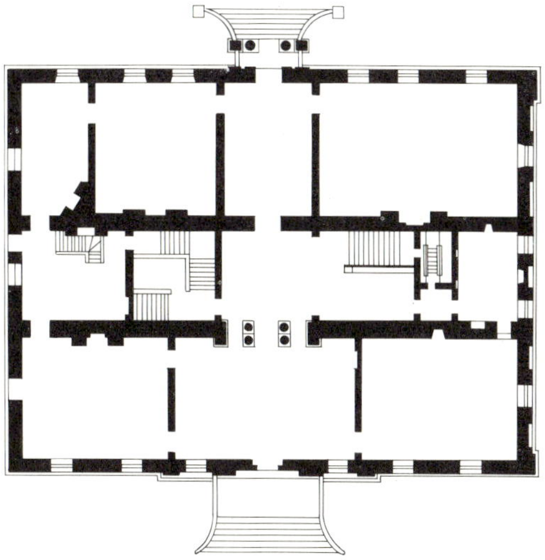

einem heraldischen Zeichen geschmückt ist. Das üblichste Baumaterial bilden die Ziegel. Hausteine werden für die Kordongesimse gebraucht und Rustika für die Ecken des Risalites und der seitlichen Fassadenstücke. Das Zeltdach ging zunächst in die Dachtraufen, später vornehmlich in eine Brüstung über. Hier öffneten sich die Dachfenster, um dem Boden Licht zu geben. In den größeren Gebäuden erscheint das schon beschriebene Schema wieder, mit der Halle im Zentrum und dem Treppenaufgang unter der Kuppel-Laterne. Es können sich zwei anliegende Flügen anschließen.

Die Fenster nehmen gegen 1685 eine neue Besonderheit an: Sie werden von Rolladen in "englischer Art" geschlossen. Der größte Teil der "barocken" Häuser konnte sie sofort annehmen, während in den früheren Konstruktionen die alten Strebefenster erst ersetzt werden mußten.

Das Fenton House in Hampstead (London) ist ein interessantes Beispiel für das britische Haus im "holländischen" Stil Nach den Eigentümlichkeiten dieses Stils entstand es 1693 in Ziegelstein mit Steinbändern, die seine Horizontale betonen; der Grundriß ist praktisch rechteckig (doch ist auch das Schema mit an zwei Seiten vorspringenden Flügeln ziemlich verbreitet) mit Ausnahme des leichten Vorsprungs des Zentralkörpers, der von einem Tympanon beherrscht wird, das seinerseit wieder das Tympanon über dem Eingang aufnimmt; das Pavillondach fällt zu den Dachrinnen ab (mit einem Gelände rechts, das die späteren vorwegnimmt, die sich um das gesamte Dach ziehen sollten): sieben traditionelle Öffnungen in jedem Stockwerk des Prospekts (es ist ebenfalls typisch, daß sich drei von ihnen in den vorgebauten Körper befinden); Fenster mit "sarazenisierenden" oder "englischen" Merkmalen; Mansardenfenster im Dach, um dem Boden Licht zu geben. Linien von bemerkenswerter Einfachheit, denen in der Ausführung des Inneren und in der Einrichtung ein nicht weniger nüchterner Geschmack entspricht, der auf die "commodité" Wert legt, die die französischen Theoretiker im folgenden Jahrhundert feiern sollten

Zu den wenigen sicher von dem großen Inigo Jones entworfenen Bauwerken gehört der Pavillon de Königin, das Queen's House, das 1618 in Greenwich (London) begonnen wurde. Gewiß hande es sich nicht um ein mittelständisches Haus, aber es ist vielleicht das typischste Wer Jones': das, welches durch seine Erscheinung und wegen der nach klassischen Vorschriften vereinfachte Formen in einer Umgebung, die noch von gotischen Prinzipien beherrscht war, am stärksten a Novum ins Auge fallen mußte. Der nüchternen Geometrisierung Jones' verdankt die englisch Architektur ihre Eigenart, aus der zweihundert Jahre später die Tendenzen hervorgehen sollte die bis heute noch das Fundament für die Wohn-Architektur der ganzen Welt bilde

Charles F. Montgomery Jr.

DIE VORAUSSETZUNGEN FÜR DIE MODERNE IN NORDAMERIKA

H. Stoessel, "Vedute von Neu-Amsterdam" (1660); 1968 von den Parke-Bernet Galleries zum Verkauf angeboten. Der ursprüngliche Kern des heutigen New York – "Based on Dutch Records", gibt das Blatt die in holländischer Weise errichteten Häuser im unteren Teil von Manhattan wieder.

Als die ersten Siedler gegen 1600 an den Küsten Nordamerikas landeten, wurden sie nur von Wäldern, ein wenig offenem Land, einigen Indianer-Siedlungen und den Ureinwohnern selbst begrüßt, die ihnen oft feindlich gesinnt waren. Die Siedler brachten Werkzeug und Kleidung (beides oft ungeeignet für das Land und das Klima), anscheinend unerfüllbare Hoffnungen und ein Bild eines neuen Lebens und Glückes mit, das erst verwirklicht werden mußte. Obschon viele der Siedler ihr Heimatland verlassen hatten, um religiösen Verfolgungen und wirtschaftlicher Not zu entgehen, sah die neue Welt, die sie aufbauten, bald in Charakter und Umgebung dem Land sehr ähnlich, von dem sie gekommen waren, also dem, was für sie die "Heimat" bedeutete.

In Jamestown, Virginia, und in Plymouth, Massachusetts, scheinen die Häuser, die sie errichteten, um sich vor der Strenge der ersten Winter zu schützen, Zelte, überdachte Erdlöcher oder niedrige Bauwerke aus Grasplacken, Zweigen oder Baumrinde gewesen zu sein. Stroh wurde zum Dachdecken benützt und Fenster (mit Ausnahme von Ölpapier) gab es nicht. In Massachusetts folgten diesen Typen bald einräumige Lehm- und später Blockhäuser. Um 1640 herum bezogen die reicheren und unternehmenderen Bewohner der Küstenstädte zweistöckige Schindelhäuser mit mehreren Räumen, die überall, wo sie gebaut wurden, den gleichen Grundstil in der inneren und äußeren Architektur sowie in der Einrichtung aufwiesen.

1642 waren die Bedingungen auch für die Kolonisten schon weit besser; Johnson schreibt: "Dem Herrn hat es gefallen, all die Wigwams, Hütten und Schuppen, in denen die Engländer nach ihrer Ankunft wohnten, in ordentliche, gediegene und gut gebaute Häuser umzuwandeln, von denen viele wohl möbliert sind." Gegen Ende des 17. Jahrhunderts scheinen nach der Beschreibung von Robert Beverly die Häuser in Virginia nahezu palastähnlich gewesen zu sein: "Die Wohnhäuser sind in letzter Zeit sehr verbessert worden. Verschiedene Herren dort haben sich große mehrstöckige Ziegelhäuser mit mehreren Räumen in jeder Etage errichtet. Ja, es gibt sogar einige Steinhäuser; aber sie trachten nicht danach, sie hochzuziehen, da sie genügend Baugrund haben. Hin und wieder werden sie von starken Winden heimgesucht, die turmartigen Gebilden schaden könnten. Sie versuchen immer, große Räume zu haben, damit diese im Sommer kühl seien. In der neuesten Zeit haben sie ihre Stockwerke erheblich höher als früher gezogen und ihre Fenster breit gemacht und mit Kristall-Glas geschlossen. Drinnen richten sie ihre Wohnungen mit reichem Mobiliar ein. All ihre grobe Arbeit, wie Kochen, Waschen, Milchverarbeitung usw., wird in Räumen verrichtet, die vom Wohnhaus getrennt sind, das dadurch kühler und sauberer gehalten werden kann."

Der vorherrschende Stil war eine Kombination von Elementen des Mittelalters und der Renaissance. Er war charakterisiert durch schwere Rechteckigkeit und Interesse an zweidimensionalen Fassaden, wobei besonderer Wert auf horizontale Unterteilungen gelegt wurde. Im französischen Kanada herrschten steil abfallende Dächer und überhängende Dachrinnen vor. Doch die Gesamtkonstruktion war eher flach, und die Veranda gab ihr einen horizontalen Akzent. Das Mobiliar dieses Gebietes wies häufig schwere, erhabene Schnitzerei von kraftvoller Natur auf, die den bäuerlichen Hintergrund der Siedler widerspiegelte.

Wenn nicht gerade diesen aus Kanada, so fehlte es

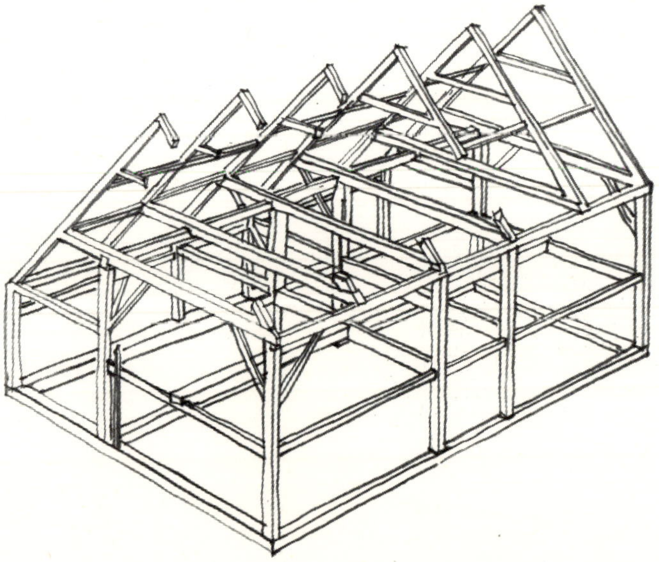

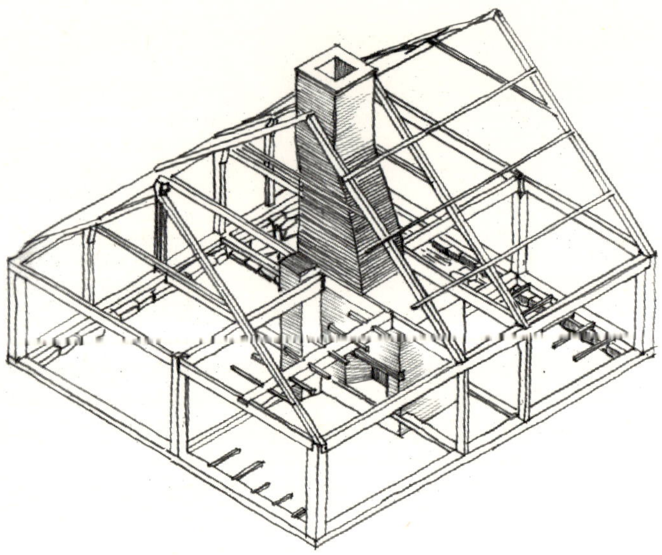

den in Massachusetts verbreiteten Möbeln sicher nicht an Bewunderern. 1686 bemerkt ein Besucher in Ipswich, Massachussetts: "Meine Wohnung war so vornehm, und das Mobiliar paßte so gut hinein, daß meiner Ansicht nach sich der König selbst oft mit einer schlechteren Unterkunft zufrieden geben muß."

Die Kolonie von New York, die bis 1664 zu Holland gehörte, spiegelte die Architektur dieser Nation wider, wenn man dabei auch bedenken sollte, daß ihre Bewohner um 1643 achtzehn verschiedene Sprachen sprachen.

Die Häuser Neu-Englands, Neu-Spaniens und Neu-Schwedens folgten im allgemeinen den mittelalterlichen Stilveränderungen, die in den Ausgangsländern begründet wurden.

Das Mobiliar war in allen Gebieten in Quantität und Formverschiedenheit beschränkt. Die Stühle wurden als Symbole der Autorität betrachtet, daher besaßen die meisten Haushalte nur einen. Alle, außer dem Familienoberhaupt, begnügten sich zum Sitzen mit Schemeln oder Bänken. Schwere Tische, gewöhnlich aus Eiche, mit gehauenen oder gedrechselten Füßen, Schränke zur Aufnahme und Ausstellung der Gegenstände, Wiegen und Betten mit hohen und niedrigen Füßen bilden die Liste der gebräuchlichen Möbel für die Mitte des Jahrhunderts. Gegen 1700 kamen kleine Tische, Tische mit Einlegarbeiten, Toilettentische und Bibel-Kassetten hinzu, jedoch nur in den eleganteren Häusern. Das Repertoire an Stuhlformen schloß um 1700 Stühle mit gedrechselten Beinen, mit horizontal oder vertikal gestabten Lehnen und solide getäfelten Rückteilen und solche die mit gewebtem Stoff oder Leder gepolstert waren, ein. Schränke und Truhen waren mit aufgesetzten Zierleisten und mit Metallbeschlägen versehen, mit bunten Aufsätzen sowie mit floralen Schnitzmotiven.

Gerüste kleiner zwischen dem 16. und 19. Jahrhundert in Nordamerika entstandener Holzhäuser (oben). Die angewandte Technik ist in vieler Hinsicht der für die Schiffskonstruktionen der gleichen Zeit ähnlich; sie erforderte einen hohen Grad an Fähigkeit für die Montage. Die Außenwände wurden meistens mit Schiefer (der häufiger dem Dach vorbehalten war) (s.S. 163) oder mit Platten aus Holz bedeckt; die Innenwände waren entweder zwischen den Hauptelementen verputzt, oder mit gehobelten vertikal angebrachten Platten getäfelt oder auch – im Fall reicherer Wohnungen – mit Stofftapeten tapeziert. Wegen der strengen Winter hatte man nur kleine Öffnungen. Viele Wohnungen waren in Wirklichkeit das Resultat aufeinanderfolgender, von familiären Bedürfnissen auferlegter Erweiterungen (unten): Das geschah schon seit dem 17. Jahrhundert vor allem in den östlichen Gebieten. Dieses Phänomen wird anschaulich von Moreau de St. Méry geschildert (American Journey, 1793-1798): "Zuerst baut er (der Kolonist) eine kleine Hütte aus schweren Balken oder sogar aus unbehauenen Baumstämmen. Wenn es ihm wirtschaftlich besser geht, baut er ein zweites Haus aus Schindeln mindestens doppelt so groß wie das erste. Es wird seine Küche. Schließlich baut er ein drittes, noch höher und größer und oft aus Stein. - Dann wird das zweite Haus die Küche und das erste ein Kuhstall."

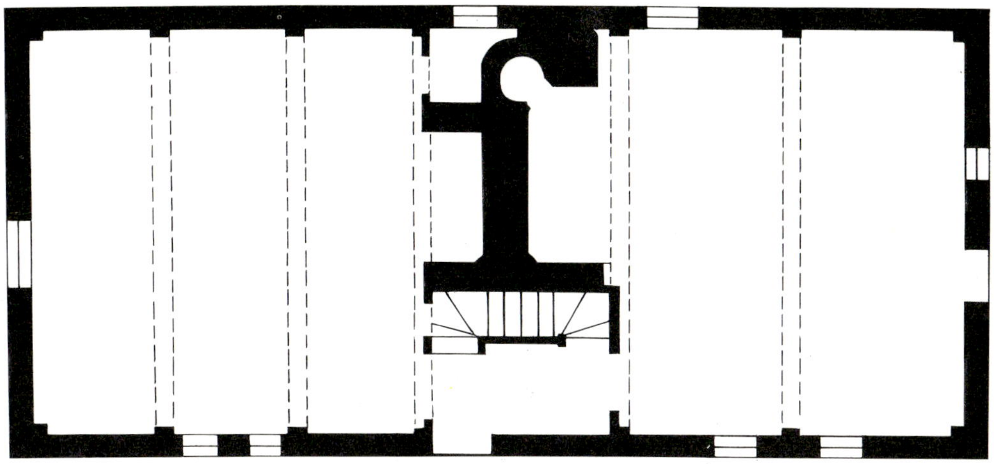

Vedute mit der Eingangs-Seite und Grundriß des Parson Carpen House, erbaut 1683 in Topsfield (Massachusetts). Das "Diary" des Reverend William Bentley (Salem, 1905-1914) berichtet 1814 über einen andern Geistlichen, den Reverend Carpen, der "das Amt über 40 Jahre ausübte" und dem das Haus den Namen verdankt, sowie über den Zustand dieses Hauses: "Dieses Haus Mr. Carpens ist fast in seinem ursprünglichen Zustand ... Es hat zwei Stockwerke, von denen das zweite vorspringt, und ein sehr steiles und hohes Dach. Die Balken und Deckenlatten sind im Inneren sichtbar gelassen ... Das Studierzimmer und die Wohnräume Mr. Emersons (des Nachfolgers von Carpen) links am Gebäude des neuen Hauses bestehen heute nicht mehr, aber ihre Überreste ... zeigen noch den ursprünglichen Stil des Bauwerks." Durch den Kamin mit seinen Pfeilern, das vorspringende zweite Stockwerk und die beschlagene Tür sowie durch die Deckenbalken (im Grundriß gestrichelt) spiegelt das Parson Carpen House den spätmittelalterlichen Stil Englands wider.

Die Töpfer stellten ihre Waren in typisch mittelalterlichen Formen her. Das gleiche taten die Zinngießer. Die Eisenarbeit, die für grobere Gefäße und Leuchter notwendig war, wurde manchmal mit Herzen, Vögeln und andern Ornamenten nach dem Geschmack des Volkes überladen. Silber wurde in sehr verfeinerter und effektvoller Form zu Ende des Jahrhunderts hergestellt. Die Silberschmiede, die schon zu den ersten Handwerkern in Amerika gehörten, wandelten die Münzen der Siedler in Kannen, Löffel, Suppenterrinen, Zuckerdosen, Humpen, Tassen, Teller und Kerzenleuchter um. Die Dekoration nahm die Form erhabener Arbeit und der Gravierung an. Holländische Fabelbücher und das orientalische Porzellan bilden die verschiedenen Quellen für diese Kunst. Solches Silber diente zu weit mehr als ornamentalen Zwecken, da die Kolonisten fanden, daß ihr Geld in der Form von Gefäßen weit sicherer und gewiß besser identifizierbar als in Münzenform sei.

Der Raum des Hart House, 1670 in Ipswich, Massachusetts, erbaut und heute im Henry Francis du Pont Museum, Winterthur (Delaware), ausgestellt, zeigt, wie viele Bestimmungen jeder Raum in den kleinen Häusern der Zeit zu erfüllen hatte. Solch ein Raum wurde als Wohnzimmer, Schlafzimmer, Eßzimmer, Küche und Vorratsraum benützt. Ein Inventarverzeichnis eines andern Raums in Ipswich von 1647 zählt folgende Gegenstände auf: "einen Tisch, drei Bänke und einen Hocker, ein Bett mit halbem Kopfende, einen Vorhang und einen Bettvorhang, ein Federbett und -kopfkissen, einen Strohsack und Wollkissen, eine weiße Decke, ein Paar Laken, einen grünen Teppich, eine andere Bettstelle und eine Matte, einen Vorhang und einen Bettvorhang, ein Zeltbett, ein Federkopfkissen, ein Paar alte Laken, zwei alte Decken und einen roten Teppich."

Anne Berendsen

DIE WOHLHABENDEN BÜRGER HOLLANDS

(Oben) Fassade von Penninckshoek (ca. 1600) in Deventer (nördliches Mittelholland). Die Stufen des Giebels zeigen einen kurvenlinigen Verlauf, der die spät-manieristischen Tendenzen offenbart. (Unten) Stadttor von Nimwegen (1660): die mit den vertikalen Linien kontrapunktierenden Steinbänder schaffen ein ausgewogenes Gleichgewicht.

Das 17. Jahrhundert bringt in Holland den Übergang von einem ziemlich pittoresken Nationalstil zu dem, was man als internationalen Klassizismus bezeichnen kann. Die Gründe für einen solchen Wandel liegen in einer im wesentlichen bürgerlichen Gesellschaft in einer Zeit großen Reichtums, großen Ansehens und großer Bequemlichkeit.

In der Zeit der intensiven Expansion Amsterdams (um 1612) war das "Voorhuis" schon zum Wohnzimmer geworden, von dem immer häufiger ein kleiner Raum für die Arbeit abgetrennt wird. Die Wendeltreppe war an das Ende einer Art Korridor gerückt, und der hintere Raum war zur Küche geworden. So hatte sich das Hausinnere verändert.

In der ersten Hälfte des 17. Jahrhunderts entwickelte sich die holländische Architektur in lebendiger und durchaus verschiedenartiger Weise. Jede Stadt – so könnte man sagen – schuf sich ihren eigenen, besonderen Stil. Zunächst waren Haarlem und Leiden noch bedeutender als Amsterdam. Lieven de Key, geboren 1560 in Gent, von Beruf Maurer (berühmt wegen des Baus der Vleeschhal, dem Fleischmarkt in Haarlem; 1602), prägte der späten manieristischen Periode seinen persönlichen Stempel auf. Sein Stil – plastisch, im wesentlichen der eines Handwerkers, der seine angeborene flämische Agilität und Markigkeit zeigt – erscheint in Haarlem und Leiden. Hin und wieder kann man auch Vorlagen von Vredeman de Vries wiedererkennen. Manche Fassade der Bürgerhäuser ist von Keys öffentlichen Bauwerken beeinflußt.

In Amsterdam war Hendrick de Keyser (1565-1622) der beherrschende Architekt und Stadtplaner. Geboren zu Utrecht als Sohn eines Tischlers und Drechslers, wurde er Schüler des Bildhauers, Architekten und Ingenieurs Cornelis Bloemaert, eines uns unbekannten Künstlers, der jedoch offensichtlich ein Universalgenie der Renaissance war. Van Mander, der italianisierende Biograph

Wohnhäuser an der Herengracht zu Amsterdam. Das zweite von links mit den sichtbaren Ziegelsteinen ist das Haus Bartolotti (s. dazu S. 167); das folgende beherbergt heute das Theatermuseum (s. hier rechts).

Das Haus Nr. 168 an der Herengracht zu Amsterdam, heute Sitz des Theatermuseums, 1638 erbaut, bildet das erste Werk des Architekten Philip Vingboons (ca. 1607-1678); die Fassade wurde schon früh verändert: vor allem wurden die kleinen Giebel weggenommen, die sich ursprünglich über den Fenstern befanden.

Das sog. "Haus der Köpfe" (wegen der ornamentalen Motive – menschliche Masken –, die auf den vorderen Gesimsen und vor allem auf den Pilastern in der Mitte angebracht sind) an einem andern Kanal in Amsterdam, der Keizersgracht. Wahrscheinlich von Hendrik de Keyser (1565-1622) entworfen, wurde es 1622 errichtet. Der obere Teil der Fassade zeichnet sich durch nur drei Stufen aus.

der niederländischen Künstler, lobt Bloemaert sehr. De Keyser wird sich ein gewisses Grundwissen über die erlernten Theorien von diesem Meister, dem "Brunelleschi des Nordens", erworben haben. Doch als er 1591 nach Amsterdam kam, arbeitete er sowohl als Handwerker als auch als Architekt, wozu ihn sein Talent durchaus befähigte. Seinem eigentlichen Interesse nach war er Bildhauer, vor allem interessierten ihn dreidimensionale Formen und Silhouetten. Die Fassaden seiner Wohnhäuser sind die des Treppengiebeltyps.

Mit der Vorherrschaft barocker Formen werden die Treppengiebel im Verlauf des Jahrhunderts seltener. Um 1630 herum begann die klassizistische Periode in den Niederlanden, in der man die italienischen Vorlagen frei interpretierte. Künstler und Amateure entfernen sich immer mehr von den ausführenden Handwerkern. Sie schließen sich in Schulen zusammen, die wegen ihrer – oft hochtrabenden – Zurschaustellung ihres Lerneifers hervorstechen. Diese Veränderung wurde zuerst in der Architektur sichtbar, bevor sie auch auf die Malerei übergriff. Jacob van Campen (1595-1657) kann als der erste

große Architekt dieser Periode betrachtet werden. Das Rathaus in Amsterdam (jetzt Königspalast) und das heute zerstörte Haus des berühmten Mäzens und Kunstkenners Constantijn Huygens im Haag gehören zu den bekanntesten Beispielen seiner Tätigkeit.

Nach ihm nahm Philip Vingboons (1607/8-1678) die Führungsrolle unter den Amsterdamer Architekten ein. Nach dem von van Campen ausgeführten "dramatischen" Stil schuf Vingboons Häuser, die Eleganz und Komfort miteinander verbanden. Da man in dieser Zeit nur noch wenige neue öffentliche Gebäude benötigte, wandten die berühmtesten Baumeister ihre ganze Aufmerksamkeit den Wohnhäusern für die reichen Kaufleute zu. Weil diese Häuser für Kaufleute gebaut wurden, benützte man ein hohes Souterrain als Lagerraum. Daher waren die Treppen, die zu dem Vordereingang führten, hoch. Im Hochparterre gab es immer noch ein kleines Kontor, und unter dem Dach war ein großer Speicher als weiterer Lagerraum eingerichtet.

Im Verlauf der Zeit wünschte man kühnere Formen. Auf die Fassaden mit einfachen oder nunmehr gelegent-

(Links) Haus Bartolotti an der Herengracht zu Amsterdam (s. S. 166). Monumental-Konstruktion von Hendrik de Keyser: heute in zwei Teile aufgeteilt, wie man an den Eingängen sieht. Es ist von einem Stil geprägt, der erheblich weniger vom Klassizismus durchtränkt ist als er im "Haus der Köpfe" (S. 166) in Erscheinung tritt, und ist noch in glücklicher Weise dem traditionellen Geschmack verbunden.

(Rechts) Das Doppelhaus im Kloveniersburgwal Nr. 29 in Amsterdam, erbaut von Justus Vingboons (tätig von 1650-1670), dem Bruder des bekannteren Philip, für die Brüder Louis und Hendrik Trip. Von Anfang an war das Haus für zwei Familien geplant, wie die Anordnungen der Eingänge beweist; auch das Innere ist in zwei absolut identische Teile unterteilt: das geht so weit, daß die Mittelfenster der Fassade durch Trennwände der Achse entlang geteilt waren. Die kanonenförmigen Schornsteine wollen an die Gießereien der Trips erinnern. Heute ist das Bauwerk Sitz der Königlichen Akademie der Wissenschaften.

(S. 169) "Vedute der Herengracht zu Amsterdam" (Amste
Sammlung Six), gemalt von dem treuen Nachbildne
Stadtansichten aus dem Holland des 17. Jahrhunderts,
Adriaensz Berckheyde (1638-1698). Im Unterschied zu dem
gezeigten (S. 166f.) erscheinen die hier dargestellten Häu
klassizistischen Stil, der sich durch das Fehl
Stufengiebel und eine vollkommene Symmetrie auszei

Alte Photographie der Wijnstraat in Dordrecht, einer an alten Wohnhäusern reichen Straße, unter denen das zweite (von links) mit der schönen, von robusten Pilastern unterbrochenen Fassade besondere Aufmerksamkeit verdient. Die Pilaster sind mit massiven Blumengewinden aus Stein verbunden, die von der Statue eines nackten Kindes beherrscht wird; ihretwegen ist das Haus als "Haus des Ungezogenen" bekannt. Das Bauwerk entstand 1630-53 nach Plänen von Pieter Post.

Rekonstruktion des von Victor de Stuers (1874) lebensgetreu gemalten Ganzenmarkt in Utrecht. Hier sind die eindrucksvollen gotischen Häuser und Holzbauten so dargestellt, wie sie um 1660 ausgesehen haben müssen, in dem Jahr, auf das diese vorgestellte Vedute zurückgreift.

Haus Huydekoper, Nr. 548 am Singel, dem an Wohnhäusern reichen, Amsterdam durchziehenden Fluß. Dieses wurde 1631 nach den Plänen Philip Vingboons' erbaut. Der Stich gibt seine Hauptfassade mit der leichten Stein-Rustika wieder, die nach den Original-Plänen nur teilweise ausgeführt ist; in der Tat wurde die Fassade nicht in ihrer ganzen Breite errichtet, und das Ergebnis entspricht der alten holländischen Tradition. Bemerkenswert ist die schon exquisit "rationale" Form der Fenster.

lich abgetreppten Giebelschrägen folgen Voluten- oder Schweifwerkgiebel. Sie waren oben leicht einwärts gebogen, und ihr Umriß erinnert an den Nacken und die Schultern eines Menschen.

Vingboons sah sich oft gezwungen, die die Pilaster betreffenden architektonischen Gesetze in ganz und gar unorthodoxer Weise anzuwenden, da seine Fassaden zu wenig Fläche boten. Manchmal ersetzte er die Pilaster schon durch einfache Lisenen. Ein typisches Charakteristikum seiner Bauweise bestand darin, den mittleren Fassadenteil vorzuziehen. So erzielte er einen guten Kontrast der Stockwerke untereinander und schuf auch eine Erleichterung für die Benützung des Flaschenzuges, der die Güter zum Speicher emporbefördette. Die engen "Kragen" der von ihm entworfenen Fassaden werden von Stützen flankiert, zwischen denen sich ein ovales Fenster befindet, das dem Speicher Licht gibt. Der architektonische Wert dieser Stützen besteht darin, die sonst zu hohen Giebel optisch zu verkürzen.

In den sogenannten Vingboons-Fassaden wird kein bewußt akzentuierter horizontaler Effekt angestrebt. Manchmal begründet dagegen die Hinzufügung eines aufstrebenden Mittelteils der Fassade einen weiteren vertikalen Effekt. Wenn Vingboons überhaupt Natursteine an den Fassaden der bedeutenderen Häuser anbrachte,

Das Rijnlandhuis an einem der Kanäle in Leiden. 1612 von Lieven de Key nach der alten gotischen Tradition mit dem Stufengiebel erbaut; die Ornamentik der Fenster bildet jedoch einen unübersehbaren manieristischen Akzent, der den angeborenen antiklassizistischen Tendenzen de Keys entsprechen mußte; in der Tat führt der Architekt schon zu einem so frühen Zeitpunkt eine Note einer äußerst launenhaften Asymmetrie ein.

Schrank mit vier Türen (Mitte des 17. Jahrhunderts, Utrecht, Sammlung Brom), aus Ebenholz, das in seiner Glätte das Licht widerspiegelt und ein ständiges Spiel von Licht und Schatten hervorruft, das von den kleinen Einfügungen aufgenommen wird: daraus ergibt sich ein Komplex, der durch einen typischen Wechsel von Tönen charakterisiert wird, auch wenn der Gesamteindruck eher schwer ist. Die Aufnahme von Motiven aus der "großen" Architektur, der man schon in der gotischen Einrichtung begegnete, ist auch hier zu bemerken: zum Beispiel in den soliden Halbsäulen im oberen Teil.

belebte er das Ganze durch horizontal eingefügte Holzbalken. Auch bei großen Doppelhäusern sind so dennoch horizontale Effekte zugegen.

Das Innere der vom ihm gebauten Häuser ist komfortabel und überrascht immer wieder durch seine praktischen Lösungen. Manchmal hält er an dem alten Voorhuis fest, manchmal plant er schon einen zentralen Korridor. Die Wendeltreppe wird zu geraden Treppenhäusern mit Absätzen umgewandelt, die manchmal durch eine Glasampel beleuchtet werden. In dieser Weise ersetzt man die häusliche Einfachheit, die von einem Pieter de Hooch und andern auf so vielen Gemälden dargestellt wird, durch eine irgendwie feierliche Eleganz, die aber dennoch immer eine Übereinstimmung mit der alten Bequemlichkeit zu verwirklichen sucht.

Neben Vingboons übte auch Adriaan Dortsman durch seinen Plan für das Haus des Mäzens Jan Six (1666) großen Einfluß aus. Nach diesem Beispiel wurden stattliche Fassaden mit geraden Gesimsen gebaut, die von einer geraden Balustrade gekrönt und von Lisenen an den Seiten getragen wurden. Bei einer so errichteten Fassade war nur der Eingang besonders hervorgehoben. Nur wenige Fenster wurden angebracht. Der Wunsch nach einem imposanten Effekt erwies sich als stärker als der nach einer guten Beleuchtung des Innenraums. Das Resultat ist daher recht mäßig, und die Gegner bespöttelten

Die schmale Fassade dieses Wohngebäudes in Haarlem, 1637 erbaut, zeigt trotz ihrer noch typisch gotischen Anlage Einflüsse des klassizistischen Stils, die sich schon in den verkleinerten Dimensionen des Stufengiebels und in den ornamentalen Motiven auf den Steinelementen duchzusetzen beginnen.

(Oben rechts) Pieter Janssens, genannt Elinga, "Holländischer Innenraum" (ca. 1670; Frankfurt, Städelsches Kunstinstitut). Vielleicht besser als jedes andere aus derselben Zeit gibt dieses Gemälde einen genauen Eindruck der äußerst eleganten Ordnung (die hier, so möchte man sagen, von der Geometrie des Fußbodens noch betont wird), die in den holländischen Bürgerhäusern des 17. Jahrhunderts herrschte. Der Reichtum zeigt sich in der großen Zahl der Bilder, in der Qualität der wenigen Möbel und in der Sorge um Kleinigkeiten (es genügt für all das der Hinweis auf den Fußboden, der wie in andern ähnlichen Bildern aus schönen Fliesen aus Delft gebildet wird).

Die "Kleine Straße" von Vermeer, das berühmte Gemälde m Rijksmuseum in Amsterdam. Man nimmt an, daß die Vedute die ist, die man vom Haus des Künstlers an der Voldersgracht in Delft aus sehen konnte und daß das Gebäude rechts 1661 niedergerissen wurde, um dem Sitz der t.-Lukas-Gilde Platz zu machen. Es handelt sich mit Sicherheit um ein sehr bescheidenes Haus, das wahrscheinlich ins 16. Jahrhundert zurückgeht oder möglicherweise noch lter ist und das im Lauf der Zeit verändert wurde, wie es die mit Ziegeln zugemauerten Bogen über den Fenstern annehmen lassen; die Fensterläden sind dagegen ziemlich "modern". Auf jeden Fall hatte es keine so raffinierten Räume wie die von Eliga oder von Vermeer selbst gemalten.

Hausfassaden (Beginn des 17. Jahrhunderts) am Kanal Rapenburg, dem malerischsten unter all den vielen, die das Wohngebiet von Leiden durchziehen, und berühmt auch deshalb, weil sich an ihm das Geburtshaus Rembrandts und die Mühle seines Vaters befanden. Die beiden Fassaden gehören im weiteren Sinne zum Voluten-Typ, der sich nach den gotischen Stufengiebeln durchsetzte. Der Hauptkörper des Giebels wird bei beiden Häusern von gehauenen Ornamenten barocken Stils flankiert. Aber das, was die beiden wahrscheinlich vom gleichen Architekten stammenden Fassaden charakterisiert, ist das sichtbare Bemühen um eine reziproke Harmonie, dadurch erreicht, daß die eine Fassade als nahezu spiegelverkehrte Wiederholung der andern ausgeführt wurde und daß die Hell- und Dunkeltöne so verteilt wurden, daß die erste fast als das "Negativ" der zweiten erscheint.

Eine andere Fassade mit Volutengiebel (1671) in s'Hertogenbosch, die aber gigantische Pilaster aufweist. Die vertikalen Elemente sind aus sichtbar gelassenen Ziegelsteinen, von denen jeder 2 mal 9 Zoll (ca. 5,4 mal 24,3 cm) groß ist, ein in der Bauweise dieser Zeit sehr häufiger Maß, ähnlich wie die Verwendung der Backsteine von fünf Schichten pro Fuß (32,5 cm).

die so verwirklichten Bauwerke als "Wände mit Löchern darin". In diesen Häusern war das Voorhuis zu einem Vestibül geworden. Ein anderer großer Architekt von gleichem Rang war Steven Vennekool, auch wenn er trotz seines großen Aufstiegs, der fast dem seines Meisters glich, zu keiner klar erkennbaren Autonomie gelangte.

Die Innenräume der ersten Hälfte des 17. Jahrhunderts bilden einen der großen Höhepunkte holländischer Schaffensfreude. Die Eichentäfelung an den oben geweißten Wänden, Marmor- oder Steinquadereinfügungen in wenigen Schattierungen von Blau und Weiß oder Rot und Weiß, strahlende, getäfelte Decken in natürlicher Holzfarbe oder in Rostrot oder Grün werden in das diffuse Licht, das durch den oberen Teil der Fenster eintritt, getaucht. Die Bilder werden hoch an den Wänden angebracht, um dieses Licht auszunützen. Die Eichenmöbel zeigen selten die prächtigen Dekorationen, die im 16. Jahrhundert üblich waren. Die Ornamente werden dagegen jetzt vorwiegend für die Kanten gebraucht und sind im ganzen selten.

Doppelhaus, Nr. 23 und 25 am Kanal Spaarne in Haarlem. Im 17. Jahrhundert entstanden, zeigt es eine so enge Verwandtschaft mit den von Lieven de Key entworfenen Wohnhäusern, daß es nach den Plänen des bekannten Architekten erbaut sein könnte. In der überreichen Verwendung von Steinelementen erkennt man tatsächlich dessen heitere Vitalität wieder.

G. Opresco - P. Petresco

AUF DEM BALKAN LEBEN KAUFLEUTE UND HANDWERKER WIE LANDBESITZER

Viele reiche Familien verlegten im 17. Jahrhundert ihren Wohnsitz nach Arbanassi, einer sehr eleganten Stadt bei Turnovo (Nordbulgarien), und errichteten sich Häuser wie dieses, das den Constantsalis gehörte; sein Erdgeschoß (Grundriß unten) weist Öffnungen von noch evident gotischem Charakter auf.

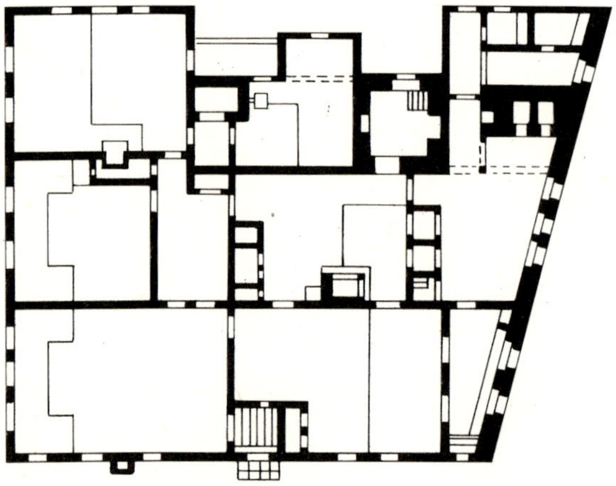

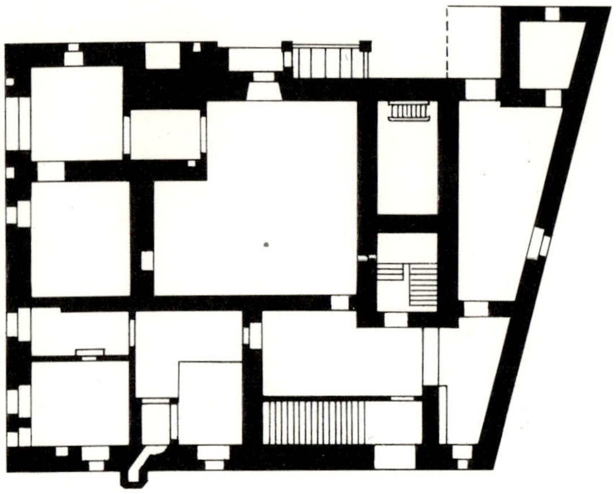

Die Entwicklung des europäischen Südostens hängt mit dem Verfall des ottomanischen Reiches zusammen, der jedoch erst mit dem Frieden von Karlowitz (1699) seinen Anfang nimmt. Nichtsdestoweniger wachsen die dortigen Städte schon während des 17. Jahrhunderts an Zahl und Ausdehnung. Der florentinische Geschichtsschreiber A. M. del Chiaro bemerkt bezüglich des runden Stadtplans von Bukarest und seiner 50.000 Einwohner, daß die Zahl der Einwohner durchaus nicht der "ungeheuren" Ausdehnung dieser Stadt entspricht, daher gibt es nur selten Häuser, die Kaufleuten und Handwerkern gehören; eins ist weit vom andern entfernt, wobei jedes über einen Garten mit vielen Obstbäumen verfügt, der das Ganze heiter gestaltet.

Offensichtlich bestehen die alten Traditionen der ländlichen Bauweise fort: das kann man in verschiedenen rumänischen Zentren – über Bukarest hinaus in Tîrgovişte, Cîmpulung, Hermannstadt, Kronstadt, Arges und Suceava – wie in einigen bulgarischen feststellen. Hier bieten besser erhaltene Beispiele in Samokov ein sicheres Zeugnis für die unbedeutende Höhenentwicklung und den beständigen Gebrauch des Holzes, typisch bodenständige Charakteristiken.

Immer noch in Bulgarien gleichen die großen Häuser bei Turnovo (zweistöckig; Erdgeschoß aus Stein, das auch die Wohnung für den Hausmeister, Keller, Pferdeställe, Vorratsräume und Geheimversteck umfaßt; mit der Haupttreppe, die direkt in den Salon, zusammen mit dem Wohn-und Speisezimmer der Kern der Repräsentationszone, führt, während der eigentliche Wohnungsteil verschiedene Zimmer und Kammern umfaßt; die Arbeitsräume setzen sich aus Küche, Ofen, Office usw. zusammen) sehr den Wohnungen der rumänischen Bojaren und reichen Kaufleute. Gleich bei beiden ist der Konstrast zwischen dem gemütlichen Charakter des Inneren und dem kalten und ganz und gar nicht anziehenden äußeren Anblick: kompakte Mauern ohne Ornamente, die in der Höhe angebrachten Fenster und der geschützte Eingang offenbaren Mißtrauen und Verteidigungsmaßnahmen. Die Tatsache, daß sie Kaufleuten gehörten, die an lange Reisen gewöhnt waren, während derer die Familie verschiedenartigsten Gefahren ausgesetzt war, erklärt das, was der Gelehrte Milko Bitchew die "Wildheit" der balkanischen Wohnungen des 17. Jahrhunderts nennt.

MICHAIL ILJIN

AUCH IN RUSSLAND DIENEN DIE ZIEGEL DAZU, HÄUSER ZU ERRICHTEN

Wohnung des Staatssekretärs A. Kirillow, ungefähr 1657 in Moskau entstanden (links der Eingang zur Hauskapelle): eine kraftvolle Mischung aus lokalen und europäischen Elementen. (Unten) Grundriß des um die Mitte des 17. Jahrhunderts von dem Maler Simon Ushakow errichteten Hauses, ebenfalls in Moskau: die massive Dicke der Mauern ist klar sichtbar.

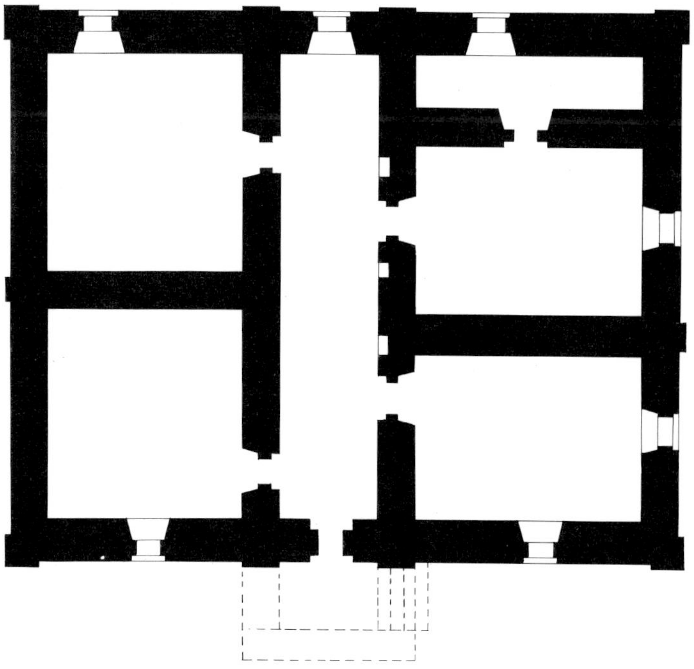

Die Bildung eines einheitlichen russischen Staates im 16. Jahrhundert mit dem daraus resultierenden Anwachsen des materiellen Wohlstands der Militär-Aristokratie, der Beamten und der städtischen Kaufleute und Handwerker zeigt sich natürlich auch in der Architektur der städtischen Wohnhäuser. Ihre Proportionen und ihre Dekoration spiegeln wie früher die soziale und materielle Position ihres Besitzers wider. Man muß daher dem Reisetagebuch des Patriarchen Makarios Glauben schenken, der um 1650 herum Rußland bereiste. Er schreibt: "... zum größten Teil sind sie (die Wohnhäuser) neu, aus Steinen und Ziegeln gemacht ... Wir haben ihre Schönheit, ihre Ornamente, ihre Solidität, ihre Architektur, ihre zahlreichen Fenster, die Höhe ihrer Stockwerke, die sie zu etwas wie Festungen machen, ihre enormen Türme und ihre reiche Malerei in vielen bunten Farben bewundert ..."

Nach herkömmlichem Plan konstruierte man Holzhäuser mit zwei, drei oder vier Räumen. Die Stärke der Mauern betrug 32-35 cm. In den bewohnbaren Zimmern sieht man jetzt vervollkommnetere Öfen mit bemalten Kacheln, die als Dekoration des Zimmers eine große Rolle spielten.

Der Plan des Ziegelhauses, dessen Zahl schnell wächst, wiederholt in vielen Beziehungen die Prototypen aus Holz. Sie werden vor allem in den Städten errichtet, die über einen gut entwickelten Markt verfügen – wie Moskau, Jaroslavl, Pskow und Gorodkoviçi –, wo es unerläßlich war, gut schließbare und feuersichere Räume für die wertvollen Gegenstände und Handelswaren zu haben. Um die Mauern solider zu machen, fügte man Eisenstangen ein. Hier haben wir den sehr verbreiteten Haustyp mit drei Räumen, der zu einer neuen Grundrißaufteilung führt. So hat sich im Moskauer Haus Simon Ushakows, des größten russischen Malers des 17. Jahrhunderts, das Vorzimmer in einen Korridor mit zwei Seiten umgewandelt, an dem mehrere Zimmer liegen, von denen eins dem Maler als Atelier dienen konnte. Die Wohnungen der reicheren Bürger hatten zwei bis drei Stockwerke. Manchmal fügte man dem Gebäude die persönliche Kirche des Eigentümers hinzu. Das obere Stockwerk begann sich als Eßzimmer und als "festlichen" Salon für den Empfang geladener Gäste auszuwachsen.

Aus hygienischen Überlegungen heraus errichtete man über dem aus Stein erbauten Teil des Hauses ein Stockwerk aus Holz, das zum Wohnen bestimmt war und in zwei Teile geteilt war, einen für die Männer und einen für die Frauen (Pskow). Dieses Stockwerk ist von verschiedenförmigen dekorativen Dächern bedeckt, hatte lange Balkone und Galerien und wurde für den dekorativsten Teil des Hauses gehalten. Aus der Anordnung der Fenster und der ornamentalen Elemente kann man leicht auf den inneren Plan des Hauses schließen. Durch die nicht sehr hohen Innentüren erhielten die Zimmer einen irgendwie isolierten Charakter. Die Wände, versehen mit einem leichten Mörtelputz, waren geweißt, was zu einer guten Beleuchtung der Räume und Säle beitrug und dazu diente, die in farbige Gewänder gekleideten Gastgeber und Gäste gut ins Bild zu setzen.

Durch die um 1650 in Moskau farbig gewordene Außendekoration der Architektur bieten die größeren Häuser einen malerischen Anblick, der den Besonderheiten der russischen Kunst dieser Epoche entspricht.

Teilvedute der Wohnung der Kaufleute Pogankin, entstanden etwa zwischen 1620 und 1630 in der Stadt Pskow am Südufer des Sees Peipus an der estländischen Grenze. Die Photographie zeigt eine Ecke des großen Hofes, die Seite mit dem Zugang zur Beletage, der Wohnung des Besitzers, so wie sie sich nach den tiefgreifenden Veränderungen im Laufe der Jahrhunderte präsentiert. Ursprünglich (s. die Zeichnung auf S. 177) wurde dieser Eingang von einer bedeckten Steintreppe gebildet, die sich an der Achse dieses Prospekts orientierte und die vom Erdboden direkt in die Beletage führte. Hier befanden sich, wie es die zweite Planskizze (ebenfalls auf S. 177) zeigt, drei Aufenthaltsräume, rechts daneben ein Vorratsraum und links ein Büro. Im anschließenden Flügel wechselten sich nach einem andern Büro Wohnräume und Salons ab: doch lagen die Räume, die in besonderer Weise für Empfänge bestimmt waren, im obersten Stock des Flügels mit dem Herrschaftsaufgang.

Wie früher schon nahm die großartige Haupt-Freitreppe einen markanten Platz in der äußeren Gestalt des Hauses ein, so daß die engen Dienstbotentreppen an die Seitenmauern des Hauses gerückt wurden. Von der zweiten Hälfte des Jahrhunderts an üben die der Mittelklasse der Bevölkerung gehörenden Steinhäuser einen bemerkenswerten Einfluß auf die Architektur der Adelshäuser aus.

Die praktischen Erfordernisse, die vom Leben selbst und der Bauwirtschaft diktiert waren, haben zu Ende des 17. Jahrhunderts zur Schaffung eines Steinhauses in der Form eines einzigen Blocks geführt, der alle Wohnräume aufnahm. Vorratsräume und Schuppen sind nun in besonderen Steingebäuden untergebracht, die einen Teil des Ganzen bilden. Der von einer Mauer mit Türen einer gekünstelten Architektur umgebene Hof bildete sich langsam in einen Ehrenhof um. Die mittleren Ausmaße eines städtischen Hauses lagen bei 8-14 mal 8-24 m, die reichen Bürger hatten fast 30 m entlang der Straße zur Verfügung.

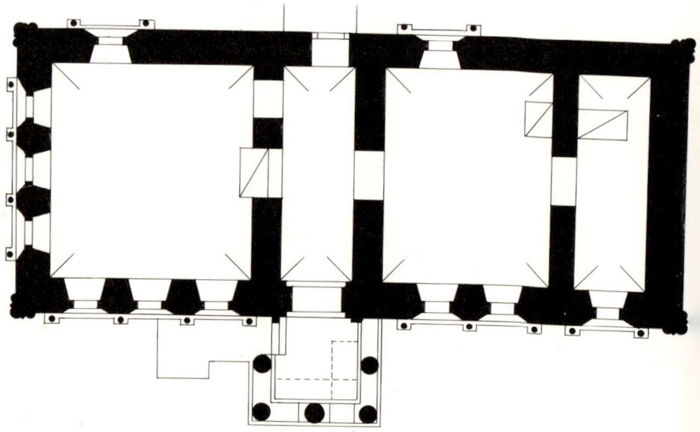

Grundriß (oben) und Ansicht der Fassade (S. 177) des Hauses des Kaufmanns Korobow, erbaut zu Ende des 17. Jahrhunderts in der Stadt Kaluga, südlich von Moskau. Die Breite der Fassade mißt 20 m; der große Raum links ist der Festsaal; rechts in dem Raum mit den beiden nahe aneinandergerückten Fenstern befand sich das Schlafzimmer.

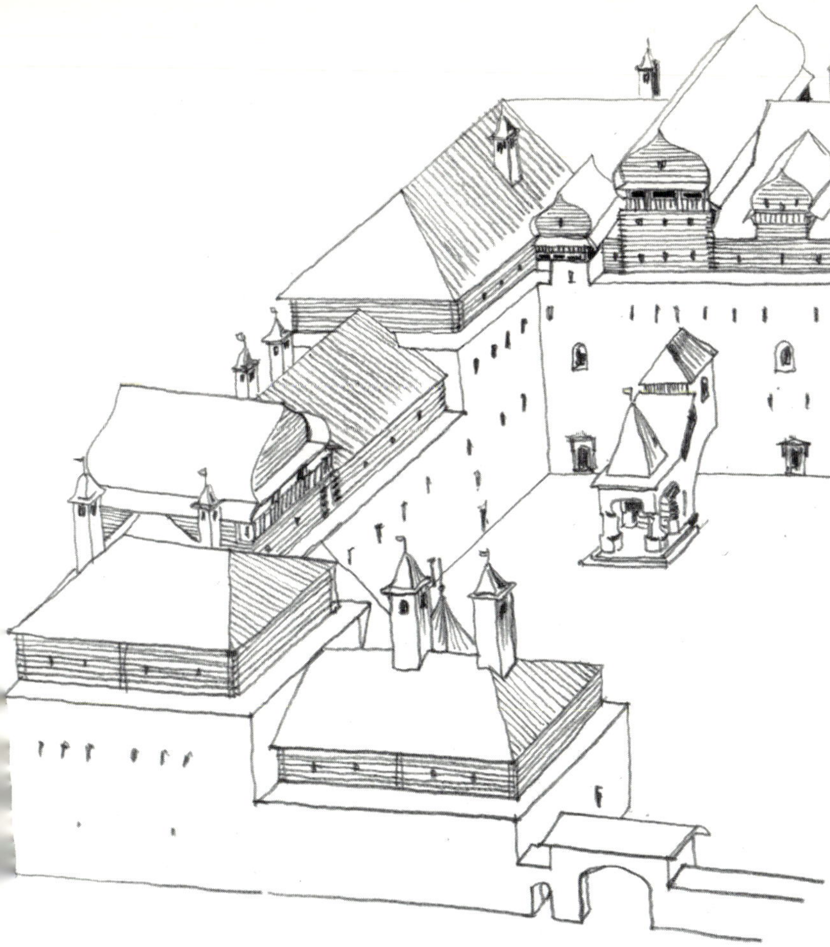

(Oben) Modell-Rekonstruktion des Hauses der Kaufleute Pogankin in Pskow (s. S. 176); und (rechts) Grundrisse der drei Stockwerke des ursprünglichen Komplexes (unten der des Erdgeschosses; oben der des dritten Stocks). Man mag sich eine Vorstellung des ungeheuren Organismus machen, wenn man bedenkt, daß der Prospekt zum Hof hin mit der Zugangstreppe zur Beletage nicht weniger als 30 m lang ist. Der vordere Teil des Komplexes, parallel zum Wohnflügel des Besitzers, umfaßte die Küchen und die Wohnräume der Dienstboten. Der Verbindungsflügel zwischen den beiden Teilen war für die kaufmännischen Angestellten und für Gäste von zweitrangiger Bedeutung bestimmt. Wie man sieht, waren die beiden obersten Stockwerke auf jeder Seite des Komplexes aus Holz; das Dach über der Herrschaftswohnung zeigt einen verschiedenlinigen Verlauf, der typisch für die russische Bauweise ist und der auch für die Holzkonstruktionen der Kirchen als deutliche Anlehnung an Formen byzantinischer Herkunft eine durchaus gelungene Anwendung fand.

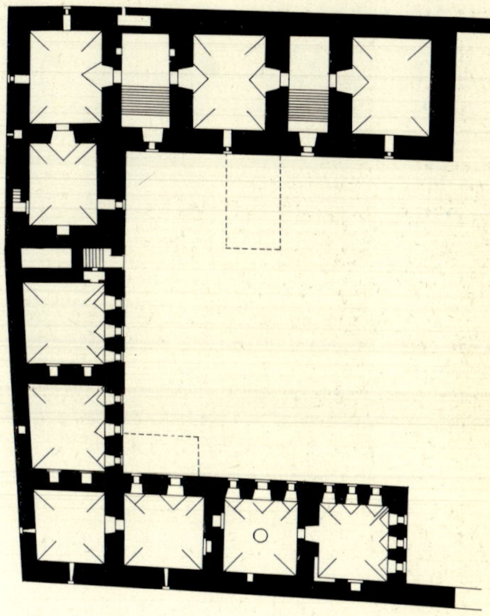

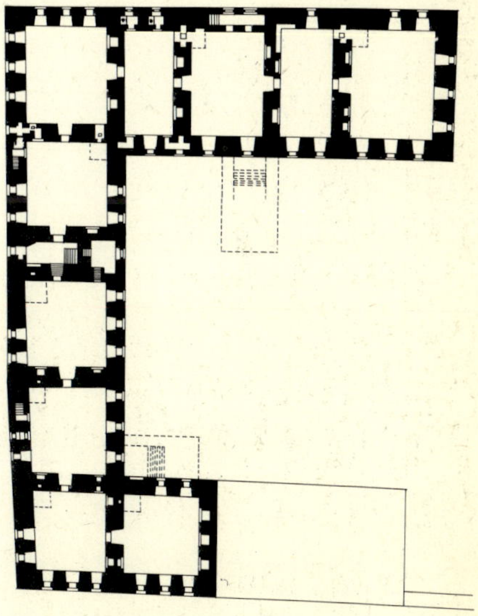

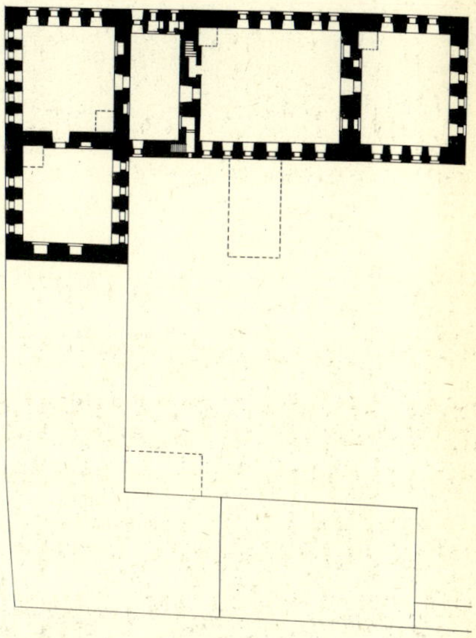

Russische Holzhäuser, Ausschnitt aus der Ikone der Madonna von Jihvin (1680): die byzantinisierende Stilisierung geht nicht auf Kosten der Reproduktionstreue, was vor allem an einigen technischen Details kontrolliert werden kann, wie z. B. der Zusammenfügung der Balken an Kanten und Dächern.

Ausschnitt aus der Ikone der "Verkündigung mit dem gestaltreichen Hymnus", 1659 von G. Kazanetz und G. Kondriatew gemalt (Moskau, Kirche der hl. Jungfrau von Georgien). Über dem großen Zentralbild und den beiden kleineren darüber befinden sich noch acht weitere Tafeln; im Ganzen werden seltsame Beispiele einer idealisierten Architektur dargestellt, in denen orientalische Elemente und Besonderheiten des Renaissance-Stils zusammenfließen.

HA

Nach Ruskin erschien der mehrfarbige Marmor an den venezianischen Fassaden, als die Architekten, die sich durch die Bildornamente in ihrem Glanz beeinträchtigt fühlten, versuchten, eine ihrer Kompetenz entsprechende Entwicklung voranzutreiben.

Diese Meinung ist nicht allgemein anerkannt, schon deshalb nicht, weil des Gebrauch mehrfarbigen Steins an den Außenmauern, in Venedig und anderswo, erheblich älter als die Freskenmalerei an den Außenwänden ist. Doch sollte immerhin an Ruskins Theorie erinnert werden, zunächst nur als Beweis für die Bedeutung dieser Ornamente durch architektonische Elemente selbst, dann aber auch, weil sich daraus die richtige Stellung der Frage ergibt, die für unser Thema von entscheidender Bedeutung ist.

Es ist nicht notwendig, darauf hinzuweisen, daß sich eine Architektur auf den ersten Blick als eine Zusammenfassung von farbigen Massen offenbart, da die Baumaterialien schon selbst natürlicherweise farbig sind. Auch das Weiß des Kalks ist ja eine Farbe. Das Sonnenlicht modifiziert sie und die Schatten fügen ihr weitere Modifikationen hinzu. Die Einfügung eines auch noch so farblosen Steinpfostens in eine Fassade aus gewöhnlichen Ziegeln bringt einen ständigen Kontrast hervor, der unabhängig von der Sonne und den Schatten ist.

Also ist die Architektur von sich aus schon Farbe. Häufig hat dann ihre Steinverkleidung einen bewuß[t] dekorativen Zweck, oder der Mörtel gibt ihr eine weitere Farbbestimmung. Über die in der Wahl einer ornamen[-] talen Verkleidung eingeschlossene Vorentscheidung sind sich alle einig. Doch für die Gründe der eigentlichen Bemalung der Bauwerke gibt es die verschiedensten Be[-] weisvorschläge.

Zwischen der einfachen Färbung einer Mauer (z. B. in Ockergelb und Grün) und der Wandmalerei mit dem Charakter eines selbständigen Gemäldes liegt eine breite Formenskala: von der architekturabhängigen Dekoration eines Gebäudes (wie Marmorverkleidungen und andere architektonische Elemente), die eine neue Räumlichkeit schafft, aber dennoch immer abhängig von der Baustruktur ist, bis hin schließlich zu einer Malerei, die die Wand durch die Schaffung räumlicher Dimensionen zu "durchstoßen" und die tatsächlich den architekto

ND FARBE

Eins der alten Häuser in der Vorder-Gasse in Schaffhausen; dieses, das Haus zum Ritter, wie es die große Beschriftung anzeigt, stellt auf der Fassade Episoden aus der römischen Geschichte dar, die 1510 von Tobias Stimmer ausführt, aber 1769 weitgehend restauriert wurden.

Auch Stein am Rhein, eine andere Stadt in der nordöstlichen Schweiz, zeigt noch zahlreiche alte Gebäude mit bemalten Fassaden. In der hier abgebildeten Gruppe stellen die Gebäude aus verschiedenen Perioden des 17. und 18. Jahrhunderts Freskenmalereien dar, die glücklich miteinander harmonieren, wobei sie dem Verlauf des Mauerwerks seltsame Lösungen aufzwingen; so z. B. beim Haus rechts, wo der Maler Phantasie-Gebilde geschaffen hat, die darauf abzielen, Vorsprünge und Fluchten vorzutäuschen: Man beachte, wie die unharmonische Diskrepanz zwischen den quadratischen Fenstern des ersten Stocks und den vertikalen des zweiten von der Ornamentik ausgeglichen wird.

Typisches Haussa-Haus aus Ton im muselmanischen Viertel von Zinder, im südlichen Mittel-Nigeria. Ein niemals fehlendes Element dieser Gebäude sind die Zinnentürmchen oben, die in Wirklichkeit die Spitzen der das vertikale Gerüst der Konstruktion bildenden Pfähle sind. Die hier abgebildete Ornamentik ist, obgleich sie einem ziemlich verbreiteten Typ zugehört, kein vorherrschendes Element der Haussa-Häuser; daher können ihre Elemente variieren. In unserem Beispiel zeigt der mittlere Teil einen geometrischen Charakter, der aber häufig von Pflanzen-Elementen ersetzt wird; üblicher ist das "Motiv" der seitlichen Teile. Auf jeden Fall muß man die glückliche Ausnützung der natürlichen Farbe des sichtbar gelassenen Tons bewundern, auf dem die wenigen andern verwendeten Farben, vor allem das Weiß, mit außerordentlicher Phantasie spielen, die jedoch von einem sicheren Instinkt in der Verteilung der Stärke reguliert wird.

nischen Dimensionen zu widersprechen scheint und einer beschwörenden, ja, sogar illusionistischen Funktion gehorcht. Hier haben wir den Eindruck, es sei eine völlig neue architektonische Struktur entstanden.

Ohne in den alten Orient mit den Keramik-Verkleidungen Mesopotamiens und Persiens oder nach Rom mit den marmornen und musivischen Überzügen der Paläste und Landhäuser, nach Byzanz mit der Mosaiken-Pracht, dem Gold und andern Metallen und zum Islam mit den staunenerregenden glasierten Kacheln und den Sgraffiti zurückzugehen, betrachten wir die äußere gemalte Dekoration als mögliches und späteres Echo dieser fabelhaften Vorgänger. Logischerweise war es notwendig, wenn so etwas entstehen sollte, daß die Gebäude eine geeignete Fläche boten: also das, was sich im späten 15. Jahrhundert mit dem Wachsen der Dimensionen und dem Vorherrschen der Mauerstrukturen zeigt. Das Gebiet der ersten Applikationen scheint Venedig gewesen zu sein. Von hier aus breitete sich die Woge auf das Hinterland aus und hinterließ lebendige Zeugnisse in Padua, Treviso und Trient. Vom Veneto lief sie weiter nach Norden, in die deutschen Länder, und vielleicht vorher noch nach Mittelitalien. Florenz bietet dafür äu-

(Unten) Das Gemälde auf Leder (80 mal 171 cm) von Federico Zuccari im Museo del Palazzo di Venezia in Rom, von dem wir hier die linke Hälfte wiedergeben, bildet ein seltenes sichtbares Zeugnis für die Ausführung eines Gemäldezyklus auf einer Außenfassade. Zuccari stellt seinen Bruder Taddeo dar, der als Achtzehnjähriger (also 1547) damit beschäftigt scheint, einfarbige Fresken auf dem Prospekt des Palazzo Mattei, ebenfalls in Rom, auszuführen, Episoden aus dem Leben Furio Camillos darstellend. Vasari berichtet, daß der Auftraggeber Iacopo Mattei, nachdem er die beiden ersten gemalten "Geschichten" gesehen hatte, "nicht nur befriedigt, sondern begeistert" war; den Wünschen Federico Zuccaris entsprechend, der hier die Rolle eines enthusiastischen Bewunderers einnimmt, den Bruder zu feiern, erscheint Michelangelo höchstpersönlich auf dem Pferd zwischen den nicht weniger entzückten Familienmitgliedern. Es ist unmöglich, die Legitimität einer solchen Bewunderung zu beurteilen: leider sind die Bilder verschwunden; sicher ist, daß ihr Autor kaum das nackte Modell posieren ließ, das sich – nur unsicher das Gleichgewicht haltend – auf dem Vorsprung befindet.

32) In der Via Maggio in Florenz befindet sich das der Bianca Cappello, 1570-74 von Buontalenti restau- Es ist eines der gelungensten Beispiele eines Herr- shauses aus der manieristischen Periode, auf dessen le die von Poccetti ausgeführte Sgraffito-Ornamentik roßen Rustika des Portals ein Gegengewicht schafft. Deutschland schon im 13. Jahrhundert und vielleicht früher bekannte Sgraffito-Technik erfreute sich die Renaissance hindurch großer Beliebtheit.

ßerst raffinierte Beispiele, die von andern toskanischen und einigen umbrischen Städten nachgeahmt werden. Diese Dekorationsart faßt gegen Ende des Jahrhunderts auch in Rom Fuß. Wenn Venedig damit Künstler vom Rang eines Giorgione und Tizian beauftragt, blüht in der päpstlichen Stadt geradezu eine Schule von Spezialisten, deren Hauptmeister Maturino und Polidoro da Caravaggio sind.

In Italien ging man gern zum einfarbigen Fresko und später noch zu den Sgraffiti über (die die große Macht, "das Wasser sicher zu beherrschen" darstellten, wie es ihr erster Theoretiker Vasari ausdrückt). Auf der andern Alpenseite dagegen entwickelte man vor allem die mehrfarbige Dekoration und behielt sie bis in die neuere Zeit hinein bei. Auch hier wirkten große Künstler dabei mit, von denen nur Hans Holbein genannt zu werden braucht. *

(Unten) "Frauenakt" (250 mal 140 cm: Venedig. Gallerie dell'Accademia): es ist alles, was von der äußeren Fresken-Dekoration Giorgiones am Fondaco dei Tedeschi in Venedig noch übrig ist; daneben der Druck aus dem 18. Jahrhundert. Zahlreiche venezianische Häuser hatten oft von berühmten Meistern bemalte Fassaden; leider hat das Salz der Lagune praktisch jeden Zyklus dieser Art zerstört.

Gegen 1487 ließ sich Giovanni Dario, der anscheinend Gesandter der venezianischen Republik in Konstantinopel war, in Venedig bei der Brücke San Cristoforo seine eigene Wohnung nach Plänen errichten, die, wenn nicht auf den berühmten Pietro Lombardo, so doch sicher auf einen Architekten seiner Schule zurückgingen. Mehr noch als wegen seiner heiteren Fassade wird das Gebäude wegen der kostbaren Marmor-Ornamente in der Form von Kreisen und verschlungenen Rosetten bewundert, die über die Fassade am Canal Grande verteilt sind (rechts): eine großartige Übersetzung der lebhaften Vielfarbigkeit, die den Venezianern schon seit Jahrhunderten vertraut war, in den Ausdruck der Renaissance. Entgegen der Ruskinschen Theorie (s. S. 178) ist anzunehmen, daß sich die Außenfresken in der Lagunenstadt als billigerer Ersatz für ähnliche, aber teure Ornamente in Marmor oder kostbarem Stein aufdrängten.

1 7 5 9
RESTAURANT
A LA BELLE MARAICHERE
CELLIER
DE LA BELLE MARAICHERE
CELLIER
BELLE MARAICHERE
RESTAURANT
A LA BELLE MARAICHERE

DER KOMFORT ENTSTEHT DAS ROKOKO

Das 18. Jahrhundert

Nach der langen, vom Sonnenkönig auferlegten Fastenzeit feierlichen Pomps bricht sich unter Ludwig XV. der vom nordischen Barock beeinflußte Wunsch nach Gemütlichkeit und Bequemlichkeit Bahn. In den Ländern, die für diese Geschichtsperiode von Bedeutung sind, werden der Palast vom "Hotel particulier" und der "Maison de plaisance", der Saal vom Salon und dem "Boudoir", der Tisch vom Tischchen, die Holztäfelung von Stofftapeten usw. in den Schatten gestellt. Die Fassade des Hauses kann inhaltsarm oder zerstückelt, ja auch anmaßend sein, im Innern jedoch herrscht eine frische, neue, bisher unbekannte Atmosphäre. Die neue Lebensart kommt von England und findet ihre Apotheose im anglophilen Frankreich Ludwigs XVI., vor allem in Paris, wo die verschiedensten Impulse zusammenströmen, um dann von hier aus in jeden Winkel Europas und bis in die amerikanischen Kolonien ihre Äste auszustrecken.

Die Eleganz ersetzt auch in den hartnäckigsten Barock-Überbleibseln das Grandiose, als ob man plötzlich bemerkt hätte, daß der beredte Klassizismus keine direkte Widerspiegelung der Antike sondern eine Erfindung der Renaissance darstelle. So entsteht das Rokoko, der erste wirklich moderne Stil. Nachdem man den Anspruch aufgegeben hatte, die in den Reliefs dargestellte Würde der Römer nachzuahmen, soll nun alles fein, leicht und lieblich sein und wird es auch: Möbel, Stoffe, Glaswaren, Keramik-Geschirr, Silbergegenstände; alles strebt zur Zierlichkeit, wobei man oft auch Ziererei in Kauf nimmt. Die Qualität ruht noch auf einer akkuraten und raffinierten Ausführung, aber in der Einrichtung wie in der Dekoration der Gebäude wird die Asymmetrie, die Unregelmäßigkeit zur Norm, die Stockwerke weisen Kurvenlinien auf, die Kurven kennen das bisher unerhörte Schnörkelwerk der "Kartusche".

Es entstehen die bewegtesten Möbel, die die Geschichte kennt. Vor allem ist das Rokoko die Epoche des Kleinen: kleine Möbel in kleinen Appartements von einer bisher nie gesehenen Harmonie, die der Tatsache entspringt, daß das Mobiliar oft von den gleichen Künstlern geplant wird, die auch für die Ornamentik zuständig sind. Es besteht noch eine äußerst glückliche Zusammenarbeit zwischen Tapezierern, Stukkateuren, Bronzeverarbeitern und Kunsttischlern, mit den Bildhauern und Malern, die noch nicht von romantischen Ideen verwirrt ist. Darüber hinaus besteht das neue Mobiliar aus relativ gewöhnlichem Material, das leicht zu bearbeiten ist und sich gut an den Wänden von einer ziemlich schematischen Einfachheit anbringen läßt. Der Komfort und die Eleganz können sich auch deswegen ausbreiten, da sie selbst die Könige aufnehmen. Versailles löst sich in eine Reihe von köstlichen Mikrokosmen auf, durch die sich der Begriff "Appartement" mit all dem, was er an tatsächlicher Raffinesse und Bequemlichkeit mit sich bringt, immer deutlicher herausschält: Er entspricht übrigens auch dem neuen und leichteren Lebensstil mit seinen Unterhaltungen mit halber Stimme, dem lieblichen Klang des Spinetts, der immer noch pompösen, aber eleganten Kleidung. All das wäre in der Kälte der barocken Säle undenkbar, die man jetzt durch Trennwände und künstliche Decken zu verkleinern sucht. Gabriel, der Baumeister der Place de la Concorde und des Petit Trianon, nennt die nun wärmeren, aus den alten großen Zimmern entstandenen Räume "Mäuselöcher". *

Nach der Zerstörung durch die Franzosen von 1695 wurde der untere Teil Brüssels in seinem ursprünglichen gotischen Charakter wiederaufgebaut. In der Altstadt entstanden jetzt auch "kleinere" Gebäude wie dieses an der Place S.te-Catherine Nr. 11 (1759). Das nach zwei Seiten hin abfallende Dach ist allerdings noch mit einem kleinen Tympanon versehen, und die Voluten der vorhergehenden Epoche sind an den Dachfenstern zu sehen, wenn auch in verkleinerter Form; das Portal öffnet sich dagegen nicht mehr in der Mitte der Fassade und eine gewollte Asymmetrie prägt die Kartuschen über den Fenstern des ersten Stocks.

Daniel Alcouffe

FRANKREICH

Die französische Kunsttischlerei des 18. Jahrhunderts bedient sich genauerer Rahmen, subtilerer Furnierungen als im vorhergehenden Jahrhundert: Daher stellten Möbelstücke wie dieser zylindrische Sekretär (92 cm hoch; Paris, Musée Carnavalet), der eine Neuerung Oebens ist, eine Rarität dar: Öffnet man den Zylinder, verwandelt sich das Möbelstück in ein Schreib-Tischchen.

Bis zur Epoche Ludwigs XIV. ahmte die französische Provinz das Mobiliar früherer Generationen nach; mit dem 18. Jahrhundert schafft sich jede Zone die eigene Synthese der Pariser Vorlagen. Bei dem hier abgebildeten Schrank (2,61 m hoch; Arles, Museon Arlaten) nehmen die durch nach unten abfallende Kurvenlinien in verschieden große Flächen aufgeteilten Türen, seit dem Rokoko überall verbreitet, die typischen Intarsien der Provence auf, wobei sie "Lokal-Motive" – Blumen, Ähren usw. – mit der Trophäengruppe im Louis-quinze- und der schon zum Louis-seize-Stil gehörenden Taube vereinen.

(S. 187) "Das schamhafte Modell", Stich (1770) von J.-M. Moreau le Jeune. Auch wenn man zugibt, daß dieses Atelier durch eine wahrscheinliche Absicht zur Feierlichkeit angereichert ist, beweist es doch, wie weit der Luxus und Komfort auch auf mittlerem, ja selbst unterem sozialen Niveau, was für die Künstler zutraf, verbreitet war. Übrigens erinnert sich Mme. Roland, die Tochter eines Pariser Malers des 18. Jahrhunderts, in ihren "Mémoires" an den Raum, in dem sie als Kind studierte, als an ein "hübsches ... eigens für sie mit Spiegeln und einigen Bildern eingerichtetes" Zimmer. Hier ist die Eleganz erheblich größer, und verschiedene Möbelstücke sind nach der "neuesten" Mode hergestellt.

Im Jahre 1742 entschloß sich der junge Graveur Jean Georges Wille eines Tages, die Wohnung zu wechseln. In seinen "Mémoires" beschreibt er die dabei auftretenden Schwierigkeiten: "... während ich ... durch verschiedene Straßen streifte, las ich an vielen Haustüren die Aufschrift ...: Möblierte Zimmer zu vermieten. 'Das hier ist gut', sagte ich mir, und betrat eines dieser Häuser, das einer alten Obstverkäuferin gehörte, die mir mit großer Freundlichkeit mehrere Zimmer zeigte. Sie waren alle miteinander äußerst dunkel, schmutzig und miserabel möbliert ... Ich zog die Schultern ein und ging. Dann betrat ich ein Haus von hübschem Aussehen in derselben Straße, dessen Hauptvermieterin ein Fräulein war. Sie empfing mich sehr liebenswürdig und zeigte mir mehrere Zimmer ... . Aber aus den Augenwinkeln sah ich, daß in mehreren Räumen mit haboffenen Türen junge Burschen mit kecker Haltung und dreisten Mienen waren. Sie hatten Mädchen zur Gesellschaft, die eher erfahren als unschuldig waren, denn sie sangen mit großer Freude unanständige Lieder. All das gab mir einen wenig angenehmen Eindruck von diesem Haus. Ich wünschte draußen zu sein. Eine kleine Lüge, die ich der schönen Bezitzerin gegenüber gebrauchte, gab mich frei. Sie glaubte sie, und wir verabschiedeten uns höflich. Nachdem ich von hier weggegangen war, betrat ich ein Haus, dessen Haustür voller Unrat war, was mich schon abschreckte. Aber aus reiner Neugier drang ich weiter vor und fand einen großen Raum, schwarz von Rauch der an allen Seiten herausquoll. Es war die Unterkunft einer Gruppe junger Schornsteinfeger aus Savoyen, von denen jeder das Vorrecht hatte, für zwei Sou Miete die Nacht, die im voraus zu zahlen war, auf einem Sack mit gehäckseltem Stroh zu schlafen. Oh, wie schnell ich aus dieser miserablen Höhle wieder draußen war! Zum Ausgleich ließ man mich in andern Häusern schöne Appartements sehen, die aber eher dazu bestimmt waren Baronen und Lords Unterkunft zu bieten, als einen jungen Mann zu beherbergen, der seine Kunst mit Ausdauer erlernen muß, auch wenn er dabei verpflichtet wäre, in dürftigster Weise zu leben. ... Schließlich machte ich mich später nochmals auf den Weg, und das Glück führte mich in die Rue de l'Observance, wo man mich gut aufnahm, denn ich fand ... ein Zimmer im ersten Stock, das mir so gut gefiel, daß ich es auf der Stelle mietete und die Miete wie üblich im voraus zahlte."

Mit gutem Recht versteht man das Ende der Regierung Ludwigs XIV. als eine Befreiung auf politischem und ästhetischem Gebiet. Nach ihm hat der Herrscher nicht mehr allein den guten Geschmack, vielmeh will eine Gruppe von Kennern – vorgebildet durch di künstlerischen Offenbarungen der langen Herrschaft ihre eigene Meinung zu Gehör bringen. Daher betrach

LE MODÈLE HONNÊTE.
A Monsieur le Comte De Stroganoff
Conseiller Privé, Chambellan Actuel de sa Majesté Impˡᵉ de toutes les Russies
Chevalier des Ordres de l'Aigle Blanc, de S.ᵗ Stanislas & de S.ᵗᵉ Anne
Par son très humble et très Obéissant Serviteur
Moreau le Jeune

L.-L. Boilly, "Der Besuch" (ca. 1790; London, Wallace Collection). Typischer Salon im Louis-seize-Stil, wie es die geraden Beine des Schreibtischs und die ovale Lehne des Stuhls beweisen; die Anbringung der Vorhänge folgt der Vorliebe der Zeit für Wandbehänge; die Relief-Rosette an der Tür ist die Modernisierung eines Motivs aus dem Louis-quatorze-Stil. Einziges älteres Stück ist der schöne Louis-quinze-Sessel, der mit der wunderbaren Harmonie seiner Kurven im Gegensatz zur Nüchternheit des Raums steht. Der Regenschirm und die Mäntel deuten auf den Winter hin; einige Monate später bekamen dieselben Samtmöbel einen Sommerüberzug aus blumengeschmückter Seide, Taft oder in indischer Manier bedrucktem Leinen; diese Mode der großen Gesellschaft wurde gern auch für die bürgerlichen Innenräume angenommen.

J. Huber, " 'Lever' Voltaires in Ferney" (ca. 1760?); Paris, Musée Carnavalet; eine sicherere, aber weniger gefällige Version befindet sich in der Ermitage in Leningrad). Auch im Schlafzimmer des Philosophen der Vernunft erscheint die gesamte Einrichtung, obgleich ohne Zurschaustellung des Luxus, von "modernem" Geschmack. Für den heutigen Geschmack erscheint das unzweideutige Gefäß im Nachttischchen zumindest erstaunlich, aber es war das beste, was sich bei dem damaligen Zustand der sanitären Anlagen anbot.

tet man die folgende Periode als eine Rache des Individualismus, der Emfindsamkeit, der Heiterkeit an den Vorschriften der Akademie, an der Disziplin, an der Anonymität und der Feierlichkeit des klassischen Barock.

Kurven, Rocaille und Asymmetrie: Das ist das Programm, das spätere Generationen der Zeit Ludwigs XV. zuschreiben. Tatsächlich herrschen diese Elemente auch in den dekorativen Künsten von 1730 bis 1760 vor; die Architektur dagegen behält die Ehrfucht vor dem Alten und den Einfluß Ludwigs XIV. recht lebendig bei. Die Baumeister berufen sich weiter auf die klassische Ordnung. Ohne Unterbrechung geht die Entwicklung der klassischen Konstruktion weiter, wobei sie jedoch das, was sie an Majestät einbüßt, durch Anmut wieder ausgleicht. In den Proportionen erreicht sie eine Exaktheit, die sogar die Gebäude prägt, denen bestimmte Gegebenheiten sehr verringerte Dimensionen auferlegen. Die Kohärenz zwischen Architektur und Ornamentik ist vollkommen. Beide bilden ein Ganzes.

Da die Architekten den Kontakt mit dem Alten niemals verloren haben, nehmen sie seit 1755 ohne Mühe Neuerungen auf. "Die unruhigen Geister", schreibt einige Jahre später ein unbekannter "Philosoph" in den "Ländlichen Zerstreuungen", die 1767 im Haag erschienen, "können sich keiner langen Ruhe erfreuen. Wir haben die griechische Architektur wieder zum Leben rufen wollen, und sofort ist daraus eine Epidemie entstanden. Man konstruiert, man trinkt, man ißt, man macht alles wie die Griechen, ohne selbst alte Griechen zu sein." Die Besessenheit für die Antike, zunächst eine Modeerscheinung, drängt immer mehr zur Vollständigkeit, zum Purismus. Das mittelständische Haus bleibt jedoch gegen solche Exzesse immun, wenn auch die Akademie seit 1778 die Exklusivität des Studiums der antiken Monumente vorschreibt und obwohl ehrgeizige Archäologen bei der Form der öffentlichen Bauwerke ein entscheidendes Wort mitzusprechen haben.

Vier der zahlreichen Reihenhäuser, die in Paris seit 1719 entstanden, in der Rue du Faubourg-Saint-Denis auf dem Grundstück der Lazaristen, die wie andere Ordensgemeinschaften schnell die Möglichkeiten der Bauspekulation begriffen.

1724 veröffentlichten die Lazaristen die folgende Nachricht, um die Wohnungen in der Rue du Faubourg-Saint-Denis (links und oben) zu "lancieren": "Ehrbare und christliche Zurückgezogenheit: wenn sich ehrliche Personen, Kleriker oder Laien, fänden, die ein wenig von der großen Welt abgeschieden zu leben wünschten, wären die Missionare des hl. Lazarus bereit, nahe bei ihrer Kirche zu geringen Kosten gesunde und bequeme Wohnungen zur Verfügung zu stellen ..., die mit allem für das Leben Notwendige ausgestattet seien, für Gesundheit wie für Krankheit." Gesimse und Gehänge im Louis-quatorze-Stil bewahren die Fassaden dieser Gebäude, die in Paris zu jener Zeit üblich wurden: trotz der Anonymität haben sie eine gewisse Würde.

Wenn das Bauwerk dieser Zeit auch in der äußeren Struktur keine bemerkenswerten Umwandlungen zeigt, so wird das Innere doch von einem wesentlichen Element tiefgreifend verändert: dem Wunsch nach Bequemlichkeit. Die oft willkürlichen und konventionellen Pläne des 17. Jahrhunderts werden entmythologisiert: jetzt sucht man nach brauchbarem Raum, nach praktischen Aufteilungen. "Heute", so beobachtet unser unbekannter Moralist, "scheint es lächerlich zu sein, so zu bauen wie vor hundert Jahren; man ordnet alles den Türen, den Fenstern und dem kleinen Appartement unter ... Heute wird alles dem Wunsch geopfert, viel Luft zu haben, und wir ziehen es vor, an der Sonne zu schmoren als von der Dunkelheit gestreift zu werden." In seinem 1772 veröffentlichten "Cours d'architecture" nimmt Jacques François Blondel, obwohl Sohn und Neffe von Architekten der Epoche Ludwigs XIV., die neuen Tendenzen auf, wobei er auf der "Notwendigkeit" besteht, "Bequemlichkeit des Innenraums und Harmonie der Außenansicht in gleichem Schritt weiterzuentwickelten". Es gibt keine langen Zimmerfluchten mehr, wenn man auch auf die langen Perspektiven nicht verzichtet, die man jetzt jedoch durch das Spiel der Spiegel erreicht. Zwischenstockwerke, die die Loslösung erleichtern, werden eingerichtet, so daß die Zimmer niedriger, kleiner und damit leichter heizbar werden und manchmal oval oder achteckig sein können. Sie erhalten immer spezialisiertere Bestimmungen. Schon umfaßt das typische Appartement Vorzimmer, Zimmer, Salon, Garderobe und manchmal das Badezimmer. Der alte große Salon verschwindet und wird in Eßzimmer, Studierstube und Bibliothek aufgeteilt.

Die französische Architektur wird im Europa des 18. Jahrhunderts vorherrschend. In den südlichen Niederlanden vor allem ist der Vormarsch Frankreichs nicht aufzuhalten. Die Häuser dieser Zeit in Tournai nehmen in der äußeren Gestalt den Louis XV.-Stil an, behalten jedoch häufig das Mansardendach und die entsprechenden Öffnungen in Ochsenaugenform bei. Die eigentliche französische Unterwanderung kommt mit dem Rokoko: Seine gebogenen Linien verführen den immer lebhaft am Dekorativen interessierten Geist der Flamen. Diese Kurven erscheinen nun an den Giebelfassaden. Im Streit mit den mittelalterlichen Stadtfreiheiten und dem Programm für den Fortschritt in Produktion und Handel entsprechend, unternimmt die zentralistische Regierung der Habsburger die Erneuerung der alten Städte nach den Prinzipien der französischen Stadtplanung dieser Zeit.

Erst gegen Ende des Jahrhunderts erlischt mit dem Vordringen des Neuklassizismus die Neigung zum Dekorativen. Und erst jetzt kennt auch die belgische Architektur eine zwar späte, aber dennoch wirkliche Rückkehr zur Antike.

Im letzten Jahrzehnt des 18. Jahrhunderts entstehen an der Rue des Colonnes Häuser wie dieses nach einem von der Obrigkeit vorgeschriebenen Bauplan. Die Revolution, weit davon entfernt, sich von der vom "ancien régime" eingeschlagenen Richtung abzuwenden, begeistert sich für die Rückkehr zum Antiken; nur gibt es die Akademie nicht mehr, die Exzesse mäßigen könnte: so erklären sich die nebenstehenden Säulen als ein Kompromiß zwischen Ägypten und der Magna Graecia (vor allem Paestum). Dieser ägyptische Einfluß scheint nicht der Ägypten-Kampagne Napoleons zuzuschreiben zu sein, da sie erst 1798 ausgeführt wurde; daher muß man sie als Tendenz werten, die sich schon unter dem letzten König gezeigt hatte. Ja, man kann sogar daran erinnern, daß einige Louis-seize-Stühle Jacobs schon ägyptische "Motive" zeigen; und ein Sohn Jacobs griff in der Zeit des Konsulats auf sie zurück, um die napoleonische Expedition zu feiern.

Das 18. Jahrhundert ist die Zeit der Stadterneuerung in der französischen Provinz. Das bisher mittelalterliche Bordeaux unterliegt tiefgreifenden Veränderungen und wird unter anderem durch neue Häuser vergrößert, die die durch den Handel mit den Antillen reich gewordenen Reeder und Kaufleute erbauen lassen. Es sind Gebäude wie dieses in der Rue du Palais-Gallien, die den Neoklassizismus mit Anmut interpretieren, was man an den von Tympanen gekrönten Fenstern und an der reichlich angebrachten plastischen Dekoration sehen kann. Das Relief über dem Eingang erinnert an die auf den Möbeln der Zeit angebrachten Friese.

Betrachtungen eines Theoretikers über zeitgenössische Pariser Häuser

Es schien uns interessant, aus dem voher (S. 190) erwähnten "Cours d'architecture" von Blondel die folgenden Stücke unter Bezugnahme auf die beiden hier unten dargestellten Abbildungen zu übernehmen:

"Die Abbildung I gibt die äußere Dekoration eines Privathauses wieder, das von dem verstorbenen königlichen Architekten M. Cartaud in der Rue Saint-Martin ... nach 1719 erbaut wurde. Wir haben diese Fassade in unseren Vorlesungen schon häufig zitiert und auf die in all ihren Teilen herrschende Harmonie, auf die Brillanz ihrer Formen und die Schönheit ihrer Erscheinung hingewiesen ... . Beim Besuch der (von Cartaud

1773 erwarb Ludwig XV. den Palast und die Gärten der Condés in Paris, um ein neues Viertel um das Theater der Comédie Française, das spätere Odéon, herum zu errichten; die vorentworfenen Appartement-Häuser folgten einem traditionellen aber sehr vornehmen Modell, das hier unten abgebildet ist: nur die Balustraden zwischen dem Zwischengeschoß und dem ersten Stock bilden eine Note der "Aktualität"; die schwere Mansarde schließt das Bauwerk ab.

Seit dem 15. Jahrhundert besaß die Pariser Pfarrei [S]ervais eine Gruppe von Mietshäusern neben der Kirche, die 1734 durch diese Häuserreihe ersetzt wird. Das ein[z]ig verschiedene letzte Haus links entstand 1737 ebenfalls mit einer eleganten Steinfassade; die Eisenbalkons erinnern in ihrer Form an die Ulme, die Saint-Gervais beschattet. Die in diesem Komplex untergebrachten [F]amilien belaufen sich auf etwa 50. (S. 192; Photographie unten) Heutiger Zustand des Hauses, das auf der ersten der beiden Tafeln aus dem "Cours" von Blondel (s. Text) abgebildet ist. (Unten rechts) Aufriß des [Mar]kts eines Ladens, entworfen von R. de la Lande (1788).

errichteten) Privathäuser ... sieht man schließlich, daß die Bequemlichkeit des Inneren vollkommen der Regelmäßigkeit entspricht, die man in der äußeren Form zu erreichen wußte.

Die Abbildung II zeigt die Fassade eines Privathauses in der Rue Saint-Thomas-du-Louvre, dessen Architekt wir nicht kennen. Aber die Art der Ordnung, die Weise, wie sie ausgeführt ist, und die Kunst der Formen offenbaren einen Mann von Erfahrung und Geschmack. Tatsächlich gefällt es uns sehr, daß ein richtiges Gesims die zweite Etage krönt. Diese Art, die Attika von der übrigen Fassade zu trennen, scheint einen guten Effekt zu erzielen. Die Fenster des ersten Stocks sind wohlproportioniert. Sie kündigen überdies eine um so interessantere Wohnung an, als sich die darunterliegende Basis als wenig hoch erweist. Es ist nichtsdestoweniger eine Verkürzung, die von dem Gebrauch abhängt, den man sich von einem Gebäude dieser Art zu machen vornimmt, sowie ebenfalls von dem Viertel, in dem es erbaut wird ... Es gibt keinen Zweifel darüber, daß man zunächst unterscheiden muß, um welche Art von zu errichtendem Privathaus es sich handelt. Das als Wohnung eines reichen Besitzers gedachte muß sich notwendigerweise anders darstellen als ein Mietshaus im eigentlichen Sinn. Hier sind Läden oder Vorratsräume üblich. In der andern Wohnung kann das Erdgeschoß vorn eine Freitreppe aufweisen. An einer Seite mag Platz für Remisen, auf der andern für die Küche sein; oder an Stelle der Freitreppe ist ein Portal denkbar und ein Korridor, der zu Treppe, schließlich zu einer Küche, einem Speisezimmer usw. führt. Oder es ist weiter möglich, daß man, obwohl es die Wohnung des Hausbesitzers ist, ein oder zwei Läden hinzufügt, vor allem dann, wenn das Gebäude eine Fassade von einer gewissen Ausdehnung hat, also Läden mit ihren Zwischenstockwerken, die durch ihre Miete einen Teil der Baukosten tragen.

Damit man sich nicht täuscht: man braucht mehr Genialität und Mittel, als man sich vorstellt, um die Fassaden der Privathäuser zu variieren. Da ihre Zahl in den großen Städten beachtlich und ihr Gebrauch unendlich ist, muß man unabhängg von seinem Geschmack eine gute Kenntnis der verschiedenen Klassen der Bürger und der verschiedenen Arten des Handels haben ...".

*

Möbel mit Namenszug

Einem, der ihr riet, ins Kloster einzutreten, antwortete die schlagfertige Tochter Ludwigs XV., Victoire, wobei sie auf die wunderbare Bergère wies, auf der sie saß: "Ich fühle mich zu sehr an die Bequemlichkeiten des Lebens gebunden; mein Ruin sind Sessel wie dieser hier." Vielleicht wäre Madame Victoire auch ohne die Bergère nicht ins Kloster gegangen, aber die Erzählung bleibt dennoch bezeichnend, was die Passion der Franzosen für gute Möbel angeht. Das Doppelwort Komfort-Eleganz hat nie einen so vollkommenen Ausdruck gefunden wie im Frankreich Ludwigs XV. und Ludwigs XVI. Wenn man heute die Früchte dieser Passion sieht, die zwischen Statuen und Gemälden ausgestellt werden, wird es klar, daß sie sich vollkommenen neben den Meisterwerken der "großen" Kunst "halten".

Die Vorliebe für Möbel mit geschnitzter Ebenholztäfelung, die schon im 17. Jahrhundert verbreitet war, läßt im folgenden Jahrhundert die Gilde der Ebénistes entstehen. Die eingeschriebenen Mitglieder sind an präzise Normen gehalten, unter andern die, ihre eigenen Erzeugnisse zu zeichnen. Für uns verwandelt sich so die Möglichkeit, auf wenigen "Stücken" das Zeichen eines Jacob, Oeben oder Riesener zu entdecken, in einen Glückszufall, wenn man an die Imitationen und Fälschungen dieser und späterer Zeiten denkt.

Wenn sie sich auch nicht gerade an die "Größen" ihres Metiers wandten, sondern sich mit weniger be kannten und weniger genial Handwerkern begnügten die jedoch ebenfalls fähig waren, sorgten auch die mittle ren Klassen für guten Umsatz des "modernen" Mobili ars. In dem klar umrissenen Umkreis der reussierter Künstler, die sich finanziell wie wohlhabende Bürge standen, offenbaren einige Inventarverzeichnisse der vor Malern, Bildhauern usw. hinterlassenen Gegenstände - wie P. Verlet (Les meubles du XVIIIe siècle, Paris 1956 bemerkt hat – ein ununterbrochenes Anwachsen de Möbelverbreitung. A. Loir, Goldschmied des Sonner königs, 1713 als reicher Mann gestorben, läßt über ei mit Gemälden und Tonwaren gefülltes Vestibül hinau ein Zimmer mit sechs Stühlen und zwei Sesseln, m besticktem Stoff bezogen, Sesselchen, Spiegel, einig Tonwaren, Wandspiegel und einen Wandteppich zu rück; weitere sechs Stühle in Nußbaum mit Kissen, A beitstisch und ein mit Intarsien versehenes Schachbre finden sich in einem Arbeitszimmer. Die Einrichtung de Ateliers des Miniaturenmalers Ch. Boit (1727) set sich aus drei Strohstühlen, Eichentischen, Pult, Cem balo und Tricktrack (alles aus Nußbaum) zusamme Die des Malers N.-N. Coypel (1734) besteht aus zw mit Brokat bezogenen Bänken und einem Wandteppic im Vorzimmer; dem mit Seide bezogenen Bett, Hocker, mit Intarsien versehenem "antiken" Schreibtisch, Toilettentisch und Glasschrank im Zimmer; Sessel, altem Sofa, zwei Tischchen in einem andern Raum. 1737 werden beim Tod Fr. Lemoines, seit einem Jahr ersten Malers Ludwigs XV., registriert: im Vorzimmer Marmortisch mit vergoldeten Füßen, großes Nußbaumbüffet, Waschgestell aus Kupfer und einige Wandteppiche; im Zimmer Bett aus Seide, neun Sessel, Nachttisch, kleine Bibliothek und ein Wandteppich. Im Inventar (1780) des Architekten J.-G. Soufflot spricht man schließlich vom Salon mit Bildern, Statuen, Diwan, zwölf Samtsesseln, vier Liegesesseln, drei Tischchen, Schreibtisch, Truhe aus Rosenholz mit vergoldeten Bronzen. Der Maler J.-Ph. Le Bas hinterläßt (1783) eine noch reichere Zusammenstellung: das Zimmer ist sogar mit Thermometer und Barometer augestattet; im Studierzimmer ist der Kamin mit Spiegelglas versehen, und es finden sich eine Schüssel, Kerzenständer, Tische, Tischchen, Vorhänge; in einem kleineren tapezierten Arbeitszimmer Büffett mit vier Türen und Diwan; im Saal Eßtisch, Waschgestell usw.; ein anderes Zimmer, vielleicht das Büro, enthält einen alten Schrank mit Geschirr.

*

·eiden Stiche aus der berühmten "Encyclopédie" ·ots und D'Alemberts fassen die eiserne Organisation ·anzösischen Möbelherstellung im 18. Jahrhundert ·men: "ébénistes" (S. 194) und "menuisiers" ·iner); die letzteren konnten keine furnierten Stücke ·zieren, den ersten war die Produktion solcher aus ·em Holz verboten. Es ist nur ein Möbelstück bekannt, ·ese Regel übertritt: der Sessel im Rijksmuseum ·sterdam, der mit "bois de violette" furniert ist und ·em das Zeichen des "Tischlers" E. Meunier trägt. Die ·hme ist so einzigartig, daß man annehmen möchte, ·ch Meunier tatsächlich darauf beschränkte, das ·l des Möbelstücks herzustellen ·ß der Rest von einem Kunsttischler stammt, ·n eigenes Zeichen nicht anbrachte.

Eins der in London im Rahmen der Gestaltung des Bedford Square erbauten Gebäude, die anscheinend nach Entwürfen von Thomas Leverton 1774 begonnen wurden. Wahrscheinlich stammen die zwei Eingänge wie in verschiedenen andern ähnlichen Fällen von einer Erneuerung.

John Drummond

ENGLAND ODER DER GESUNDE MENSCHENVERSTAND

Auf die großen Aufregungen des 17. Jahrhunderts folgt eine Periode des Rationalismus: die "Ära des gesunden Menschenverstands", wie man sie nannte; ein Intervall klassischer Ruhe zwischen der barocken Pracht der Königin Anna und der Romantik mit der sie begleitenden Drohung der industriellen und der Französischen Revolution, gefolgt von dem Schreckgespenst Napoleon. Es herrschte, das ist wahr, ein ständiger Krieg mit Frankreich, aber er genügte nicht, den angenehmen Wohlstand der ländlichen Feudalherren ebensowenig wie die blühende Aktivität der Handelsgesellschaften zu stören. Georg III. gelang es, seine eigene persönliche Herrschaft für eine gewisse Zeit gegen die Whigs wieder durchzusetzen; das beachtlichste Unternehmen, das er durchzuführen wußte, bevor er endgültig in geistige Umnachtung verfiel, war der Verlust der westindischen Kolonien, der die Gründung der amerikanischen Nation zur Folge hatte. Dennoch "schwebte eine Atmosphäre von Bequemlichkeit und Stabilität über dem Land, die durch die robusten roten Ziegelhäuser der georgianischen Zeit symbolisiert wurde", wie H. A. L. Fisher in seiner "Geschichte Europas" schreibt.

In der ersten georgianischen Periode wurde gegen 1715 der Palladianismus unter der Führung Lord Burlingtons und der Whigs zu neuem Leben erweckt. In der Regierungszeit Georgs I. war der "Grand tour" zum Unterrichtsbuch für jeden "gebildeten" jungen Mann geworden: das heißt, er war nicht mehr ein Privileg der Spezialisten wie Inigo Jones, Sir Robert Pratt oder Lord Arundel. Inzwischen war die englische Ausgabe der Werke Palladios erschienen (1715) und seit 1725 herrscht eine ungeheure Verbreitung der Manualien über die Architektur, das Bauwerk, die Tischlerei usw. So wird es klar, warum der neue Palladianismus weniger streng als der erste war: Alle – Architekten, Konstrukteure, Kunden – kannten ihn und hatten die unerläßlichen Texte und Vorlagen in den Händen. Doch war er keineswegs stereotyp, und fast alle großen un

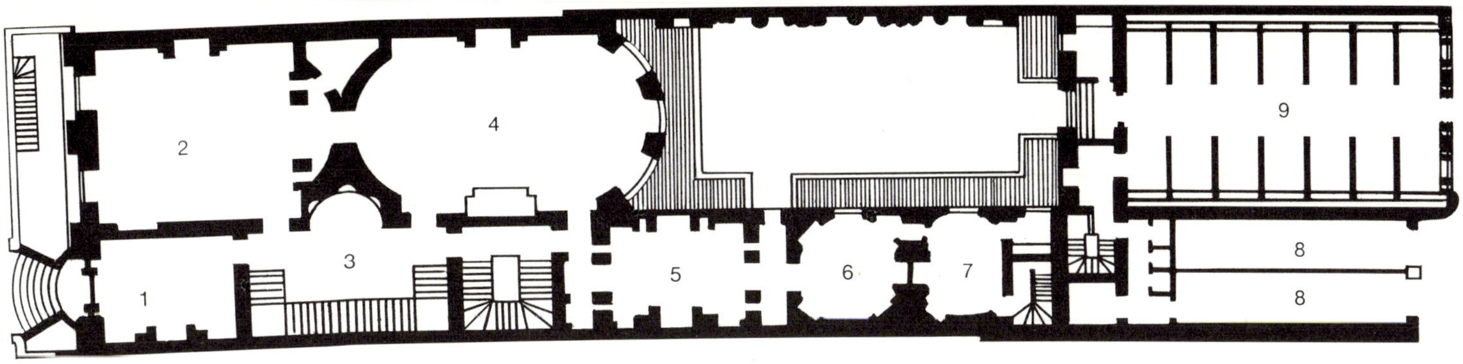

Grundriß des Erdgeschosses eines der von Adam in London erbauten Häuser. Es entstand 1772 auf dem St. James Square für Sir Watkin Williams-Wynn, einen reichen und gebildeten Freund des Architekten, der ihm erlaubte, voll seinen eigenen Geschmack mit einer wunderbaren Ornamentik und vor allem mit einer äußerst gelungenen Funktionalität auszudrücken. Der Eingang (links) führt in einen Vorraum (1), dann zum Treppenabsatz (3), von wo aus man ins Eßzimmer (2) oder in den Musiksaal (4) gelangen kann: dann die Bibliothek (5), die Garderobe (6), die Toilette (7): schließlich die Remisen (8) und die Stallungen (9).

weniger großen Häuer auf dem Land, die nach dem palladianischen Glaubensbekenntnis entstanden sind, offenbaren sich als eher korrekte Interpretationen denn als sklavische Nachahmungen, wenn es auch selten so transformatorische Talente wie das eines Inigo Jones gab. Man muß sich auch die Tatsache vor Augen halten, daß diese Häuser dazu bestimmt waren, sich den englischen Parks anzupassen, und daß man außerdem einige Zugeständnisse an das englische Klima machen mußte.

Die Hauptpalladianer dieser Zeit waren vor allem Colen Campbell, der 1729 nach der Publikation seines "Vitruvius Britannicus" (1715-25), den man als das Manifest dieser Gruppe betrachten kann, starb; dann James Gibbs (1682-1754) und William Kent (1685-1748). Neben diesen gab es seit einiger Zeit örtliche Baumeister, denen man ebenfalls mehrere schöne, in verschiedenen Teilen der Insel errichtete Häuser verdankt. In einer Zeit des angeborenen guten Geschmacks konnten Bauleiter oder Provinzarchitekten, die sich an die Traditionen und das Material des jeweiligen Ortes hielten und sich die klassischen Vorlagen vergegenwärtigten, kaum fehlgehen.

Diese zweite Welle des Palladianismus war jedoch fast ausschließlich auf die Landsitze beschränkt. Die bescheideneren Häuser der Regierungszeit Annas und der beiden ersten Georgs (1702-60) wurden weiter im alten Stil Wrens erbaut, den wir schon beschrieben haben: Mit mehr oder weniger Treue gegenüber den Vorlagen wurde er in technischer Hinsicht immer mehr vervollkommnet. Man kann ohne Übertreibung sagen, daß es weder vorher noch nachher etwas gab, was ihm an Eleganz und formaler Exaktheit gleichkam.

Doch müssen wir einen gewissen Unterschied in den äußeren Formen feststellen, der sich zum Teil vielleicht auf zwei Baugesetze zurückführen läßt, die 1707 und 1709 erschienen und die darauf abzielten, die Feuergefahr einzudämmen. Das erste verbot die herausragenden Vordächer, das zweite bestimmte, daß die Fensterrahmen im Verhältnis zur Maueroberfläche zurückliegend seien und daß das Gebälk eine leicht gebogene Form anzunehmen hatte. Diese Normen wurden allerdings nicht immer beachtet.

Wenn die palladianische Welle auch das weniger reiche Haus auf dem Land nicht berührte, so hatte sie doch für einen bestimmten Typ der Stadtwohnung, das "Terrace House", ein nicht zu unterschätzendes Gewicht. Die englische Haupstadt war nie eine Stadt von Palästen wie Rom oder von Hôtels particuliers wie Paris. In London (und in andern großen Städten jenseits des Ärmelkanals) erheben sich die Häuser an den Straßen entlang als vom Keller bis zum Dach autonome Organismen mit eigenem Eingang und mit einem jeweils andern Aussehen als dem der Nachbarhäuser, auch wenn sie alle einem mehr oder weniger gleichen Typ angehören. Inigo Jones war vielleicht der erste, der mehrere Häuser als organisches Ganzes konzipierte, als er den "Platz des Covent Garden" (1630-31) plante, der heute in seiner ursprünglichen Form nur noch zu einem kleinen Teil besteht.

Die Schar der Häuser, die als einheitlicher Komplex verstanden wurden, nannte sich "Terrace", vor allem wenn sie auf nicht bebautes Gebiet schaute: einen Park zum Beispiel, einen Fluß oder das Meer. Auch ein "Square" (Platz) konnte sich aus einem einzigen Entwurf ergeben. Hatte er eine runde Form, wurde er zum "Circus", und war er ein Halbkreis, haben wir den "Crescent". Den Squares, Terraces usw. gab man durch eine meistens auf klassische Motive zurückgreifende Ornamentik (Säulen, das Giebeldach über dem mittleren Teil der Fassade usw.) ihre Kohärenz. Außer den beiden Plänen aus dem 17. Jahrhundert, dem des Covent Garden und dem der Lincoln's Fields mit der Great Queen Street, die schon genannt wurden, wurden die ersten und berühmtesten dieser Organismen von John Wood (1704-54) und seinem gleichnamigen Sohn zwischen 1727 und 1775 in Bath verwirklicht. Bath war zu dieser Zeit ein sehr beliebtes Thermalbad, und die großartigen palladianischen Queen's Square, Queen's Circus und Royal Crescent gehören zu den besten und ältesten Beispielen für diese Bauplanung. Ähnliche Planungen folgten in andern Thermalbädern, und auch in London zeigen die weiten Squares, ebenso wie die New Town in Edinburgh, ähnliche Tendenzen. Dieses System gelangt mit dem Wachsen des Londoner Stadtteils zwischen dem Regent's Park und dem Buckingham Palace durch Nashs Werke, die zwischen 1812 und 1830 entstanden, zu seinem Höhepunkt.

Die Normalform des städtischen Wohnhauses hielt sich, vor allem in London, bis zum Ende des 19. Jahrhunderts. In der üblichsten Form (ganz gleich, ob das Haus Element einer Terrace, eines Square oder auch einer einfachen Straße war) fand sich der Eingang an einer Seite und führte in die "hall", von der die Treppen ausgingen. Sie war ein Saal mit zwei Fenstern vorn und einem andern hinten; im ersten und zweiten Stock befanden sich je drei entsprechende Fenster. Die Repräsentationsräume waren im ersten Stock und die Schlafzimmer im zweiten; Küche und Wirtschaftsräume nahmen das Souterrain ein, und die Dienstboten schliefen auf dem Dachboden. Die Kohle wurde in einem vor dem Haus liegenden Keller unter dem Bürgersteig aufbewahrt, wo ein Loch für die Anfuhr von draußen angebracht war.

Auf vielen Gebieten war das 18. Jahrhundert in England schon um 1750 zu Ende. Die großen Schriftsteller der klassischen Zeit – Pope, Swift, Defoe, Addison – lebten nicht mehr, und in der zweiten Hälfte des Jahrhunderts – der Periode des Doktor Johnson – entstanden tiefgreifende (wenn auch nicht sofort spürbare) Veränderungen im Denken und im Geschmack. Die neuen Tendenzen bildeten so die ersten Anzeichen der Romantik, die sich auf dem Gebiet der bildenden Künste in neuklassischem Gewand zeigte. Außer Sir William Chambers (1723-96) (im Wesen ein Traditionalist)

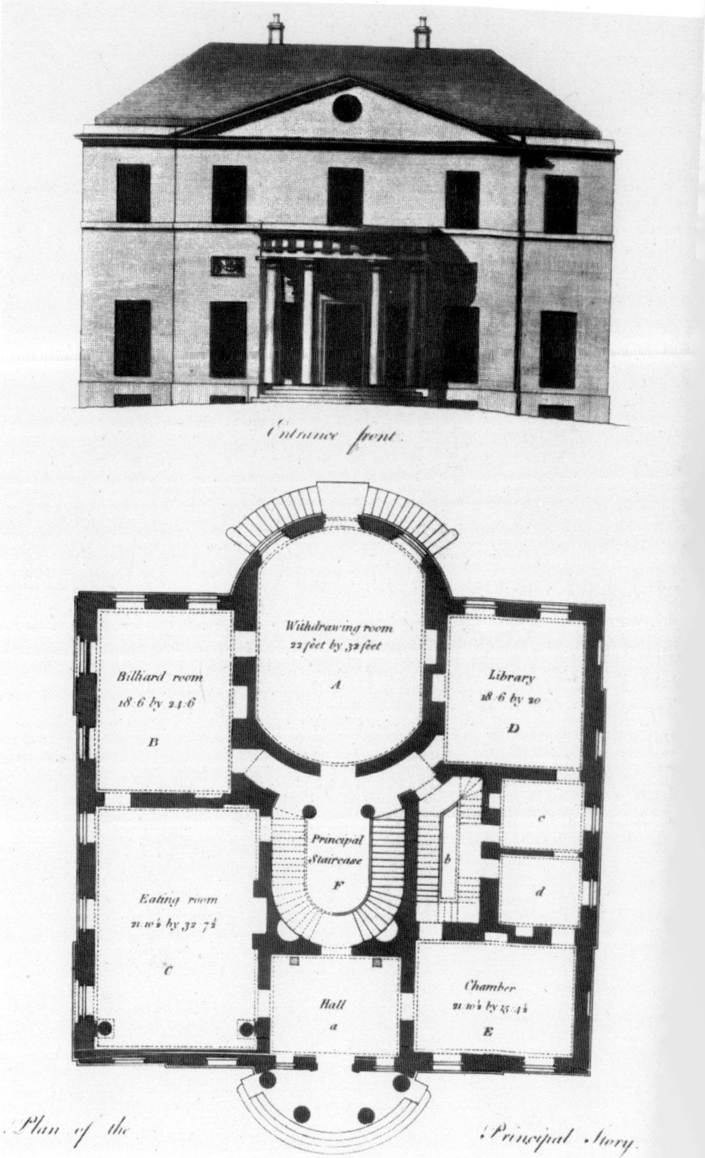

(Links) Fassade und Grundrisse der beiden unteren Stockwerke des Hauses von Lord Herbert in Whitehall (zerstört), kurz nach 1717 nac den Plänen von Colen Campbell erbaut (aus dem "Vitruvius Britannicus" III, 1725). Der Neopalladianismus hatte seine typische Entwick lung in den großen Landsitzen, aber auch bescheidenere Beispiele wie das vorliegende fehlen nicht; dem Stadtleben angepaßt, bestimmt de Wunsch, die Fassade hervorzuheben, die Beschränkung des Daches; die Bedeutung des Vorbaus geht auf eine von William Kent gewiesen Richtung zurück. Der Besitzer des Hauses war ein passionierter Anhänger Palladios; er hatte selbst einige Gebäude entworfen. (Rechts Hauptfassade und Grundriß des Erdgeschosses von Tendring Hall in Suffolk, 1784 von Sir John Soane entworfen: der Architekt veröffen lichte sie später selbst in seinen "Plans, Elevations ..." (1788.). Die Abbildungen geben die Originalzeichnungen wieder.

Der Royal Crescent in Bath, erbaut zwischen 1767 und 1775 nach den Plänen von John Wood jun.: das Meisterwerk des Architekten, der schon seit 1754 in der gleichen Stadt an dem in der Nähe liegenden, nicht weniger spektakulären Circus gearbeitet hatte. Die den hier abgebildeten Komplex bildende Gebäude-Ellipse hat eine Länge von mehr als 60 m.

Wohnhaus an der Hauptstraße von Mountsorrel (Leicestershire), im exquisit leichten und konkret nützlichen Stil Robert Adams konzipiert: ein harmonisches Zusammen von verschiedenen hellenistischen Elementen, ausgeführt mit der deutlichen Klarheit, mit der das Griechische die römische Bauweise und später die der Renaissance beeinflußt hatte.

war der eigentliche Beherrscher der antikisierenden Architektur Robert Adam (1728-92). Er hatte in Rom studiert, wo er mit Piranesi Freundschaft schloß, reiste durch Dalmatien und veröffentlichte einen wundervollen Folianten über den Diokletians-Palast (1764). Zur gleichen Zeit brachten James Stuart (1713-88) und Nicholas Revett (ca. 1721-1804) vier Jahre in Athen zu, um dann 1762 ihre "Antiquities" zu publizieren. Da sie fanatische Gräzisten waren, goß ihre Zusammenstellung Öl ins Feuer der Polemik über die Vorherrschaft der Künste, d. h. über die Frage, ob die griechische oder die römische Kunst als die vornehmere und vollkommenere zu betrachten sei. Auf dem Kontinent herrschte derselbe Streit, dessen Fortführer Winckelmann und Piranesi waren.

Adam jedoch war viel zu originell, um in dieser Auseinandersetzung Partei zu ergreifen: Obwohl er die traditionellen palladianischen Elemente aufnahm, spiegelt sein Stil auch die neueren Studien über griechische und römische Kunst wider; doch im Grunde war sein Geschmack durchaus persönlich. Darüber hinaus vernachlässigte er in seiner Ornamentik weder die Arbeiten seiner französischen Kollegen, noch vergaß er die Werke der Renaissance. Obschon er mehrere große Landsitze und Londoner Terraces geplant oder verändert hatte, liegt Adams Verdienst vor allem in den mitt-

Das vom Architekten Henry Holland (1745-1806), dem Schwiegersohn des bekannten Gartenarchitekten Lancelot Brown, für Thomas Harley erbaute Haus in Berrington (Herefs). Beispielhaftes Gebäude für die entschieden, wenn auch nicht immer glücklich an der griechisch-römischen Klassik ausgerichteten Tendenzen Hollands.

Zimmer aus der ersten georgiani Periode, im Geffrye Museum in London rekonstruiert. Die Wandverkleidung in bemalter P stammt aus einem Londoner Hau in der Chancery Lane und geht au Anfang des 18. Jahrhunderts zurück, wie es die typische Einfa der einzelnen Flächen zeigt. Die Stühle und das gesamte Mobiliar sind meistens aus Mahagoni und offenbaren einen sehr nücht und funktionellen Geschmack.

leren Wohnungen, denen seine Prinzipien am besten entsprachen. Mit seinem angeborenen Hang zur "Bewegung" gelang es ihm, die charakteristische Unbeweglichkeit der klassischen Architektur zu beleben, vor allem deshalb, weil die von ihm geplanten Fassaden der Gebäude sich fast nie in nur zwei Dimensionen entwikkeln, sondern durch vorgelegte übergreifende Blendbogen, hinter denen Türen und Fenster zurücktreten, ein lebendiges Erscheinungsbild der Fassade schaffen. Darüber hinaus griff er gern auf den Stuck – Blumengewinde, Urnen usw. – und auf eine reiche Verschiedenheit feinster Gesimsglieder und Verzierungen an den Fassaden wie im Inneren zurück. Seine Dekorationen waren immer leicht, elegant, graziös und inhaltsreich und vermieden einerseits die Leichtfertigkeit des französischen Rokoko und andererseits die Schwere, die den Empire-Stil auszeichnet.

Eine Beschreibung des 18. Jahrhunderts in Großbritannien kann das Phänomen des unvorhergesehenen Aufflammens der für das Jahrhundert typischen Fremdartigkeit nicht außer acht lassen, die auf dem Gebiet der Inneneinrichtung diese ganze Epoche bestimmt. Dieser "fremde" Einfluß fand von 1736 bis 1760 immer wieder Gelegenheit, die gesamte Inneneinrichtung nach

(Oben und S. 201) Schreibtisc Thomas Sheraton, der einen "I table", d. h. einen "nierenförn Tisch darstellt. Das Mahagoni-stück ist mit einem versenkbar sepult versehen. Unter den Ent Sheratons – seltsame Beispiele u Sommer-Alkoven (mit zwei g ten Betten) oder die Kanzel mit von einer Palme getragenen Bal fehlen nicht – ist wahrscheinl seltsamer Tisch, der in eine theks-Treppe umgewandelt kann, der erstaunlichste.

Wenn Thomas Chippendale unter den Möbelherstellern seiner Zeit auch nicht der größte war, so bestimmte er 1754 durch die Veröffentlichung von "A Gentleman and Cabinet-Maker's Director", das reich an launenhaft verarbeiteten Möbeln ist (wie die Lehnen dieser Stühle), die aber durch die Verwendung von Mahagoni schwerelos und leicht wirken, eine klare Orientierung – den sog. Chippendale-Stil.

on 1791 bis 1794 veröffentlichte Thomas Sheraton das entscheidendste Werk unter den englischen Vorlagen-Sammlungen für Möbel-Hersteller; es handelt sich um 113 Tafeln ("The Cabinet-Maker's and Upholsterer's Drawing-Book"), die unter den itischen Handwerkern eine große Gefolgschaft fanden, so daß man von einem Sheraton-Stil sprechen kann, r zu Ende des 18. und zu Beginn des 19. Jahrhunderts vorherrschend war, wenn auch ihr Autor selbst wahrscheinlich niemals Möbelstücke hergestellt hatte. Sein Stil zeichnet sich durch eine köstliche, aber dennoch funktionale Leichtigkeit gerader oder kaum gebogener Linien aus mit außerordentlich klaren Effekten, die durch die Verwendung von seltenen ölzern, lackierten Ornamenten und Flechtwerk bestimmt werden. Typisch ist der Sekretär "für den Herrn" (rechts), in indischem Holz vorgesehen, im sog. "satinwood"-Typ (Chloroxylon Swietenia).

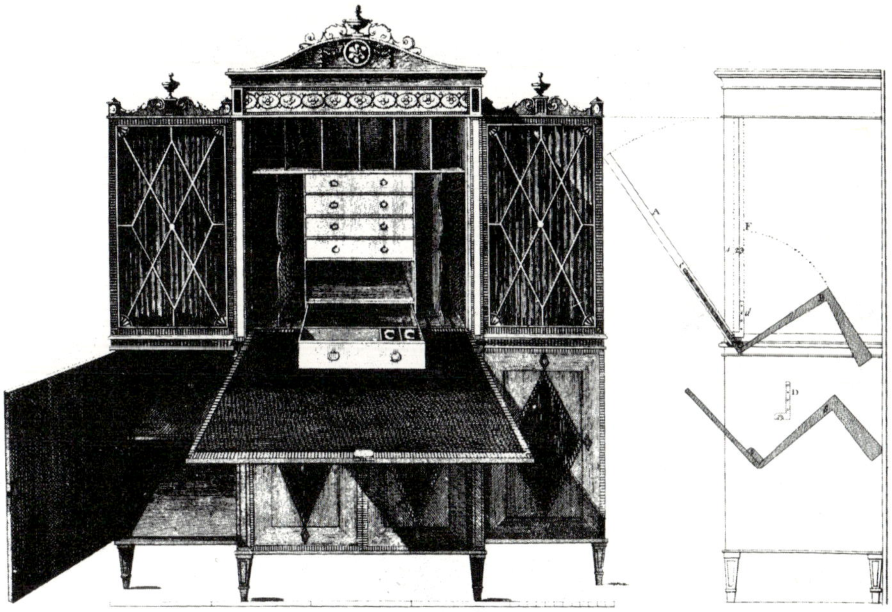

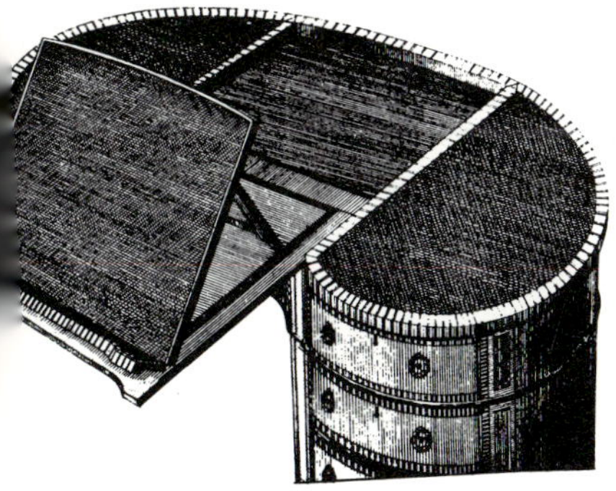

Nicht einmal George Hepplewhite war ein großer Möbelhersteller, aber auch er hatte dank des "The Cabinet-Maker's and Upholsterer's Guide", 1788 veröffentlicht, einen großen und verdienten Namen; in seinem Buch legt er Möbel-Modelle vor, in denen der klassische Stempel mit dem von Adam verwirklichten praktischen Geist vereint wird. Auch wenn wir die Auswahl auf nur einige der zahlreichen von ihm entworfenen Stühle (unten) beschränken, wird klar, wie reich die Ideen Hepplewhites waren.

Pariser Vorschriften zu gestalten. 1750 formte Horace Walpole sein Haus in Strawberry Hill in ein "kleines gotisches Kastell" um: ein Mittellalter in Maskeraden-Art, das jedoch nichts mit dem pedantischen moralisierenden Spitzbogenstil gemein hatte, der im folgenden Jahrhundert sein Unwesen trieb. Er fand dann Geschmack am Chinesischen, der sich vielleicht aus den vom Fernen Osten ankommenden Tapeten nährte; selbst ein so verstockter Anhänger der römischen Klassik wie Sir William Chambers hielt es nicht unter seiner Würde, ein Album über "Designs of Chinese Buildings" (1757) zu veröffentlichen und in seinen Gärten in Kew gar eine Pagode zu errichten. Schließlich spiegelte die Innendekoration in der gesamten zweiten Hälfte des Jahrhunderts in weitem Maße den Eifer der achäologischen Forschungen und die Konjunktur des Antiquitäten-Marktes wider, der durch die Entdeckungen in Herkulanum und Pompeji beliefert wurde: Daher erklärt sich die enthusiastische Aufnahme der pompejanischen und "etruskischen" Motive durch Adam und verschiedene andere. Der Mittler war Sir William Hamilton, Mitglied der Gesellschaft der Dilettanten (wie sich die Liebhaber der Archäologie zu nennen liebten) und äußerst aktiver Botschafter der Britischen Majestät am Hof von Neapel.

Charles F. Montgomery Jr.

PALLADIO - MADE IN USA

Um 1700 herum war die Ostküste Nordamerikas in jeder Weise in "die zivilisierten Teile der Welt" eingetreten. Beschreibungen der Häuser New Yorks aus den vierziger Jahren des 18. Jahrhunderts unterscheiden sich kaum von denen, die 50 Jahre früher gegeben wurden. So schreibt Dr. Alexander Hamilton, der 1744 New York besuchte: "Die Häuser sind kompakter und regelmäßiger und allgemein höher. Die meisten von ihnen sind nach holländischem Vorbild gebaut, mit ihren auf die Straßen gehenden Giebelenden. Wenige sind aus Stein, mehrere aus Holz, doch der größte Teil aus Ziegeln errichtet. Viele sind mit Dachpfannen und glasierten Ziegeln gedeckt. Das 'Jahr des Herrn', in dem sie gebaut sind, findet sich bei vielen von ihnen auf Eisenplatten an den Fassaden angebracht."

Viele Städte sahen schon so aus, wie sie es 1850 tun sollten, und Handelsunternehmen, Arbeits- und Strukturenteilung auf öffentlichem und privatem Sektor hatten ihren mittelalterlichen Charakter verloren. Gottlieb Mittelberger, ein deutscher Reisender in Pennsylvania beschreibt 1750 Philadelphia weniger als 70 Jahre nach seiner Gründung als eine Stadt mit großem Potential: "Die Stadt ist sehr groß und schön und in regelmäßigen Linien ausgeführt mit breiten Avenues und vielen Querstraßen. Alle Häuser sind bis zum vierten Stock aus Stein oder Ziegel gebaut und mit Zedernholz-Schindeln gedeckt. Man braucht fast einen ganzen Tag, um die Stadt zu umlaufen. Und jedes Jahr werden nahezu 300 neue Häuser gebaut. Man nimmt an, daß Philadelphia in einiger Zeit eine der größten Städte der Welt sein wird." Mittelberger fährt fort: "Es ist jetzt schon mög-

Das Peirce-Nichols House in Salem (Massachusetts), heute Sitz eines Museums, wurde gegen 1782 für den Reeder und Ostindien-Kaufmann Jerathmeel Peirce gebaut. Obwohl es keine Dokumente darüber gibt, soll es nach einer Familien-Tradition von Samuel McIntire, dem berühmten Graveur und Architekten aus Massachusetts, entworfen worden sein. Der Stil des Hauses ist klar palladianisch (georgianisch), was aus den großen Eckpfeilern, den schweren Fensteraufsätzen und dem Türvorbau hervorgeht. Interessanterweise sind viele äußere und innere Details aus dem "City and Country Builder's and Workman's Treasury of Designs" von Batty Langley, London 1740, entnommen. Dieser englische Gärtner und Architekt zeigte deutlich palladianische Tendenzen. Im Inventar der von McIntire nach seinem Tod (1819) hinterlassenen Dinge finden sich: "ein Band der Architektur von Langley", "ein Band der Architektur Palladios", sowie verschiedene andere englische und französische Bücher über Architektur. Später zeigen die von McIntire gegen Ende des 18. Jahrhunderts erbauten Häuser eine klare Hinwendung zur größeren Einfachheit des amerikanischen "Bundes-Stils".

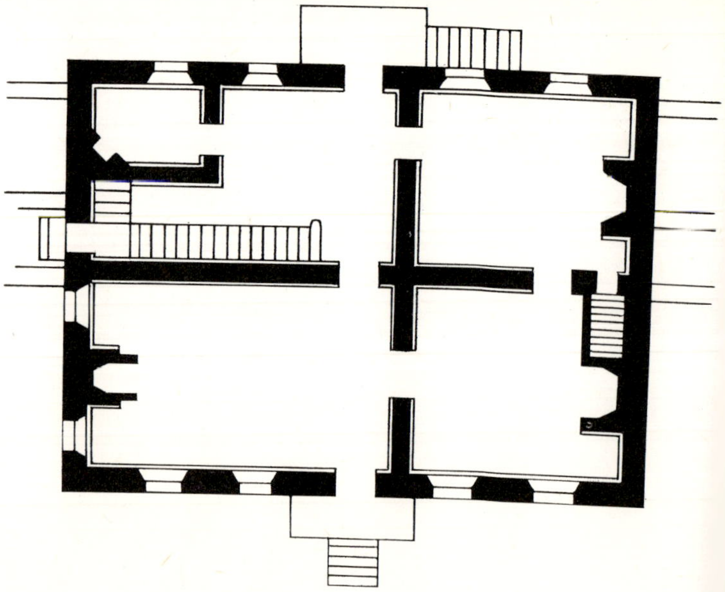

lich, all die Dinge in Pennsylvanien zu bekommen, die es auch in Europa gibt, da jedes Jahr so viele Handelsschiffe ankommen. Die Schiffe laufen ein von Holland, Alt- und Neu-England, Schottland, Irland, Spanien, Portugal, Maryland, New York, Carolina und den west- und ostindischen Inseln."

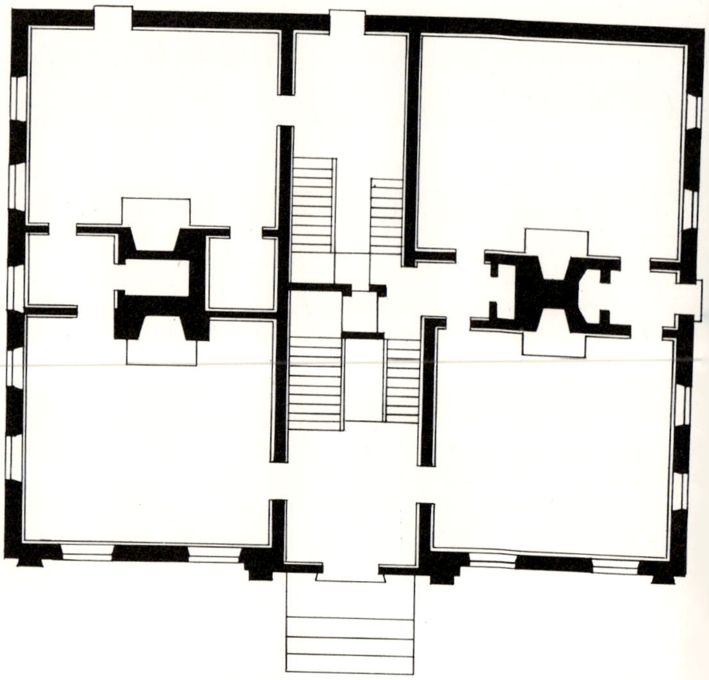

Besuche von Amerikanern in London, englische Bücher mit architektonischen Zeichnungen und die Einwanderung englischer Baumeister, all das half mit, den Palladianismus mit seiner Formensymmetrie, seinen fast pedantischen Gebrauch formaler Elemente und seinen kodifizierten Proportionen in die Neue Welt zu bringen. In diesem Stil, der sich den größten Teil des Jahrhunderts über hielt (auch wenn er tatsächlich Änderungen unterworfen war), flankierten gerade oder gebogene Säulen die weiten getäfelten Türen; Türen und Fenster werden von Zwerggiebeln gekrönt, die Dächer werden tiefer gezogen, und vorstehende "Gürtellinien" betonen die Horizontale und markieren außen die inneren Stockwerkshöhen. Im weiteren Verlauf des Jahrhunderts können sich Säulen bis zur ganzen Höhe des Fassade erheben, und spätere Fassaden weisen häufig einen vorstehenden Portikus vor der Tür auf, während die Fassaden vor 1750 in nur zwei Dimensionen verwirklicht waren.

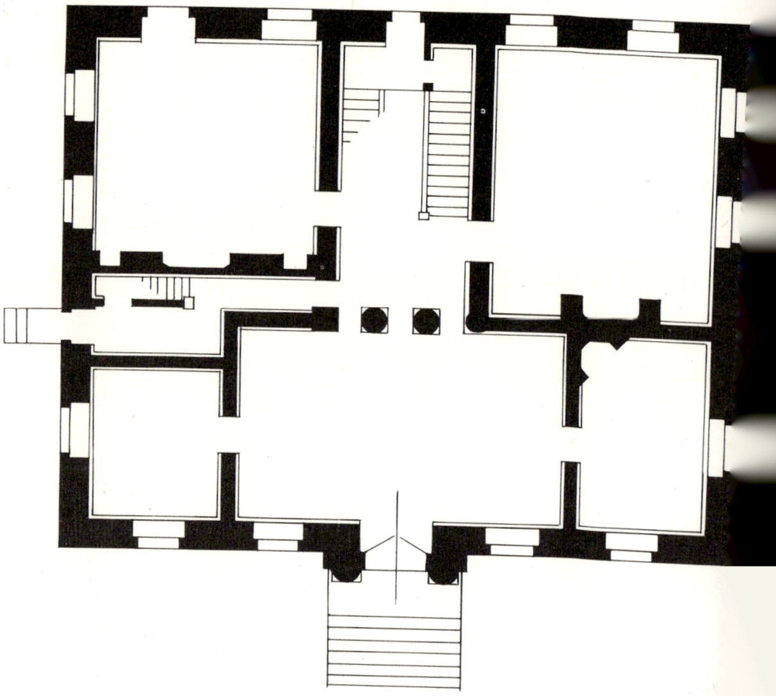

Die Innenräume der vornehmeren Häuser hatten oft eine geschnitzte Holztäfelung und Gipsdecken, diese manchmal mit Stuck-Ornamenten. Nach 1725 werden die Kamine von Säulen flankiert, und später werden geschnitzte oder erhabene Rahmen an der Öffnung und über der Kamineinfassung gebraucht. Die Bemalung des Holzes in tiefen Grün- und Blautönen, aber auch in dunklen Erdfarben war allgemein üblich, bis hellere Farben sie gegen Ende des Jahrhunderts ersetzten. Tapeten, die gewöhnlich aus Frankreich, manchmal aber auch aus China importiert wurden, werden gegen Ende des Jahrhunderts immer populärer. Ein Raum diente nicht mehr mehreren Funktionen. Stattdessen wurde viel Raum für im wesentlichen ornamentale Zwecke gebraucht.

Die Innenräume konnten den Hang zum Barock ausdrücken. Möbel und Silbergegenstände dagegen waren

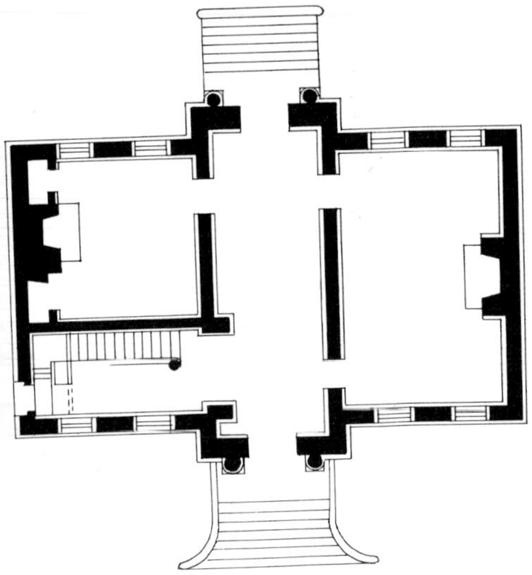

Grundrisse einiger der schönsten Häuser aus dem 18. Jahrhundert in den Kolonien von Virginia, Massachusetts und Pennsylvania. (S. 204, von oben) Brice House in Annapolis; John Vassall (später Longfellow) House in Cambridge von 1759; und Haus Cliveden in Germantown, kurz nach 1763. (Links und unten) Haus in Mount Pleasant (nach 1761); Chase House, ebenfalls in Annapolis, zwischen 1769 und 71 entstanden; und Van Rensselaer House in Albany von 1765. In Übereinstimmung mit dem Zeitgeschmack kommt in allen die Vorliebe für die Symmetrie klar zum Ausdruck; so erscheint überall das fast konstante Schema mit vier Haupträumen in jedem Stockwerk, mit dem Atrium, das zu den Treppen führt; der Eingang befindet sich genau in der Mitte der Fassade; die Fenster sind so verteilt, daß sie mehr das Kompositions-Gleichgewicht des Außenanblicks garantieren, als praktischen Erfordernissen dienen, wie dies im 17. Jahrhundert der Fall war. Trotzdem bleibt die Verschiedenheit der Lösungen bemerkenswert. Die Kamine, die kleiner sind als im vorhergehenden Jahrhundert, gibt es noch in allen Zimmern.

vollständig barock. Wir müssen zwischen 1700 und 1780 drei verschiedene Phasen der Gestaltung unterscheiden: die erste zeigt klar manieristische Komponenten; die zweite kann als die eigentliche Barock- Phase angesehen werden und dauerte ungefähr von 1730 bis 1769; die dritte, die sich bis in die neunziger Jahre hinein fortsetzte, ist von der Erneuerung und Entwicklung der Möbelformen und -dekorationen gekennzeichnet, die in jeder amerikanischen Region verschieden sind.

In Philadelphia wurde der "Highboy", die Kommode mit Aufsatz, der in seiner flacheren Form englisch war, mit der Hinzufügung von Schnecken- und Bogenaufsätzen und dem verschwenderischem Gebrauch von Rokoko-Schnitzwerk ein neues Möbelstück.

In Newport zeigt die Oberfläche der Schränke eine neue Form, die einander abwechselnde, konvexe und konkave vertikale Täfelung und hervorstehende Muscheln benützte. In New York entsteht ein neuer Spiegeltyp, der leichter als die frühere Form ist und statt der Schnitzerei die eigentliche Komposition selbst als Ornament gebraucht. In der zweiten Hälfte des 18. Jahrhunderts wurden in England die Kaminböcke nur noch selten benützt, da die Kohle das Holz ersetzt hatte, dessen Bestand in alarmierender Weise zurückgegangen war. Daher war es Amerika, wo ein neuer Kaminbock-Stil mit von Aufsätzen gekrönten Säulchen entwickelt wurde.

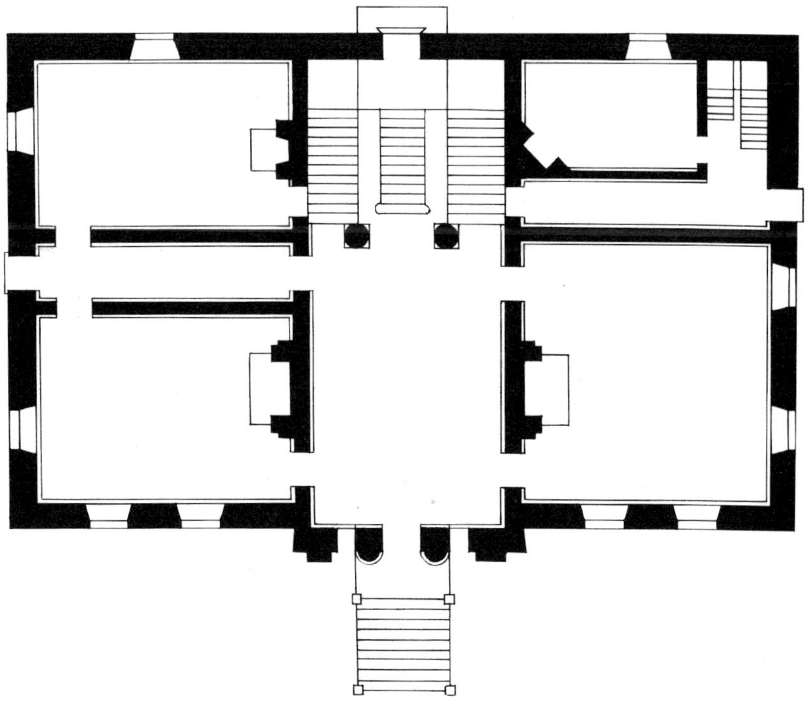

Nach seinem Italien-Aufenthalt 1759 nach England urückgekehrt, führte Robert Adam neue Formen in die Architektur ein. Sie ergaben sich vor allem aus seinen Besuchen in Pompeji und Herkulanum und schlossen Vasen- und Urnenformen, griechische Mäanderbänder, Glockenblumen und andere klassische Motive ein. Seine Entdeckungen öffneten einen völlig neuen klassischen Aspekt, den man bei Palladio in dieser Weise nicht findet. Dorische und jonische Säulen werden zwar weiter verwendet, zeigen aber einen viel größeren Formenreichtum als die wenigen von Palladio angeführten.

Der neue Stil, der sich in Amerika erst nach der Revolution durchsetzte, wurde neuklassizistisch oder "Adamesque Federal" genannt. In der Wohnarchitektur nahm er eingefügte helle Öffnungen und Lünetten ne-

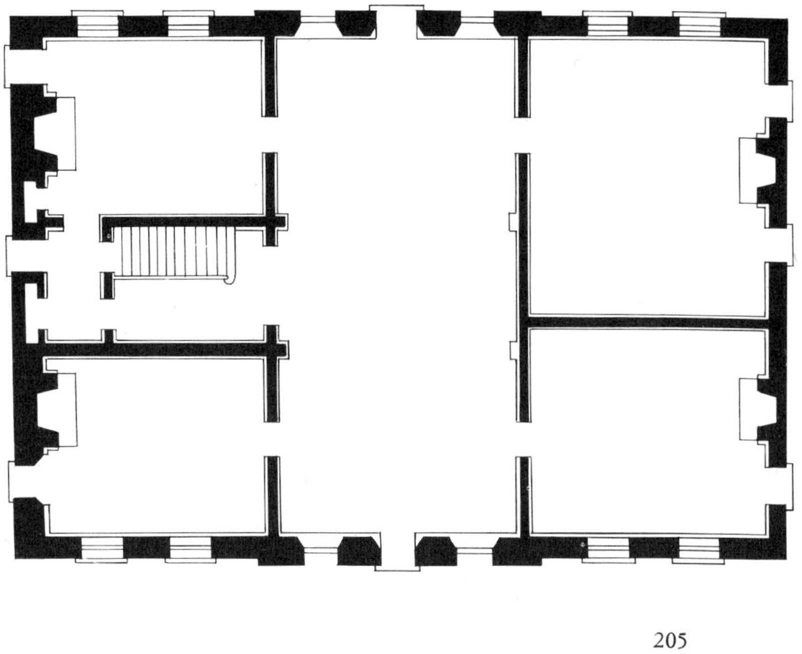

Möbelstücke wie dieser Sekretär (Providence, Rhode Island Historical Society) – in Mahagoni mit abwechselnd konvexen und konkaven vertikalen Unterteilungen, die von großen Relief-Muscheln beherrscht werden – werden als der größte künstlerische Beitrag des alten Amerika betrachtet. Es scheint, daß es die Mitglieder der großen Quäker-"Dynastien" der Goddard und der Towsend in Newport waren, die dieses Modell schufen; sicher übertrafen sie alle anderen Handwerker der Zeit in der Herstellung verschiedener Möbelstücke. Das hier untersuchte Stück wurde wahrscheinlich 1759 von Joseph Goddard für Joseph Brown in Providence angefertigt. Gerade im siebten Jahrzehnt des Jahrhunderts, also sehr viel später als zu der Zeit, da in Europa das Rokoko den Barock ablöste, erreichte dieser Möbeltyp seine volle Entfaltung. Statt auf den neuen europäischen Stil zurückzugreifen, geben die Hersteller von Newport dem Barock eine unerhörte Harmonie, in der sich Struktur und Dekoration in einer Weise ergänzen, wie da in Europa nur selten geschehen ist. Hier löst sich die von den engen Kurven der Füße, der Seiten und des Prospekts hervorgebracht Energie in der nüchternen Senkrechten der Türen auf, während sich das Ganze in einem äußerst lebhaften Spiel von Licht und Schatten belebt.

(S. 207) Duncan Phyfe, der von 1790 b
1850 in New York arbeitete, wi
einiger Zeit als einer der besten Hand
Amerikas der klassizistischen Perio
des "Bundes-Stils" betrachtet
der in diesem Zimmer (Winterthur, d
Museum) vereinigten Möbelstücke
sein Werk oder das seiner Werkstatt
diese Werkstatt verfügte in ihrer g
Blütezeit über mehr als 100 Besch
Phyfes Erzeugnisse zeichnen sich, bevor
1820 herum irgendwie schwerfällig u
durch das Vorherrschen ve
Elemente, akanthusblätterförmige In
die an den Lehnen der Stühle und I
geschnitzten Friese und Gehän
Tische mit der Basis in Dreifuß-Form u
urnenförmigen Stützen aus. Lini
Ornamente stammen aus denselben eng
Quellen – Sheraton und Hepple
deren sich auch die andern amerika
Möbelhersteller der Zeit bedienten
nahm darüber hinaus Variationen franzö
Ursprungs auf, die
Werken eine besondere Note

ben und über den Türen an, Fassaden-Ornamente von größerer Klarheit und Schönheit, runde, ovale und achteckige Räume mit inneren Bogenöffnungen zwischen den Räumen und den spiralförmigen und freien Treppenhäusern. Er begann in den neunziger Jahren in Neu-England. Seine ersten Exponenten waren Charles Bulfinch und Samuel McIntire.

Das Aufkommen der neuen Mode zeigte sich mehr im Mobiliar als in der Architektur. Die Kurvenlinie wurde außer bei den mit Vasen oder Urnen-Ornamenten verzierten Stuhllehnen aufgegeben. Die Beine waren durchweg gerade. Die Oberflächen der Schränke, auch wenn sie manchmal gebogen waren, nahmen niemals die gewölbten oder schlangenförmigen Konturen an, die Kennzeichen der besten hochbarocken Stücke waren. Helle und geradlinige Formen sind für diese Periode charakteristisch.

Auch des Schnitzwerk wurde (außer im Raum von Massachusetts) von Intarsien ersetzt; Mahagoni wurde weiter als das üblichste Holz für die Schrankherstellung benützt. Die Intarsien, die einen Eindruck größerer Leichtigkeit vermittelten, waren oft von Satinholz, Ebenholz oder andern seltenen Furnierhölzern, nahmen geometrische Formen an oder bildeten stilisierte Motive von Urnen, Glockenblumen, Blättern, Girlanden und Opferschalen, die aus klassischen Quellen übernommen wurden.

Auch bei den Silbergegenständen wurde die Pracht von der Anmut ersetzt. Die Urnenform wurde für Tee- und Kaffeegedecke äußerst populär. Solche Gedecke wurden zum ersten Mal in zueinander passenden Stükken hergestellt, zu denen auch Milchkännchen und Zukkerdosen gehörten.

Wenn auch viel weniger den Wandlugen der Mode unterworfen, erhielten die Berufe der Zinngießer, Töpfer und Glasbläser einige Anregungen von dem begin-

nenden Neuklassizismus. Doch erst im nächsten Jahrhundert, als die Fabriken die Werkstätten verdrängten, entsprachen diese Zweige voll und rasch den Geschmacksänderungen. Und noch ein Jahrhundert später erst unterlagen Heizung, Beleuchtung und andere Dinge des erreichten Komforts den ersten wirklichen Veränderungen in zweitausend Jahren.

Dennoch ist es sicher, daß der Wunsch nach einem komfortablen Haus in Amerika schon im 18. Jahrhundert gigantische Schritte verursacht hatte. Das Teilinventar eines Bostoner Kaufmanns, der 1800 starb, zeigt ein Menschenleben von Ansammlungen. Das Haus enthielt zwei Schlafzimmer, Küche, Eingang und Treppenhaus. Es ist fast unmöglich, zu schätzen, was die aufgeführten Gegenstände in heutiger Währung wert wären; nur in dem einen "vorderen Raum" werden aufgezählt: "1 Pianoforte, 1 Mahagonitisch und 1 Spieltisch, 6 mit Roßhaar gepolsterte Stühle, 1 großer Spiegel (der auf 20 damalige Dollar geschätzt wurde), 2 lackierte Schalen, 1 emailliertes Teeservice aus Porzellan, Teil eines Gedecks aus Steingut, in Pariser Art vergoldet, Messerkasten und 12 Tischmesser, 12 Gabeln und 6 Kaffeelöffel mit dublierten Griffen, Teil eines Eßservice in blauem und weißem Porzellan, Mahagoni-Tablett mit mehreren Porzellanstücken und Glaswaren, Kaminschaufel, Zangen und Haken, 1 Teppich (Wert 10 Dollar), 1 großes Familienbild (25 Dollar), 2 goldgerahmte Shakespeare-Bilder." Im zweiten "vorderen Zimmer" befanden sich: "1 gold-gerahmtes Shakespeare-Bilder." Im zweiten "vorderen Zimmer" befanden sich: "1 gold-gerahmtes Shakespeare-Bild, 1 Bild von Garrick, 2 Spiegel", weiter drei Tische, ein Teppich, 2 Schalen, Porzellan- und Glaswaren, Kerzenständer und Lampen, 6 Lederstühle und eine goldene Taschenuhr.

Das Haus William Binghams, gegen 1790 in Philadelphia entstanden (aus einem zeitgenössischen Stich). Man sagte, es sei nach dem Vorbild der Londoner Residenz des Herzogs von Manchester, nur viel größer, erbaut; immerhin scheint es ziemlich typisch für den "Bundes-Stil". Der englische Reisende Henry Wansey ("An Excursion to the United States...", Salisbury 1798), im Sommer 1794 von Mr. Bingham zum Essen eingeladen, findet das Haus und den Garten "großartig im besten englischen Stil mit elegantem, ja, sogar wunderbarem Mobiliar: die Stühle im Salon waren von Seddons in London nach neuester Mode; die Lehne in Form einer Leier mit Behängen von karmesinroter und gelber Seide, die Vorhänge des Raums in gleicher Art: der Teppich eines der teuersten Exemplare Moores: der Raum war in französischem Geschmack nach Vorlagen des Vatikans in Rom tapeziert."

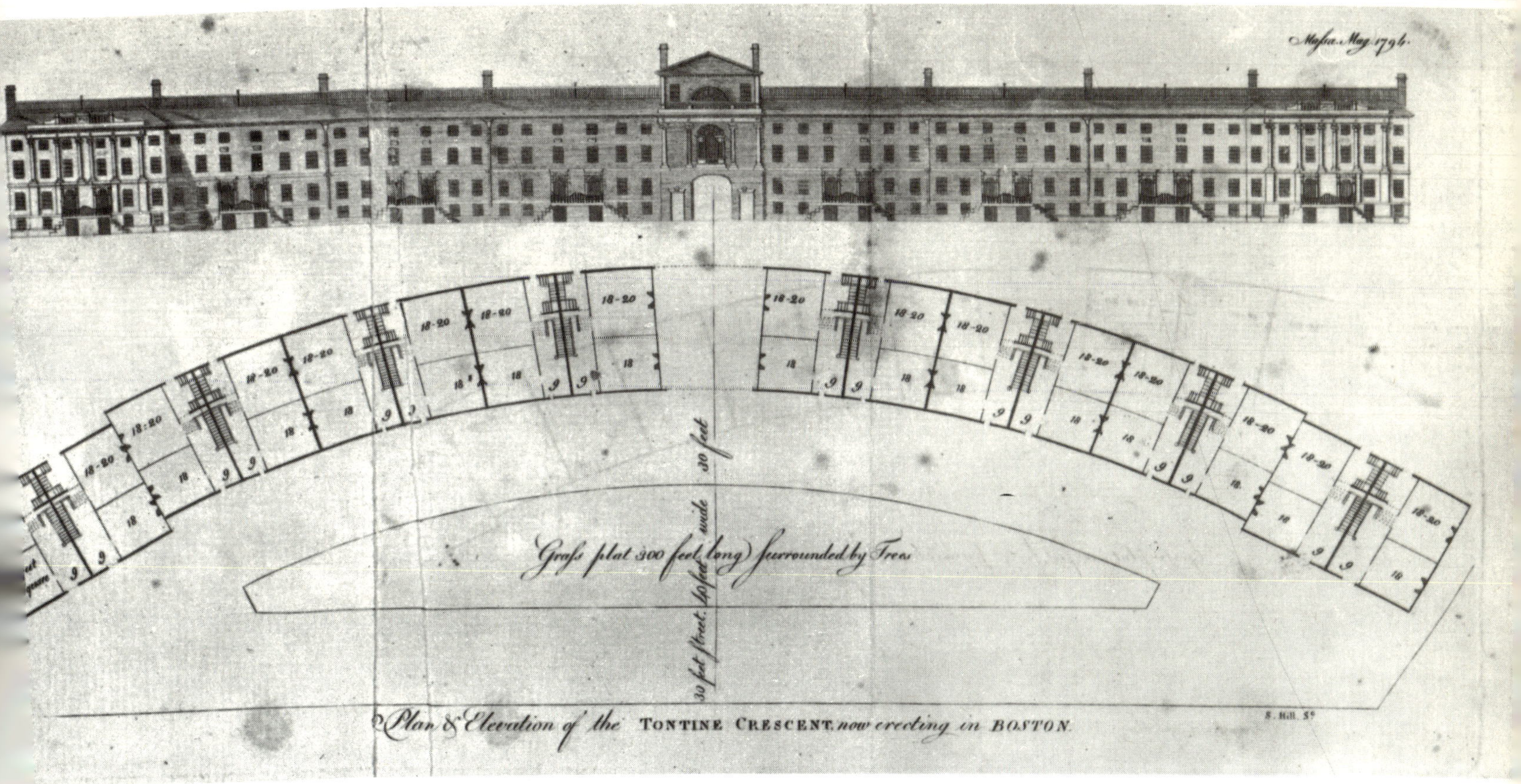

Fassade und Grundriß des Tontine (heute Franklin) Crescent in Boston in der Zeichnung (1793) des Planers Charles Bulfinch (Massachusetts Historical Society). Amerikanischer Häuser-Komplex in der um die Mitte des 18. Jahrhunderts in Groß-Britannien verbreiteten Art. Der Einfluß des großen Adam tritt klar zutage. Im Boston dieser Zeit mußte dieser Komplex besonderes Aufsehen erregen, da es 1794 – wie Wansey (s. S. 208) berichtet – zum größten Teil über "Gebäude" verfügte, "die äußerst gleichförmig sind; viele von ihnen, wie auch ihre Kirchen, sind an den Seiten gegen das Wetter holzverschalt, und alle sind mit Schindeln gedeckt. Eine sehr häßlich aussehende Gitter-Umfassung auf der Spitze des Daches zum Trocknen der Wäsche gibt ihnen ein schreckliches Aussehen. Der New oder West Boston genannte Teil der Stadt bildet eine Ausnahme, da die Häuser dort alle hübsch und elegant (aus Ziegeln) sind und schöne Eingänge und Portale und Freitreppen aufweisen."

Ein erheblich größeres Haus, das der Geistliche William Bentley 1791 beschrieb, lag außerhalb Bostons, Massachusetts. Es war sehr gut mit Büchern, Gemälden, Gewächsen und wissenschaftlichen Apparaten versehen, die das intellektuelle Interesse ihres Besitzers widerspiegelten: "Ich wurde von Mr. Barrell und seiner Familie höflich zum Abendessen empfangen. Der Hausherr zeigte mir seine ausgedehnten und eleganten Einrichtungen zur Unterhaltung und für wissenschaftliche Experimente. Seine Vögel spielten in einer Kugel, die von einer andern Kugel mit Wasser umschlossen war, in der sich die Fische tummelten. Er hat ein hervorragendes Portrait Dr. Coopers nach dem beim Gouverneur befindlichen Original. Er hat ein Original des Mr. Clarke. Er besitzt eine Vielzahl von Gemälden, Stichen und Porzellanfiguren. Er hatte sich früher einmal als Abenteurer in die hinteren Teile Amerikas begeben und hat verschiedene große Sehenswürdigkeiten mitgebracht. Seine Apparate für experimentelle 'Philosophie' sind gut, vor allem die für Elektrizität. Er hat eine gute Bibliothek. Sein Haus ist in all seinem Mobiliar elegant. Sein Garten übersteigt jedes Beispiel, das ich je gesehen habe. Ein noch junger Hain wächst im Hintergrund, in dessen Mitte ein Teich ist, der mit 4 vor Anker liegenden Schiffen und einer Marmorfigur im Zentrum versehen ist. Chinesische Art ist im Sommerhaus, das sich hinter dem Blumengarten vor dem Haus befindet, mit europäischer gepaart. Dahinter liegt das Haus für die Heizung. In dem davorliegenden Arrangement sind seine Blumen freier der Luft ausgesetzt, und davor liegt ein mit aller Bequemlichkeit ausgestattetes anderes Sommerhaus. Die Plätze sind mit lebensgroßen Marmorstatuen geschmückt. Es wurden keine Kosten gescheut, um das ganze unterhaltend, belehrend und freundlich zu gestalten."

Die Mittel, durch die eine andere Sammlerin ihre Porzellanstücke erwarb, schildert Moreau de St. Mery 1798 (Moreau de St. Mery's American Journey, 1793-98): "In Philadelphia lernte ich die Witwe eines reichen Mannes kennen, in deren Haus ein Franzose logierte. Diese Frau, die ein äußerst bescheidenes Betragen an den Tag legte und in der Stadt hoch angesehen war, war 32 Jahre alt. Sie gewährte diesem Franzosen, der ihre Schwäche für Porzellan kannte, jedes Vorrecht."

Moreau de St. Mery hatte sonst wenig Gutes über Philadelphia zu sagen: "Jedes Haus hat als Toilette einen kleinen Raum außerhalb des Hauses ... Oft wird man naß, wenn man dorthin geht."

Sergio Coradeschi - Michelangelo Muraro

NÜCHTERNER EKLEKTIZISMUS IN ITALIEN

Als das 18. Jahrhundert schon begonnen hatte, bot eine Stadt wie Rom noch einen Anblick, der geeignet war, den Präsidenten von Brosses zu verwirren, der 1739/40 schrieb, daß die Piazza del Popolo trotz "verschiedener schöner Monumente" wegen der "sehr armseligen Wohnhäuser" "alles andere als ein schöner Platz ist". Nicht nur das: "Ein ähnlicher Kontrast konstituiert einen ziemlich häufigen Mangel in jenen Teilen, wo es nur Paläste und Hütten gibt und ein großartiges Gebäude von hundert unwürdigen Elendsquartieren umgeben ist; einige große Straßen von ausgedehnter Breite, die wunderbar gerade und fast immer von schönen Fassaden eingeschlossen sind, dienen nur dazu, zwischen Reihen von Hausfluren hindurch zu schrecklichen kleinen Sträßchen oder ekelhaft engen Kreuzungen zu führen. ... Ich habe den Eindruck, daß Rom immer noch die Tatsache widerspiegelt, von den Barbaren zerstört gewesen zu sein und daß jeder Bewohner beim Wiederaufbau auf dem ersten Platz, den er leer fand, baute, ohne auf irgendeine Ordnung oder Planung Rücksicht zu nehmen."

Dann paßt sich auch die italienische Bauweise (vor allem in der zweiten Jahrhunderthälfte) der Zeit an. Die Aufteilung der Räume sucht den Bedürfnissen eines ganzheitlicheren Lebens zu entsprechen; so ordnen sich die verschiedenen Zimmer, statt miteinander in Verbindung zu stehen, dem Korridor entlang an. Der vorher schon zum Essen und für Empfänge benützte Saal unterteilt sich in getrennte Räume, von denen jeder für einen eigenen Gebrauch bestimmt ist: Eßzimmer, Salon, Studierzimmer usw. Die Küche trennt sich von der Waschküche. Die Dienerschaft schläft auf dem Dachboden oder in Mansarden und ißt im Zwischengeschoß. Die Schlafzimmer finden über dem Repräsentations-Stockwerk Raum.

Die Einrichtung wendet sich den graziösen und leichten Möbeln zu. Von der alten Vorliebe für den Prunk überlebt die Bogennische für das Bett, der Alkoven. Was den Rest angeht, so ist die Angleichung an die Vorschriften aus Paris fast absolut.

Schließlich bildet sich eine nüchterne, vernünftige und praktische Bauweise heraus, die häufig ganze Komplexe charakterisiert, wie die Piazza Sant'Ignazio in Rom und den einen oder andern Corso in derselben Stadt, in Mailand und anderswo, und die sich mit sicherem Geschmack auch in der Provinz zeigt. Noch einmal verbindet sich die ganze Weite dieses Phänomens mit den Vorlagenbüchern (das gilt für Möbel, große und kleine Häuser, Pavillons und Paläste usw., die für die zweite Hälfte des 18. Jahrhunderts typisch sind). Diese verdienten Bücher trugen zu dem guten ästhetischen Niveau eines großen Teils der Wohnarchitektur bei und übten auch auf das folgende Jahrhundert einen positiven Einfluß aus. Sie gaben den größeren und kleineren Städten der Halbinsel ihr charakteristisches Aussehen.

In dieser allgemeinen Tendenz gelangt die Vorlieb

(S. 211) Erster Entwurf (Turin, Museo Civico) des Messinesen F. Juvarra (1676-1736) für die Militär-Unterkünfte an de d'armi di Porta Susina in Turin. Der gegen 1716 entworfene und nach langer Arbeits-Unterbrechung zwölf Jahr vollendete Komplex besteht teilweise noch zwischen der Via del Carmine und dem Corso Valdocco. Mehr als die Gebäude an s offensichtlich außerhalb unseres Themas liegen, interessiert die vorliegende Arbeit, ihre Komposition, die in einer neuen Di erscheint und unvergleichlich wärmer und menschlicher ist als der damals auf der italienischen Halbinsel moderne hispanisierende

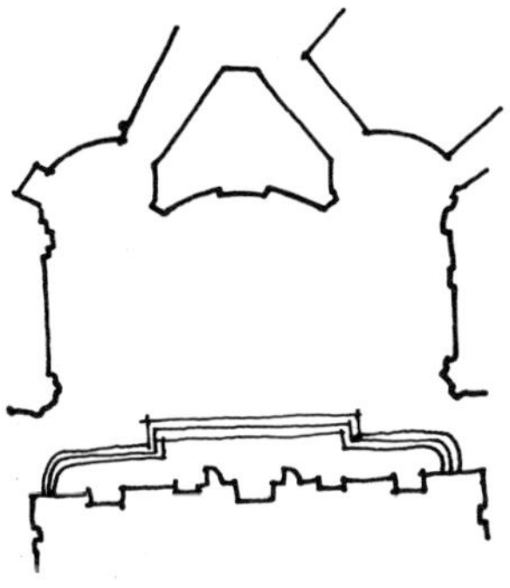

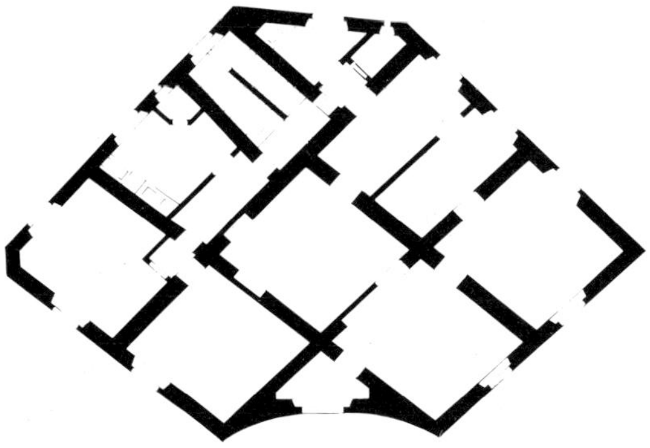

0 und links oben) Vedute und Grundriß des von
guzzini (1680-1771?) entworfenen Palast-Komplexes in
gegenüber der Chiesa di Sant'Ignazio (1727/28).
Milizia boshaft "Kommoden" genannt, was bei seiner
chkeit mit dem Mobiliar der Zeit nicht ganz unzutreffend
stimmt die Launenhaftigkeit der Linien und die
instimmung der Gebäude untereinander eine äußerst lebhafte
ralik. Bemerkenswert ist die Innenlösung, die hier an-
des Grundrisses eines der Seitenpaläste dargestellt wird (oben).

Haus aus dem 18. Jahrhundert in Disco (Lecce) neben der Pfarrkirche. Ein gelungenes Beispiel für die Anpassung eines im Mittelmeerraum jahrtausendealten Schemas an die neuen Tendenzen des Rokoko.

für das Fremde so frei wie seit Jahrhunderten nicht mehr auch nach Venedig, wo die Profan-Architektur Form und Eleganz der Gotik wiederzufinden scheint. Der Prunk der Fassaden befriedigt nicht mehr. Die Sparsamkeit der alten Kaufleute ist vergessen, und die Venezianer schaffen sich jetzt großartige Wohnungen, die reich an Möbeln, Stoffen, Teppichen, Lack- und Porzellanwaren sind, wobei sie diesen Luxus auch auf die Höfe ausdehnen, die jetzt Loggien und große Freitreppen aufweisen. Das Ende steht bevor. Aber die Vergangenheit war so großartig, daß sie die bedenkliche Zukunft verbarg.

Venedig findet noch die Kraft, eigene Künstler zu beschäftigen. Maler, Architekten, Bildhauer, Töpfer, Kunsttischler und Glasbläser (wie Musiker und Theaterleute) nehmen diese Strömungen begeistert auf. So entsteht eine Kunst der Einrichtung, die in vielen Dingen Paris in nichts nachsteht. Seit einigen Jahren haben die Besucher der Antiquitäten-Versteigerungen begonnen, sich darüber Rechenschaft zu geben.

Casa Torni am Rio Santa Margherita in Venedig. Wie andere Gebäude des 18. Jahrhunderts zeigt es eine asymmetrische Fassade, an der besonders die Verbindung der Fenster im obersten Stock durch zwei horizontale Streifen auffällt, die eine Art Fries bilden: die linke Seite zeigt große Leerflächen.

Die Passion der Venezianer für chinesisches Porzellan, der die Möbeltischler durch die Imitation lackierter Produkte aus dem Fernen Osten unter den ersten in Europa entsprachen, wird in gewisser Weise auch von der "armen Kunst" aufgenommen. Es handelt sich dabei um Schnitte, die Werke großer Meister oder kleine Drucke mit Genre- oder Hirten-Szenen wiedergeben; sorgfältig ausgeschnitten, werden sie mit starkem Leim an Möbelstücken wie diesem angebracht (Florenz, Privatbesitz); das Werk wurde mit einigen Farbtupfern und verschiedenen Schichten transluziden Lacks vollendet. Es sind Stücke für ein bescheideneres Publikum als das der "echten Lacksachen"; aber der Erfolg war so groß, daß die "arme Kunst" auch in der "großen Gesellschaft" Liebhaber fand.

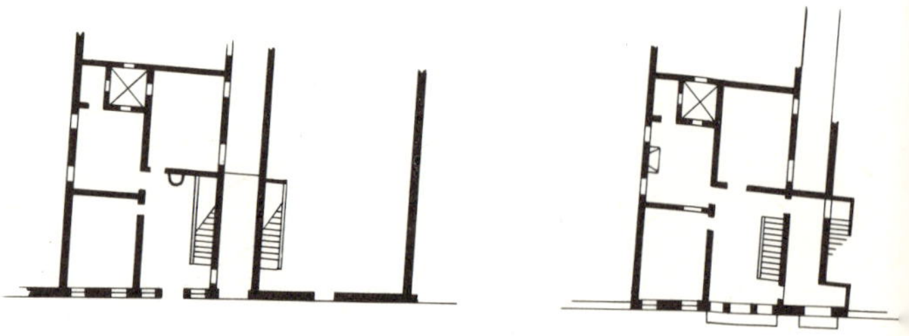

Die Großartigkeit des Atriums, der Höfe und der Treppenhäuser, die durch den Prunk des Äußeren vorbereitet werden, zeigt schon von selbst die Höhe der von den Labias ausgegebenen Summen, die sich um die Mitte des 18. Jahrhunderts wahrscheinlich vom Architekten A. Tremigoni ihren Palast bei San Geremia in Venedig errichten ließen. Für die Dekoration wandten sie sich bekanntermaßen an G. B. Tiepolo, um das Beste der venezianischen Kunst zu erhalten.

Kleiner Palast aus dem 18. Jahrhundert auf den Grundmauern der Kirche des Erzengels Raphael, ebenfalls in Venedig. Wie in verschiedenen andern venezianischen Bauwerken tritt die Tendenz zutage, die Fassade durch horizontale Bänder zu unterteilen, wobei sich jedoch die Fenster in einfachen niedrigen Umrahmungen frei einfügen: ein in der Wohn-Architektur ziemlich verbreitetes Charakteristikum. Dennoch trägt auch hier die gekonnte Verteilung der Öffnungen zu einer gewissen Grandiosität bei, und das Wappen fügt dem eine lebhaft dekorative Note hinzu.

Dieses andere venezianische Gebäude entstand in der ersten Hälfte des 18. Jahrhunderts am Rio del Vin als Mietshaus mit Läden. Der Entwurf stammt von Antonio Visetti, der, nicht ohne einige glückliche Resultate, versucht, die schon vom beginnenden Neoklassizismus gelockerte Komposition zu beleben. (S. 212) Haus in derselben Stadt in San Vio: interessant vor allem wegen des seltenen Überlebens der Innenstrukturen und zwar sowohl des Erdgeschosses (Grundriß links) als auch des Zwischenstocks (Grundriß rechts).

José Gudiol Ricart - Santiago Alcolea

Die iberische Halbinsel kennt kein Rokoko

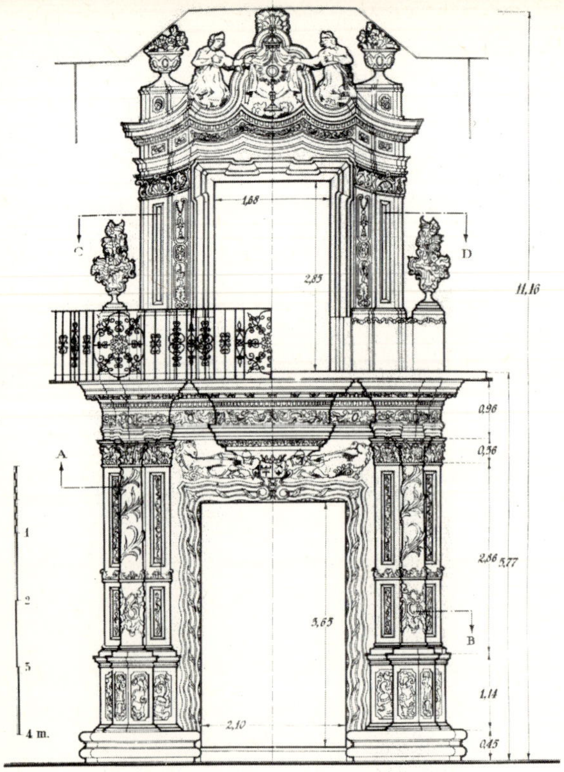

Portal der Casa Bertemati in Jerez de la Frontera (Andalusien). Das Bauwerk entstand 1785 für die Sopranis-Dávilas, wahrscheinlich nach dem Entwurf eines anonymen Architekten, der auch andere bedeutende Wohnungen der Stadt entwarf. Der prunkvolle Eingang erinnert an den des Palastes de San Telmo in Sevilla.

Die höfische Architektur in Spanien geht fast ohne Übergang vom Barock zu einem strengen Neuklassizismus über. Seine Aufteilung zeigt verschiedene Typen. Einige Bauten haben nur einen Flügel, der sich an der Frontseite öffnet, sie haben keinen Hof wie der Palacio de Boadilla del Monte. Andere haben einen rechteckigen Grundriß mit zwei Höfen und einem großen Treppenhaus im Zentrum wie die Casa de Liria in Madrid und die der Arenas de San Pedro und andere. Schließlich zeigen einige einen viereckigen Grundriß mit dem Binnenhof wie die Casa de Altamira in Madrid.

In den nördlichen Gebieten der Halbinsel setzt sich die architektonische Entwicklung wie im vorhergehenden Jahrhundert mit wenigen Varianten fort. In Galizien bleibt der Barock der beherrschende Stil. Hier ragt die Casa del Deán in Santiago de Compostela heraus, ein Werk Clemente Fernández Sarelas, das zwischen 1747 und 1752 errichtet wurde. Moderner ist der Palast Bendaña, den man für die schönste Wohnung dieser Stadt hält. Asturien zeigt noch seine Brillanz in einer Reihe von reichen Wohnungen in Oviedo, die eine stilistische Einheit darstellen. Unter ihnen ragt der Palacio de Camposagrado mit quadratischem Grundriß hervor. Seine Fassaden sind aus Quadersteinen und haben an den Ecken je ein Portal (im Osten und Westen) und ein sehr gebogenes Vordach. In seinem Inneren gibt es einen kleinen Hof und eine weite Ehrentreppe. Verschiedenartig sind die Wohntypen, die man in Santander findet: von dem nüchternen und schlichten Palacio de Adal und dem reicheren, wie dem der Elsedos in Pámanes, bis hin zu dem prunkvollen Palacio de Soñanes in Villacarriedo, der im ersten Viertel des Jahrhunderts nach den Plänen des Italieners Cosimo Fontanelli errichtet und durch örtliche Baumeister verändert wurde. Er zeigt ein sehr interessantes Treppenhaus. Das Baskenland setzt den großartigen Weg fort, den es im vergangenen Jahrhundert begann, und kann Beispiele von großem Interesse aufweisen.

In Andalusien ist Sevilla weiter das Kulturzentrum. Die innere Aufteilung des Hauses, die sich schon im 16. Jahrhundert herausgebildet hatte, vereinfacht sich und nähert sich mehr der Straße, dann wächst die Bedeutung der Hauptfassade, zu der hin sich der Saal verschiebt, der sich auf den großen Balkon über dem Portal öffnet. In der zweiten Hälfte des Jahrhunderts vereinfacht sich die Architektur noch mehr; man tritt durch das Portal direkt in den Hof ein, der weiterhin das charakteristischste Element des Hauses ist. Die Treppe ist schon vor die Haustür gerückt. Der Zugang zu den Wagenschuppen und Pferdeställen ist noch unabhängig und geht auf die Straße. Diese typische Aufteilung des 18. Jahrhunderts ist noch immer die häufigste in der Provinz Sevilla, wo ganze Städte in dieser Epoche wieder errichtet werden. Sie zeigt sich in Ecija und in Carmona, in Estepa und in Osuna, in Fuentes de Andalucia und in andern Städten. In Jerez de la Frontera (Cádiz) erlaubt die intensive Weinausfuhr die Erneuerung der Höfe, die einem ziemlich einheitlichen barocken Typ folgen, der verschieden von dem Sevillas ist und fast immer Ziegel verwendet. Hier nennen wir die Häuser Bertemati, Domecq und viele mehr. Andere wenden schon neuklassizistische Lösungen an.

Aragonien beschränkt sich darauf, den im 16. Jahrhundert fixierten Typ weiterzuentwickeln, während die neuen wirtschaftlichen Bedingungen Kataloniens und Valencias mit aktiver Industrie und Handel und gutgehender Landwirtschaft die Errichtung vieler Wohnungen bestimmen, in denen sich die neuen architektonischen Orientierungen konkretisieren. In Barcelona sind die Häuser für Industrielle und Kaufleute häufig die barock oder schon neuklassizistisch sind. In Valencia entwickelt sich ein regionaler Typ, der Beziehungen zum französischen zeigt und für den seine Fassaden im Rokoko-Stil charakteristisch sind. Es bestehen noch der Palast des Marqués de Dos Aguas in Valencia und der neue Teil des Herzogspalastes in Gandia.

P. M. Bardi

DAS HEITERE BAUCHAOS SÜDAMERIKAS

Eine so heterogene Bausituation, die durch ihr ungeordnetes Vorspringen und Zurückweichen der Gebäude den Begriff der geraden Straße bedroht, kann als Hinweis auf die Umformung der südamerikanischen Städte betrachtet werden: das Haus aus dem 19. Jahrhundert wird tatsächlich erdrückt und bald zerstört, um einem modernen Platz zu machen, während das Vordringen der Elektrizität in ihren verschiedenen Verwendungsmöglichkeiten, damit auch des Fernsehens, das Panorama bestimmt.

Nachdem die amerikanischen Kulturen zerstört waren, mußten die Konquistadoren im Schatten der Pyramiden-Monumente, die dazu bestimmt waren, von der Vegetation verschluckt oder, wie bei den römischen Foren, zerstört zu werden, damit man deren Steine als Baumaterial benützen konnte, auf dem Gebiet der Architektur beweisen, was sie konnten. Die Wohnung, wie übrigens auch die religiösen und profanen Repräsentationsbauten, hat in den wenigen besetzten Gebieten eine alles andere als großartige Geschichte. Sie ist von ärmlicher Herkunft, ein schwacher Abglanz der europäischen Kultur: spanisch, so weit die Inseln des Karibischen Meers, Mexiko, Peru, Venezuela, Kolumbien, Chile und Argentinien betroffen sind; portugiesisch, was Brasilien angeht.

Die Kolonialstadt entsteht als Ergebnis von zufälligen Ereignissen, meistens als Werk von Söldnergruppen, die in geringer Zahl ankommen, zunächst als kleines Fort. Ihre Entwicklung ist unstet, unlogisch in der Planung, immer mit dem Hauch des Provisorischen behaftet, da jeder die Hoffnung hat, mit einem Haufen Gold nach Hause zurückzukehren. Sie wird vom Milieu der Abenteurer geprägt, und es schwebt über ihr der Kadavergeruch vorangegangener Zeiten, als die Menschenopfer noch üblich waren. Man verwendet alle nur mögliche List, um die Eingeborenen einzuschüchtern, denen man mit der Rache entfernter Könige und den höllischen Schrecken einer Religion droht, die blind zu befolgen war (der aufrichtige Bartolomeo de Las Casas berichtete an den königlichen Rat: "unglücklicherweise wurde Indien entdeckt"). So erheben sich bewehrte Zitadellen, der mit Wappen versehene größere Gouverneurspalast, die kleine Kirche, deren Gestalt man als letztes sichtbares Andenken mitnimmt, bevor man in See sticht, die Konvente, die den gemischten Missionsklerus aufnehmen sollen. Zuletzt baut man die Häuser, die nichts anderes als Baracken mit gemeinsamen Gängen sind. Die Eingeborenen werden mit der Riemenpeitsche zu Maurern gemacht. Die Resultate sind wirklich danach.

Als sich die Helden, die Nietzsche als die höchsten Exemplare der Menschheit pries, mit den Indianerinnen vermischten und dasselbe später mit den auf Sklavenschiffen ankommenden Negerinnen taten, tritt in die Wohnung die Eifersucht ein. Sie wird nun doppelt verschließbar. Nach und nach wachsen die individuellen Häuser, die die ersten Differenzierungen, den Verzicht auf den Standard zeigen, der noch heute für den Bewohner Südamerikas charakteristisch ist. Der Blumenschmuck der Ziergärten wird durch die Nützlichkeit des Gemüsegartens ersetzt. Nur in den Klaustren einiger Konvente kultiviert man nach mittelalterlichen Überlieferungen Heilpflanzen.

Nachdem sich die Mischbevölkerung formiert hatte und eine gewisse Stabilität erreicht war, richtet sich der Kontinent zwischen dem 16. und 18. Jahrhundert ein: Millionen von Lebewesen müssen in irgendeiner Form eine Unterkunft haben. Wie sie wohnten, ist schwer zu sagen. Im Generalarchiv Indiens, das noch in Madrid aufbewahrt wird, betrifft all das, was sich auf das Bauwesen bezieht, fast ausschließlich die Sakralbauten und einige Hospitäler. Um zu wissen, welche Bedeutung man dem Wohnungsproblem beimaß, genügt es, sich auf eine Petition aus dem Jahr 1540 zu beziehen, die an die Casa de la Contractación de las Indias gerichtet war, in der der Bischof von Tierra Firma für den Wiederaufbau der Kathedrale der zerstörten Stadt Panama um "quattro officiales de albañileria y canteria" (vier Maurer- und Steinmetz-Gesellen) bittet, die in der Lage seien, die Neger und Indianer diese Berufe zu lehren. Über die Wiedererrichtung der Häuser spricht man nicht einmal. In diesem Gebiet, das von Erdbeben und Feuersbrünsten heimgesucht war, dachte die Regierung an die Kirche. Was die Wohnungen anging, so mochte sich nur jeder selbst arrangieren.

Der Erbauer war meistens der Bewohner selbst, der gleichzeitig Architekt, Maurer, Installateur, Maler und

Wohnungen der Pueblo-Indianer in Neu Mexiko. Es handelt sich um kubische Bauten, die meistens in langen Reihen auf Felsrücken liegen und so absteigende Terrassen bilden (unten). Die Form dieser Häuser stammt wahrscheinlich von der der Hütten der frühen, vor langer Zeit in diesem Gebiet angesiedelten Bevölkerungen. Sie sind mit "Adobes", d. h. in der Sonne getrockneten Tonziegeln errichtet; sie sind einräumig und häufig mit einem Innenhof versehen, wo man die Zugtiere hält.

Hütte aus trocken aufeinandergelegten Kieselsteinen im Gebiet von Taraco (Peru): manchmal können die Steine von sonnengetrockneten Ziegeln ersetzt sein; häufig verwendet man in beiden Fällen eine Verkleidung aus Binsen. Wahrscheinlich handelt es sich um in die Zeit der Inkas zurückgehende Typen, die noch heute notwendig sind, um in 4000 m Höhe den Winden zu widerstehen.

Christoph Kolumbus spricht in seinen Tagebüchern über die Karibischen Inseln vor allem von "runden Häusern in Form von Zelten"; doch bemerkt der Entdecker auf einigen Inseln auch solche in "viereckiger" Form, und tatsächlich prägt diese Form noch heute die typische kubanische Wohnung auf dem Lande und an den Stadträndern: es ist der "bohio". Die Mauern bestehen aus horizontal angebrachten Platten (gewöhnlich weiß getüncht, während die Pfosten der Türen und Fenster grün, rot, orange oder blau sind). Das Dach wird von den Zweigen einer "guano" genannten Palme gebildet, die manchmal das ganze Gebäude bedecken. Hier haben wir ein Haus aus zwei Einheiten: eine dient der Ruhe, die andere als Küche, Speisezimmer und Wohnraum.

Hütte der Chipayas im Becken des Río Desaguadero auf der Hochebene Boliviens. Die Chipayas, die zu den primitivsten Bevölkerungen des Kontinents gehören, bewahren noch sehr alte Gewohnheiten. Im Innern ihrer Wohnungen herrscht die fröhlichste Promiskuität zwischen Menschen, Hunden, Gebrauchsgegenständen, Schmuck, Waffen und kollektiven Lagerstätten.

Pueblo-Dorf nördlich von Santa Fe. …hnen noch heute etwa 400 Indianer: es handelt sich … Taos, eine der wichtigsten Siedlungsformen …rt. Die als Hausdächer dienenden …n sind auch Versammlungsort der Familie, …peisezimmer und manchmal Stall. Die wenigen … stellen eine ziemlich …euerung dar: sie fehlen gänzlich …och bestehenden ältesten Komplexen.

Möbeltischler sein mußte und der mit schwachen Kräften alle Möglichkeiten für oft unklare Erfordernisse zu erfinden und auszuprobieren hatte. Was die Statik angeht, so war der Mensch nunmehr Jahrtausende alt und konnte sie deshalb durchaus instinktiv verwirklichen. Mit wenig Werkzeug und den Handlangerdiensten der Eingeborenen, die die Materialien endlich auf Wagen transportierten, war das Haus rasch errichtet. Dasselbe machen heute die weniger Wohlhabenden, wenn sie am Abend nach der täglichen Arbeit und an Feiertagen ihre Bautätigkeit ausüben.

Jede Stadt wurde so errichtet, wobei man sich den jeweils verschiedenen Situationen anpaßte. Zuerst ging Amerika, dessen Name ironischerweise vom Florenz der Medici kommt, in seinem äußerst harten ersten Jahrhundert durch verzweifelte Anstrengungen hindurch. Das Volk fühlte sich wie in einer Falle gefangen: neue Robinson Crusoes, die an sich selbst denken mußten und zugleich daran, das Gold für den Bau des Eskorial zu finden und nach Spanien zu senden. Es blieb ihnen nichts anderes übrig, als sich anzupassen. Anderseits bot die neue Welt ihren Gegenwert an Annehmlichkeiten, von der Freiheit statt der Verurteilungen und Schrecken der Inquisition bis zur Möglichkeit, sein Leben wieder neu zu beginnen, den Namen zu ändern, die religiösen Riten zu vermengen, die Rassen zu vermischen, eine ziemlich elastische Rangordnung (man konnte mit nichts anfangen und ungeheuer mächtig werden) und seine eigene Schlauheit zu verwirklichen und das Land aufgrund von Pseudo-Ersitzungen zu erringen. Jeder Weiße war in gewisser Weise ein Herr, da die Masse aus Sklaven bestand.

(Links) Die "Casa del Farmacista" im Largo do Boticario (der gerade von ihr seinen Namen herleitet) in Rio de Janeiro: eines der wenigen Beispiele einer alten Stadtwohnung für die Mittelklasse, die es noch in Brasilie gibt. (Oben) Die Facenda Engenho d'Agua in Ilhabela (São Paulo) (Näheres s. S. 219).

Der sog. "Sitio do Padre Ignacio" in Cotia im Staat São Paulo (zweite Hälfte des 17. Jahrhunderts). Beispiel für eine Kapellen-Wohnung, wo die vorspringende Kapelle mit einem Innenraum, der Sakristei (Grundriß rechts), in Verbindung steht. Der einzige Raum im ersten Stock (Grundriß links) diente als Vorratsraum für Speisen und manchmal auch als Wohnung. Die Fassade ist ca. 24 m breit.

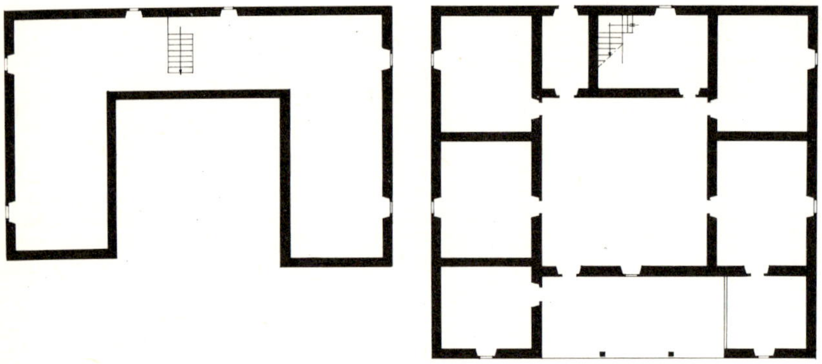

Brasilien

Für Brasilien hat uns Freyre eine vollkommene Ge schichte im "Casa-grande e Senzala" gegeben: Die Por tugiesen – in der Kolonisierung durch ihre asiatische und afrikanischen Unternehmen erfahren – nahme einen Wohntyp auf, der vollkommen den Stand de neuesten wirtschaftlichen Lage widerspiegelt, in der sic das Land befand, das unvergleichlich reicher und blüher der als jedes andere südamerikanische Land war. Di Wohnung machte trotz der Sklaven einen menschliche Eindruck. Sie ruhte auf der Basis der Landwirtschaft m den Zuckerplantagen, den Werkstätten und dem Ha del. Sie wirkte dauerhaft und stabil und schien an de tropischen Kultur teilzunehmen, ja, sie zu schaffen. M dem Haus war die Kapelle verbunden, und ein Priest gehörte als Richter Gottes und des Friedens und häuf als ein Meister der Intrigen zur Familie. Ein abseits li gendes Gebäude, die "Senzala", nahm die Sklaven au die gut behandelt wurden, wenn sie ihre Pflicht tate Man versorgte sie gut, da sie "teure Maschinen" ware Der Besitzer war in seinem Eigentum absolutistisch und unantastbarer Patriarch. Die Architektur der "Ca grande" war solide, häufig von weiten Mauern umgebe die gerade für die Tropen erfunden waren. Die Satt dächer und Veranden waren weit, um das Haus vor de großen Regenfällen und der brennenden Sonne schützen, und nüchtern in der Dekoration. Die wen aufgenommene Kunst konzentrierte sich in der dem A mächtigen geweihten Zone. Im ganzen, es war ein Ha das der neuen transatlantischen Ordnung entsprach.

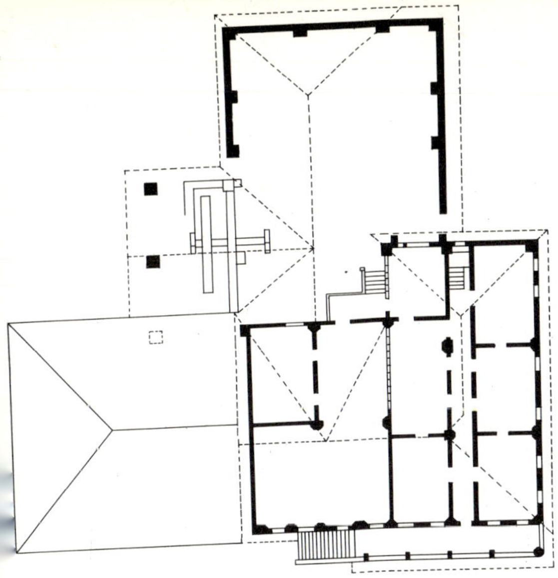

(Oben links) Vollständiger Grundriß der Facenda Engenho d'Agua; die Facenda (zweite Hälfte des 18. Jahrhunderts), von der wir auf S. 218 die Fassade des Herrschaftsgebäudes (die zweigeschossige "Casa séde") und die danebenliegende Zuckerrohr-Brennerei abgebildet haben, verdankt ihren Namen dem Wasserantrieb. Wir verdanken die fürsorgliche Erhaltung und die Erforschung dieser alten Siedlungen der Diretoria do Patrimônio Histórico e Artístico Nacional Brasiliens.

(Oben rechts) Ganz-Vedute der Facenda Paul d'Alho in Barreiro (18. Jahrhundert), ebenfalls im Staat São Paulo: das Zentralgebäude rechts war die Herrschaftswohnung (ihre Hauptfassade geben wir rechts unten wieder); die Reihe kleiner Häuser (ca. 3,5 m Seitenlänge) im Hintergrund bildete die "Senzala" oder die Wohnungen der Sklaven. Aus dem Grundriß (unten links) geht hervor, daß die Hinterfront der Herrschaftswohnung auf einen italienischen Garten ging und wie Engenho d'Agua neben dem Gebäude für die Zuckerrohr-Verarbeitung lag. Sie umfaßte auch wie der "Sitio do Padre Ignacio" die Kapelle, die ebenfalls rechts aber im ersten Stock am Ende der Galerie (im zweiten Foto hier unten wiedergegeben), dem letzten Fenster entsprechend, lag.

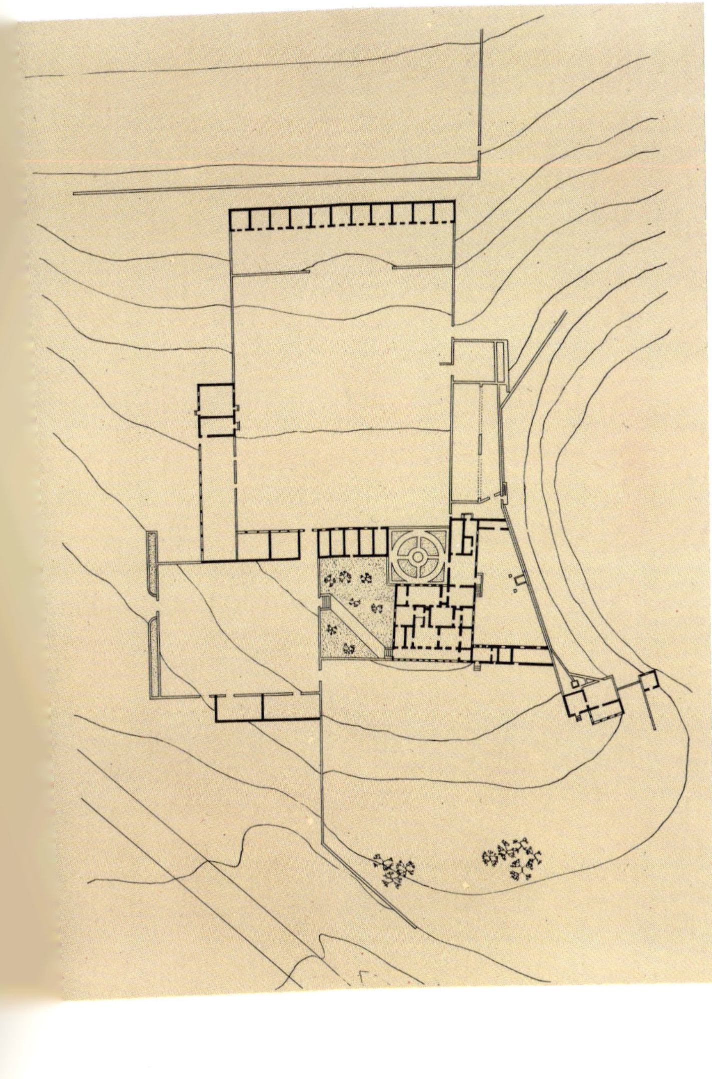

Die Hauptfassade des Cabildo in Potosí, einer bolivianischen Stadt im mittleren Süden des Landes und mehr als 4000 m hoch gelegen. Natürlich ist er kein Privathaus, sondern der Sitz der Stadtverwaltung; dennoch kann er als Beispiel für die wohlhabende Wohnung des 17. und 18. Jahrhunderts vorgelegt werden, wegen des typischen Balkons aus geschnitztem Holz, des kleinen darunterliegenden Portals und des Haupteingangs (links teilweise sichtbar) mit den jonischen Säulen, die in der reicheren Architektur Südamerikas sehr verbreitet waren.

Der spanisch-sprachige Raum

In den spanischen Kolonien bilden sich durch die Andersartigkeit des Lebensraums, des Klimas, der Wirtschaft und der Möglichkeiten des Kontakts mit dem Mutterland von Region zu Region verschiedene Wohntypen heraus: alle Faktoren beeinflussen sie, vor allem das Vorhandensein oder Nichtvorhandensein bestimmter Baumaterialien, ihre Verarbeitungsmöglichkeit und die Anwerbung und Ausbildung der Arbeiter. Der Wunsch geht auf das armselige, aber intime Einfamilienhaus, das man nur mit den nächsten Angehörigen teilt. So entsteht in Argentinien der "Rancho", dann die "Vivienda", die sich mit dem Entstehen eines Bürgertums, das neue Bequemlichkeit sucht, langsam verbessert. Architektur und Einrichtung beschränken sich auf das Wesentliche; alles wird von Vorlagen abgeleitet, die mehr den praktischen Bedürfnissen als dem Geschmack entsprechen. (Noch heute begegnet man in den südamerikanischen Kleinstädten Büros, die auf den Verkauf von Bauplänen spezialisiert sind. Diese werden alten oder neuen Manualien entnommen. Das Volk versucht sich in höchster Einfalt im Hochziehen von Mauern und Errichten von Dächern und erzählt dann nach dem Muster der "Histoire d'une maison" von Viollet-le-Duc, wie es gegangen ist). Man glaubt zu träumen, wenn man einen Kaufvertrag von 1638 für ein Haus in Buenos Aires liest: "en que hay una mesa de truques", d. h. in dem es einen Billardtisch gibt. Aber das erklärt im Grunde warum man dem Spiel eine solche Bedeutung beimaß: Logischerweise bot es die stärkste Attraktion in dieser neuen Welt, wohin man in der täuschenden Hoffnung ging und noch geht, schnell und leicht sein Glück zu machen. Schon zu Beginn des 18. Jahrhunderts baut die argentinische Hauptstadt ihren geometrischen Stadtplan zum "castrum" aus, der auf diesem Kontinent sehr verbreitet ist und den die Spanier von den alten mexikanischen Städten übernahmen: die "manzana en paralelograma" (der Häuserblock im Parallelogramm) mit Gebäuden in einer immer wiederkehrenden Architektur, die vielleicht durch die wendigen Jesuiten, die erfahrungsreichen Erbauer der ersten Festungskapellen sowie der grandiosen "misiones" in Paraguay und Brasilien eingeführt wurde.

In Peru wie in Mexiko, den beiden Ländern mit den dauerhaftesten und engsten administrativen Beziehungen zu Spanien, zeichnet sich gleichzeitig mit dem beginnenden dekorativen Prunk der Kirchen und einiger öffentlicher Gebäude der "Solar" ab, die Prachtwohnung für die privilegierten Familien. Sie sind das Symbol einer Klasse, die darauf brennt, den Mann der Straße den eigenen Reichtum sehen zu lassen. Lima, 1533 vo

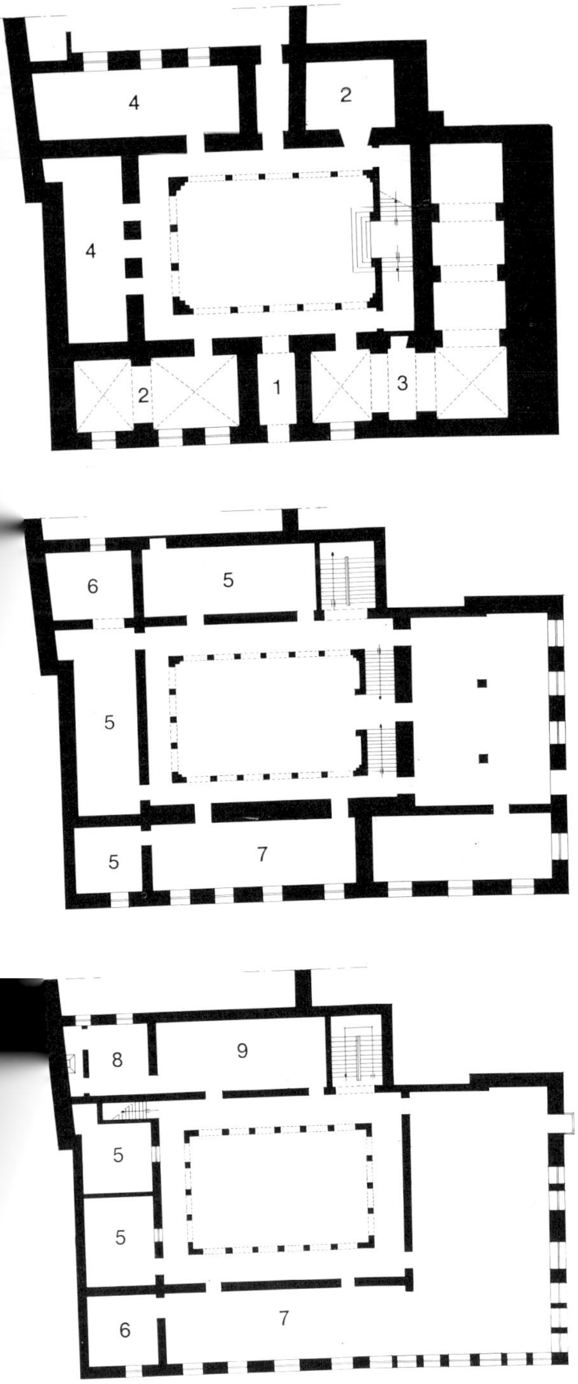

Das sog. "Haus der Grafen de Arana" in La Paz ist eins der repräsentativsten der bolivianischen Hauptstadt aus der Kolonialzeit. Sein Architekt ist unbekannt; bekannnt dagegen ist (und die Inschrift auf der Tafel über dem Portal (oben) bestätigt es), daß die beiden unteren Stockwerke 1775 entstanden; das dritte wurde 1887 hinzugefügt. Der prunkvolle Eingang, eine sehr viel reichere Steinveranda als die des Cabildo von Potosí, die Eisengitter an der Fassade und die Rustika des Patio (vielleicht die Übersetzung der zyklopischen Inka-Mauern) bilden das sichtbarste Zeugnis für die Bedeutung des Gebäudes. Während unser Band in Vorbereitung war, ging man an die Restaurierung, um die Residenz in ein Museum umzuwandeln; so war es nicht möglich, ein geeigneteres Bildmaterial zu erhalten. Glücklicherweise zeigte das Inner noch die ursprüngliche Aufteilung, und die Funktionen der verschiedenen Räume waren noch erkennbar; sie sind in den nebenstehenden Grundrissen wiedergegeben (oben der des Erdgeschosses; dann die des ersten und zweiten Stocks): Atrium (1), Wirtschaftsräume (2), Keller (3), Vorratsräume (4), Schlafzimmer (5), Ankleidezimmer (6), Wohnzimmer (7), Küche (8), Eßzimmer (9).

Eingangspforte in den Patio einer andern eleganten Wohnung in La Paz, wahrscheinlich gegen 1845 erbaut. Die Form des Patio mit acht Seiten bildet eine Seltenheit in ganz Südamerika; die Ordnung der jonischen Säulen entspricht einer Tendenz, die nicht nur in Bolivien, wie es der Cabildo von Potosí zeigt, sondern auch in Peru (s. S. 222) und anderswo verbreitet ist.

Unter den bemerkenswertesten Häusern in Lima, das ebenfalls reich an guten Beispielen aus der Kolonialzeit ist, wählen wir das Haus de Oquendo aus, das in seiner komplexen Struktur, im Gebrauch des Baumaterials und im Reichtum der Ornamentik den andern ähnlich ist, die aus der gleichen Zeit stammen, und doch weist es vom ästhetischen Standpunkt aus, besonders wegen der Form der Fassade und verschiedener Details des Patio, eine ganze Reihe von Eigentümlichkeiten auf. Es geht auf das Ende des 18. und den Anfang des folgenden Jahrhunderts zurück (es wurde 1803-1805 vollendet) und nahm selbst in einer Zeit eines entschiedenen Neoklassizismus, der sich besonders in den jonischen Kapitellen des Eingangs zeigt, Elemente der Stile Louis XIV. und Louis XVI. auf; selbst Details aus dem spanischen Barock fehlen nicht. Doch die vielen verschiedenen Merkmale, die sich in einem ziemlich autonomen Vertikalismus ausdrücken, verbinden sich in einem kohärenten Ganzen. Der kuppelförmige Turm auf dem Dach scheint dem ersten Besitzer, dem spanischen Bankier Osambela, zur Überwachung der Schiffsbewegungen im Hafen der peruanischen Hauptstadt gedient zu haben.

Grundriß einer herrschaftlichen Wohnung des 18. Jahrhunderts in Coro, an der Westküste Venezuelas: interessant wegen der szenographischen Lokalisierung der beiden Säulen-Patios. Der folgende Grundriß (S. 223) bezieht sich auf eins der ältesten Häuser in San Domingo, das auf die ersten Jahrzehnte des 16. Jahrhunderts zurückgeht; hier ergeben sich Berührungspunkte mit dem Typ des römischen Atrium-Hauses, zu dem man über Wohnhäuser einer in Nordspanien sehr verbreiteten Art kam; die Ornamentik zeigte gotische Elemente. Der dritte Grundriß ist der eines kleinen Hauses von 1785 im Viertel der Kathedrale in Buenos Aires.

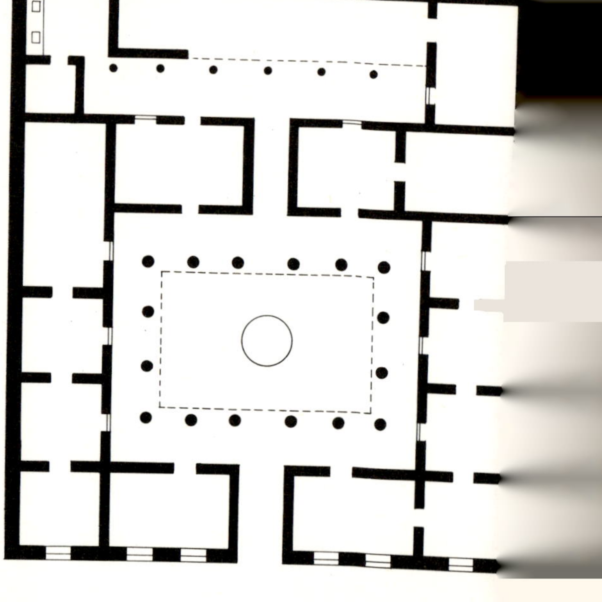

Die Calle Bolivar, eine Straße in Colón im Gebiet des Panama-Kanals. Ziemlich junge Gebäude, in denen jedoch die jonischen Säulen fortleben, die im 18. und 19. Jahrhundert in Lateinamerika eine große Verbreitung erlebten; vor allem aber Gebäude, in denen sich die typischen Merkmale vor der Verbreitung der Klimaanlage in der tropischen Zone durchsetzen konnten: Säulengänge und Balkons, d. h. sehr große Öffnungen, die die Luftzirkulation begünstigen sollten, während der Schutz vor der Sonne den Vorhängen überlassen blieb.

Francisco Pizarro gegründet, blühte schnell auf, ebenso wie die Städte Cuzco, der Sitz einer Malerschule, Cajamarca und Arequipa. Aber nach jedem Erdstoß mußten die Städte wieder aufgebaut werden. Die Häuser des Volkes widerstanden diesen Erdstößen besser, da sie mit fast tierhaftem Instinkt hochgezogen waren und die tragischen Geschehen berücksichtigten: Sie waren elastisch und leicht und aus Holz errichtet. Die Wände bestanden aus gebranntem Ton, das Dach war ein einfaches Flechtwerk, das mit Erde bedeckt wurde. Für solche Häuser waren die möglichen Schäden eines Einsturzes wenig mehr als ein vorübergehender Schrecken. Der Besitzende dagegen, der sich stärker als die Natur fühlte, bestand darauf, sich gegen die Erdbeben durch mächtige Mauern aus schweren gehauenen Steinen zu verteidigen, wobei er die Festungen der Inkas nachahmte und sich manchmal sogar der Reste dieser Mauerwerke bediente. Die Herrensitze waren riesengroß, fast ein zu Stein gewordenes Mißtrauen gegen das Schicksal, wie man das noch in Lima am Beispiel des Palastes der Grafen Torre-Tagle aus dem Jahr 1735 sehen kann.

Auch in Chile paßt sich das Haus der wirtschaftlichen Situation an. Die Erdstöße legen die Leichtigkeit des Materials und all die Kunstgriffe nahe, damit einem so wenig wie möglich auf den Kopf fällt. Chile hat heute vom technischen Standpunkt aus sehr fortschrittliche

Haus im spanischen Kolonialstil in Mexiko-Stadt. Es handelt sich um einen großen Komplex mit zahlreichen Wohnungen für die Mittelklasse. Die Zierlichkeit des Spätrokoko, die schon von neoklassizistischen Rhythmen durchsetzt ist, findet in den weißen Pilastern der Fassade eine gelungene Interpretation. Diese sind so angebracht, daß sie einem entschieden gedrungenen architektonischen Organismus eine vertikale Ausrichtung geben.

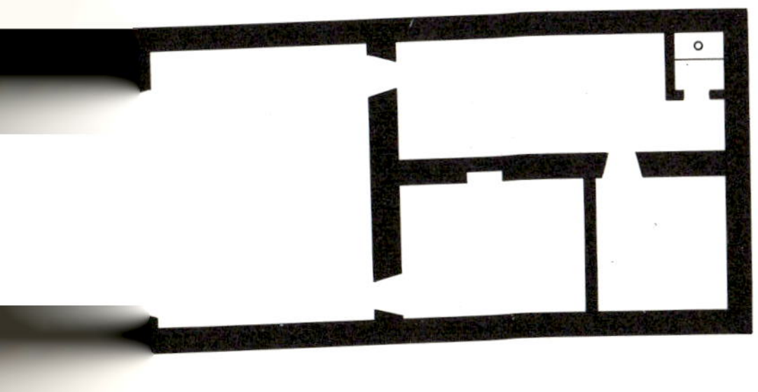

Häusern wie dem hier oben abgebildeten begegnet man kilometerweit in Havanna im Gebiet des Cerro; sie breiteten sich gegen Ende des vorigen Jahrhunderts aus. Die Tradition der nach innen um den Patio herum gerichteten Kolonial-Wohnung modifiziert sich mit der wachsenden Bedeutung der Straße für das tägliche Leben. Die neoklassizistischen Elemente sind typisch für die Architektur, die sich nach 1870 durchsetzte. Hier handelt es sich um ein ziemlich luxuriöses Gebäude; doch gibt es auch Häuser für das Volk mit geringerer Ornamentierung.

Erdbebengesetze. Man sieht in diesem schönen Land den Typ des kolonialen "Adelshauses", der an die klassisch-spanische Tradition des 16. Jahrhunderts anknüpft: Er zeigt einen einfachen Grundriß mit Hof. Alles findet sich unter einem Ziegeldach in schönem intensivem Rot. Das mit Skulpturen versehene Steinportal symbolisiert den Wohlstand des Besitzers und zeichnet sich durch mehr oder weniger weit aufgenommene barocke Elemente aus, wie es im ganzen von den Spaniern beherrschten Amerika üblicher Brauch ist.

Es ist fast nie möglich, die Namen der Architekten von Privathäusern ans Licht zu bringen, und man bleibt mehr auf Mutmaßungen als auf Dokumente angewiesen. Man kennt eine Reihe von Plänen für Kirchen und Klöster von einem "Wander-Architekten", der in Mexiko, in Quito, Cuzco und Lima wirkte. Sein Name ist Francesco Becerra. Aber man weiß nichts über seine "casas de particulares" (Wohnhäuser). Vielleicht beauftragte man die Architekten, die damit beschäftigt waren, die religiösen Orden zufrieden zu stellen, nicht einmal mit der Errichtung von Häusern. Sie wurde dem "maestro mayor", dem Bauleiter, anvertraut.

Wenn wir uns andern Ländern zuwenden, finden wir in der Kolonialzeit allgemeine Charakterzüge, die für die ganze neue Welt typisch sind. Die Nationen, die sich auf Grund der legendären Unternehmen San Martins und Bolivars bildeten, sind dabei, mit viel Mühe ihre Geschichtsfragmente zu sammeln. Was ihre frühe oder späte Architektur angeht, werden wir die Möglichkeit haben, aus den noch vorhandenen Dokumenten bald einigen Nutzen zu ziehen. Eine gute Arbeit unternimmt man gerade in Venezuela, wo neuere Untersuchungen zeigen, daß man beim Bau des Wohnhauses den Problemen des Klimas keine übermäßige Bedeutung beimaß, wohingegen man dem Faktor der wehmütigen Erinnerung an die Heimat durch die Umwandlung oder Neuerstellung der spanischen Vorbilder eine besondere Aufmerksamkeit schenkte. Praktischer dagegen waren die armen Einwanderer. Das gilt übrigens für ganz Südamerika. Sie waren die Verarbeiter des Komforts und des Schutzes gegen die Witterungseinflüsse und führten ihre Bauten in einer angeeigneten ästhetischen Funktionalität aus, die sich aus gesundem Menschenverstand und ungekünsteltem Geschmack ergab. In Venezuela stellt man eine Besonderheit fest, die übrigens fast an der gesamten atlantischen Küste üblich ist: das zweistöckige Haus, dessen Erdgeschoß als Magazin, Werkstatt oder Laden dient, während der Oberstock als Wohnung benutzt wird. Ein konstantes Charakteristikum ist der weite Balkon, der von Matten abgeblendet wird. Auch in der Innenstadt von Rio de Janeiro kommt man heute, da man ganze Stadtteile einreißt, um sie nach nordamerikanischem Muster mit Wolkenkratzern neu zu gestalten, noch zurecht, um vollständige Viertel von Haus-Magazinen mit ihren Fassaden von bunten "azulejos" (Fliesen), ihren Fenstern mit den gewellten Fensterläden zu fotografieren, den beiden arabischen Elementen, die auf dem Weg über die iberische Halbinsel in den Tropen ihre Vollendung erfuhren.

Kuba ist ein anderes wichtiges Zentrum für den Kolonialstil: Es bestehen noch vollständige Kleinstädte wie Remedios, wo Leben und Anblick Jahrhunderte verstreichen sahen, ohne sich selbst zu verändern. Auch im alten Kuba und im ganzen Karibischen Meer bildet der Binnenhof das Herz des Hauses, den Schutz vor der Sonne, die Sammelstelle, den Ort für die häusliche Gemütlichkeit. Das gilt für die einfachen Häuser ebenso wie für die kleinen und großen Paläste, wo er von einem höheren Balkon und Bogengängen gebildet wird, die wiederum zahlreiche transparente Blendelemente darstellen, um die Ventilation zu begünstigen und Schatten zu gewähren.

Klassische Holzkonstruktionen in den Kleinstädten der Insel Kuba. Im besonderen handelt es sich um fotografierte Beispiele in Gibara (links) und in Remedios (unten), beide an der Nordküste, das erste im Osten, das zweite im Zentrum. Der häufigste Typ wird von kleinen Reihenhäusern gebildet, die durch eine Galerie zur Straße hin vereinigt sind: die hier vorliegende Lösung umfaßt zwei ziemlich große Gebäude: jedes von ihnen scheint in der Tat das Ergebnis mehrerer ineinander gebauter Häuser innerhalb der Umfassung der offenen Außenveranda zu sein. In beiden Beispielen bemerkt man, einer sich zu Beginn unseres Jahrhunderts ausbreitenden Tendenz gemäß, Einflüsse der nordamerikanischen Architektur, die sich in den Holzhäusern offenbaren, die man nach entsprechenden Katalogen in den Vereinigten Staaten erwarb.

Die Ornamentik

Ein besonderes ornamentales Motiv kann in Lateinamerika, allerdings in einem ziemlich begrenzten Gebiet, sehr verbreitete Variationen hervorrufen, wie das auch in Europa zu andern Zeiten geschah. Zu Ende des vorigen und Anfang unseres Jahrhunderts entwickelt sich in den kubanischen Häusern ein Element, das, wie es scheint, anderswo keine unmittelbaren Entsprechungen hat und von dem man behauptet, es sei chinesischen Ursprungs im weitesten Sinn. Türen und Fenster werden mit "medios puntos", mit Scheiben fast immer in lebhaften Primärfarben – Rot, Blau, Gelb, Grün – von einfachen geometrischen Formen – Rhomben, Fünfecken usw. – versehen. In einigen Fällen sind die gläsernen "Mosaiksteinchen" kurvenlinig und bilden Blumen und Blätter im Jugendstil-Geschmack. In dieser Weise, unter dem Zwang, die Stärke des Lichts zu mäßigen und die großen Räume der Wohnungen durch leichte Trennungen zu unterteilen (die Gerüste sind aus Eisen oder Holz), erhalten die Innenräume Kubas köstlich dekorative Noten.

Bisher haben wir noch nicht über die ornamentale Seite des Stils oder der Stile gesprochen: Sie erforderte eine lange Abhandlung (jener ähnlich, die Beziehungen zwischen den 400 verschiedenen christlichen Konfessionen der Vereinigten Staaten aufzuzeigen), die uns in ein Labyrinth von verspielten Abweichungen führen würde. Auf jeden Fall können wir sagen, wenn wir uns vergegenwärtigen, daß sich die Stile mehr auf die Architektur des Goldenen Buches als auf jene beziehen, die man die "geringere" nennt, daß Brasilien am portugiesischen Manuelino-Stil und an einer Form des Barock partizipiert, die mit hinterwäldlerischen Intarsien und Vergoldungen überladen ist; Mexiko zeigt einen übertriebenen Stil Churrigueras, Peru den Plateresco. Die Dekoration lieh man sich also im großen und ganzen bei der iberischen Halbinsel aus, aber man muß sich wohl vor Augen halten, daß Amerika diese Stile von Grund auf umwandelte. Das gilt auch für den weniger leicht zu handhabenden klassizistischen Stil zur Zeit der aufkommenden Republiken. All das geschieht mit höchst seltsamer Willkür (wurden nicht sogar die liturgischen Symbole verändert: die Traube wurde zur Ananas, die Taube zum Reiher?). In unserem Jet-Zeitalter degeneriert alles, was man dorthin eingeführt hat. Man verlor die Erinnerung an das Original, dessen Bedeutung man mißverstand. Es ist ein eigenartiger Kontinent, der den westlichen Geist noch nicht verarbeitet hat. So gab es nur die verwirrende Vegetation, die enormen Tiere, das niedere Volk: All das ist dem aufklärerischen Geist unvorstellbar, der die Werte einer Pionierpersönlichkeit verkennt. Um zu unserem Thema zurückzukehren, diese Pioniere wohnten vier Jahrhunderte lang in einer Weise, wie man sie sich schlechter nicht denken kann. Sie schliefen in Hängematten und lagen in ständigem Kampf mit den Insekten, die die verschiedenen Arten des Gelbfiebers übertrugen. Das Wunder Brasilia liegt in der Tatsache, daß das Baumaterial vor allem auf dem Luftweg dorthin gelangte, da es keine normalen Straßen gab.

Malerische Teilansicht einer Kleinstadt in Honduras. Mit der natürlichen Schönheit verbinden sich eindrucksvolle Überreste der großartigen Kultur der ältesten Bewohner, vor allem in den hohen Mauern, innerhalb derer sich, wie im Fall des Hauses links auf dem Foto, die Wohnungen der obersten Klassen befinden; äußerlich wirken sie wie die Festungshäuser einiger asiatischer Gebiete, im Innern öffnen sie sich dagegen auf den Patio hin, die Quelle des Lichts und der Luft.

Innenraum einer herrschaftlichen Wohnung in Remedios, heute in ein Museum der Kolonialzeit umgewandelt. Die Einrichtung geht auf die erste Hälfte des vorigen Jahrhunderts zurück; sie wird von der Vorliebe für die typisch kubanischen Kurven geprägt: ohne Zweifel ein Geschmack barocken Ursprungs, der aber eher von Natureindrücken als von andern Dingen beeinflußt scheint, so als ob die Natur die Baumeister bei der Auswahl einiger Mudejar-Merkmale geleitet hätte; so entsteht eine anziehende Harmonie zwischen den Elementen der Baustruktur (z. B. den Bogenöffnungen zwischen den verschiedenen Räumen) und den Linien des Mobiliars.

ypisches Haus für Trinidad, zwischen n 18. und 19. Jahrhundert entstanden. Die Verwendung klassizistischer Dekorations Elemente und die im 'ergleich zu früheren Perioden größere ge stammt von Monumental-Vorlagen. Die Eisengitter stellen eine Neuerung des 19. Jahrhunderts dar (die die eren Holzgitter ersetzte) und gehören zu den Modifikationen, denen die Wohnungen unterworfen wurden, um sie mit ständigen Öffnungen zu ehen oder auch, um die Sicherheit des Gebäudes zu garantieren. Die en an der Fassade im Gesimsstreifen unter dem Dach angebrachten ornamentalen Motive ergeben sich aus einer erstaunlichen Verwendung bloßer Hohlziegel.

Wenn wir die verbliebenen Einrichtungsgegenstände der Kolonialzeit betrachten, müssen wir an die spartanische Lebensart der Abenteurer und ihrer Nachfahren denken: daher sind die Möbel rustikal und robust. Da sie rasch die verschiedensten Einflüsse aufnahmen, ist es heute fast unmöglich, sie zeitlich und räumlich einzuordnen (heute repräsentieren diese mehr oder weniger gefälschten Nachbildungen die nationalistische bürgerliche Mode, die im Augenblick in Südamerika einen Höhepunkt erreicht hat); die Steingutgefäße zeigen eilig angebrachte geometrische Dekorationen, wenn es sich nicht um genuine Produktionen der Eingeborenen handelt, die die Zerstörungen überstanden haben; die Küchengeräte sind auf große Töpfe und ungeordnete Feuerroste beschränkt. Wie es sich von selbst versteht, verfügten die Reichen über einen größeren Luxus: Man importierte die Möbel und die Einrichtungsgegenstände der Wohnung, wenn die wenigen Handwerker nicht ausreichten, sie herzustellen; auf den Schiffen der Westindischen Kompanie kam orientalisches Porzellan ins Land, das sogar eigens mit den Wappen der neuen Barone versehen war; spanische und portugiesische Silberschmiede hatten in den Hauptstädten ihre Läden. Doch muß man sich immer die beschränkte Zahl der Benutzer und all das, was Reisende zu berichten pflegen, vor Augen halten; so stellt der Abt von La Caille, der sich auf ein ihm zu Ehren vom General-Kommandanten in Rio de Janeiro gegebenes Essen bezieht, fest: "Das Menü bestand fast ausschließlich aus Fisch. Man gab uns kleine, quadratische und schmutzige Servietten, die im günstigsten Fall nur einmal vorher benützt waren. Dabei handelte es sich um einen ausgesprochen reichen Hidalgo."

Das Haus diente nicht gesellschaftlichen Zwecken, das Leben spielte sich in einem begrenzten Bezirk ab, als etwas in sich Geschlossenes und Geheimnisvolles; es sollte erst im ersten Jahrzehnt des 19. Jahrhunderts sein, daß der soeben aus Portugal eingetroffene Prinzregent Brasiliens aus hygienischen Gründen, die mit Motiven der öffentlichen Ordnung zusammenhingen (in Bezug auf mögliche Schießereien von den Fenstern aus durch die fast undurchsichtigen Höhlungen), die "rotulas" durch Glasfenster ersetzen ließ. So schuf man ein neues Faktum: die Einrichtung, die sich verbessert, den Gebrauch der Vorhänge, Reinigung und Neubemalung, eine gute Gelegenheit für den Handel der Engländer, die sich schon lange in allen Dingen Südamerikas eingerichtet hatten. Und mit den Bezügen und dem Gußeisen kamen die Schiffe mit Möbeln und den ersten nutzlosen Nippsachen. Es kamen Kaufmannsgeist, Porträtgemälde, die Photographie, Einrahmungen, Bilder von sog. Künstlern, die dem Haus Gesicht verliehen. Dieser Anlauf holte die verlorene Zeit auf.

Die Hauptstädte, die sich selbst neue Repräsentationsbedürfnisse schufen, erneuerten sich mit Hilfe von aus Europa geholten Architekten, die nie die besten waren; man erstellte Monumente und Marmorfassaden.

Abhängig von Europa, vor allem als die Einwanderungen in der zweiten Hälfte des vorigen Jahrhunderts beachtlich anstiegen, gehorchte die Wohnung dem Heimweh der neu Angekommenen, ohne jedoch auf die besonderen Probleme Rücksicht zu nehmen. Es war die Fassade, die die Herkunft der Besitzer anzeigte.

Die heilsame Erneuerung der Wohnung fiel mit der neuen Wertschätzung für hygienische Einrichtungen zusammen, dem Gebrauch der Dusche und der aseptischen Kanalisation; doch man machte sich keine großen Gedanken über die Stadtplanung, und daher bleibt die architektonische Komposition irgendwie getrennt vom sozialen Geist, der für die verschiedenen Zeiten angebracht wäre.

Anne Berendsen

HOLLAND AUF DEM HÖHEPUNKT DES LUXUS

Im 18. Jahrhundert erreichen die holländischen Bürgerhäuser eine äußerst schwere Gewichtigkeit. Die Kaufleute, die sie bewohnten, waren noch reicher als ihre Kollegen im 17. Jahrhundert, da ihnen der Gewinn des Ostindien-Handels ein hohes und beständiges Einkommen garantierte. Viele ihrer Häuser haben sich in Amsterdam bis auf den heutigen Tag erhalten; im Haag finden sich nur noch wenige, aber auch sie sind ausgesprochen schön (oft noch schöner als die in Amsterdam). Der normale Fassadentyp ist flach und hat längliche Fenster: zwei deutlich barocke Kennzeichen.

Die Möglichkeit, diesen Stil im 18. Jahrhundert weiter zu entwickeln, war durch den zentralen Schwerpunkt des Portals mit den darüberliegenden Fenstern und durch die Stützpfeiler für die Dachtraufen gegeben. Dieser Stil wurde zu Beginn des Jahrhunderts von dem Franzosen Daniel Marot (1663?-1752) eingeführt, der für den König von England und im Dienst der Staaten der Ni derlande arbeitete. Er schuf diese holländische Versio des in Frankreich herrschenden Louis-quatorze-Stils. D Fensterrahmen in Kreuzform sind verschwunden, d sog. "englischen Schiebefenster" (wahrscheinlich in ihr vertikalen Verschiebbarkeit eine holländische Erfindun werden durch Holzleisten unterteilt. Diese Holzleiste sind ein nie fehlendes Element im Totaleffekt der Fa sade. Ein anderer Franzose, Frédéric Blancard (von 172 bis 1740 in Amsterdam), setzt die Arbeit Marots fo

Im dritten Viertel des Jahrhunderts baute Pieter Swart (1709?-1773), der als junger Mann in Fran reich gearbeitet hatte, verschiedene elegante Wohnu gen in einem reinen frühen Louis-seize-Stil.

Der Plan des Hauses enthält (und das gilt für me als ein Jahrhundert) auf der einen Seite des Korrido die Wohnräume, einen kleinen Hof, häufig ein Studie

Snouck van Loosen in der Kleinstadt Enkhuizen (nördlich von Amsterdam). rbaut und später durch die Hinzufügung des Portals und des rechts ren Pavillons erweitert. Das Gebäude kann als Beispiel für das für lländische Provinz typische Widerstreben angesehen werden, eine gewisse e Schwere aufzugeben, selbst dann noch, als man schon neue Merkmale koko aufgenommen hatte: eine Schwere, die vor allem im Reichtum namentalen Apparats in Erscheinung tritt. Die besondere eitung des Steins geht auf den Baumeister Jacob Vennekool und seine Schule (Das Innere von Haus Snouck wird teilweise auf S. 232 abgebildet).

An einem Mündungsarm des Rheins gelegen, eingebettet in einen Gürtel von Flüssen und in seiner ganzen Länge von drei Kanälen – der Oudergracht, der Nieuwegracht und der Kromme Nieuwegracht – durchzogen, verdankt Utrecht einen großen Teil seines Reichtums und seiner Anziehungskraft dem Wasser. Vor allem das hohe Niveau der Straßen im Verhältnis zu dem der Kanäle erlaubt es, Räume manchmal unter dem Pflaster neben der Oudergracht und der Nieuwegracht zu eröffnen und dort Keller und Handwerksläden unterzubringen, die der Stadt einen besonderen Charakter geben. Diese von einem unbekannten Zeichner des 18. Jahrhunderts angefertigte Vedute illustriert die Situation an den Ufern der Oudergracht. Die Typen der abgebildeten Häuser, die Stufen- und Volutengiebel bezeugen das Vorhandensein des "Voorhuis", Charakteristikum der alten holländischen Wohnungen.

(S. 233) Der sog. "blaue Salon" des 17
Abraham van der Hart am Kanal Spaarne
in Haarlem erbauten Hauses; heute
Gebäude Sitz der Königlichen Akadem
Wissenschaften. Im Holland des 18 Jahrh
hat der Neoklassizismus auch aus d
S. 237 erwähnten politisch-historischen Gr
verschiedene Elemente der französischen, u
allem der englischen Architektur aufgeno

Korridor in Haus Snouck van Loosen in Enkhuizen (s. S. 231); die Ornamentierung in Marmor und weißem Stuck geht auf 1741 und kurz danach zurück: ein eher schwerer Eindruck durch die starken Vorsprünge und die bewußte Vielfalt der Verbindungs-"Motive"; weiter scheint jedes Detail im Verhältnis zu den üblichen Dimensionen des Rokoko vergrößert: die Doppeltüren sind für eine solche Fülle bezeichnend, der man schon an der äußeren Form des Gebäudes begegnet.

Holländischer Schrank von ca. 1720 (Privatbesitz) mit Blumen und mehrfarbigen Intarsien. Zweifelsohne handelt es sich um eine Arbeit, die seit 1680 von der Tätigkeit der großen französischen Kunsttischler beeinflußt wurde (auch wenn diese Art gerade in Frankreich als "Stil der Niederlande" definiert wird); doch darf man die wahrscheinlichen Abhängigkeiten von bemalten englischen Möbelstücken (ebenfalls vom Ende des 17. Jahrhunderts) nicht übersehen, die sich in der Komposition der Pflanzen-Elemente und in ihrer farbigen Ausführung zeigen, um nicht zu sagen, in der besonderen Form der Blumen, die auch in der durch die Holzstückchen verwirklichten Übersetzung einen weiter nicht sehr alten künstlerischen Ursprung zeigen.

immer und den großen Salon, auf den der Korridor ührt. Es zeigt sich eine Tendenz zu architektonischen llusionen in einer theatralischen Manier. Sie ahmt durch ie Vermittlung des späten Klassizismus die italienische enaissance nach und zeigt sich vor allem im Treppen-aus, in den ganz und gar holländischen Garten-Pavil-ons, in den Mauern des Hofes, die in illusionistischer rt dekoriert sind, um das Raumgefühl zu verstärken.

Der Korridor wird immer wichtiger. Er ist mit vier-kigen Marmorplatten gepflastert. In den Häusern der eichen sind auch die Wände mit Marmorplatten be-gt. Der obere Teil der Wände ist getüncht und manch-al mit Stuck versehen. Die Relief-Stuckarbeit wurde on umherwandernden Italienern ausgeführt, deren Na-en uns zum Teil bekannt sind. Es sind vorwiegend ne, die im Gefolge Giudicis und Triquettis nach Hol-nd kamen. In den einfacheren Häusern hatten die Kor-dore vollständig getünchte Wände. Statt der früheren hweren Säulen akzentuieren nun Lisenen die Unter-ilungen. Auch die Türen tragen zum Rhythmus des anzen bei. Diese Türen – normalerweise (wiederum in eatralischer Manier) große Doppeltüren – weisen oft oberhalb Schwarz-Weiß-Gemälde auf. Das alte "Voorhuis" besteht noch als Vestibül weiter und wird durch ein Fenster über der Tür gut beleuchtet, die wiederum von einem Windschutz mit Ornamenten aus intarsiertem Holz geschützt wird. Auch das Treppenhaus wird mehr und mehr zu einem sehr wesentlichen Teil des Hauses.

Die Teile des Hauses aus Holz sind in einem bläulichen Grün gehalten, später erhalten sie jenes matte Grün, das in Frankreich seit 1720 bekannt ist. Die Anbringung von Gold auf den Ornamenten wird ständig verschwenderischer. Im 19. Jahrhundert kommt das Weiß in Mode. Diese Modewelle erschwert uns eine klare Vorstellung der ursprünglichen Farben und damit des Luxus in den Innenräumen der holländischen Rokoko-Häuser, da das Grün weiß übermalt wurde.

Nach altem holländischem Brauch haben die Stuck-Decken ein Gemälde im Mittelpunkt. Verglichen mit den französischen Häusern ist der erste Eindruck irgendwie schwer, aber diese Stilbesonderheit entspricht dabei doch der warmen Gemütlichkeit, die der holländische Mensch immer suchte. Über den niedrigen, grün gestrichenen Verkleidungen sind die Wände der Räume

Die hier oben und auf S. 235 abgebildeten Photographien sind im vorigen Jahrhundert in Dordrecht aufgenommen. 1421 trennte eine Überschwemmung diese Stadt von Brabant: die Katastrophe prüfte sie hart, aber trug dazu bei, sie in eine Festung umzuwandeln.

In Dordrecht wie in den andern holländischen Städten dienten die Binnenkanäle Verteidigungszwecken, wenn sie auch primär Transportwege merkantilen Charakters waren. Vielleicht gerade aus diesem Grund wurden die Kanäle nicht immer mit überschreitbaren Ufern versehen; häufig, wie hier, lagen die Rückfronten der Häuser direkt an ihnen, und man fand nur einige Holzbrücken.

Eine andere Vedute von Dordrecht aus der Vogelperspektive, die die ganze Insel-Stadt wiedergibt und im 17. Jahrhundert von van Wyngaarden ausgeführt wurde (Oxford, Bodleian Library). Die Stadt bietet den besonderen Anblick der holländischen Siedlungen im 17. Jahrhundert mit den mit Stufengiebeln versehenen Häusern.

Die geraden Häuser in zwei sich gegenüberliegenden Reihen sind ein Teil derer, die sich in der Here gracht spiegeln, einem der bedeutendsten Kanäle von Amsterdam; im Zentrum der einen Reihe e kennt man das auf S. 237 abgebildete Haus Nr. 475. Die Darstellung ist dem "Grachtenboek" (Bu der Kanäle) von Caspar Philips entnommen: einem der erschöpfendsten Zeugnisse über die hollän sche Stadt, deren architektonische Schönheit nicht so sehr in der Qualität des einzelnen Bauwerks, so dern vielmehr in der Harmonie liegt, in der es den verschiedenen Fassaden gelingt, ihre eigenen, do so differenten Linien zu koordinieren.

36) Bekrönung von Haus Helmich
lelkmarkt Nr. 41 in Zwolle, heute Sitz eines
ums. Ein schönes Beispiel für das
nz-Rokoko, das in seiner ein wenig
ckenden Fülle und in der Verwendung
cher Elemente der deutschen Kunst verwandt
as übrigens durch die geographische Lage
adt im östlichen Teil
iederlande erklärt werden kann.

häufig mit Plüsch (velours d'Utrecht) bezogen, einem Erzeugnis, das nicht notwendigerweise holländischen Ursprungs ist. Das Rot, das in sich selbst schon eine schwere Farbe ist, die in Frankreich praktisch auf die Repräsentationsräume fürstlicher Wohnungen beschränkt blieb, war für die den Pomp liebenden Holländer dieser Zeit keineswegs zu wuchtig und bildete dort ein Element prunkhafter Dekoration.

Die Formen und Ornamente der Möbel blieben auch nach Marots Zeit an die französischen oder englischen Vorlagen angepaßt. Doch ist es erwähnenswert, daß die Stühle im Rokoko im Gegensatz zu Frankreich ihre hohen und imposanten Rückenlehnen beibehielten. Auch die hohen Schränke blieben in Mode. Man wünschte vor allem und immer den Eindruck der Solidität zu erwecken. Seit 1720 kommen durch die endgültige Vorherrschaft der Glasfenster auch die Vorhänge in allgemeinen Gebrauch.

Seit Beginn des Jahrhunderts, als Wilhelm III. von Oranien den englischen Thron mit seiner Gemahlin Anna teilte, zeigte sich eine enge Verbindung der holländischen und englischen Stileigentümlichkeiten, die auch durch Marots Tätigkeit am englischen Hof bedingt war. Danach hatten holländische Häuser und Möbel keinerlei internationalen Einfluß mehr. Ihre wesentliche Bedeutung liegt zu dieser Zeit nur noch im ausgesprochen typischen Charakter, Zeichen eines im Luxus lebenden Bürgertums zu sein.

(Unten, von links) Fassade des Hauses an der Herengracht Nr. 475 in Amsterdam (s. S. 236) nach einer 1730 vorgenommenen Restaurierung, die eine frühere architektonische Lösung dem durch die Exil-Hugenotten verbreiteten französischen Geschmack anpassen sollte. Die von Petronelle van Lennep gewünschte Umwandlung hat das Gebäude zu einem sehr reichen und charakteristischen Komplex gemacht. - Fassade des 1733 von Jan Pieter van Baurscheit jun. (1699-1768) für die Familie van de Brande erbauten Hauses am Lange Delft in Middelburg; später nahm das Bauwerk die Provinzialbibliothek auf.

Gianni K. Koenig

DIE DEUTSCHEN HÄUSER FANGEN AN, SICH ANEINANDER ZU DRÄNGEN

Von den Alpen bis nach Skandinavien bilden sich im 17. Jahrhundert in schnellem Wachstum die besonderen Kennzeichen des Komforts und der Gemütlichkeit heraus, die in den Niederlanden mit der Vorherrschaft der bürgerlichen Kultur großer und kleiner Kaufleute eine rasche Anerkennung fanden. Während die Aristokratie an die Wohnungen des Mittelalters und der Frührenaissance gebunden bleibt, die sehr schwer umzuwandeln und bequem zu gestalten sind, baut sich die neue Klasse neue Häuser in den Städten und gibt so das Startzeichen für jene einheitlichen Charakterzüge des Stadtbildes, die sich noch heute in den Zentren zahlreicher Städte zeigen. Da die Stadt nichts anderes ist als die "Formalstruktur der Geschichte", die den sichtbaren Niederschlag der integrierten Sozialbeziehungen darstellt, spiegelt sich das Selbstverständnis der bürgerlichen Klasse als Bindeglied zwischen der Aristokratie und den Leuten des niederen Standes unmittelbar in den Stadtplänen wider. Der von armseligen Behausungen umgebene Palast wird von den langen Häuserreihen abgelöst, deren Häuser sich alle ähneln, von denen aber jedes einzelne vom andern unabhängig ist und deren Verbindung die Straße bildet.

Die wunderbare Vedute des die Frauenkirche in Dresden umgebenden Viertels von Bellotto zeigt, daß dieser neue Wohntyp im 18. Jahrhundert schon sehr verbreitet war, und ein einheitliches Bild formen konnte. Die alten Holzhäuser waren zerstört oder beschädigt; jetzt sind alle Häuser gemauert und die Zahl der Stockwerke ist gewachsen. Die der Kirche gegenüberliegenden Gebäude sind die, die vom Typ her den Holzhäusern am nächsten stehen. Sie weisen zwei Öffnungen für jedes Stockwerk an der Front auf. In einigen Fällen besteht noch der hervorstehende Erker. Er wird weiter aus Holz errichtet, um ihm größere Leichtigkeit und solidere

Bernardo Bellotto, genannt Canale[tto] "Vedute von Dresden mit der Frauenkirche" (ca. 1750; Dresden, Staatliche Gemäldegalerie). Natür[lich] interessiert der Neffe Antonio Canalettos die Kunstgeschichte nic[ht] weniger als der berühmte Onkel [mit] seiner dichten Poesie des künstlerischen Ausdrucks. Er gehö[rt] wegen der magischen Rationalität seiner Darstellungen zum Thema dieser Arbeit. Sie ist von einer so "pedantischen" – nach dem obje[ktiven] aber unverständigen Urteil der alt[en] Kritik – dokumentarischen Exakt[heit], daß seine Wiedergaben von Warschau als sichere Quelle für d[en] Wiederaufbau der Stadt nach den furchtbaren Zerstörungen des letzten Weltkrieges dienten. Die[ser] Winkel Dresdens bietet eine zi[emlich] weitgespannte Serie von Baustilen, wenn auch die Lösunge[n] des 18. Jahrhunderts vorherrschen

Ein nahezu konstantes Element der mitteleuropäischen Bauweise sind die stark geneigten Dächer, die das Gewicht des Schnees in den langen Wintermonaten verteilen und seine Wegschaffung erleichtern sollen. Die Folge dieser akzentuierten Neigung, die sich gewöhnlich über mindestens zwei Stockwerke erstreckt, ist die Mansarde, oft von faszinierender Grazie aber häufig auch ziemlich gedrungen, wie hier bei dem Haus in Bonn, in dem Beethoven 1770 geboren wurde. (Unten) Wenn es noch nötig ist, daran zu erinnern, daß die deutschen Länder das Gebiet des Fachwerkhauses sind, bietet die Ansicht von Freudenberg (Baden-Württemberg) ein erschöpfendes aide-mémoire für die Vielfältigkeit der gebotenen Lösungen.

Konstruktionssicherheit auch künftig zu garantieren.

Auf dem gleichen Bild hat das Haus, das mit der Straße eine Ecke bildet und das wir der Länge lang sehen, schon den (in der Folgezeit vorherrschend werdenden) Charakter eines "Appartement-Hauses". Es hat keine Beletage mehr (deren Vorhandensein bedeutete, daß sich die Wohnung über mehrere Stockwerke erstreckt), dagegen wiederholen sich die verschieden gruppierten Öffnungen auf den drei Ebenen über dem Erdgeschoß in verschiedener Weise. Gerade daraus schließt man, daß es sich um übereinander gebaute Wohnungen handelt, von denen jede den planmäßigen Aufbau der andern wiederholt. Hier sind auch die Erker aus Stein; sie ruhen aufeinander und sind so gesetzt, daß sie die Ecke bilden. Wir haben hier wirkliche Bogenfenster vor uns, so wie wir sie heute kennen. Auch das Dachgeschoß ist zu einer normalen Wohnung geworden, die nicht mehr durch kleine Öffnungen erleuchtet wird, sondern mit großen fortlaufenden Fenstern versehen ist und so den Grundstein für die Mansarden legt, die immer mehr an Bedeutung zunehmen.

Im Innern bewahrt das gemauerte Haus das Andenken an dasjenige aus Holz, und die Wände werden bis zu einer bestimmten Höhe mit verschiedenen Typen von Holztäfelungen bedeckt, die von den einfachsten Daubenformen (an der Mauer befestigte Holzbalken) bis zu den eigentlichen Intarsienarbeiten gehen, deren geometrische Motive durch die Furnierung mit verschiedenen Materialien erreicht werden. Die Eichenmöbel beginnen sich auszubreiten, und das Mobiliar befreit sich von der Eintönigkeit des Schranks und der Truhe, um zu verschiedenartigeren und bequemeren Gegenständen zu gelangen. Die Hocker machen wirklichen Stühlen Platz, die allerdings immer noch von einfachem Stil mit gedrechselten zylindrischen Elementen und der aus Stroh geflochtenen Sitzfläche sind. Für die Unterhaltung hat man leichtere Faltsessel mit einer Struktur aus x-förmigen Beinen, die sich schließlich zu den großen Polstersesseln mit den breiten schneckenförmigen Armlehnen entwickeln.

Jede kleine Änderung in der Funktion spiegelt sich jetzt im Mobiliar wider: Die Eichentische bieten dafür eine breit gestreute Skala: von den größeren mit den flaschenförmigen Füßen, über die Arbeits- und Spieltische mit einer tiefen Lade unter der Platte, bis hin zu den Toilettentischchen, die beim Öffnen der Klappe im Innern einen Spiegel zum Vorschein kommen lassen. Es entsteht auch der Wäscheschrank, da das sehr hohe, bisher zur Aufbewahrung der Feuerwaffen bestimmte Möbelstück ein friedlicher und nützlicher Behälter für die Wäsche wird. Zuletzt erscheint das zu allem dienliche Möbelstück, die Kommode.

Die Wärme des Holzfußbodens scheint nicht mehr zu genügen und die orientalische Sitte, ihn mit Teppichen zu belegen, breitet sich zusammen mit dem Brauch aus, die Möbelstücke mit kostbaren Stoffen zu beziehen. Die Wandteppiche, die nicht mehr notwendig sind, um den Luftzug abzuhalten, lösen sich von den Wänden, werden eingerahmt und dienen als Wandschirme, d.h. je nach Notwendigkeit leicht zu verrückende Trennwände, die daher äußerst nützlich sind, um die großen Räume zu unterteilen, vor allem wenn es darum geht, eine schnelle Korrektur der Frisur vorzunehmen oder einem unvorhergesehen persönlichen Bedürfnis nachzukommen.

Gleichzeitig mit der Vermehrung und der fortschreitenden Differenzierung der verschiedenen Möbeltypen nehmen auch die zum häuslichen Gebrauch bestimmten

Gegenstände zu: Geschirr, Besteck, große Kerzenleuchter, Spinnrad und Globus.

Seit sich eine Geschichte der Wohnung mit dem Sammelsurium von Einrichtungsgegenständen abzuzeichnen beginnt, herrscht auch die Spannung zwischen Ästhetik und Funktionalität. Die ziemlich seltenen Lösungen eines Gleichgewichts sind die, in denen sich die beiden Komponenten integrieren, ohne daß die Form des Hauses entweder auf Kosten der Funktionalität (wie zu Ende des 19. Jahrhunderts) oder auf Kosten der Ästhetik zum Formalismus neigt, wie es zur Zeit des Rationalismus geschah. Doch kann man behaupten, daß um die Mitte des 17. Jahrhunderts herum die deutsche Wohnung eine der vollkommensten Verwirklichungen dieses schwierigen Gleichgewichts erreicht hatte. Der Zauber der Malerei Vermeers oder Pieter de Hoochs besteht auch darin, daß sie die häusliche Atmosphäre als Gegenstand dieses glücklich verwirklichten Gleichgewichts aufnahm. Die Lichtwirkungen Vermeers dokumentieren gleichzeitig einen neuen und intimeren Sinn des Hauses, in das das Licht endlich durch die großen Fenster eintritt und selbst die einfachsten Gegenstände verwandelt, wobei es sie so in eine klare formale Beziehung zur menschlichen Gestalt setzt.

Mit dem 18. Jahrhundert geht dieses Gleichgewicht in den deutschen Ländern verloren und löst sich in einen übertriebenen Ästhetizismus auf: Das Haus beginnt, sich mit nicht notwendigen Gegenständen anzureichern und gefriert bei den vornehmeren Beispielen zu einem gekünstelten Gleichgewicht der Symmetrie.

Es bestehen noch Beispiele vollkommen erhaltener Paläste des 17. und 18. Jahrhunderts, in denen die Zeit wunderbarerweise stillgestanden zu sein scheint, um uns die Möglichkeit zu geben, das Leben der Aristokratie (wenn auch nur geistig) zu rekonstruieren. Aber in den bürgerlichen Wohnungen, wo das ästhetische Moment niemals so beherrschend war, daß es das Leben einer bestimmten Zeit festhalten konnte, um den Nachfahren ein getreues Bild zu hinterlassen, erscheint es dagegen sehr schwierig, wenn nicht gar unmöglich, Räume – vor allem "zweitrangige" wie die Küche – so wiederzufinden, wie man sie drei Jahrhunderte früher antraf. Glücklicherweise waren in Deutschland jene sehr teuren Spielzeuge, die sog. Puppenstuben oder besser Puppenhäuser, ziemlich verbreitet (d.h. Modelle in verkleinertem Maßstab von meistens wohlhabenden Wohnungen, die statt der Fassade eine Öffnung aufwiesen). Die skrupulöse Verkleinerung und die Sorge auch um die kleinsten Besonderheiten dokumentieren mit unvergleichlicher Treue den Charakter dieser Zeit. Sie bewahren nicht nur ein Bild der Mauerstruktur, der inneren Aufteilung und der Einrichtung, sondern auch den in diesen Häusern des 17. und 18. Jahrhunderts herrschenden Geist und sind so eine wirkliche Wiedergabe des tatsächlich geführten täglichen Lebens.

Im Puppenhaus der Familie Stromer in Nürnberg (offensichtlich aus dem Jahr 1639) sieht man noch die typische Aufteilung in mehrere Stockwerke, die für die Holzhäuser charakteristisch ist. Das Erd- und Zwischengeschoß – niedriger und enger als die übrigen Räume – sind zu Nebenfunktionen bestimmt, als Pferdestall, Keller, Waschküche, Kinderzimmer und Räume für die Dienstboten. In der Beletage erscheint die Küche, die mit Gegenständen um den großen Herd herum, der von einem monumentalen Kamin gekrönt wird, vollgepfropft ist (wahrscheinlich sehr viel mehr, als es in Wirklichkeit der Fall war). In der Mitte unter der engen, nach oben führenden Treppe steht der Schrank, voll mit Wäsche. Symmetrisch zur Küche liegt das Studierzimmer: ein Raum, in dem die beiden verschiedenen Funktionen klug voneinander getrennt sind, da das Bett in der Nische von einem Vorhang verborgen wird. Die großen grünen Kachelöfen zeigen, wie weit sich die Heizung der Räume seit den alten Kaminen schon vervollkommnet hat. Diese Öfen sind hervorragende Wärmespeicher, dank denen auch wenn man während der Nacht nicht nachlegte, der Raum am Morgen noch warm ist. Ein anderer Kachelofen befindet sich im Zimmer über dem Studierzimmer, während das Eßzimmer über der Küche indirekt durch den darunterliegenden Herd mit dem Rauchfang des Kamins geheizt wird.

Ein anderes dieser Modelle, ebenfalls in Nürnberg

Die Puppenstuben als Wohnzimmer, Küche, Schlafzimmer usw., die sich heute durch die Verw
von Kunststoff jeder leisten kann, verdanken ihren Ursprung der Reproduktion des Leb
Erwachsenen, das im kindlichen Spiel einen großen Platz einnimmt. Solche Gebilde sind
außereuropäischen Raum verbreitet: z. B. unter den kleinen Eskimos, die sich natürlich Zelte,
und Kajaks in Miniatur wünschen, und bei den Ualatas (Mauretanien), deren Puppe
aus wunderbar bemalter Terracotta sind. Wahrscheinlich gehen ihre frühen Anfänge auf die
"kleiner Modelle" an die Götter und die Toten zurück, die in einem weiten Raum, von Ägy
nach Etrurien und Asien bis nach China, wunderbare Zeugnisse über das häuslich
darstellen. Im 17. und 18. Jahrhundert waren die Puppenhäuser in
Mode; es bestehen noch verschiedene Beispiele, b
im Germanischen Museum in Nürnberg, wo sich auch dieses von 1639, auf S. 241 abgebildet,

zeigt die Küche eines mittleren Hauses des 18. Jahrhunderts in allen Details, die mit allen Gegenständen, und zwar den vollendetsten dieser Zeit, ausgestattet ist. Während einem beim Gedanken an die köstlichen Lekkerbissen, die in einem Raum wie diesem zubereitet werden mußten, das Wasser im Munde zusammenläuft, muß der Forscher der Wohnung feststellen, wie in beiden untersuchten Puppenhäusern das Gleichgewicht zerbrochen scheint. Es mag sein, daß diese verblüffenden Spielzeuge den Eindruck eines solchen Bruchs durch die Anhäufung von viel zu vielen Gegenständen in einem willkürlich verkleinerten Raum noch verstärken; aber, wenn wir auf die Wirklichkeit zurückgehen, scheint eine solche Tendenz unleugbar vorhanden gewesen zu sein.

Doch selbst in unserem Modell gibt es keine Spuren für jene absurde Rangordnung der Räume mit den berüchtigten "Salons", die die späteren Wohnungen pervertieren sollten. Selbst bei der Vorherrschaft des Dekorationsmoments behält jeder Raum seine klar umrissene Funktion bei und erscheint gleichermaßen lebendig und wohnlich, gleich, ob es sich um Schlaf-oder Studierzimmer, Saal oder Garderobe handelt.

Seltsam, daß sich die Blütezeit der Puppenstuben im 17. und 18. Jahrhundert vor allem in den europäischen Ländern deutscher u englischer Sprache verwirklichte; aber der lange Winter, die Unmöglichkeit, im Freien zu spielen, und der in dieser Zeit erreich Wohlstand bilden eine genügend einleuchtende Erklärung dafür. Immerhin ist eins der besten noch bestehenden Beispiele italie scher Herkunft die "Casina" aus dem 18. Jahrhundert im Museo Industriale in Bologna. Was die Küche angeht (diese ist eine A bildung der Puppenstube der Familie Kress, ebenfalls in Nürnberg), so kennen wir bis ins 15. Jahrhundert zurückgehende Beispi (Paris, Musée de Cluny), die als die ältesten auf uns gekommenen der westlichen Produktion betrachtet werden müssen.

Vedute des Prospekts und einer Seite des Hauses Melik in Bukarest aus dem 18. Jahrhundert. (Unten) Hauptfassade von Haus Hagi-Prodan in Ploeşti (s. S. 244).

G. Opresco - P. Petresco

LÄNDLICHES ROKOKO IN SÜDOST-EUROPA

\uf dem Balkan wächst die wirtschaftliche Funktion der ;tädte im 18. Jahrhundert ständig, ja, es war gerade lieser intensive Fortschritt, der die Bauorganismen deterninierte, die den heutigen Kern verschiedener Stadtsiedungen dieses Gebiets bilden. Der Handel zwischen den ;tädtern und den Bauern wächst ebenfalls und ist deshalb für unsere Geschichte nicht bedeutungslos. Die eicheren Stadtbewohner ziehen noch weithin ihren Gevinn aus der Landwirtschaft. So beginnen die Stadtgebile sich mit der Verarbeitung der landwirtschaftlichen :rzeugnisse zu vervollkommnen. Die Werkstätten und .äden der Handwerker und Kaufleute bleiben nach den erschiedenen Spezialisierungen wohlvereint, und einige ;ruppen finden sich im Produktionszentrum der städschen Niederlassungen (d.h. meistens an der Hauptraße). Sie bilden den "inneren" Markt, während andere n der Peripherie den "äußeren" Markt darstellen, der en größeren Ausstellungen und den weniger leicht zu ansportierenden Waren vorbehalten war. Das lebhafste Wachstum registriet man in den vom Zentrum ntfernteren Vierteln, die mit dem türkischen Wort mahalale" bezeichnet werden. Hygienische Motive und or allem die Furcht vor Feuersbrünsten stehen am Anng solcher Aufteilungen; und nicht zufällig sind es e Werkstätten der Gerber, Selcher, Bäcker, Seifensieer und Wachsgießer, die außerhalb liegen. Schließlich ßt der blühende Handel die Zahl der Herbergen anachsen, so sehr, daß 1774 allein die Stadt Bukarest 25 avon hatte, deren Struktur in mehr als einem Punkt on der orientalischen Lebensweise abhängig ist.

Was die Wohnungen angeht, so begnügen sich die Kaufleute und kleinen Bojaren trotz der Angst vor dem Feuer weiter mit Holzhäusern, in denen deutlich bäuerliche Charakterzüge weiterleben. In einer neueren Arbeit stellt Teodora Voinescu mit großer Genauigkeit die unterscheidenden Merkmale zusammen: Es waren zweistöckige Gebäude, deren unteres Stockwerk ein wenig in die Erde eingelassen war, so daß man es als halbunterirdisch bezeichnen könnte, während dem darüberliegenden eigentlich der Name Erdgeschoß zukäme. Hier fand sich die Wohnung mit mehreren Räumen. Der Haupteingang zur Straße hin zeigte eine Bogen-Veranda, die von harmonierenden kleinen Pfeilern getragen wurde, zu der man über eine Treppe (ebenfalls aus Holz) emporstieg. Manchmal befand sich eine andere, im allge-

(Oben) Rückfront von Haus Hagi-Prodan in Ploeşti (Nordwalachei), dessen Vorderfront sich auf S. 243 abgebildet findet. Auf der hier sichtbaren Seite ist das Gebäude kaum weniger als 10 m breit. Der Grundriß von Haus Hagi-Prodan (darunter) mit dem bedeckten und stark vorspringenden Eingang (obere Seite des Grundrisses) und den vier Haupträumen ist typisch für die rumänischen Häuser der Mittelklasse im 18. Jahrhundert. (Unten rechts) Perspektivische Vedute (die Hauptfassade ist links) und Grundriß eines Hauses aus dem 18. Jahrhundert in Suceava, nördlich der Moldau.

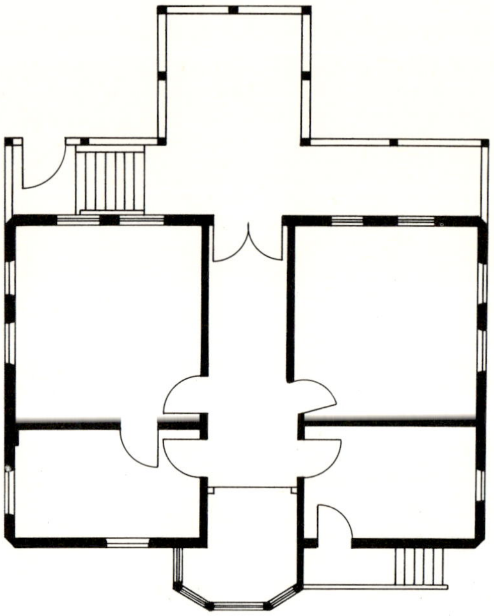

(S. 245) B. Bellotto, "Vedute der Krak
Przedmiescie Straße von der Krakauer Straße in Wa
aus" (ca. 1770; Warschau, Muzeum Narodowe
Straße der polnischen Hauptstadt ist zu
ihrer höchsten Entwicklung unter König Sta
Augustus dargestellt. Im Hinte
bescheidene Vorstadthäuser; im Vorde
rechts Wohnungen des reichen Stadt-Bürgertu
Fassaden klaren Rokoko-Ge

meinen geschlossene Veranda an der Hinterseite des Bauwerks.

Bauwerke dieses Typs bestehen noch in der Umgebung des Argeş und von Ploeşti, wo das Haus eines örtlich berühmten Kupferschmieds und die Häuser der Dobrescu und Boiangine genannt werden müssen. In einigen von ihnen kann man noch die ursprünglichen Decken in geschnitztem Holz und mit Stuck, wie die Fenstereinfassungen geschmückt entdecken. Trotz solcher Zugeständnisse an die westlichen Strömungen nehmen die Städte an der unteren Donau jedoch einen Aspekt an, der sie aus verschiedenen Gründen Konstantinopel ähnlich macht.

Nördlich der Donau zieht das rumänische Wohnhaus größere Ausmaße vor, wobei es ebenfalls die gleiche Veranda adoptiert, die sich vor dem Haus erstreckt. In Siebenbürgen begegnet man oft dem beschwingten österreichischen Barock, und der Gebrauch von ornamentalem Stuck breitet sich immer weiter aus: analog zu dem, was in den kroatischen und slowenischen Städten geschah, die im übrigen in das habsburgische Reich integriert waren.

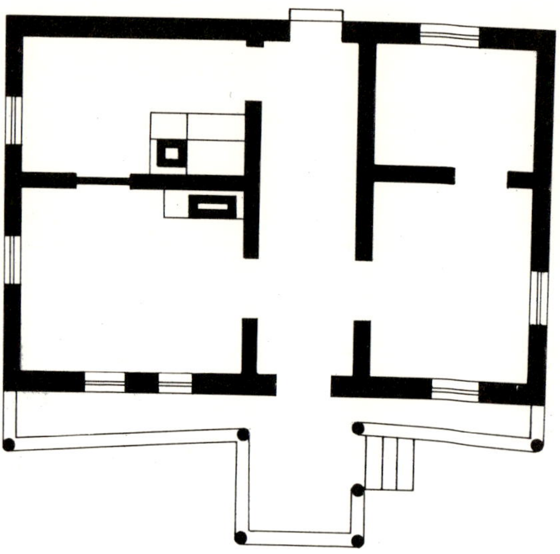

Wojciech Kalinowski

EIN SCHLICHTES ROKOKO AUCH IN POLEN

Die Beschreibung eines ziemlich reichen Hauses in Warschau aus dem Jahre 1718 scheint uns für unser Thema bedeutungsvoll. Es handelt sich um die Wohnung eines gewissen Firatowicz: "Wenn man das Haus betritt, ist rechts ein Laden mit einer doppelten Eingangstür, eine aus Eisen, eine aus Holz; im Innern ein auf die Straße gehendes Fenster, ein Ofen mit Schornstein und Schutzwand, ein Holzfußboden; der Ofen ist grün. Neben dem Laden liegt eine Weinbrand-Brennerei, die vorher eine große Küche war. Der untere Raum hat zwei Fenster, ... inen weißen Ofen und einen Schornstein sowie in die Wände eingebaute Schränkchen. Weiter hat das Haus inen geräumigen Hof, in dem sich eine kleine Brauerei mit einem winzigen angrenzenden Raum mit einem grü-en Ofen befindet; das Fenster geht auf den Hof. Neben er Brauerei liegt ein anderer Raum ... mit einem kleieren Raum davor mit einem auf Bielanskis Hof gehen-en Fenster ... Ein Keller mit einer Tür, die von der traße in ihn führt; darinnen zwei Unterteilungen und ine dritte Kammer für offizielle Gäste. Neben diesem Keller ein anderer Keller mit einer Verbindungstür zum rsten, gleicherweise unterteilt. Weiter ein dritter Keller nit einer Verbindungstür zum zweiten und einem Ausgang in den Hof mit einem kleinen Fenster. Vom ersten Keller ein Zugang zu den Treppen, die in die Eingangshalle führen. Ein Raum im ersten Stock mit drei Fenstern, die auf die Piwna-Straße gehen, ein weißer Ofen, ein Schornstein und ein dunkler Alkoven mit einem Fenster und Unterteilungen, wo die Reisenden und Lehrlinge schlafen. Gegenüber ein anderer Raum mit drei Fenstern, die auf den hinteren Teil gehen und ein Ziegel-Alkoven mit weißem Ofen und einem andern Ofen im Raum. Im Alkoven ein in die Wand eingelassenes Schränkchen. Zwischen beiden Räumen zwei Küchen, von denen eine größer, die andere kleiner ist... Im zweiten Stock ein Raum mit drei Fenstern, einem grünen Ofen und einem hölzernen Alkoven...".

Wie dieses (allerdings mehrstöckige) Haus bezeugt das ganze 18. Jahrhundert den Niedergang der Städte und eine extreme Schwäche der wirtschaftlichen und sozialen Lage der Stadtbewohner; daher waren die Gebäude selbst in den größeren Städten einstöckig und meistens aus Holz. In den Häuserblöcken der Stadtzentren standen die Häuser in Reihen ausgerichtet, den Plätzen und Straßen mit ihren Giebeln zugewandt; sie waren zwei oder drei Räume tief. In der Mitte lag eine

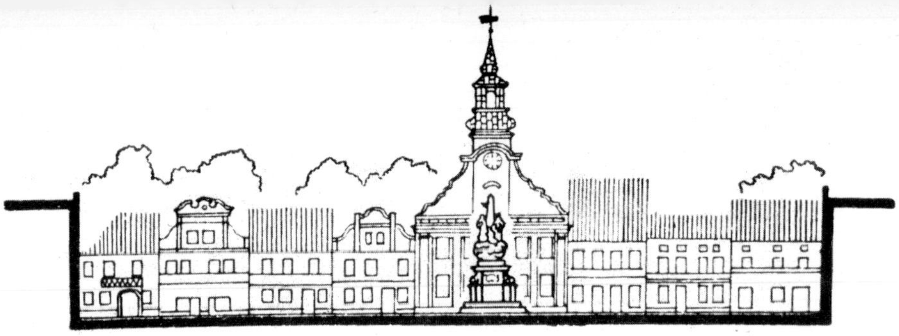

Rathaus (in der Mitte) und Wohnhäuser an der Westseite des Marktplatzes in Rydzyna, einer kleinen polnischen Stadt südlich von Posen an der alten schlesischen Grenze, in einer Skizze aus der Monographie über die Ziegelbauten des 18. Jahrhunderts in den kleineren Städten Westpolens ("Dzialalność urbanistyczna magnatów i szlachty w Polsce XVIII wieku", Warschau 1962) und in einer Photographie von T. Barucki. Die mittlere Breite der Hausfassaden bewegt sich normalerweise um acht Meter.

(Unten) Entwurf für die Westseite des Marktplatzes der Stadt Biala Podlaska, östlich von Warschau (Warschau, Drucksammlung der Universitätsbibliothek). Der Entwurf wurde 1777 vom Architekten Maciej Takimowicz ausgeführt und bildet einen Modellfall für die städtebauliche Organisation unter Beachtung der großen Programme für Mittelstädte, die mit wichtigen Fürsten-Residenzen verbunden waren. Der Fürst hatte seinen eigenen Architekten persönlich mit der Durchführung beauftragt. Die beiden größeren Gebäude an den Enden waren als "Austcrya druga", also Gaststätten gedacht; die andern zwischen ihnen und miteinander verbundenen in der Mitte sollten Läden und die Wohnungen der Kaufleute aufnehmen. Es ist von einigem Interesse, daß die Prospekte der Läden in einem Komplex von modernem Rokoko-Gepräge die Verkaufstische nach mittelalterlichem Brauch auf der Straße behielten.

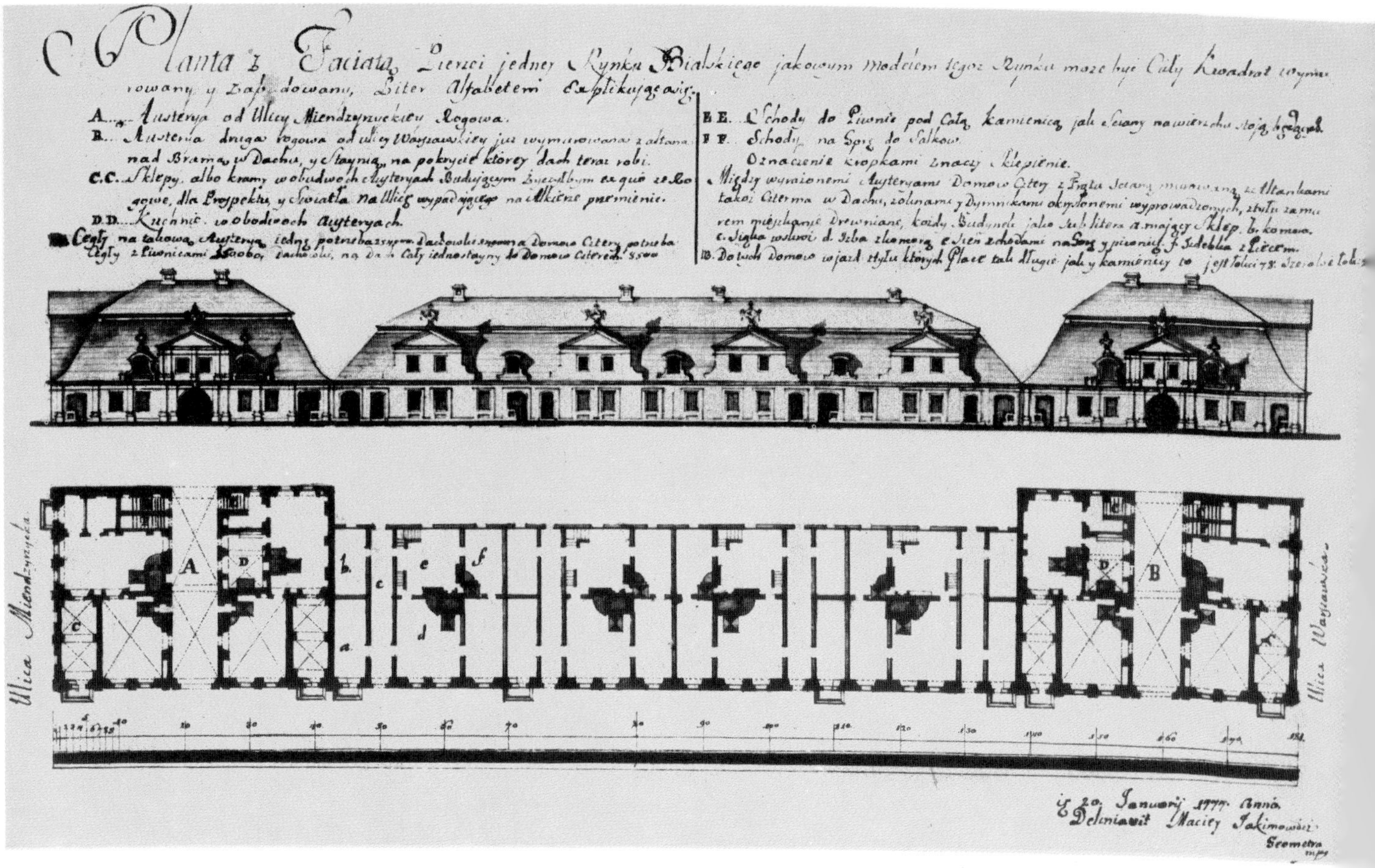

(Rechts, von oben) Querschnitt, Prospekt, Längsschnitt und Grundriß eines Holzhauses in Ciężkowice (von C. W. Krassowski - J. A. Milobędzki, "Studia nad zabudową miasteczka Ciężkowice", 1947). Das für die Kleinstädte Südpolens im 18. Jahrhundert typische Gebäude stellt die Entwicklung des früheren Typs dar, der sich in der Tiefe über zwei Räume erstreckte.

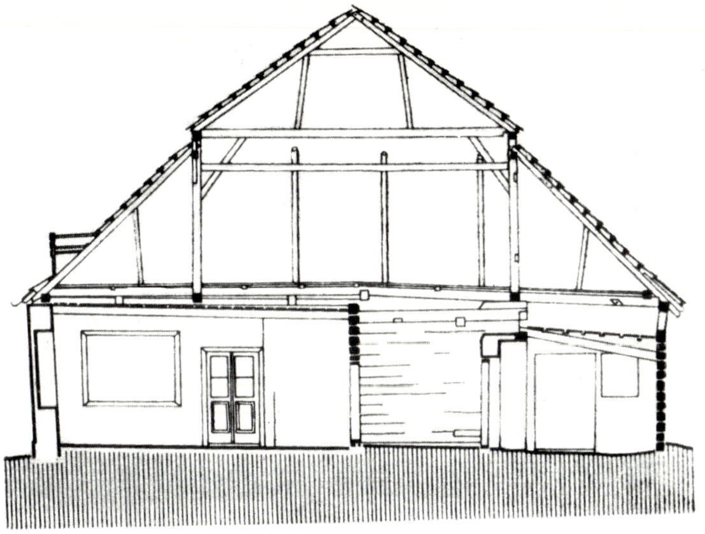

werkerwohnungen aus dem ɪhrhundert in Rakoniewice (Posen). Auch in n Fall handelt es sich um eine Seite Aarktplatzes, und die Anlage der Bauten int noch standardmäßiger als in Rydzyna, wenn ɪicht in dem Maße wie in Biala Podlaska. Fassade ist ca. 8 m breit (W. Kalinowski, Development in Poland Mid-19th Century", Warschau 1966).

"schwarze Küche" (die des Tageslichts entbehrte), enge oder breite Wageneinfahrten durchbrachen die Fassaden. Hin und wieder wurden diese Häuser von Architekten entworfen, aber die große Mehrzahl der städtischen Bauwerke dieser Zeit stammte von örtlichen Maurern.

Mehrstöckige Häuser hielten sich nur in einigen wenigen größeren Städten, ohne daß sie im 18. Jahrhundert irgendwelche wesentlichen Veränderungen aufnahmen. Die Fassaden und Innenräume waren meistens mit der gerade modernen Dekoration geschmückt, nacheinander im ausschweifenden Stil der Regentschaftszeit Philipps von Orleans, im Rokoko- und Louis-seize-Stil. Neue Herrschaftswohnungen wurden nur in der Hauptstadt Warschau gebaut, deren Bevölkerung sich während der Herrschaft König Stanislaus Augusts vervierfachte und deren halbländliche Vorstädte in dieser Zeit zu Teilen einer großen Stadt umgeformt wurden. Miethäuser wurden häufig als Ergebnis von Grundstücks- und Bauspekulationen errichtet. Es waren zwei Räume tiefe Gebäude mit gleichen Formen im Innern, die sich in drei Stockwerken wiederholten, von denen das Erdgeschoß als Läden und die Obergeschosse als Wohnungen benützt wurden. Ihre Formen und Fassaden pflegten palastartige Vorlagen nachzuahmen. Dieser Gebäudetyp entwickelte sich später im 19. und frühen 20. Jahrhundert zur "Mietskaserne".

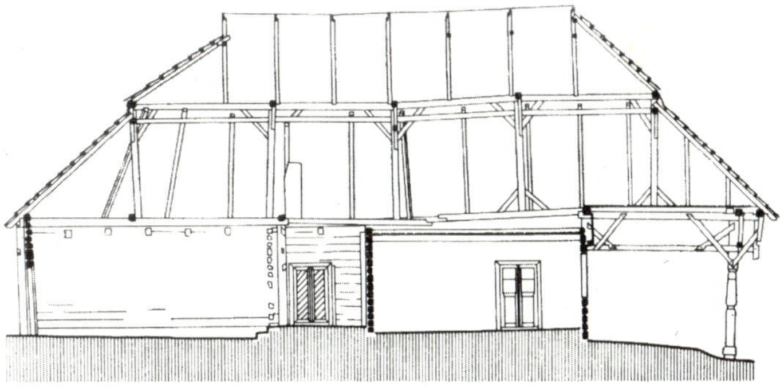

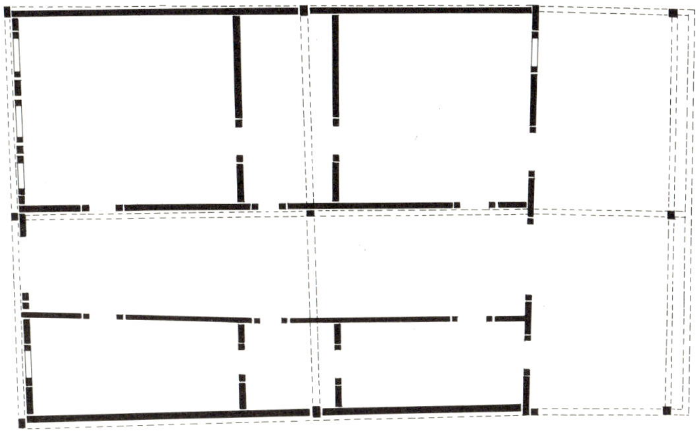

Michail Iljin

DER STIL PETERS DES GROSSEN

Die Reformen Peters des Großen, die das russische Leben von Grund auf umwandelten, spiegelten sich auch in der Architektur wider, umso mehr, als die Polizei gehalten war, "darüber zu wachen, daß das ganze Gebäude strikt nach den Vorschriften Seiner Majestät, des Zaren, errichtet wurde...". In den Städten, vor allem in Petersburg, das seit 1714 Hauptstadt ist, ändert sich die Sozialstruktur der Bevölkerung vollkommen. Es kommen die kleinen Beamten auf. Die Entwicklung der Produktion und des Handels begünstigt das Entstehen einer "Arbeiterklasse". Sie alle sowie die Kaufleute und Handwerker mußten sich neue Wohnungen einrichten, die den von Peter dem Großen auferlegten neuen Formen und der neuen Lebensart entsprachen.

Um die neue Hauptstadt so schnell wie möglich mit neuen Gebäuden zu versehen, beauftragt der Staat die bedeutendsten Architekten damit, die Pläne für diese Wohnungen zu entwerfen und dabei der sozialen und materiellen Situation der Eigentümer Rechnung zu tragen. So entstehen die Pläne für die Häuser der Armen – "Soldaten, Tischler und andere subalterne Beamte" –, "der Reichen" und "der Adligen". Die Stadtbewohner benützten weitgehend diese Standardpläne, was dazu beitrug, den Bau der Häuser weniger teuer zu machen.

Die Änderungen in den Lebensgewohnheiten und im Geschmack haben zu Modifikationen der Pläne, sowohl in der Raumaufteilung als auch in der Art der Dekoration geführt. Man entwarf diese Pläne für "Standardhäuser" fast 150 Jahre lang und hörte erst in der Mitte des 19. Jahrhunderts damit auf. Im Verlauf dieser Zeit legte man eine große Zahl von oft stark verschiedenen Plänen vor, unter denen es ganz einfache und andere verhältnismäßig entwickelte gab. Der Vorzug, den man diesen Plänen gab, hat die Errichtung der Wohnungen in den russischen Städten bestimmt. Die ersten Pläne entwarf der Architekt D. Tresini. Er hatte die Holzkonstruktion der Häuser vor Augen. Aber bald baute man neben den Holzhäusern auch solche aus Stein, wiederum nach den Standardplänen. Eine strenge Brandgesetzgebung zwang die Besitzer, die Holzdecken mit Gips zu verkleiden und die Steinhäuser über dem Erdgeschoß, wo sich die Arbeitsräume befanden, zu wölben. Weiter mußten die Eigentümer die das Dach deckenden Holzplanken durch Dachpfannen ersetzen. Die Öfen (holländische Öfen genannt) breiteten sich seit Beginn des 18. Jahrhunderts immer mehr aus. Diese Öfen heizten die Zimmer im Winter gut. Als Folge der wachsenden Ziegelproduktion wurde die Errichtung von Holzhäusern in den zentralen Gebieten von Petersburg und Moskau seit der Mitte des 18. Jahrhunderts überhaupt verboten.

Die Grundrisse der neuen Häuser unterscheiden sich in markanter Weise von denen des 17. Jahrhunderts. Die Aufteilung der großen und hellen Räume wird schlicht und rationell. Es gibt keine engen und unbequemen Räume oder allzu sehr in die Länge gezogene Vestibüle mehr. In einigen Plänen, wie zum Beispiel dem vom Architekten M. Zemtzov 1739 für das Kanonikat der Issakievsky-Kathedrale in Petersburg entworfen, stellt man eine Tendenz fest, dieses Gebäude so zu gestalten, daß es den Bedürfnissen von zwei, ja selbst

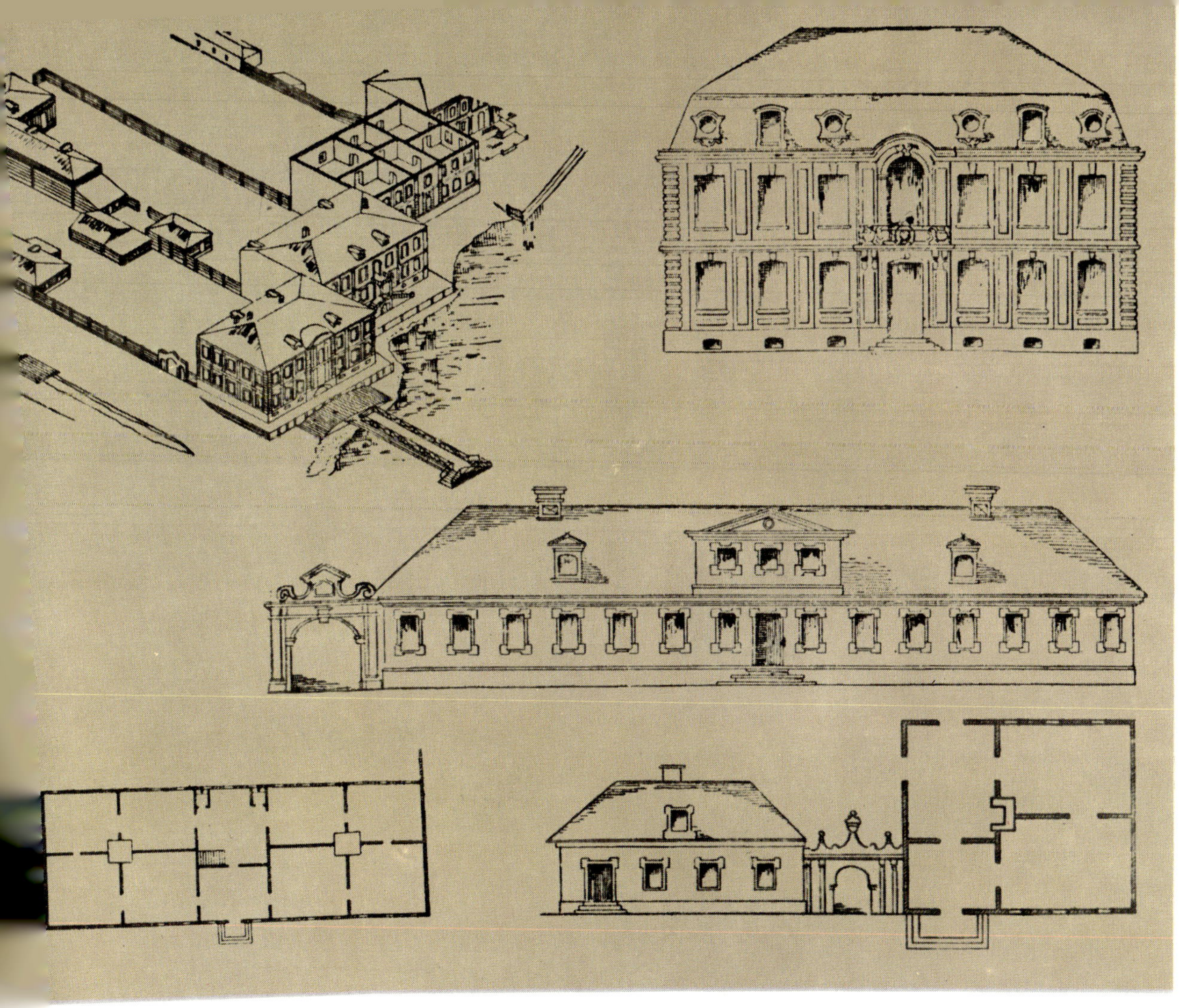

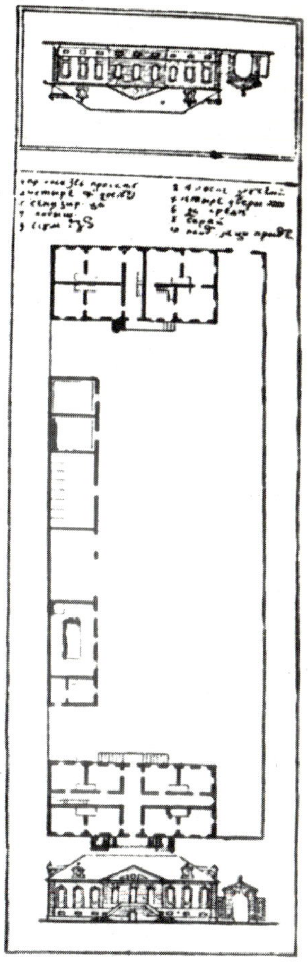

:) Haus (Mitte des 18.
ı der Ulianowskaia-
in Moskau. Die
entierung scheint eher
ı mit traditionellen
en Elementen zu
n als auf spätbarocken
n zu beruhen.

Entwürfe für Standard-Häuser für die Stadt Petersburg, 1714 vom Architekten D. Tresini ausgeführt. Oben Wohnungen für "die Vornehmen": untereinander sehr ähnliche, aber nicht identische Gebäude, die die Möglichkeit zur Wahl lassen sollten (die Fassade eines jeden ist ca. 16 m breit); sie sind nebeneinander gestellt, um Raumverlust zu vermeiden. Haus für "die Reichen": Fassade (Mitte) und Grundriß (unten links); den Portikus eingeschlossen überschreiten sie 25 m. Haus für "die Armen", ca. 15 m breit. - (Rechts) Pfarrhaus der Kathedrale von Issakiewski, ebenfalls in Petersburg, 1739 von M. Zemtzov entworfen.

ʼon mehreren Familien dienen kann. Es geschieht häuig, daß die äußere Dekoration die Maße derjenigen ·ines Palastes nachahmt. Sogar das kleine Haus in der Jlianowskaia-Straße in Moskau ist mit Ornamenten des Barock-Stils geschmückt, die für die Mitte des 18. Jahrunderts sehr typisch sind, während seine asymmetrische Fassade mehr an die Vorlagen des 17. Jahrhunderts rinnert. Nach dem Zeugnis des Herzogs M. Tcherbahov gewöhnen sich die reicheren Hausbesitzer daran, as Innere ihrer Wohnungen "mit Vergoldungen, Seientapeten in allen Zimmern und kostbaren Möbeln" uszuschmücken.

Im Verlauf der ersten Hälfte des 18. Jahrhunderts ʼurden die Wohnhäuser der Stadtbewohner, die man en Straßen entlang errichtete, frei hingesetzt. Die Wirtchaftsgebäude lagen auf dem von hinten an das Haus oßenden Territorium, dort, wo man häufig einen kleien Garten mit Blumenbeeten in französischer Manier atte. In dem Maße, in dem sich die Städte vergrößerten, rauchte eine solche Konstruktion von Wohnhäusern ıviel Grundstücksfläche, was den Staat veranlaßte,

Haus aus der zweiten Hälfte des 18. Jahrhunderts in der Gorokhowski-Gasse in Moskau.

Hauspläne vorzulegen, die zwischen den einzelnen Häusern keine Zwischenräume mehr aufwiesen ("in einer einzigen Fassade"). Solche Häuser entstehen in Petersburg schon in den vierziger und in Tver in den sechziger Jahren des 18. Jahrhunderts.

Die architektonische Dekoration des Barock-Stils erforderte, da sie recht kompliziert war, fähige Handwerker und konnte gerade deshalb die Wünsche der einfachen Bürger wegen der hohen Kosten nicht zufriedenstellen. So entwickeln sich noch in der Zeit des Barock-Stils strengere Formen der architektonischen Dekoration. Bescheidene Verkleidungen, Pfeiler in strengen und rustikalen Formen, einfache Kranzgesimse und andere architektonische Elemente bilden die Besonderheiten, die diese Ausrichtung charakterisieren. Sie dienten in der

zweiten Hälfte des 18. Jahrhunderts auch als Grundlage für die Entwicklung der Architektur des russischen Klassizismus.

Formenstrenge, wissenschaftlich erforschte Proportionen und Eleganz der wenigen dekorativen Elemente sind der Mehrzahl der Konstruktionen dieser Zeit eigen. Das vom Architekten W. Bajenew erbaute Haus des Kaufmanns L. Dolgew in Moskau ist dafür ein hervorragendes Beispiel. Auch wenn es als ganzes eine gewisse Abhängigkeit von den Standardplänen zeigt, besitzt es doch deutlich individuelle Eigenheiten. Sie offenbaren sich in einer vollkommenen, planvollen Komposition, der Finesse der Proportionen und der Schönheit der architektonischen Formen, die diesem Haus den Eindruck einer Wohnung von höchst erlesenem Geschmack geben. Der noch erhaltene Plan dieses Gebäudes zeichnet sich auch durch den zurückhaltenden Charakter der architektonischen Innendekoration aus.

Zahlreiche andere Gebäude dieser Zeit in den verschiedenen Städten Rußlands weisen ähnliche Eigentümlichkeiten und die gleiche Qualität auf. Selbst die einfacheren unter ihnen sind vom Geschmack der Zeit geprägt, wie das zum Beispiel bei der Wohnhausarchitektur in der Gorokhowsky-Gasse in Moskau der Fall ist.

Bei den strengen Außenformen des Klassizismus kann man häufig Flachreliefs sehen, die die antike Mythologie zum Thema haben. Die Portale und schmiedeeisernen Balkongitter erfreuen das Auge durch die Arabesken ihrer Dessins. Ein kleiner Garten im Hintergrund des Besitzes (häufig mit einem kleinen Bassin) ist vom Hof durch eine Säulenreihe getrennt. Auf den beiden Seiten des Hofes liegen die Wirtschaftsgebäude und die Flügel des Gebäudes. In einer solchen architektonischen Komposition sieht man die erreichten Erfolge in der Architektur des Hauses und seiner abhängigen Gebäude, die im Stil der Villen A. Palladios errichtet sind.

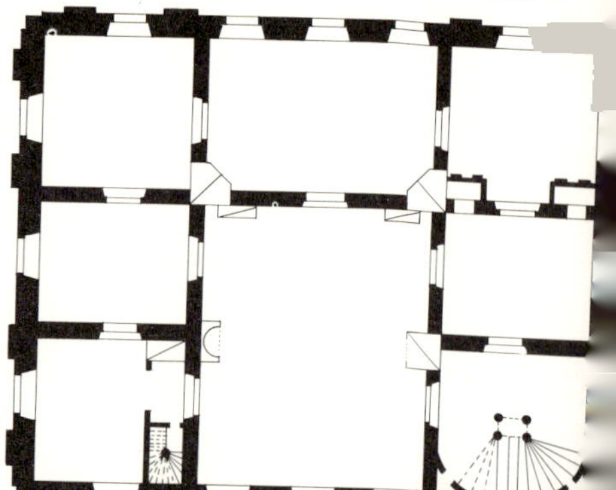

(Oben) Säulengang im Hof der Residenz der Kologrivovykhs in Kaluga an der Oka, zwischen Smolensk und Tula in der zentralrussischen Hochebene. Der Komplex wurde 1805/1806 fertiggestellt, aber offensichtlich im neoklassizistischen Stil konzipiert, der sich in Rußland in der zweiten Hälfte des 18. Jahrhunderts durchsetzte. Nur an den Eisengittern des Eingangs (unten), die übrigens wahrscheinlich später erneuert wurden, zeigen sich Rhythmen des 19. Jahrhunderts.

0 oben) Fassade und
risse des ersten und zweiten
, Schnitt und
ansicht eines Hauses aus
itte des 18. Jahrhunderts in
olchaia Ordinka Straße
skau. Die Breite
auptfassade erreicht 20 m.

unten) Außenansicht
undriß der Beletage der
765 vom Architekten
enew für den Kaufmann
ew errichteten
er Wohnung (Breite
ptfassade ca. 21 m).

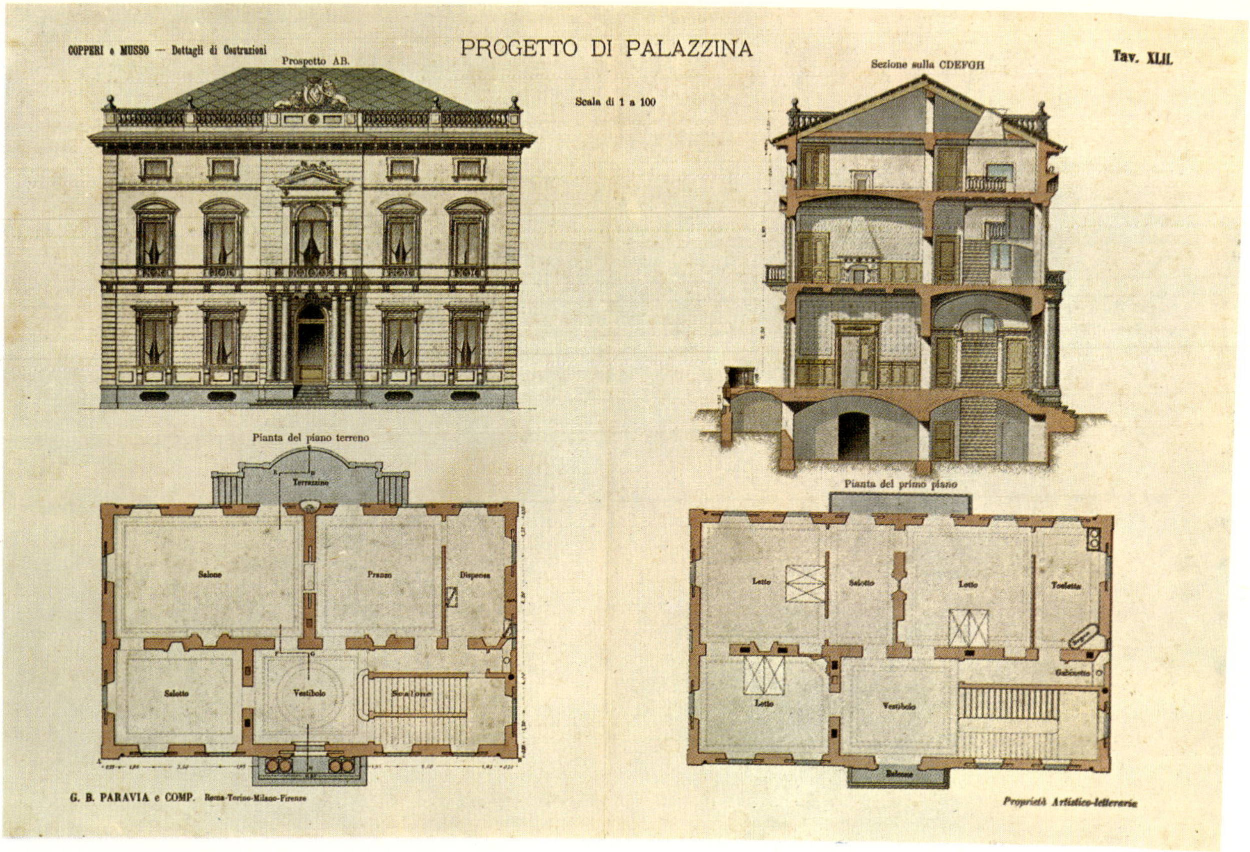
COPPERI e MUSSO — Dettagli di Costruzioni
PROGETTO DI PALAZZINA
Tav. XLII.
Prospetto AB.
Scala di 1 a 100
Sezione sulla CDEFGH
Pianta del piano terreno
Pianta del primo piano
G. B. PARAVIA e COMP. Roma-Torino-Milano-Firenze
Proprietà Artistico-letteraria

KLASSIZISMUS UND ROMANTIK

Das 19. Jahrhundert

Als das Jahr 1800 begann, waren die architektonischen Voraussetzungen des neuen Jahrhunderts schon seit einiger Zeit gegeben. Auf dem Höhepunkt des Rokoko zeigte selbst der päpstliche Hof einige Neigung zur augenblicklich modernen Zartheit, wobei man zum Teil den höfischen Charakter aufgab, der ihr eigen war. Aber Rom, so könnte man sagen, bereitete sich schon auf die Rückkehr zum Prunk des Cäsaren-Zeit vor; und seit 1750 offenbart es Anzeichen einer soundsovielten klassischen Parade. Die Ausgrabungen der Ruinen der Stadt, vor allem die in Herkulanum und Pompeji vorgenommenen, der Beginn der Forschungen über Ägypten, die Blüte der ausländischen Akademien in Rom selbst und die daraus folgende Verbreitung der Studien über die antike Kunst, all das schien sich verschworen zu haben, einen solchen Effekt zu erzielen.

Glücklicherweise geht man nicht mit einem Schlag zum Neuklassizismus über, denn der Geschmack des Rokoko überlebt kaum das Jahrhundert, das es aus der Taufe gehoben hatte. Zunächst war es eine Abkehr von den Extravaganzen und den Linien- und Formenkompositionen, die zum Selbstzweck geworden waren; und eine fast exquisite Anmut prägt die frühe Rückkehr zu den horizontalen und vertikalen Lösungen und gibt der Einrichtung eine herrschaftliche, komfortable Bequemlichkeit.

Dann wird die Präzision der Bauwerke immer trockener, fast zu einer Abhandlung über die Geometrie; zur Kälte der Linien gesellen sich bei den Möbeln die Ziselierungen, die die Dumpfheit des Mahagoni-Holzes noch mehr betonen. Die archäologische Pedanterie dringt in die klare Strenge der Innenräume ein: Hier haben wir den Eigensinn und die Zurückhaltung des Empire, als der aus der großen Revolution hervorgegangene demokratische Geist die Notwendigkeit wenn nicht gerade luxuriöser, so doch wenigstens den Eindruck der Wohlhabenheit widerspiegelnder Einrichtungen propagiert. Leider trägt der diktatorische Wille Napoleons dazu bei, die Dinge weiter zu komplizieren, da er die Versöhnung des bürgerlichen Komforts mit der "antiken" Würde anordnete.

Im klassizistischen Leichenschauhaus schaut man nicht mehr auf die glorreiche Vergangenheit als auf eine Quelle der Inspiration; man betrachtet ihre Überreste vielmehr mit wissenschaftlichen Zielen, um sich Vorlagen für eine kleinliche Wiederholung, ja sogar für vorbildliche Schablonen zu verschaffen.

Das eklektische Revival lag in der Luft, noch durch die romantische Entdeckung des "Pittoresken" begünstigt. Man wetteiferte im 19. Jahrhundert geradezu, sich darin als erster hervorzutun. Der war der Größte, dem es gelang in einem einzigen Pfuschwerk die widersprüchlichsten Geschmacksrichtungen zusammenzustellen.

De Musset klagt: "Die Wohnungen der Reichen sind Kuriositäten-Kabinette; der Eklektizismus ist unser Geschmack geworden; wir nehmen alles auf, was uns in die Hände kommt – das wegen seiner Schönheit, jenes andere wegen seiner Bequemlichkeit, dieses wegen seines Alters, jenes andere wieder gerade wegen seiner Häßlichkeit; so lebt man nur im Schrott."

Das war 1836. Die Strenge des Empire ermüdet sich so in der Schlaffheit der viktorianischen Zeit. *

von oben) Modell eines Einfamilienhauses, das zu Ende des 19. Jahrhunderts in einem verbreiteten "Manuale des Baumeisters" (Paravia und Comp., Rom-Turin-Mailand-Florenz) vorgelegt wurde. Hier wird der herrschende Eklektizismus den Wünschen des mittleren Bürgertums angepaßt, in autonomen Häusern mit Garten zu wohnen. Man beachte: für vier Zimmer und Salons und drei Schlafzimmer in den beiden unteren Stockwerken gab es nur eine Toilette; zum Ausgleich dafür ein pompöses Treppenhaus und zwei große ...e. - Aquarell (Rom, Keats-Shelley Memorial House), das ein Zimmer des Hauses der Familie Shelley darstellt; 1816 von der Schwester des Dichters gemalt. Zweifelsohne entspricht ein großer Teil der Möbel, die Orgel eingeschlossen und die drapierten Vorhänge, der ...-Periode: selbst in der beherrschenden neoklassizistischen Strenge vermag der englische Geschmack sich Geltung zu verschaffen.

Daniel Alcouffe

FRANKREICH ORIENTIERT SICH AN DER ANTIKE

In Frankreich und in Belgien sowie in den Nachbarländern läßt die industrielle Revolution des 19. Jahrhunderts die Stadtbevölkerung in bisher ungekannter Weise anwachsen. Diese Bewegung geht so schnell vor sich, daß die Städte das Wohnungsproblem auch nicht in nur annähernder Weise zu lösen im Stande sind. Da auch die Architekten schlecht für die Lösung dieser Aufgabe vorbereitet sind, legen sie zahlreiche Versuche vor, die aber den Mangel haben, zu sehr in der Vergangenheit zu wurzeln. Doch setzt sich dank ihrer Anstrengungen eine modernere Konzeption der Wohnung langsam durch.

Doch zunächst behauptet sich die Diktatur des Neuklassizismus noch. Er hat den Charakter der freien Imitation verloren, den er im 18. Jahrhundert noch besaß. Gestärkt durch ihr Vertrauen in die antikisierende Mode, in der nach ihnen die universelle Schönheit zu finden ist, verdammen die Baumeister jede Abweichung von den griechisch-römischen Prinzipien und, anstatt sich über die Bestimmung der von ihnen errichteten Häuser Rechenschaft zu geben, wollen sie nichts anderes, als die antiken Tempel schlechthin imitieren. Man schlägt die Nachahmung des mit einem Atrium versehenen römischen Hauses vor. Selbst für die Mietshäuser versuchte man, die Kolonnaden vorzuschreiben, aber im allgemeinen zwingt die wirtschaftliche Lage dazu, sie so einfach wie möglich zu halten.

In dem einen oder andern Fall schließt das eine gewisse Eleganz nicht aus (die zwar gekünstelt, aber dennoch verhanden ist), wie es jenes von Berbey d'Aurevilly in "Les Diaboliques" beschriebene Zimmer zeigt: "Es hatte... Parkett-Fußboden ohne Teppiche, Bronze bedeckte das gesamte Mobiliar aus Kirschbaum; es beginnt bei den Sphinx-Köpfen an den vier Ecken des Bettes und den Löwenfüßen an den vier Beinen, zeigt sich dann auf allen Schubladen der Kommode und des Sekretärs in den

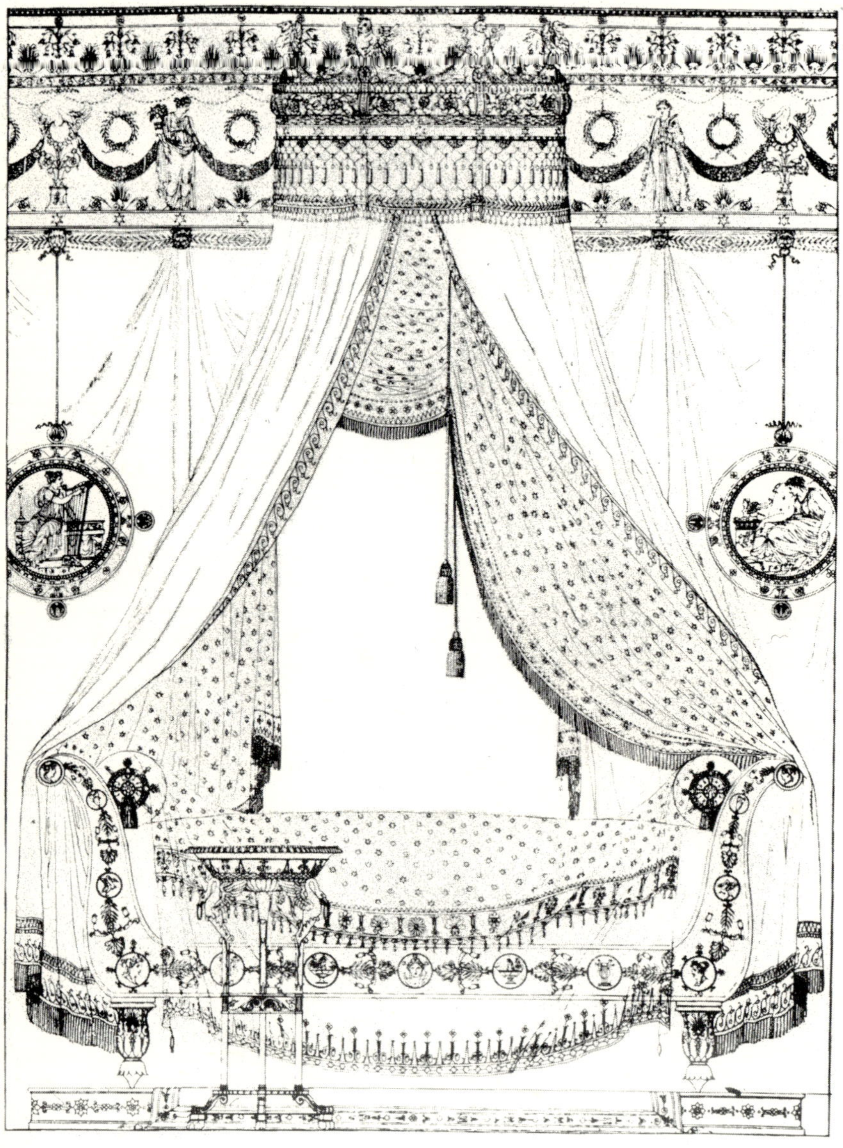

(S. 255) Giuseppe Canella (1788-1847), "Rue de Castigli
Paris" (1829; Paris, Musée Carnavalet). Im Rahm
Baupolitik, die der Größenwahn Napoleons I. der Hau
aufzwang, wurden neue Straßen, Plätze, Brück
Springbrunnen durch die Konfiszierungen der Revoluti
durch die "demolierende" Stadtplanung möglich; du
Errichtung des von der Rue de Tivoli, der Rue de Castiglio
Rue des Pyramides und der Rue de la Paix geb
Komplexes verschwanden mehr als 500 Häuser und u
40 alte Straßen. Ein Dekret von 1804 verbot den zukü
Bewohnern des zu erbauenden Viertels unter Androhu
Geldbußen, Werkstätten für Handwerker zu erricht
mit dem Meißel arbeiteten oder sich des Feuers bedient
Berufs- oder Standeszeichen anzubringen. Die Planer wü
die Eleganz des Komplexes und entwarfen
Verbindungsstraßen, an deren Seiten sich einförmige
erhoben. Es sind noch die Prinzipien des Ancien R
die nach dem Wunsch der offiziellen Architekten Perc
Fontaine in einen noch strengeren klassizistischen A
gezwängt wurden: das Dachfenster rechts hat einen drei
Aufsatz, da der dreieckige Giebel verbannt war;
der Trabea versehenen Fenster stammen aus der Renaissan
Terrassendach war verboten, so verwendet m
palladianische in der Form eines Kiels. Die Suc
Feierlichkeit hat zur Folge, daß das
die Funktionen des Inneren übersieht (die Läden z.
dunkel), aber die Nüch
und die Kohärenz bilden einen grandiosen

Die unzertrennlichen Charles Percier (1764-1838) und Pierre F. L. Fontaine (1762-1853) kodifizierten durch ihr "Recueil de décorations intérieures" (1811) auch das Gebiet der Einrichtung. Aus diesem Werk geben wir hier das für M.me M. entworfene Bett wieder.

(S. 255) Jean Baptiste va
(1819-1884), "Vedute vom Brüssel von 1868" (
Musées Royaux des Beau

in Relief geschnitzten Steinen in der Form von Löwenköpfen mit Kupferringen, die von ihren grünlichen Mäulern herabhängen und an denen man zieht, wenn man die Schubladen öffnen will. Ein viereckiger Tisch, von röterem Kirschbaumholz als das übrige Mobiliar und mit grauer Marmorplatte in einem Kupfergeflecht, stand dem Bett gegenüber an der Wand zwischen dem Fenster und der Tür zu einem großen Ankleidezimmer, und gegenüber dem Kamin befand sich ein großer Diwan von blauem Saffian... In allen Ecken des sehr hohen und großen Zimmers waren Eckschränke in falscher chinesischer Lackfirnis; auf einem von ihnen sah man, geheimnisvoll und weiß im Dunkel der Ecke, eine alte Büste der Niobe nach antikem Geschmack... Die getäfelten, mit weißlich-gelber Ölfarbe gestrichenen Wände hatten noch Stiche."

Es scheint, daß die Rationalität des französischen Hauses erschüttert ist. Doch konnte sie sich gerade durch die übertriebenen Forschungen jener militanten Archäologie retten. Das Studium der alten Monumente offenbart, daß sich die Schönheit der antiken Architektur gerade aus ihrer vollkommenen Adaptation an die örtlichen Bedingungen und an die Bestimmung des Gebäudes ergibt. Man entdeckt, daß es vor allem die Beobachtung dieser Prinzipien ist, die möglicherweise gute Ergebnisse hervorbringt. So erwacht bei den Architekten die sich als Rationalisten verstehen, in der Epoche der Restauration eine neue Geisteshaltung. Als Partisanen einer vernünftigen Kunst wollen sie, daß jede Form ein Erfordernis der Konstruktion ausdrückt.

Diese Ideen erscheinen gleichzeitig mit technischen Erneuerungen: 1820 wird erstmals Zement benützt; seit 1840 stellt Le Creusot Eisenträger her, die man vor allem zum Brückenbau verwendet; das Gußeisen ersetzt das Schmiedeeisen oder die Steinbalustraden an den Fenstern.

Das Stadthaus profitiert von dieser Gleichzeitigkei jedoch nur wenig. Die Architekten von 1830 bis 185 einigen sich schließlich doch nicht auf die Form, di man dem Haus geben sollte, um es so weit wie möglic den Erfordernissen der Zeit anzupassen. Einige Baume ster versagen sich als Reaktion auf den Neuklassizismu der Dekoration vollständig. Im Wunsch, nüchterne un regelmäßige Fassaden zu errichten, gelingt es ihne

Schon Napoleon I. hatte die Sanierung des Pariser Viertels um die Kirche der hl. Magdalena herum vorgesehen. In der endgültigen, von Napoleon III. verwirklichten Form präsentiert der Platz reiche Häuser, die für den stilistischen Eklektizismus der Zeit typisch sind: eins war mit spätgotischen Fenstern über einem kleeblattförmigen Bogengang versehen. Die Nr. 19 ist dieses Bauwerk (oben), wo das Zurückgreifen auf die verschiedenartigsten Quellen, durch das sich jeder Baumeister von seinen Kollegen unterscheiden wollte, klar zutage tritt: der Flachbogen (auf dem Foto) erinnert an das 15. Jahrhundert; die der Fassade aufgedrängte Ordnung wurde durch die antiquarische Pedanterie des Ersten Kaiserreichs vorgeschrieben; die Friese über den großen Öffnungen gehen auf die Zeit Ludwigs XVI. zurück. Trotz so heterogener Motive wurde die vom Kaiser gewünschte Grandiosität erreicht.

jedoch nicht, langweilige Lösungen zu vermeiden. Die Architekten der Romantik glauben, in der Gotik die wahre nationale Formel gefunden zu haben. Auch die italienische Renaissance hat ihre Anhänger, während man in Belgien zum flämischen Barock des 17. Jahrhunderts zurückkehrt.

Im besten Fall haben wir es hier mit einem Potpourri zu tun, in dem Notre-Dame neben dem Kolosseum, dem Herzogspalast in Urbino, ja, sogar neben der Abd-ul-Hamid-Moschee und verschiedenen andern Dingen bestehen konnte. Das Pariser Appartement auf der Place Royale (heute des Vosges) Nr. 6, das Victor Hugo von 1832 bis 1848 bewohnte, bietet dafür ein gutes Zeugnis, das wir der eifrigen Feder Eugène de Mirecourts verdanken: "Man trat von einem riesigen Vorzimmer, das auf den Platz ging, in das Eßzimmer ein, mit Teppichen in hohen Rahmen behängt und voll von alten Truhen. Der Ofen war hinter einer großartigen Waffenrüstung verborgen, die Tribute von 20 Jahrhunderten aufgenommen zu haben schien: Der Pfeil des fränkischen und der Speer des germanischen Kriegers begegneten hier dem Schwert des römischen Legionärs; der Jatagan des Arabers schloß mit unsern alten Hakenbüchsen, die Feuermuskete mit der Axt des Paladins Freundschaft. Von hier gelangte man in den rot tapezierten Salon mit einem wunderbaren Wandteppich, der den "Roman de la rose" inspiriert hatte. Vor diesem erhob sich ein weites Podest mit dem Sofa darauf, das von einer Art Baldachin überdacht war; im Hintergrund zeigte sich eine Standarte in goldener Stickarbeit, die 1830 in der Kasbah von Algier erworben wurde: Victor Hugo war der erste, der uns den Geschmack für schöne historische Einrichtungen wiedergegeben hat. Der Salon der Place Royale hatte einen grandiosen Charakter, der mit Schwermut an die engen Wohnungen denken läßt, in die uns die Pariser Maurer einschließen. Zwei große Vollporträts stellen einmal Madame Hugo und zum andern ihren Gatten dar; Louis Boulanger, der Maler der Familie und Freund des Hauses, hatte sie ausgeführt. Das Talent des Künstlers hatte ihnen einen so natürlichen, so lebendigen Ausdruck verliehen, daß sie im Begriff zu stehen schienen, gleich aus den gotischen Rahmen herauszutreten... Am Ende eines langen Korridors... gelangte man in das Schlafzimmer, dann ins Studierzimmer, ein wunderbares

Durch die Einebnung der Senne (1865-68) erhielt Brüssel eine mehr als zwei Kilometer lange Verbindungsstraße, die die heutigen Boulevards du Nord, Anspach und Hainaut umfaßt und auf der sich (ca. 1874) zahlreiche Gebäude erheben; diejenigen, die man für die besten hielt, prämierte man und [hö]chstes Lob zollte man Henri F. Beyaert (1823-1894) für dieses Bauwerk, das von italianisierenden Tendenzen geprägt ist, die die belgische Architektur nach dem Stillstand von 1840-1870 beherrschen. Die Vorliebe für die Renaissance verliert sich, was sich besonders in der Rustika, den Balustraden und in der Loggia, den Urnen [un]d den Karyatiden zeigt, "Motiven" also, die jedoch von einem Aufsatz gekrönt werden, der sich an der flämischen Bauweise des 16. und 17. Jahrhunderts orientiert: das Resultat ist ein Kompromiß zwischen archaisierendem und kolossalem [Ch]arakter, der zur intendierten Nützlichkeit im Gegensatz steht.

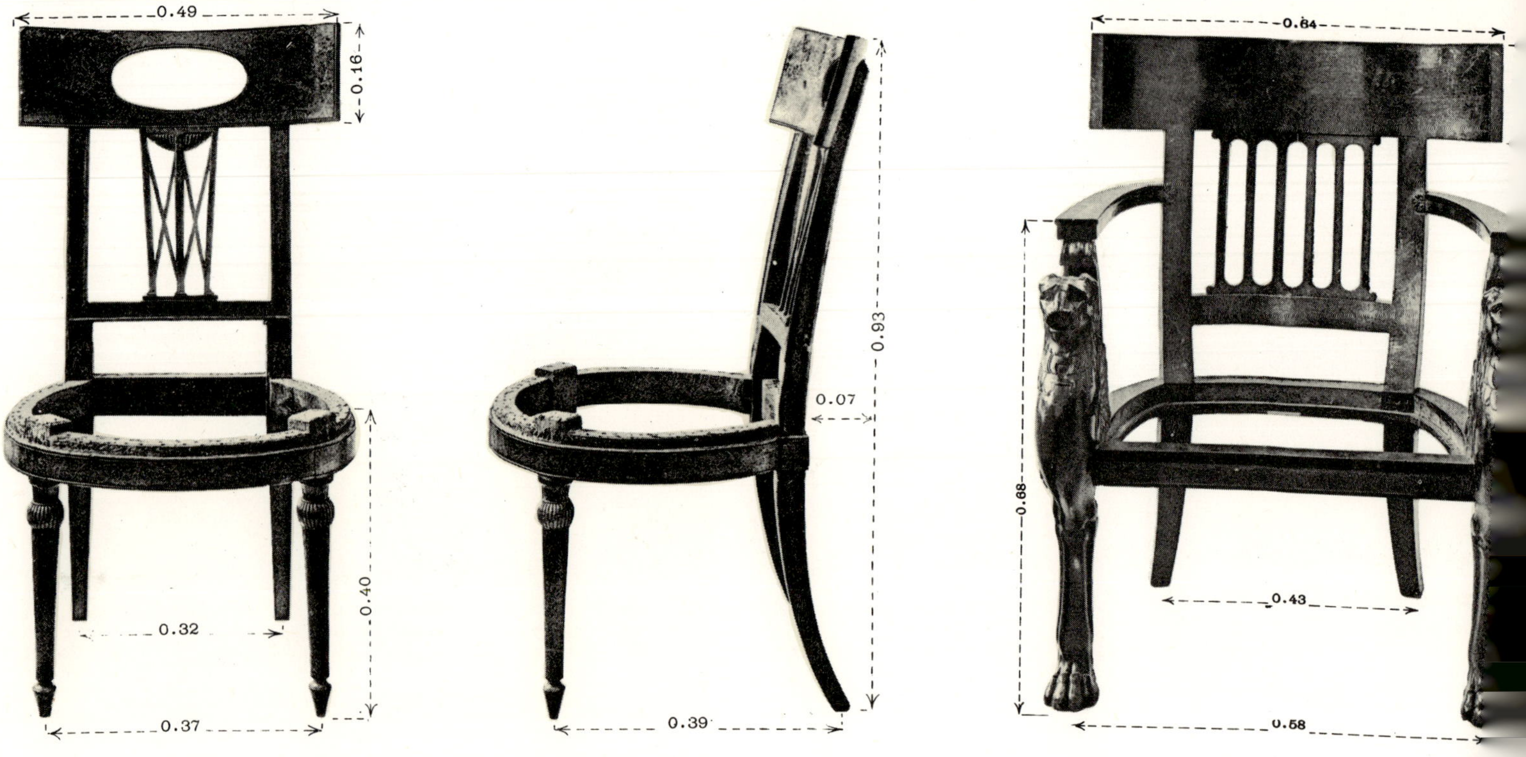

Museum, das die Phantasie des Dichters mit Kunstgegenständen aller Art bevölkert hatte..."

Andererseits war das Bedürfnis nach Wohnungsbauten nie so drängend wie unter der Herrschaft Louis Philippes. Die intensive Spekulation beschleunigte die Schludrigkeit beim Bau noch. Es fehlte auch jede Sorge um mögliche Verbesserungen bei der Errichtung zahlreicher Mietwohnungen, die massiv und monoton sind und deren Reihen ganze Straßenzüge einnehmen wie in der Rue Rambuteau in Paris.

Die schauerliche Monotonie fand sogar den einen oder andern Augenzeugen wie den Vicomte Charles de Launay, der in "La Presse" von 3. September 1848 darüber berichtet: "Wer hat denn mehr als du, o Volk! Etwa jener stolze Bürger von Paris, den du mit deinem Haß verfolgst? Er hat weder Schlösser, noch Hôtels, noch Wälder, noch Prärien; er mietet sich ein enges und tristes Appartement in einem sog. Mietshaus, d.h. in einem Bienenkorb aus Gips. Dort findet er keinerlei Annehmlichkeit eines wohlhabenden Lebens; er hat weder Raum, noch Licht, noch Aussicht, noch Luft, noch Ruhe, noch Geheimnis, noch Stille. Dort lebt er in Gemeinschaft mit Leuten, die er nicht kennt; er kennt nichts von ihnen als ihre Fehler; er weiß nicht, ob seine Nachbarn ehrlich, liebevoll oder freundlich sind; er weiß nur, daß sie vergnügungssüchtig und verletzend sind, daß sie geräuschvoll die Türen schlagen, daß sie spät heimkehren und daß sie bei ihren Mahlzeiten seltsame Speisen essen, deren widerlicher Geruch die Korridore erfüllt. Aber, so wirst du sagen, dieses unbequeme Appartement ist reich möbliert; wenn er nicht das Haus besitzt, besitzt er doch die Möbel. – Ah, das ist das große Wort, und hier liegt das ganze Problem; der wirkliche Schatz des Bürgers von Paris ist sein Mobiliar und um diesen Schatz zu verteidigen, läßt er sich so tapfer töten. Und du selbst, Volk: ist es darum, seine Wunderwerke zu rauben, daß du ihn angreifen willst! Haben wir nicht recht, wenn wir sagen, daß es ein zugleich trauriger und lächerlicher Kampf ist? Sterben, um seine Möbel zu verteidigen... und was für Möbel!... Ein schauerliches Sammelsurium von unförmigen Gegenständen, die den schlechten Geschmack aller Zeiten widerspiegeln; Gegenstände ohne Wert, ohne Stil, ohne Kunst, häßlich für das Auge, unbequem im Gebrauch, die Maler und Farbenkleckser vor Schreck ohnmächtig werden ließen, aber trotzdem kostbare Gegenstände des Bürgers, die er bewundert, die er mit großer Mühe, mit viel Geduld und zahlreichen Opfern erworben hat und die er bis zu seinem letzten Atemzug verteidigen wird. Fordert sein Leben von ihm, aber fordert nicht seine schreckliche Stutzuhr aus Alabaster, die von zwei schrecklichen Alabaster-Vasen mit Papierblumen und von zwei schrecklichen Alabaster-Leuchtern mit Pappmanschetten flankiert wird; er nennt es seinen Kaminaufsatz, und Gott weiß, welche Mühen er auf sich genommen hat, um an einen solch entsetzlichen Luxus zu kommen!

... O Volk, wenn du wüßtest, wie häßlich das ist, was du ihm neidest, du vergäbest dem Bürger sein Glück. Willst du ihn denn töten, weil er seine so unbequeme Mahagoni-Kommode hat, deren Schublade rebelliert. Das Wunderding gibt niemals nach, es sei denn, um euch auf die Füße zu fallen. Willst du ihn denn töten wegen seines schrecklichen Schrankes mit dem häßlichen Spiegel, wegen seines schrecklichen Betthimmels aus Mahagoni, des Sisyphus-Felsens, der ständig seinen Schlaf bedroht; wegen seines schrecklichen 'bonheur du jour' in Mahagoni, wegen seiner schrecklichen Porzellanwaren in verletzenden Farben, die euch die Augen 'kniffen' lassen; wegen seiner schrecklichen Lithographien ohne jeden Wert; wegen all seiner so gewöhnlichen, s

Neoklassizistische Möbelstücke in Mahagoni im Mobilier National in Paris: (oben, von S. 258 an) Stuhl und Sessel (von vorn und von ler Seite) aus der Revolutionszeit mit dem Zeichen G. Jacobs; Sessel (dito) aus dem Ersten Kaiserreich mit dem Zeichen "Jacob D" Jacob-Desmalter); (unten) Faltstühle – typische Form der römischen Einrichtung – und Hocker mit dem gleichen Zeichen. Die ätigkeit Georges Jacobs (1739-1796), eines der genialsten Erneuerer des Mobiliars unter Ludwig XVI., wird brillant von seinen eiden Söhnen fortgesetzt, die in Zusammenarbeit das Zeichen "Jacob Frères" annehmen, das wahrscheinlich noch einige Zeit von em Jüngeren der beiden, Jacob-Desmalter, verwendet wurde, nachdem der andere 1799 gestorben war. Die von der Revolution erwungene Unterdrückung der Zünfte erlaubt einem einzigen Handwerker die Verwendung all der bisher getrennten Techniken. Die Verkstatt Jacob-Desmalters arbeitet nicht nur in Holz, sondern schmilzt, ziseliert und vergoldet Bronze und schmiedet die Teile zuammen: auf dem Höhepunkt seines Erfolges hat er bis zu 800 Beschäftigte. In dieser Weise tritt die Industrialisierung zu Beginn es 19. Jahrhunderts in das Gebiet der Möbelherstellung ein. Als die französische Regierung als Folge der Schiffssperre gegen England (1810) die Verwendung des Mahagoniholzes verbietet, greift Jacob-Desmalter auf heimische Hölzer zurück.

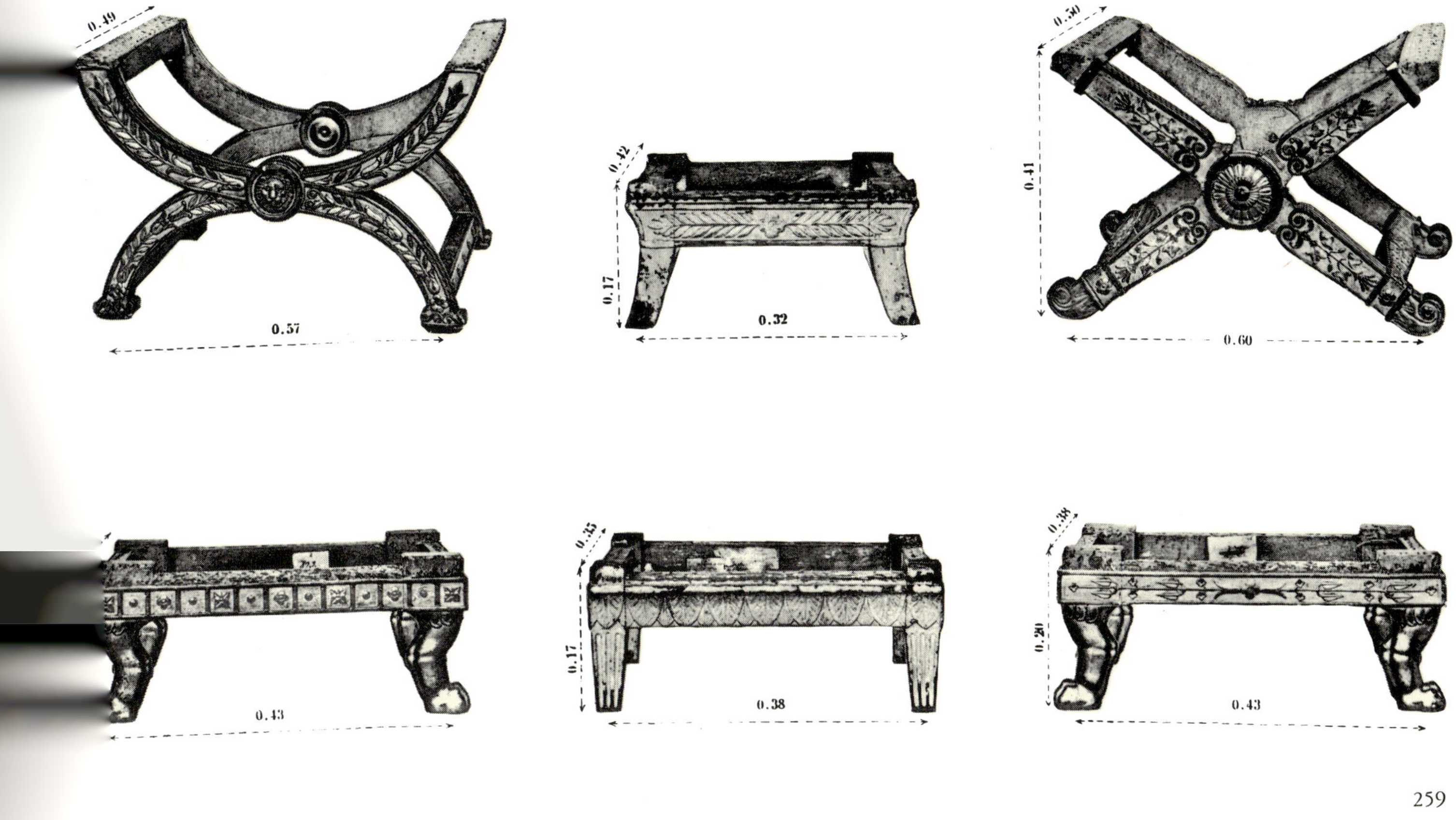

schlecht ausgewählten, so häßlichen Dinge willst du ihn wirklich töten?"

Die Verschönerung von Paris unter Napoleon III., die Zugeständnisse, die man der Dekoration einräumte, riefen mehr Interesse für die Stadtwohnung hervor als zur Zeit Louis-Philippes. Man glaubt, die Tendenzen der vorhergegangenen Periode bestens vereint zu haben, wenn man als Prinzip festsetzte, daß der Architekt aus allen Epochen die Elemente entlehnen könne, die der von ihm verfolgten Aufgabe entsprechen. Man vermischt so schließlich die verschiedensten Einflüsse in einem Eklektizismus, dem es nicht gelingt, die Übertreibung in der Dekoration zu vermeiden und der häufig sogar Effekthascherei betreibt. Die Architekten wollen sich als Erben des Rationalismus verstehen, aber der Wetteifer, der sie anstachelt, die verschiedensten Formen zu vereinigen, läßt sie sich oft von der Anpassung an die praktischen Notwendigkeiten entfernen.

Der gleiche Mangel an Originalität, der gleiche gequälte Versuch nach einer Synthese findet sich in der dekorativen Kunst, die ebenfalls nach einer Orientierung sucht. Die beginnende Industrialisierung verliert den Zweck aus den Augen, der bestimmten Handwerkern des Ancien Régime angeboren war, nämlich einen Gegenstand herzustellen, der gleichzeitig seiner Bestimmung entspricht und schön ist.

Da die Dritte Republik den Spuren des Zweiten Kaiserreichs folgt, ist eine Reaktion vorauszusehen. Es ist in Belgien, wo die Suche nach der Dekoration jetzt noch ungeordneter ist, wo sich gegen Ende des Jahrhunderts eine Entwicklung abzeichnet, die die Architektur und Dekoration erneuern will: der "modern style". Die Architekten, die ihn predigen, geben die Lehre der Rationalisten von 1850 weiter. Für sie taugt das Bauwerk etwas, wenn die äußere Form den Plan widerspiegelt. Eine neue Interpretation der Kurve, die von der Vegetation inspiriert wird, belebt die Dekoration. Das Publikum, das der klassischen Motive müde ist, nimmt den neuen Stil begierig auf.

Seit ungefähr 1830 werden alle Formen der Vergangenheit von den Möbelherstellern wieder hervorgeholt, die sich schon im Kampf mit der Konkurrenz der eisernen Einrichtungsgegenstände befinden. In den ersten Jahren der Herrschaft Louis Philippes gibt man der Gotik den Vorzug, wie es dieser Stuhl beweist (Paris, Musée des Arts Décoratifs); aber sofort danach kopiert man Boulle. Wenn die Renaissance schon seit 1840 Eß- und Studierzimmer im "Henri-II.-Stil" inspiriert – auch Hugo "erfindet" Möbel dieser Art (s. den Entwurf unten rechts in der Maison de Victor Hugo in Paris) –, so nehmen Schlaf- und Wohnzimmer den Louis-quinze-Stil auf, der in seinen Linien zwar verschlungen, aber dennoch ziemlich annehmbar ist. Hier unten eine Alkoven-Vorlage "Genre Louis XV." von D. Guilmard: die Vorhänge präsentieren Geschwülste, die das Rokoko verabscheut hätte, dagegen wäre es ihm gelungen, die beiden Türen in gekonnter Asymmetrie zu gestalten, und nie hätte es so "gotische" Tischchen hervorgebracht oder ein Bett mit Täfelungen "à la Boucher". 1865 wird der offizielle Stil des Zweiten Kaiserreichs zum "Louis XVI. - Imperatrice", dessen Verkünderin die Gemahlin Napoleons III. war.

Die romantischen Tendenzen bestimmen nicht nur die Revivals in der Einrichtung, sondern begünstigen auch die Erhaltung ererbter Möbel und den Erwerb alter Stücke. Derselbe Hugo ist einer der ersten Förderer des Antiquitäten-Marktes; das gleiche gilt von Gérard de Nerval, der sich ein Renaissance-Bett, eine Konsole "de' Medici", einen Sessel Louis-XIII. kauft. Das was man in diesem Interieur eines unbekannten französischen Malers gegen 1880 (Paris, Musée des Arts Décoratifs) entdeckt, ist nur zum Teil bewertbar: die Truhe rechts hat ganz den Anschein, als stamme sie aus dem 16. oder 17. Jahrhundert, während die vergoldeten Möbel den Stilen Louis-quinze und Louis-seize zugehörig scheinen, die im Zweiten Kaiserreich in Mode waren; das Konsol-Tischchen zwischen Sekretär und Tisch könnte ein echtes Stück aus dem 18. Jahrhundert sein. Der Besitzer dieses Hauses scheint mit seinem Geschmack seiner Zeit voraus gewesen zu sein.

…er Lafaye (1806-1883), "Abend im Haus Irisson 1839" (Paris, Musée Carnavalet). Typischer …nraum einer reichen Bürgerwohnung unter Louis Philippe: wir befinden uns in der Rue d'Antin …r Pariser Börse im Haus eines Kunstliebhabers. …er Raum ist reich an Vorhängen, Vergoldungen …d Farben aus dem vorhergehenden Jahrhundert; der Fußboden ist mit Teppichen belegt; die …er sind in strenger Ordnung angebracht; große Petroliumlampen, die bald von Gasleuchten …etzt werden sollten; viele Strohstühle oder auch solche, die mit Seide bezogen sind; Sessel "mit …besatz" um den Tisch herum; ein Diwan an der …nd; Sessel um den Kamin herum gruppiert. Der gondelförmige Sitz rechts kann aus dem Ersten …aiserreich sein, neben ihm steht ein anderer im Louis-seize-Stil; im Hintergrund steht sogar ein …s-quinze-Sessel. Darüber hinaus wissen wir, daß …ein mit Intarsien "à la Boulle" geschmücktes Klavier besaß (man errät es rechts außerhalb des Bildes).

John Drummond

VON DER ANMUT DES ROKOKO ZUM VIKTORIANISCHEN SCHEIN UND WEITER

Der Architekt J. L. Pearson (1817-1897 war einer der eifrigsten und bekanntesten "Gotizisten" zur Zeit, als sich die Gotik mit dem englischen Nationalstil identifizierte. In diesem 185 von ihm erbauten Einfamilienhaus in Quar Wood (Gloucestershire) erschein die Wiederaufnahme mittelalterlicher Linien wenn nicht überzeugend, so doch zumindest korrekt – z. B. in der robusten Räumlichkeit der Dächer – un unter einer Reihe von Gesichtspunkten zierlich geistig wie in der ornamentalen Interpretation der Strebepfeiler.

Die zweite Auflage der "Lyrical Ballads" Wordsworths sollte offiziell die Romantik in der englischen Dichtung einleiten. Fast so, als sollte es der konventionellen Eingrenzung der großen Bewegungen durch den Kalender eine Patina von Glaubwürdigkeit geben, erscheint das berühmte Schriftstück genau im Jahr 1800. Abgesehen davon hat das Anfangsjahr des Jahrhunderts leider nur geringe Bedeutung für die andern Künste und die britische Geschichte im allgemeinen. Ja, es fiel sogar mitten in eine Periode des Übergangs. Das Land befand sich im Krieg mit Frankreich, der sich bis 1815 hinziehen sollte; Georg III. regierte seit vier Jahrzehnten und sollte noch weitere zwei leben; doch wurde wegen seines Wahnsinns sein Sohn, der Prinz von Wales, der spätere Georg IV., 1811 zum Regenten erwählt. In der Architektur lebten einige Tendenzen des 18. Jahrhunderts fort, während andere, die dann für das 19. Jahrhundert typisch werden sollten, schon seit einiger Zeit festzustellen waren. Ein Faktum, das mehr als die Kriege und die Vorliebe des Hofes zählte, war die radikale Veränderung, die im Gefolge der industriellen Revolution im enormen Wachstum der Stadtbevölkerung sichtbar wurde (zwischen 1760 und 1821 wachsen die Einwohner Englands von knapp sieben auf zwölf Millionen an), und die Entstehung eines neuen Bürgertums, das auf Verdienst ausging, in religiösen Fragen weitgehend nonkonformistisch war und für das die Ansammlung des Reichtums fast mit der Heiligkeit gleichbedeutend war.

Man sah die schädlichen Konsequenzen so vieler Veränderungen bis zur viktorianischen Zeit noch nicht, und in den ersten 30 Jahren des Jahrhunderts waren es eher die Anmut und Eleganz, die mit wenigen Abwandlungen noch aus dem vorigen Jahrhundert stammten, als die romantische Rückkehr zur Gotik, die diese Zeit der Regentschaft bestimmten.

Der vom Regenten favorisierte Architekt war John Nash (1752-1835). Seine Regent Street wurde 1927 umgebaut, aber die von ihm entworfenen Terraces um den Regent's Park sind geblieben. Doch die beste Architektur der Regentschaftszeit verwirklicht man in den zahlreichen mittleren Häusern verschiedener Städte, vor allem in den See- und Thermalbädern. Unter ihren noch an die klassische Tradition gebundenen Charakteristiken müssen die leicht geschwungenen Dächer, die kurvenlinigen Motive der Fassaden (bay-windows usw.), die oft bis zur Spitze verlängert werden, die hervorstehenden Dachtraufen, der Gebrauch von Gußeisen für die Gitter der köstlich bewegten und leichten Balkone und Galerien genannt werden. Daraus entsteht eine frohe und frische Atmosphäre fast ewiger Ferien, als ob es sich um Zelte für eine "fête-champêtre" handelte. Nashs Pavillon in Brighton ist das schönste Beispiel unter diesen Zelt-Häusern. Ein anderer Brauch der Zeit (der von den viktorianischen Moralisten fast als sündhaft betrachtet werden sollte) bestand in der Verwendung mehrfarbigen Putzes für die Außenflächen und einige andere architektonische Elemente bei den großen Londoner Terraces, den Wohnungen in den Badeorten und den kleinen Villen der Vororte. Die Heiterkeit dieser Fresko-Malerei kompensierte den relativen Mangel an Ornamenten

Die andere Seite der Medaille ist die Romantik, die jedoch eher vorviktorianisch als spätgeorgianisch ist. Die Wiederaufnahme der Gotik dieser Periode gesellt sich noch zu der Fremdartigkeit, in der sich Horace Walpole in Strawberry Hill gefiel und die sich in der Nachahmung chinesischer, indischer und ähnlicher Elemente ausdrückte, denen sich zuletzt noch kurzfristige Wiederbelebungen des pharaonischen Ägyptens hinzugesellten.

Vor dieser Zeit konnte ein Gebäude mehr oder weniger gut entworfen sein, aber im allgemeinen machte man sich keine Gedanken über den Geschmack. Für einen Architekten oder Bauleiter der georgianischen Epoche wäre "Geschmack" ein Wort ohne Sinn gewesen; man pflegte vielmehr in Ausdrücken wie "korrekt" oder "verkehrt" zu denken. Dagegen begannen die Baumeister in der Regentschaftszeit sich einigermaßen verwirrt von der Neuheit zu fühlen, die sich gerade Geschmack nannte, so als hätten sie schon Zweifel, ob er nicht im Begriff stand, ihren Händen zu entgleiten. Von daher erklären sich die endlosen Diskussionen über "das Sublime", "das Pittoreske", "das Schöne" und "den Kampf der Stile". Solange die Polemik auf ästhetischer Ebene blieb, wie es damals der Fall war, konnte sich der Komplex des Geschmacks noch halten; aber danach, in der viktorianischen Ära, als man dieses Problem von moralischen Grundsätzen anging, war der Zusammenbruch unaufhaltsam, ja katastrophal.

Die Periode, die ihren Namen von der langen Regierungszeit der Königin Viktoria (1837-1901) herleitet, war ein seltsames Gemisch von Phantasie und Gefühllosigkeit, von großen Dichtern, Denkern und Moralisten, die wir heute als engagiert bezeichnen könnten, und von Leuten, die in den schlimmsten Formen sozialer Ausbeutung und einer fast absoluten Blindheit für die Kunst verhärtet waren. Eine solche Begegnung zwischen Puritanismus und Habgier, Denkvermögen und Agnostizismus, Abstraktion und Industrialisierung zeigte sich auf ästhetischem Gebiet in der größten Anhäufung von Häßlichkeit, die je eine relativ kurze Zeit hervorgebracht hatte.

Als ob die Viktorianer sich ihres angeborenen Mangels an gutem Geschmack bewußt wären, suchten sie verzweifelt nach einer – religiösen, moralischen, wissenschaftlichen oder historischen – Formel, die ihn ausgleichen könnte. Die Religion und die Moral führten zum gotischen "revival": Das Klassische war betrügerisch, da es heidnisch war (dennoch für große öffentliche Bauwerke, wie Banken, Museen und Bahnhöfe zugelassen); mehr noch, da es nicht britischen Ursprungs war, war es antipatriotisch. Darüber hinaus glaubte man, daß die Gotik der ursprüngliche Stil des englischen Volkes sei, daher verlieh die Regierung dem Sitz des Parlaments ein gotisches Gewand; und der Neureiche suchte, mit seiner eigenen Villa das gleiche zu tun, im Glauben, sich so in die Reihen der alten Aristokratie einreihen zu können. Ziehen wir Bilanz: Man baute in einem bestimmten Stil, nicht weil er typisch für die Zeit wäre oder weil er gefiele, sondern weil er zum Nachdenken anregte.

Der Mann, der sich trotz seines großen Verstandes,

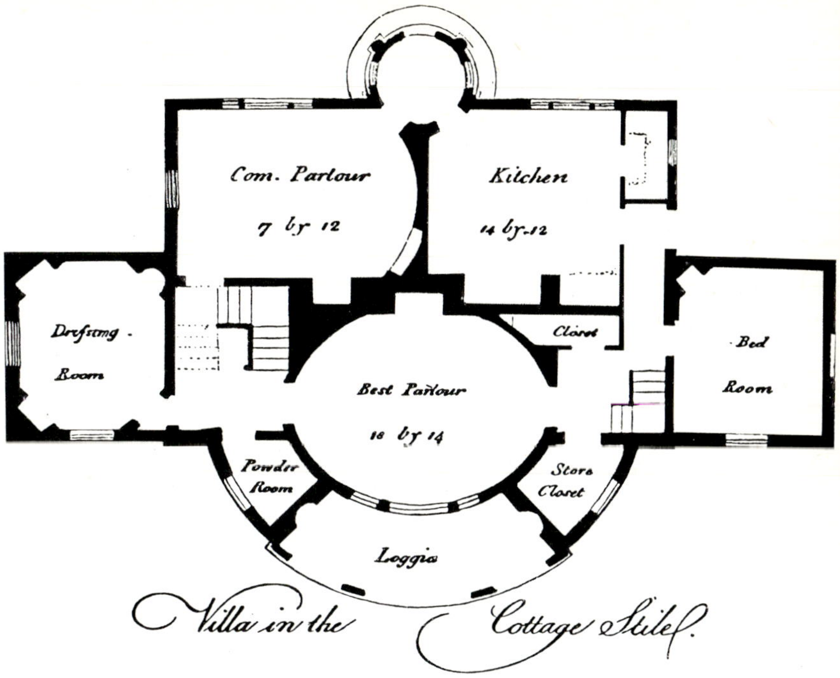

(Von oben) Grundriß und Fassade eines Cottage aus einer Sammlung von Baumodellen, 1795 von John Plaw veröffentlicht. Der Eklektizismus, an dem sich das 19. Jahrhundert ausrichten sollte, ist schon sichtbar: neoklassizistische Anlage und gotische Fenster; dagegen sind die Vorhalle, das Motiv der Schornsteine auf dem Dach und die ungezwungene Anbringung der Mansarden einigen Neuerungen der Franzosen Ledoux und Boullée ähnlich. (Unten) Innenraum-Vorschlag von R. W. Edis ("Furniture and Decoration of Town Houses", 1881): neoklassizistischer Fries unter der Decke, gotisierend Kamin und Kredenz; einzige neue Note die Wandverkleidung im Stil William Morris'.

Die besondere Anhäufung ist in dieser Darstellung (unten und S. 265) eines viktorianischen Zimmers im Geffreye Museum zu London keineswegs übertrieben. Der Horror vacui des Ganzen erklärt sich aus der Unruhe der Mittelklasse dieser Zeit trotz des Wohlstands und der moralischen Anständigkeit: Ein leerer Raum könnte unangebrachten Phantasie-Vorstellungen freien Lauf lassen; von daher erklärt sich das Sich-Umgeben mit so vielen Gegenständen wie möglich, die in Vorhängen von roter Farbe und der mit Blumen überhäuften Tapete ertrinken, so daß auch hin und wieder vorhandene gute Stücke in dem allgemeinen Durcheinander verschwinden; das gilt besonders für die schönen Teller an den Wänden, deren ornamentale Motive von denen der Tapete verschluckt werden.

seiner moralischen Integrität und seiner angeborenen Eloquenz am stärksten in einer ähnlichen Konfusion verirrte, war John Ruskin (1819-1900). Dieser große Moralist ohne Urteilsfähigkeit und Geschmack ließ sich auch über Kunst und Architektur aus und klagt in leidenschaftlicher Prosa alle künstlerischen Erzeugnisse des Abendlandes seit der Renaissance als verdorben, pervertiert, blasphemisch, absurd, sinnlich, unehrenhaft usw. an. Er stimmte einigen Stilen in Bausch und Bogen zu und verabscheute ebenso drastisch andere, wobei er die bizarrsten Gründe anführt, um seine Auswahl zu stützen. So war die griechische Kunst monströs, da sie von Wismut-Kristallen abgeleitet war; dagegen konnte die lombardische Ornamentik des Doms von Pisa durchgehen, da sie aus Salzkristallen geboren wurde (man muß offensichtlich verstehen, daß das Salz eine biedere, ehrliche, häusliche Substanz ist, während der Wismut etwas Falsches und Tückisches aus der Höhle des Alchimisten ist). Kurz, er nahm in seinen eigenen Kanon die Romanik, vor allem die pisanische, die Frühgotik, besonders jene einiger italienischer Republiken unter Einschluß Venedigs, und den frühen englischen Decorated-Stil auf. Für den Rest gab es nur den Bann. Die Folge dieses Edikts waren blühende Albernheiten in den erlaubten Stilen unter Bevorzugung der venezianischen Gotik. Er, der es erlassen hatte, starb im Wahnsinn.

Wenn auch fest bestehen bleibt, daß der Charakter der Architektur und Ornamentik in der viktorianischen Ära übertrieben und in paradoxer Weise zugleich eklektizistisch und abscheulich war, so ist es doch schwer, Allgemeingültiges über ihn auszusagen. Man kann höchstens einige vorherrschende Merkmale aufweisen: steil abfallende Dächer mit ein oder zwei spitzen und profilierten Giebeln aus Holzbalken an der Fassade; Asym-

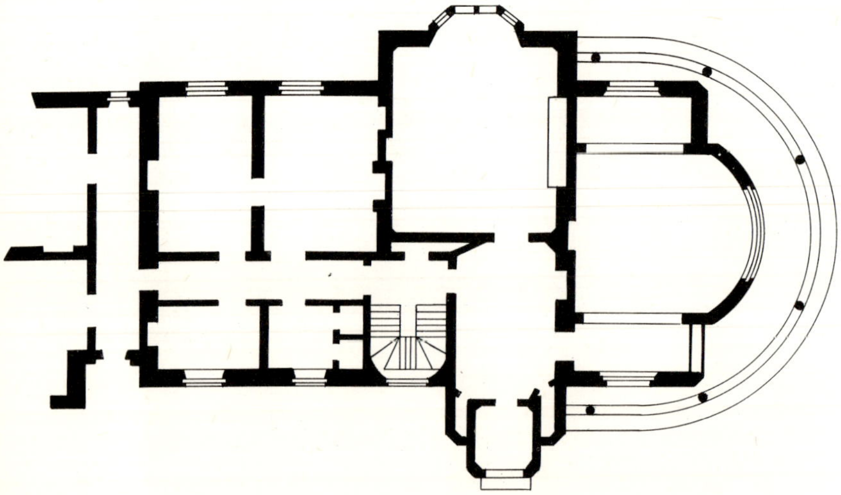

(Oben, von links) Grundriß des Erdgeschosses eines "ländlichen" Cottage auf der Insel Wight, von Robert Lugar entworfen (1828). Das am Meer liegende Gebäude mit dem obligatorischen Strohdach und den steineren Strebepfeilen umfaßt sechs Schlafzimmer und vier Wohnräume, die in freier Weise um die Zentralachse herum verteilt sind, mit Ausnahme des "drawing room", der zum Strand hin geht. Ein ziemlich angenehmes architektonisches Bild, das sich dank der intendierten Imitation der örtlichen Fischerhütten, gut in die Landschaft einfügt. - Aus einer entgegengesetzten Konzeption, in der die klassisch-palladianische Tradition weiten Raum einnimmt, entsteht dagegen fast gleichzeitig (ca. 1825) der "Pavillon" Arundel in Pittville (Cheltenham). - (Unten) Als significativ für die Überladung von verschiedenen Stil-Elementen erweist sich das Haus, das sich der Architekt A. W. N. Pugin (1812-1852), ein begeisterter Anhänger des mittelalterlichen Revivals mit moralistisch-religiösen Implikationen, 1841 in Ramsgate errichten ließ. Die typischen Merkmale der Burg, des Kanonikats und der Pfarrkirche finden sich hier entweder einfach nebeneinander gestellt oder unentwirrbar aufeinander getürmt.

metrie; facettenartige bay-windows; der Wunsch, jede: Material aufzunehmen, wenn es sich nur nicht um Mör tel und Ziegelsteine handelte. Das Haus, das sich de äußerst fromme Architekt A. W. Pugin 1841 im Rams gate errichtete, kann man als eine Anthologie diese Charakteristiken betrachten; im Innern fehlen nicht ein mal die Ornamente, die bis zum Unwahrscheinlicher überladen sind, was ebenfalls typisch ist.

Dennoch schließt das Jahrhundert nicht mit einen Totaldefizit. Gegen 1885 entstand die Bewegung "Art and Crafts", deren Anreger William Morris (1834-96 war. Wie Ruskin war Morris Moralist, jedoch psychisc gesund. Er war kein Gelehrter und verabscheute Natur wissenschaft und Maschinen; er erforschte das Mitte alter und trachtete nach einem präzisen, praktische Ziel: eine wertvolle Kunst, die auf einem guten Pla basierte, für alle geeignet und nützlich für die Erforde nisse des Lebens war. Die Kunst durfte nicht das Vo recht einer Minderheit von Wohlhabenden sein, di mehr oder weniger gute Kenner waren; Morris glaubte sein Ziel zu erreichen, wenn er die Bräuche und di Mentalität der Künstler-Handwerker des Mittelalter zu neuem Leben erweckte. Praktisch führten seine Idee zur Gründung einer Werkstatt zur Herstellung von Mö beln, Tapeten und gedruckten Stoffen, die Morris selb: entwarf und die das renommierte Geschäft "Liberty zum Verkauf anbot. Der Name zeigt an, in welcher Land sich diese Kunstrichtung entwickelte, die ande norts als Modern Style, Art Nouveau, Floreale usw. b kannt ist. Morris übte die Architektur nicht selbst au sondern gab bei Philip Webb (1831-1915) ein Ha nach seinem eigenen Geschmack in Auftrag, das Re

(S. 267) Gegen Ende des 19. Jahrhunderts z englische Architektur Tendenzen, sich zu erneu bricht mit den Revivals. Schon in den Häusern der Bedford Park Gardner in Chiswick (1878) (li R.N. Shaw ein Konstruktionsschema für "Reihe vor, das schon ganz und gar modern anm C.F.A. Voysey kommt eine völlig neue Tendenz sie das von ihm erbaute Haus (1897) in Colwall bei zeigt (rechts), bei dem die von Schornsteinen behe großen Dächer mit Flächen kontrastieren, die von den langen durchgehenden Fenstern in einer aktuellen Konzeption aufgelockert

Das Red House in Bexley Heath, 1859 von Philip Webb für William Morris erbaut, nimmt die entscheidenden Beiträge von Morris zum Wohnproblem auf. Wenn auch die Spitzbögen gotischer Herkunft und die "Queen Anne-Fenster" späte Zugeständnisse an die herrschenden Tendenzen sind, so sprechen die bewußte Neigung zu klaren Backsteinflächen, die neue Form der Räume, die sich in einem vom hohen Spitztürmchen beherrschten plastischen Spiel durchdringen, und vor allem die in die Architektur eintretende Natur eine neue Sprache.

Loggia mit Balkon am Pittville Circus von Cheltenham, gegen 1825 ausgeführt. Der Halbzylinder neoklassizistischer Herkunft präsentiert mit den leichten Metallgittern (Gußeisen) an den Stützen und dem im weiten Sinne orientalischen Dach eine einfache und brillante Möglichkeit, dem Wunsch nach vorspringenden Loggien nachzukommen, ohne auf massive Strukturen zurückgreifen zu müssen, die das Erscheinungsbild des Gebäudes entstellen müßten. Ähnliche Lösungen trugen dazu bei, die Voraussetzungen für die glückliche "Krümmung" der britischen Architektur zu schaffen.

House in Bexley Heath in der Grafschaft Kent (1859), das als Ausgangspunkt für ein neues Wohngebäude betrachtet werden kann. Was sein Schema angeht, wurde das Haus nach der alten Tradition des ländlichen England erbaut; aber wegen seiner selten gelungenen Harmonie und der außerordentlichen Glücklichkeit seines Ausdrucks ist es in allem des großen Platzes würdig, den es, einzigartig in der Geschichte der britischen Architektur, einnimmt, ein wahrer Meilenstein, der wegen seiner Bedeutung nur mit dem Queen's House Inigo Jones' verglichen werden kann.

Ein anderer Architekt im Kreis der "Arts and Crafts" ist R. Norman Shaw (1831-1912), nicht weniger verdienstvoll als Webb. Auch er war ein Liebhaber der alten Tempel und begründete wie der Kollege die Rückkehr zu den Ursprüngen – zum Tudor-Stil, der holländischen Renaissance usw. –; aber nicht sklavisch wie die Viktorianer, die die gotischen Details bis auf den Millimeter genau kopierten, sondern mit persönlichem Schwung. Unter anderm war Shaw der Planer des "Vorstadt-Gartens" des Bedford Park in London (1876) und nahm damit die "grüne" Stadt vorweg, die sich selbst unsere Zeit noch nicht zu erlauben im Stande ist.

Als noch origineller erweist sich C.F.A. Voysey (1857-1941), der nicht zur Morrisschen Bewegung gehört. Er interpretiert die alten Stile mit absoluter Ungezwungenheit und entwickelt so einen soliden und sicheren Geschmack, der durch seine kühne Behandlung der Linien und der sich horizontal erstreckenden Oberflächen besser als jeder andere die Voraussetzungen für die heutigen Bewegungen schafft.

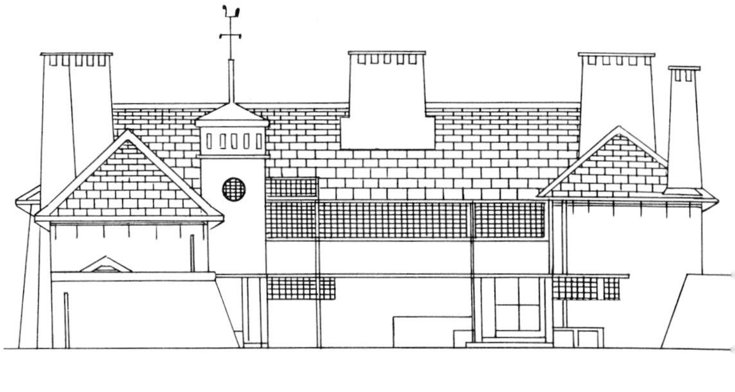

(S. 269, von oben) Innenraum, Aquarell von A. J. New York, 1845 (New York, Historical Societ gelungenes Revival der griechischen Antike – mit jon Säulen, gepaarten Pfeilern und akkurat klassizis Rahmen und Gesimsen – weniger eine Wirklichkeit, den nordamerikanischen Häusern nur selten ausg Dennoch bleibt der Kontrast zwischen strengen Mauern und der Lebendigkeit der in leuchtenden Farben bewunderungswürdig. - D 1703 in Charleston (South Carolina) entstandene Na Rubbel House faßt die Prinzipien des Adamesque-Feder zusammen. Die Bogen mit dem sich Schlußstein über den eingezogenen Fenstern des ersten und die wunderbaren Eisenbalkons gebe Äußeren die für diesen Stil charakteristische Grazi Innere enthält ein Studierzimmer auf ovalem Gr

Wilcox-Cutts House in Orwell (Vermont), 1843 erbaut: Beispiel für den integralen "griechischen Stil" auch in einem peripherischen Gebiet, der sich zu Beginn des Jahrhunderts in Virginia durchgesetzt hatte.

Charles F. Montgomery Jr.

EKLEKTIZISMUS IN NORDAMERIKA

Die Bauten Charles Bulfinchs in Boston sind typisch für den Ausgang des 18. Jahrhunderts und verbreiten sich in den ersten Jahrzehnten des 19. Jahrhundrts über alle Teile der Ostküste. Obwohl dieser Stil eng von der englischen Architektur abhängt, schien er in allem für die neugeborenen Vereinigten Staaten geeignet zu sein, von dem Augenblick an, als sich die republikanischen Tugenden und das politische System der alten Römer dort irgendwie materialisiert zu haben schienen.

Ein anderer Stil, das griechische "revival", der in den Zentralstaaten der atlantischen Küste um das Jahr 1800 aus der Taufe gehoben wurde, fand bis zum Jahr 1850 im "tiefen Süden" und dem östlichen Mittelwesten große Verbreitung. Man glaubte, er spiegele die Substanz der alten griechischen Demokratien wider und verleihe so der neuen Republik die großartige Vergangenheit und zugleich die Aureole der Lebensideale der Hellenen.

Erst nach 1850, als Folge der Schriften A. J. Downings, der "Pattern Books", erschienen die großen mit dorischen und jonischen Kapitellen versehenen Säulen um die Häuser herum und die hinter Gesimsen verborgenen Dächer, so daß wohlhabende Familien gezwungen waren, in griechischen Tempeln in verkleinertem Format zu leben, zumindest als ein seltsames Faktum.

Weiter waren der Adamesque Federal-Stil und das gotische "revival" (ebenfalls englischer Herkunft) nicht mehr die einzigen herrschenden Stile in der ersten Hälfte des Jahrhunderts. Schon 1813 registriert der Geistlich William Bentley die Konstruktion eines Hauses "in ita lienischer Manier" in der Stadt Salem und schreibt, da er in Cambridge, Massachusetts, "den neuen Sessel Mrs Swans gesehen habe, von dem man sagt, er sei nac einem von ihr in Paris bewunderten Modell hergestell worden". In einem Brief aus dem Jahr 1828 bezieh sich Mrs. Basil Hall auf "ein Haus in chinesischem Stil an der Peripherie von New Orleans. Henry Tudor, de diese Stadt 1832 besuchte, bemerkt: "Entlang dem Flu haben wir einige kleine – sehr saubere und anmutige – Villen passiert, die direkt unter dem Damm lagen, in orientalischen Stil errichtet und ganz von Veranden um geben."

Doch ist ein ähnliches Nebeneinander schon zu Be ginn des Jahrhunderts festzustellen. Der Eklektizismu macht nach den vierziger Jahren mit den von Downin aufgenommenen Elementen des "pittoresken" Stils ra sche Fortschritte. Downing besteht darauf, daß das Ho als solches und nicht als Stein erscheinen müsse, da der Stein sich so darstelle, wie er sei und als nichts a deres usw. Die Pläne Downings sind im wesentlichen fü ländliche oder vorstädtische Gebäude entworfen, abe rasch nehmen die Reihenhäuser der großen Städte d Form der italienischen Renaissance-Palazzi an mit feie lichen Freitreppen vor dem Eingang und nicht wenig imposanten Fensterrahmen.

Der italienische oder toskanische Stil kann sich noc

1857 von James H. Calrow erbautes Haus, aber mit schon seit 1828 durch die englische Reisende Basil Hall notierten Merkmalen: "Gebäude mit hohen bizarren Dächern und Eisenbalkons an Stelle jener ärmlichen hölzernen Vorsprünge... Die wunderbaren dunklen Portes cochères und die Patios in spanischer Art, die Zimmer, die von den Galerien ihr Licht erhalten, erweisen sich schließlich im Sommer als angenehm kühl...". (Unten) Photo des Broadway in New York um 1860. Das niedrige Gebäude rechts mit den bis zum Dach reichenden Pilastern geht bis ins 18. Jahrhundert zurück; die Häuser daneben sind im damals schon seit etwa einem Jahrzehnt üblichen "italienischen Stil", was die Fensterformen beweisen.

mehrere Jahrzehnte hindurch behaupten; doch setzt sich zwischen 1870 und 80 vor allem in den Vorstadthäusern der "shingle style" (Schindeldachstil) H. H. Richardsons (1838-1886) durch, der durch niedrige horizontale Linien und von Holztafeln bedeckte Oberflächen gekennzeichnet ist. Wir befinden uns in einer Zeit, in der die Vorstädte enorm anwachsen. Das Holzhaus erlebt eine deutliche Wiedergeburt, da die Eisenbahnen, die nun bis in die ausgedehnten Waldgebiete des Westens und Nordens führen, das Material herbeibringen können.

Die Tendenzen in der Möbelherstellung entsprechen denen der Architektur. Die großen Fabriken mit ihren industrialisierten Produktionstechniken überfluten das Land mit weniger teuren Möbeln, die häufig schlechter ausgeführt sind als die früher aus den kleinen Werkstätten hervorgegangenen, als man noch hoch qualifizierte Arbeitskräfte hatte.

Der häusliche Komfort wird zu einem allgemeinen Wunsch. Seit Beginn des Jahrhunderts erscheinen sehr vervollkommnete Modelle für die Holz- und Kohlenherde, die gegen Ende des Jahrhunderts durch solche für Gas oder Strom ersetzt werden. Auch die Leucht- und Heizkörper machen eine ähnliche Verwandlung durch, und die hygienischen Einrichtungen der Innenräume wachsen ebenfalls zahlenmäßig an. Durch diese Veränderungen nimmt das Amerika des 19. Jahrhunderts schon die heutige Mentalität des beständigen Wechsels vorweg.

Es ist recht interessant festzustellen, daß um 1840 herum die reicheren Einrichtungen noch aus Europa kamen. Sidney George Fisher, ein Bewohner Philadelphias, gibt in seinem Tagebuch Notizen wie die folgende: "Edward Biddle ließ sich eine Neuheit auf dem Gebiet des Mobiliars aus Paris kommen: Es ist der S-förmige Sessel, auf dem zwei Personen nebeinander sitzen und sich zu gleicher Zeit anschauen können." Wir haben eine detaillierte Beschreibung eines neuen Hauses: "Die Einrichtung kam vollständig aus Paris und war äußerst teuer, von hervorragendem Geschmack und paßte gut zusammen. Der vordere Saal ist in Rosenholz mit Tapeten und kostbaren Stoffbezügen in lebhaften Farben, immensen Spiegeln und teuren Kerzenleuchtern, Lämpchen, Lampen, Bronze-Ornamenten usw. gehalten. Das hintere Zimmer... ist ganz mit blau-weißem Damast mit Goldmotiven ausgeschlagen; mit massivem Gold ist auch das Holz der Stühle und das übrige belegt; Kerzenleuchter, Lampen usw. sind in Liniengebung und Ausführung exquisit... Ein Stück fiel mir wegen seiner Schönheit besonders auf: der Ofenschirm aus einer einzigen sehr dicken Glasplatte in einem reichen und massiv vergoldeten Rahmen, so daß man in die Flamme sehen kann und doch vor der Glut geschützt bleibt. Dieser Rahmen hat die gleiche Form wie der des Spiegels auf dem Kamin: so bringt alles zusammen – das Feuer, das durch den Ofenschirm schimmert, die Vergoldungen des Rahmens und des großen funkelnden Spiegels, die Kandelaber – einen wirklich anziehenden Effekt hervor."

(Rechts, von oben) Perspektivische Vedute einer Cottage im "bracketted style", 1842 von Andrew Jackson Downing entworfen, einer der Haupt-Exponenten der architektonischen "Ehrlichkeit", die sich gegen Vermummungen der Baumaterialien wandten.

(Unten) Die Verbreitung der Wassersäge und der Maschine zur Nägelherstellung im zweiten Viertel des 19. Jahrhunderts, die den Preis eines Erzeugnisses bis zu einem Fünftel verminderte, machte es einem einzigen gewöhnlichen Handwerker möglich, dasselbe Gebäude zu errichten, für das man zuvor eine Mannschaft von Spezialisten benötigte. Die neuen Häuser mit dem Stützgerüst ("balloon frame houses"), die zwischen 1830 und 1840 in Chicago auftauchten, bestanden aus einem leichten Holzgerüst, das mit horizontal angebrachten Latten verkleidet wurde, und einem Dach aus kleinen Tafeln; sie wurden durch den Fußboden und die Trennwände vervollständigt. Dieser Typ, der sich zuerst in den Grenzorten entwickelte, fand dann überall eine weite Verwendung und wird heute noch in den Vereinigten Staaten viel benützt.

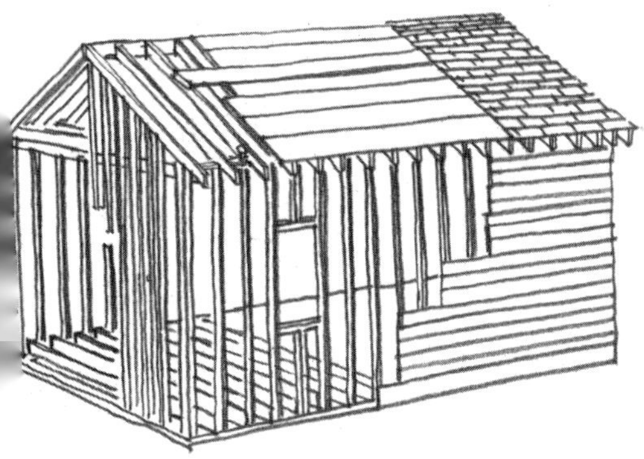

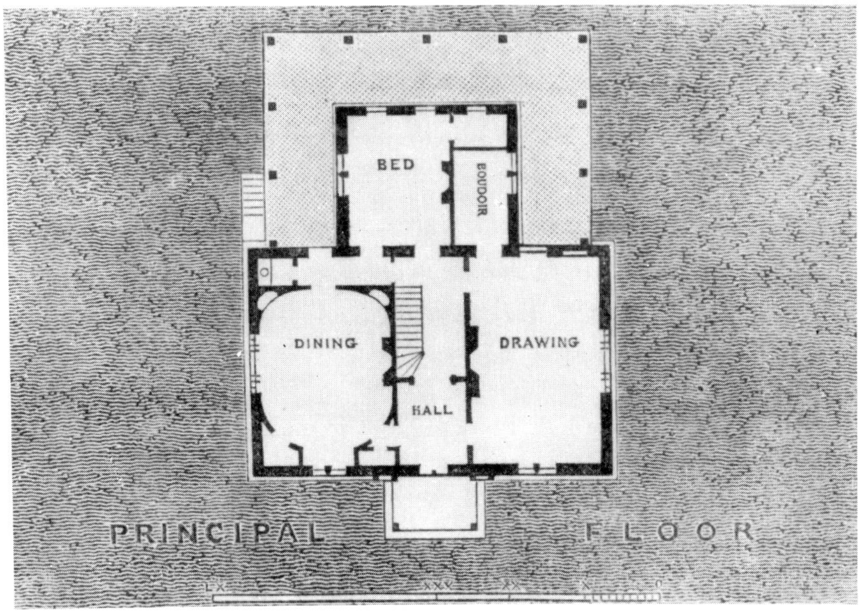

Das Isaac Bell House in Newport (Rhode Island), ca. 1882 von der Gruppe Mackim-Mead-White entworfen, ist – in seinen vereinheitlichten durchgehenden, niedrigen Linien, den großen Flächen aus unbearbeitetem Holz (dem die Zeit eine warme braune Farbe gab) auf denen sich klar unterteilte große Abschnitte abzeichnen – ein Beispiel für den "Shingle style". Die ersten Werke Frank Lloyd Wrights sollten auf diesem Stil aufbauen, der von Henry Hobson Richardson als Weiterentwicklung und gleichzeitig Reaktion auf den zwischen 1840 und 1860 von A. J. Downing begründeten "Stick style" ins Leben gerufen wurde.

Weniger als 40 Jahre später konnte sich die 1877 in New York erschienene "Domestic Cyclopedia" bei der Aufzählung der unumgänglichen Möbelstücke einer "bescheidenen" Einrichtung über nicht weniger als 200 Stücke auslassen, ohne das "Gerät zum Herausschälen des Kerngehäuses der Äpfel" oder das "Gefäß, um das Wasser kühl zu halten" zu übergehen, das nie in der Küche fehlen durfte. Im Wohnzimmer waren unter vielen andern Dingen mindestens ein Schaukelstuhl, zwei andere (faltbare) Sessel, eine große Anzahl von "Brüsseler Gobelins des American Body-Typs" notwendig, während der Tisch im Eßzimmer "für 12 Personen ausziehbar", die Kaffeekanne im Modell "Britania", das

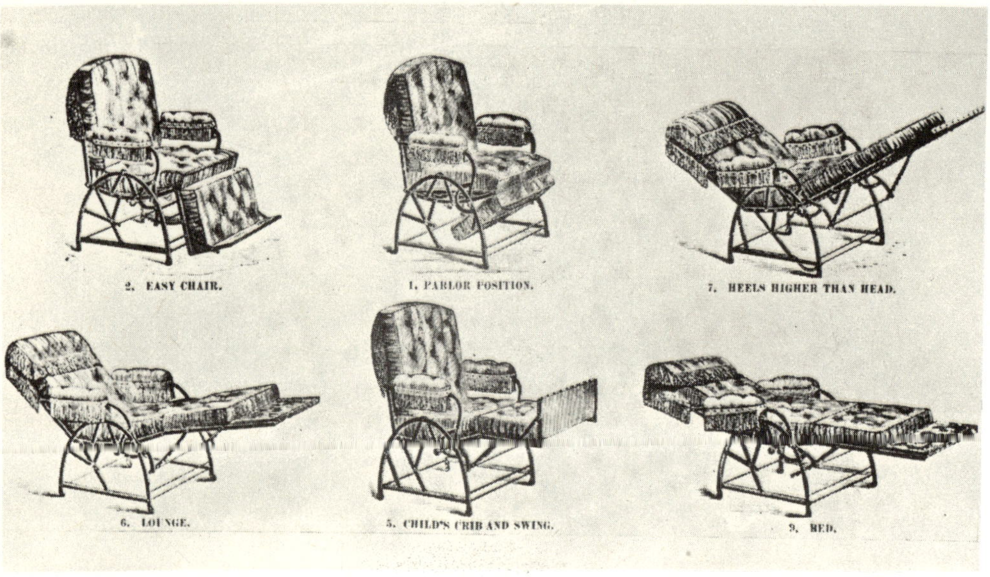

Verschiedene Stellungen eines verstellbaren S aus einem Katalog der Wilson Adjustable (New York, ca. 1870). Obwohl es schon dem 17. Jahrhundert verstellbare Möbel in England gab, breitet sich diese Tendenz – mehr aus Gründen der Raumersparnis als de Bequemlichkeit – seit dem 19. Jahrhundert Städten immer weiter aus.

(S. 273) Pseudo-Rokoko-Zimmer (c im Museum of the City of Ne Die Möbel stammen Werkstatt des eingew Deutschen John Henry Belter, d die Verwendung von sechs bis acht Holzl die intarsierten Teile, die durch D Kurvenform gebracht werden, des 18. Jahrhunderts von größter Lei hervorbrachte, die dennoch solide

Tranchiermesser aus Stahl, die Glocke aus Bronze usw. sein mußten. Es ist klar, daß sich der amerikanische Produktionsapparat schon in Bewegung gesetzt hatte, da eine solche Vielzahl auf "bescheidener" Ebene unvorstellbar wäre, wenn man auf den Import angewiesen wäre.

Andere kleine Fakten offenbaren den neuen Kurs. Schon 1827 empfing die englische Reisende Mrs. Hall beim Eintritt in das Haus des Postdirektors einer Provinzstadt symptomatische Eindrücke: "Der erste in der Reihe war ein Neger in weißen Hosen; es folgte ein schwarz gekleidetes Mädchen mit einem weißen Schürzchen, das nicht wenige Löcher aufwies; schließlich ein Mädchen von nicht mehr als zehn bis zwölf Jahren. Eine meiner Briefpartnerinnen beobachtete, daß die amerikanischen Hausfrauen schon sehr ungeschickt sein müßten, daß es ihnen nicht gelingt, mit der häuslichen Organisation und den Gästen fertig zu werden; aber man muß sich vor Augen halten, daß es unmöglich ist, sich den Luxus eines guten Dienstboten zu leisten, und daß man kaum die zurechtgeflicktesten findet. Es ist so leicht, eine gute Arbeit zu finden oder sich im Fall der Entlassung selbst zu arrangieren, daß man, falls man ein Stubenmädchen oder einen Butler ausschilt, hören kann, man könne sich einen andern suchen." Genau ein halbes Jahrhundert später begegnete die "Domestic Cyclopedia" einer verheerenden Situation: "Die Damen fühlen sich in wenige Dinge mit solcher Leidenschaft und so häufig verwickelt wie in das Problem der Dienstboten; und vielleicht gibt es kein Thema, zu dem man mehr sagen oder schreiben könnte. Wenn man irgendein häusliches Lehrbuch zur Hand nimmt und feststellt, wie viele Seiten diesem Problem gewidmet sind und wie viele gute Ratschläge darüber aufgetischt werden, scheint es schwer zu verstehen sein, wie sich – trotz allem – das Problem 'Dienstboten' immer mehr erschwert hat, bis es heute das unüberwundene (und scheinbar unüberwindliche) Hindernis im Leben einer Hausfrau darstellt."

Eine so realistisch- moderne Ansicht (und für uns so bezeichnend für den Beginn des "Do it yourself") erscheint noch erstaunlicher, als sich die Autoren der "Cyclopedia" auf andern Gebieten als recht rückschrittlich erweisen, wie z.B. hier: "Obwohl ihre große Nützlichkeit außer Diskussion steht, sind die Toiletten, wie man sie jetzt in den Häusern errichtet, eine Erfindung, deren sich niemand rühmen kann. Mit dem Schein der Hygiene verbinden sich eine tiefe Unanständigkeit und ein Berg von wirklichen Gefahren. Dann die Waschbecken in den Schlafzimmern! Sie sind noch zehnmal schlimmer. Der Hahn setzt den Gasen der Kloaken keinen ernsten Widerstand entgegen, und der Abfluß ist der bestdenkbare Herd für Infektionen jeder Art, vor allem in den Zimmern ohne Schornstein und bei geschlossenen Fenstern."

So hätte schließlich, wenn man sie so hört, Henry David Thoreau völlig recht, wenn er predigte: "Wenn ich mir ansehe, wie man unsere Häuser baut und bezahlt, oder auch nicht bezahlt, ... wundert es mich, daß der Boden nicht unter den Füßen des Besuchers versinkt, der gekommen ist, die Nippsachen auf dem Kamin zu bewundern, und ihn in den Keller auf einen wenigstens soliden und wirklichen Boden fallen läßt." Diese eigenwillige Kritik war nur eine Stimme im Chor der Gegner dieses Wirrwars eines eklektizistischen Sehnens.

Gianni K. Koenig

HERR WEILAND GOTTLIEB BIEDERMAIER

Der Klassizismus, der so großen Einfluß auf die Architektur öffentlicher Bauwerke ausübte, hatte nicht die gleiche Wirkung auf die Wohnhäuser. Das ganze 19. Jahrhundert wird in Deutschland von dem großen Aufstieg Karl Friedrich Schinkels (1781-1841) und seiner Schüler beherrscht. Aber wenn auch ihre Werke klassizistischen Geschmack aufwiesen, war die kalte Strenge der Außenformen keineswegs für Einrichtung und Möbel verbindlich. Die Möbel Schinkels sind unverkennbar antiheroisch, in Form und Geist durchaus bürgerlich. Die ursprüngliche höfische Kälte der französischen Stile löst sich in einen unzweideutigen Hauch von Tabak und Bier, einer guten, aber fetten Küche und warmer Gemütlichkeit auf. Das Hauptelement ist das monumentale Ecksofa, dessen Kurven den großen Regeln des Schönen zugunsten einer Bequemlichkeit widersagten, die unveräußerliche Rechte beansprucht. Kurz, es ist die ideale Welt des Herrn Biedermaier, des "mittleren" Deutschen nach dem Wiener Kongreß, der, im Glauben, von den großartigen Ideen der Revolution jenseits des Rheins großgezogen und von den romantischen Idealen erhöht zu sein, die gutmütige und ein wenig philisterhafte Respektabilität der deutschen Bourgeoisie aufnimmt. Er ist der unsterbliche Held der "Fliegenden Blätter", der der scharfen Satire des Dichters Ludwig Eichrodt und des Arztes Adolf Kußmaul entstammt. Aber er ist für uns nicht nur eine Persönlichkeit, sondern auch ein beschei denes, möbliertes Zimmer, ein bequemer, gemütliche Sessel, in Gedanken versunkene Sehnsucht nach der Na tur und zugleich das genüßliche Ziehen an der lange Porzellanpfeife und ein tiefer Zug aus dem große Bierkrug.

Manchmal erscheint Schinkel in seiner Nüchternhei als Rationalist und der von ihm entworfene geradlinig Diwan für den Neuen Pavillon des Charlottenburge Schlosses mit gut acht bequemen Sitzplätzen in eine Reihe scheint der Vorgänger der Bänke für die heutige Wartesäle erster Klasse zu sein. Auch der Gotik gegen über zeigt er ein äußerst behutsames Verhalten, ohn sich von den phantasievollen Interpretationen nach an gelsächsischem Muster anstecken zu lassen, wobei e dem fortschreitendem Komfort immer den Vorzug vo der Ehrfurcht vor dem Vorbild einräumt. Es bestehe noch eine ganze Reihe von mittleren Wohnungen de 19. Jahrhunderts, die wegen der Berühmtheit ihrer Be wohner wie Goethe, Schiller, Hegel und Beethoven e halten wurden. Und nie war das Bürgerhaus so bourgeo wie das so berühmter Persönlichkeiten: Offensichtlic ist die Vermengung des Künstlers mit seinen große Werken ebenfalls ein romantisches Produkt. Wir wi sen, daß Hegel, der große Philosoph des "Geistes", d Zeit fand, lange Briefe an seine Waschfrau zu schreibe

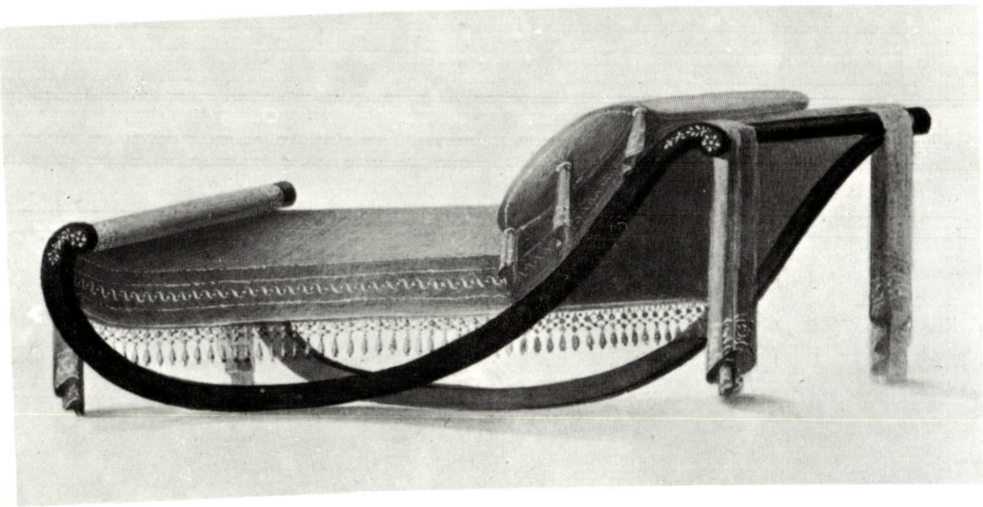

Joseph Dannhauser, der bekannteste Möbeltischler in Wien zu Beginn des 19. Jahrhunderts, hatte seine Karriere damit begonnen, daß er sich französischer Iandwerker bediente, die zu den napoleonischen Besatzungstruppen eingezogen waren. Zwischen 1815 und 1836 war er der fähigste und eleganteste Interpret des Biedermeier, wie das die hier abgebildeten Entwürfe aus seinem Atelier beweisen, die ur ein Teil weiterer 2000 im Wiener Museum der angewandten Künste aufbewahrter sind. Was das Biedermeier auszeichnet, sind die Vielfalt der Vorhänge, die Bedeutung des Diwans an der Wand, der für bedeutendere Gäste bestimmt war, die vielförmige Leichtigkeit der Stühle und Sessel und die Verschiedenheit der kleinen Möbel "für die Damen": alles Stücke, die Dannhauser mit einem Reichtum an Kurven und launenhafter Asymmetrie ausführte.

ım sich über das unordentliche Bügeln bestimmter ›tücke seiner Leibwäsche zu beklagen. Der Sturm und)rang war eine geistige Exaltiertheit, die jedoch am ›chreibtisch in warmen Pantoffeln und mit der imponie- enden oben erwähnten Pfeife entstand.

Das Biedermeier, das das ganze deutsche 19. Jahrhun- ert beherrschte, war so der bürgerliche Stil par excel- ence, wenn man ihn überhaupt noch Stil nennen kann. m Unterschied zu den verschiedenen zeitgenössischen nglischen und französischen Richtungen, die strenge, ntereinander stark differenzierte Regeln hatten, war das iedermeier eher eine Lebensart. Vom Klassizismus (vor llem in seiner Version des Empire), von den Volks- räuchen und vor allem vom Barock nahm es vielfäl- ge und sehr heterogene Ausdruckselemente auf, die on den gedrechselten Säulenfüßen der serienmäßig her- estellten Möbel über die Füße in umgekehrter Pyra- idenform bis zu jenem enormen, geblümten Polster- essel reichte, der stilistisch neutral, aber so bequem war, aß er nach wer weiß wie vielen Erneuerungen des Be- igs noch heute in Gebrauch ist.

Das Biedermeier hatte so – und hat noch heute – aus erschiedenen Gründen ein verlängertes Leben. Vor al- m die außerordentliche Solidität der Einrichtungsge- enstände, die praktisch unverwüstlich waren, trug dazu ei; man verzichtete auf jede Finesse der Form und auf den geringsten Wagemut, die Stärke zu verringern. Die Konstruktionstechnik konzentrierte sich auf die Suche nach Robustheit. Gerade weil das Biedermeier kein eigentlicher Stil war, der klar von den Beiträgen weniger Schöpfer determiniert war, sondern in sich die verschiedensten Anstöße vereinigte, konnte es sich ständig erneuern und alterte daher nicht allzu rasch. Auch die Tatsache, das Detail nur noch als Funktion einer allgemeinen Idee zu sehen, bedeutete, den Gebrauch des Hauses von einem übertriebenen ästhetischen Wertdenken (wie es z. B. im strengen Klassizismus geschah) auf etwas in gewisser Weise Funktionelles einzuengen, und sei es auch nur auf eine besondere Funktion, die als Gemütlichkeit verstanden wurde, auf ein Gefallen an einem ruhigen Wohlleben in den eigenen vier Wänden. Und natürlich war es nur logisch, daß bei einer so beschränkten Sorge um die Ästhetik des Mobiliars und der Einrichtung im allgemeinen der Verschleiß geringer als in andern Stilen war.

Diese Nachlässigkeit im Detail und den rein geschmacklichen Faktoren sollte in der Folgezeit fast zu einer Konstante eines großen Teils der künstlerischen Produktion Deutschlands werden. Auch ihre Offenbarung in der Malerei, die für unser Jahrhundert bedeutsam ist, der Expressionismus, erweist sich als eine Bewegung, in der ästhetische Überlegungen vollständig fehlen.

Anne Berendsen

DIE APOTHEOSE DES BIEDERMEIER EREIGNET SICH IN HOLLAND

In der Zeit der Französischen Revolution und der napoleonischen Herrschaft verarmten die Niederlande, und da die Bevölkerung der Städte eher ab- als zunahm, wurden nur wenige neue Häuser gebaut. Daher können die holländischen Städte nur wenige Beispiele von Empire-Wohnungen aufweisen.

Dennoch wußten einige Leute, wie sie sich selbst bereichern konnten, und vergaben architektonische Aufträge. Doch ist es bemerkenswert, daß die einfacheren Ausführungen, in denen die Traditionen des 17. und 18. Jahrhunderts fortlebten, hübscher und angenehmer waren als die Darstellung des Reichtums, der sich durch die Verwendung kostbaren Materials zur Schau stellte. Man folgte im wesentlichen dem französischen Geschmack, aber in den Innenräumen wurden oft englische Dekorationen nachgeahmt, da sie besser mit den holländischen Vorstellungen eines gemütlichen Familienlebens übereinstimmten, dem wohlbekannten Wunsch nach "gezelligheid", der warmen und glücklichen Sicherheit im Hause. Dieser Instinkt war so mächtig, daß in den späteren Jahrzehnten des Jahrhunderts, in der Biedermeier-Zeit, eine größere Menge von Stoffen in den Zimmern angebracht wurde als in Deutschland, dem eigentlichen Herkunftsland dieses Stils.

Infolge der allgemeinen schlechten Wirtschaftslage und in Übereinstimmung mit dem prunkhaften Geschmack des französischen Empire wurde billiges Material so verarbeitet, daß es teuer aussah. Der Stuck erhielt das Aussehen von Marmor, vergoldetes Holz ersetzte die Bronze; und die in Frankreich so hoch geschätzten Möbelstücke aus Bronze, die man vorzog, weil die Überreste des alten Roms meistens aus Bronze waren, bestanden in den Niederlanden tatsächlich aus Holz, das mit einem Schatten von Grün bemalt wurde.

Der Eingang des Hauses war nun ein Vestibül, das Fenster über der Tür war mit Ornamenten aus Holz oder Eisen geschmückt. Auf einer Seite des Korridors lagen wie bisher zwei Zimmer, ein kleiner Hof, eine Küche und manchmal ein Salon, der ein wenig höher als der Korridor lag, und das Treppenhaus. Der Korridor führte auf einen großen Raum, den Saal, der sich zum Garten hin öffnete und der das Lebenszentrum des ganzen Hauses darstellte. Im Korridor waren die Schwarz-weiß-Gemälde verschwunden. Man errichtete Doppelhäuser, in deren Mitte sich der Korridor befand. De[r] erste und zweite Stock sowie das Souterrain mit den Kinderzimmer und den Vorratsräumen und manchma[l] auch mit dem Büro des Hausbesitzers folgten der Disposition des Erdgeschosses.

In den Innenräumen war das Holz in einem graue[n] Ton gestrichen, in den Zimmern konnten Goldeinfassungen als Schmuck angebracht sein.

Aus Frankreich kamen zwei Neuheiten in die Niederlande: Es waren die "Porte brisée", wenn möglich m[it] Glasfüllungen, und die "Fenêtres à terre", die sich au[f] eine Terrasse oder einen Garten hin öffneten. Ein neue[r] Typ von Kamineinfassung wies eine Nische auf. Teppiche von Kuhhaaren bedeckten den Fußboden, die i[n] den reicheren Häusern den ganzen Raum von Wan[d] zu Wand einnahmen. Wollteppiche europäischen od[er] türkischen Ursprungs wurden ebenfalls allgemein b[e]nützt. Sie alle wurden aus wirtschaftlichen Gründen v[or] einem Teppichschoner geschützt, wenn eine starke Inanspruchnahme zu erwarten war.

Musselin-Vorhänge erlaubten eine weitgehende Au[s]nützung des Tageslichtes; seltsamerweise verringerte[n] einige Jahrzehnte später, in der Zeit der Romanti[k] schwerere Stoffe diese helle Klarheit. An den Wände[n] wurden die Massenprodukte aus Papier über der nied[ri]gen Täfelung in grauer Farbe oder später über einer ei[n]fachen Sockelleiste angebracht. Streifenmuster herrsc[h]ten vor. Die Ornamente dazwischen nahmen langsa[m]

Hausmusik" eines unbekannten Holländers um 1830 (Privatbesitz). Die Wände sind mit Papier dekoriert, das einen antiken toff nachahmt, der an Seidenbändern aufgehängt ist, die sich in einem fast ebenso komplexen Spiel wie dem der Fenstervorhänge erschlingen sollen; dennoch entsprechen die ihm aufgedruckten Blümchen dem intimen Stil der Zeit. Die Stühle ahmen in einer :hon völlig erschöpften Form die Vorlagen Sheratons nach; der Tisch ist noch Empire mit Überbleibseln klassizistischen Pomps m Fuß; das gleiche gilt vom Kamin. Auf ihm gleich drei Glasglocken: eine weitere "moderne" Note wie der als Urne verkleidete amowar und der Kaminschirm "à la Boucher". Das Ganze strahlt eine undefinierbare Traurigkeit aus.

ıarkantere Formen an. Daher wurden die Bilderrahmen, ie um 1840 herum nicht mehr von der Holztäfelung elbst gebildet wurden, zu eigenen Gebilden, die groß nd schwer waren. Sie wurden von Schnüren gehalten, ie eine Menge von charakteristischen Dreiecken auf en Wänden bildeten.

Wie in allen Ländern, in denen sich der Empire-Stil ırchsetzte, bestimmten auch in Holland die architekto- ischen Prinzipien das Hausinnere. Kleine und hand- he Taschenausgaben der Werke Vignolas gaben je- m Tischler die Möglichkeit, die Gesetze der Propor- onen zu kennen und anzuwenden.

In der frühen Periode des Jahrhunderts zielte die Vohnungseinrichtung auf Repräsentation ab. Die Mö- l wurden symmetrisch und den Hauptachsen des ıums entsprechend aufgestellt. Diese Räume behielten el freien Platz. Es muß erwähnt werden, daß der Tisch noch nicht die Mitte des Zimmers einnahm, sondern sich vor dem Kanapee, der Hauptsitzgelegenheit, befand.

Typisch holländisch ist der kleine Klapptisch, dem früheren Pembroke-Tisch ähnlich, der zum Servieren bei den Mahlzeiten benützt wurde und der auch in den einfacheren Einrichtungen bevorzugt wurde, da er selbst bei geringen Platzverhältnissen verwendet und leicht anderswohin gestellt werden konnte.

Als Material für das Mobiliar wurde Mahagoni bevorzugt, das schwer und solide war und durch seine dunkle Farbe gut der immer erwünschten "gezelligheid" entsprach.

In der zweiten Hälfte des Jahrhunderts gleichen sich die Formen holländischer Einrichtungen denen des deutschen Biedermeier an. Sie unterscheiden sich davon nur durch die eine oder andere Übertreibung, auf die oben schon eingegangen wurde.

José Gudiol Ricart - Santiago Alcolea

IBERISCHE ROMANTIK

Teil der Hauptfassade der Residenz der Markgrafen von Salamanca in Madrid. Ihr Architekt, Narciso Pascual Colomer (1801-1870) ist der beachtlichste Baumeister unter den unter Isabella II. in der spanischen Hauptstadt tätigen. Auch er bleibt den Prinzipien der Frührenaissance treu, aber manchmal gelingt es ihm, ihnen eine völlig persönliche Interpretation zu geben, die selbst im Überfluß der Ornamente einer eleganten und schönen Rhytmik nicht entbehrt.

Wir können ganz allgemein sagen, daß man in diesem Jahrhundert viel plant und wenig baut, da die spanische Wirtschaft ohne den Auftrieb des vom amerikanischen Kontinent hereingebrachten Reichtums verfällt und man infolgedessen durch die dauernden politischen Unruhen und Bürgerkriege beunruhigt ist. In der ersten Hälfte des Jahrhunderts folgen die Wohnungen des Bürgertums in Madrid dem von Juan de Villanueva bestimmten und von seinen Schülern fortgeführten Typ, sowohl im kombinierten Gebrauch von Stein und Ziegel, als auch in der Komposition mit horizontalen Linien und schließlich im dekorativen Detail, das den neugriechischen Geschmack widerspiegelt. Diese Eigentümlichkeit des romantischen Neuklassizismus offenbart sich auch in andern Städten; dafür sind die Häuser von Silvestre Pérez in Vitoria, die von Xifré in Barcelona, die Casa Vallier in Valencia und andere in Granada, Sevilla, Cádiz und andern Städten die besten Beispiele.

In der Regierungszeit Isabellas II. (1833-1868) werden die Ideale der bürgerlichen Architektur von den wunderbaren Konstruktionen der Renaissance des 15. Jahrhunderts beeinflußt, die man als "vorbramantisch" bezeichnen könnte. Unter diesen Wohnungen ragt die des Bankiers José de Salamanca hervor, die das repräsentativste Werk des Architekten Narciso Pascual Colomer darstellt. Ihre Dekoration erreicht eine hohe Vollkommenheit durch die gekonnte Verwendung des Stuck nach dem Vorbild der italienischen Renaissance. Im Innern machen sie das große Treppenhaus mit seinen Nischen und den wunderbaren Innenhof, der (wie die Fassaden) dorische und korinthische Stileinflüsse aufweis äußerst interessant. Später ist ein starker französische Einfluß festzustellen, man baut nun Häuser, die ein Musterkollektion von Stilen darstellen. Sie sind im al gemeinen mit gutem Geschmack, aber ohne jede Or ginalität ausgeführt.

In Portugal entwickelt sich im 19. Jahrhundert ein romantische Architektur, die sich an den extravagant sten Formen des Manuelino-Stils und an den verschi denartigsten orientalischen Stilen ausrichtet.

Schon zu Ende des Jahrhunderts beginnt Anton Gaudi seine Tätigkeit in Barcelona, der Stadt, die dama voll von Empfindsamkeit und Unruhen war. Seine wir lich neuen Tendenzen offenbaren sich schon in der Ca Güell, die man 1884 bei ihm in Auftrag gab. Die Tendenzen entwickelte er später in solcher Großarti keit und mit solchem Genie weiter, daß er der einzi große Architekt, und mehr noch, ein großer Wegber ter der gesamten heutigen Kunst genannt werden kar

Sergio Coradeschi

DAS ITALIEN D'ANNUNZIOS

(Oben) Haus in Rosà bei Treviso, entworfen von Giuseppe Iapelli. Ohne jegliches Dekorations-Element und vollkommen frei von vorgespielter Bequemlichkeit und mit dem einzigen Rekurs auf den Klassizismus, der sich auf vage Beziehung zu den palladianischen Strukturen beschränkt, bildet das Bauwerk wegen der Klarheit seiner Linien eins der ersten gültigen Beispiele für den architektonischen Rationalismus in Italien.

Bis zu einem gewissen Grad – im Vergleich zu England nicht einmal mit allzu großer Verspätung – greift die industrielle Revolution auch auf den Norden Italiens über und verwandelt die größeren Städte. Vor allem sind es Mailand und Turin, die sich verändern; dann unternimmt Florenz, von 1865-71 provisorische Hauptstadt, massive (und häufig unbesonnene) Abbrucharbeiten und begründet so nach zwei Jahrhunderten der Untätigkeit eine rege Bauaktivität; schließlich ist die Reihe an Rom, das nach Aufnahme der königlichen Regierung die neuen Viertel aus der Taufe hebt, die für das kleine und mittlere Bürgertum der staatlichen Beamten bestimmt sind. Zunächst handelt es sich vor allem um Norditaliener, ja, meistens Piemontesen, die die für Turin charakteristischen Portikus, die geradlinigen und mit Bäumen gesäumten Avenuen, die mehrstöckigen und uniformen Mietshäuser dorthin verpflanzen, wo sie eintönig und anmaßend wirken. Giovanni Faldella erwähnt, daß "sich die neuen Straßen" seines "Roma borghese" (1882) "mit Mailänder Jovialität, Genfer Frische, Turiner Geradlinigkeit und Pariser Pomp ausbreiten und verlängern", während die Mauern der im Bau befindlichen Häuser "enormen Türmen von tonhaltigen Felsblöcken gleichen, die den roten Putz herauspressen."

Die Innenräume zeigen den Eklektizismus, und die allgemeine Auflösung des Geschmacks führt dazu, unnütze und anmaßende Gegenstände zu lieben, die jedoch eine so entwaffnende Naivität offenbaren, daß sie uns mehr als einmal gerade in dem Augenblick verwirren, wenn wir im Begriff stehen, sie zu verurteilen. Es sind die üblichen Lampenschirme, die übertrieben geschmückten Vorhänge, die nicht enden wollenden Dekorationen, die Wachsnelken, die sich auf der Suche nach einer Rechtfertigung gerade vor dem dekadenten Kunstgeschmack zu erschöpfen scheinen. D'Annunzio ist das hervorragendste Beispiel dieser Selbstverstümmelung. Vielleicht in unbewußter Abwehr des aufkommenden technischen Zeitalters mühte man sich umsonst ab, sich in all seinen Konsequenzen selbst zu akzeptieren, und setzte der Technik eine Gemütlichkeit entgegen, die gerade wegen ihrer allzu offensichtlichen Gewolltheit wertlos war. Aber vielleicht war gerade sie es, die die Ankunft einer atembareren Luft beschleunigte.

Wenn der Römer Giuseppe Valadier (1762-1839) in andern von ihm entworfenen Wohnungen dem Klassizismus auch seine Reverenz erweist, so verzichtet er bei der Fassade der Casa Castellani an der Piazza San Lorenzo in Lucina (Rom) auf dekoratives Blendwerk.

Haus aus dem vorigen Jahrhundert in Menaggio am Comer See; es könnt sich aber in jeder andern kleinen oder großen Stadt Italiens finden, so groß ist die Verbreitung dieses Typs.

Die Bilanz ist kläglich. Die wenigen positiven Resultate der ersten Hälfte des Jahrhunderts lassen sich im Schaffen des Venezianers Giuseppe Iapelli (1783-1852) zusammenfassen. Er war der erste, der schon zur Zeit des vollen Triumphs des Neuklassizismus ein romantisches Gespür bewies und vor allem den Bewohnern seiner Gebäude ein wenig Aufmerksamkeit schenkte. Er hatte eingeführt, von der "modernen" Aufgabe des Architekten zu sprechen. Als neuklassizistisch erwies sich dagegen der Piemontese Alessandro Antonelli (1798-1888), der jedoch – in sich ein außerordentliche technisches Können (er war mehr Ingenieur als Architekt) mit einer etwas freizügigeren Ausrichtung vereinend – die alten klassizierenden Linien für Resultate von einer durchaus akrobatischen Kühnheit zu verwenden wußte: Die "Wurstscheibe", wie das Haus, das er sic in Turin errichtete, wegen seiner vollkommenen Au nützung des zur Verfügung stehenden Baugrundstück genannt wurde (der Grundriß war nicht größer als 4,3 mal 1,72 m), mag als Beispiel dafür dienen.

WOJCIECH KALINOWSKI

DIE POLEN IN MIETS- ODER STANDARDHÄUSERN

Das 19. Jahrhundert brachte eine weite Ausdehnung des Stadthaustyps für mehrere Familien mit sich, wie er sich zu Ausgang des vorhergehenden Jahrhunderts gebildet hatte. Es waren zwei- oder dreistöckige Gebäude mit Läden im Erdgeschoß und zwei, vier oder auch sechs Appartements in den oberen Stockwerken. Ihre Längsseiten lagen zur Straße hin; den Bauvorschriften gemäß bildeten sie kompakte Reihen in gleicher Höhe. Diese Form war die üblichste in den Groß- und Mittelstädten, während sie in den Kleinstädten nur im eigentlichen Zentrum auftrat.

Seit der ersten Hälfte des 19. Jahrhunderts empfiehlt die Regierung mit der unter staatlichem Schutz stattfindenden Bildung von Arbeiterkolonien den Gebrauch eines Standardtyps in allen neuen Industrieorten. Diese Art war den Vorlagen nachgebildet, die man zur Zeit Friedrichs des Großen während der preußischen Kolonisation Ostdeutschlands und Westpolens verwandte. Es handelte sich um einstöckige, zwei Räume tiefe Unterkünfte mit einem kapuzenförmigen Dach. Sie erhoben sich auf einem relativ großen Grundstück. Die Hauptfassade ging zur Straße. So errichtete Häuser fanden auch in den Vororten der Städte große Verbreitung.

Was die Ornamentik der reicheren Häuser angeht, so folgte die Form der Front der schon üblichen Tendenz: klassizierende Linien und ein Sammelsurium von verschiedensten stilistischen Einflüssen. In einigen Fällen suchte man nach neuen Formen, die dem Gebrauch neuer Materialien entsprachen. Die Mitte des Jahrhunderts erlebt die Entstehung der typisch großbürgerlichen Mietshäuser: mehrstöckige Gebäude mit einer großen Zahl von Appartements von verschiedener Größe und mit einer ganzen Reihe von Arbeits- und Nebenräumen. Gleichzeitig bildet sich das mehrstöckige Mietshaus für die Arbeiter heraus, gewöhnlich mit einer großen Zahl von kleinen Wohnungen, die um einen Korridor herum liegen.

(Oben und unten) Hauptfassade und Grundriß des Erdgeschosses des Wohnhauses in der Novy Swist Straße Nr. 3 in Warschau, gegen 1800 vom Architekten Bogumil Zug entworfen. Ein charakteristisches Beispiel für das Wohnhaus in den großen und mittleren Städten Polens in der ersten Hälfte des Jahrhunderts (übereinstimmend mit dem Zeitgeschmack, ist es stark von Klassizismus geprägt): Vorgänger der Eigentumswohnungen unserer Tage. - (Unten links) Mehrfamilienhaus in der Krakowskie Przedmiescie Straße Nr. 17, ebenfalls in Warschau, 1847 vom Architekten Francesco Maria Lanci entworfen. Die Verwendung neuer Materialien – vor allem des Gußeisens – bestimmt bisher ungekannte Lösungen in der Ausführung der Fassade.

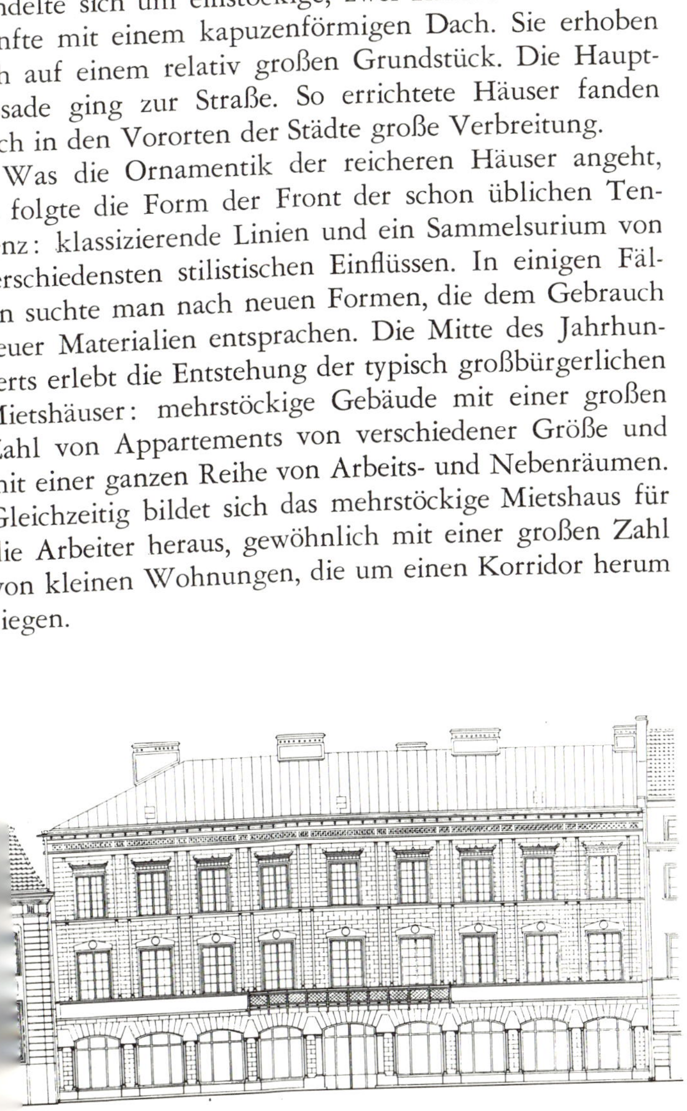

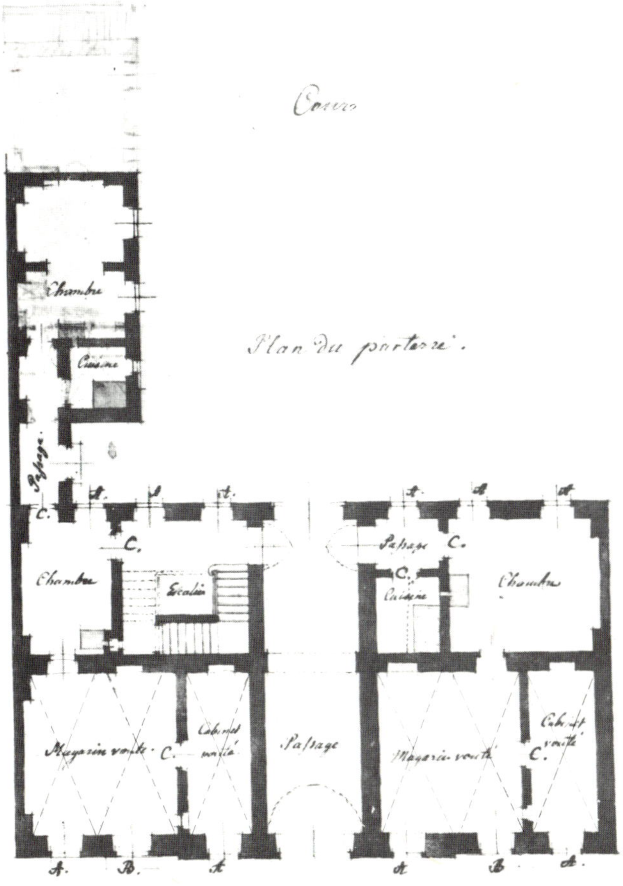

G. Opresco - P. Petresco

SPÄTBAROCK UND SELTSAMER EKLEKTIZISMUS ZWISCHEN DEM ADRIATISCHEN UND DEM SCHWARZEN MEER

Der Prozeß des wirtschaftlichen Austauschs, der von entscheidenden politischen und sozialen Vorgängen begleitet wurde, prägte dem Stadtleben Südosteuropas im Verlauf des 19. Jahrhunderts sehr verschiedene Charakterzüge auf. Die Reorganisation der Halbinsel nach dem Entstehen der autonomen Nationalstaaten und zur gleichen Zeit das schrittweise Aufgeben europäischen Gebiets durch das Ottomanische Reich, das Wachstum des Handels und die Entwicklung der Industrie tragen zum Verschwinden einiger architektonischer Formen und ältester Stadtstrukturen bei, die nach und nach von andern vollständig neuen ersetzt werden. Man steht vor einem allgemeinen Phänomen, das im Verfall der orientalischen Traditionen besteht, der sich besonders rasch in Rumänien und im Norden Jugoslawiens vollzieht.

Praktisch gesehen sind die fast unmittelbaren Opfer die Holzhäuser, die nun weitgehend durch solche aus Stein und Ziegel ersetzt werden. Die Pläne zur Regelung der Städteausdehnung werden häufiger, man beginnt Bauvorschriften zu erlassen, sanitäre Maßnahmen zu ergreifen und die Kanalisation des Trinkwassers und der Abwässer einzuführen.

Natürlich kann man nicht behaupten, daß die Ideen für die Wohnarchitektur immer vollständig neu sind. Die rumänischen und jugoslawischen Städte z. B. suchen sich durch die Hinwendung zu einem einigermaßen späten Barock, der durch mannigfache Elemente des Rokoko gemildert wird, zu erneuern. Die beste Aufnahme findet dieser Stil in Siebenbürgen, Kroatien, Slowenien, Bosnien und Dalmatien. Denoch fehlen auch klassizi-

(Unten, von links) Haus aus dem 19. Jahrhundert in Elena, im Zentrum Bulgariens, östlich von Trnovo. Zu Beginn des vorigen Jahrhunderts erlebte dieses Städtchen als Zentrum von Kirchenmalern und Wiege von Dichtern, Schriftstellern, Patrioten und Staatsbeamten eine außerordentliche Blüte. In diesem Haus drückt sich das orientalische Element ottomanischer Herkunft in einer Nüchternheit aus, die in gewisser Weise wegen der Reinheit der Linien die rationale Architektur vorwegnimmt. Die gleichen Merkmale, aber in einer rohen ländlicheren Form, die alles andere als kraftlos ist, finden sich im Haus der Bobevsckis in Teteven, einer andern Kleinstadt Mittelbulgariens, wieder.

Sozopol an der bulgarischen Küste des Schwarzen Meers war früher von Wäldern umgeben, die offensichtlich das Baumaterial für den alten Teil der Stadt geliefert hatten, wo sich an gewundenen und abschüssigen Sträßchen alte Holzhäuser (die neuesten sind aus dem vorigen Jahrhundert) auf einem Steinsockel erheben; ihre Anlage erinnert an die nahe Türkei.

stische Ansätze in den gleichen Gebieten keineswegs.

Bulgarien dagegen scheint diese, fast möchte man sagen obligatorischen Phasen des europäischen Bauwerks des 19. Jahrhunderts nicht zu kennen und geht fast ohne Zögern zur "Kirmes der Revivals" mit einem "Renaissance" genannten Stil über, der tatsächlich toskanische Charakteristiken aus der goldenen Zeit aufnimmt. All das geht jedoch im großen Kessel orientalischer, einheimischer und westlicher Elemente unter, von denen die letzten auf das 17. Jahrhundert zurückgehen. Es braucht nicht gesagt zu werden, daß der von einer solchen Ausbeute von Häusern belegte Weg so schrecklich wie nur möglich war. Wenn man ihn zurückgehen will, muß man die wirtschaftlichen Beziehungen Mitteleuropas zum Nahen Osten und den benachbarten Gebieten untersuchen. Nicht zufällig muß man unter den repräsentativsten Beispielen dieser Architektur die Wohnungen einiger wohlhabender Kaufleute der Levante in Plovdiv, Melnic und Banka nennen, während weitere charakteristische Bauwerke noch in verschiedenen kleineren, am Ufer des Schwarzen Meers verstreuten Städten bestehen.

Die charakteristische Bewegung der Bogen im ersten Stock bei diesem Wohnhaus (links) und beim Gasthaus Manuc (unten; nach einer 1840 vom Franzosen Michel Bouquet ausgeführten Zeichnung), beide in Bukarest, aus der ersten Hälfte des vorigen Jahrhunderts (das Gasthaus wurde mit Sicherheit im obengenannten Jahr erbaut), weisen sichtbar orientalische, natürlich türkische, Einflüsse auf, auch wenn die Kapitelle, den damals üblichen Tendenzen entsprechend, rigoros klassizistische Linien aufweisen.

(Links) Praktisch nur im August 1878 von den Österreichern besetzt, blieb Sarajevo, die Hauptstadt Bosniens, bis dahin unter türkischer Herrschaft; diese sich über Jahrhunderte hinziehende Situation spiegeln die auf diesem Druck aus dem vorigen Jahrhundert (von Guillaume Capus, "A travers la Bosnie et l'Herzegovine", Paris 1896) abgebildeten Wohnhäuser wider, bei denen das fast konstante Motiv des stark hervorstehenden ersten Stockwerks für die orientalische Architektur typisch ist.
(Unten) Perspektivische Vedute und Fassadenfront, sowie Grundriß eines Hauses aus dem 19. Jahrhundert in der rumänischen Stadt Babadag (Dobrogea): Dasselbe Motiv erscheint hier sehr anders gelöst, wahrscheinlich wegen eines starken byzantinischen Einflusses.

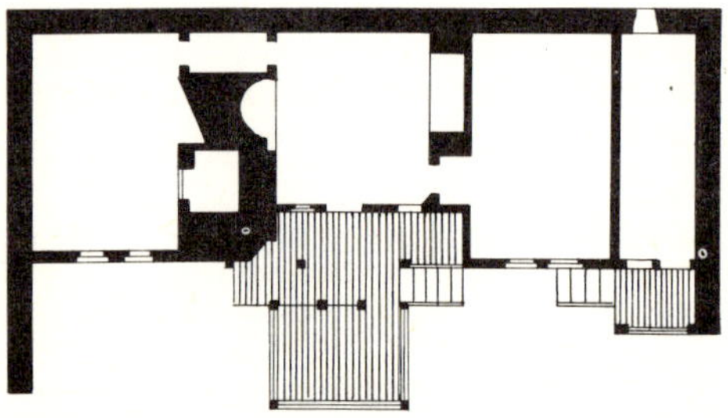

Vedute einer Straße in Belgrad (aus Spiridon Gopcevic, "Serbien und die Serben", Leipzig 1888). Die politischen Ereignisse in der Stadt zeigen sich in den hier abgebildeten Konstruktionen: vom Campanile, der mit byzantinischen Überbleibseln das österreichische Rokoko interpretiert, zu den nüchterneren Häusern in neoklassizistischer Strenge bis hin schließlich zu den beiden palastähnlichen Gebäuden (eins links im Vordergrund; das andere fast gegenüber) mit Karyatiden und "rustikalen" Pilastern augenscheinlich manieristischer Herkunft, die sich jedoch mit nordischen Motiven (besonders dem Mansardendach) und Elementen unbestimmbarer Natur verbinden, die der eklektizistische Eifer des späten 19. Jahrhunderts stark verändert hat.

Nach der türkischen Besatzung seit 1453 blieb die Profan- wie die Sakral-Architektur in Griechenland, in Albanien und in den Gebieten des heutigen Jugoslawien der byzantinischen Tradition verhaftet; doch neigte sie dazu, sowohl in den Außenstrukturen als auch in der Aufteilung der Innenräume, die Wohnungen der Eroberer schrittweise nachzuahmen. Diese Häuser in Ohrid, einer makedonischen Kleinstadt am gleichnamigen See an der Grenze zwischen Albanien, Jugoslawien und Griechenland liegen an serpentinenartigen kleinen Straßen am Fuße des Hügels, der von einer Festung aus dem 10. Jahrhundert beherrscht wird. Sie sind noch bis zu einem großen Teil des vorigen Jahrhunderts wegen des sichtbaren Holzgerüstes, der Vorsprünge orientalischer Herkunft, den wenigen Öffnungen im unteren Teil (der charakteristischen islamischen Vorsicht entsprungen), den wenigen dekorativen Elementen in Holz oder Stein, die noch an die klassische Welt erinnern, aber durch die Interpretation von Byzanz bekannt sind, die Eisengitter von anmutiger Eleganz, die sie dem mitteleuropäischen Rokoko ähnlich macht, für die balkanische Bauweise typisch. Daraus ergibt sich eine ein wenig provinzielle Faszination, der es aber gelang, die zahlreichen Veränderungen zu überstehen.

Michail Iljin

DER GENORMTE KLASSIZISMUS RUSSISCHER HÄUSER

Der Brand Moskaus von 1812 kann in gewisser Weise als Grenze zwischen zwei Architektur-Etappen des russischen Klassizismus betrachtet werden. Durch die Notwendigkeit gezwungen, die Stadt schnell wieder aufzubauen, erlaubte man die Errichtung von Holzhäusern. Da die künstlerischen und ästhetischen Anforderungen damals erheblich gewachsen waren, wurde der Architekt J. Beauvais zum Vorsitzenden einer besonderen Baukommission bestimmt. Viele großartige neue Standardpläne wurden unter seiner Leitung entworfen. Unter ihnen gab es Pläne für bescheidenere und ebenfalls solche für reichere Häuser. Eine ähnliche Arbeit leisteten auch andere hervorragende Architekten in Petersburg. All diese Projekte waren wie früher von klassischen Formen abgeleitet, die nun in den meisten Fällen nüchterner werden. Die Vorliebe für Säulenportikus zwang dazu, eine besondere Konstruktionstechnik vor allem für die Holzhäuser zu erarbeiten. Gleichzeitig begann

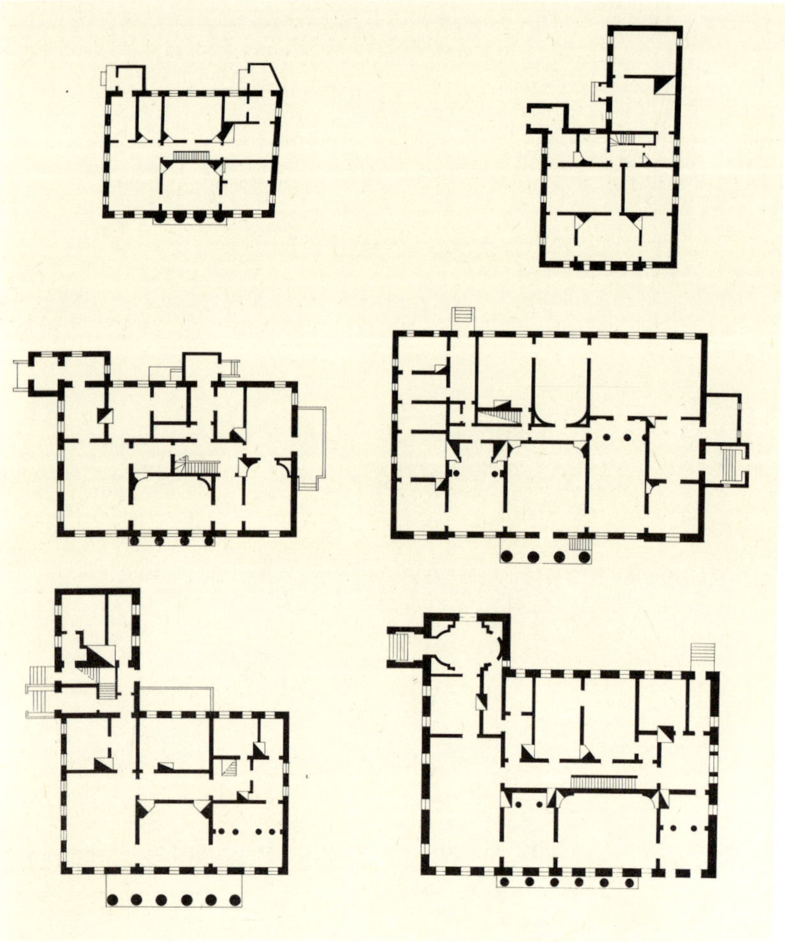

(Oben) Haus aus dem zweiten Jahrzehnt des 19. Jahrhunderts in der Taneew Straße in Moska Die Übersetzung in Holz von einer Vorlage klassizistischen Charakters, den neben dem Fries die leichte regelmäßige Rustika zeigt, ein Andenken an die italienische Renaissance, nimmt einen fast ironischen Zug an. Der Fries selbst – auf dem sich antikisierende, jedoch durch den Barockstil vermittelte Motive in unerwarteter Weise ausbreiten – scheint sogar Zusammenstellungen d heutigen Pop Art vorwegzunehmen.
(Links) Grundrisse von Häusern aus dem Anfang des 19. Jahrhunderts, ebenfalls in Moskau: der letzte unten ist der des oben beschriebenen Hauses in der Taneew Straße, dessen auf dem Foto abgebildete Seite auf dem Grundriß der rechten entspricht. Sie ist mehr als 20 m lang.

(S. 287, von oben) Elemente von Holzbauten ersten Hälfte des 19. Jahrhunderts. Konstrukti Portikus mit toskanischen Säulen (gezeichnet), die auf einem Steinsocke Verschiedene Herstellungsphasen von Säulen oben genannten: die inneren Halteringe, a die sichtbaren Bretter angebracht werden, die als Verbindung mit dem zentra auf quadratischer Fläche; wenn das Äu mit Brettern mit Gips-Stuck verkleidet wird, sc ein Gitterwerk, das ihn hält. Unten T Decken und Fußböden, die das D die Elemente der eigentlichen Dachdeck

eine große Produktion von verschiedensten Dekorationsdetails in Holz und Gips für den äußeren und inneren Schmuck der Gebäude. Bei den weniger begüterten Leuten verzichtete man auf den Portikus und wandte sich den ornamentalen gehauenen oder geschnitzten Flachreliefs und andern dekorativen Elementen zu. Das Haus in der Taneew-Straße in Moskau ist eins der deutlichsten Beispiele einer solchen Ausführung. Es ist nach einem Standardplan gebaut, aber sein Besitzer entschloß sich, die Fassade mit einem Fries zu versehen, der sich aus Palmetten und Löwenköpfen über den Fenstern zusammensetzt. Im Inneren waren die mit Gips bedeckten Wände in lebhaften Farben bemalt. In den Zimmern und Salons waren die Decken mit Arabesken und einfarbigen Bildern bedeckt. Das ein wenig geschraubte Mobiliar des 18. Jahrhunderts wird durch Mahagoni-Möbel mit Bronze-Ornamenten oder auch durch Möbel aus karelischem Birkenholz ersetzt, das mit geschnitzten Details geschmückt ist.

Gleichzeitig sieht man, wie sich eine gewisse Differenzierung in der Benützung der Räume abzeichnet, die die Änderung ihrer Anordnung beeinflußte. Aus dem "Kurzen Handbuch der Architektur", das 1839 in Petersburg erschien, entnehmen wir, daß "für die kleinen Familien von bescheidenen Verhältnissen ein Appartement oder ein ganzes Haus als komfortabel betrachtet werden kann, wenn es dort folgende Teile gibt und wenn man die Dimensionen einhält, die nicht verkleinert werden dürfen, es sei denn in einem extremen Ausnahmefall.

1) Das Entrée ist in unserem Klima unerläßlich, damit die Luft nicht direkt in das Vorzimmer eindringt und damit die Temperatur der Wohnung so wenig wie möglich sinkt. Die Fläche kann 8 bis 12 qm haben.

2) Das Vorzimmer hat mehr oder weniger 12 qm Fläche. Es trennt das Entrée vom Wohnzimmer und verhindert den kalten Luftzug in den Innenräumen. Es dient außerdem als Ort, wo man die Oberkleider ablegt.

3) Vom Vorzimmer führt eine Tür ins Wohnzimmer, manchmal führt eine andere Tür in die Küche, das Arbeitszimmer oder einen andern Raum des Hauses... Das Wohnzimmer dient weniger reichen Leuten als Empfangsraum, Eßzimmer und Ballsaal. Seine Fläche darf nicht weniger als 28 oder 32 qm betragen. Um das Wohnzimmer größer zu machen, muß man die Öfen, die auch das Wohnzimmer heizen, in den Nachbarzimmern unterbringen.

4) Der Salon liegt neben dem Wohnzimmer. Er weist kaum Schmuck auf. Er muß mindestens 20 qm Fläche haben.

5) Das Schlafzimmer muß mindestens 16 qm Fläche haben, es ist zugleich Ankleide- und Arbeitszimmer der Hausfrau.

6) Das Arbeitszimmer muß mindestens 14 qm Fläche haben und ist mit dem Wohnzimmer oder dem Vorzimmer verbunden und dient der Arbeit des Hausherrn und als Bibliothek und kann, falls nötig, als Kinderzimmer benützt werden.

7) Die Küche dient als, Ort, in dem sich der russische

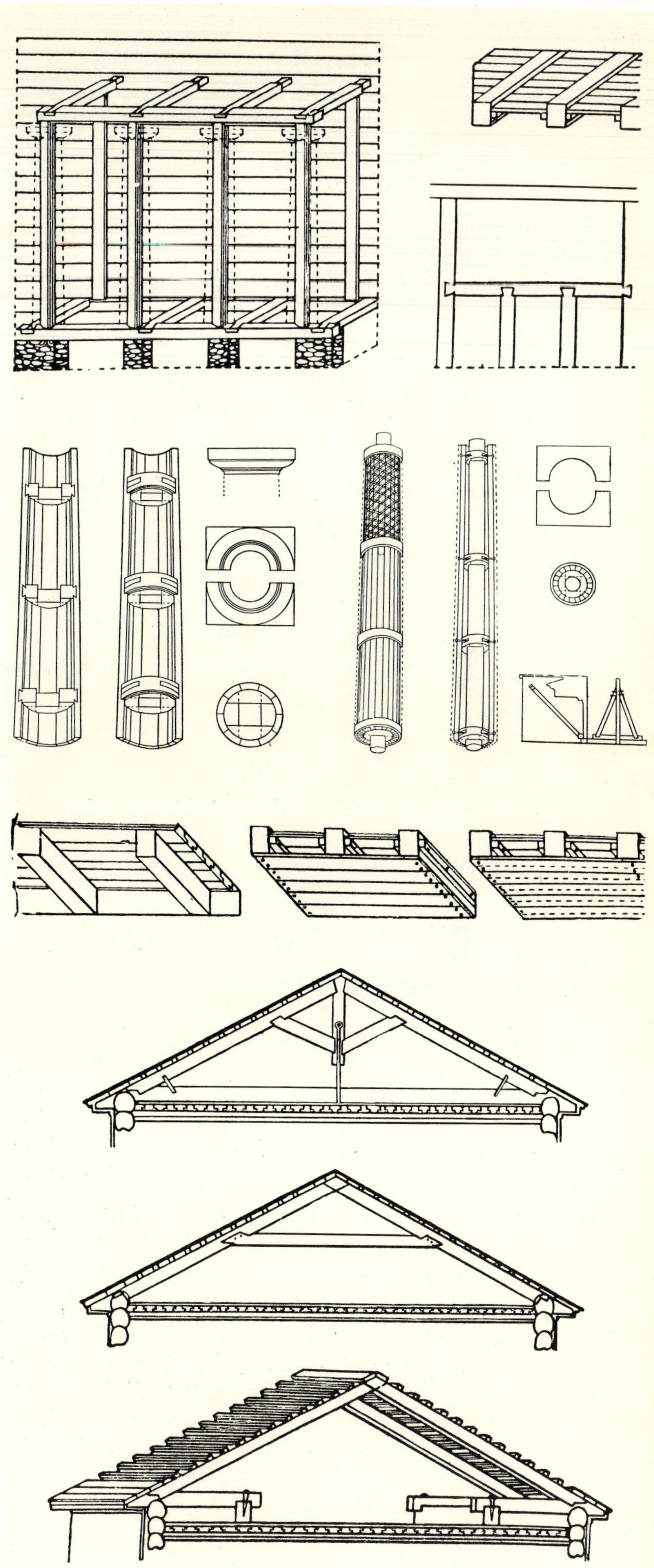

Stadtresidenz der Fürsten Wolkonski in Moskau. Das Gebäude wurde im dritten Jahrzehnt des 19. Jahrhunderts mit rigoros neoklassizistischen Merkmalen französisch-italienischer Herkunft erbaut.

Ofen und der Herd befinden und wo die Köchin u das Stubenmädchen wohnen. Sie darf nicht weniger a 20 qm Fläche haben. Wenn die Höhe der Zimmer, d Küche eingeschlossen, nicht weniger als 3,50 m beträg kann man über ihr ein Zwischenstockwerk einrichten

Die vorderen Zimmer, die an der Fassade lagen, gi gen auf die Straße und wurden nur für Festtage od Familienfeiern benützt. Das tägliche Leben spielte si in den hinteren Zimmern oder sogar in den Zwische stockwerken ab. Die hinteren Zimmer waren von d vorderen durch einen Korridor getrennt. Die in d zwanziger und dreißiger Jahren des 19. Jahrhunde entworfenen Standardpläne gehören in der Außen- u Innenausstattung wegen ihrer Anordnung und ihrer chitektonischen und künstlerischen Qualitäten zu d besten Ausführungen des 18. und 19. Jahrhunderts.

Um 1850 herum erschöpfen sich die klassischen F

nen der Architektur sozusagen von selbst und entwik-
:eln einen pedantischen und akademischen Charakter, ler von einer falschen Interpretation der Kunst der ;pätrenaissance inspiriert wird. Als sich Rußland auf den Veg der kapitalistischen Entwicklung begibt, errichtet nan noch einige Zeit Einzelhäuser nach den Standard- ·länen der vorhergehenden Epoche. Nichtsdestoweniger ·erden die alten dekorativen Elemente entweder von morphen Fassaden und wertlosen Gesimsen ersetzt oder ;e zeigen überladene Formen des neubarocken Stils in er Art der Großen Oper E. Garniers in Paris. Seit den :chziger Jahren des 19. Jahrhunderts beginnt man Iietshäuser mit mehreren Stockwerken zu bauen. Ihre .ufteilung, ihr äußerer Anblick und die Weise, wie ıre Appartements möbliert sind, unterscheiden sich fast nichts von der eklektizistischen Architektur, die zu ieser Zeit in Europa herrschte.

Kleiner Palast der Familie Stanitzki, ebenfalls in Moskau, errichtet 1817-19 nach den Plänen des Architekten A. Grigoriew: auch in diesem Fall bringt der neoklassizistische Geschmack eine vollständige Abhängigkeit vom westlichen Stil mit sich.

Gianni K. Koenig

DIE WOHNMASCHINE

Das 20. Jahrhundert

Die industrielle Revolution gestaltete die Lebensweise der zivilisierten Völker tiefgreifend um. Heute lebt die Mehrzahl der Europäer in der Stadt oder ihrem Einzugsgebiet. Um 1870 lebte nur ein Viertel der Bevölkerung der Vereinigten Staaten in Stadtsiedlungen; heute ist das Verhältnis umgekehrt, und kaum ein Viertel der Amerikaner hat seinen Wohnsitz auf dem Land.

Die Verlegung der Fabriken von den alten Orten der Energieversorgung (meistens an den Flüssen) in die Orte des Verbrauchs der Produkte selbst bestimmt die modernen Industrie-Agglomerate. Dieses Phänomen vollzog sich ziemlich rasch, während die Lebensbedingungen nicht mit gleicher Schnelligkeit Schritt halten konnten. So entstanden die gesundheitsschädlichen, überfüllten Viertel, von denen verschiedene Romane des 19. Jahrhunderts beeindruckende Zeugnisse geben. Der Bauer, der in die Stadt kam, um dort Arbeiter zu werden, verlor den Kontakt mit der ihm vertrauten Umgebung und fand keinerlei Annehmlichkeit vor (fließendes Wasser, Licht, Heizung), die das Leben in den Städten erträglich macht. Um 1850 kochte man wie Jahrhunderte zuvor auf der alten Feuerstelle für Holz oder Holzkohle; man trank und wusch sich mit Wasser aus Brunnen oder Quellen, die fast immer außerhalb des Hauses lagen; von den Bädern und Toiletten, wie wir sie kennen, wußte man nur, daß es sie in den Häusern der Reichen gab.

Der erste Fortschritt lag in der Müllabfuhr, die hygienisch von grundlegender Bedeutung ist. Die Kanalisation und die Zuführung des Trinkwassers bis in die Wohnung trugen unter dem Volk zur Verbreitung von hydraulischen Anlagen wie die unserer Küchen und Toiletten bei, wenn uns ihre Formen auch rudimentär erscheinen mögen. Das Gas veränderte die häuslichen Küchen und schaffte das feste Brennmaterial und die ärgerlichen und schmutzigen Arbeiten ab, die mit der herkömmlichen Heizung verbunden waren. Der Gebrauch des Gases als Licht und die parallele Verwendung des Petroleums erlaubte die Verlängerung des Tages, der nun nicht mehr mit der Arbeitszeit zusammenfiel. Während es beim Kerzenlicht sehr problematisch war, zu lesen oder im Hause zu arbeiten, war es mit dem Gas oder der Petroleumlampe möglich, auch an den langen Winterabenden etwas zu tun.

Nach dem Gas kam die Elektrizität und noch später die ganze weite Skala der elektrischen Haus- und Küchengeräte, wie Kühlschrank, Waschmaschine, Mixer usw., die unsere Küchen dem Kontrollpult eines Elektrizitätswerkes sehr ähnlich gemacht und ihr jedes romantische Überbleibsel genommen haben. Das Feuer ist nun ganz und gar nicht mehr der Mittelpunkt des Familienlebens. Der Ausdruck "häuslicher Herd" bildet schon eine Metapher, auch darum, weil die Heizung (früher einmal der Küche selbst und den Öfen übertragen) heute von der Zentralheizung übernommen wird. Zunächst war sie auf die Wohnung beschränkt, wurde dann für einen ganzen Wohnblock übernommen und schließlich gibt es nur noch eine einzige für ein ganzes Viertel wie z.B. in Hannover. Mit der Elektrizität ist auch der Fortschritt der vertikalen Transportmittel – der Fahrstühle – verbunden, ohne die man nicht an Gebäude von fünf oder sechs Stockwerken und noch weniger an Wolkenkratzer und moderne Büropaläste hätte denken können.

Kein Mensch kaufte oder mietete sich heute (ganz gleich, zu welcher sozialen Klasse er gehört) ein Haus, das diese wesentlichen Dinge entbehrt, zu denen viel später noch das Telefon hinzukommt, ohne das viele gesellschaftliche Verbindungen gar nicht oder nur sehr schwer möglich wären.

s Bauwerks an der Piazzale Loreto in Mailand, entworfen m Architekten Giulio Minoletti und dem r Giuseppe Chiodi. Es ist unter anderm mit einer ogischen Anlage versehen, um die Innentemperatur eren. Die geometrische Reinheit der Linien nd Aluminium ist charakteristisch für heutiges Wohnen. gelbild wirkt wie ein Gespenst eines erst gestern n. und doch schon alten Hauses.

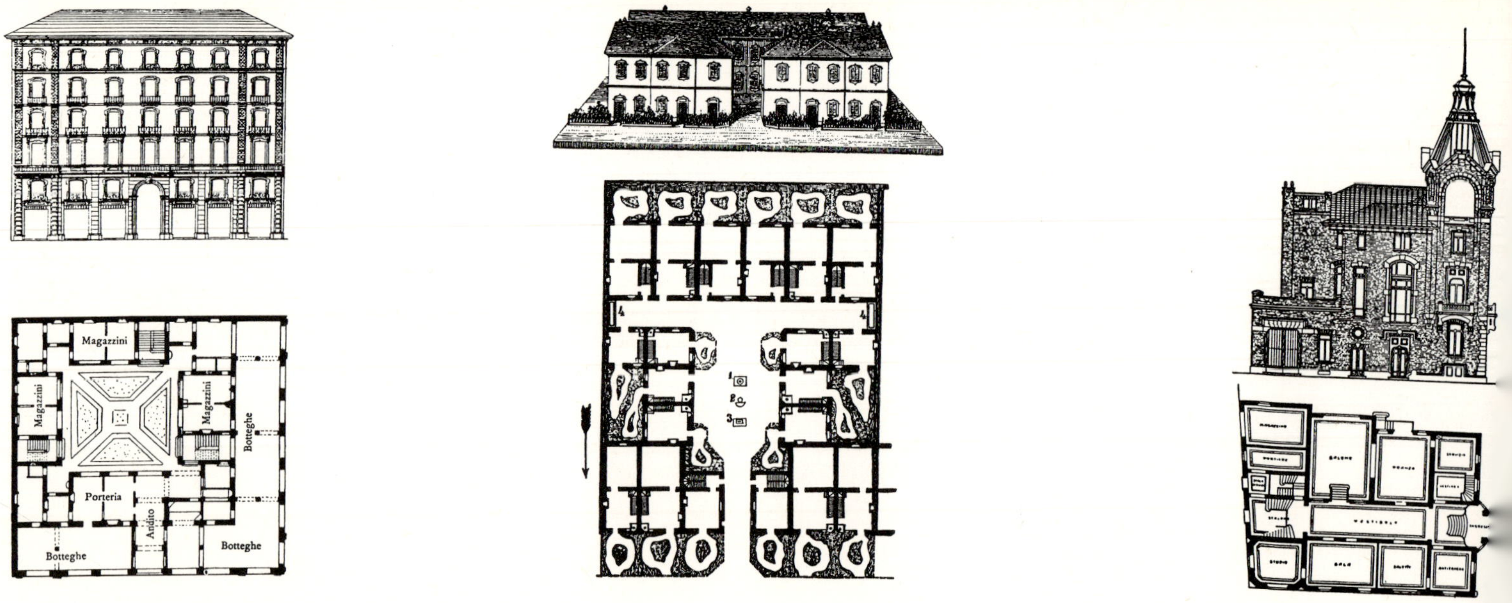

(Von links) Fassade und Grundriß des Erdgeschosses eines von Edoardo Rossi für die Viale di Porta Venezia in Mailand (1880-83) entworfenen Mietshauses. - Ansicht und Erdgeschoß-Grundriß von Häusern für das Volk, ebenfalls in Mailand (Architekten Fazzini, 1879-82); nach einer dem Plan beigefügten Beschreibung entsprechen die Zahlen: "1. Brunnen - 2. Pumpe - 3. Misthaufen - 4. Waschräume". - Fassade und Grundriß der Villa Marignoli in der Via Po in Rom (Architekt Giulio Magni, 1887-91).

Dieser Prozeß der Mechanisierung ist trotz der Alarmrufe der Moralisten, der Soziologen und Städteplaner unaufhaltsam. Es wäre absurd anzunehmen, man könne zum heiteren Leben des Landes (das außerdem alles andere als heiter war) und noch viel weniger zu dem der mittelalterlichen Gemeinschaften zurückkehren, deren gesellschaftliche Beziehungen nicht weiter als bis zu den Grenzen des Viertels oder der Gemeinde reichten. Es geht hier nur darum, einen Teil dessen wiederzuerlangen, was man auf dem Weg durch Unachtsamkeit verloren hat und der Stadt der Zukunft das schon verlorene Grün wiederzugeben; darum muß sich das neue Bauwerk, statt sich noch weiter zu verdichten, vielmehr erweitern, wie es übrigens schon geschieht. Dieser Kontakt kann auch dadurch erlangt werden, daß man gleichzeitig die Flucht aus der Stadt durch bessere Verkehrswege und individuelle wie kollektive Transportmittel begünstigt und daß man die Freizeitgestaltung auf eine solche Erlangung natürlicher Werte richtet. Vielleicht ist auch das nicht einmal nötig: Die unglaubliche Übervölkerung der Strände, der Gebirgsorte, also der Orte der Sommerfrische, zeigt, wie diese Flucht in einer so massiven Weise praktiziert wird, daß man paradoxerweise den entgegengesetzten Erfolg erzielt: nicht die Suche nach Einsamkeit, sondern die Begegnung mit der Masse; und deshalb haben die Raffinierteren schon gelernt, sich der melancholischen Ruhe der Hundstage in einer verlassenen Stadt zu erfreuen.

Die großen Unterschiede, die die verschiedenen sozialen Klassen charakterisieren, gleichen sich langsam aber stetig aus; zugleich mit der Zahl der Elendsbehausungen verringert sich auch die Zahl der Herrschaftswohnungen. Es ist äußerst unwahrscheinlich, daß heute ein Architekt damit beauftragt wird, einen neuen Palast in einer alten Stadt zu entwerfen, vor allem deshalb, weil die Zahl derer, die – unfähig ihn zu unterhalten – die ererbten Paläste verlassen, mindestens der der neuen Reichen gleich zu sein scheint, die dort zu wohnen wünschen; und da der Verkaufswert der alten Paläste geringer als ihre Baukosten ist, möchte man lieber in die alten ziehen, als sich neue zu bauen. Außerdem erreicht man so einen Anschein von Adel, der anders ziemlich schwer zu erlangen ist.

Zu Beginn unseres Jahrhunderts richtet sich kein bedeutender Architekt mehr (mit Ausnahme von Josef Hoffman in seinem Palais Stoclet in Brüssel, von Sommaruga im Palazzo Castiglioni in Mailand und wenige andere) an diesem Wohntyp aus, der in der Jugendstil-Epoche die letzte Gelegenheit zu seiner Verwirklichung hatte. Der Beitrag der Architekten hat sich, schon in Übereinstimmung mit dem Zeitgeist, neuen Wohnformen zugewandt.

Die Villa, d. h. das isolierte Einfamilienhaus, das von einem großen Garten umgeben ist, nimmt heute, obwohl sie immer seltener gebaut wird, als herrschendes Thema der architektonischen Tätigkeit den Platz des Palastes ein. Wenn man irgendeine Geschichte der modernen Architektur flüchtig durchblättert, sieht man, daß die Werke der bekannteren Baumeister auf dem Gebie der Wohnung fast alle "Villen" sind. Aber dieser Ausdruck bezeichnet nicht mehr das, was er zwei oder dre Jahrhunderte zuvor ausdrückte, also den großen isolierten Komplex auf dem Land oder an den Grenzen de Stadt, der dazu bestimmt war, die zahlreiche Familie de Adligen und all die Personen aufzunehmen, die in se nem Dienst um ihn herum Wohnung nahmen. Heut nennt sich das "Villa", was sich im 19. Jahrhunde "kleine Villa" nannte, also das isolierte Einfamilienhau mit typisch bürgerlichen Charakterzügen und von einer Grüngürtel umgeben. Sie sucht allerdings die Würd wieder zu erlangen, die die kleine Villa langsam verlc und zwar so weitgehend, daß sie jene traurigen Reihe von nebeneinanderstehenden Häuschen hervorbrachte, die um 1910-20 die Stadtperipherien bestimmten.

Wenn wir die Typologie der in Europa in den ersten Jahrzehnten dieses Jahrhunderts errichteten Wohnungen betrachten, scheint die Skala nicht sehr weit gespannt: Häuser für das Volk, Häuser für Kleinbürger und schließlich die für die herrschende Klasse. Die ersteren waren große Mietskasernen, häufig um einen rechteckigen geschlossenen Innenhof herum angelegt; häufig gelangte man zu den Wohnungen über Innengalerien, d. h. man kam zum eigenen Hauseingang über lange, übereinanderliegende Terrassen an der Seite des Hofes. Die hygienisch besten Beispiele sind die, die – durch Vergrößerung der Dimensionen des Komplexes (so, daß man eine vollständige Stadtinsel erhielt) – auch die Dimensionen des Binnenhofes vergrößerten; aber das Schema blieb gleich und der Gesamteindruck war vielleicht noch trister.

Dieser Typ war von den Reihenhäusern verschieden, d. h. von meistens zweistöckigen, eins ans andere gereihten Gebäuden mit einem Garten dahinter. Es sind die typischen Schöpfungen der Kooperativen (der Heimkehrer, Eisenbahner, Journalisten usw.), die zu Beginn der zwanziger Jahre errichtet wurden. In den anspruchsvolleren Beispielen fand sich außer dem Hintergarten noch ein kleiner Vorgarten, der dazu diente, die Wohnung von der Straße zu trennen: Es sind also Versuche, dem Haus den Charakter einer "kleinen Villa" zu geben.

Die Herrschaftswohnungen kannten im wesentlichen zwei Arten: die isolierte kleine Villa (die größer und reicher als die frühere war) oder auch das Haus mit Etagenwohnungen (im allgemeinen mit vier bis acht Appartements), deren äußerer Anblick den der Paläste des 16. Jahrhunderts mit den nach oben fliehenden Fenstern nachahmt, im Erdgeschoß von Eisengittern geschützt, zentrales Portal, das in Stein oder Kunststein gefaßt war usw. Im Innern ist der Binnenhof jedoch verschwunden; in den meisten Fällen bildet der Grundriß ein U, und jeder Flügel konstituiert pro Stockwerk ein Appartement; jede Wohnung ist um den Mittelkorridor herum angelegt, der von einem Ende zum andern zu einer Reihe von Zimmern führt.

Die moderne Architektur kämpft seit vielen Jahren gegen diese Typologie an, wenn auch mit geringem Erfolg. Tatsächlich konnte die rationalistische Bewegung, die sich bemühte, die einzelne Wohnung funktioneller zu gestalten, den Innenraum um gut die Hälfte verringern (von 400 auf 200 m^3 für ein Appartement mit fünf Zimmern). Aber darin fand die Bauspekulation ihr trojanisches Pferd; die geforderte Gegenleistung – Vergrößerung der gemeinsamen Grünfläche draußen – hat sich nie verwirklicht, während die technischen Errungenschaften im wesentlichen nur dazu dienten, die Baudichte zu unglaublicher Konzentrierung zu führen, bis schließlich fast 1000 Bewohner auf einen Hektar kamen.

Die heutigen Sozialwohnungen, die gewöhnlich von staatlichen oder staatlich kontrollierten Genossenschaften geplant, ausgeführt und unterhalten werden, sind wegen ihrer offenen Stadtplanung durchaus größer, nicht nur als die alten, sondern auch als die heutigen sog. Privatwohnungen. Während die Dichte der französischen, deutschen und italienischen Viertel, die von Gesetzen und Verordnungen reguliert wird, selten 300 Einwohner pro Hektar übersteigt (d. h. 30 qm pro Kopf), ist die Dichte der privat gebauten und auf dem freien Markt verkauften neuen Stadtwohnungen fast immer größer als 600 Bewohner pro Hektar, also das Doppelte der Sozialwohnungen.

Es ist daher verständlich, wenn man bei den neuen Stadtwohnungen versucht, auf architektonischem und funktionellem Gebiet das wieder zu erreichen, was auf dem stadtplanerischen verloren gegangen ist; aber diese Bemühung weist nur ziemlich dürftige Erfolge auf. Daher mag es zwar möglich sein, auf den Seiten der einen oder andern guten Zeitschrift einige Teilaspekte neuer Bauwerke zu bewundern, die von äußerst fähigen Spezialisten wirkungsvoll fotografiert wurden, doch ist es unmöglich, sie in ihrer Wirklichkeit positiv zu werten. Es ist fast überflüssig, an den traurigen Fall Neapel zu erinnern, dessen neuer und schrecklicher Anblick für einen Besucher aus der Zeit vor 20 Jahren nicht wiederzuerkennen wäre.

Der Versuch, durch Bauverordnungen alte Konzentrierungen zu erhalten, hat zu "palastähnlichen Häusern" geführt. Die Häuser werden hier luxuriös, aber ohne jede stadtplanerische Beziehung untereinander ausgeführt. Einer der interessantesten Versuche, diese Beziehung zwischen Wohnung und Stadt wiederherzustellen, gründet sich auf die Schaffung einer Wohneinheit. Die erste typischste Lösung dieser Art fand Le Corbusier mit seiner Wohneinheit in Marseille. Ihr kann man die horizontale Einheit gegenüberstellen, die im Quartiere Tuscolano in Rom von Adalberto Libera verwirklicht wurde. Viele stadtplanerische Experimente in Schweden, Frankreich, Deutschland und Italien neigen zur parallelen Verwendung dieser beiden typologischen Extreme: hohe Turmhäuser und niedrige Reihenhäuser für eine Familie. Mit einer solchen Paarung vermeidet man die Monotonie der heutigen gleichförmigen Wohnkomplexe.

e Notwendigkeit, die Kohle des Ruhrgebiets zu verbrauchen, e jetzt von dem bequemeren Erdöl verdrängt wird, ist die undlage für das zentrale Heizungswesen eines ganzen Vier- s (besser: eines großen Teils) von Hannover: Eisenbahnzüge ngen das Brennmaterial zu den Öfen, die warmes Wasser vorbringen; dieses wird über entsprechende Rohranlagen er Zähler verteilt und dient für jeden häuslichen Zweck.

EKLEKTIZISMUS UND JUGENDSTIL

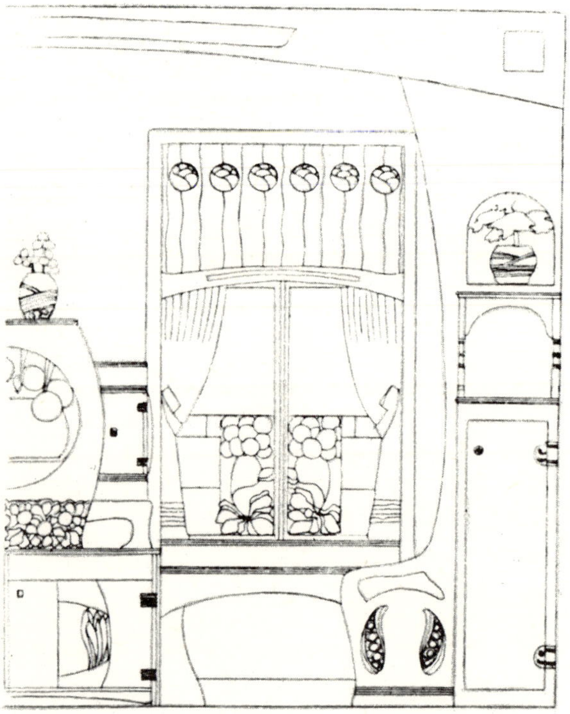

(Oben) Teil des Inneren von Haus Stift in Wien, 1898 von Joseph Maria Olbrich (1867-1908) entworfen. (Darunter) Neugotische Tapetendekoration (aus A. W. Pugin, "The True Principles of Pointed or Christian Architecture", 1841). Sinnbildliche Zeugnisse für zwei entgegengesetzte Richtungen: das eine, trotz der ebenfalls vorhandenen Beziehungen zur Gotik, von frischer Klarheit; das andere von konfusestem Durcheinander.

Wie in jeder Zeit spiegelt auch unsere Architektur, also das Haus, in dem wir wohnen, die tiefgreifenden Umwandlungen in der Wissenschaft und der bildenden Kunst wider. Aber die zwei Pole, um die herum die ganze Konzeption des modernen Wohnens kreist, divergieren in wesentlichen Punkten: der eine personifiziert sich in der gigantischen, isolierten Gestalt Franklin Lloyd Wrights, der andere in der komplexen, in den zwanziger Jahren entstandenen Bewegung, die sich "Rationalismus" oder "funktionelle Architektur" nennt und die ihre großen Begründer in Gropius, Mies van der Rohe und Le Corbusier hat. In Wirklichkeit geben deren Werke gerade nicht ihre zur Schau getragenen Absichten wieder. Denn in Wirklichkeit war die Architektur, die sich als funktionell ausgab, es nur unter bestimmten Gesichtspunkten; unter vielen andern bildete sie eher eine Neuaufnahme des formalen Klassizismus, der der Schönheit eines Gebäudes oder eines Gegenstandes erheblich mehr Auferksamkeit schenkte als ihrer Funktion. Und einige Bauwerke des "Dichters" Wright, des polemischen Kämpfers gegen den europäischen Funktionalismus, haben sich als sehr viel bewohnbarer und damit funktioneller erwiesen als viele andere, die mit dem Rationalismus nur das Wort gemein haben.

Als Folge des Chaos, in das die Architektur durch den in der zweiten Hälfte des 19. Jahrhunderts herrschenden Eklektizismus gefallen war, bewahrheitete sich für das Bürgerhaus das Wort: "teure Dinge von schlechtestem Geschmack". Die Wohnung des Volkes folgte in ihrer Nachäffung der Wohnung der wohlhabenden Klasse dem Bürgertum im "Horror vacui", der dazu führte, jeden verfügbaren Platz mit der größtmöglichen Zahl an Gegenständen vollzustellen. Das Zentrum der Wohnung war die "gute Stube", in der man alle Schätze der Familie gut sichtbar zur Schau stellte: Silberwaren, Sammeltassen, Bilder, Teppiche, Lampenschirme, Miniaturen, Muscheln, Reiseandenken, Trophäen von Jagd und Fischfang, Urkunden, Fotografien von entschwundenen oder nicht entschwundenen Verwandten, Briefbeschwerer, Schächtelchen, Produkte der marktgerechten Kunst usw.

Die Bewirtschaftung solcher Räume, deren Reinigung viele Stunden aufmerksamer Manöver in Anspruch nahm und mit äußerster Vorsicht und Sorgfalt ausgeführt werden mußte, wurde täglich problematischer. Als sich die Zahl der Personen, die einer bürgerlichen Familie als Dienstboten zur Verfügung standen, zu Anfang des 20. Jahrhunderts infolge des mangelnden Gleichgewichts von Angebot und Nachfrage verringerte, da sich die wohlhabenden Familien der Stadt rasch vermehrten, wurde die "gute Stube" für den Familienverkehr gesperrt, um sich nur zu großen Gelegenheiten zu öffnen: zu gebotenen Feiertagen, Empfängen und

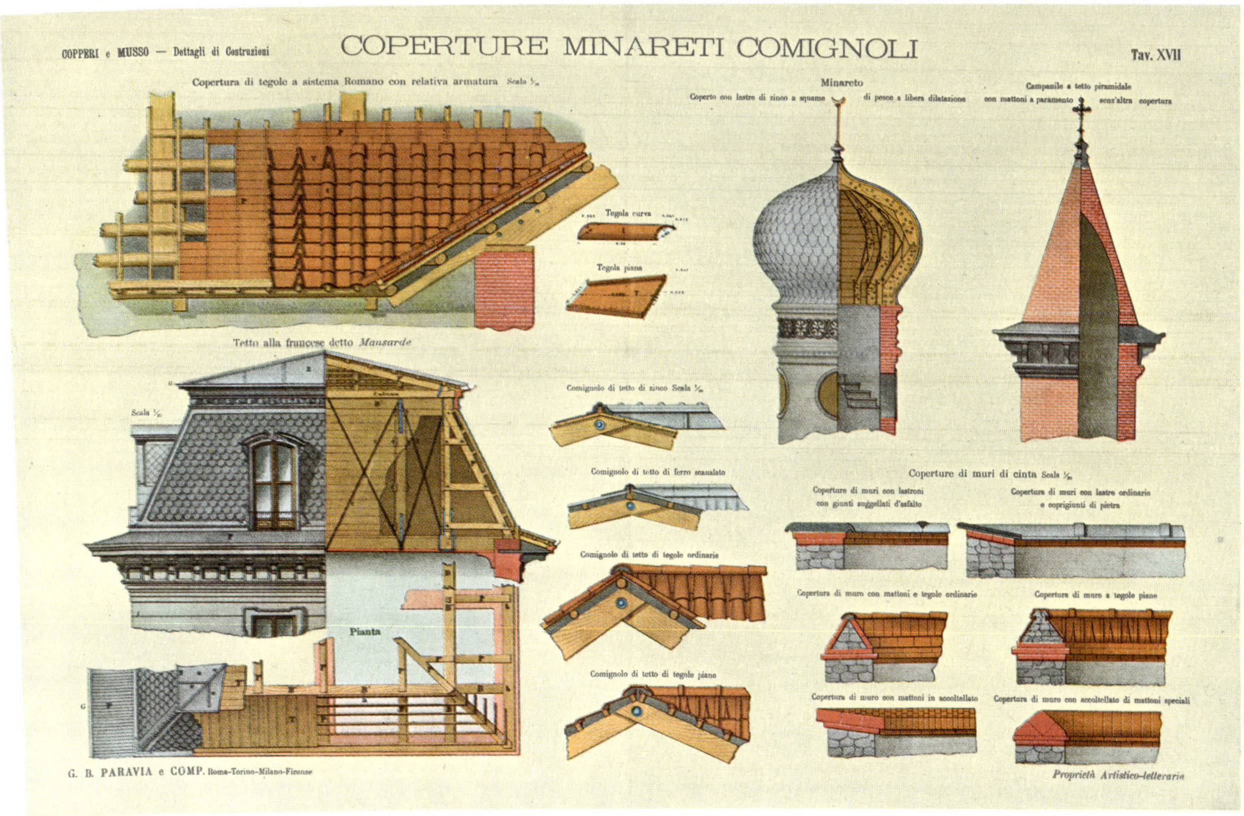

Andere Tafeln aus derselben Sammlung, der das auf S. 252 abgebildete Einfamilienhaus entnommen wurde. Im vorliegenden Fall wird die Antinomie zur reinen Rationalität des authentischen Jugendstils klar sichtbar: die Vorstellung, daß sich die bürgerlichste aller Stadtvillen ruhig mit einem Minarett schmücken könne, mit all den Elementen des Halbmondes, führt zur Ausbildung des unwahrscheinlichen Zwiebelturm-Modells (oben) und auch der ausschmückenden Schnitzerei des Mansardendaches (ibid.) und der Holzgiebel (unten), die mit Löchern übersät sind (man beachte vor allem den Balkon) und ein gänzlich erschöpftes Echo fast unerkennbarer alpiner Vorlagen darstellen.

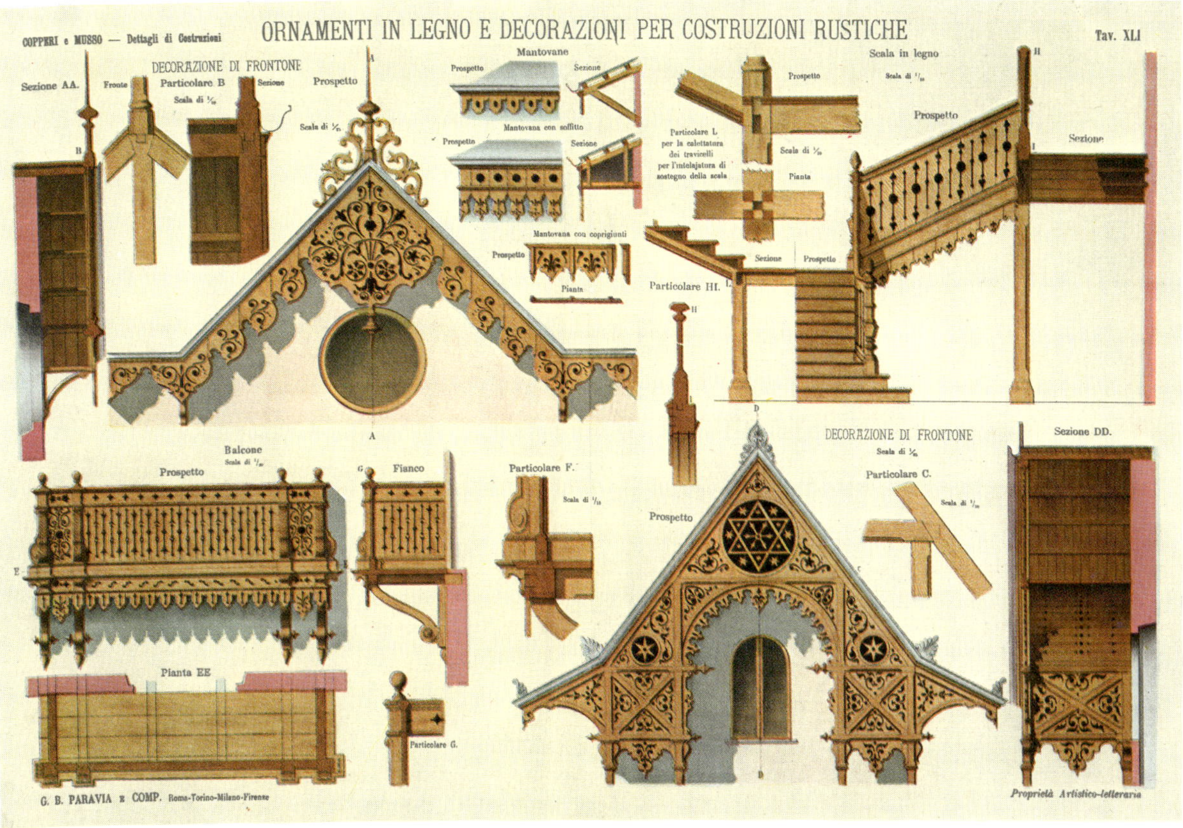

einigen wenigen andern Anlässen. All das war zu ertragen, solange das Baugelände in den Städten nicht den Wert erreichte, den es heute hat; in wirtschaftlichen Termini bedeutet das Geschlossenhalten eines Zimmers, ein Kapital, das zwischen 20.000 und 30.000 DM schwankt, ungenützt zu lassen, da Baugelände und Schaffung eines Raums in der Stadt nach heutigen Kosten diese Summe ausmachen.

Der Charakter der Wohnung hing nicht mehr von der Architektur, sondern von der Einrichtung ab. Bücher über Architektur beschränkten sich auf gleichförmige Schachteln, die untereinander oder durch einen langen Korridor verbunden waren. Das, was ein Schlafzimmer von einem Wohnzimmer unterschied, war allein die Einrichtung. In der Mehrzahl der Fälle kümmerte sich der Architekt nicht darum; seine Aufgabe war es, die Fassaden zu entwerfen, die mit dem für unumgänglich gehaltenen "Dekor" ausgeführt werden mußten, um das Gebäude nach außen zu qualifizieren, während der Grundriß mehr oder weniger streng vorgegebenen Schemata folgte. Der wirklich Verantwortliche für den Innenraum war daher der Hausbesitzer, der sich an Handwerker seines Vertrauens wandte und das gewünschte Mobiliar anfertigen ließ, falls er nicht sog. "Familienmöbel" geerbt hatte.

Die Verantwortung für die Einrichtung dem Geschmack und dem Urteil des Besitzers zu überlassen, hatte in der bäuerlichen Gesellschaft gute Erfolge erzielt, wo sich die Änderung von Geschmack und Lebensart langsam vollzog und sich durch vorsichtige und aufmerksame Erfahrungen bewährt hatte. Der Backtrog, der vor Jahrhunderten hergestellt und nie von seinem Platz gerückt war, tat noch hervorragend seinen Dienst und wurde fortwährend restauriert, ja sogar vergrößert, jedoch nie neu gemacht. Es war ein Prozeß ständigen organischen Wachstums, dem man die wunderbaren Beispiele verdankt, die die alten antiken Bauernhäuser aufweisen.

Aber als die bürgerliche Gesellschaft mit der Konzentrierung der Bevölkerung in den Städten rasch anwuchs und so die Adelsgesellschaft, die verfiel und an Bedeutung verlor, ablöste, nahm der allgemeine Ge

(Von links) Die durchdachte Interpretation, der Walter Crane ("Line and Form", 1902) ornamentale Motive verschiedenst Herkunft, vom gotischen Abendland bis nach Persien, Indien, China, ja, bis zum antiken Ägypten, unterwir bildet einen besonderen Aspekt des authentischen Jugendstils. Unter d Vorläufer dieser Tendenzen muß auch der unermüdliche Viollet-le-Duc gerechnet werden, der in diesen schmiedeeisern Entwürfen (aus "Compositions et dessins", o. J. und "Entretiens sur l'architecture", 1872) eine große Erfindungsgabe offenbart, d von einem sicheren Geschmack in dem Gefühl für die belebte und "gereinigte" Linie getragen wi

Tapeten-Vorlagen aus der wenig bekannten Sammlung E. A. Seguys, "Samarkande" (Paris, ca. 1890). (Von links) Die für die Orient-Teppiche typische Palmenzier wird im Jugendstil interpretiert. In der zweiten Komposition erscheint der orientalische Ursprung so sehr umgewandelt, daß er schon völlig unerkenntlich ist. Im dritten Entwurf erscheint das asiatische Element in gelungener Weise den Wünschen des schottischen Modern Style angepaßt.

chmack unterschiedslos alle Elemente der Stile vergange-er Epochen auf und führte zum Eklektizismus. Die in-ustrielle Revolution hatte ihre unmittelbaren Auswirungen auch auf ästhetischem Gebiet. Der Geschmack ir Nachahmungen und das daraus resultierende An-ehen dessen, der diesen Eklektizismus aufnahm, ohne in zu verstehen, noch seine Konsequenzen zu werten vußte, formte sehr bald die Innenräume zu Magazinen on geschmacklosen und disparaten Dingen um. Die reißiger Jahre, als sich die Generation, die nun Hausesitzer wurde, zum großen Teil von diesen Gegenstän-en befreite, brachte die große Chance für die Antiqui-tenhändler. Leider kommt eine kritische Unterschei-ung immer zu spät; so wurden zugleich mit den wert-sen Dingen auch Gegenstände von hohem Wert weg-eworfen, so daß heute ein Thonet-Schaukelstuhl aus er Dampf gebogenem Holz auf dem Antiquitäten-arkt soviel wert ist wie ein einzelnes Stück aus einem üheren Jahrhundert.

Als erste Reaktion auf den Eklektizismus des 19. Jahrinderts entstand der Jugendstil (in Frankreich "Art ouveau", in England und Italien "Liberty", in Spanien Modernismo"). Obwohl er allzu häufig mit dem Eklek-ismus verwechselt wird, ist er etwas ganz anderes; an-att sich auf eine Summe von allen Stilen zu stützen, tzte sich der Jugendstil über sie hinweg und berief sich f Vorlagen, die ihm die Pflanzenwelt lieferte; und nn er schon bekannte Stilentwicklungen aufnahm, rmte er sie um und führte sie im allgemeinen auf sprüngliche und damit natürliche Linien zurück. Die typische gebrochene Wellenlinie des Jugendstils inspirierte sich an der Glyzinie, der Magnolie, der Lilie, also an allen geometrischen Formen, die die Natur bevorzugt und die sich der Umformung und Vereinfachung mit Lineal und Zirkel entziehen.

Daher war der Jugendstil nie ein volkstümlicher Stil; seine Schwierigkeiten in Entwurf, Ausführung und Verständnis beschränkten ihn auf die kulturell hochstehenderen Klassen. Wenn man sich nur die Vorlagen Mackintoshs, Hortas und van de Veldes betrachtet, wird man sich bewußt, daß die Nachahmungen, die in Italien und anderswo hergestellt waren, stümperhafte Imitationen ohne die raffinierte Eleganz waren, die die ursprünglichen Modelle auszeichnete. Mit Ausnahme von Großbritannien, Frankreich, Belgien und dem einen oder andern deutschen Land gab es nur wenige Beispiele eines guten Jugendstils; und selbst bei den besten Exemplaren vermischten sich die neuen Elemente oft mit andern Komponenten, so als ob es sich um einen weiteren Stil handelte, der der eklektizisitischen Summe der früheren Stile hinzugefügt werden sollte. So war das, was eine Revolution sein wollte nur eine weitere Reaktion.

Unter anderm war der authentische Jugendstil, vor allem durch das Werk des Engländers William Morris, die erste moderne Bewegung, die in ihrer Bemühung um das Verhältnis von Handwerk und Industrie auch auf die Einrichtung achtete und die Möbeltischler, Glasbläser und Silberschmiede mit Modellen versah, die man qualifizierten Designern verdankte und die theoretisch unbegrenzt reproduziert werden konnten.

DEFACQZ

98) Eines der berühmtesten Beispiele des Art
eau: das Wohnhaus in der Rue Defacqz Nr. 48
üssel, 1897 für den Maler Chamberlain nach Plänen
Paul Hankar (1861-1901) errichtet, der nach
ı der größte Exponent der architektonischen Blüte
lgien um die Jahrhundertwende war.
Fassade ist reich geschmückt mit mehrfarbigen
enten, denen sich sehr ausgeprägte Motive wie die
reisförmigen Fenster (die die Baumeister des
dstils gern verwandten) und andere Dinge einer
ren Funktionalität beigesellen, die sich in der
n Bauweise übrigens schon seit
underten zeigen. Es ist klar, daß der Wunsch, die
seite des Gebäudes als Dekorationsfläche zu
deln, auch die weniger fähigen Architekten leitete;
lie Bemühung, daraus eine Gesamtheit von
lossener Kohärenz zu machen, führte nur bei den
elsten, wie gerade Paul Hankar, zum Erfolg.

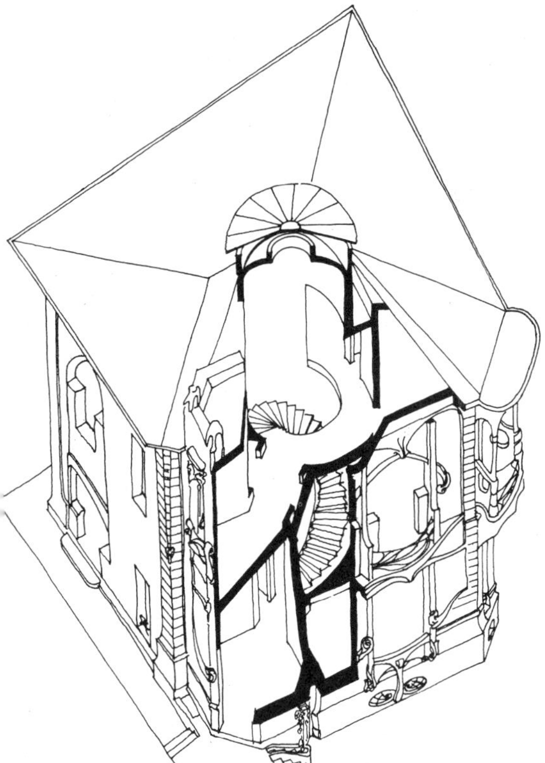

alien weist nur wenige bemerkenswerte Beispiele
ren Jugendstils auf; unter den wenigen, in denen
der Stil nicht nur äußerlich sondern von der
lichen Struktur des architektonischen Organismus
her verwirklicht wird, sind einige Bauten
s Toskaners Giovanni Michelazzi zu nennen, der
n Weltkrieg durch Selbstmord endete. Von ihnen
besteht heute kaum mehr als die kleine Villa des
neiders Caraceni in der Via Scipione Ammirato in
deren Fassaden reich an ornamentalen Feinheiten
sind (rechts); wichtig ist vor allem die Idee der
neren Wendeltreppe (oben), durch die der Raum
die Konzeption des Wohnens eine entschiedene
dlung erfahren: jeder Raum hat sein festgelegtes
unverwechselbares Aussehen.

DIE GROSSEN INNENARCHITEKTEN DES JUGENDSTILS

Charles Rennie Mackintosh, der größte Repräsentant des englischen oder besser schottischen Jugendstils (1868 in Glasgow geboren), nimmt einen eigenen Platz auf dem Gebiet der Architektur und der damit zusammenhängenden Künste ein. Das außergewöhnliche Maß, die absolute Herrschaft der Linie, die Kühnheit der chromatischen Akkorde führen einige seiner Werke zu einer absoluten stilistischen Vollkommenheit, in der jede dekorative Übertreibung durch die Strenge der Beziehungen der Teile untereinander ausgeschlossen bleibt. Jedes Detail ist wesentlich. Die Glastür des Chambre séparée, eines Tea-room in Glasgow zum Beispiel, ist in ihrer Art ein Meisterwerk von Eleganz, das besser als jedes andere Bild imstande ist, die subtil dekadente Raffinesse jener Künstler wie Wilde und Beardsley zu zeigen, die gegen den viktorianischen Konformismus polemisierten. Aber die Größe Mackintoshs liegt noch in andern Dingen, vor allem in der Abweisung der Schlangenlinie als eines festen Stilelements. Seine eigenen Stilmotive unterwarf er strengen, meist vertikalen linearen Rhythmen. Das ist es, was ihn (mehr als mit den Kollegen des Art Nouveau) mit den holländischen Ergebnissen der geometrischen abstrakten Kunst eines Mondrian und eines Van Doesburg verbindet. Darüber hinaus erwies er sich als wirklicher Architekt, d. h. seine Konzeptionen trachten danach, Räume zu schaffen, in die die Einrichtung nicht als Schauobjekt eingefügt wird, sondern wo sie dazu beiträgt, die Ausnützung des Raums zu gewährleisten. Er wird wie Wright zum wirklichen Protagonisten der Architektur. Zu seinen verblüffendsten Werken gehört vor allem die Bibliothek der Kunstschule in Glasgow.

Obwohl er erst 1928 starb, ist die Tätigkeit Mackintoshs mit dem Ausbruch des Ersten Weltkriegs zu Ende. Die Trunksucht läßt seinen Charakter noch überheblicher werden, der schon in seinen besten Jahren schwierig war; und wie Oscar Wilde wird er schnell vom Dandy, der er war, zu einem traurigen Relikt, einem Banditen der Gesellschaft, deren Götze und Idol er vorher war.

Auf einer hohen formalen Ebene bewegt sich auch der Bayer Richard Riemerschmid, 1868 in München geboren, dessen Möbel (die schon zu Ende des vorigen Jahrhunderts serienmäßig hergestellt wurden) dem Geschmack der sechziger Jahre so verwandt scheinen, daß sie ohne jede Änderung wieder hergestellt werden können, obwohl ihre strenge Konstruktion auch jedwede Verwandlung der Form rechtfertigte. Sie entziehen sich der Mode, so wie einige Gebrauchsgegenstände nicht von ihr berührt werden – der Spaten, die Sense, die Hacke –, die während ihrer jahrhundertelangen Existenz wenige Veränderungen durchmachten. Die Armstühle aus dem Jahr 1899 sind die besten Beispiele für die Beschränkung auf das Wesentliche bei Riemerschmid

Der Jugendstil wird dagegen zügellos – zu einem La bor für die phantastische Entwicklung der Linie, so da kaum noch von Jugendstil geredet werden kann, be dem Franzosen Hector Guimard (dem Erbauer viele bekannter Stationen der Pariser Metro) und dem belgi schen Baron Victor Horta. Im Treppenhaus seiner eige nen Wohnung formt Guimard das Geländer zu einen reinen Linienspiel, fast zu einer kalligraphischen Skizz um; und bei seinem Schreibtisch von 1903 entdeck man sogar pleonastische Beine in Knochenform, di keine andere Funktion zu haben scheinen, als den Kan ten der Schublade die Strenge zu nehmen. Die Kohären der Konstruktion weicht der stilistischen Notwendigkei das Bild in virtuosenhaften Arabesken einer Prima Ba lerina dahinwirbeln zu lassen.

Das Mobiliar Hortas hat keine besonderen distink tiven Merkmale, da sich die ganze Aufmerksamkeit d Architekten auf Einzelheiten, wie Türklinken und G länder konzentriert. Während das Metall in die Architek tur der Wohnung, sei es für die Struktur, sei es f die Dekoration, aufgenommen wurde, galt das nicht gleicher Weise für das Mobiliar, das nur Wright i Larkin Building von 1906 sowie in den Midway Ga dens von 1911 vollständig aus Stahl zu machen wagt

(Von links) 1899 von R. Riemerschmid entworfen und Sessel. - Möbel von C. R. Mackintosh (1900) für sein Haus in Glasgow. (S. 301) Die wunderb ebenfalls von Mackintosh (1901) mit großartigen Effekten, für einen Konzertsaal in Glasgow en

Antonio Gaudí
Dichter-Ingenieur

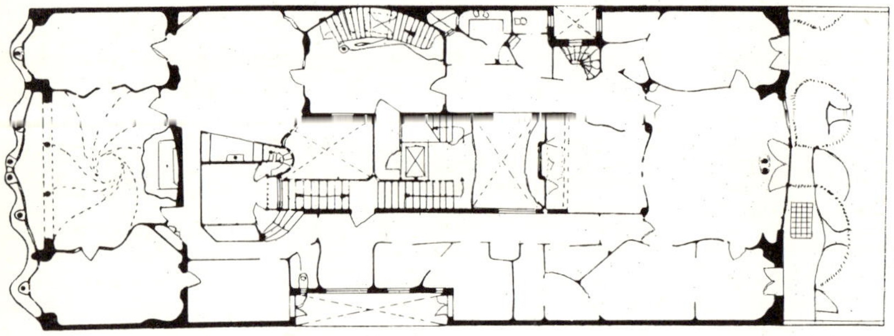

(Oben) Von Gaudí für die Einrichtung der Casa Calvet in Barcelona (1900) projektierter kleiner Sessel. Wegen der sich in diesen Möbeln offenbarenden Tendenzen hat man richtig von einem "nicht nachahmenden Naturalismus" gesprochen: in der Tat scheinen sich die Elemente der Pflanzen- und Tierwelt zu durchdringen und schließlich dem Holz ein wenig vom Stein zu geben, nicht unähnlich dem, was Moore Jahre später mit seinen plastischen Formen verwirklichen sollte. (Darunter) Grundriß der Casa Batlló am Paseo de Gracia, ebenfalls in Barcelona. Gaudí sollte hier kein neues Gebäude errichten, sondern es einem schon bestehenden angleichen (1902-07): schon aus dem bloßen Grundriß wird die entscheidende Bedeutung seines Eingriffs sichtbar, der die alte Struktur in radikaler Weise modifiziert, was in einer äußerst persönlichen linearen Modulation geschieht, die von der Farbe erhöht und vereinheitlicht werden sollte.

Die Werke Antonio Gaudís (1852-1926), des größten Repräsentanten des katalanischen Modernismo (des spanischen Jugendstils) wurden lange Zeit als Kuriosität, als Frucht einer ungezügelten und unkontrollierten Phantasie betrachtet; aber seine atemberaubenden freien Formen drücken sich in strenger Konstruktion aus und setzen eine technische Kühnheit voraus, die sich nur jemand ohne Schaden auszuführen erlauben kann, der die Regeln des korrekten Bauens in höchster Vollendung beherrscht. Der Künstler Gaudí geht mit gleichem Schritt neben dem äußerst erfahrenen Ingenieur Gaudí einher, und die Besonderheit seines Werks besteht gerade in der außerordentlichen Kohärenz zwischen Baustruktur und Dekoration. Heute fallen die technischen Fähigkeiten eines Baumeisters und sein künstlerischer Geschmack oft auseinander: Gustave Eiffel, der große französische Ingenieur, hatte einen ausgesprochen schlechten Geschmack und seine Pariser Wohnung könnte das Pendant zum d'Annunzioschen Vittoriale sein. Auch Pier Luigi Nervi, der große italienische Bauingenieur, umgeht mit seiner nüchternen Konstruktionsweise jedes dekorative Problem; aber wenn er, wie im Fall des neuen römischen Palazzo dello Sport im EUR-Viertel zusammen mit seinem Kollegen Piacentini das eine oder andere Dekorationsmoment wieder einzuführen versucht, kann man die Resultate kaum glücklich nennen.

Antonio Gaudí dagegen besaß auch eine unerhörte handwerkliche Geschicklichkeit, die ihn jede Einzelheit bis zur Vollkommenheit konzipieren und realisieren ließ. All seine Dekorationen in Keramikfragmenten, Kacheln, Schmiedeeisen, gehauenem Stein, gegossenem Beton, die an seinen Werken zu sehen sind, spiegeln e deutlich; Beweis dafür ist auch die Tatsache, daß nach seinem unvorhergesehenen Tod niemand in der Lage war, die begonnenen Werke (wie z. B. die Kirche Sagrada Familia in Barcelona) fortzuführen.

Die Wohnungen Gaudís sind auch in ihrer Disposition und vom räumlichen Standpunkt aus einzigartig und spiegeln die spanische Art zu wohnen wider. Si sind eifersüchtig geschlossen und nur nach den Binnenhöfen hin offen.

Die Casa Batlló vereinigt mit der Fassade, die als ein skulpturelles Unicum ganz neu konzipiert ist, eine äußerst freien Grundriß, so daß die inneren Trennmauern in ständigen Kurvenlinien dahinfließen können Die Casa Milá, "la Pedrera – der Steinbruch" genann (1905 beendet), ist vielleicht Gaudís bekanntestes Wohnhaus. An der Kreuzung zweier Straßen in Barcelona ha die fortlaufende und wellenförmige, einfarbige und e schreckend auf Licht-Schatten-Wirkungen bedachte Fron einen Verlauf, den wir heute wegen der Betonung de Horizontalen "bandförmig" nennen würden; aber jede Element, ob vertikal oder horizontal, ist plastisch in ei dreidimensionales Kontinuum eingefügt, das schon vie Jahre früher den einheitlichen Ausdruck verwirklich zu dem die deutschen Expressionisten und vor alle Erich Mendelsohn tendieren. Die wellenförmige Kr nung in Parabelschnitten mit den phantasievoll

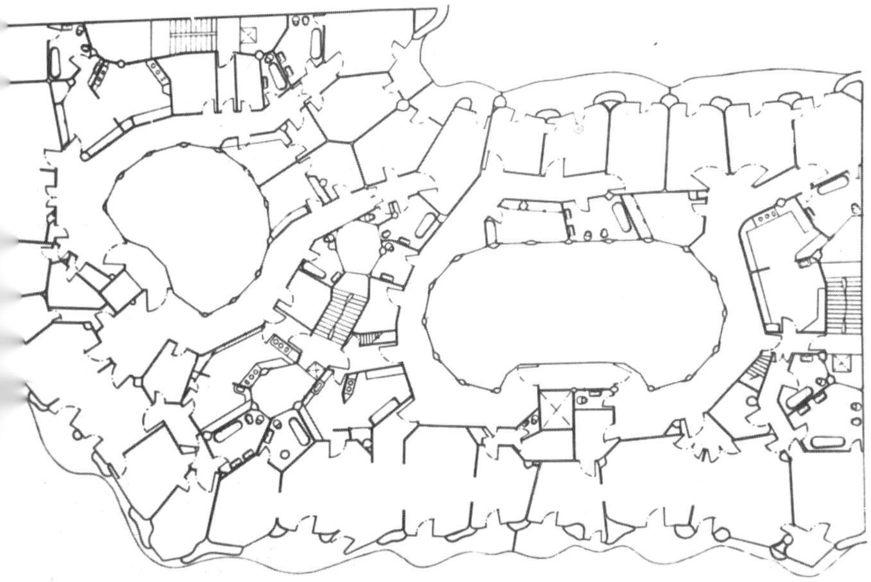

(Links, von oben) Ursprünglicher Entwurf der Fassade und des Grundrisses für die Casa Milá in Barcelona. Die von Gaudí vorgelegte Vorwegnahme der rationalen Architektur wird aus dem Grundriß sichtbar, der heute als "flexibel" bezeichnet würde. Das Bauwerk war ohne innere Tragemauern geplant; und zur erstenmal in der katalanischen Stadt wird das Eingangsstockwerk in das Kellergeschoß verlegt, wo die Auto-Garagen liegen; der Eingangsraum sollte darüber hinaus bis zur Dachterrasse reichen, wurde aber aus Gründen der Platzersparnis nur bis zum zweiten Stock gezogen. Die Decke des Kellergeschosses wird von Metall-Elementen getragen. Die innige Einbindung der Terrasse in die rhythmische Einheit des Bauwerks bildet mit wellenförmigem Verlauf den logischen, genialen Abschluß der Komposition: ein unerläßlicher Teil, diese Haus-Idee zu verwirklichen.

(Unten) Aufriß der Casa Güell in der Calle de Conde del Asalto in Barcelona, ebenfalls von Gaudí entworfen (1885-89). Ein Komplex von strenger linearer Nüchternheit, der sich auf einem sehr beschränkten Grundstück von nur 22 mal 18 m erhebt.

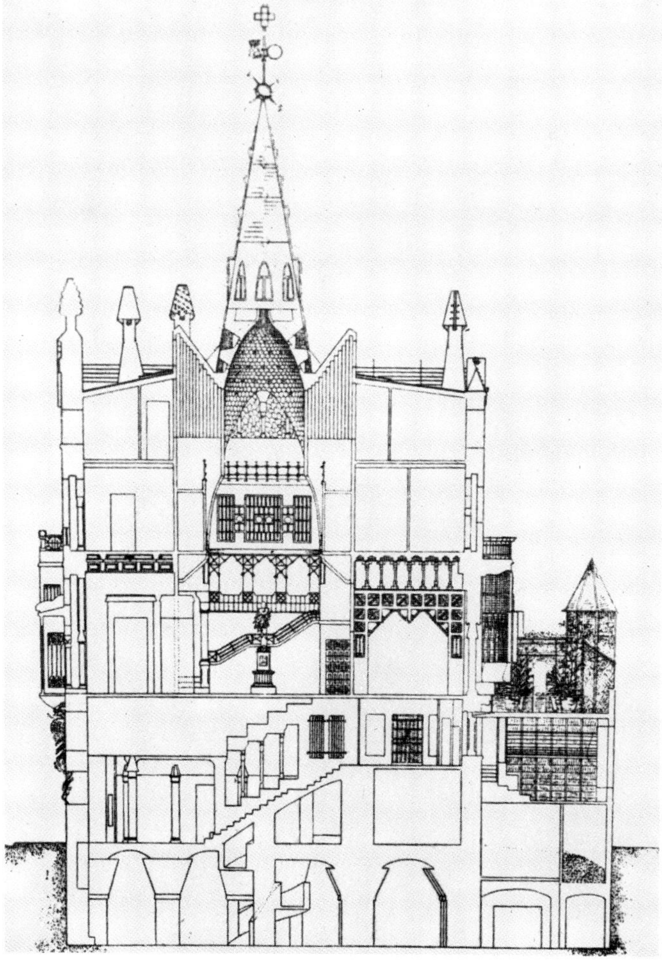

·chornsteinen ist eine äußerst nüchterne Narrenposse, n der sich Konstruktionslogik und Phantasie nicht klar oneinander trennen lassen.

Auch in der Einrichtung schafft Gaudí einen beson- eren Stil. Seine anthropomorphen Sessel mit den ge- :hnitzten Beinen scheinen menschliche Gebeine zu sein. ie zeigen das ironische und starke Gefühl für den Tod, as die Spanier und Mexikaner so tief nachzuempfinden erstehen. Nur Don Juan kann ohne mit der Wimper u zucken die Einladung zum Essen mit dem steinernen astgeber annehmen, und nur die mexikanischen Jun- en verspeisen am Tag des Festes der Toten mit Vergnü- en kleine Totenschädel aus Zucker.

Wenn Van de Velde der Vater des Rationalismus und Iackintosh der Vater des Neuplastizismus genannt wer- en kann, ist eine solche Klassifizierung für Gaudí nicht öglich. Seine tragische Welt, voll von Halluzinatio- en, tief vom Glauben geprägt, bewegt und begeistert ns, aber sie kann in keiner Weise als Lehrbeispiel die- en. Und dieser Mangel an Epigonen, an Nachahmern, n dessentwillen die faszinierende Geschichte des spa- ischen Modernismo mit dem Tod Antoni Gaudis zu nde ist, macht die künstlerische Gestalt dieses so ori- nellen Architekten nur noch größer.

Auf dem Gebiet der Wohn-Architektur ist das Meisterwerk Gaudís sicher die Casa Milá (1905-10), ebenfalls in Barcelona, auch am Paseo de Gracia: ein so revolutionäres Gebäude für die Zeit, in der es erbaut wurde, daß es Gegenstand zahlreicher Satiren wurde wie der (rechts), wo das Bauwerk in der Art Robidas als Landeplatz für mehr oder weniger futuristische Flugzeuge gesehen wurde: im Grunde bildete diese Kritik mindestens die Anerkennung der Neuheit, während sich die Karikaturisten in verschiedenen andern Fällen eher als vulgär, denn als unehrerbietig erwiesen; selbst der Spitzname "Pedrera" (Steinbruch), unter dem das Bauwerk beim Volk in Barcelona bekannt ist, war sicher nicht wohlwollend gemeint. Über die gigantischen Schornsteine schrieb Le Corbusier (1957), daß sie die abstrakte Skulptur direkt vorwegnähmen; das übrige ist ein augenscheinlicher Vorgänger der neuesten "modulierten" Architektur.

Die Aktualität van de Veldes

Unter den größten Repräsentanten des Art Nouveau bildet der Belgier (1863-1957) den Übergang vom Jugendstil zum Rationalismus, jenes Kettenglied, das die ersten Anhänger des Rationalismus in ihrem revolutionären Ungestüm vergessen und vernachlässigt haben. Wenn auch die Architektur van de Veldes ein beachtenswertes Gewicht in der Architekturgeschichte hat, so liegt seine größere Bedeutung jedoch in der Einrichtung, in Graphik und Entwurf für serienmäßig herzustellende Möbel. Diese verschiedenen Aspekte sind in der Tätigkeit des Künstlers durchaus unterschieden: Unter seinen besten Verwirklichungen geht der Musiksaal des Folkwang-Museums in Hagen schon über den Jugendstil hinaus und erreicht eine vollkommene Integration zwischen Architektur und Einrichtung. Es genügt, sein "architektonisches" Klavier und vor allem die Wellenlinie der Diwan-Rückenlehne zu betrachten, die sich in der Holztäfelung der Wand über die Eingangstür und weiter fortsetzt. Die ununterbrochene, freie, fließende Linie beherscht jedes rein dekorative Detail, so daß die Entwicklung seiner Formenschöpfung schon "rational" in dem Sinn ist, wie wir ihn heute verstehen. Jedes De-

Möbel von van de Velde: (oben) Eßzimmer-Büfett, auf der Ausstellung in Düsseldorf 1902 vorgestellt; (links) Schreibtisch und Stuhl (Zürich, Kunstgewerbemuseum); (unten) Sessel und Tisch für das oben erwähnte Eßzimmer, das serienmäßig hergestellt wurde. Typisch für die Möbel von van de Velde ist der Dualismus zwischen der auf das Wesentliche beschränkten Struktur mit rechtwinkligen Ecken und den leicht gewellten Linien, die häufig eine Neigung zum Graziösen zeigen; ein Problem, das, wird es gelöst, zu Resultaten führt, die im Wunsch, die im Material liegenden Merkmale mit strengen Strukturen zu verbinden und sie zu verwerten, zu den saubersten, äußerst dynamischen des Jugendstils gerechnet werden müssen; diese Lösungen sind selbst im Vergleich zu Morris, der doch auf van de Velde einen beachtlichen Einfluß ausübte, wegen ihrer Nähe zu einer mechanisierten Welt äußerst kraftvoll.

:orationsmoment wird nicht als Schmuck hinzugefügt, ondern es entsteht zugleich mit der Formalstruktur in ıntrennbarer Einheit.

Aber van de Velde erzielt vor allem in seinen Entvürfen für die serienmäßig hergestellten Möbel außerrdentlich aktuelle Resultate, da die Notwendigkeit der onstruktiven Vereinfachung und der Typen-Standardiierung (um vielen Menschen gute Erzeugnisse zu anehmbarem Preis zu bieten) den Belgier zur Schaffung on wesentlichen, ganz einfachen Formen führt, die sehr iel weniger Jugendstil sind als viele Möbel von heute nd die die wahren ästhetischen Werte eines Gegenands ans Licht bringen. Gerade diese Seite des Schaffens an de Veldes erlaubte es der von ihm geleiteten Weiıarer Kunstgewerbeschule, sich ohne große Schwierigeiten unter der Führung von Walter Gropius in ein Haus des Baus", das "Bauhaus", zu verwandeln.

DER RATIONALISMUS

Eine der Piet Mondrians von 1914 ähnliche Rolle als Stimulator der Architekten und Stadtplaner der holländischen Gruppe "De Stijl", die Formen von den naturalistischen oder konventionellen Aspekten durch eine Erforschung des Wesentlichen zu befreien, spielte Paul Klee (von dem wir hier die Zeichnung "Heiliges A in B" von 1929 wiedergeben) in der Künstlergruppe, die sich im Bauhaus versammelte.

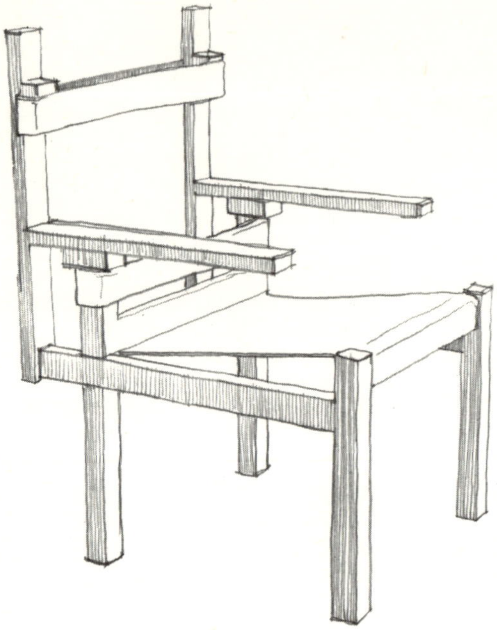

Von Walter Gropius in den Jahren des Bauhauses entworfener Sessel. Durch die Vereinfachung der Ideen G. Rietvelds, eines der Protagonisten des "Stijl", schafft Gropius eine Struktur, deren Elemente so weit wie möglich die wesentliche "Neutralität" der serienmäßig hergestellten Stücke bewahren, die alle nach den Prinzipien und den Techniken des Zusammenbauens geeint sind.

Eine andere bedeutende Frucht des Bauhauses ist de von Marcel Breuer entworfene Sessel (S von dem Kandinsky das erste Exemplar für sei in Dessau wünschte (daher d Sessel angenommene Name "Wa Für die Serienherstellung vorgesehen, wurd Möbelstück aus Stahlrohr bis 1928 von einzigen Arbeiter gebaut: dann wurde die Produkt der Firma Thonet übern und läuft noch heute, nachdem die Firma Gavina (Bologna) übergegan

Die stilistische Reaktion auf den Eklektizismus hatte sich als Bumerang gegen diejenigen gewandt, die mit ihr den bürgerlichen Geschmack aus den Angeln heben wollten. Die Gesellschaft hatte die Stilelemente des Jugendstils angenommen, sie von ihrer symbolischen, allzu verhüllt revolutionären Bedeutung befreit und auch diese neuen Gegenstände mit dem Trödel der "guten Stube" vereinigt, die alles friedlich als einen soundsovielten neuen Stil verschlungen hatte, gerade als den "style nouveau". Van de Velde übergab die Leitung der Weimarer Kunstgewerbeschule dem jungen Walter Gropius, der 1883 in Berlin geboren wurde. Er bot als Schüler Peter Behrens', des Vertrauens-Architekten der Berliner AEG und des ersten Designers im modernen Sinn, die besten Garantien zum Verständnis der Industrieprobleme. So begann 1919 die größte didaktische Revolution des Jahrhunderts, eine Schule, die sich nicht mehr "Aka demie der schönen Künste", sondern polemisch "Hau des Baus", "Bauhaus", nannte. Die Forschungen diese Schule richteten sich im wesentlichen auf das Probler der Volkswohnung, d. h. auf die Standardwohnung, di sich zum ersten Mal der Aufmerksamkeit der Architek ten und Künstler als das Problem darbot, das mit ab soluter Priorität vor allen andern Dingen eine Lösun erforderte.

Es stellte sich (in Zusammenarbeit mit andern Ge lehrten, die Direktoren der verschiedenen Ingenieu und Architekturschulen waren) das Problem der ratio nalen Konstruktion des Hauses; man erforschte jenes zu richtigen Abwicklung aller Wohnfunktionen erforde liche Raum-Minimum. Diese Forschungen erreichte 1929 auf dem Kongreß in Frankfurt/M (dem die Ve öffentlichung des Bandes "L'Habitation minimum" mit einer Sammlung der modernsten Hauspläne folgte) und mit der in die gleiche Zeit fallenden Errichtung des modernen Viertels Siemensstadt in Berlin ihren Höhepunkt.

Aber hier lag nicht das einzige Interesse des Bauhauses. Wenn Gropius avantgardistische Maler wie Paul Klee und Wassily Kandinsky als Lehrer berief, so bedeutete das, daß sich die Forschungen nicht nur auf das technische Gebiet beschränkten, sondern sich auch – und vielleicht sogar vor allem – auf das ästhetische ausdehnten. Gropius war sich darüber klar, daß das Wohnproblem nicht allein dadurch gelöst werden konnte, daß man die Gestaltung der Innenräume nur der Architektur überließ. Der hohe Preis für diesen Anspruch, den unvereinbaren Gegensatz zwischen der Personalisierung des architektonischen Raums einerseits und der Möglichkeit andererseits, zu niedrigem Preis einen von der Industrie herstellbaren Standard zu erhalten, wäre gewesen – und war es tatsächlich –, die Wohnung zu einfachen anonymen Parallelepipeda, zu simplen Wohnkästen werden zu lassen. Das Problem bestand daher darin, diesen Kästen ein exaktes Maß zu geben; es war z. B. notwendig, die Länge der Korridore und die Größe der Badezimmer zugunsten der Wohnräume und Terrassen zu verringern. Aber es war unmöglich, sich über diese funktionelle Präzisierung hinaus zu einer Lösung zu zwingen,

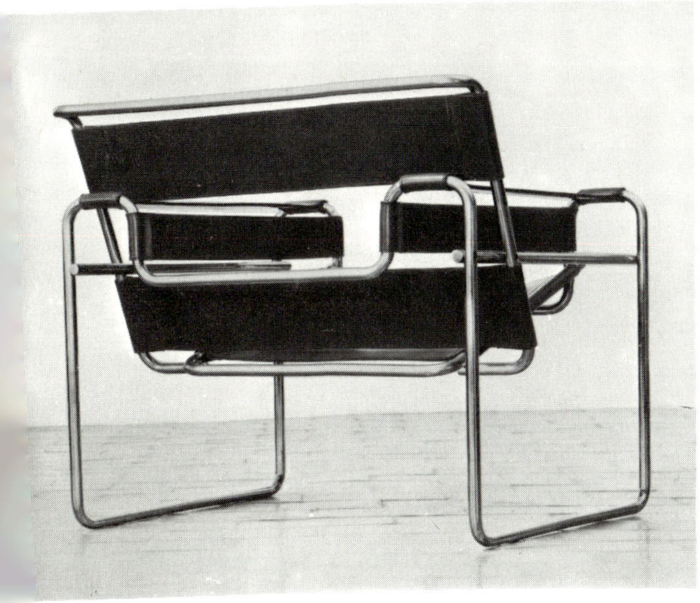

ohne das Grundproblem anzugehen, das von einer architektonischen zu einer stadtplanerischen und damit letztlich zu einer sozialen und politischen Frage geworden war. Das Gewicht der ästhetischen Qualifikation des Hauses wandte sich der Inneneinrichtung zu. Hier mußte die Bemühung einsetzen, um den gewünschten kulturellen Fortschritt der Masse zu erreichen. Ihr mußte man preisgünstige Gebrauchsgegenstände anbieten bei denen nach der Definition Gropius' "die bestmögliche Qualität einer unbegrenzten Möglichkeit zur Serienherstellung entspricht".

Viele kleinere Gegenstände, die im Bauhaus entworfen waren, gelangten in allgemeinen Gebrauch, und niemand denkt daran, daß die verchromte Stahlrohrklinke, die wir heute in Millionen von Exemplaren sehen, von Gropius entworfen ist. Ebenfalls im Bauhaus wurden die Tischlampe mit dem länglichen Fuß, der flexible Armstuhl und viele andere Gegenstände entworfen, die wir in unendlichen Variationen überall sehen und benützen. Die größte Erfindung auf dem Gebiet der Einrichtung waren die Stahlrohrmöbel, denen der 1902 geborene Ungar Marcel Breuer seine ganze jugendliche Energie widmete. Aber diese Möbel hatten nicht das Schicksal, das ihnen ihr Designer bestimmt hatte. Die Metallrohrstühle und -sessel sind sehr wirtschaftlich, da das verchromte Metallrohr, das schon von der Industrie für die Fahrradlenker benützt und in großer Serie hergestellt wurde, ein "Endprodukt" ist, das nach seiner Herstellung keine weitere Behandlung mehr erfordert (das Holz dagegen erfordert als letzten Arbeitsgang die Politur, die viel Zeit und Geld in Anspruch nimmt). Der Fehler des Stahlrohrs ist, daß es nach einer Zeit von 10 bis 40 Jahren rostet und sich damit verschlechtert, statt sich zu veredeln wie das Holz, das mit dem Altern eine Patina bekommt, die es noch vornehmer und schöner macht. Aber das war Gropius und Breuer gerade recht; ja, diese Tatsache, daß diese Möbel auf keinen Fall Antiquitäten, Träger von symbolischem Wert und außerfunktionellen Affekten werden konnten, war klar intendiert. Es handelte sich hier um das erste Mobiliar vor der Verbrauchszivilisation, die auf dem für unsere Zeit so charakteristischen "kaufen, gebrauchen und wegerfen" beruht.

Aber die europäische Gesellschaft war in Wahrheit auf diese Art von Gegenständen nicht vorbereitet, so daß sie sich trotz ihres sehr niedrigen Preises in der Wohnung nicht durchzusetzen vermochten. Der deutsche Arbeiter wie seine Kollegen in ganz Europa brachte weiterhin große finanzielle Opfer, um sich das "Eßzimmer" und das "Wohnzimmer" in Holz zu kaufen, gezeichnet und ausgeführt von dekadenten Industrie-Handwerkern, die sich im allgemeinen als "modern" ausgaben, aber nur eine illegitime Vereinfachung der alten Stile hervorbrachten: die sog. "Stilmöbel".

Nichtsdestoweniger breiteten sich die Stahlmöbel Breuers sogar unter dem Faschismus und dem Nationalsozialismus, der das Bauhaus schließen ließ, aus, aber nicht in den Wohnungen, sondern in den Kliniken, den Praxisräumen der Ärzte und Zahnärzte und den Ferien-

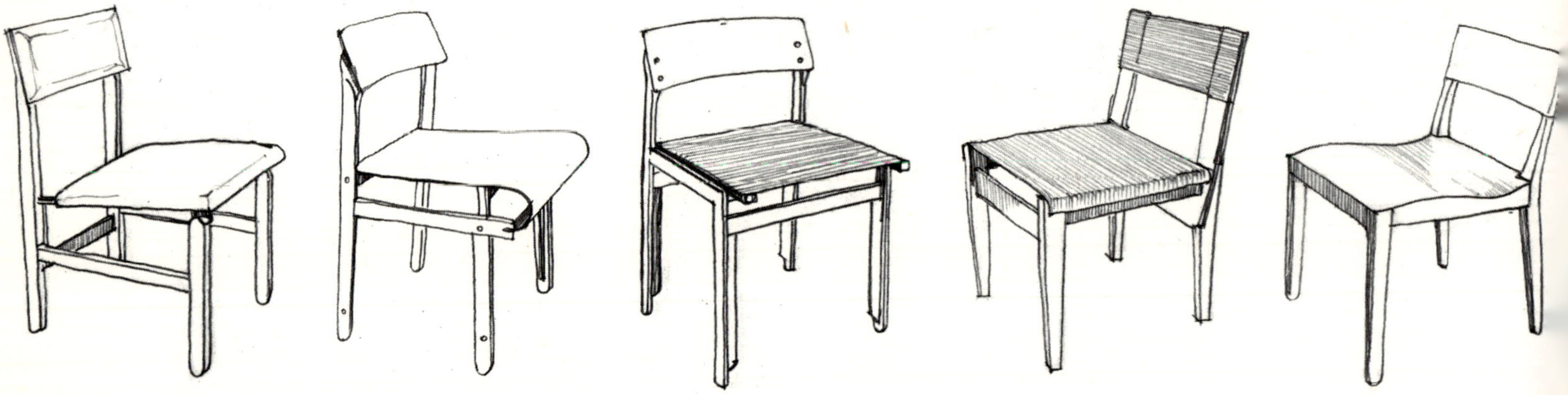

Um 1924 vom Bauhaus entworfene und hergestellte Stühle, für die man gebogenes Sperrholz verwendete (diese Technik entwickelte sich erst 1939/40 in größerem Maße) und so den volkstümlichen Typ des Küchenstuhls erneuerte, um ihn für eine weitgehende Industrieproduktion zu adaptieren.

(S. 309) Grundriß des Erdgeschosses ((1) Te
(2) Schlafzone, (3) Wohnraum, (4) Eßzimmer, (5) Arbeit
(6) Ankleidezimmer und sanitäre Anlagen, (7) Küc
oberen Stockwerk: eine zweite Terras
Schlafzimmer und Badezimmer, Waschküche und Dienstbotenräum
Ansicht von Norden des Hau
Bauhaus-Leiters in Dessau, 1925 von Walter Gropius entw

häusern und -plätzen. Sie wurden nicht als das akzeptiert, was sie sein wollten, eine Abwendung vom figurativen Geschmack, die nahe davor stand, der Abstraktion das Feld zu räumen (und es war tatsächlich Klee, der sie inspirierte), sondern als Symbole der Sterilität und Hygiene, die man für Gegenstände gebrauchte, die der, der sie benützte, nicht kaufte, oder die zum Gebrauch für viele Menschen bestimmt waren. Sitze in den Autobussen, Barsessel, auf denen man draußen sitzen konnte, Stühle für Speisesäle: Hier setzte sich das Metallrohr im "Bauhaus-Stil" in den dreißiger Jahren rasch durch, selbst in Deutschland und Italien.

Das Bauhaus forderte zuviel von seinen potentiellen Benutzern. Es ging zu scharf gegen die Lebensgewohnheiten des mitteleuropäischen Bürgertums vor. Übrigens verdankt der Nationalsozialismus auch der teuflischen Fähigkeit seinen Erfolg, die latente Reaktion des deutschen Bürgertums auf diese Revolution auszunützen. Die Wiedergeburt der landgeschaftsgebundenen Stile, die Achtung vor den Volkstraditionen und die sich wieder dem individuellen Häuschen mit dem Zier- und Nutzgärtchen zuwendende Stadplanung helfen zu verstehen, wie bürgerlich (im schlechtesten Sinn des Wortes) der Nationalsozialismus war. Die Wohnungen der Führungsschicht waren noch langweiliger und kleinbürgerlicher, als man sich vorstellen kann.

Aber es war nicht nur eine deutsche Reaktion, auch in Rußland wurden die revolutionären Errungenschaften auf dem Gebiet der Wohnung, die der sehr freien Lebensart in den ersten Jahren der Revolution entsprachen, von Stalin in den Jahren des Aufstiegs Hitlers ausgemerzt. Die neuen strengen Gesetze, die darauf abzielten, die Familieneinheit auf einer noch moralistischeren Basis, als es die viktorianische war, zu rekonstruieren, fiel mit der Ablösung der Leitung der Kunst wie der Architektur zusammen. In den Einrichtungen und den kleineren Bauwerken zeigt sich die Rückkehr zu den Volkstraditionen und den Regionalstilen, die in allen der gleichzeitigen neuen Blüten in Italien ähnlich wa

Damit soll der Wert solcher Tratidionen jedoch we

Verkleidung eines Radioempfangsgeräts mit fünf Röhren, 1940 von den Architekten Livio und Pier Giacomo Castiglioni in Mailand entworfen. Auch um mit der Tradition des Möbelstücks zu brechen, das im Verdacht stand, sich mit barockisierenden oder klassisierenden Motiven zu verkleiden, entschied man sich für eine Kunstharzform (das Plastik-Material jener Jahre) und sah eine doppelte Verwendungsmöglichkeit vor: als Tisch- und Wandgerät. Wichtig ist die Tatsache, daß ein Empfänger mit solcher Senderwahl in einem einzigen Element zusammengefaßt wurde; die Tastenwahl war ein Zugeständnis an die Mode der Zeit, die später wieder aufgenommen wurde. Dieser Entwurf wurde erst zu Ende des Jahres 1945 serienmäßig hergestellt; dank des technischen Fortschritts wurde er in zwei Farben ausgeführt, Weiß und Rot, während das Original braun war, die damals einzig mögliche Farbe.

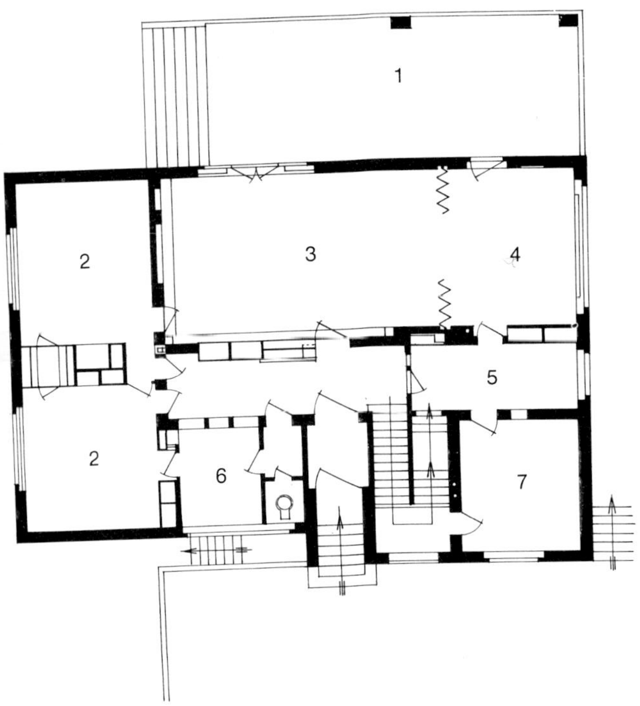

der geleugnet, noch all die Dinge, die sie im Lauf der Jahrhunderte hervorgebracht haben, generell abgelehnt werden; aber es ist eine offensichtliche Absurdität, ein Haus am Meer mit einem Speisezimmer aus den Bergen in getäfeltem Holz einzurichten, vor allem, wenn es eine schludrige Imitation der ursprünglichen Handwerkskunst ist, die von der Industrie serienmäßig hergestellt wird. Aber Italien hat seine eigene Geschichte, was die Lebensgewohnheiten in der Zeit vor dem Zweiten Weltkrieg angeht. Während Stalin und Hitler die Kodifizierung des bürgerlichen Verhaltens in der Kunst gegen die zügellosen Künstler der zwanziger Jahre darstellen, gelang es dem Faschismus, mit großer Schläue sowohl den Futurismus als auch die rationalistische Architektur zu absorbieren. Dieses wieder einmal typisch italienische Verhalten führte dazu, jede futuristiche Errungenschaft zum "Stile Novecento" zu verwässern, der ideologisch ziemlich unschädlich war und den der Faschismus erst in der "imperialen" Manie für das Große in seiner letzten und unglücklichsten Zeit aufgab. So fuhr der Faschismus (während ein großer Teil Europas mit aller Kraft zur dunkelsten Reaktion zurücklief) mit jenem "Vor- und-Zurück" fort, in dem er Meister war; um 1935 konnte man Le Corbusier noch auf den italienischen Kongressen für Architektur zujubeln, während in Rom Alban Bergs "Wozzeck" aufgeführt wurde, der in der nationalsozialistichen Welt streng verboten war.

Als die deutsche Kunst schon unter dem nazistischen Joch erdrückt war, konnten in Italien Franco Albini und Gio Ponti in der Zeitschrift "Domus" noch ihren Stil zeichnen und damit auch den öffentlichen Geschmack beeinflussen, der eine verfeinerte und damit akzeptablere Version des strengen Bauhaus-Rationalismus war. Einige der entworfenen Modelle jener Jahre sind Vorläufer des heutigen Industrial Design. So schlugen z. B. die in Mailand wirkenden Brüder Achille und Piergiacomo Castiglioni sogar die Abschaffung des absurden Radio-Möbels vor und ersetzten es durch ein neues Objekt, das wie Telefon und Schreibmaschine ein Supermöbel aus Plastik war.

Die Verbreitung des architektonischen Rationalismus weist ziemlich unerwartete Aspekte auf: 1931 entsteht in São Paulo in Brasilien dieses Haus von Gregory Warchavich, in dem die Intention wichtiger als das Ergebnis ist; denn man käme in Verlegenheit, wollte man das so sehr vom Bauorganismus losgelöste Gärtchen im ersten Stock "rational" rechtfertigen.

Der Expressionismus Mendelsohns

Erich Mendelsohn, geboren 1887 in Allenstein und gestorben 1953 in San Francisco, wird als der größte Exponent der expressionistischen Architektur betrachtet. Unter den wenigen von ihm ausgeführten Konstruktionen ragt die Sternwarte in Potsdam, der Einstein-Turm (1921), absolut hervor. Dieses wenige Kilometer südwestlich von Berlin liegende Observatorium erhebt sich heute im Herzen des Verteidigungsgürtels der DDR. Es überstand den Krieg unversehrt und ist noch heute die leistungsfähigste Sternwarte Europas. Der Einstein-Turm war zunächst als Betonbau vorgesehen, wurde dann jedoch in Ziegel aufgeführt und mit Zement verkleidet. Er wirkt wie eine riesige Plastik.

Wenn man an die traurigen Bedingungen, an die Aufgabe und den Verfall der berühmtesten rationalistischen Konstruktionen, wie das Haus Savoye Le Corbusiers und den Sitz des Bauhauses von Gropius denkt, die sich als sehr wenig funktionell und schwer zu unterhalten erwiesen haben, ist es dagegen erstaunlich zu sehen, wie das Meisterwerk des Expressionismus nach einem halben Jahrhundert bisher in seiner Funktionalität und zugleich in seiner physischen Integrität noch vollkommen erhalten ist.

Interessant, doch wenig bekannt ist die innere Einrichtung des Mendelsohnschen Turms, die man als Vorläufer zu dem betrachten kann, was dann, einige Jahre später, in Italien der "Stile Novecento" werden sollte. Die Notwendigkeit, jede Vibration zu vermeiden, die die Aufzeichnungen des äußerst empfindlichen Spektrometers gestört hätte, ließ Mendelsohn feste und extrem schwere Möbel in Holzblöcken entwerfen. Diese funktionelle Notwendigkeit spiegelt sich in dem massiven Charakter der Möbel wider: einem Charakter, der dann aus rein ästhetischen und keineswegs wissenschaftlichen oder funktionellen Gründen allgemein Mode wurde.

Die Berliner Wohung, die sich Mendelsohn 1929/3[illegible] erbaute und die er nur kurze Zeit bewohnte, da er wegen der Rassenverfolgung emigrieren mußte, gibt von de[illegible] niemals deklarierten, aber doch allgegenwärtigen Funktionalität der Werke Mendelsohn Zeugnis. Auch sie (wi[illegible] der Turm in Potsdam) ist nach 35 Jahren noch vollständig erhalten. Auf einem sanften Abhang in einem seh[illegible] schönen Park, dem Rupenhorn, gelegen, der an eine[illegible] den Wannsee im Norden abschließenden Kurve, lieg[illegible] erscheint sie in ihrer Komposition äußerst einfach. I[illegible] Souterrain, das Mendelsohn durch die Ausnützung d[illegible] abschüssigen Geländes erhielt, sind die Wirtschaftsräume und die Dienstbotenzimmer untergebracht. Von d[illegible] Straße aus sieht man wegen einer großen Wiese fa[illegible] nichts. Sie wird von einem Weg durchzogen, der d[illegible] Wohnung Distanz zur Straße gibt. Das Haus öffn[illegible] sich mit dem Erdgeschoß aus Glas nach Süden hin a[illegible] den See. Große Fenster aus einer einzigen Scheibe können durch einen elektrischen Mechanismus unter den Fensterbrettern oder dem Fußboden verschwinden und formen im Sommer diesen Wohnstock in einen wirklichen Laubengang um. Auch im Mobiliar weist Mendelsohn die Theorien des Bauhauses, die Metallmöbel, zurück. Seine kulturelle Bildung als reicher bürgerlicher Jude, die Liebe zur Bequemlichkeit und zur Musik haben sich in seiner Einrichtung Ausdruck geschaffen, die sozusagen zwischen der protestantisch - puritanischen Nüchternheit eines Loos und der "barockisierenden" Pracht bestimmter deutsch-österreichischer Tendenzen liegt, die dann auch nach Italien verpflanzt wurden.

Dieses sein Haus ist daher das von allen am wenigsten Mendelsohnsche, das neutralste in der Einrichtung, aber gerade deshalb widersteht es bestens der natürlichen ästhetischen Veraltung. Und deshalb zeigt es uns nicht nur, wie der größte deutsche Architekt in der Zeit, bevor der nazistische Sturm durch das Land raste, lebte, sondern bildet auch heute noch ein wertvolles und nachahmbares Beispiel für das Haus, dessen extreme Herrschaftlichkeit sich in vorbildlicher Diskretion offenbart.

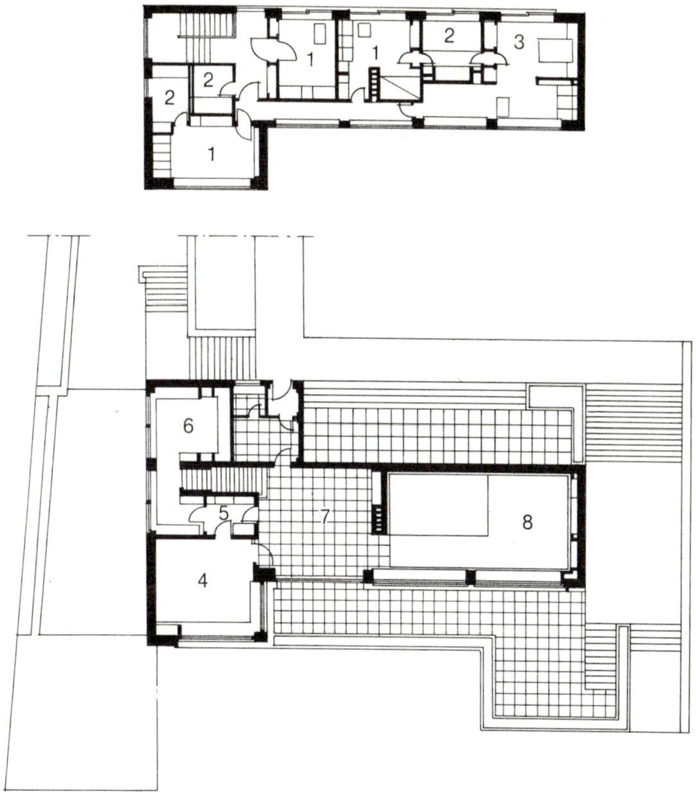

(S. 310) Perspektivische Vedute des 1929 am Rupenhorn (Berlin) von Mendelsohn als eigene Wohnung erbauten Hauses. (S. 311 von oben) Grundrisse des ersten Stocks und des Erdgeschosses und (unten) Äußeres des großen Wohnraums, der sozusagen in den davorliegenden Garten hineingebaut ist. Die Zahlen der beiden Grundrisse entsprechen: (1) dem Schlafzimmer; (2) dem Bad; (3) dem Wohn-Schlafzimmer für Gäste; (4) dem Eßzimmer; (5) dem Arbeitszimmer; (6) der Küche; (7) dem Wohn- und (8) Musikzimmer. Das sich lang hinstreckende Gebäude nimmt die Schmalseite eines weiten abschüssigen Geländes ein, über das die sich gegenseitig durchdringenden weiträumigen Terrassen verteilt sind.

Glanz und Gefahren bei Mies van der Rohe

Verglichen mit der ungeheuren architektonischen Produktion Wrights und dem ständigen polemischen Kampf Le Corbusiers ist das ruhige Werk von Mies quantitativ sehr gering. Seine heute noch bestehenden europäischen Konstruktionen kann man an einer Hand aufzählen; und doch bilden sie einen Komplex von so wesentlicher Bedeutung für die Geschichte der modernen Architektur, daß kein Historiker diese wenigen und oft noch kurzlebigen von Mies van der Rohe in den zwanziger und dreißiger Jahren verwirklichten Arbeiten außer acht lassen könnte.

Nach einigen Versuchen im klassizistischen Stil konnte der Genius Mies' erst in den ersten Jahren nach dem Ersten Weltkrieg in dem phantastischen Entwurf des noch heute wegen seiner Kühnheit staunenerregenden Wolkenkratzers (auf einem Grundriß von unregelmäßigen Linien), der völlig aus Glas besteht, endlich explodieren. Aber nur im Deutschen Pavillon auf der internationalen Ausstellung in Barcelona (1929), im Haus Tugendhat in Brünn (1930) und in dem Experiment-Haus, das er der Bauausstellung in Berlin (1931) vorlegte, gelingt es der Miesschen Konzeption der Innenräume, sich in präzisen Vorschlägen zu konkretisieren und sich folglich in einer Reihe von hervorragenden architektonischen Bildern auszudrücken. Wir untersuchen hier nur das zweite unter diesen Werken, das auch die angewandten Konzepte der andern beiden Konstruktionen aufnimmt, die – für Ausstellungen bestimmt und daher niemals wirklich bewohnt und so auf der architektonischen Bühne nur reine und einfache Theoreme – leider nicht als Beweis dienen können, den nur das wirkliche Leben eines Gebäudes zu geben vermag.

Um den planimetrischen Fortschritt von Haus Tugendhat zu verstehen, muß man sich zunächst einmal über seine landschaftliche Lage Rechenschaft geben: Es liegt am Rande einer mehrere Meter über dem Grundstück des Hauses liegenden Straße. Um die Ruhe des angrenzenden Gartens zu bewahren, entwarf Mies den Eingang direkt von der Straße her im ersten Stock: So tritt man in die Halle der Villa ein, deren Tür auf den halbzylindrischen Körper des Treppenhauses führt; der Gast wird so zu einem raschen Hinabsteigen in die darunterliegenden Räume eingeladen.

Die von Mies verwirklichte Revolution konzentriert sich auf dieses Stockwerk für den Tagesaufenthalt.

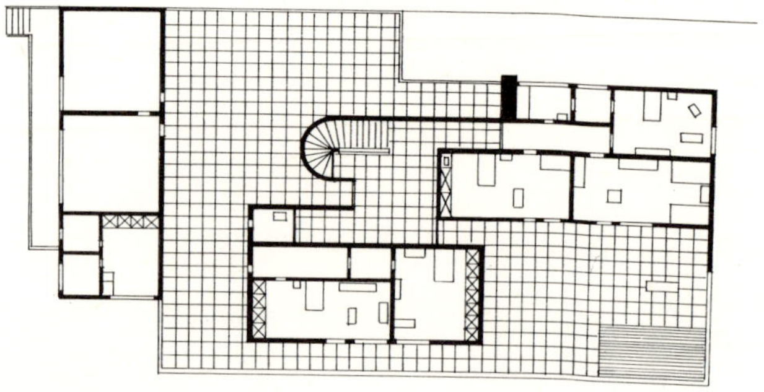

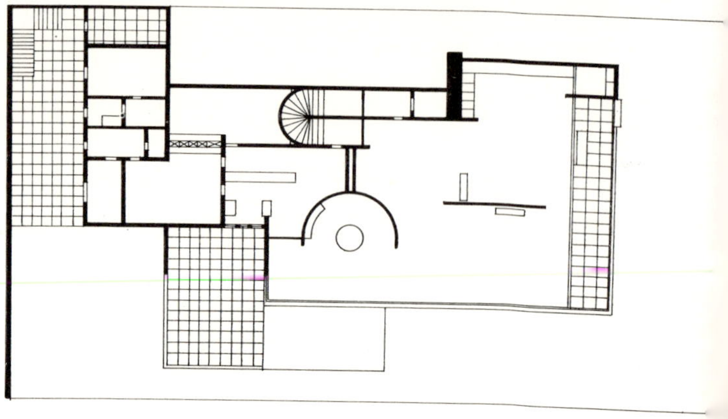

(Von oben) Eßecke, Grundrisse des ersten Stocks und des Erdgeschosses und (unten) Blick auf das Wohnzimmer von Haus Tugendhat in Brünn (1930). Wie im Pavillon in Barcelona (S. 313) nimmt Mies zur Stützung der Zwischendecke kreuzförmige Pfeiler aus Chromstahl mit großen dazwischenliegenden Fenstern auf und greift auf freigestaltete Blenden aus kostbarem Material zurück: Ebenholz aus Madagaskar, braune und schwarze Streifen für den majestätischen Raum um die Eßecke herum und weißen und goldenen Onyx für den in die Natur eingetauchten Wohnraum.

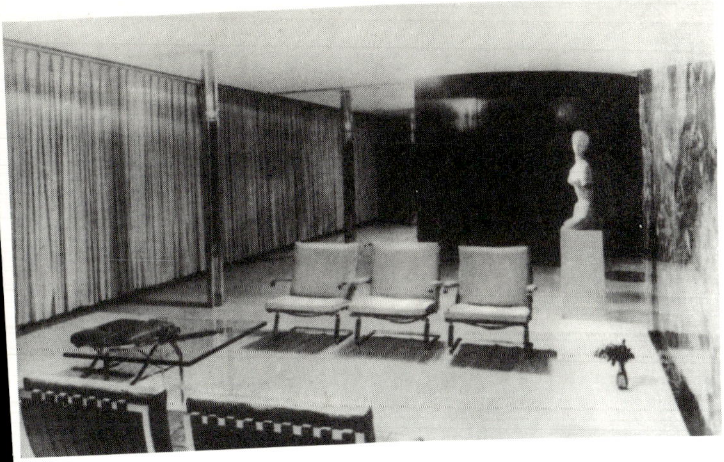

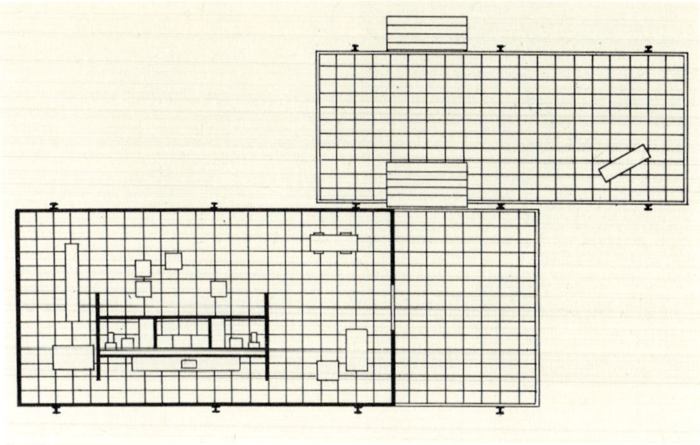

Dafür genügt ein Blick auf den Grundriß: Vor allem das konstruktive System aus kreuzförmigen Stahlpfeilern, die mit hellen, farbigen Verkleidungen versehen sind, löst sich dermaßen von den sieben Trennwänden, daß diese nur wenige Zentimeter dick und bloße "Häute" aus kostbarem Marmor oder edlen Hölzern sind. Der Innenraum erscheint nicht in getrennte und nebeneinandergesetzte Zimmer aufgeteilt, die durch Türen miteinander in Verbindung stehen und durch Fenster erleuchtet werden, so wie es in der herkömmlichen Architektur der Fall war, sondern er ist vielmehr ein Kontinuum, nach draußen durch eine einzige und ununterbrochene Glaswand begrenzt, die man in den Fußboden hinunterlassen kann, um so die Verbindung zwischen drinnen und draußen vollständig zu machen.

Man hat viel über die Miesschen verchromten Stahlsäulen gesagt, und einige Funktionalisten haben sie als kanonische Hindernisse für die Abwicklung des internen Lebens der Wohnung kritisiert. Tatsächlich hat sie Mies in seinen amerikanischen Werken eliminiert und sie durch große, das Dach tragende Pfeiler außen an der Konstruktion ersetzt, um so gerade den Innenraum frei zu halten. Aber diese Stützen in Haus Tugendhat erfüllen auch eine andere wesentliche Funktion: Rhythmus und Maß und Ordnung im Innenraum, der sich nur so als in ein ideales Fadenkreuz eingegliedert und proportioniert offenbart.

Die Vermischung der Räume und die daraus folgende Integration der täglichen Funktionen in ein räumliches Kontinuum ist eine offensichtliche begriffliche Ableitung aus dem Expressionismus, der auf die Zerstückelung in der bürgerlichen Gesellschaft mit der utopischen, mystischen und sozialen Vermischung aller Lebensbereiche in großen kollektiven Räumen, einer Art fast säkularisierter Tempel reagierte. In der Wohnung konnte diese zutage tretende Unordnung nur durch das Vorgehen von Mies kontrolliert und damit aktualisiert werden, der auf den kühlsten, strengsten und geometrischsten architektonischen Ausdruck zurückgriff, um dem Raum Form zu geben. Gerade aus diesem Kontrast zwischen Freiheit der Räume und strenger Geometrie, durch die sie sich ausdrückt, entsteht die Kraft dieses architektonischen Bildes.

Der bekannteste Raum von Haus Tugendhat ist das

(Oben links) Eine weitere Ansicht des Wohnzimmers von Haus Tugendhat in Brünn (s. S. 312): die Sessel wurden eigens dafür von Mies van der Rohe entworfen. (Rechts) Grundriß von Haus Farnsworth in Plano (Illinois), 1950 von Mies entworfen. (Darunter) Inneres des für die internationale Ausstellung von Barcelona (1929) eingerichteten deutschen Pavillons.

In seiner Bauhaus-Zeit hatte Mies van der Rohe 1926 einen freitragenden Sessel aus Stahlrohr entworfen, der in den dreißiger Jahren in den USA weite Verbreitung fand. Mit dem Sessel "Barcelona" (unten) ging der Architekt zu den flachen gekreuzten Stahlstangen über, die mit Lederkissen versehen wurden.

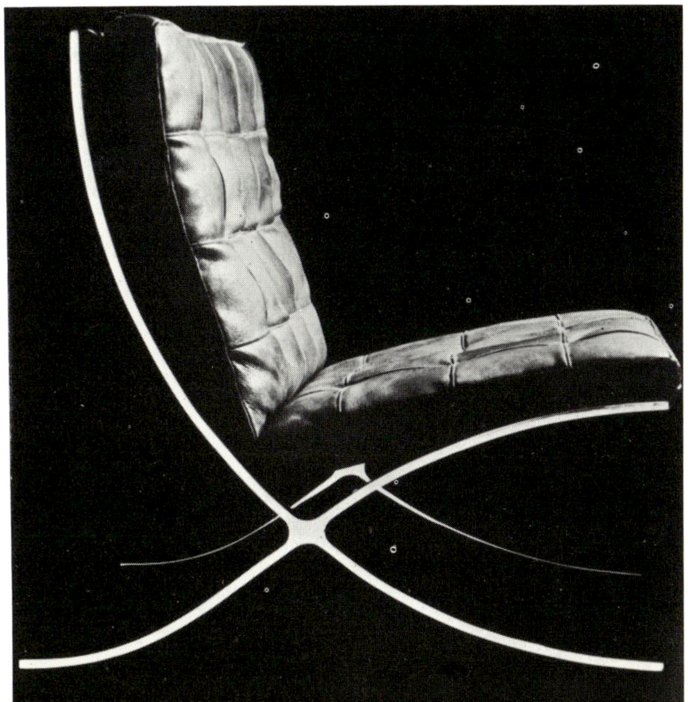

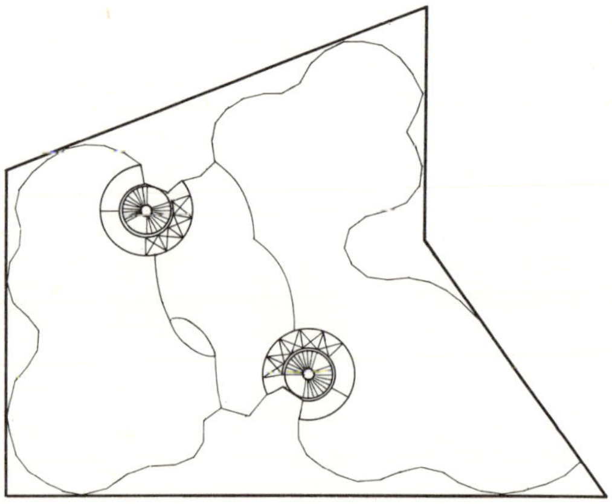

1920/21 entwarf Mies unter Ausnützung des Spiels der Reflexe diesen dreißigstöckigen Komplex ganz aus Glas (links), dessen Grundriß (oben) eine Integration freier Formen darstellt, die in den transluziden Vorhang auslaufen, der jedes Stockwerk umschließt. (Rechts) Wohngebäude des Lake Shore Drive in Chicago (1915): ein weiterer Fortschritt des von Mies van der Rohe verwirklichten Themas der Reflexe und Transparenzen.

Eßzimmer, das man anscheinend richtiger "Eß-Raum" nennen sollte, da sich seine formale Begrenzung kaum auf eine halbrunde Täfelung aus Edelholz stützt, die die Bewegung des ebenfalls runden Tisches wiedergibt. Natürlich mußte eine solche Strenge bis in die letzten Konsequenzen, bis ins kleinste Detail der Wohnung geplant und in Form und Lage auf den Millimeter genau vermessen werden. Daher entwarf Mies für dieses Zimmer die Sessel "Tugendhat". Nachdem sie einmal serienmäßig hergestellt waren, wurden sie ebenso berühmt wie der Sessel, der für den deutschen Pavillon auf der Ausstellung von 1929 in der Stadt Barcelona entworfen war und von der er seinen Namen erhielt.

Der "Barcelona" ist vielleicht unter allen internationalen Produktionen von Serienmöbeln das bekannteste Stück. Seine unvergleichliche Eleganz beruht auf dem Kontrast zwischen den subtilen x-förmigen Beinen aus gewalztem und verchromtem Stahl und den großen Polsterkissen aus schwarzem gestepptem Leder. Das Fehlen der Armlehnen erstaunt. Doch muß man sich an die eigentliche Funktion erinnern, für die er entworfen war: ein Sessel für die Ausstellung, auf dem man sich nur kurz vor etwas Interessantem niedersetzt, um es zu betrachten.

Nachdem Mies Deutschland verlassen hat, setzt er seine Studien über die Wohnung in Amerika fort. Die großen Bauwerke von Chicago nehmen den räumlichen Rigorismus der örtlichen Schule auf. Der Wolkenkratzer Seagram Building wird allgemein für das schönste Bauwerk in Amerika gehalten. Aber in diesen Werken ist die Raumbeherrschung verschwunden, die Mies in seinen europäischen Bauten um 1930 herum so sehr betonte: als Schachteln aus Stahl, Bronze und Metall unterscheiden sich die Appartements in Chicago im Innern nur wenig von den zahlreichen "modernen" Wohnungen, die der internationale Stil über die ganze zivilisierte Welt, von Stockholm bis Algier, von London bis Beirut verbreitet hat.

Die letzten Dinge Mies' sind Gegenstände des "design", die darauf abzielen, einen Standard zu schaffen der der größtmöglichen Zahl von Menschen zugänglich ist. Ihre Kraft liegt in der stadtplanerischen Beziehung um ein neues Verhältnis des Gebäudes zur Stadt zu schaffen, das vollständig mit den andern Ausdrücken unserer Konsumzivilisation übereinstimmt; doch diese ganze Perfektion wird mit der Einfrierung des Innenraums der Wohnungen bezahlt, wo man zu den "Bauschachteln" zurückkehrt, gegen die Wright sein ganzes langes Leben lang angekämpft hatte.

Übrigens hat Mies die Forschungen über die Einzelwohnung nicht aufgegeben: In dem kleinen Experiment Haus für die Farnsworth in Fox River (Illinois) von 1951 erscheint die räumliche Kontinuität perfekt. Das Haus bildet einen einzigen Raum, in dessen Mitte sich eine Art großer und langer Schrank befindet, der auf einer Seite Küchengeräte und auf der andern solche für den hygienisch-sanitären Gebrauch enthält. Aber nicht einmal mit diesem andern Extrem können wir uns einverstanden erklären: Die Vermischung aller Wohnfunktionen – essen, schlafen, sich unterhalten, lesen sich ankleiden usw. – in einem einzigen, nicht abschirmbaren, undifferenzierten Raum bleibt für die Bauspekulation ebenso unnachahmenswert wie die Bienenkorbschachteln der einräumigen annamesischen Häuser. Und nicht nur das: hat sich diese Art zu wohnen erst einmal durchgesetzt und verbreitet, so bleibt zu befürchten, daß sich die Bauspekulation ihrer bemächtigt und uns zwingt in immer kleineren und engeren Schachteln zu leben.

Philip Johnson oder die vollkommene Strenge

Philip Johnson, Architekt, Kunstkritiker, Sammler und Essayist, geboren 1906 in Cleveland, Ohio, ist der getreuste Nachfolger Mies van der Rohes und hat mit ihm bei der Projektierung des schönsten New Yorker Wolkenkratzers, des Seagram Building, zusammengearbeitet, wobei Johnson die Sorge für die Inneneinrichtung zufiel.

Seine Wohnung in New Canaan (Connecticut) von 1949 ist früher als das Haus Farnsworth von Mies errichtet, so daß man es nicht als Kopie des letzten, sondern vielmehr als dessen Inspiration betrachten muß. Dennoch sind die Unterschiede größer, als es im ersten Augenblick scheinen mag; vor allem wird die Tragestruktur, die bei Mies durch die außen an den Dachplatten sichtbar angebrachten Längsbalken noch ein konstruktivistisches Überbleibsel darstellt, von Johnson dagegen als Einheit mit den andern Strukturelementen verwirklicht.

Das Innere ist noch gefrorener: die von Johnson und Mies entworfenen Möbel sind in diese exklusiv gamachte Atmosphäre eingetaucht und folgen präzisen perspektivischen Gesetzen, wie die Personen der Renaissance-Maler. Die Folge ist, daß das Verrücken eines Sitzes oder die Hinzufügung eines andern Sessels das gleiche bedeutete, wie die "Geißelung Christi" von Piero della Francesca durch die zufällige Hinzufügung einer Karikatur zu verunstalten. Die sanitären Anlagen sind alle in einem eleganten Zylinder aufgenommen, zu dem die große Lampe das Gegengewicht bildet. Sie besteht aus zwei großen aufeinandergesetzten Ringen, einem auf der Erde und einem oben, die durch einen einzigen vertikalen Stab verbunden sind, um so einen vollständigen, aus Licht geformten Zylinder zu suggerieren.

Auch diese Wohnung ist ein Grenzfall, und wenige andere Personen außer dem Dandy, dem sie gehört, könnten bequem in diesem Monument des perfekten Geschmacks leben; aber ihre Raison-d'être liegt in der unterschwellig ausgedrückten Polemik gegen die falsche Gemütlichkeit der Wohnungen im Hollywood-Stil mit dem falschen Kamin (und der von unten angestrahlten roten Streifentapete, auf die ein versteckt angebrachter Ventilator Reflexe wirft) und dem als Fernsehschirm verkleideten Aquarium, während der Fernsehschirm als Spiegel aus dem 18. Jahrhundert ausgegeben wird; und so weiter von Falschheit zu Falschheit, so daß man sich schließlich fragt, ob im Triumph der kontrollierten Verfremdung wenigstens noch die Besitzer wirklich echt sind.

Philip Johnson hat mit seinem sicheren Geschmack das andere Extrem gewählt; aber ein solcher Exzeß einer ästhetischen Kultur, der schon an Sophisterei grenzt, ist authentisch. Daher behält das Haus Johnson noch heute (20 Jahre nach seiner Errichtung) unverändert seinen subtilen Zauber.

Innen- und Außenansichten des von Philip Johnson 1949 für sich selbst errichteten Hauses in New Canaan, Connecticut. Die Wände zwischen den agilen Metallstrukturen sind ganz aus Glas, woraus sich eine ständige Berührung mit der Natur ergibt: so sehr, daß es fast seltsam klingt, bei diesem Gebäude von "Innenräumen" zu sprechen. Das Ganze ist in eine vollkommene Geometrie eingeschlossen, der die Aufteilung der Möbel unmittelbar entspricht, die ihrerseits in rigoroser Korrektheit und jeder Veränderung widersprechend vorgenommen ist.

Neutra und the American Way of Life

Kein anderer Architekt, nicht einmal der große Wright, beeinflußte die amerikanische Wohnarchitektur so stark wie Richard Neutra. Sein beruflicher Erfolg mutet fast unglaublich an: Die von ihm erbauten Häuser gehen in die Hunderte. Das allein wäre selbstverständlich noch kein Verdienst dieses Alexandre Dumas der Architektur, wenn diese Fruchtbarkeit von der Qualität getrennt wäre, die jedoch gleichbleibend hoch ist. Dem, der den enormen Katalog seiner Villen durchblättert, mag es ein wenig ergehen wie einem, der viele Schallplatten von Vivaldi hört, von dem Strawinski scharfzüngig behauptete, er habe dreihundert Mal das gleiche Konzert geschrieben; seine Kompositionen ähneln sich alle. Aber man kann dem entgegenhalten, daß sie wegen ihres unverwechselbaren Stils zunächst immer erkennbar sind; das ist nicht wenig, da die amerikanischen Wohnungen, die man als "à la Neutra" definieren kann (echte und nachgeahmte), sicherlich die Tausend überschreiten.
Diese Tatsache beweist, wie sehr der 1892 in Wien geborene Österreicher Richard Neutra auf die amerikanischen Lebensgewohnheiten einwirkte. Da wirft ihm jemand vor, er habe seinen Auftraggebern genau das gegeben, was sie wünschten – daher sein Erfolg –, was ihn in die Rolle eines vollkommenen Dieners der Gesellschaft, aber nicht in die eines schöpferischen Künstlers versetzt habe; und diese Gegenstimme ist natürlich Le Corbusier. Während dieser keinerlei Einfluß auf die französische Lebensart hatte, sind die Raumhypothesen Neutras vor allem in Kalifornien zum "allgemeinen Ausdruck" geworden. Und wenn es unter anderm auch Zweck der Architektur ist, durch die Kunst zu erziehen, so hat das geduldige, äußerst präzise Werk Neutras, durch das er Regisseure, Filmschauspielerinnen, Kapitalisten und den Staat ausnützte, den mittleren Geschmack eines Teils der Amerikaner in einer Weise verbessert, wie das bisher keinem andern Architekten gelang.

Diese Arbeit an den immer gleichen Themen erlaubte es Neutra, sich vor allem eine außergewöhnliche technische Vollkommenheit anzueignen, die er erwarb, indem er die konstruktiven Besonderheiten, die er erforscht, erprobt und wiederholt hatte, durch viele Jahre hindurch verfeinerte. Letzten Endes konnte er dann die konstitutiven Elemente standardisieren und vorfabrizieren, so daß seine vollkommenen Konstruktionen sogar weniger kosten als unvollkommene Experimente, die ein anderer Architekt nun einmal hervorbringen kann.

Der offensichtlich organische Charakter einiger seiner Konstruktionen, der sie wegen der genauesten Einfügung in die Landschaft manchmal denen Wrights ähneln läßt, berechtigt eine Untersuchung der Grundrißpläne Neutras. Während bei Wright immer ein massives Zentrum besteht und sich der Rest der Konstruktion mit der Natur zu vermischen sucht, behalten die Gundrisse Neutras den rationalistischen Ursprung unversehrt bei, und jeder Raum hat eine klare Funktion und Gestalt, die sehr wohl von der Natur verschieden ist.

Im Kaufmann Desert House in Palm Springs, Kalifornien, von 1946/47 drückt sich der planimetrische Organismus in vier Flügeln aus: im Süden die Garagen, im Westen die Wirtschafträume, im Norden die Gästewohnung und im Osten die Wohnung des Hausbesitzers. Im Zentrum als Drehpunkt der Komposition der große Wohnraum, der mit dem Schwimmbad in Beziehung steht, und im ersten Stock eine Loggia. Diese Art, den Innenraum in halbunabhängige Zentren zu unterteilen, die sich um den den Schwerpunkt bildenden Schornstein herum zentrieren, offenbart sofort ihre unmittelbare Vaterschaft: Wright in seinen entfernten Prairie Houses. In der Tat waren auch sie die erste Verwirklichung der gewünschten Lebensart des Amerikaners, der, in den großen Städten ertrinkend, den Prärien und der Existenz der Vorfahren nachweint. Daher kehrt er dorthin zurück, sobald es ihm möglich ist, und wäre es auch nur für ein Weekend. Wenn man allerdings vom Grundriß zur Architektur, zum Organismus übergeht, der den Raum in eine sichtbare Form übersetzt, bleibt vom Stil Wrights nichts mehr übrig: Flache Dächer, große Fenster, keine Ecke, die nicht rechtwinklig, kein Raum, der nicht viereckig und von der ihn umgebenden Natur verschieden wäre.

Eine Wohnung in dieser Wüste leben zu lassen, läßt sie fast zur Utopie werden. Es genügte, sie einige Zeit zu verlassen, um dieses Juwel zu einer halb im Sand versunkenen Ruine zu machen. Auch ihr Leben ist kurz

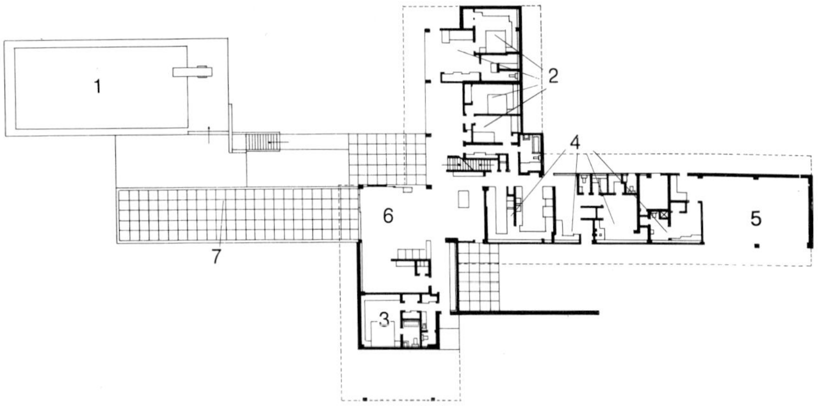

dennoch bleibt sie das Dokument dafür, wie das Werk eines Architekten die Natur (wenn auch nur vorübergehend) besiegen kann.

Vollkommen leistungsfähig ist dagegen Haus Tremaine in Santa Barbara von 1947/48. Sein kreuzförmiger Grundriß macht es dem des Kaufmann Desert House ähnlich; aber da es in einem Eichenwald errichtet ist, erscheint die Beziehung zur umliegenden Natur sehr viel enger und organischer. Das Dach ist eine Eisenbetondecke, jedoch von Zementbalken rhythmisiert, die die Motive der Holzbalken der alten Präriehäuser wieder aufnehmen. Die Außenmauern sind aus Stein.

Betrachten wir das Fenster des Schlafzimmers des Besitzers: Das Dach und der Toilettentisch bilden die Seiten eines großen Rahmens, dessen Bild die umliegende natürliche Landschaft ist. Hier tritt der Unterschied zu Wright klar zutage: Wir sind nicht in die Natur eingetaucht, sondern die Natur ist etwas, was man von außerhalb wie ein Bild betrachtet. Wenn man auf einen Knopf drückt, fällt der Vorhang, die Naturvision ist zu Ende (und konsequenterweise müßte jetzt das schicksalsschwere Wort ENDE erscheinen); das Zimmer wird wieder zu einer geschlossenen Schachtel, ohne noch weiter eine Beziehung nach draußen zu haben. Dieses Eintauchen in die Natur, wobei man auf die Errungenschaften der Zivilisation nicht verzichten will, ist im Grunde der authentische Ausdruck amerikanischer Lebensart: Man ißt im wahrsten Sinne des Wortes im Freien, aber deswegen verzichtet man für gesellschaftliche Feste nicht auf den Smoking. Das ländliche Orchester, das zum "Square dance" aufspielt, ist unwiederbringlich von der Stereo-Anlage mit den in den Zweigen der Bäume versteckten Lautsprechern ersetzt. All das kann raffinierten und romantischen Menschen nicht mißfallen, für die Kritiker aus Europa jedoch liegt in dieser Veränderung der Lebensart ein unverzeihlicher Stilbruch. Sie selbst aber, die Europäer, die ebenfalls an gewissen tiefwurzelnden Traditionen hängen, haben ihre Städte und die Natur ruiniert, so daß sowohl das traditionelle Leben als auch das, das man für modern hält, fast unmöglich geworden ist. Daher klingt jeder Tadel gegen Amerika ziemlich pharisäerhaft.

(S. 316 und S. 317 oben) Haus Tremaine in Montecito (Kalifornien), 1947 von Neutra entworfen: Außenansicht auf den Schlafraum des Besitzers; Gartenansicht vom Schlafzimmer aus; Grundriß. Die im Grundriß angegebenen Zahlen entsprechen: (1) dem Schwimmbad; (2) dem Schlafzimmer des Besitzers; (3) Gästewohn- und -schlafzimmer; (4) den Wirtschaftsräumen; (5) der Autogarage; (6) dem Wohnzimmer; (7) der Terrasse (oder besser dem Wohnraum im Freien).

(Unten) Haus Kaufmann in der Colorado-Wüste (Kalifornien), ein anderer Bau Neutras aus dem Jahr 1946, der später verlassen wurde: Südansicht des Hofes, an den sich das Wohnzimmer und die Schlafzimmer des Besitzers anschließen; und Grundriß (die Zahlen haben die folgenden Entsprechungen: (1) Schwimmbad; (2) Wohnzimmer; (3) Schlafraum des Besitzers; (4) Gästeappartement; (5) Wirtschaftsräume; (6) Garage; (7) Hof).

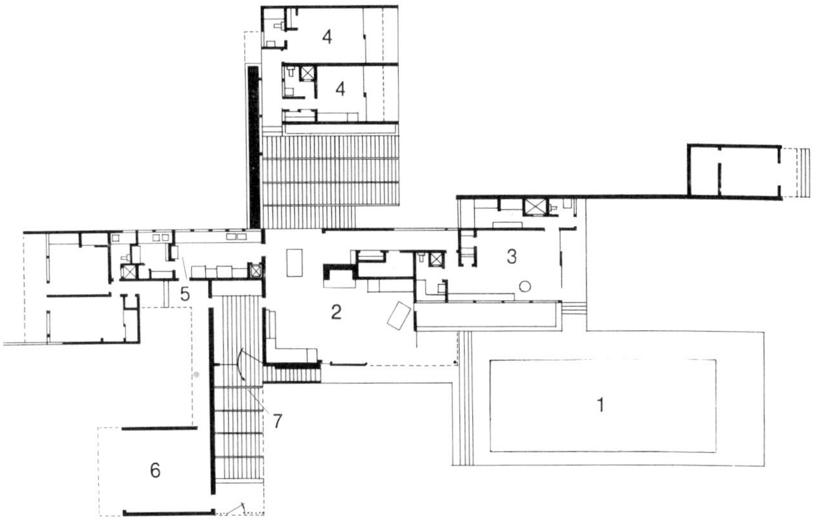

Die geniale Einfachheit Alvar Aaltos

Der Beitrag Alvar Aaltos zur modernen Wohnung ist recht eigenwillig. Sein Vaterland Finnland, wo er 1898 geboren wurde, ist wegen seiner geographischen Lage, seiner wirtschaftlichen Bedingungen und seiner Menschen sehr entfernt von jenen lärmenden Konzentrationen, die das moderne Wohnen überall, von Tokio bis Madrid, charakterisieren. Die finnische Lebensart mit der typischen Sauna neben der Wohnung erscheint daher erheblich einfacher und patriarchalischer als die fast aller andern europäischen Länder.

Nach dem letzten Krieg arbeitete Aalto außer in seinem Heimatland auch in Amerika, in Frankreich und in Deutschland. Unter den vielen von ihm projektierten Häusern kann man die Maison Carré in Bazoches bei Paris von 1956-58 als Beispiel auswählen, da sie die Summe aller vorangegangenen Erfahrungen des Architekten auf diesem Gebiet darstellt. Sie ist auch eins der wenigen Häuser der letzten Jahre, die uns etwas wirklich Neues über das Wohnen vorlegt.

Im Grundriß bemerkt man sogleich die Nichtbeachtung der typischen Unterteilung in ein Tag- und ein Nachtzentrum, die schon von allen Architekten übernommen ist. Die Schlafzimmer mit den dazugehörigen Badezimmern (das des Besitzers hat sogar eine Sauna) führen auf die große zentrale Halle, in die ebenfalls der Eingang und alle andern Räume gehen: Wohnzimmer, und Bibliothek zur Rechten, Eßzimmer im Hintergrund Küche zur Linken. Ein so ungeheurer zentraler Raun könnte sich leicht in ein dunkles und maßloses Riesenzimmer wie die Eingangshalle eines alten Bahnhof verwandeln. Aber Aalto gelingt es, ihn durch die Be wegung der Decke, das Versetzen der Stockwerke un die Beleuchtung angenehm zu machen und ihn gerad durch das Spiel seiner Sektionen dynamisch mit de Wohnräumen zu verbinden. Zwei große Schränke schir men (für den, der eintritt) den Blick in die Zimmer a und tragen dazu bei, den Raum in der Längsrichtung z betonen. Das Resultat ist vom ästhetischen und funktic nellen Standpunkt aus hervorragend: Dieses große Hau hat keine Korridore, keinen verlorenen Raum, der sic dem Leben und dem Aufenthalt entzöge. All das wir durch die für die Kunst Aaltos so typische Einfachhe erzielt. Eine Besonderheit liegt schließlich in der Au merksamkeit des Architekten für bestimmte Dinge, di viele seiner Kollegen übersehen: z.B. die Bibliothe (rechts hinten auf dem Plan). Jedermann weiß, w unbequem es ist, Bücher zu konsultieren, die sich in ein Höhe von mehr als zwei Metern befinden: Aalto nütz die Unebenheit des Grundstücks aus und erhöhte de einen Teil des Raums um einen Meter über den ander so daß er zwei Büchergestelle erhielt, das eine höher ur das andere niedriger, die beide leicht zu benützen sin

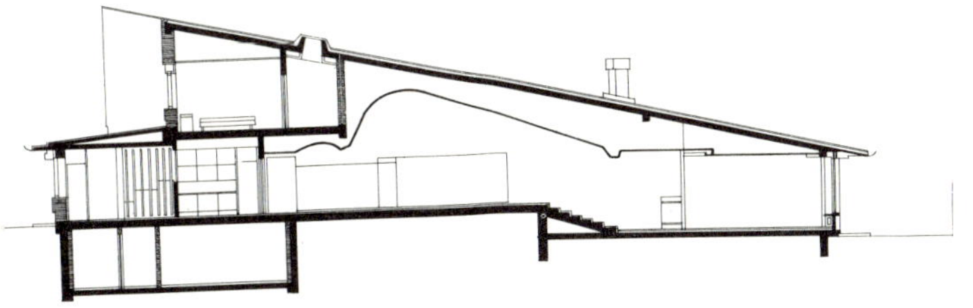

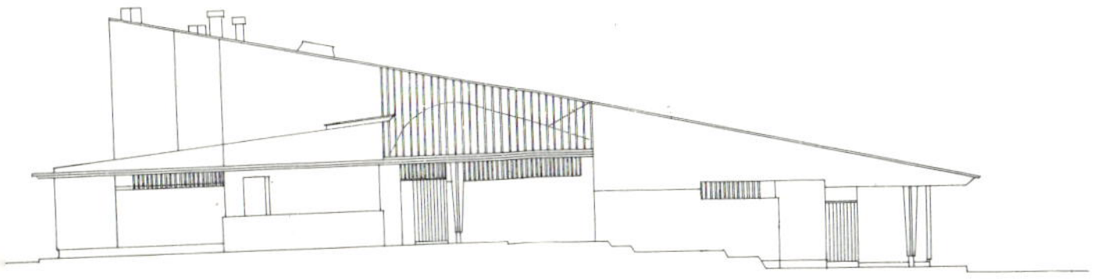

Haus Carré in Bazoches (Ile-de-France), zwischen 1956 und 1958 nach dem Entwurf Aaltos erbaut. (S. 318) Ansicht von Nordost, (S. 319 rechts) Ansicht von Südwest (Eingangszone); Querschnitt (der Verlauf der kurvenlinigen Decke, der den großen vom Atrium und dem weiträumigen Wohnzimmer gebildeten Raum gleichsam bewegt, tritt klar in Erscheinung: ein Eindruck, den man von draußen keineswegs erwartete); Westfassade. (Unten) Umfassender Grundriß des Erdgeschosses (unter Bezugnahme auf die Zahlen kann man feststellen: (1) den Eingang; (2) das Atrium; (3) das Wohnzimmer; (4) das Arbeitszimmer; (5) den Eßraum; (6) die Küche; (7) das Büro; (8) Dienstboteneingänge; (9) Schlaf- und Badezimmer).

)asselbe läßt sich von den unendlich vielen andern)etails sagen. Die angeborene Einfachheit Aaltos, sein ;esunder Menschenverstand, sein Humor, der ihn nie erläßt, erlauben es ihm, die Wohnprobleme liberal nzugehen, und sie führten ihn dazu, mit geringen 1itteln beste Lösungen zu erzielen. Wahrscheinlich hat ıalto nie etwas über Husserl oder die Phänomenologie ehört, aber sein "immer wieder zu denselben Dingen :urückkehren" (unter Ausschluß jeglichen Vorurteils) t die legitimste Verwirklichung der von den Philosohen sehnsüchtig erwarteten "epoché".

Als Aalto damit beauftragt wurde, für den Berliner ıterbau von 1958 das Problem der Kollektivwohnung ı lösen, gelang es ihm auch hier, Neues und Besseres ls die andern zu schaffen (auch wenn sie sich Gropius, Tiemeyer, Eiermann oder Vago nannten). Sein Haus in erlin (ebenfalls ohne Korridore wie die Maison Carré), dem sich alle Räume um eine große Wohndiele erum zentrieren, die sich ihrerseits auf eine gleichfalls roße Terasse öffnet, hat die Kritiker zunächst gerade egen seiner offensichtlichen Einfachheit enttäuscht. ber heute, nach zehnjähriger Existenz, erwies es sich s das Vitalste der Interbau-Ausstellung, und die Beohner sind froh darüber; was man leider nicht immer n den vielen andern, danebenliegenden Konstruktion sagen kann.

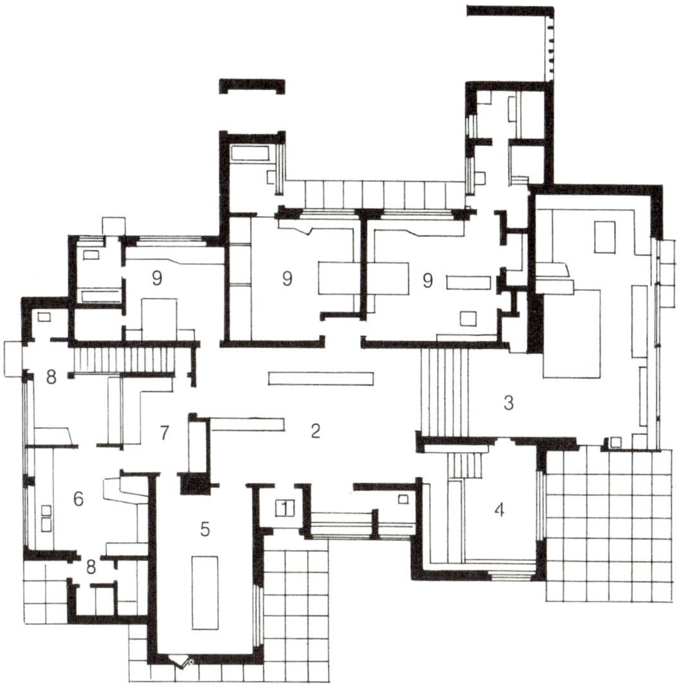

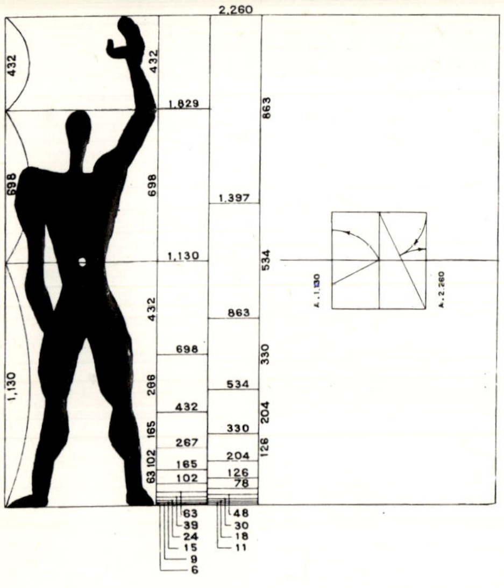

Die Intelligenz und Vorurteilslosigkeit Le Corbusiers

Kein anderer moderner Architekt hat so viel über die heutige Architektur geschrieben und gesagt wie der Schweizer Charles Edouard Jeanneret mit dem Künstlernamen Le Corbusier. Auch wenn er von dem berühmtesten, ihm zugeschriebenen Satz "La maison n'est qu'une machine a habiter" behauptet, ihn nie geschrieben oder gesagt zu haben, sind seine durchweg polemischen Schriften dennoch zahlreich. Sie führen einen Kampf fast ein halbes Jahrhundert lang gegen den Akademismus, die konservative Bourgeoisie, den Krieg und die Spekulation. Nach Le Corbusier muß die soziale Revolution damit beginnen, daß sie den Menschen in einer andern und besseren Wohnung leben läßt, als sie die Gesellschaft Schritt für Schritt gestaltet hat.

Es ist bekannt, was Le Corbusier anstelle der tristen Volksviertel vorschlägt, um den Bruch zu überwinden, der heute wegen der unzulänglichen Stadtplanungen selbst die besten Wohnkomplexe beeinträchtigt: die "Wohneinheit", also ein architektonisches Gebilde von erheblich größeren Dimensionen als den heutigen; ein ausgestreckter, ins Grüne getauchter Wolkenkratzer. Dadurch daß Le Corbusier den Innenraum der Einzelwohnung konzentriert und auf ein Minimum beschränkt und zu gleicher Zeit den allen Bewohnern gehörenden Grünraum schafft, kann er sich erlauben, die "Einheiten" voneinander entfernt in einem einzigen Park zu errichten, der nicht einmal unter den Häusern unterbrochen wird, da diese durch Träger (die "Pilotis") über den Erdboden erhoben sind. Die Dachbedeckung ist ein Dachgarten, der ebenfalls für das Gemeinschaftsleben eingerichtet ist.

Le Corbusier hatte Gelegenheit, seine "Einheiten" mehrmals zu verwirklichen: Der Prototyp entstand in Marseille, dann wurde er in Nantes und in Berlin wiederholt. Das Schema ist bekannt: eine Reihe von zentralen Straßen (die man besser "Röhren" nennen sollte) schafft den Zugang zu den Appartements, die zwei und zwei aufeinander getürmt werden und von denen jedes eineinhalb Stockwerke einnimmt. Das Wohnzimmer erstreckt sich in der Höhe über beide Stockwerke, von denen jedes 226 cm hoch ist. Das ist das von Le Corbusier erfundene Maß "Modulor". Das ganze Appartemen

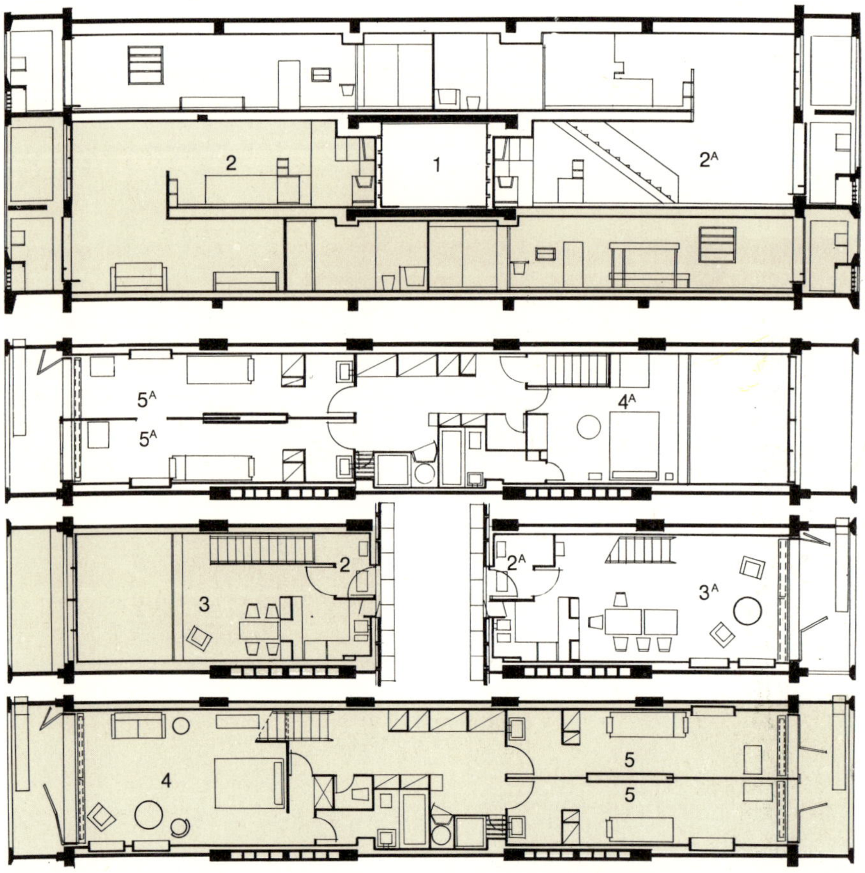

(Oben) Der "Modulor" Le Corbusiers besteht einem System aufeinander bezogener Proportionen, die auf dem "Goldenen Schnitt" und der menschlichen Gestalt beruhen: diese, auf dem Lebenshöhepunkt, wird in zwei Teile aufgeteilt und bestimmt zwei Maße, die nach dem Autor jede andere Dimension des Körpers beherrschen. Von dies System ausgehend, hat Le Corbusier eine Proportions-Skala erarbeitet, die für die Projektierung eines jeglichen Gegenstandes angewandt werden kann, sowohl für eine Stadtplanung als auch für einen Bucheinband. (Links) Auf die "Unité d'Habitation" in Marseille bezogene Grundrisse. Aufteilung von Appartements für Familien mit zwei bis vier Kindern: auf den inneren Korridor (1) gehen die Eingänge sowohl des "oberen" (2 A) als auch des unteren (2) Appartements. Aus den Grundrissen sieht auch die Entsprechungen der Appartements für das Wohnzimmer (3 und 3 A), für das Erwachsenen-Schlafzimmer (4 und 4 A), die Kinderzimmer (5 und 5 A) usw.

Die "Unité d'Habitation" Le Corbusiers (Marseille, 1946-52). Die Reihe der kleinen Öffnungen entspricht zwei "Ladenstraßen". Jedes Appartement ist mit einem sich über zwei Stockwerke erstreckenden (wie das Appartement selbst) Balkon versehen; die diese Balkons trennenden Zwischendecken sind mit Pastellfarben bemalt.

ist 452 cm (zwei Modulor) breit und etwa 15 Meter lang. Notwendigerweise werden die in der Mitte liegenden Räume für die sanitären Anlagen künstlich mit Licht und Lüftung versorgt. Jede "Einheit" nimmt etwa 400 Familien, d. h. 1600 Personen auf.

Die Konzentration so vieler Menschen auf so geringem Raum erscheint enorm. Wie haben die Bewohner eines solchen Monstrums reagiert? In Marseille hatte man anfangs allergrößte Schwierigkeiten, und es war nicht leicht, einen Marseiller zu finden, der bereit wäre, für ein solches Experiment Versuchskaninchen zu spielen.

Dagegen hat die "Einheit" in Berlin sofort unerwarteten Erfolg gehabt. Hier, neben dem Olympia-Stadion, im schönsten Teil der ganzen Stadt, wird sie von der reichsten und versnobtesten Berliner Bourgeoisie bewohnt. Die angeborene deutsche Disziplin, die sich aus den Zerstörungen des Krieges ergebende Gewohnheit, in Wohngemeinschaften von geringsten Raumausmaßen zu leben, die Liebe zur Natur und die Pflege der Gemeinschaftsräume bewirkten, daß die Berliner die Vorlage Le Corbusiers sehr viel schneller und lieber aufgriffen als die notorisch individualistischen Marseiller. Diese Tatsache hat den Begründer, so sagt man, hart getroffen, der absolut nicht damit einverstanden war, feststellen zu müssen, wie seine Anregungen gerade von der deutschen Bourgeoisie angenommen wurden, die seinem Geist so wenig kongenial ist. Aber vielleicht liegt der Fehler bei Le Corbusier selbst: Seine präzisen Ideen eines Schweizer Uhrmachers, der er anfangs war, setzen eine Nivellierung der Geschmäcker, eine Liebe zur Kollektivität und zur Ordnung voraus, die nicht gerade die hervorstechendsten Eigenschaften des Südfranzosen sind, während sie denen, die noch eine archaische Lebensart haben, oder auch den zynischen Protagonisten einer äußerst geregelten Zivilisation entsprechen.

Über das vorherrschende Problem der Kollektivwohnung hinaus beschäftigte sich Le Corbusier auch mit individuellen Wohnungen. Die berühmtesten sind Haus Stein in Gorches und Haus Savoye in Poissy.

In Haus Savoye rekonstruiert der Künstler nach den Zerlegungen des Raums, die er in den vorangegange-

(Links) Terrasse der "Unité d'Habitation" mit Kinderspielplätzen, dem Schwimmbecken und dem Entlüftungsturm (teilweise sichtbar).
(Oben) die "Pilotis" der "Unité" in Marseille, zwischen denen sich das "künstliche Terrain" für die Autobesitzer des Komplexes befindet; unmittelbar darüber beginnen die Sonnen-Balkons.

Villa Savoye in Poissy bei Paris (1929-31), eines der bezeichnendsten Werke Le Corbusiers. Es entstand mitten im Grün der Felder, in das es als ein "auf den Boden gestellter Gegenstand" eingefügt ist, ohne irgendwie die ursprüngliche Umgebung zu stören.

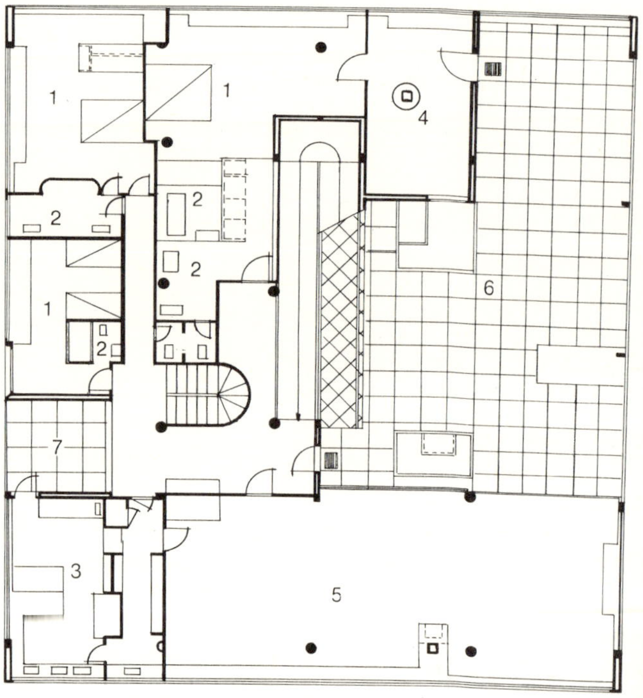

(Rechts, von oben) Grundriß des Wohnstockwerks der Villa Savoye: (1) Schlafzimmer und (2) entsprechende Badezimmer; (3) Küche; (4) Salon; (5) Wohnzimmer; (6) Terrassen-Garten; (7) kleine Terrasse. Nach dem "Modulator"-Prinzip Le Corbusiers bildet die konstante Entfernung zwischen den "Pilotis" (4,75 m) das rhythmische Maß des Komplexes. - Der Grundriß der Sonnen-Terrasse verdient vor allem in der Raumaufteilung (quadratische Zonen) besonderes Interesse; sie gestattet einen sichtbaren Austausch zwischen den Aspekten der Natur und denen des in den hängenden Gärten geschaffenen Grüns.

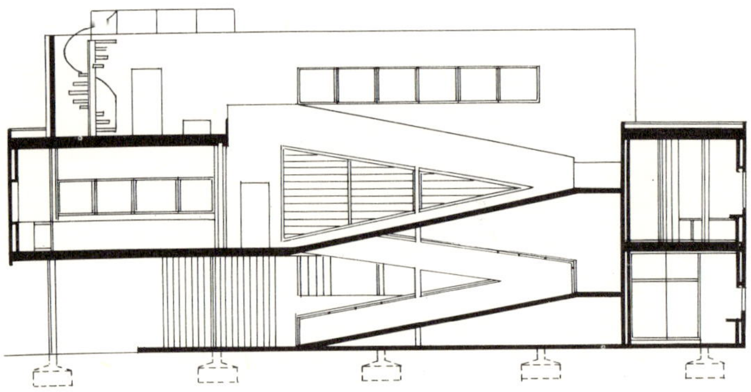

(Oben) Querschnitt der Villa Savoye. Der Komplex ruht auf "Pilotis", zwischen denen mehrere Wagen Platz finden können; von der Garage gelangt man über eine schräge Ebene nach oben, die die verschiedenen Ebenen des Gebäudes eng miteinander verbindet.

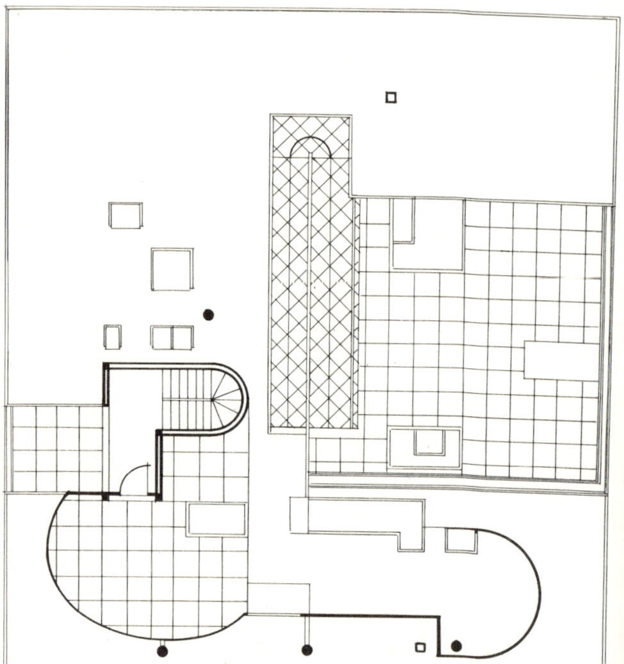

Sonnendach der Villa Savoye. Das Grün auf dem Dach war vom Planer als der eigentliche Garten des Komplexes gedacht, um in einem regenreichen Gebiet über einen freien Platz zu verfügen, dessen Boden schnell trocknete.

Ansicht der Villa Savoye während der neuesten Restaurationsarbeiten, die zur Zeit der Drucklegung dieses Buches vorgenommen wurden. Die auf dem Dach sichtbare Struktur stellt die Blenden des Sonnendaches dar.

nen Jahren verwirklicht hatte, von 1927-31 die stereometrische Einheit des Hauses in einer kubischen Masse auf quadratischem Grundriß, die ebenfalls von den zarten "Pilotis" über den Erdboden erhoben wird. Eine solche, zweifelsohne klassische Geometrie ist nicht vorgegeben, sondern wird durch die geduldige Arbeit einer ständig neuen Komposition der Innenräume erzielt, von denen jedoch jeder die erzielte Freiheit des Raums beibehält. Das Herz des Hauses ist kein geschlossener Raum, sondern die äußere Umgebung, die durch die große, mit der Rampe verbundene Terrasse (die "promenade architecturale") bis ins Zentrum der Wohnung vordringt. Diese Terrasse vereinigt harmonisch die verschiedenen Wohnräume. Das Eß-Wohnzimmer besteht aus einem großen rechteckigen Saal, der auf die Terrasse geht und mit ihr eine Einheit bildet. Seinem Prinzip des "plan libre" getreu, verzichtet Le Corbusier darauf, in den Charakter dieses Raums einzugreifen, dessen Gestaltung allein der ebenfalls von ihm entworfenen Einrichtung überlassen bleibt. Von Mies unterscheidet er sich in der Konzeption der Nachtzone: Das Schlafzimmer der Besitzerin stellt eine lange Raumfolge dar, die funktionell und räumlich differenziert ist. Sie schließt das Ankleidezimmer, das Badezimmer (mit der in den Boden eingelassenen Badewanne), die Zone des Bettes und ihre Verlängerung ein, die in einen Balkon ausläuft, der wie üblich abgeblendet ist. Infolge der Kriegsbeschädigungen wurde die Villa zu einer Ruine. Erst kürzlich wurde sie restauriert und erstrahlt nun wieder in ihrem ursprünglichen Glanz. Wer sie in den vergangenen Jahren gesehen hätte, als sie zu einer Ablage für Stroh und Mist geworden war, mit den auf der Rampe umherlaufenden Schweinen und den auf der Terrasse scharrenden Hühnern, wäre in den Genuß einer äußerst seltenen Sensation gekommen, denn diese "Ruine der Zukunft" hatte keine Vorgänger. Vielleicht liegt gerade hierin das ganze Drama der Architektur, die es liebt, sich als "modern" zu definieren: Sie ist physisch und stilistisch veraltet, noch bevor sie zum allgemeinen Ausdruck wurde und bleibt stets "das Haus des Jahres 2000".

Le Corbusier selbst hat in diesen Nachkriegsjahren (ohne jedoch seinen eigenen Ideen abzuschwören) eine klare Hinwendung zu fast unformalen Erfahrungen vollzogen, wie in der berühmten Kapelle von Ronchamp. Es ist jedoch interessant, daß dieser häßliche Formalismus gerade nicht die Funktionalität der Konstruktion verloren hat. Leider für uns, aber glücklicherweise für ihn ist das Interesse des Architekten für grandiose und verbindliche Themen in der Hauptstadt von Punjab, Chandigarh, in den "Wohneinheiten" bis hin zum neuesten Krankenhaus für Venedig vom Kurs abgewichen. So scheint das Thema der "Einzelwohnung" an den zweiten Platz gerückt zu sein, und die einzigen von Le Corbusier in den letzten Jahren errichteten Einzelwohnungen sind die bescheidenen Jaoul-Häuser in Neuilly. Um etwas mit dem Haus Savoye Vergleichbares zu finden, muß man in den Orient, nach Ahmedabad gehen, wo er das Haus Shodhan und das Haus Sarabhai erbaut hat. Die günstigen klimatischen Verhältnisse und die hohe Kultur der indischen Auftraggeber haben es Le Corbusier erlaubt, die Integration der Innenräume mit der Umgebung zu verwirklichen, die er in Haus Savoye schon angedeutet hatte. Die Sektionen im Haus Shodhan sind überraschend: Sie werden nicht nur von einer horizontalen Kontinuität markiert, sondern die Räume integrieren sich auch im vertikalen Sinn in einem Spiel von wasserfallähnlichen Formen.

Im Haus Sarabhai so wie in den Jaoul-Häusern führt der Gebrauch der Gewölbe-Decken (und damit des Bogens) wieder ein Element in den Schatz des Architekten ein, das bisher – weniger vom Erbauer selbst als von der Überfülle seiner Gefolgsleute – programmatisch abgelehnt wurde. Bogen und Säulen waren die geschworenen Feinde der Rationalisten; aber jetzt, da der

Eingangs-Vestibül der Villa Savoye. Selbst in der Reinheit der Strukturen hatte Le Corbusier mit diesem Bauwerk die Absicht, "einen wirklichen architektonischen Spaziergang" zu schaffen, "der ständig verschiedene, unerwartete, manchmal überraschende Aspekte gewähren sollte".

Die Villa Shodan in Ahmedabad (westliches Zentral-Indien) wurde 1952 von Le Corbusier entworfen, der dabei die natürlichen Faktoren, vor allem die Sonne und die herrschenden Winde in höchstem Maß in Rechnung stellte. Der außerordentlichen Einfachheit des Grundrisses entspricht die äußerst kühne Plastizität des auf Licht und Schatten bedachten Aufbaus, die an den Fassaden durch die Zueinanderordnung der Räume bestimmt und durch die Schatten der vorspringenden Sonnendächer erhöht wird, während die Aufteilung der hängenden Gärten ein angenehmes Spiel des Luftzugs hervorruft. (Rechts, von oben) Nordwestlicher, südöstlicher Aufriß ((1) Sonnendach; (2) Galerien; (3) Terrasse; (4) Wartesalon; (5) Schlafzimmer; (6) Eßzimmer; (7) Wohnzimmer). - Nordsüdlicher Aufriß. - Nordwestlicher, südöstlicher Aufriß ((8) Bibliothek; die andern Zahlen entsprechen den hier oben aufgezählten). - Ostwest-Aufriß ((9) Gästezimmer; (10) Badezimmer; (1) Atrium mit Aufstiegsrampe; (12) Wirtschaftsräume; die andern Zahlen wie oben). - Nordöstlicher, südwestlicher Aufriß mit den auf die verschiedenen Ebenen führenden Rampen bis hin zur ersten Terrasse (3), während man zu der obersten Terrasse (3 A) und den Kellern (13) über Treppen gelangt.

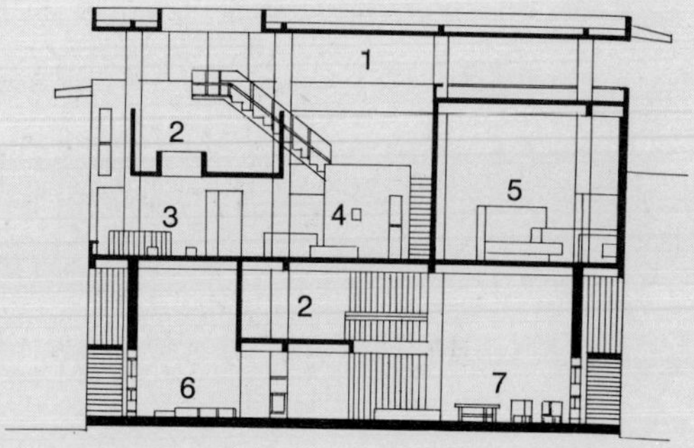

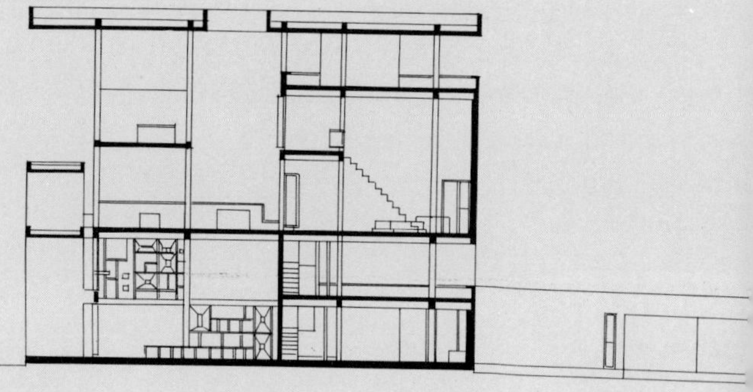

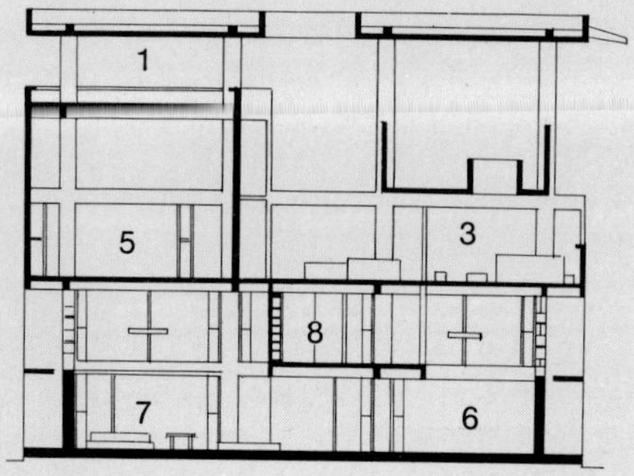

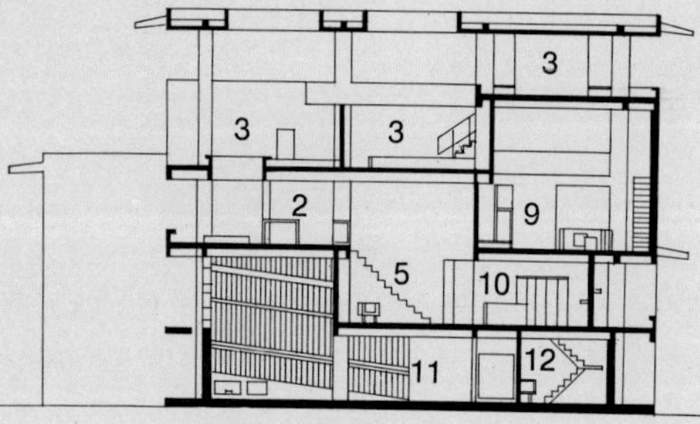

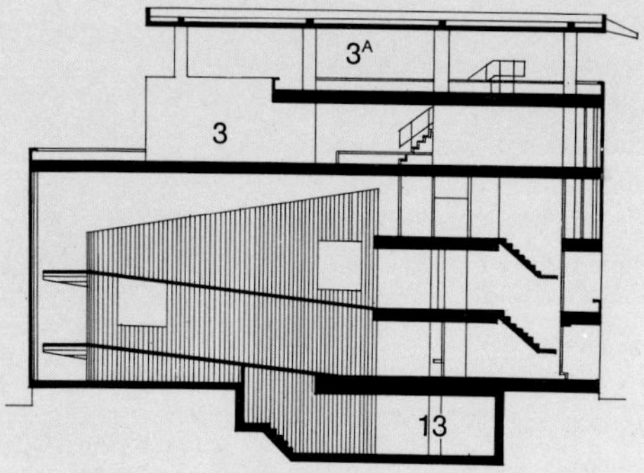

klassische Akademismus überwunden ist, begann auch Le Corbusier einzusehen, daß diese Elemente nicht in sich selber negativ sind, sondern nur die akademische Art, in der sie verwendet wurden. Daher kann ihre Wiederaufnahme die Wohnung nur lebendiger gestalten, was immer dann geschieht, wenn ein traditionnelles Element nicht nur passiv angenommen oder abgewiesen, sondern durch die Tatsache wiederbelebt wird, daß es als Form und Raumwert neu entdeckt wird. Dasselbe geschieht in gleicher Weise in jedem Sprachentwicklungsprozeß, wo das Leben einer Sprache vom labilen Gleichgewicht zwischen Beständigkeit und notwendiger Wandlung abhängt. Das "Feld der linguistischen Bedigungen", auf dem sich jeder Künstler bewegen kann und muß, ist begrenzt.

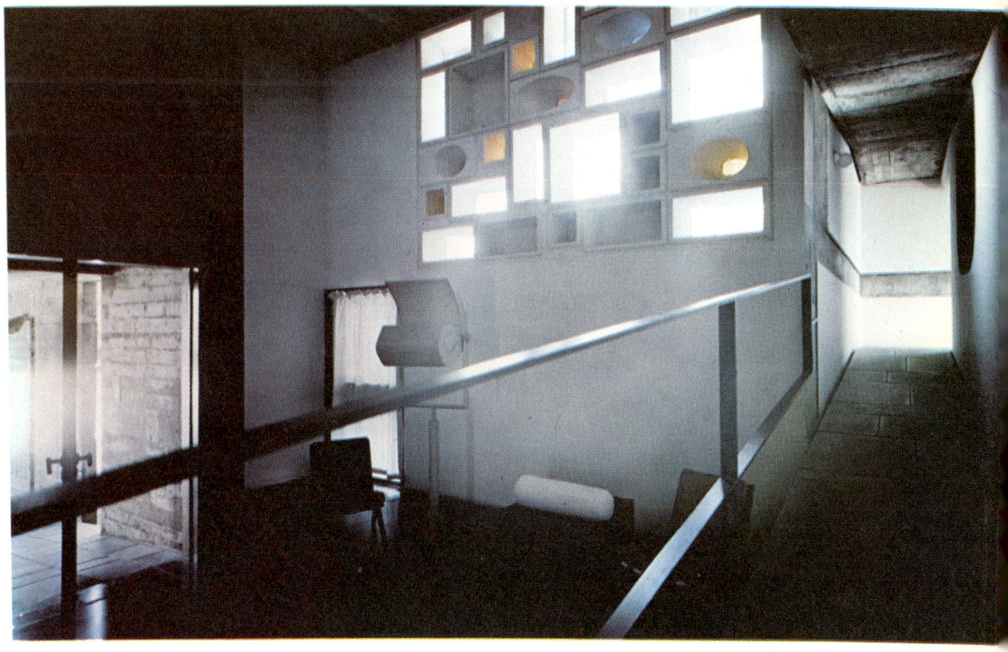

(Von oben) Die südwestliche Fassade der Villa Shodan zum Schwimmbecken hin. - Atrium mit einem der Fenster; sie bilden nach innen "organisierte Wände" und nehmen Gemälde, Statuen usw. auf. - Treppe zwischen der ersten und zweiten Terrasse. Außen weist das Gebäude rauhe Oberflächen auf, die sich aus den Betonflächen zwischen normalen Holzstempeln ergeben; nur unter dem Sonnenschutz des Daches und an den Innendecken wurde der Beton in Weißblechkassetten eingelassen; die in dieser Weise geschaffenen Oberflächen haben äußerst lebhafte Farbtönungen angenommen, die in einem erregenden Kontrast zum übrigen stehen.

Haus Sarabhai, ebenfalls in Ahmedabad, dem die Bilder auf dieser Seite gewidmet sind, wurde 1955 von Le Corbusier entworfen. Auch im vorliegenden Fall hat der Architekt das Bauwerk der Stärke der tropischen Sonne und der Notwendigkeit, den Wind auszunützen, angepaßt, daher sind die Fassaden mit Vorsprüngen versehen, die den Einfall des Sonnenlichts auf wenige Stunden des Tages (die von hygienischen Standpunkt aus notwendigen) beschränken, während die Innenstruktur vor allem dank der Aufteilung des Hauses und der Öffnung der Veranden (sie nehmen ungefähr ein Viertel der gesamten bewohnbaren Fläche ein), sowie dank der großen Zahl der harmonisch an den Trennwänden angebrachten Öffnungen (alle parallel, aber nach einer durchdachten Asymmetrie angebracht) und der Verwendung katalanischer Bogen in zahlreichen Räumen die Luftzirkulation begünstigt. Diese Gewölbe garantieren darüber hinaus die notwendige Stabilität für die Aufnahme einer Erdfüllung, so daß das Haus von einem Garten bedeckt wird, wo Le Corbusier statt exotischer oder seltener Pflanzen und Blumen, die das Ganze verfälschen würden, Elemente der lokalen Vegetation in vollkommener Übereinstimmung mit der umliegenden Natur wünschte.

Inneres von Haus Sarabhai: (rechts, von oben) die Bibliothek; das Eßzimmer, das auch als Wohnraum dient: (links, von oben) die Veranda im Erdgeschoß, vom Hof zum Park hin gesehen; Teil des Eßzimmers (man beachte das Tonnengewölbe, das auch in der Bibliothek usw. zu sehen ist); (unten) Raum im ersten Stock (wie in den andern Räumen dienen die zahlreichen Öffnungen der Wände auch als Glasschrank).

Das organische Haus: Häring und Scharoun

Hans Scharoun, Entwürfe für ein Volkshaus, zwischen 1939 und 45 in Berlin entworfen: eine der futuristischsten Konzeptionen des Architekten.

In der Geschichte der europäischen Architektur hat die "organische" Konzeption des Wohnens, die der 1893 in Bremen geborene Deutsche Hans Scharoun entwikkelte, einen besonderen Stellenwert, der sich nur schwer in die großen Linien einordnen läßt, innerhalb derer sich die moderne Bewegung artikuliert. Die Meister des Expressionismus der Zeit nach dem Ersten Weltkrieg gingen wie Gropius, Mies und die Brüder Luckhardt entweder direkt zum Rationalismus über oder beendeten wie die Brüder Taut in wenigen Jahren ihre Schaffensperiode oder aber suchten wie Mendelsohn den Schaffenseifer mit der funktionalen Rationalität zu verbinden, wobei sie allerdings zu einen guten Teil ihre ursprüngliche Charakteristik verloren. Der Expressionismus, der sich mit seiner utopischen Weltanschauung gegen die Angst jener so verzweifelten Zeit wandte, gab sehr bald den Lockungen des ersten, von der jungen Weimarer Republik hervorgebrachten Wirtschaftswunders nach. Erst nach der Wirtschaftskrise von 1929 gelang dem aufkommenden Nazismus ein leichter Sieg, u. a. auch deswegen, weil der Widerstand der Expressionisten gebrochen war. Die großen Architekten gingen den Weg des Exils und fanden in Amerika ein fruchtbares Feld, von dem sie geträumt hatten, um die neue Architektur zum Sprießen zu bringen. Die einzige Ausnahme bildete (zusammen mit seinem Lehrer Hugo Häring) Hans Scharoun, der hartnäckig zunächst den Verlockungen des Bauhauses, dann denen der Nazis und schießlich noch denen Amerikas widerstand und furchtlos in vertrauensvoller Erwartung besserer Zeiten in seinem Berlin blieb. Im ganzen waren es 30 Jahre der Erwartung, da erst heute die besseren Zeiten eingetreten sind, die es ihm erlauben, die Bauwerke zu errichten, an die er seit 1919 dachte. Unter ihnen nimmt die Philharmonie, der große Berliner Konzertsaal, den ersten Platz ein.

Um zu begreifen, worin der Beitrag Scharouns zum Wohnproblem besteht, muß man (mehr noch als das bekannte Berliner Viertel Siemensstadt) das kleine Haus am Wannsee betrachten, das seine Einzigartigkeit der Tatsache verdankt, daß es 1936 in Berlin unter der Augen der Nazi-Machthaber errichtet wurde. Es überrascht, daß das freizügigste und neuartigste Gebäude, was den Raum und die Wohnweise angeht und das in der zweiten Hälfte der dreißiger Jahre in Europa erbaut wurde, gerade in Berlin entstand. Um diese Wohnung für den Notar Baensch zu verwirklichen, mußte Scharoun erst ein fingiertes Projekt im klassizistischen Stil einreichen, um dann das, was er wollte, realisieren zu können. Die Folgen waren tragisch: Der aus der NS-Partei ausgeschlossene Besitzer starb im Elend und Scharoun lebte bis zu Kriegsende fast ganz in Verborgenheit.

Was aber hatte dieses kleine Haus so Revolutionäres an sich, um das Mißfallen der Nazi-Führung hervorzurufen? Vor allem war es die Fom, die von jeder Geometrie, Ordnung und jeglichem Rhythmus weit entfernt war. Ordnung und Rhythmus aber waren nicht nur der nazistischen Architektur, sondern jeder Äußerung deutschen Lebens eigen: So widersprach also diese augenscheinliche Unordnung jeglicher vom Nazi-Regime auferlegten Regel. Aber das informale "ante litteram" Scharouns war nicht nur ein äußerliches Spiel, sondern entstand aus einer gewissenhaften Auseinandersetzung über Planimetrie, aus der Vorstellung von einem Innenraum, der nach dem Prinzipien "organischer Konstruktion" gestaltet war, für den Scharoun und Häring an zwei Fronten kämpften: der gegen die Nazis und der gegen den geometrisierenden Rationalismus des Bauhauses und Le Corbusiers.

Das Erdgeschoß von Haus Baensch, das für den Tagesaufenthalt bestimmt war, stellt sich als einen einzigen Raum dar (ähnlich wie in den Wohnungen von Mies). Aber sein Vorbild ist nicht geometrisch, optisch oder perspektivisch: sein Model ist nicht das Kristall, sondern das Blatt, die Schnecke, die Blume. Vergleichen wir die beiden Eßzimmer von Haus Tugendhat von Mies und von Haus Baensch von Scharoun: Im ersten entdeckt man einen Halbkreis aus Ebenholz, der als Hin-

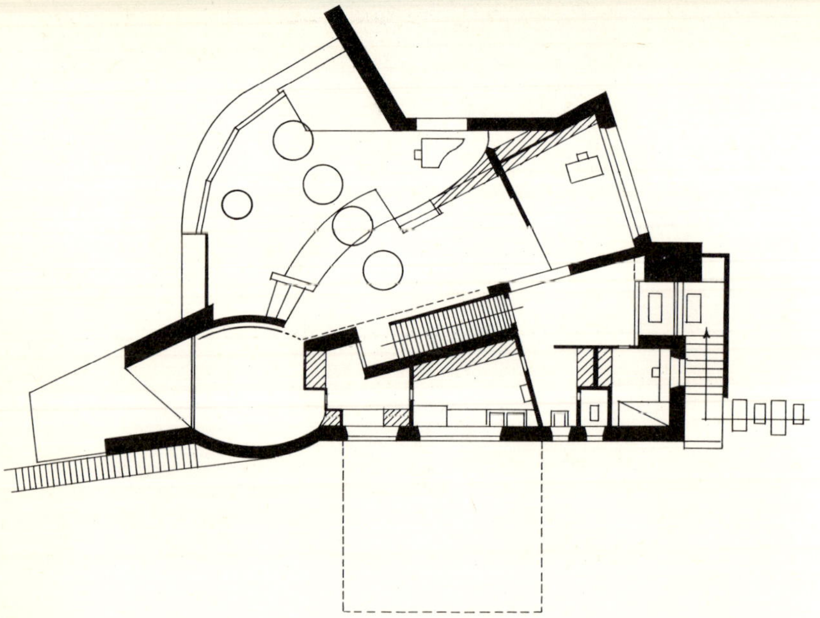

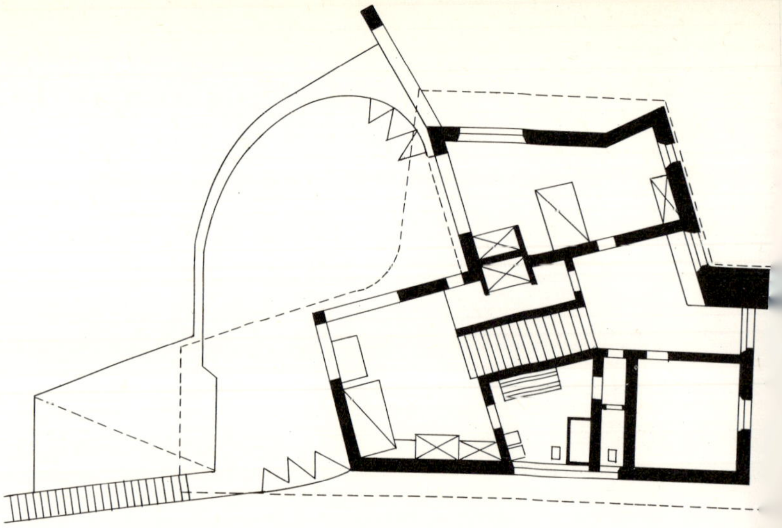

Hans Scharoun: Grundrisse des Erdgeschosses (links) und des ersten Stocks von Haus Baensch in Berlin (1935/36). Das Eßzimmer, wegen seiner Ellipsenform erkennbar, bildet das Zentrum der Komposition; von ihm gehen strahlenkranzförmig die verschiedenen Richtungen aus, die stufenförmige Ebenen bilden, so daß man auch von den am weitesten zurückliegenden Zonen den weiten Ausblick auf den Wannsee genießen kann.

tergrund für eine perspektivische Szene wie in einem Renaissance-Gemälde dient, während es in Haus Baensch die Außenmauer selbst ist, die sich in ihren Kurven nach innen hin fortsetzt, um die Kreisbewegung des Tisches aufzunehmen. Es sind keine konzentrischen Kreise, sondern ein elliptischer Raum, so als ob sich die Mauermasse unter dem plastischen Druck des Tischform gebogen hätte (jedoch nicht vollständig). Aber – und das hätte Mies nie getan – die Ellipsenform wird sozusagen von dem großen Fenster zersägt, das sich auf den Garten hin öffnet, was einen überraschenden Effekt hervorruft, da man den Eindruck hat, dieser elliptische Raum setze sich hinter dem Fenster in den Garten hinein fort und schaffe so eine Kontinuität mit der Umgebung.

Die besondere mondförmige Gestalt des Wohnzimmers ergibt sich aus der Lage des Hauses, das sich auf den Wannsee hin öffnet und dem, der auf dem Diwan sitzt, die beste, ununterbrochene und panoramahafte Schau auf den See geben will. Und da es sich auf einem Abhang befindet, der ebenfalls zum See hin abfällt, akzentuiert die Tatsache, diesen Raum in zwei Ebenen verwirklicht zu haben, den Ausblick in organischer Weise. Weiter erlaubt sie auch denen, die sich im Hintergrund des Wohnzimmers aufhalten, der zum tieferliegenden Teil hin geneigt ist, sich (wie auf dem Balkon eines Kinos)

(Unten) Dieser Entwurf (bezogen a
Erdgeschoß) für ein Einfamilienhaus (1941) ist das klarste Be
für den Kompositionsprozeß Hugo Härings, der auf Sch
und die deutsche organische Architektur einen starken E
ausübte. Bemerkenswert ist, wie in der Skizze, die a
Architekten
zurückgeht, die vier Sessel des Wohnzimmers
neben dem Klavier) bewußt untereinander verschied
einem an das Biedermeier erinnernden Stil) entworfen si
Gegensatz zu Mies, Eames und den heute mo
"Designers" mißt Häring der Einrichtung keinerlei Bedeutun
jede Qualifikation des Innenraums ergibt sich für ihn a
von der Mauerstruktur und dem durch sie geb
Raum bestimmten Platz. (S. 329 unten) Häring: Grundriß-S
für die Determination des "bewohnbaren Körpers" (194

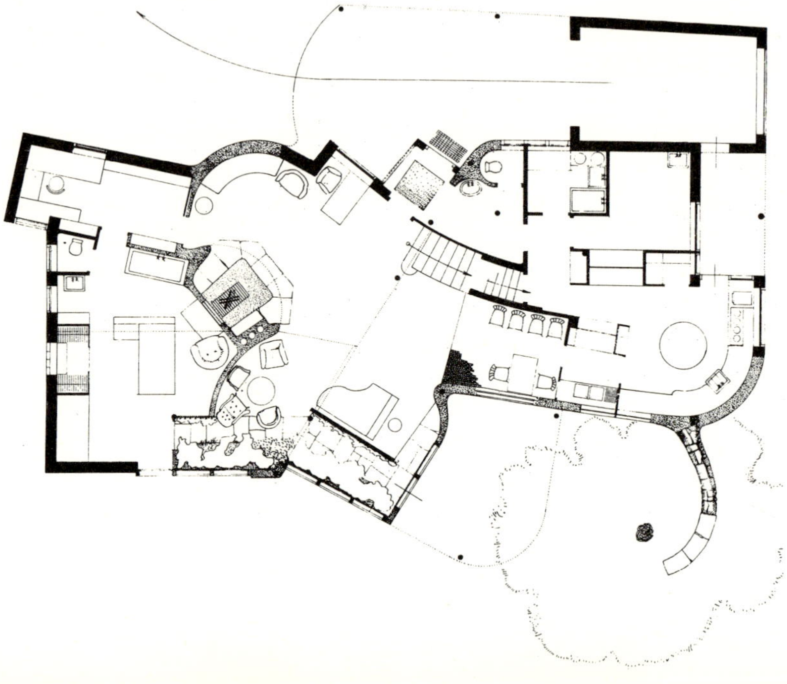

der Sicht auf das weite Panorama des Sees zu erfreuen.

Auf einer Seite ballt das Wohnzimmer einen Damm zusammen: das Doppelfenster des kurvenlinigen Abschlusses spaltet sich an einem bestimmten Punkt, und in diesem Zwischenraum wird im Winter das Grün in das Haus hineingenommen. Das "Motiv" schließt mit einem Winkel ab, der für den Stutzflügel bestimmt ist und durch ein romantisches rundes Fenster beleuchtet wird, damit man auch nachts im Mondschein spielen kann. Der höchstliegende Teil des Wohnzimmers weitet sich dagegen aus und endet in einem Arbeitszimmer. Die Wand, die es vom übrigen trennt, ist vollständig verschwunden, so daß man es auch für Feste gebrauchen kann. Nach den Worten der Besitzerin war die Wohnung "mit zwei Personen voll und ebenfalls bei zwanzig Gästen angenehm".

Auch das obere Stockwerk ist angefüllt mit neuen Ideen. Im Unterschied zu Mies, der in Haus Tugendhat auf jede Differenzierung der Nachtzone verzichtet, konzipiert Scharoun die Schlafzimmer mit gleichem Interesse für das Organische wie die Wohnräume: das Fenster ist mit vielen kleinen Abteilungen "möbliert", wo sich die Gegenstände gegen den Himmel oder gegen das Grün des Sees abheben, und die kurvenlinige Terrasse, die das Wohnzimmer bedeckt, nimmt den äußeren Raum der beiden Zimmer auf und setzt ihn durch eine Treppe in direkte Verbindung mit dem Garten.

In diesen Formen, die so persönlich sind, daß sie mit denen eines andern nicht verwechselt werden können, hat die Kunst Scharouns nur einen Vorgänger: F. L. Wright.

Scharoun selbst erkennt an, daß er in seinen organischen Prinzipien Hugo Häring, den er als seinen Meister betrachtet, viel verdankt. Älter als Scharoun hatte Häring (geboren 1882) weder die Kraft noch den Wunsch, wieder am Kampf der Nachkriegszeit teilzunehmen. Aber die von ihm hinterlassenen Projekte zeigen klar, was sein Beitrag nicht nur auf theoretischem Gebiet gewesen wäre, wenn das deutsche Bürgertum dieser Nachkriegszeit, statt für den Weg des integralen Rationalismus zu optieren, die Vorschläge Härings über die Art zu wohnen angenommen hätte.

(Von oben) Außenansicht vom See her und Innenräume von Haus Baensch (s. S. 328): Die heutige Einrichtung ist nicht die ursprünglich von Scharoun entworfene; doch die Strukturen blieben praktisch unverändert.

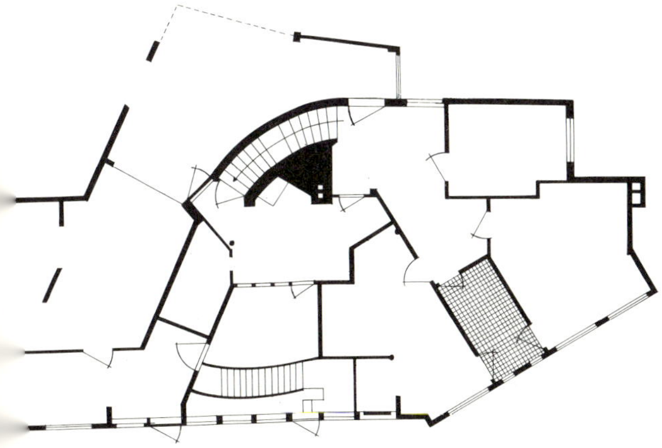

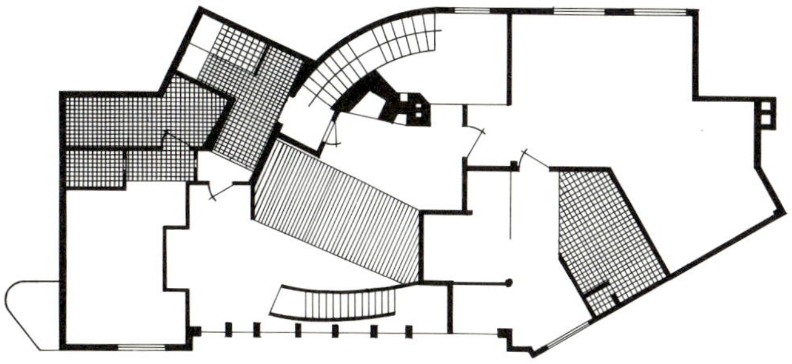

(Oben rechts) Zeichnung Wrights für den Entwurf (1904) des Hauses E. H. Cheeneys in Oak Park (Illinois). Ebenfalls in Oak Park hatte der Architekt 1902 Haus Heurtley errichtet (links: Vorderansicht; darunter, von oben: Grundriß des Erdgeschosses und des ersten Stocks); im Vergleich zu Haus Martin (s. S. 331) erscheint hier die horizontale Formation des Mauerwerks deutlicher herausgearbeitet.

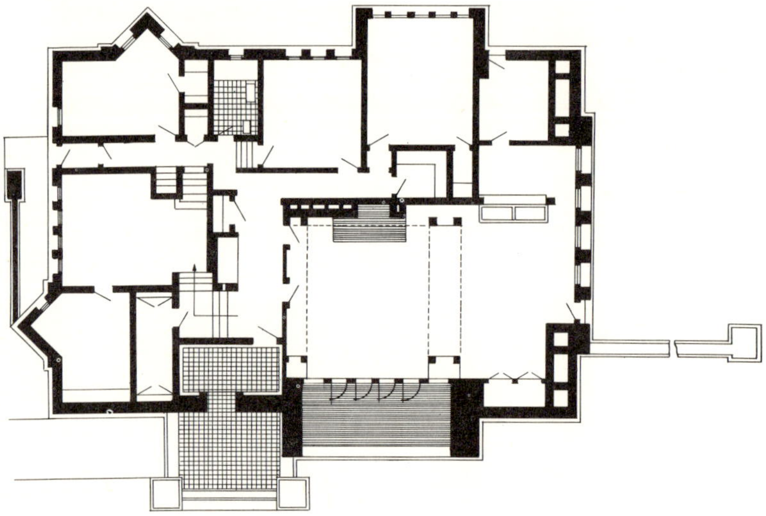

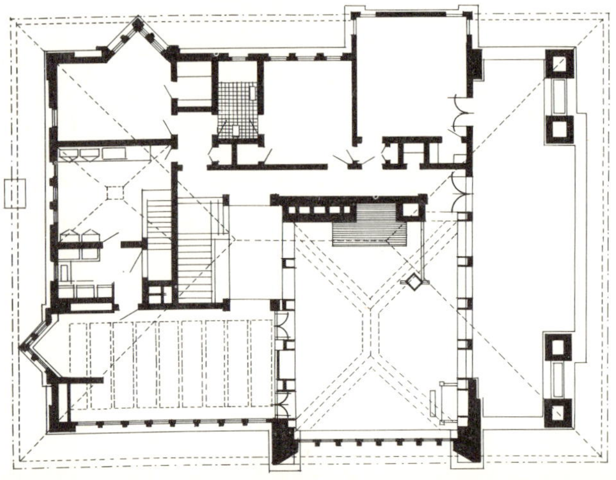

Wright: Die Wohnung der Zukunft

Die gigantische Gestalt Frank Lloyd Wrights steht einzigartig in der Geschichte der modernen Architektur da. Schon 1890 tätig, beherrscht der Künstler zusammen mit Horta und van de Velde die architektonische Szene der ersten Jahre dieses Jahrhunderts, und immer noch ist er es, der 1936 mit seinem Meisterwerk – dem Haus Kaufmann in Falling Water, Pennsylvania – die goldene Zeit des Vorrationalismus besiegelt. Die letzten Werke Wrights, wie das Guggenheim-Museum, weisen schon in die Zukunft der Architektur. Seine intellektuelle Schärfe, seine Arbeitskraft und auch sein Glück sind in der gesamten Kunstgeschichte beispiellos. Nie ha[t] man einen so frühreifen Genius gesehen, der zugleich fähig war, sich über sein 80. Lebensjahr hinaus ständig zu erneuern.

Auch ein bloßer Katalog seiner Werke nähme allein an die 20 Seiten ein; daher kann hier nur über einig[e] seiner zahlreichen Meisterwerke gesprochen werden. Im Unterschied zu den andern großen Meistern war da[s] Wohnen – meistens die individuelle Wohnung – da[s] beherrschende Thema der Raum- und Kompositionsforschungen Wrights. Die Serie der Präriehäuser (189[…] begonnen, 1911 beendet und nach 1935 in den "uso[…]nischen Häusern" wiederaufgenommen) stellt eine ununterbrochene Folge von Bildern dar, von denen jede[s] etwas Außergewöhnliches, etwas Neues zeigt. Es schein[t] schwierig, auf eins von ihnen einzugehen und dab[ei] die andern zu verschweigen.

Haus Heurtley von 1902 bewahrt noch eine kompakte, rechteckige Form, die von einem großen Pavillondach bedeckt wird, aber im Innern dieser Mauerschachtel ist eine radikale Revolution eingetreten: Da[s] Erdgeschoß ist nicht mehr das Hauptstockwerk so[n]dern dient als Unterkunft für die Gäste und die Kinde[r]. Das Kinderzimmer öffnet sich auf eine Loggia, die a[n] der Fassade einen "dunklen" mächtigen Kontrapunk[t] zur Bogenöffnung des Eingangs schafft. Das Leben d[er] Hausbesitzer spielt sich im ersten Stock ab; die Räum[e] liegen um ein großes Wohnzimmer herum, dessen De[c]ke die Bewegung des Pavillondachs aufnimmt. So er[…]

(Rechts, von oben) Grundrisse des Erdgeschosses und des ersten Stocks von Haus Martin, 1906 von Wright in Buffalo errichtet. Die horizontalen Linien und die großen Vordächer leiten die "Prairie houses" der folgenden Jahre ein. (Links und unten) Skizzen desselben Autors für Haus Oboler (1941) in Los Angeles. Die Anwendung des Quadratnetzes, das für Wright typisch ist, kommt aus dem Wunsch nach Selbstkontrolle über die Phantasie.

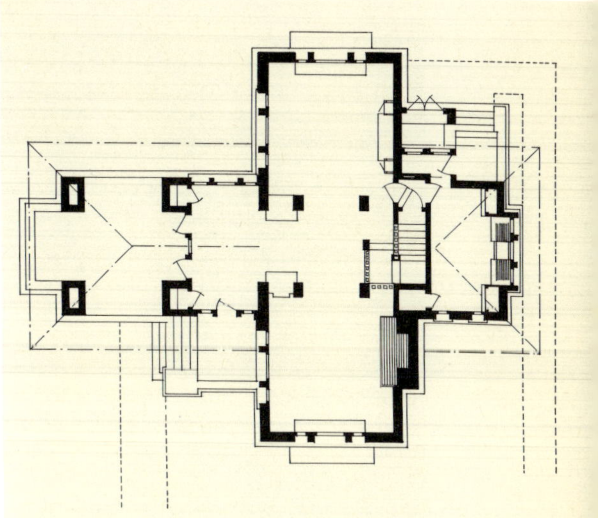

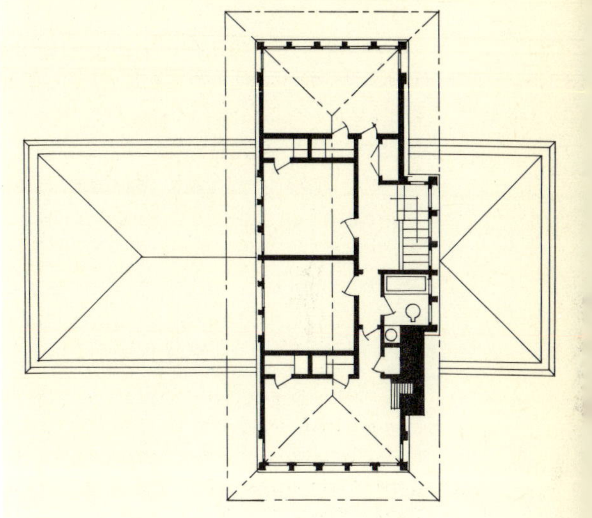

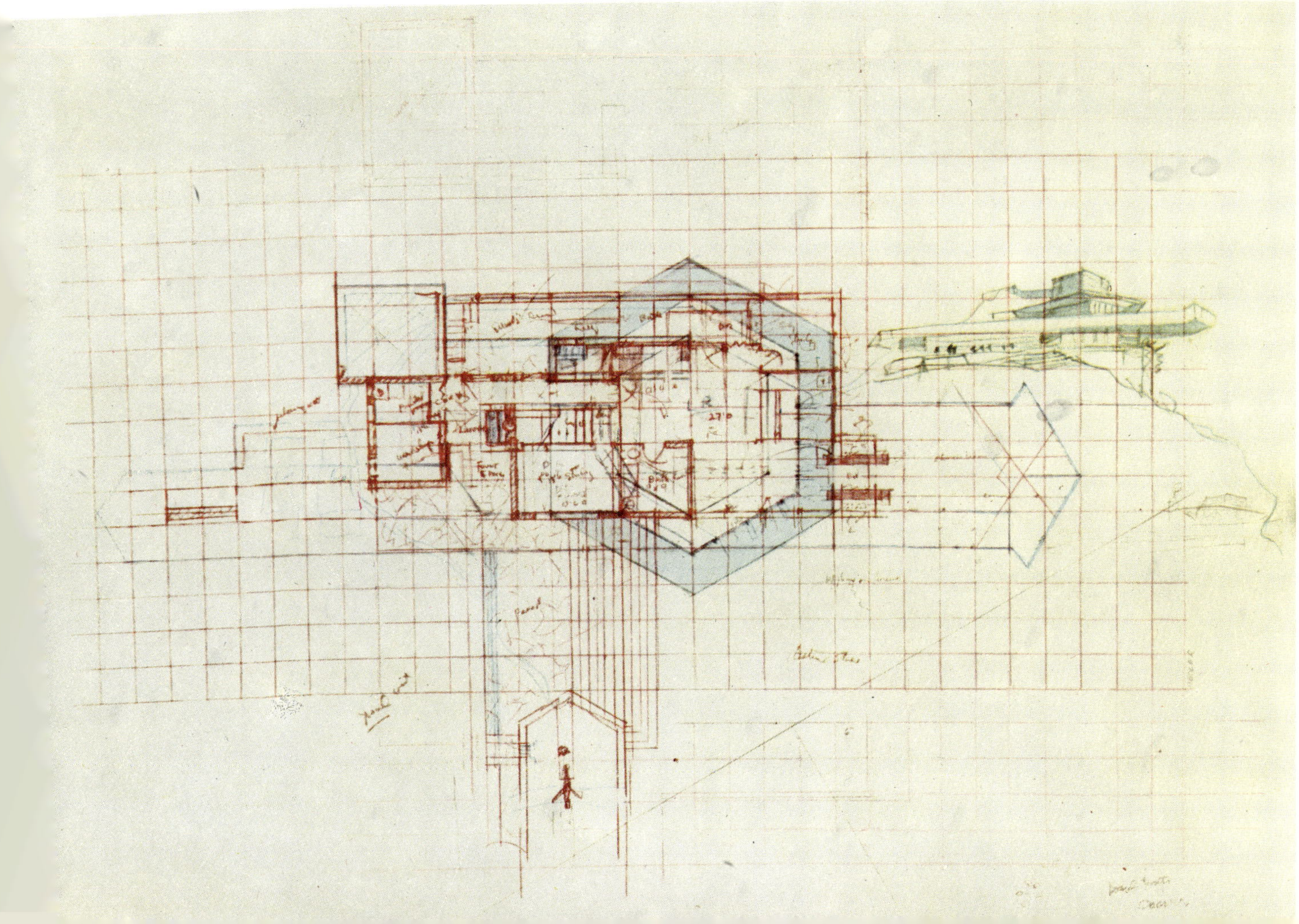

Haus Coonley in Riverside (Illinois), 1908 von Wright errichtet. (Oben) Vorderansicht vom Schwimmbad; (unten, von links) Grundriß und Wohnzimmer. So wie es keine Fassaden im herkömmlichen Sinn mehr aufweist, hat das Gebäude auch keine klaren Unterteilungen zwischen Äußerem und Innerem; die Trennwände selbst sind gebrochen, die Decken geneigt, um freie Räume ohne einschränkende Grenzen zu bilden.

steht eine Folge von Räumen, die fortscheitend in Spiralenform wachsen und alle miteinander in Verbindung stehen: Küche-Eßzimmer-Wohnzimmer-Terrasse. Im Zentrum der Spirale befindet sich die Treppe, die direkt in die verschiedenen Räume führt. Vom funktionellen Standpunkt aus ist Haus Heurtley vollkommen und revolutionär: Es gibt keine von Fenstern durchbrochenen Wände mehr, sondern nur ein hohes Steinfundament und ein fast kontinuierliches Band von Öffnungen, das das Dach von dem hohen Fundament trennt, über das es stark vorspringt. Statt der traditionellen Unterteilung in zwei übereinander gesetzte Stockwerke konzentrieren sich die Mauern auf ein massives Fundament oder auf große Pfeiler, während sich die Öffnungen vereinigen, um einem vollendeten Diskurs zu bilden. Die Innenräume stehen sich jeder in seiner eigenen kompositorischen Einheit gegenüber. Das Haus ist nicht mehr die in viele kleinere Schachteln unterteilte Schachtel, die von den Türen und Fenstern unterbrochen wird, sondern bildet die "geordnete" Summe von vielen autonomen Räumen, die in Größe, Höhe, Beleuchtung und Eigenart voneinander verschieden sind und die unter einem großen Dach zusammengefaßt werden, dem einzigen Element, von dem die kompositorische Einheit des Organismus abhängt. Der kubistische Prozeß der Auflösung und Rekomposition der Räume, der von einem Prozeß der funktionellen Analyse geleitet wird, wurde von Wright schon zu Beginn des Jahrhunderts, 25 Jahre vor Le Corbusiers Haus Savoye, verwirklicht.

In Haus Isabel Roberts von 1908 gelingt es Wright, die Enge des Innenraums durch die Einführung eines Elements auszuweiten, das dann zu einem typischen Stilelement für ihn und Le Corbusier werden soll: der "Doppelraum" d. h. das zum Teil in doppelter Höhe entwickelte Wohnzimmer, dessen eine Zone im oberen Stockwerk sich auf das Wohnzimmer selbst öffnet. Wenn wir die im Hause von Mrs. Isabel Roberts verwirklichte Lösung betrachten, könnten wir Mühe haben, es in das Jahr 1908 zu datieren, so sehr scheint der äußere Anblick mit dem heutigen Geschmack übereinzustimmen. Nur wenn man der Einrichtung Aufmerksamkeit schenkt, fühlt man sich in der Zeit, in der der Jugendstil triumphierte.

Das Meisterwerk (vom Wohnstandpunkt aus) der Prärie-Häuser geht ebenfalls auf das Jahr 1908 zurück, das Haus für Avery Coonley, eine wirkliche Villa mit Garagen, Pferdeställen, dem Haus für den Gärtner, Schwimmbad, Loggien und Wirtschaftshöfen. Auch in diesem Fall verlegt Wright das eigentliche Wohngebiet in den ersten Stock. Im Erdgeschoß und über dem Schwimmbad befinden sich nur das große Kinderzimmer und einige zweitrangige Räume. Die Schlafzimmer, das Eßzimmer, die Küche und das enorme Wohnzimmer dagegen befinden sich alle im ersten Stock. In das große Wohnzimmer, das sich über dem darunterliegenden Schwimmbad erstreckt, gelangt man über zwei symmetrische Seitentreppen, die nach vorn abgeblendet und von oben durch reich geschmückte Lampen beleuchtet werden, so daß der Besucher, der in das Erdgeschoß eintritt, sozusagen nach oben "gepumpt" wird, da sich seine Aufmerksamkeit auf die wunderbar bemalte und erleuchtete Decke konzentriert. Das Wohnzimmer von Haus Coonley hat eine Faszination, die der ästhetischen Veralterung wie wenige andere Werke der Architektur (vor allem aus jener Zeit) widersteht: der geräumige Kamin, die Oberfläche seiner Einfassung in sichtbaren Ziegeln und bemalten Stoffbezügen, die

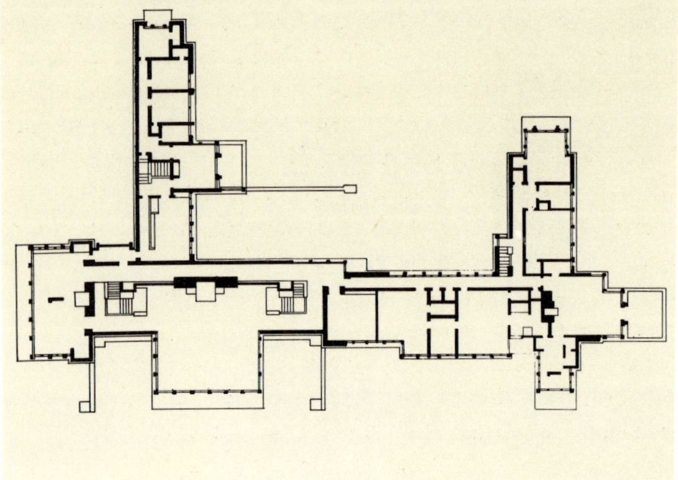

Haus Robie, 1909 in Chicago entstanden und fast völlig zerstört, da es provisorischen Schlafsälen für die Bewohner eines College Platz machen mußte; seine Wiederherstellung verdanken wir dem New Yorker Unternehmer William Zeckendorf, der es in einer nahezu vollkommenen Weise wieder restaurieren ließ.

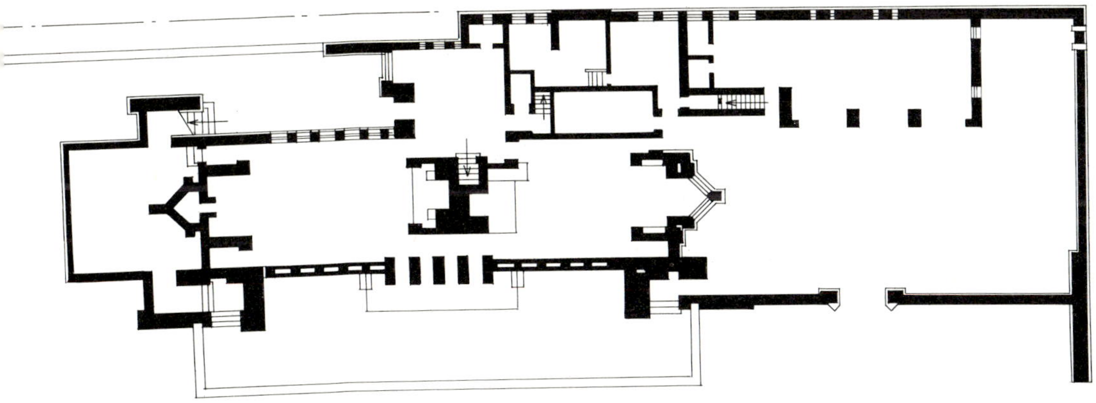

In der von Wright vorgenommenen Ausarbeitung der "Prairie houses" stellt Haus Robie den höchsten stilistischen Schritt dar. Nach einem Jahr kubistisch-rationaler Erfahrung, die der Meister an den Häusern Gilmore, Gale und Wescott gemacht hatte, konzipiert er einen offenen und "unformalen" Organimus, in dem die Veränderungen der Ebenen im Innenraum (wie man sie in den Grundrissen von Erd- und Obergeschoß sieht) das eigentliche Thema bilden.

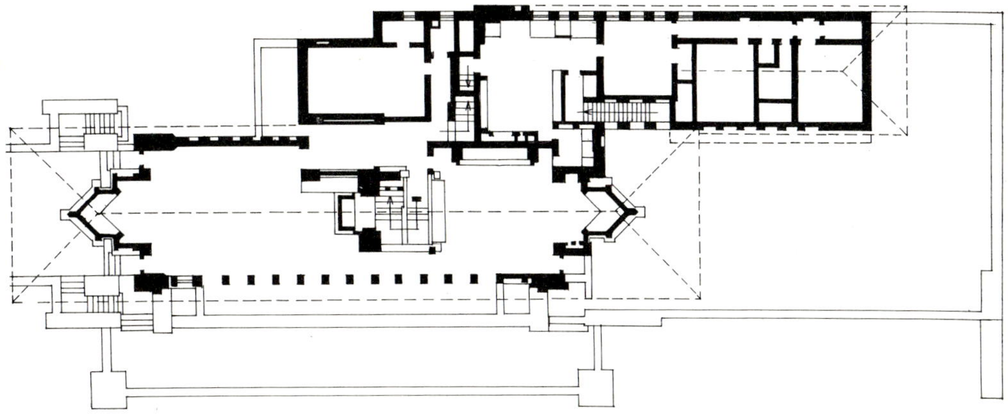

Mit Haus Robie erreicht Wright eine absolute räumliche Kontinuität, wobei sich die Stockwerke in einer logischen Eroberung der umliegenden Natur schneiden: die ununterbrochene Reihe der Fenster, die robusten schattigen Vorsprünge und die in ihrem ursprünglichen Anblick gelassenen Ziegel tragen wirksam dazu bei, den Charakter des Bauwerks als zu Mensch und Natur gehörig zu bestimmen.

iiedrige Decke (kaum mehr als zwei Meter hoch), die ıber im Zentrum ansteigt und die Dachbalken sehen äßt, die einfache Einrichtung (Bänke und einfache Couchen) machen aus diesem Wohnzimmer eine unvergleichliche Summe von Schönheit und Wohnanehmlichkeit, die nur, viele Jahre später, von Haus Kaufmann überboten wird.

Berühmter als Haus Coonley ist Haus Robie von 909, dessen allzu langgezogener Innenraum jedoch nicht u den glücklichsten Lösungen Wrights zählt. Das Eßimmer mit dem großen Rundtisch auf Beinen, die sich ber die Tischplatte hinaus nach oben verlängern, um ie Lampen zu halten, und die Stühle mit den hohen nd geraden Lehnen haben wegen der zahlreichen Zueständnisse an den Zeitgeschmack etwas d'Annunziosches an sich. Aber von außen ist es außergewöhnlich: Die stark verlängerten Ziegelbänder, die kühnen Vorsprünge, die in ihrem Schatten die ununterbrochenen Fenster verbergen, das Spiel der asymmetrischen und versetzten Räume geben diesem Werk des jungen Wright eine außerordentliche Reife des Ausdrucks und bilden eine der notwendigen Durchgangsstufen zum Verständnis der Revolution der modernen Kunst. Nachdem seine Funktion als Haus aus Gründen, die unabhängig von seiner Bewohnbarkeit sind, aufgegeben war, hatte man nach einem hartnäckigen Kampf gegen die Bauspekulation, in deren Namen man es abreißen wollte, um es durch ein "modernes" mehrstöckiges Gebäude zu ersetzen zu Recht entschieden, es zu erhalten.

In der zweiten Schaffensperiode Wrights ist die be-

Einen grundlegenden Schritt in der Entwicklung der amerikanischen Architektur stellt das "Haus über dem Wasserfall" dar, das 1936/37 in Bear Run (Pennsylvania) für Mr. Kaufmann, den Besitzer eines großen Kaufhauses in Pittsburgh, errichtet wurde; es ist wahrscheinlich die vollkommenste Schöpfung der phantastischen Kraft Wrights: auf jeden Fall sein am höchsten poetisches Werk.
Wie Peter Blake (1960) scharf bemerkt, werden hier alle atavistischen Faktoren dazu benützt, einen der Natur geweihten Tempel zu schaffen: der Wald, der Felsvorsprung, auf dem das Bauwerk ruht, der Wasserfall, der darunter hervorläuft, der Fels, der den Fußboden des Wohnzimmers verlängert, der Schornstein im Mittelpunkt, die großen Vorsprünge, die an die Kommandobrücke eines Schiffs und den Beobachtungsstand einer Festung erinnern.

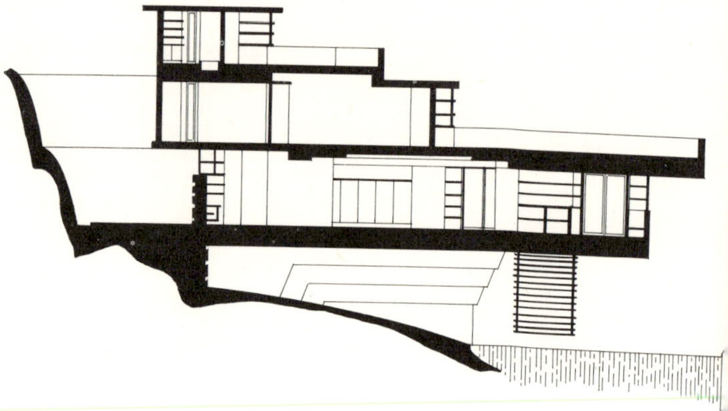

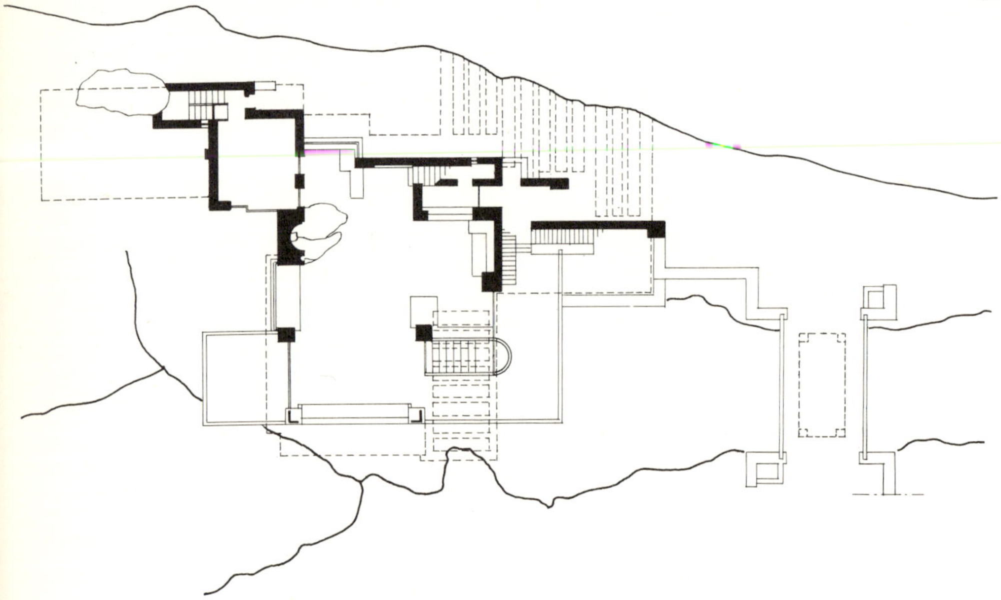

Haus Kaufmann fügt sich wie ein außerordentlich einfacher Organismus in das Werk Wrights ein: Der Grundriß (links) entwickelt sich unter Ausnützung der Veränderungen der Ebenen auf wenigen vertikalen Scheidewänden – den Wänden und dem Schornstein –, denen drei horizontale Elemente gegenüberstehen (Schnitt oben) – die Terrassenvorsprünge wie die Klippe des herabfallenden Wassers bilden ein Ganzes von reiner Geometrie; so rein, daß es hier keine Bau-"Schachtel" gibt, weil die Innenecken in Fenster aufgelöst sind und die Räume durch die Terrassen in die Landschaft projiziert werden.

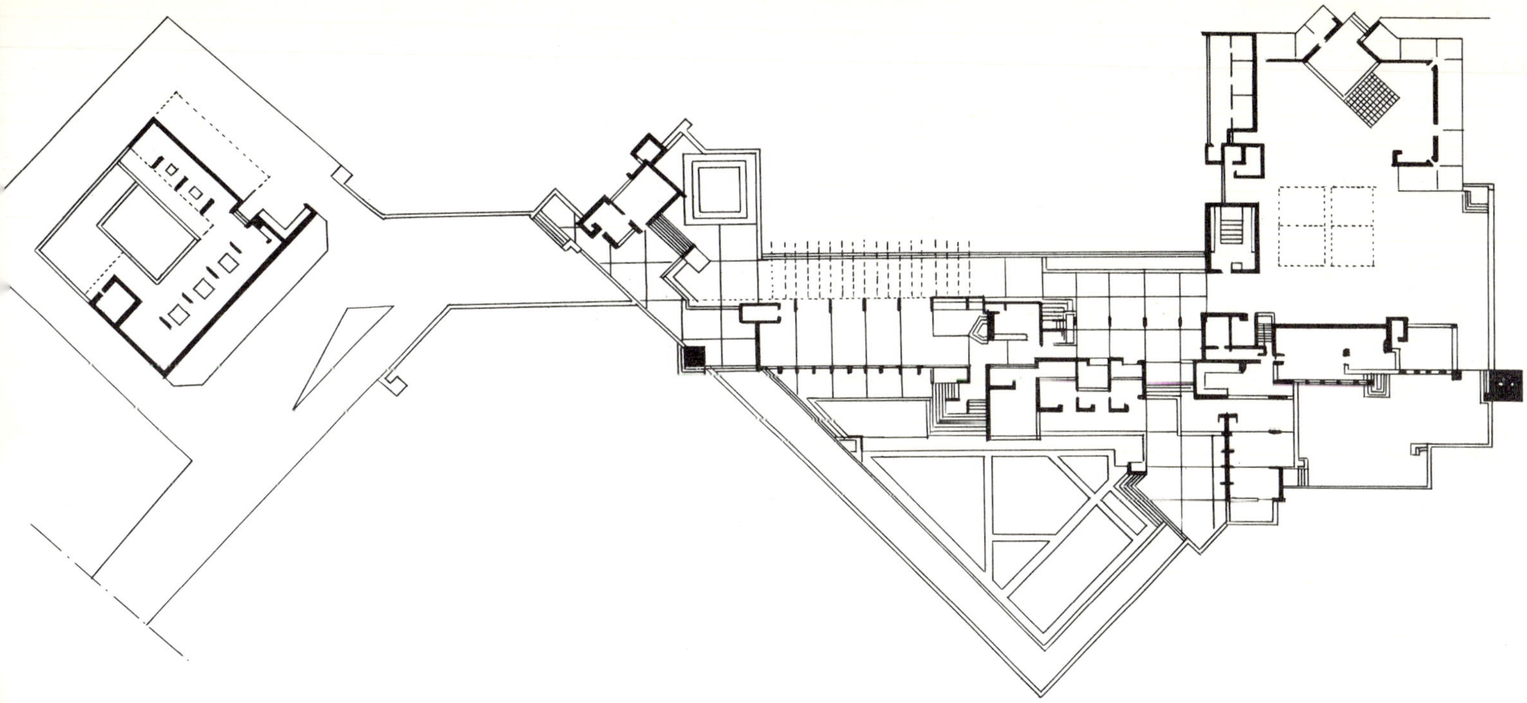

kannteste und vielleicht auch schönste Wohnung das Haus über den Wasserfällen von Falling Water, das er 1936 für Kaufmann errichtete. Sein kühner strukturel-ler Plan – eine Serie von übereinandergesetzten Terras-sen, die über einem Wasserfall hervorspringen – bildet keinen nutzlosen Exhibitionismus, sondern ordnet sich dem kompositorischen Konzept unter, durch das Wright nicht nur ein vollkommenes Fließen des Innenraums, sondern auch und in diesem Fall vor allem eine Konti-nuität zwischen diesem Raum und seinem doppelten Äußeren sowie zwischen den Terrassen und der umlie-genden Natur erhalten will. Die Aufteilung des Ge-bäudes unterscheidet sich nicht wesentlich von einer normalen amerikanischen oder auch europäischen Vil-la: Küche, Eßzimmer und Wohnräume im Erdgeschoß, Schlafzimmer im ersten Stock und Vorratsräume auf dem Boden, während die Gäste über einen eigenen Flü-gel verfügen, der vom eigentlichen Körper der Villa getrennt ist.

Der höchste Grad an Freiheit in der Zusammenset-ung der konstitutiven Räume der Wohnung wurde von Wright in den wenigen Fällen verwirklicht, in denen er sein eigener Kunde sein konnte. Taliesin West, die Winterwohnung Wrights in der Wüste von Arizona, ist vielleicht die Konstruktion, in der die Elemente der herkömmlichen Architektur – Fußböden, Wände, Tü-ren und Fenster, Dach und Einrichtung – am stärksten revolutioniert werden. Die großen Steimauern werden von keinerlei Öffnung durchbrochen. Das Wohnstock-werk steigt an, fällt ab und ändert die Richtung je nach der besonderen Funktion, und die Beleuchtung erfolgt durch die transluziden Deckenplatten, die sich zwischen je zwei Balken befinden. Jeder außen sicht-bare Balken wird zu einer kleinen Rippe, an der die leichte bedeckende und beleuchtende Oberfläche ange-bracht wird. Das große Studier-und Musikzimmer reiht sich unter die glücklichsten Schöpfungen Wrights ein, auch wenn die Unterhaltung eines solchen Gebäudes sehr problematisch ist und man jedes Jahr, wenn das "Lager" von Taliesin wieder eröffnet wird, Zentner von Sand wegräumen, verfaulte Balken ersetzen, Dachplat-ten reparieren und die parasitäre Vegetation zerstören muß. Aber die Arbeit lohnt sich, da das, Glück, in einer solchen Umgebung zu leben, alle Schwierigkeiten wie-der ausgleicht.

Das Problem des Einzelwohnung herrscht wegen der

Taliesin West in Paradise Valley bei Phoenix (Arizona): Grundriß (oben) und Ansicht vom Becken aus. Es handelt sich um den Wintersitz der von Wright geleiteten Stiftung, der seit 1938 vom Meister selbst erbaut wurde; als er zwanzig Jahre später starb, befand sich der Komplex noch im Stadium der Erweiterung. Taliesin West ist eine Aufeinanderfolge von Wasserbecken, Felsbrüstungen, abfallenden Terrassen und von schägen Bastionen aus Zement; diese Bastionen werden von Rippen aus rotem Holz und Leinen abgeschlossen, durch das das Licht gefiltert wird, während der Blick durch die Schlitze auf die Wüste fällt. Ein anderes ursprüngliches Element wird ausgenützt: der Eindruck der Oase "am Rand der Welt".

Das hohe Stadtbauwerk – ein neuer Typ des Wolkenkratzers – beschäftigte Wright seit 1929 mit dem Entwurf für die Türme St. Mark in New York. Aber erst nach der Vollendung seines 80. Lebensjahrs gelang es Wright in der Nachkriegszeit, in der kleinen Stadt Bartlesville für die H. C. Price Company diesen wunderbaren Turm aus 18 Stockwerken (oben) mit Büros und Wohnungen zu erbauen (jede Wohnung hat zwei Stockwerke, wie man es aus dem schematischen Grundriß (unten) ersehen kann) und so zu beweisen, wie es möglich ist, einen Wolkenkratzer zu verwirklichen, ohne im geringsten auf die organische Freiheit des Innenraums – also auf die Bejahung des Individualismus – zu verzichten, die den Einfamilienhäusern vorbehalten schien.

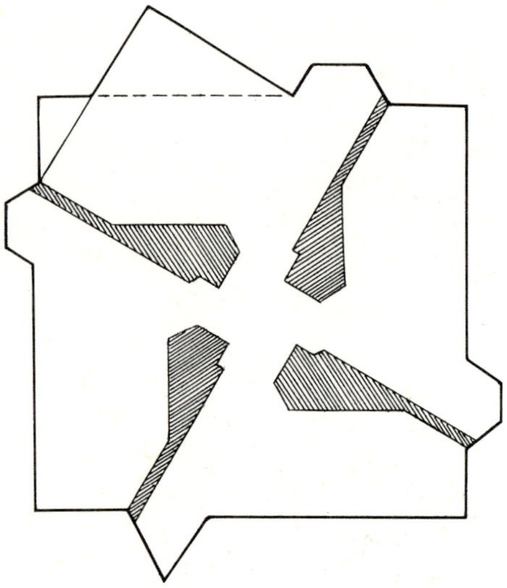

sozialen und stadtplanerischen Überzeugungen Wrights in seinem Werk vor. Seine utopische "Broadacre City" wäre das Ideal: nicht Stadt und nicht Dorf, mit einem Hektar Land pro Einwohner. Nichtsdestoweniger hat der Architekt mehrere Male die vertikale Stadt in Erwägung gezogen und die Möglichkeit studiert, die Strenge der Wolkenkratzer aufzulockern, wobei er dieselbe Freiheit des Raums einführte, die er bei der Einzelwohnung erzielt hatte. Das Projekt für den St. Mark's Tower in New York von 1929 revolutioniert den gängigen Begriff des Wolkenkratzers: Das Stützensystem konzentriert sich auf vier klingenförmige Scheidewände im Zentrum des Gebäudes, die die vier strahlenförmig vom Zentrum ausgehenden Appartements teilen. Jedes Appartement ist doppelt geplant, d. h. auf zwei Stockwerken, aber das obere, für die Nachtruhe bestimmte, ist kleiner als das untere, damit sich diese Nachtzonen auf den Wohnraum hin öffnen können. So haben wir ein Abwechseln der mehr oder weniger stark vorspringendei Stockwerke, wie man es klar auf einem Längsschnitt des Gebäudes sehen kann.

Dieses faszinierende Projekt wurde wegen der Wirtschaftskrise nicht ausgefürt, aber Wright war so interessiert daran, daß er es in dem, was man als sein Meisterwerk der reiferen Jahre ansieht, modifiziert reproduzierte: dem Price Tower in Bartlesville, Oklahoma. In ihm determiniert die Kreuzstruktur nicht mehr vier Doppelappartements in zwei Stockwerken, sondern sechs Büros und ein Doppelappartement, also drei Büros und ein halbes Appartement pro Stockwerk. Nur einer von den vier Armen wird von einem Appartement eingenommen. Diese Appartements sind noch besser als die des St. Mark's Tower: Das obere Stockwerk weicht zum Teil im Verhältnis zum unteren zurück, um die übliche Versetzung zu schaffen, und bildet einen überraschenden plastischen Effekt. Diese neue Lösung des Turmgebäudes erscheint organischer als die vorhergehende, da sie nicht mehr die doppelte planimetrische Symmetrie aufweist, die das Projekt von 1929 charakterisierte, und erlaubt, jeden Teil des Turms (wir wollen es nicht "Fassaden" nennen, da es mit der zweidimensionalen Fassade nichts mehr gemein hat) in einem Spiel der Perspektiven zu konzipieren, die je nach Blickwinkel erstaunlich verschieden sind. Die Poesie des Wolkenkratzers, in der man ein Element unendlich oft wiederholen kann, wobei man die Proportionen nur wenig, die Logik des architektonischen Diskurses aber gar nicht verändert, wird von Wright zu Recht abgewiesen. Sein Turm erhebt sich auf einem breiten Fundament, entwikkelt sich in Regelmäßigkeit, doch immer im Rhythmus, von dem aus die Kohärenz verstanden und gewertet werden kann, und schließt nicht mit einem einfachen Schnitt, sondern mit einer progressiven spiralenförmigen Verjüngung der verschiedenen Stockwerke. Gerade das gibt neuen andersartigen Räumen Platz in einer wirklich abschließenden erfinderischen Ergänzung, so wie die Laterne die Kuppel Brunelleschis im Dom zu Florenz vollendet.

Mögen andere Werke Wrights wegen der Integratio

mit der umliegenden Natur auch rührender und reicher an Poesie sein, so bildet der Price Tower das verbindliche Werk des Künstlers. Nichts erscheint bei einem Genie wunderbarer, als wenn es ihm gelingt, selbst noch in höchster Reife das Beste in so revolutionärer Weise zu geben, daß es Kritiker, Schüler und Bewunderer verwirrt. Wie wir uns heute darüber klar sind, daß die "unvollendeten" Werke Michelangelos in Wirklichkeit Möglichkeiten bieten, ein solches Werk der Zeit zu öffnen, die die heutige Kunst um vier Jahrhunderte vorwegnahm, so wird man sich bewußt, daß die Tätigkeit Wrights ihre Wurzeln in eine ferne und glückliche Vergangenheit senkt, aber auch und vor allem gibt man sich darüber Rechenschaft, daß er für eine freie und demokratische Gesellschaft der Zukunft arbeitete, die erst heute sehr langsam Gestalt annimmt und der er Vorbilder gab, deren Wert erst nach vielen Jahren voll verstanden werden wird. Seine Opposition gegen den Rationalismus und die daraus folgende mechanisierte Stadt von Millionen und Millionen von Einwohnern und seine Mahnung, kraft der Architektur immer wieder gegen das anzugehen, was in den Städten verloren geht, ist nicht Sehnsucht nach der Vergangenheit, sondern eine klare Alternative für die Erneuerung der Lebensgewohnheiten und -bedingungen, in der die Architektur ein notwendiges Korrektiv für die erdrückende allgemeine Entfremdung bildet.

F. L. Wright: Zeichnungen für Haus Cooke in Norfolk (Virginia), ca. 1948. Nach einem Prinzip, das sich im letzten Weltkrieg in den Konzeptionen des amerikanischen Architekten durchsetzte, bildet der Kreis stärker als das Quadrat oder das Vieleck die geeignetste Form, um eine vollendete Harmonie mit der Landschaft zu erzielen. Diesen Ideen entsprechend ist im Projekt Cooke das Zentrum der Komposition nicht, wie in vielen andern Fällen, der große Innenkamin, sondern das Schwimmbad, von dessen Mittelpunkt die Strahlen und kreisförmigen Linien ausgehen, die das große Wohn-Eßzimmer umgrenzen. Die Schlafzone rechts ist dagegen mit Winkeln konzipiert, aber solchen von 120 und 60 Grad, ebenfalls mit dem Ziel, gerade – "unnatürliche" – Annäherungen zu vermeiden.

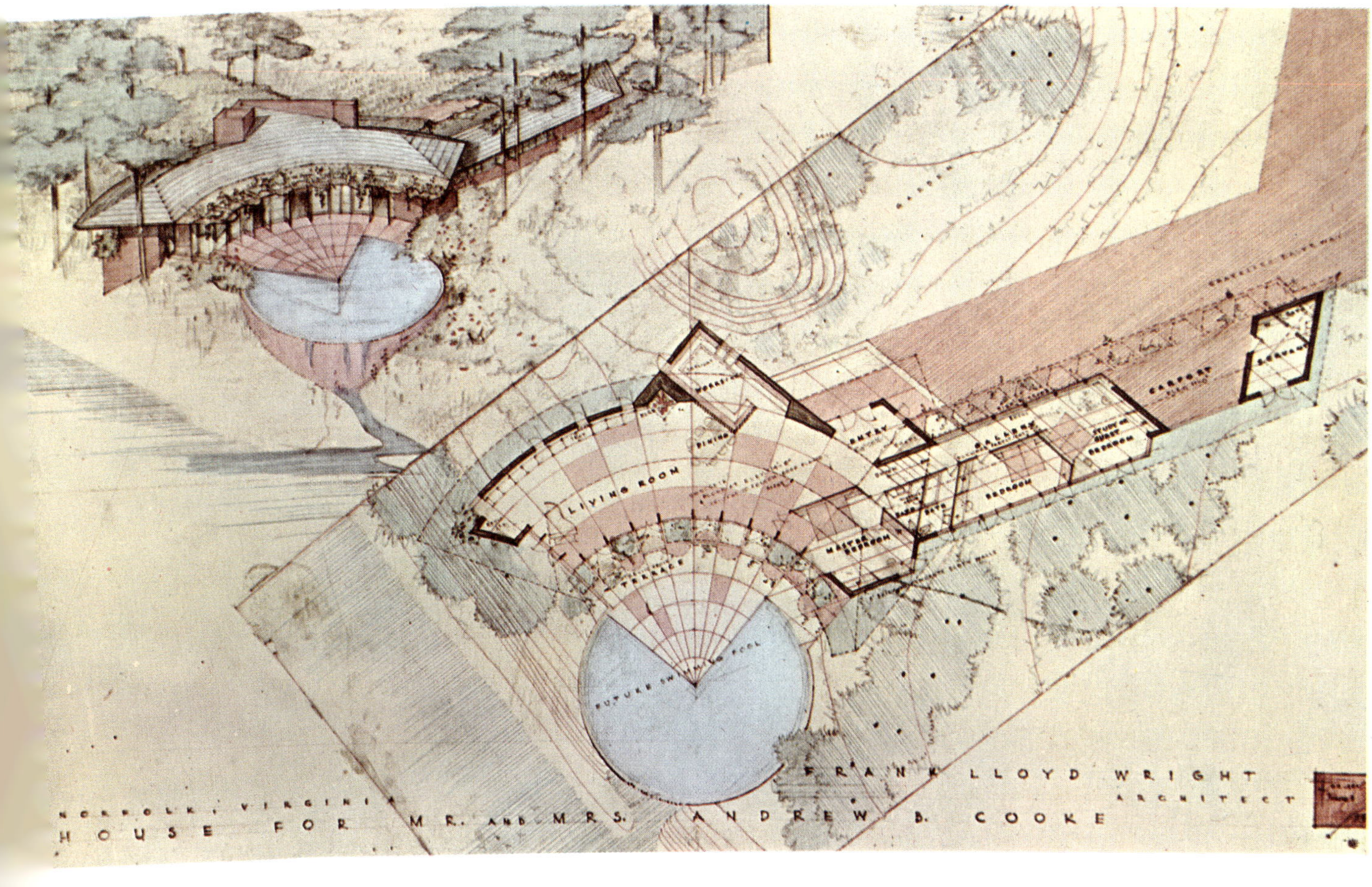

HAUS UND EINRICHTUNG IN DER NACHKRIEGSZEIT

Im Gefolge ihrer Truppen brachten die Amerikaner Feldtelefone, Schlauchboote, Jeeps und Faltstühle aus Alluminium nach Europa. Es waren ausschließlich rationelle Gegenstände, in denen die Funktion regierte, gut gemacht, einfach, praktisch und äußerst widerstandsfähig. Zum größten Teil waren sie von Deutschen, Schülern von Gropius und Breuer, entworfen, die wegen der nazistischen Verfolgungen nach Amerika ausgewandert waren und die ihre Erfahrung in den Dienst der US-Truppen stellten. So kehrte der europäische Rationalismus über die große Organisation des amerikanischen Heeres als Sieger in die Heimat zurück.

Warum das amerikanische Volk diese Richtung nach dem Krieg nicht fortsetzte, kann man psychologisch erklären. Wer einen Freund auf einem Jeep oder beim Verlegen einer Feldtelefonleitung sterben besehen hat, kann nicht anders als diesen Gegenständen einen symbolischen Wert beizulegen, der unzertrennlich mit dem Krieg verbunden und der daher für den im Grunde pazifistischen mittleren Amerikaner negativ ist. Die Industrie nimmt diesen Wunsch des Mannes der Straße auf, nichts mehr von dem zu sehen, was ihn an die Schrecken des Krieges erinnert, und zu den rosigen Jahren des New Deal zurückzukehren. Und so waren alle, Produzenten und Verbraucher, froh, den praktisch unverwüstlichen Jeep durch einen Wagen zu ersetzen, den man nach zwei Jahren wegwirft, da man ihn nicht mehr sehen kann und sich schämt, damit gesehen zu werden.

Die vom Rationalismus verkündete Wohnweise hat sich in dieser Nachkriegszeit durchgesetzt, und da sich die große Serienproduktion behauptet hatte, wurde das Industrial Design zum Protagonisten des Hauses. Der Architekt tritt nicht mehr direkt in die Projektierung der Inneneinrichtung ein, sondern wählt die besten Stücke der auf dem Markt angebotenen Produktion aus und komponiert mit ihnen die Räume. Auch falls er persönlich in dieser Tätigkeit nicht mehr in Erscheinung tritt, da sich der Verbraucher die einzelnen Stücke selbst kauft, garantiert der Künstler im Kleid des Designers die Qualität des Gegenstandes. Viele Menschen haben in ihrer Wohnung ein Stück von Ssaarinen, Albini, Wirkkala oder Sottsass und wissen es nicht einmal.

Zurückhaltung den "Serienmöbeln" gegenüber gibt es schon nicht mehr. Dazu hat auch die Verbreitung des Autos beigetragen. In der Tat zieht jemand, der 35.000 DM anlegen kann, einen Jaguar oder einen Maserati vor in dem Wissen, daß ihn das weit mehr heraushebt, als wenn er für die gleiche Summe einen Wagen einer schlechteren Marke, aber mit einer eigens für ihn angefertigten Karosserie kaufte, der außerdem noch sehr rasch aus der Mode käme. So ist es auch im Fall der Serienmöbel: Die Skala der Produkte schließt Hunderte von hervorragenden Entwürfen ein, die von den billigeren dänischen Produktionen und ihren Abarten anderer Länder bis zu den Sesseln von Mies, Eames und Le Corbusier gehen, die natürlich sehr teuer sind.

Die von Breuer 1925 entworfenen Möbel werden heute ohne jede Formveränderung serienmäßig herge- stellt, und dieses Phänomen wird von einigen Kritikern scharf getadelt. In der Tat ist ihr Gebrauch wieder ein mal von dem vom Planer gewünschten verschieden, d diese Möbel von der gleichen Kategorie von Snob erworben werden, die in Amerika auf die Suche nac falschen Mercedes von 1925 geht. Aber wenn es i diesem letzten Fall auch erlaubt ist, von Hybris ode von Snobismus zu sprechen, da die Wagen über mo dernste Motoren und unabhängige Radaufhängunge verfügen (also vom Alten nichts außer der Form haben kann man das nicht von den Möbeln Breuers sagen die eine italienische Firma absolut identisch mit de Prototyp herstellt. Da der Begriff der Serie den Begri des Originals zerstört, der der Nachahmung und auc der Wiederholung durch die Hand des Künstlers selb widerspicht, werden wir nur schwerlich die heutige S rie Breuerscher Möbel als gefälscht betrachten könne die nur ein abnormes Charakteristikum hat, nämlic das, daß sie 30 Jahre nach dem Orginal ausgeführt wu de. So liegt die Fälschung also nicht im Gegenstand a sich, sondern in seinem Gebrauch, wenn auch die We von solchen Bedeutungswandlungen oder von Sinnve änderungen der Gebrauchsgegestände, die sich d Kontrolle ihrer Planer entziehen, voll ist. Wenn d Piazza dell'Annunziata nicht mehr der Salon der Fl rentiner, sondern ein Autoparkplatz ist, liegt die Schu sicher nicht bei Brunelleschi; und wenn ein Delfter Te ler, der entstand, um Speisen aufzunehmen, im Unte schied zu Millionen von andern Tellern, die früher od später im Abfalleimer endeten, an der Wand angebrac und nur betrachtet wird, so kann man das sicher nic dem unbekannten Künstler anlasten, der ihn herv brachte.

Mit seinem eigenen Haus in Santa Monica (Kalifornien) wollte Eames (1949) beweisen, daß der Charakter des bewohnten Raums vollständig von Serienprodukten bestimmt sein kann: Indem er nur auf vorfabrizierte Elemente für Industriebauten zurückgriff, hat er jeglichen "traditionellen" Wert der architektonischen Hülle annulliert; für den Innenraum bediente er sich später ausschließlich der Produkte des "Industrial design": ein Unternehmen, das mit vollem Erfolg gelöst wurde.

Der 1956 von Eames entworfene und von Miller hergestellte Sessel. Der "Lounge chair" ist schon ein klassisches Möbel und trotz des sehr hohen Preises in Tausenden von Exemplaren verbreitet. Er vereinigt in genialer Weise die Technik des gebogenen Sperrholzes (im vorliegenden Fall des leicht elastischen Palisanderholzes), die für die Luftfahrt entwickelt wurde, mit der der Zahnarztstühle in einem unerhört harmonischen und doch gleichzeitig vollkommen funktionellen Ausdruck, da sich der Körper vollständig entspannen kann, was durch die Kopflehne und den Fußschemel garantiert wird.

Eames: Beispiele für die Zukunft

In der Generation der amerikanischen Architekten der fünfziger Jahre fällt Charles Eames (geb 1907 in St. Louis, Missouri) besonders in die Augen. Seine Bautätigkeit ist sehr gering, da er seine ganze, durchaus beachtliche Mühe auf das Industrial Design und die Einrichtung lenkte. Er ist deshalb mehr Graphikern wie dem Italiener Bruno Munari oder dem Schweizer Hans Erni als Architekten verwandt. Eames hat sich viele Jahre lang den Etwürfen für neue Spiele und neue Kinderbücher gewidmet. Er beschäftigt sich immer noch mit der Graphik, mit lebhabten didaktischen Cartoons über den architektonischen Raum, und nur hin und wieder erscheint ein neues Einrichtungsstück von ihm, das dann aber immer ein geniales Werk ist. Ihm gelang es, sich der erdrückenden Routine der Produktion der Vereinigten Staaten zu entziehen, die, gezwungen, immer neue Möbel zu schaffen, auch wenn sie niemand braucht, auch die größten, wenn auch weniger disziplinierten Talente absorbiert, wie den größten amerikanischen Stilisten Raymond Loewy, der zu Recht berühmte Modelle, wie den Studebaker 1948, in so schrecklicher Geschmacksverirrung abänderte. In diesem Sinn steht Eames einzigartig da; denn die vollkommensten Entwürfe der Weltproduktion, soweit sie Serienmöbel betreffen, sind von ihm. Der Sessel in Holz und Leder mit der hinzugefügten Fußstütze – eine modernisierte Auflage des Chaiselongues – ist schon mehr als 15 Jahre alt und häufig imitiert worden. Aber niemand konnte seine Eleganz nachahmen und noch weniger die Bequemlichkeit seine Möbel. Auch wenn seine gewickelten und abgerundeten Formen ihn unverwechselbar in die fünfziger Jahre stellen (als sich

Die 1951 von Charles Eames entworfenen Metallstühle bedienen sich einer sehr modernen Technik: Die elektrisch zusammengeschweißten Stahldrähte, die das Skelett bilden, garantieren über die lange Haltbarkeit hinaus eine komfortable Elastizität. Die herkömmliche Polsterung ist zugunsten von ein oder zwei einfachen Kissen aufgegeben, die leicht zu handhaben und sauber zu halten sind. Die hier von der Seite abgebildete Form hat sich als sehr vielseitig erwiesen und erlaubte dem "Designer" eine große Skala von Variationsmöglichkeiten (auf Rohrbeinen, auf einem einzigen Bein mit vier rollenförmigen Armlehnen usw.), die alle auf zwei Typen zurückgehen, die sich durch die Höhe des Sitzes vom Boden unterscheiden: 34 cm und (in der Abbildung) 48 cm.

alles abrundete, vom Auto bis zum Kühlschrank, vom Radio bis zum Rasierappart), widersteht dieser Sessel Eames' nichtsdestoweniger der ästhetischen Veraltung. Ebenso haltbar sind der "Cisitalia", von Pininfarina in denselben Jahren entworfen, und die Schreibmaschine Olivetti Lettera 22 von Marcello Nizzoli, die sich auch nach dem einmütigen Urteil der Kritiker unter die "zehn Stücke, die erhalten werden müssen", einreihen, wenn man berücksichtigt, was die Weltindustrie in den letzten 30 Jahren hervorbrachte. Es ist eine Frage des Stils, bzw. der erreichten Formvollkommenheit, in der jeder Teil mit dem Ganzen harmoniert und aus einer ganz bestimmten Funktion hervorgeht. So verursacht auch heute noch des Sessel Eames' bei jedem, der ihn sieht, jenes Erstaunen, das man nur bei einem vollendeten Stück empfindet, dessen formale Besonderheit auch die Geheimnisse seiner Funktion auf den ersten Blick offenbart. Im Vergleich zu ihm zeigt der "Barcelona" Mies' treffend, daß hier die Bequemlichkeit der strukturellen Essentialität geopfert wurde. Die Architektur des frühen Rationalismus, die sich zwar vor allem als "funktional" erklärte, war es jedoch nur bis zu einem gewissen Grad: der Schöpfungsprozeß eines Gegenstandes führte immer zu einer Form, die mehr zum Betrachten als zum Gebrauch gedacht war, und mehr als eine wirkliche Funktion herrschte hier die Analyse der üblichen figurativen Rhythmen vor, die für Paul Klee charakteristisch sind.

Eames wiederholt in seinem ersten wichtigeren Design, dem Stuhl in gebogenen Sperrholz von 1948 (später in Plastik) mit leichten, nicht rohrförmigen, sondern von runden Eisenstiften gebildeten Metallstützen die figurativen Schemata des Bauhauses, in denen alles auf das Wesentliche zurückgeführt wird. Dieser Stuhl ist nicht mehr als eine so wenig wie möglich sichtbare Stütze, der den sitzenden Menschen mit der Erde verbindet. Beim Sessel dagegen ist der Vorgang umgekehrt: sein Designer geht von der vollkommenen Ruhelage aus, von dem ziemlich voluminösen Sessel des Passagierflugzeugs oder des Luxuszuges: ziemlich hohe Beine, breite und gepolsterte Armstützen, eine verstellbare Rückenlehne, große Ohren an den Seiten, damit man den Kopf bei der Mittagsruhe daran lehnen kann. So formt sich der Sessel um den Menschen herum, und die Form bildet den technischen Ausdruck der Funktion, wobei sie die bei andern Gegenständen gemachten Erfahrungen ausnützt. So kommen z. B. die hinten sichtbaren Gelenke, die die verschiedenen Teile zusammonhalten, direkt von den Friseur-und Zahnarztstühlen her: Eames hat sie vereinfacht und elegant gemacht.

Eins der wenigen architektonischen Werke Eames' ist seine eigene Wohnung in Santa Monica von 1949. Fast als ob er seine eigene polemische Position gegen die traditionelle Architektur sichtbar machen wollte, benützt Eames dafür äußerst wirtschaftliche Fertigbauteile, die auch zum Bau von Fabrikhallen benützt wer-den. Abgesehen von der Eleganz der Rhythmen des Ganzen und der Teile ist das Resultat dasselbe wie das der Glasprismen Johnsons und Mies', nur die Kosten sind mindestens zehnmal niedriger. Die Qualifizierung der Innenräume bleibt ausschließlich den Einrichtungsgegenständen überlassen, nicht nur den Möbeln, sondern auch den Lampen, Vasen, Blumen, Matten und Statuen. Das Ganze jedoch ist nicht in der perspektivischen, monumentalen Art eines Mies oder eines Johnson, sondern mit einem organischen Wohntalent komponiert, da Eames über Wright von Japan übernahm.

Die Lektion, die uns Eames erteilt, kann also nu die folgende sein: Er verzichtet darauf, die Innenräum durch die Architektur zu charakterisieren, wie es Wrigh wollte, da es sich das amerikanische Bürgertum noc nicht erlauben kann, überall die "einzigartigen Exemplare" anzunehmen, die die Wrightsche Architektu darstellt, und stützt stattdessen die gesamte Qualifizierung der Stücke des Industrial Design, die sich jeder z geringem Preis leisten kann. Es ist sehr fraglich, ob d Annäherung an die Kunst und die staatsbürgerliche Erziehung durch die Kunst in einer Massenzivilisation w der unseren möglich ist; erheblich einfacher ist es, da sie durch das "Design" geschieht.

Im Kielwasser Wrights

Mit dem Einbruch des Rationalismus nach dem Ersten Weltkrieg bemühte sich fast die gesamte Architektur darum, den Innenraum der Wohnung von den Möbeln unabhängig zu machen, die man der Serienherstellung überließ. Wright dagegen folgte bis zum Ende seines langen Lebens mit unerschöpflicher Hartnäckigkeit der diametral entgegengesetzten Richtung: nach seinem "organischen" Konzept des Wohnens muß die Qualifizierung der verschiedenen Räume zu allererst von der dem Innenraum gegebenen Form verwirklicht werden. Daher wird die Einrichtung zum integrierenden Bestandteil der Architektur und ist auch physisch von dieser untrennbar. Seine Bänke, Betten und Tische werden oft vom Mauerwerk selbst gebildet.

Diese ganzheitliche Schau des Wohnens, die zu den Resultaten gelangt, die wir aus Wrights Meisterwerken kennen, erscheint dennoch als eine zu persönliche, zu individualistische Schau, als daß sie allgemein brauchbar wäre. Er löst die Probleme nur von Fall zu Fall durch einen schwierigen und langen Kontakt zwischen Architekt und Kunden, der nicht immer möglich ist. Die Versuche derer, die sich in der von Wright gewiesenen Richtung bewegen, haben oft nur den Wert eines "Memorandums", gerade um das bestehende Band zwischen Architektur und Einrichtung nicht zu vergessen. Aber ihre Verbreitung ist doch recht problematisch.

Der Architekt Leonardo Ricci hat 1964 der Wohnhausausstellung in Florenz einen Einrichtungsvorschlag vorgelegt, der die organische Position zur letzten Konsequenz führt. Aber eine solche plastische Gewalt, der sich die Masse der Benützer unterordnen müßte (man traf Vorkehrungen, diese Einrichtung serienmäßig herzustellen), wird höchstwahrscheinlich kaum angenommen werden, so wie es sehr zweifelhaft scheint, daß eine solche Lebensweise, die die phantastische Wissenschaft mit dem Höhlenmenschentum verbinden will, irgendein Fundament in der Alltagswirklichkeit hat.

Aber wenn der direkte Kontakt zwischen Architekt und Benützer schon immer seltener wird, wird er dennoch für lange Zeit bestehen bleiben. Diese Ausnahmen von einer allgemeinen Regel werden die Architekten und die übrige Gesellschaft allerdings immer weniger interessieren. Der Tod der Kunst, von dem Hegel spricht, in der die ästhetische Aktivität ein Dominium aller sein wird, nähert sich schon, auch wenn er erst noch eintreten muß. Die außergewöhnlichen Wohnhäuser, die àlso, die Zeugen in der Kunstgeschichte sind und die bewahrt werden, so wie man heute die Renaissance-Paläste bewahrt, stellt man immer seltener her. Dieser Prozeß wird in der Zukunft noch stärker sichtbar werden.

Leonardo Ricci: "Vorschlag für einen Wohnraum für zwei Personen" (1965). s ist die Absicht des Autors, die "Trennung zwischen den einzelnen Handlungen unseres agewerks" aufzugeben, so daß es "nicht einmal mehr einen Block Küche-Badezimmer" gibt, "der vom Wohnraum losgelöst ist"; so wird die Toilette in einen Schacht verlegt – den Windkanal rechts neben der Badewanne (erkennbar durch den darübergelegten roten Bademantel), neben dem Bett-Diwan (mit der daraufliegenden ockerfarbenen Decke). Ein Beispiel für die Einwendungen gegen das bürgerliche Leben, das man f der Expo in Montreal (1967) für ein Zeugnis für die traurigen Lebensbedingungen in Süditalien hielt.

(Links) Schaukelstuhl "Sgarzul", 1960 vom Architekten Gae Aulenti für die Serienherstellung entworfen; er ist aus geboge Holz mit dem Sitzsack aus Leder. (S. 343 oben) 1964 von Giov Michelucci entworfene Kredenz, ein Möbelstück, das eine Interp tion des traditionellen toskanischen Backtrogs darstellt. Die Ver dung des blockförmigen Holzes, das Fehlen dekorativer Elemente Vorherrschaft der Beziehungen von Räumen und Oberflächen die graphisch-linearen Elemente sind ebenso Merkmale, mit d sich der Planer der Zerstückelung der Teile widersetzt, die fü serienmäßig hergestellten sog. "Schweden"-Möbel typisch ist. (U Wohn-Schlafraum nach dem Entwurf des Architekten Giovanni (1965), dem wir das zusammengesetzte Möbelstück im Vorderg verdanken, während die andern vom Architekten Michelucci stam

NEUE ASPEKTE DER EINRICHTUNG

Neue Erscheinungsformen auf dem Gebiet der Einrichtung und des Wohnens sind bezeichnend. Eine von ihnen (typisch italienisch und von der angelsächsichen Kritik hart beschimpft) ist der Neo-Jugendstil, der um 1958 herum durch das Werk der Turiner Architekten aus der Schule Carlo Mollinos entstand und denen die jungen, sich um Ernesto Rogers und die Zeitschrift "Casabella" scharenden Mailänder folgten, die allerdings maßvoll und nicht ohne Ironie auf die Erfahrungen des Jugendstils zurückgriffen. Er wurde in Italien rasch aufgenommen, wo, wie schon gesagt wurde, vom wahren Jugendstil sehr wenig zu sehen ist.

Diese Bewegung hat ihre Gründe. Gerade in diesen Jahren war schließlich auch der Geschmack der Mittelklasse beim Rationalismus angelangt, aber einem Rationalismus von so niedrigem Niveau – dem sog. Schweden-Stil –, daß die nach Hunderten zählenden Wohnzimmer mit ihren zusammensetzbaren Möbeln und montierbaren Bücherbrettern, die in rascher Folge ständig auf den Markt geworfen wurden, unerträglich waren. Nach jedem neuen Entwurf Albinis oder Nelsons entstanden sofort Massen von schwachen Imitationen, da die Einfachheit der neuen Modelle das Kopieren sehr bequem machte. Der mittlere Geschmack nivellierte sich in erbärmlicher Weise. Andererseits war es sehr schwierig, den Geschmack durch die Schaffung neuer und besserer Modelle zu erneuern, da man in diesem Genre der Einrichtung schon zur Perfektion gelangt war, und so gab es nichts mehr zu verändern, höchstens noch zu verschlechtern.

Die Elite, sobald sie sich von des Masse eingeholt fühlte und daher ihre äußeren Unterscheidungsmerkmale verschwanden, reagierte mit der Suche nach etwas anderem, was man für eigenen Gebrauch exklusiv erwerben konnte. Daher wurden die Gegenstände, die fast zum Spaß von einer Gruppe von gebildeten jungen Künstlern entworfen waren, sofort von der Klasse aufgenommen, die vom industriellen "Dreieck" aus den italienischen Geschmack auf dem Gebiet der Einrichtung beherrscht. Es war also die Flamme einer späten Liebe zum Jugendstil, die das Urteil der ausländischen Kritiker, vor allem der englischen, provozierte, die ein kulturelles Rettungsunternehmen sich in eine wirklich anachronistische Mode umwandeln sahen. Aber sie vergaßen, daß der mittlere Italiener im Unterschied zum Franzosen, Deutschen, Belgier und Österreicher die "belle époque" nur auf der Ansichtskarte gesehen hatte, weil er sich in einer harten sozialen Realität befand, die erst noch zu überwinden war. Daher erlaubte er sich, als das Wirtschaftswunder schließlich auch in Italien eingetroffen war, gewisse Befriedigungen (wenn auch mit einem halben Jahrhundert Verspätung), die fast ganz Europa schon hinter sich hatte.

Natürlich hatte (wie alle Revivals) auch der Neo-Jugendstil nur einen kurzen Atem und verzehrte sich in wenig mehr als fünf Jahren. Aber gegen seine Faszination sind nur wenige Architekten immun geblieben und zwar die, die – wie Giovanni Michelucci – ihrer Zeit voraus waren und die "Masern des Jugendstils" schon als Kinder gehabt hatten. Während die Jüngeren Stücke im Neo-Jugendstil entwarfen, zeichnete Michelucci seinen schönen Trog, der jetzt serienmäßig hergestellt wird. Er ist die Version "novecento" eines alten bäuerlichen Stückes und daher in zweifacher Hinsicht unmodern. Aber der einhellige Erfolg dieses Gegenstandes hat ihm Recht gegeben, und er gehört zu den wenigen Stücken der modernen Einrichtung, die man als wirklich gelungen bezeichnen kann.

Eine andere für diese letzten Jahre typische Bewegung, die aber viele Jahre und weiter Le Corbusier a Bürgen vorweisen kann, ist die, die auf die Kälte de rationalistischen Hauses damit reagiert, daß sie Antiquitäten in das moderne Haus stellt und den alten Möbeln erneut das Recht einräumt, noch bestimmte Funktionen im Haus von heute zu erfüllen: ein Unterfangen, das ohne die Hilfe eines erlesenen und klaren Geschmacks sehr schwer durchzuführen ist. Aber einige dieser Versuche, die von den vielen Spezialisten dies

schwierigen Vermischung vorgeschlagen werden, sind wirklich faszinierend und müssen als gelungen bezeichnet werden.

Dieses Vorhaben wird negativ, wenn man das Funktionale mit dem Surrealen verbindet, wie man es bei den schrecklichen Bügeleisen, die zu Blumenbehältern umgewandelt werden, den Stiefeln, die als Schirmständer dienen, sowie bei der Pistole als Zigarrenanzünder, der Radio-Grammophon-Truhe und – als Krönung – dem Fernsehschirm, der als venezianischer Spiegel maskiert ist, feststellen kann. Dieser Geschmack am "trompe-l'oeil" kann nicht verallgemeinert werden, sonst verliert er jeden Sinn. Wenn dagegen der "Savonarola" mit seinem beweglichen, zweifelsohne bequemen Ledersitz das bleibt, was er ist, also ein Sessel, offenbart sich das Unternehmen "Antiquitäten in das moderne Haus" als eine Möglichkeit unter vielen, die Anonymität gewisser Standards der unteren Ebene durch die Integration einiger Elemente aufzulösen, deren ästhetischer, symbolischer und gefühlsmäßiger Wert gerade nicht im Gegensatz zur Funktionalität der modernen Wohnung steht, sondern sie eher fördert.

Bei sicherem Geschmack kann die heute mit Möbelstücken anderer Zeiten eingerichtete Wohnung annehmbar sein: man hat so nicht mehr das anödende Museum-Haus oder die Kopie eines Antiquitätenladens, sondern vielmehr einen durchaus neuen Organismus von vitaler Aktualität. Mit dieser Gestaltung (ca. 1950) hat der Architekt Mongiardino geistreich eine "Trompe-l'œil"-Wohnung konzipiert, d.h. das "Hôtel particulier" des 18. Jahrhunderts innerhalb der begrenzten Dimension eines Appartements im obersten Stock (dazu kommt die Terrasse) eines modernen Mehrfamilienhauses.

(S. 345) Wohn-Arbeitszimmer auf zwei Ebenen, vom Arc Pierluigi Spadolini für die Ausstellung – Antiquitäten in der m Wohnung (Florenz, 1962) – eingerichtet. Über die Klarheit der Komposition hi die Wandverkleidung (rechts) von besonderem Interesse: es handelt si um eine farbphotographische Wiedergabe auf Gipsschupp dekorativen Freskos aus dem 15. Jahrhundert in der Villa Tornabuoni in

Nicht alle sind sich über die Frage einig, ob sich die künstlerischen Zeugnisse der Vergangenheit richtig in Häuser einfügen, die Wohnungen anderer Zeiten widerspiegeln. Auch die Museen sind übrigens an den rationalen Neuheiten orientiert, die den antiken Zeugen in besonderer Weise eine verständlichere Evidenz verleihen. Der Architekt Lina Bo folgte beim Entwurf (1950) der Wohnung eines bekannten Kunstgelehrten in den Morumbi-Gärten in São Paulo (S. 344, Ansicht vom oberen Hof aus) gerade diesem Prinzip und verwendete unerhörte Lösungen, wie die (rechts), eine Truhe aus dem 15. Jahrhundert vor das Fenster zu stellen und darauf andere alte Stücke zu verteilen.

Oberer rechter Teil der 1486 von Carlo Crivelli ausgeführten "Verkündigung" heute in der National Gallery in London. Unsere Tafel will ein Beispiel für di Möglichkeiten sein, die die Malerei dem Studium des Hauses bietet: die architektonische Elemente; der ornamentale Apparat; der unten sichtbare Vorhang; di Freude an Blumen und Haustieren: wesentliche "Motive" in der Geschichte der Wohnung

Ettore Camesasca

DER BEGRIFF "WOHNUNG"

Bisher wurde versucht, die Geschichte des mittelständischen Hauses in ihrem Zusammenhang nachzuzeichnen, vor allem soweit sie mit der Geschichte der Architektur, der Grundriss- und Gebäudetypen, der Möbel, der Stadtplanung, der Wirtschaft und Technik identisch ist. Schon so, wagen wir zu glauben, kann man sich ein Bild von den verschiedenen Wohnweisen machen, die in den verschiedenen Gebieten zeitlich aufeinander folgten.

In diesem letzten Teil soll nun versucht werden, auf Einzelheiten einzugeben, wobei die Beziehungen zwischen dem Draußen und Drinnen der Wohnung und zwischen den Räumen und der Einrichtung untersucht werden sollen – Beziehungen, die in vielen Fällen mit den Begriffen "häuslicher Herd", "Heim", "Privatsphäre", "familiäre Gemütlichkeit", oder wie man es sonst nennen mag, identisch sind; dann sollen die besonderen Aspekte des Hauses – Anbringung von Kunstwerken, des Zimmerschmucks und der Blumen; Anordnung von Tisch, Küche, Heizung und Lüftung, Schlafzimmer, sanitäre Anlagen; Räume der Dienstboten, Kinder und Haustiere; Veranstaltungen für den Kult und das Vergnügen usw. – untersucht werden, da sie ebenfalls die Geschichte der menschlichen Behausung beeinflußt haben.

Notwendigerweise müssen wir uns dabei meistens auf typische oder wenig bekannte "Motive" beschränken, ohne den Anspruch einer vollständigen Abhandlung erheben zu wollen. Dennoch, auch innerhalb der uns gezogenen Grenzen, kann man verschiedene der hier im folgenden zusammengetragenen Appendizes als vollständig oder teilweise unedierte Beiträge zur Geschichte des Privathauses betrachten.

Der Sinn für den Innenraum

"Die Einrichtung bindet sich zu stark an die Dekoration des Innenraums, für die der Architekt nicht mehr gebraucht wird. Der Sinn der Dekoration, der von dem der Konstruktion getrennt ist und nicht mehr mit diesem übereinstimmt, muß sich in jede Art von Unsinn und Widersinn verlieren. Er muß nicht nur die wesentlichen Formen des Gebäudes verderben, sondern läßt diese sogar verschwinden. Ohne jedes Gefühl angebrachte Spiegel, aufs Geratewohl ausgewählte Tapeten öffnen dort Leer-Räume, wo man volle brauchte, und Fülle, wo Leere angebracht wäre. Für ein Gebäude ist die bloße Konstruktion das, was das Skelett für den menschlichen Körper ist: Sie muß verschönert werden, ohne daß sie jedoch vollkommen überlagert wird. Es ist die Konstruktion, die (je nach Ort, Klima und Art des Hauses) die Art der Ornamente festsetzt. Die Ausführung des Werks, was Dimensionen und Bedeutung angeht, hat keinerlei Wert, wenn mit der Konstruktion nicht auch die Dekoration geplant wird, wenn die Form keine Beziehung zu den Einzelornamenten aufweist, wenn man sich schließlich darüber Rechenschaft geben muß, daß das Bauwerk von zwei miteinander nicht übereinstimmenden Intentionen bestimmt wurde". Das verkündeten Percier und Fontaine, die Theoretiker der neoklassizistischen Wohnung. Ihre Prinzipien sind noch heute akzeptabel und akzeptiert.

Das innere Bild der frühesten Wohnungen hängt fast ausschließlich von der äußeren Struktur ab. Die Wohnungen der Jäger und Nomaden lassen unsere Neugier völlig unbefriedigt; es ist legitim, an einfachste Lösungen zu denken: Matten und Felle wurden als Teppiche benützt, Vorhänge und Decken zeigten Effekte, die dazu verurteilt waren, unbekannt zu bleiben. Lebendige Zeugen der Vorgeschichte aus der bäuerlichen Kultur verbinden mit den schematischen Außenformen im Innern Unterteilungen, die einer gewissen Raffinesse nicht entbehren. Doch haben die Bauern höherer Kulturstufen, die wie die Ureinwohner Mexikos und der Anden imponierende Stein- und Mauerkonstruktionen schufen, Inneräume von sehr geringem ästhetischen Wert.

Im alten Mesopotamien hatte die Malerei in der Innendekoration größte Bedeutung und wurde bald angewandt, um Kolonnaden und Tapeten in geometrischen Zeichnungen in klaren und lebhaften Farben, dann Blumenmotive (Lotos, Palmblätter) und äußerst bewegte Löwen, Stiere und Ziegen darzustellen. Die Decken waren aus Zedernholz und wiesen geschnitzte und mit andern Hölzern oder Elfenbein eingelegte Kassetten mit Schildchen aus Bronze oder Rosetten auf. Es ist möglich, daß schon in den Häusern der Hethiter in Hattusa an den Trage-Elementen des Hauses angebrachte Felle, Matten und vor allem Stoffgewebe einen "Innenraum" geschaffen haben, der die Stereometrie der Wände modifizierte.

Es ist nicht sicher, ob einige Kompositionsfaktoren der mesopotamischen Räume vom Orient kommen oder ob sie sich vom Zweistromland aus über das übrige Asien ausgebreitet haben. Sicher dagegen ist, daß die reichen Wohnungen des alten Persien Decken in geschnitzten und intarsierten bemalten Kassetten mit Bronze-Rosetten mit Zentrum hatten. Wenn bemalte Wände wahrscheinlich auch sehr selten waren, so gab doch es eine Fülle von Stoffen in kräftigen Farben mit seltsamen Zeichnungen, die zwischen den Säulengängen und vor

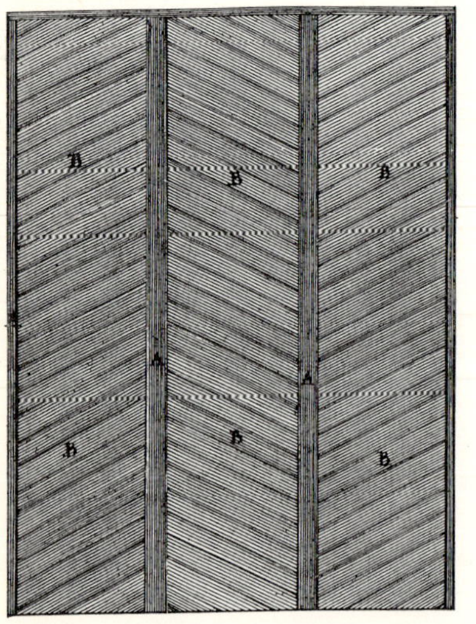

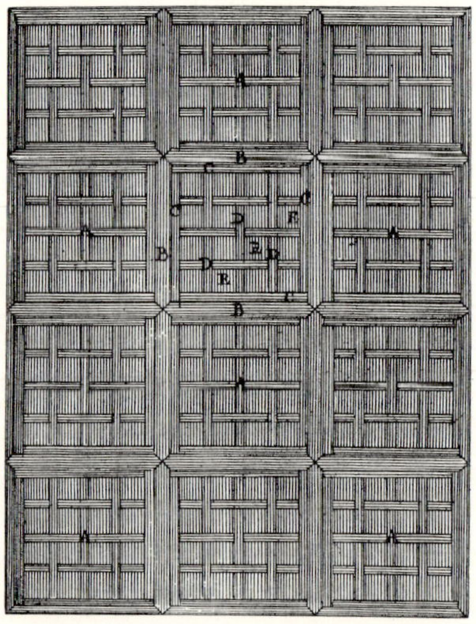

den Eingängen herunterhingen und auf dem Boden ausgebreitet waren. In diesem Teil der Welt zwischen dem Mittelmeer und dem Persischen Golf entsprang der Geschmack an der Vielfarbigkeit einer natürlichen Gegebenheit, dem blendenden Licht und der Klarheit der Luft und des Himmels. Die Kacheln waren in Khorsabad meistens in Gelb und Blau gehalten, in denselben Farben und dazu in Rot, Schwarz und Weiß in Nimrud und Babylon. Kacheln in dieser Farbe wurden vor allem am unteren Teil der Mauer verwendet, während sich oberhalb Prozessionen von Menschen und Tieren befanden, die von Bändern mit linearen Motiven unterbrochen wurden.

Decken aus kostbaren einheimischen und exotischen Hölzern schmückten in der Zeit des Alten Reichs die reichen ägyptischen Wohnungen am Nil entlang. Die Malereien an den Mauern zeigten lineare oder schachbrettförmige Motive. Später zog man Wellenlinien vor (Mäander oder Spiralen), während die geraden Linien verworrene geometrische Formen bildeten, die mit Kurven, Rosetten und leichten Blumenverzierungen verbunden waren. Manchmal verwendete man an den Wänden Ziegel oder Kacheln, häufiger als Tapeten verwendete Stoffe und große Vorhänge zwischen den Säulengängen zum Garten hin. Vielleicht hingen andere Stoffe als Gobelins über oder auch vor den Eingängen, und sicher waren die Möbel mit ihnen gepolstert: Stoffe, eingefaßt von Verbrämungen oder bunten Säumen mit gestickten oder aufgedruckten Zeichnungen. Das sind die typischen Kennzeichen des ägyptischen Innenraums, der durch Farbmischungen von Rot, Gelb, Schwarz und Blau belebt wurde. Der Gebrauch der Farben wurde jedoch von den achitektonischen Elementen reguliert: Der ornamentale Pomp und die Aufstellung der Möbel nach rein funktionellen Gesichtspunkten schufen das "Monument" im Monument. Mehr oder weniger gleiche Intentionen charakterisierten auch die Raumwirkung der kretischen Wohnungen.

Ein neues Faktum zeigt sich in den mykenischen Häusern, wo sich das Innere von der Umfassungsmauer loslöst, um ein autonomes Gebilde zu schaffen. Die Räume werden so unterteilt und artikuliert, daß sie das Mobiliar hervorheben. Dem kommen die Vorhänge, die Ornamente der Wände und Fußböden, die Stellung der vier Säulen um die Feuerstelle herum zu Hilfe. Diese Säulenstellung will das Feuer – den Quell des Lebens und das Element des Kultes – als den wahren Schwerpunkt des Hauses akzentuieren. Die Einrichtung des ganzen klassischen Altertums bleibt dem Feuer innig verbunden.

Das Griechenland zur Zeit Alexanders des Großen kennen wir aus den aus der Lava wieder hervorgetauchten vesuvianischen Städten. In Herculaneum akzentuierten leichte Trennwände, sekundäre Räume schaffend, die dezentralisierte Disposition der mykenischen Wohnung. Auch hier tragen der Reichtum der Fußböden mit bunten linearen Motiven, die Verschiedenheit der Vorhänge, das an die Wand gestellte spärliche Mobiliar und mehr noch die Dekoration der Wände (Veduten, Episoden, Landschaften) durch ihre Perspektiven dazu bei, die "Flucht" vom topographischen Mittelpunkt des Hauses weg noch stärker zu betonen.

Den Griechen gefielen die kontrastierenden Farben sehr. Sie bedienten sich ihrer, um die einzelnen architektonischen Elemente zu differenzieren. Die Römer liebten das kräftige Rot und Gelb und das tiefe Blau und Schwarz nicht weniger. Sie benützten auch das Purpurrot, das heute verloren ist. Trotz ihrer Bewunderung für Ägypten scheinen sie dessen Farbkanon nicht übernommen zu haben, der nun von Normen abhängen sollte, die mehr an die Symbolik als an die Ästhetik gebunden waren. Dagegen übernahm man von den Ägyptern ihre Vorliebe für Mosaiken, die auf die Gefahr hin, weniger lebhafte Farben zu haben, dem Wunsch nach dauerhaften Werken entgegenkamen. Das Anwachsen der Beziehungen zu Asien vermehrt langsam die Zahl der Vorhänge und der in den lateinischen Häusern verteilten Teppiche. Nero scheint enorme Reichtümer für den Erwerb von kostbaren Wandteppichen ausgegeben zu haben. Diese Passion und die ständig wachsende Bedeutung der Möbel, die zu einer fast absoluten Unabhängigkeit von den architektonischen Strukturen tendieren, verschandelten schließlich ganz die Integration der Innenräume, die schon allzu stark von der malerischen Ornamentik angegriffen war.

Byzanz, das in weitem Maße Gold und Silber für die Mosaiken und vor allem für die Seide und den Damast, die die Wände bezogen, verwendete, stattete die Innenräume mit einem Pomp aus, den man bisher weder in Europa, noch in Asien jemals gesehen hatte. Da präzise Zeugnisse fehlen, müssen wir auf weite Gebiete des Mittelalters zurückgreifen, als sich die Palette der Dekorateure unter der Flut neuer orientalischer Einflüsse anreicherte, deren Herkunft eine aufmerksame Untersuchung des Wissenschaftlers verdient.

Wie für die westlichen Innenräume kann man auch im Fall der ältesten chinesischen nur Hypothesen vorbringen. In der geschichtlichen Zeit blieb der Innenraum nahezu fix und änderte sich höchstens in einigen Nebensächlichkeiten. Für Jahrhunderte blieb dieses Grund

8, von links) Teile einer
aus der "Encyclopédie"
-77) Diderots und
mberts, die dem
isier en bâtimens"
met ist: Holzfußboden
oint d'Hongrie", damals in
ziemlich gebräuchlich,
Parquet carré" mit
n Diamantschliff
idenen Balken.

Teil einer
Tempera-Wandmalerei,
früher am Gewölbe des
Grabes von Meie (Ende der
18. Dynastie) in Der
el-Medina (Totenstadt von
Theben), heute im
Museo Egizio in Turin.
Mit größter
ahrscheinlichkeit imitiert
die Dekoration
Teppiche, mit denen die
Decken der ägyptischen
Wohnungen im Neuen
Reich verkleidet waren.

prinzip das eines Raums, der in viele autonome Körper mit jeweils präzisen Funktionen aufgeteilt wurde. Es ist nicht ausgeschlossen, daß eine solche Unterteilung aus der Vorgeschichte kommt, da sie der im ganzen Orient üblichen entspricht: Repräsentationsräume, die den Männern vorbehalten sind; für das Familienleben bestimmte Räume, wohin die Frauen mit den Kindern verbannt werden; und in den reicheren Wohnungen die Wirtschaftsräume. Jeder bildet eine klar umschriebene Einheit, wie es noch heute bei den traditionellen Häusern arabischer oder türkischer Herren zu sehen ist, die dem Selamlik, dem Harem und dem Khan Platz geben.

Im alten chinesischen Haus ragt unter den Räumen des ersten Blocks der Ta-t'ing, der Empfangssaal, hervor, dessen Raum von vier Pfeilern umgrenzt wird, die das

Residenz der Fürsten Gagarin in Moskau (1817; Architekt J. Beauvais, genannt Bova): Teil der Decke des großen Saals.

(Links) Schematische Zeichnung, die die Dekoration des 19. Jahrhunderts im Korridor des Hauses am Kanal Spaarne Nr. 106 in Haarlem wiedergibt.

Dach tragen und im wesentlichen die Dekoration des Raums regeln. So verteilen sich in der Tat die Möbel und die Kunstwerke auf die von den Pfeilern freigelassenen Zwischenräume: auf die Hinterwand wird über einem Tisch (T'iao-chi) – vor dem sich ein anderer kleinerer befindet, der "Tisch der acht Ahnen" (Pa-hsien-cho) – eine große bemalte Rolle angebracht, die dem Raum seinen Charakter verleiht; an der linken Wand befinden sich Teetischchen, um die herum Sitze stehen; auch auf dieser und den andern Seiten erscheinen zahlreiche aufrollbare Gemälde. Die größeren Ta-t'ing werden von den Lo-ti-chao (transforierte Holztrennwände, die die Mauern mit den vier Pfeilern verbinden, die wiederum durch zarte Bogen, ebenfalls aus Holz, verbunden sind) in sieben oder mehr Zonen unterteilt. Eine gleiche oder ähnliche Struktur zeigen die Bibliothek (Shu-chai), das Zimmer der Ahnen (T'ang-fu) und die bedeutenderen "Privat"-Räume.

Auch beim typisch japanischen Haus scheint die Geschichte mindesten seit 2000 Jahren stillzustehen. Die auf den Gemälden des 5. Jh. n. Chr. dargestellten Wohnungen könnten mit den heutigen im traditionellen Typ gebauten ausgewechselt werden. Die Konzeption ist überall die gleiche: volle Übereinstimmung zwischen solider Einfachheit, kraftvoller Delikatesse und Einbeziehung der Natur. Diese Konzeption ist typisch für die Japaner: die Wohnung mit der umliegenden Welt in Einklang zu bringen, ja sogar den Kontakt mit der Außenwelt auch unter dem häuslichen Dach beizubehalten. Ist das einmal vorausgesetzt, ist alles andere nur eine logische Konsequenz. Ein einziger Raum statt einer Reihe von differenzierten Räumlichkeiten, das Fehlen von festen Scheidewänden, die durch durchscheinende und verschiebbare Trennwände ersetzt werden, die Transparenz der Hülle (die Wände sind aus Papier), die Veranda auf drei Seiten, die Zurückführung der Holzgerüste auf die Summe aus zwei Gliedern, Quer- und Längsbalken ohne Ornamente, machen die Räume veränderbar, und diese Veränderung ist identisch mit der jeweils größeren oder geringeren Gegenwart der Natur, die in das Innere eindringt. Die fast eintönige Zartheit der Farben – Nußbraun, Olivgrün, das Grün getrockneter Kräuter und das leichte Braun des Tons – und die Leichtigkeit der verschiebbaren Schutzwände lassen den geometrischen Aufbau der Quer- und Längsbalken klarer sichtbar werden, mit dem die rechteckige Form der Matte auf dem Boden übereinstimmt. Daraus ergibt sich, daß das durch die Wände gefilterte Licht in zarter Weise hervorgehoben bleibt, was wiederum dem ununterbrochenen Austausch zwischen Drinnen und Draußen entspricht. Diese lichte Geometrie erhielt ihre definitive und bewegteste Form in der Ashikaga-Periode (1333-1568), als man begann, die Hälfte der Außenmauern durch eine asymmetrische Struktur einnehmen zu lassen. Schon vorher, seit der Epoche Heian (794-1188), hatte sich der Brauch eingebürgert, Malereien auf den freien Flächen zwischen den Längsbalken anzubringen. Ihre üblichsten Themen – Landschaften, Pflanzen, Blumen, Vögel – betonen die Verbindung mit der Natur noch weiter.

Klima und Nomadentum begünstigen die Beziehungen zur Außenwelt auch in Indien und im islamischen

Raum. Im geschlossenen Raum hält man sich nur im Winter oder im heißesten Sommer auf. Auch in den festen Wohnungen werden die Möbel ständig umgestellt, sie werden je nach der Zeit nach draußen gebracht und wieder hereingeholt. Die Zimmer sind fast nur eine Vervollständigung der Höfe oder des Gartens. Das Licht, das man durch die Öffnungen eindringen läßt, ist spärlich. Ob es sich nun um große oder (häufiger) kleine Fenster und Balkons handelt, in jedem Fall werden sie von Steinplatten, die mit Bögen versehen sind, durchlöcherten Ziegeln und Holzlatten abgeschirmt. Auch die vor allem in den Repräsentationsräumen nicht seltenen Glasscheiben waren mit vielen Holzleisten versehen. Wenig Licht, d. h. wenig Sonne (und Hitze), konnte durch die eigentlichen Kolonnaden eintreten, die die Räume mit dem Freien verbanden. Es ist verständlich, daß man im Inneren dieses wenige Licht dadurch auszunützen und zu vermehren sucht, indem man die Wände mit bunten Kacheln und vor allem mit Mosaiken bekleidet, von Spiegelstücken gebildet, die ihrerseits von Stuck und Zement eingefaßt werden, um so den Marmor zu imitieren, und daß sich die Spiegel seit dem 18. Jahrhundert (als es leichter war, sie herzustellen) immer weiter ausbreiteten. Schließlich bedeckte man ganze Wände damit. Um die Räume zu beleben, brachte man in den Wänden zahlreiche Nischen an. Vor allem krönte man die Säle und andere " öffentliche " Räume mit von Bögen getragenen Kuppeln, die so die Lüftung förderten. Man errichtete Innengalerien in der Repräsentationszone, von wo aus die Frauen ungesehen den Schauspielen und Versammlungen beiwohnen konnten.

Darüber hinaus belebten die auf dem Fußboden ausgelegten Teppiche, die Kacheln, mit denen die Fußböden oft ausgelegt waren, und die Vorhänge, die meistens die Türen ersetzten, den islamischen Innenraum. Normalerweise war nur der Haupteingang mit einem robusten Portal versehen.

Der Dekorationsreichtum der wohlhabenderen Häuser des muselmanischen Orients ist sprichwörtlich. Gewöhnlich wird er durch unentwirrbare und erdrückende Arabesken ohne Anfang und ohne Ende erzielt, deren Formen die Beziehung zu der sie inspirierenden Natur so sehr verloren haben, daß sie in die ungreifbare Sphäre eines Traums versetzt scheinen. Tatsächlich schätzen die reichen Mohammedaner die unmittelbar aus der Wirklichkeit in Bilder und Reliefs übersetzten Gemälde sehr, die Spiele, Jagden, Gartenfeste, erotische Szenen und Schlachten darstellen und die bandförmig unmittelbar unter der Decke angebracht sind. Da präzise religiöse Normen bei Strafe des Ausschlusses von dem äußerst einladenden, vom Propheten verheißenen Paradies verbieten, lebende Wesen darzustellen, waren diese Abbildungen dem Harem und den Bädern vorbehalten. In den Repräsentationsräumen beachtete man diese Regeln genau: Sehr stilisierte Pflanzengewirre umgaben kalligraphische Motive (Verse aus dem Koran), die einen außerordentlichen Formenreichtum schufen. Um ihn zu erreichen, zog man zunächst das Mosaik vor, dann den Stuck, der bis zum 18. Jahrhundert weiß, dann bunt und vergoldet war. Zuletzt kam das geschnitzte und manchmal bemalte Holz in Mode. Der mehr oder weniger geometrische Pflanzenschmuck, den man mit enkaustierten Fliesen oder mit Marmorreliefs erhielt, die selten bemalt und fast wie die Perserteppiche artikuliert waren, entwickelten sich unter den Abbasiden. Die Dekoration mit Blendbogen, mit Blumen- und Schriftelementen, sowie die Kuppeldecke mit Stalaktiten bilden daraus andere Formen, die in die spanisch-maurische Kunst übergehen und von Spanien nach Südamerika gebracht werden.

In den von den islamischen nicht sehr verschiedenen reichen indischen Häusern befand sich vor jeder Säule eine Statue, wenn die "öffentlichen" Räume über Kolonnaden verfügten. Die Säulenschäfte selbst waren mit

(Links) Die reiche Stuck-Ornamentik im Haus an der Herengracht Nr. 475 in Amsterdam, zu Anfang des 18. Jahrhunderts ausgeführt. (Rechts) Ein anderes ähnlich prunkvolles Beispiel (ein wenig später: es geht ungefähr auf das Jahr 1740 zurück) im Haus an der Prinsegracht Nr. 15 im Haag.

Statuetten und Reliefs bedeckt, deren Themen Schutzgötter, Musikanten, Tänzer und erotische Darstellungen waren. Auch die Malerei fand großzügige Verwendung.

Die Innentreppen nahmen in ganz Asien niemals dekorative Elemente auf. Die chinesischen und japanischen Häuser erstreckten sich ohnehin meist nur über ein Stockwerk. In Indien und in den islamischen Gebieten ließ sie eine lange Gewohnheit des Mißtrauens aus Sicherheitsgründen selbst in den großen Palästen nur eng ausfallen.

Jan Vermeer, "Frau am Spinett" (Ausschnitt; ca. 1670; London, National Gallery). Außer dem eleganten Fußboden in Schachbrettmuster aus Marmor ist der Sockel bemerkenswert, der aus blauen Delfter Fayencen gebildet ist, jede mit einem anderen Thema: Schiff, Jäger usw.

Mit den Barbareneinfällen kehrt man im Abendland zum Zelt für die Nomaden und zum Holzhaus für die Seßhaften zurück. Ornamentale Ansprüche treten in der karolingischen Zeit zwischen dem 8. und 9. Jahrhundert wieder auf. Der einzige Raum, auf den sich auch die Wohnung der Mächtigen beschränkte – ein viereckiger Raum, der für den Empfang, zum Essen und Schlafen diente –, konzentrierte sich auf den Ehrensitz und das hinter Vorhängen verborgene Bett. Vielleicht bedeckten Seidenvorhänge die Wände, und durch die überall verteilten Kissen führte man kräftige Farbeffekte ein, die den architektonischen Charakter des Innenraums kompromittierten.

In der Romanik werden Holztäfelungen in Nordeuropa, vor allem in England, üblich. Es erscheint der Wandteppich, der nicht nur zum Schmuck der Wände beiträgt, sondern diese manchmal sogar ersetzt und große Räume in verschiedene Zimmer von kleineren Ausmassen unterteilt.

Hier drängt sich ein Exkurs über die Wandteppiche auf. Es lohnt die Mühe, anzuzeigen, daß die italienische Benennung "arazzo", für die es in den andern Sprachen nichts Entsprechendes gibt, von dem großen Manufaktur-Zentrum Arras in Frankreich herkommt. Doch wurden die ersten wirklichen Wandteppiche, die bis ins 12. Jahrhundert zurückgehen, in Deutschland hergestellt. Arras betritt die Bildfläche erst 200 Jahre später und nimmt dann zusammen mit Paris bis zu den 1420 ausbrechenden Kriegen einen unwidersprochenen Primat ein. Danach kam die starke Konkurrenz der Flamen auf, denen man seit dem frühen 15. Jahrhundert im wesentlichen die italienische Dekoration verdankt. Wie jedermann weiß, handelt es sich um ein Gewebe, das auf Handwebrahmen aus Woll- oder Seidenfäden oder auch solchen aus Gold und Silber hergestellt wird, die die Linienführung der Motive bestimmen. Sie sind im allgemeinen figürlich und dehnen sich über die ganze Oberfläche des Teppichs aus. Nur die Borte wird, wo vorhanden, zu ornamentalen Funktionen verwandt. Die Arbeit des Teppichknüpfers erfordert Sorgfalt und Geduld: Einem fähigen Handwerker gelang es kaum, mehr als vier oder fünf Quadratzentimeter an einem der langen von den mittelalterlichen Zünften festgesetzten Arbeitstagen herzustellen. Man fragt sich, wie ihre Erzeugnisse noch heute so zahlreich sein können und wie allein die aus Tournai den Nachfragen aus halb Europa nachkommen konnten.

Immerhin scheint es klar, warum in der Romanik an den Wänden der Häuser, vor allem der Reicheren oder sogar der Fürsten, Freskengemälde aufzutauchen beginnen und warum diese Gemälde die Motive der Wand- und Orient-Teppiche aufnehmen. Der Maler (auch e

Antonello da Messina, "Hieronymus im Gehäus" (ca. 1474; London, National Gallery). Ein "Studier-" oder "Arbeitszimmer", offen dargestellt, während sonst die Studierzimmer im allgemeinen kleine, als Anhang eines größeren Zimmers herausgearbeitete Räume, sehr häufig ohne Fenster, waren.

wurde nach Stunden bezahlt) stellte die Kunden sehr viel rascher zufrieden als der Teppichknüpfer und erhob nicht die Forderungen des Kaufmanns, der mit seinen Stoffen von den Häfen der Levante kam und für das, was die Seeräuber, die Stürme und alles andere von seinem Vorrat übriggelassen hatten, noch Einfuhrzölle zahlen mußte. Außerdem hatte die Malerei gerade eine ausgesprochen günstige Periode. Auch das sichtbar gelassene Deckengebälk wurde mit äußerst lebhaften Verzierungen bemalt. Die Fußböden, die Jahrhunderte hindurch aus gestampfter Erde bestanden, blieben weiter so, nur daß sie noch härter gemacht wurden. In Ausnahmefällen wurden sie von Schotter, Ziegeln oder Steinplatten ersetzt. In jedem Fall mußte ihre verhaltene Farbe den Eindruck der überreichen Farben der Wände und der Decke noch erhöhen; denn die Decke kompensierte für die Privilegierteren unter unseren Vorfahren um 1000 herum die Beleuchtung, die durch die wenigen Fenster nur schwach einfiel. Über die Wirkung psychologischer Faktoren – z. B. die Belebtheit der Innenräume als Kompensierung für die Öde der Straßen und der erbärmlichen Hütten, die die gewöhnlicheren Wohnungen bildeten – wollen wir das Wort lieber den Experten überlassen.

Der subtile Vertikalismus, die Vorliebe für Spitzbogen und Kreuzrippen und die andern Strukturen des gotischen Innenraums bedingen die Ornamente und das Mobiliar, das allerdings eher dürftig bleibt. Wüßten wir nicht, wie begrenzt die Lebensmöglichkeiten waren, die eine solche Dürftigkeit bestimmten, könnten wir an ein bewußtes Zugeständnis glauben, das man den architektonischen Elementen machte, da auch der Gebrauch der Stoffe im Verhältnis zur vorhergehenden Periode geringer erscheint. Doch wird die Dekoration auf dem Holz der Decken und Wände, vor allem jenseits des Ärmelkanals, immer stärker akzentuiert.

Das Ende der Gotik fällt mit der Rückkehr der Stoffe zusammen. Es ist eine Hypothese, die viel für sich hat, daß sie von den Kreuzzügen begünstigt wurde, da sich in Frankreich und anderswo die Woll- und Seidenweber "Sarazenen" oder "Sarazenisierende" nannten (Pariser Dokumente aus dem 13. und 14. Jahrhundert sprechen von "tapissiers sarazinois"). Übrigens kann nicht bezweifelt werden, daß man die orientalischen Stoffe imitierte, und daß man weiter Gewebe direkt von der Levante einführte, ist nicht weniger wahr. Die Prunkentfaltung bringt außerordentlich raffinierte Effekte hervor. Nach Miniaturen der Zeit zu urteilen, hat man den Eindruck von einer Köstlichkeit, die bis hin zur Übereinstimmung zwischen den Wandbehängen und den Kleidern der Männer und Frauen ausgeführt ist. Aber vielleicht sind die Miniaturen-Maler selbst die allein Verantwortlichen für solche Übertreibungen.

Der Geschmack an der Vielfarbigkeit erobert auch den Süden. Die Häuser des reichen italienischen Bürgertums nehmen üppige geometrische Motive bis in die Toiletten hinein auf, während es sich die Fürsten und Kardinäle leisten können, Grotesken von Künstlern wie Perin del Vaga malen zu lassen. In den andern Räumen erscheinen auch Einzelfiguren (oft bilden sie Folgen von berühmten Persönlichkeiten) und Historien oben an den Mauern über den Dekorationen in Rauten, Serpentinen, Dreiecken, stilisierten Blumen, Strichen und Rosetten, die im Grunde nie aus den bürgerlichen Innenräumen verschwunden waren, bis sich die neuere Mode der einfarbigen Bemalung durchsetzte. In den Schlafzimmern faßten Szenen Fuß, die sich auf die eheliche Treue, amouröse Allegorien, biblische Personen und ritterliche Episoden beziehen; am "Himmel" des Bettes selbst fand ein kleiner Amor Platz, an dem die handelnden Personen das untrügliche Modell für die Formung des zu Zeugenden finden konnten. Die alten Backsteine des Fußbodens wurden durch lackierte oder verglaste Fliesen,

Fragment eines Mosaik-Fußbodens aus alexandrinischer Zeit (Kopie von Heraklit, nach dem Original in Sosos im 2. Jh. v. Chr. ausgeführt; Rom, Museo Lateranense). Der linke Teil stellt die in einem Festsaal auf den Boden geworfenen Abfälle dar.

vor allem in dem privaten Räumen, ersetzt. In den Sälen setzt sich der Marmor durch, zunächst in einfach polierten und glänzenden Platten, dann, seit dem späten 15. Jahrhundert, in mehrfarbigen Intarsien oder auch mit geometrischen Figuren und Friesen gearbeitet, die mit dem Meißel herausgeholt und mit schwarzem Stuck ausgefüllt wurden. Aus wirtschaftlichen Gründen waren Mosaik-Fußböden selten. Die Deckenbalken behielten im allgemeinen die natürliche Farbe bei, aber die Kassetten wurden immer häufiger mit mehrfarbigen Ornamenten bemalt. In verschiedenen Fällen hatte das Holz die räumliche Einheit zu schaffen: An den Wänden wurde bis zu 50-60 cm über dem Boden ein Sockel angebracht, der als Lehne für die Bänke und Truhen diente. Vielteilige Aufsätze mit Einlegarbeiten oder Malereien kamen zur Anreicherung hinzu und erzielten eine Vereinigung mit den Bildern darüber. Ansonsten war es selten, daß die Ornamente der Lehnen vollständig sichtbar blieben, da man in Sommer Ledertapeten und in den Wintermonaten Wandteppiche darüber aufhängte. Schließlich wurde auch die Farbe des Bodens in Form von orientalischen Teppichen auf den Fußböden der Wohnungen immer häufiger, die zuvor auf die Kirchen beschränkt geblieben waren.

Ein anderes fundamentales Thema ist also der Teppich. Auch er kann jedoch unmöglich auf so wenig Platz

Teil der eleganten Treppe mit dem akanthusblattförmigen Geländer unter dem Portikus im Hof des Palazzo Gondi, einer der besten Adelswohnungen des 15. Jahrhunderts in Florenz (das Gebäude entstand zwischen 1490 und 1501 und ist das Werk Giuliano da Sangallos).

erschöpfend abgehandelt werden. Man müßte dazu mindestens bis ins Jahr 2600 v. Chr. zurückgehen, als ein ägyptischer Bildhauer in Beni Hassan den heiligen Stier darstellte, der auf einem wahrscheinlich mesopotamischen Teppich hingestreckt liegt, was bezeugt, daß sich Babylonien auf diesem Gebiet eines unvergleichlichen Alters rühmen kann. Die Qualität und Faszination dieser babylonischen Erzeugnisse dürfen auch dann nicht geschmälert werden, wenn griechische und römische Moralisten sie verurteilen. Plutarch möchte seine Leser mit dem Bericht erbauen, daß Cato sich weigerte, einen ererbten babylonischen Teppich im Haus zu behalten. Es wird nicht ganz klar, wo man ihn anbrachte, ob an der Wand oder auf dem Boden. Doch kannte man in Europa auf dem Boden ausgebreitete Teppiche seit der Zeit Alexanders des Großen. Wir müssen annehmen, daß ein solcher Brauch aus Persien kam, wo das alte Wort "Teppich" der "Sache, die man mit den Füßen betritt", entspricht. Doch ist es nicht weniger wahr, daß die ersten von den Persern benützten Teppiche assyrische Erzeugnisse waren. Es handelte sich dabei um Produkte, die den "arazzi" ähnlich waren, die man an den Wänden aufhängte. Immerhin bürgerte es sich ein, im Orient jedes geknüpfte Erzeugnis "Perser" zu nennen, auch wenn es aus andern Gegenden kam. Es scheint möglich, diesen Brauch zu bestätigen, wenn man bedenkt, daß der Iran in Asien liegt und daß die schönsten Teppiche, mindestens seit dem 6. Jahrhundert n. Chr., gerade persische waren. Was die erste Verbreitung im mittelalterlichen Europa angeht, kann man mit Sicherheit bis ins 9. Jahrhundert zurückgehen. Dank der Privilegien, die die venezianischen Kaufleute im byzantinischen Reich genossen, verkauften sie schon damals Teppiche am karolingischen Hof zu Pavia. Die älteste sichtbare, wenn nicht greifbare Dokumentation ist 600 Jahre jünger, als der Teppich in der Malerei auftritt.

Die für Asien typische Ideenkristallisation erlaubt es, die orientalischen Teppiche relativ leicht zu klassifizieren. Jeder Hersteller-Clan, ja man kann sogar sagen, jede Familie behielt die eigenen Motive unverändert bei und garantierte so die stilistische Kontinuität. Die Färbung der Wolle mit ausgewählten Pflanzenmaterialien sicherte die Resistenz der Farben durch die Jahrhunderte hindurch. Das enorme Reservoir an Tier- und Pflanzenmotiven, das sich in Asien seit der Zeit der alten mesopotamischen Kulturen herausgebildet hatte und das ständig durch Tausende von exquisiten Dekorationen angereichert wurde, und das seltene Talent der Iranier, sich den Repertoirs der in ihrer Hochebene aufeinander folgenden Kulturen anzugleichen, erklären die Blüte des Perser-Teppichs. Die Präzision in der Ausführung, die bis zu 15.000 Knoten in einem Quadratdezimeter vereinigt, tat ein übriges.

Kehren wir zum italienischen Haus der Frührenaissance zurück! So reich und verschiedenartig dort die Ornamentik der Räume auch gewesen sein mag, so ist es doch immer das konstruktive System, das den Innenraum bedingte, wo sich die geometrische Strenge und das Spektakuläre der Stadtplanung widerzuspiegeln scheint: Auch in den häuslichen Wänden verfolgt man den perspektivischen Effekt, wobei man auf die Raumflucht und auf die Negierung der Wände durch illusionistische Malereien zurückgreift. Es herrscht also ein Klima höfischer Rationalität, auf das man mit dem "Studiolo", dem Zimmer im Zimmer zu reagieren sucht. Auf der Suche nach einer wohlverstanden-gelehrten und humanistischen Privatsphäre kommt man zu der Treppe von bewußt verkürzten Proportionen, zum indirekten Licht und zur einheitlichen Einrichtung.

Palazzo Contarini dal Bovolo in Venedig, an der "Salizzad[e] di Santa Giustina. Das wegen seiner berühmten Wendeltrep[pe] (im Venezianischen: "Bovolo") so genannte Bauwerk ist ei[ne] typisch lombardische Konstruktion, wahrscheinlich von G[io]vanni Candi (ca. 1499). Treppen wie diese, wenn auch w[e]niger reich an Dekoration, waren hier ziemlich verbreitet.

In den persischen Häusern fehlt nur selten der Teppich. In den wohlhabenderen finden sich die besten Exemplare im Talar, dem Empfangssaal, in der hier abgebildeten Anordnung: in der Mitte der prachtvolle Hanlu oder Mianè, der von zwei Kenarè flankiert wird, den schmalen Teppichen, die man im Westen als Laufer benützt, ein viertes Stück befindet sich im Hintergrund des Saals, der Kelly oder Serendaz, auf dem sich die Familie versammelt.

Nördlich der Alpen begünstigt die Notwendigkeit, in geschlossenen Räumen zu leben, die Wohnkunst erheblich stärker als an den Ufern des Mittelmeers. Der Sinn für den Innenraum ist so stark, daß er das Äußere des Bauwerks in ihn einbezieht: Balkons, Erker und gedeckte Atrien brechen aus der Fassade aus, während die Fensterscheiben den Einbruch akzentuieren, wobei sie die Hülle durchstoßen und beherrschende asymmetrische Merkmale einführen. Drinnen, zwischen den festen Wänden überstürzen sich fachwerkartige Trennwände, die in seltsamer Unabhängigkeit angebracht sind und eine größere Bedeutung als die Außenmauern selbst zu haben scheinen.

Um den programmatischen Formalismus der italienischen Häuser zu erkennen, genügt es zu sagen, daß manchmal das Motiv der Fliesen jenes der Decke wiederholte und daß bei den bedeutenderen Häusern ein renommierter Künstler den zeichnerischen Rhythmus dieser vornehmen Übereinstimmung stabilisieren konnte, wobei er die Ornamentik der Wände, wo sie schon bestand, keineswegs übersah; andernfalls schuf er sie in genauester Harmonie zum übrigen. Selbst in seinen Versuchen, die konkrete Außenstruktur klarer sichtbar zu machen, vermittelt der Manierismus den Eindruck, als sei der Grundriß des Gebäudes verdunkelt; aber die Aufteilung der Innenräume hängt nichtsdestoweniger klar von der genauen Symmetrie der Fassaden ab.

Die brennende Sehnsucht nach Italien trägt dazu bei, liese Tendenzen auch unter den französischen Fürsten auszubreiten. Dennoch richtet man auf der andern Seite ler Alpen fast augenblicklich größere Aufmerksamkeit auf die praktischen Wohnprobleme. Hier wurde man sich unter anderm bewußt, daß die Aufteilung der Räume auch das Problem der Heizung besser zu lösen vermochte. Deshalb wendete man sich bei der Planung des Innenraums von den staunenerregenden langen Zimmerfluchten ab, und die Räume begannen, sich nun ihren Funktionen entsprechend besser zu proportionieren.

Weiter im Norden wurden diese Erfordernisse noch stärker verspürt. Es ist nicht übereilt, anzunehmen, daß man die Kälte auch auf psychologischer Ebene bekämpfte, d. h. man vermittelte das Gefühl eines geschlossenen und "warmen" Raums. Die elisabethanischen Innenräume z.B. verdanken ihre Faszination zu einem großen Teil den Stoffen aus Damast, Samt und Brokat, die die Wände bedecken: Sie verschließen dem Luftzug den Eingang, aber vor allem bestimmen sie eine erholsame und gemütliche Behaglichkeit. Sie wurden oft nach spanischem Geschmack durch bedrucktes Leder ersetzt, das vielleicht weniger wirksam gegen das Eindringen der Kälte, aber gleichermaßen geeignet war, ein Gefühl von wattierter Wärme zu schaffen.

Die Treppen nehmen an den gleichen Vorgängen teil. Man gebraucht jetzt schweren Granit und bunten Marmor für sie. Im Italien der Renaissance bildeten feiner Marmor und grauer Sandstein die runden Säulchen und die vier- oder mehreckigen Pfeilerchen der Geländer, die von Docken (häufig von soliderem Material) unterbrochen und von marmornen oder bronzenen, mit Samt überzogenen Besatzborten vereint wurden. Der Schwung und der Luxus erschöpften sich, aber die Lösung, die Stufen an Strebebogen anzubringen, öffnete den Fresken-

(Von oben) Jan Vermeer, "Schlummernde Frau" (Ausschnitt; 1655-60; New York, Metropolitan Museum). Auf dem Tisch ein kaukasischer Teppich mit dem "Skorpion"-Motiv (spätes 16. Jh.). – Teil eines Teppichs (Zentralpersien, Ende 15. Jh.) in Form eines griechischen Kreuzes (San Gimignano, Museo Civico), ein Geschenk Cesare Borgias an Machiavelli.

A. Garnerey, "Die Königin Hortense im Boudoir des Palastes in der Rue Ceruti in Paris" (ca. 1810; Paris, Sammlung Lefuel). Besonders bemerkenswert ist die Fülle von Stoffen, die an der Decke das Innere eines Pavillons aus der Zeit der Kreuzzüge darstellen: die mittelalterliche Note im Gegensatz zu den Louis-seize-Möbeln nimmt schon den "Troubadour"-Stil vorweg.

(Unten von links) Miniatur aus den "Heure Boucicaut" (Genf, Bibliothèque Publique). Sie stellt das Schlafzimmer des Auftraggebers des Buches dar: ein Zeugnis für die Fülle von Stoffen in den reichen gotischen Wohnungen. – Der Rokoko-Innenraum in dem "Porträt des Jan Vollenhoven" von H. Pothoven (1711; Amsterdam, Rijksmuseum) dagegen zeigt mehr Holz. – Ein "zeltförmiger" Innenraum, Schlafzimmer des Grafen de Mornay, gemalt von Delacroix (1832; Paris, Louvre).

malern das Feld, die die dekorative Szenerie einführten, die sich auf den Absätzen und in den Sälen fortsetzte. Aber je mehr man sich nach Norden bewegt, desto mehr neigen die Treppen dazu, sich zu verkleinern und an die Peripherie des Gebäudes zu rücken, um die Zirkulation kalter Luft einzuschränken. Die Entwicklung zur Spindeltreppe um eine Säule herum, die in den Türmen und Kampanilen von der Raumersparnis diktiert wird, findet so in den Häusern zusammen mit der Lösung der gegenläufigen Treppen, die mit geringstem Raumaufwand zu den Appartements führen, Anwendung.

Wo die Bedeutung der Erneuerungen lag, die der Suche nach dem Komfort im 17. und 18. Jahrhundert in den Niederlanden, England und Frankreich folgten, wurde in früheren Kapiteln schon gezeigt. Die italienischen Architekten der Barock-Zeit blieben der Abhängigkeit des Innenraums vom architektonischen Gerüst treu. Ja sie sorgten sogar dafür, die Räume noch enger zusammenzuschließen, wobei sie auf Ornamentierung mit künstlichen Materialien (Putz, Stuck usw.) zurückgriffen, die die Konsistenz der vereinheitlichenden äußeren Struktur unterstrichen. Der Wohnweise, wie wir sie heute wünschen, mußte ein so strenger Organismus wenig angenehm erscheinen und so hätte es vielleicht auch ein Bürger aus Amsterdam, London oder Bordeaux beurteilt. Nichtsdestoweniger verbreitete das noch bestehende Ansehen, das die Halbinsel auf dem Gebiet der Künste genoß, diese Tendenz in andern Ländern, wo sie sich allerdings einer Gestaltung der Innenräume anpassen mußte, die schon frei und "modern" war. Es läßt sich schwerlich leugnen, daß diese Vereinheitlichung mehr als ein gutes Resultat hervorbrachte.

Die wenigen noch bestehenden Stukkaturen, Fresken, Holz- und Lederverkleidungen wurden mit dem Aufkommen des Mietshauses ausgemerzt. Die Möglichkeit eines Umzugs eröffnete das Zeitalter des Papiers, umso mehr, als man es schon maschinell, robust und frei von Unregelmäßigkeiten herstellte. In China, dem Heimatland des Papiers im allgemeinen, begann man, es zusammen mit der Seide, dem andern typischen Lokalprodukt, schon vor 2000 Jahren für Tapeten zu be-

Bedruckte Seidentapete, hergestellt in Frankreich während der Revolution (Paris, Musée Carnavalet). Natürlich handelt es sich um ein patriotisches Thema mit Soldaten, Heroinen, Allegorien, Fahnen, römischem Altar, phrygischen Mützen usw., ein Thema, das von einigen Drucken der Zeit reproduziert wurde.

nützen. In der zweiten Hälfte des 16. Jahrhunderts wurde es auch im Abendland bekannt, aber der Transport trieb seinen Preis so hoch, daß es in der Einrichtung nur eine Seltenheit werden konnte. Es ist nicht einmal sicher, ob es dem westlichen Geschmack entsprach; tatsächlich war es notwendig, als es 150 Jahre später wirklich in Gebrauch kam, es in Kanton zu bestellen, wo man es nach europäischen Mustern herstellte. Inzwischen hatte man begonnen, es auch in England, Frankreich und Italien zu produzieren, wobei man die üblichsten Motive der Wand-Dekorationen aufnahm und äußerst komplizierte Themen darauf darstellte.

Der immer stärkere Wunsch nach einer angenehmen Wohnung, die zwar auf wenige Zimmer beschränkt, aber den fürstlichen Wohnungen nicht unähnlich war (die langsam auf die höfische Feierlichkeit der früheren Jahrhunderte verzichteten), und die immer größeren Möglichkeiten, ihn zu befriedigen, da die Kosten in vernünftigen Grenzen blieben, begründeten weitere ähnliche Erscheinungen. Zu Ende des 16. und zu Beginn des 17. Jahrhunderts erreichte das Fußboden-Mosaik seinen Höhepunkt. Es stellte zunächst eine Kopie der berühmten Gemälde dar, was für das Mosaik den sicheren Tod bedeutete. Doch nahm man bald die alten Fußböden "nach venezianischer Art" wieder auf, d. h. Mosaik-Steinchen, die nach geometrischen Motiven in geringer Farben-Variation zusammengesetzt wurden. Unter anderm glich sich diese Rückkehr zu einer kompositorischen Nüchternheit, die einen großen Teil des 17. und 18. Jahrhunderts überdauerte, der Prachtentfaltung der Teppiche an, die nun außer auf dem Fußboden auch auf den Tischen ausgebreitet wurden. Wahrscheinlich trug auch die gelungene Übereinstimmung zwischen Decken und Wänden, in die sich die Möbel überaus natürlich einfügten, zur Harmonie des Ganzen bei.

Diese klare, leichte und köstliche Harmonie war das Meisterwerk der Ausstatter des Rokoko, eine der größten Errungenschaften nicht nur des 18. Jahrhunderts. Wie schon zum Ausklang der Gotik scheinen sich Kleidung und Frisuren allem anzugleichen; und man kann annehmen, daß es sich keineswegs immer nur um eine von den Zeugnissen der Malerei hervorgerufene Illusion handelte. Wenn man an die für die Salons dieser Zeit so typischen Plaudereien und an ihre spontane und äußerst zivilisierte Anmut denkt, entsteht daraus ein Bild köstlich vollkommener Behaglichkeit.

Es war keine sehr lange Blütezeit. Schon bevor sich der Wunsch nach klassischer Ordnung von der republikanischen Nüchternheit und später von der kaiserlichen Feierlichkeit inspirieren ließ, unterhöhlte er die Anmut des Rokoko, die übrigens häufig zu Ziererei, wenn nicht sogar zu Plumpheit ausgeartet war. Zu Beginn des Jahres 1797 kommentierten die Autoren in ihrem Vorschlag zu einer "Dekoration des Saales" im "Magazzino di mobili" (Florenz) einen Entwurf folgendermaßen: "Es war unser erster Grundsatz, ein Gesetz von größter Bedeutung zu beachten, die Einheit und Einheitlichkeit des Ganzen hervorzubringen, was (immer ausgehend von dem Gewicht der Harmonie und Übereinstimmung der Farben) der Hauptzweck der Komposition sein muß ... Nach diesen gültigen Prinzipien haben wir den vorliegenden Tisch entworfen."

Eine so bewußte Intoleranz jedweder Asymmetrie gegenüber schloß eine schon lange Übung in der Suche nach einem strengen Maß ein. Tatsächlich vereinfachte man die Innenräume schon seit geraumer Zeit (in Italien seit einem halben Jahrhundert; in Frankreich seit sehr viel kürzerer Zeit, während man anderswo erst damit begann). Die Dekoration wurde sterilisiert, die Möbel wurden in einer Autonomie geometrischer Linien von kaltem architektonischem Gepräge isoliert und die Räume wurden durch offene Eingänge und bis ins Unendliche wiederholte gegenüberstehende Spiegel noch einmal "fliehend" gemacht. So beraubte man das Haus seiner Gemütlichkeit und gab ihm einen äußerlichen öffentlichen Charakter wie einem Versammlungsraum. Die wunderbaren Rokoko-Tapeten machten den Wandverkleidungen Platz, die von antiken Motiven inspiriert waren, von der "Geschichte" der Grachen oder des Mucius Scaevola. Der pedantischen Sucht nach Analogien opferte man die märchenhaften Perser-Teppiche und entwarf neue mit Linien und Farben, die absolut denen der Architektur entsprachen. Die Gardinen (die in den holländischen Wohnungen seit dem 17. Jahrhundert anstelle der bunten Scheiben als diskrete Schleier vor die schon fast durchsichtigen Fenstern traten und die dann immer zarter und dünner aus Musselin oder Kaliko hergestellt wurden und einen Kontrast zu den undurchsichtigen, aber delikaten Übergardinen bildeten, die man zuzog, wenn man die Zimmer verdunkeln wollte) wurden im Empire schwerer und nahmen immer kräftigere Farben an. Denjenigen, welche sich nach dem alten Komfort zurücksehnten, konnte das wiederhergestellte Gleichgewicht zwischen dem Inneren und Äußeren des Hauses, ja sogar zwischen dem Organismus der Räume und dem Plan der Städte keine große Befriedigung ver-

Ecke in der "Brautkammer" im zweiten Stock des Palazzo Davanzati in Florenz (s. S. 79). Der Raum wird wegen seiner Fresko-Dekoration so genannt, von der man annimmt, sie sei anläßlich einer Hochzeit Davizzi-Alberti ausgeführt, deren Wappen man unter dem Kaminsims entdeckt. Über die vortäuschende Tapete hinaus, die die Malerei so nachahmt, als sei sie in einem Rahmen vor einer Wand aufgehängt, oben mehrfarbigen Marmor und unten einen Garten imitierend, wird die Geschichte der Burgfrau von Verzi dargestellt, eine pikante "höfische" Erzählung, deren einzelne Episoden in einem Bogengang dargestellt werden. Der Farbenreichtum ist typisch für die Gotik.

Deutsches Modell "im modernen Stil", veröffentlicht zu Ende des vorigen Jahrhunderts für die Dekoration einer Treppe. Populäre Motive wie dieses wurden lange in allen Teilen der Welt wiederholt.

schaffen. Der Erfolg, den die Schöpfungen der berühmten englischen Einrichter noch heute haben, die bewuß das Angenehme mit dem Nützlichen verbinden (un das im Klima eines vorherrschenden Neoklassizismus muß als weitgehend und gerechterweise verdient an gesehen werden.

Und doch muß man im weiteren Wechsel der Ge schmäcker und Moden auch jene Zurschaustellung de Dekors mit finsterem Gesicht betrachten, wenn in de nachfolgenden Periode die von Percier und Fontain verkündeten Prinzipien dank der Ausbreitung des ro mantischen Eklektizismus zu toten Buchstaben werde Das "Stil"-Zimmer war im Vergleich zur Fassade de Gebäudes und selbst zum danebenliegenden Zimmer ei Fremdkörper. Manchmal geschah es, daß (um eine s weit wie möglich ausgedehnte Mustersammlung z haben) neben dem Salon im Stil der Gründerjahre e anderer Raum im indischen, dann einer im chinesischen und solche in arabischem, alpinem, archäologischem Stil usw. lagen. Für einen Gentleman mit gutem Geschmack bliebe der Schaden auf eine unangenehme Überraschung für die Augen beschränkt, wenn die Fälschung der kalten Wiedergeburten und der gezähmten Exotismen nicht von Übertreibungen belastet wäre, die gotischer sein wollten als die Räume im Haus Abälards oder mehr von China zusammenzuraffen wünschten, als es selbst in der Verbotenen Stadt gab. Der "Horror vacui" wurde zum System erhoben und selbst im verborgensten Winkel verwirklicht, wo Möbel und Ziergerät angebracht wurden, die die industrielle Produktion für jeden Raum passend (d. h. ungeeignet für alle) in rascher Folge herauszugeben begann.

Das paradoxe Sammelsurium setzte sich in der viktorianischen Zeit und im Biedermeier fort. Zu den Damast-, Brokat- und Samtstoffen, zu den staunenerregenden Lämpchen fügte man die von Turgot gedruckten französischen Leinenstoffe und jene "indischen" hinzu, die in Italien hergestellt wurden. Vorhänge und Portieren drappierten massig einen großen Teil der Wände. Die Möbel flossen von Stoffen über, die freigebig auf Sesseln, Diwanen, Stühlen und Hockern angebracht waren, so daß sie nur das Holz der Füße unbedeckt ließen. Und auf die Stoffe und den Damast verteilte man mit vollen Händen Borten, Fransen, Troddeln, Quasten, Bänder, Überzüge, Kissen und Spitzen. Die Fenster auszuschmücken wurde zu einer komplizierten und anstrengenden Wissenschaft wie die der Garderobe der Damen: Man sah verworrene Schrullen an Vorhängen, Säumen, Falten und Fransen mit den nie fehlenden Quasten und Schnüren in einer höchst verwunderlichen Begegnung und Wiederaufnahme von äußerst pompösen Krümmungen und Spritzern. Da die Einrichter ihrer Phantasie im Anbringen von Stoffen die Zügel schießen ließen, gelang es ihnen manchmal sogar, einen Raum einheitlich zu gestalten. Griff man auf Tapeten zurück, gab es jene "anekdotischen", die keineswegs immer einwandfrei japanischen Ursprungs waren, später kamen die amerikanischen auf. Auf jeden Fall bot die Industrie große Mengen an. Als Zugeständnis an die Verschrobenheit nahm man jede Abweichung von Zeit und Raum in Kauf. Es wurden sogar die längst aus der Mode gekommenen Ledertapeten aus Flandern und Spanien in den klotzigsten Versionen wiederhergestellt; noch heute würde es kein Wiederverkäufer wagen, sie als authentische Dinge anzubieten. Der Natur wurde ein Platz ersten Ranges eingeräumt. Blumen und Zweige türmten sich auf den Möbeln und Aufsätzen, unglaubliche Netzwerke waren über die Stoffe gebreitet, beherrschten die Dekoration und triumphierten auf den Teppichen, die mit schamloser Frechheit nachgeahmt wurden. Edgar Allan Poe klagt über die Fußschemel mit Arabesken "ohne irgendeinen Sinn". Es hätte genügt, die alten Orient-Teppiche wieder vom Dachboden herunterzuholen.

Die Einrichtung verwirrte auch andere Dichter und Schriftsteller, aber nur um sie (als ob man das noch gebraucht hätte) in versteckten oder allzu offenkundig

E. Vuillard, "Die Lektüre" (1896; Paris, Petit Palais). Innenräume wie dieser, von einer Pflanzenfülle gekennzeichnet, setzten sich um 1900 immer mehr durch: eine sehr ähnliche Tapete entdeckte man z. B. auf einem Foto des Salons Thadée Natanson, einem der Begründer der berühmten "Revue Blanche".

symbolischen Bedeutungen zu karikieren. Indem er die Räume für seine Schmähschriften über die Sünde als Beispiel nimmt, weist Nathaniel Hawtorne den "reichen und schweren Falten" der "anmaßenden Gardinen" die Bedeutung zu, das Böse, und den Fenstern ohne Vorhänge jene, die Öffnung für das Gute zu bezeichnen. Das alles wäre nicht so schlimm, wenn es auf literarischem Gebiet geblieben wäre. Aber nein, der Wirrwar des Hauses aus Ziegel und Mörtel mußte in Mitleidenschaft gezogen werden. So wird Rot für die Schlafzimmer angeordnet, um die Leidenschaften hervorzurufen und zu dämpfen, Goldgelb für das Eßzimmer, um Fülle vorzutäuschen, Blau für den Salon, um sentimentale Tiefe zu bezeichnen oder anzudeuten usw. Ein Appell an die Vernunft müßte in diesem Farb-Chaos verführerischer klingen als "der Sirenengesang in den Ohren des Odysseus".

Teil aus dem Flügel eines Petrus Christus zugeschriebenen Tryptichons (Washington, National Gallery, Kress-Stiftung). Hier haben wir ein äußerst seltenes Beispiel für die Verwendung von Holzschnitten als Wandschmuck im 15. Jahrhundert. Der hier an der Wand sichtbare stellt die Gottesmutter dar.

Die Kunst im Haus

In welche Zeit geht die älteste Gemäldesammlung in der Familie zurück? Wer hat sich zuerst ein Bild im Haus aufgehängt? Wurde dieser Akt vielleicht durch eine Sammlung von Skulpturen oder andern Kunstgegenständen vorweggenommen? All das sind Fragen, die ohne präzise Antwort bleiben müssen, auch wenn man annehmen kann, daß die Priorität heiligen Bildern gebührt, denen früher oder später Bilder von Verstorbenen und dann Darstellungen irgendeines Ereignisses folgten, das die Familie berühmt gemacht hatte.

Wahrscheinlich waren es die Griechen, die zur Zeit Alexanders des Großen den Geschmack an Gemälden verbreitet hatten, der schließlich auch Bilder als Einrichtungsgegenstände einschloß. Daß diese Bilder auf dem Tisch oder an der Wand gerahmt waren, ist fast sicher. Daß diese Rahmen den unseren ähnlich waren, scheint dagegen sehr zweifelhaft. Vielleicht bildete die Einrahmung ein architektonisches Element der Wand selbst. Wenn Anzeichen dafür bestehen, daß man in Griechenland, wie vorher in Ägypten und später in Rom, den heutigen ähnliche Rahmen mindestens bis in die ersten Jahrhunderte unserer Zeitrechnung hinein benützte, so ist es nicht weniger wahr, daß sich der einzige wesentliche Hinweis, der auf Vitruvius zurückgeht und ein um 30 n. Chr. aus Sparta kommendes Gemälde betrifft, eher auf einen einfachen Schutzrahmen von provisorischem Charakter zu beziehen scheint.

Während die ältesten noch bestehenden Rahmen, die der byzantinischen Ikonen, aus kostbarem Metall in Filigran- oder Treibarbeit sind, beginnt die dokumentierte Geschichte des europäischen Rahmens noch später und geht höchstens bis auf die in das Holz des Bildes selbst eingeschnittenen Linien in der Romanik zurück. Was die Beschreibungen angeht, so beschäftigten sie sich sehr viel später (wahrscheinlich nicht vor 1620) damit, als der sienesische Arzt Giulio Mancini seine Aversion gegen die "Ornamente" – wie er sie nennt – erklärt, die "(das Bild) draußen und den Unbilden ausgesetzt halten"; er zieht jene vor, die im Verhältnis zum Bild hervorstehen und diesem Schutz und Würde geben; vor allem, wenn sie, wie im Fall der kleinen "modernen" Bilder, schwarz oder vergoldet sind.

Mit dem für die lateinischen Moralisten typischen Stumpfsinn bemerkte Cicero in seinen "Paradoxa" ironisch: "Wenn ich dich in Betrachtung vor einem Bild des Hechion oder einer Statue des Polyklet versunken sehe, damit beschäftigt, bewundernde Schreie auszustossen, sage ich dir, daß du ein Sklave von Narrheiten bist." Wenn die verschiedenartigsten Anekdoten über die in Rom für den Erwerb von meistens griechischen Kunstwerken ausgegebenen Reichtümer nicht genügten, garantierte der kaum verhohlene Sarkasmus Ciceros, daß sich in Rom Kunstwerke in den Häusern befanden. Darüber, wie sie angebracht waren, wissen wir nichts, außer daß die Skulpturen vorwiegend im Triklinium aufgestellt wurden.

Was die Gemälde angeht, so muß man bis ins ausgehende Mittelalter zurückgehen, um einen erwähnenswerten Bericht über die Verteilung der Bilder an den häuslichen Wänden zu finden. Die Manualien versichern, daß die Einrichtung der italienischen Renaissance-Häuser zahlreiche gerahmte Bilder aufwies, und sie verbreiten sich über die Form der Rahmen, wobei sie dafür verschiedene, in der Zeit aufeinander folgende Beispiele präsentieren. Zur Bestätigung dessen beginnen gerahmte Gemälde auf den zeitgenössischen Darstellungen von Innenräumen zu erscheinen, aber einige Seiten des Problems bleiben dunkel. Wo brachte man die auf beiden Seiten bemalten Bilder an? Was war die praktische Verwendung der sog. "coperte"? Man kann annehmen, daß die ersten auf Tische gestellt wurden, wenn auch Tische "in der Mitte" in den Renaissance-Zimmern äußerst selten, wenn nicht gar unbekannt waren; die letzteren sollten das entsprechende "Haupt"-Bild schützen, aber so wie sie ausgeführt sind, ist es schwer vorstellbar, daß sie einen Vorhang bildeten, hinter dem man sich sammelte, um das dahinterliegende Werk zu bewundern.

Lange Zeit bestand eine innige Beziehung zwische dem, der sich das Haus einrichtete, und den Bildern, di dort Platz fanden. Der Kriegsmann (der General, versteh sich) suchte Gemälde (wobei es bedeutungslos war, o sie der Wirklichkeit oder einer Wunschvorstellung en sprachen) von großen, am liebsten antiken, Eroberern z sammeln, die sich mit Kampfszenen abwechselten; d Literat zog Abbildungen berühmter Dichter oder Schrif steller der Vergangenheit vor, die er mit der einen od andern aus den größten Werken der Dichtkunst genon menen Episoden vermischte; der Künstler fertigte sic

Allegorien seines eigenen oder ihm verwandter Berufe an usw. Ähnliche Tendenzen zeigen sich seit Beginn des 15. Jahrhunderts und sie waren es, die die Thematik der "Lehnen" bestimmten, die in den reichen Wohnungen Mittelitaliens üblich waren. Zu Beginn des 18. Jahrhunderts war diese Mode noch nicht verblüht: so schmückte der Adlige Raimondo Buonaccorsi den Salon seines Palastes in Macerata mit Gemälden und Vorhängen aus, die von der "Aeneis" inspiriert waren; aber während in der Renaissance die gesamte Ausstattung fast immer von einem einzigen Maler vorgenommen wurde, kamen die Bilder Buonaccorsis aus Neapel, Bologna und Venedig, und ein zufällig aufgetriebener Freskenmaler kümmerte sich darum, auf der Decke eine andere Episode aus den Werken Vergils darzustellen.

Übrigens waren das ganze 19. Jahrhundert hindurch als letztes Echo solcher Tendenzen die Büsten von Dichtern und Schriftstellern auf den Bücherregalen der Bibliothek (von Homer bis Dante, von Milton bis Goethe) fast obligatorisch. Im selben Jahrhundert ließ der Pietismus, der von der deutschen Hocharistokratie ausging und sich über einen großen Teil Europas verbreitete (da der deutsche Adel jedes Land mit Herrschern ausstattete), sich religiöse Bilder an den Wänden drängen, vor allem Kopien von Raffael und anderer Maler, die man für besonders fromm hielt. Es nimmt nicht wunder, daß man dazu überging, die Rahmen zu vereinheitlichen, und daß jeder Sammler seinen Ehrgeiz daran setzte, sie in einer besonderen Weise anfertigen auf lassen. Welcher Schatz an "Ornamenten" deswegen auf den Dachboden verbannt oder häufiger verbrant wurde, läßt sich schwer ermessen; doch ist es sicher daß nur noch ein geringer Prozentsatz der Bilder vom Mittelalter bis zum 17. Jahrhundert mit dem Originalrahmen besteht, obwohl er oft vom Maler des Gemäldes selbst entworfen war, von Mantegna, Lotto oder Perugino.

Im Rokoko hatte man mit der Anbringung kleiner Gemälde in geordneten und gefälligen Gruppierungen begonnen, deren Gleichgewicht häufig durch eine gewisse asymmetrische Note erzielt wurde. Die viktorianische Zeit und das Biedermeier sollten solche Serien üblich machen, die durch manchmal auch geschmackvoll verteilte Aquarelle, Miniaturen und Pastelle gebildet, häufiger jedoch in aufdringlicher Weise zusammengedrängt wurden. Poe ließ sich über eine solche Verbreitung der kleinen Bilder aus, die den Wänden den "fleckenförmigen" Anblick der nachgebesserten Bilder verlieh; aber seine Zeitgenossen schenkten ihm nicht allzu viel Beachtung und fuhren fort, die Bilder fast bis zur Decke hinauf übereinanderzuhäufen. Während man in früheren Zeiten in den Teilen des Zimmers, die dem Blick entfernter waren, die größeren Gemälde anbrachte, so daß man keine besonderen Kunstgriffe nötig hatte, erforderte der neue Brauch, die am höchsten angebrachten Bilder zu neigen. Aber wenn man den Zeitgeschmack kennt, kann man sich fragen, ob diese Neigung nicht gerade die Verwendung der grünen, gelben oder roten Kordeln mit dem entsprechenden Messingknoten rechtfertigte.

Seltsamerweise blieben in dieser Pervertierung des "Horror vacui" einige herrschaftliche Innenräume des späten 19. Jahrhunderts fast kahl und gehorchten den Vorschriften strengster Mäßigung: Es handelt sich um Fürstenresidenzen in Deutschland, portugiesische Adelswohnungen und reiche Appartements in New York. Das Phänomen entzieht sich jeder Erklärung, wenn man nicht annehmen will, daß der eine oder andere bisher unbekannt gebliebene, äußerst einflußreiche Einrichter die Kahlheit der Wände als die einzige Möglichkeit betrachtete, sich von der herrschenden Unsitte abzusetzen.

Einz ganz besonderer Sektor der künstlerischen Einrichtung betrifft die "lasziven Bilder", die in der Spätrenaissance vor allem in Italien und den deutschen Ländern sehr in Blüte standen. Über jeden Verdacht erhabene Abhandlungen hielten sie auch nach den Veränderungen der Lebensgewohnheiten der Gegenreformation noch für förderlich, "schöne, gesunde und kräftige Kinder zu zeugen", wenn sie auch rieten, sie dem Anblick "kleiner Mädchen" und "skrupulöser Personen" zu entziehen und sie "an verborgenen Orten" unterzubringen, wohin sich der "Familienvater" zum Tête-

J. H. Schönfeldt, "Kammermusik" (Dresden, Gemäldegalerie). Seit dem 17. Jahrhundert fügen die reichen Sammler die Gemälde in gleichförmige Rahmen ein, wobei sie das ursprüngliche Format der Werke um der Symmetrie willen oft änderten.

à-tête mit der Gemahlin zurückzuziehen pflegte. Vielleicht dienten die geheimnisvollen oben erwähnten "coperte" auch dazu, ähnliche Gegenstände abzuschirmen. Diese lasziven Bilder verschwanden jedoch im 17. Jahrhundert. Die allmächtigen Akademien der Barock- und Rokoko-Zeit verhinderten das Studium der Nackten; noch im Jahr 1781 hielt es ausgerechnet Casanova als Geheiminformant der Republik Venedig für notwendig, der durchlauchtigsten Republik mitzuteilen, daß man in einigen venezianischen Ateliers "nackte" Modelle abmalte. Von hier aus fehlte nicht mehr viel bis zum Puritanismus des Biedermeier.

Im 15. und noch im 16. Jahrhundert blieb selbst ein bescheidenes Gemälde trotz der großen Zahl der in jeder Stadt ansässigen Maler ein Vorrecht der begüterten Kundschaft. Auch der wohlhabende Handwerker mußte sich mit einem Holzschnitt begnügen, wenn er ein Bild für die häuslichen Andachten haben wollte. Soweit man weiß, wurde dieses Produkt mindestens seit 1377 in Deutschland hergestellt und von Ordensbrüdern (zusammen mit Spielkarten und päpstlichen Ablässen) verkauft. Es ist nicht ausgeschlossen, daß sich in den Kiepen dieser ersten Verkäufer der Gemäldeersatz mit dem einen oder andern Druck erotischen Inhalts vermischt fand. Wie dem auch sei, die Holzschnitte fanden reißenden Absatz, und noch im 17. Jahrhundert förderten sie einen sehr einträglichen Handel. Vielleicht war es gerade ihre fromme Bestimmung, die die Vorliebe für den primitiven Holzschnitt intakt hielt, auch nachdem eine feinere Holzschneidekunst zu Beginn des 15. Jahrhunderts aufgekommen war; und sicher hängt der lebhafte Gebrauch der Holzschnitte (d. h. der Brauch, sie an die Wand genagelt auszustellen und nicht wie heute sorg-

(Oben) Für das 18. Jahrhundert typische Verteilung der Bilder, in Rahmen von gleicher Form in einer der zahlreichen eleganten Wohnungen jener Zeit in der Lange Voorhout (Nr. 32) im Haag. (Darunter) John Zoffany, "Sir Lawrence Dundas mit Enkel" (ca. 1770; Richmond, Sammlung des Markgrafen von Zetland). Wir sind im Haus eines wirklichen Kunstliebhabers: neben den verschiedenen holländischen Gemälden – besonders Seebilder mit Schiffen (es scheint, daß sich die Engländer für nichts anderes interessierten) und unten an der Wand im Hintergrund zwei Teile einer Predella, die von irgendwelchen italienischen Altarbildern der Renaissance stammen – zahlreiche Bronze-Statuetten. Sir Lawrence beweist, daß er die Bedeutung der Original-Rahmen verstanden hat und verzichtete darauf, sie durch andere völlig gleichförmige zu ersetzen.

E. Vuillard, "Porträt der Mme Bénard" (1930); Paris, Musée National d'Art Moderne. Während der Telefonapparat schon in Erscheinung tritt, scheint die Kunst zu einer früheren Funktion zurückgekehrt zu sein: die Bilder sind noch nach der strengen Symmetrie anderer Zeiten angebracht, füllen jedoch nicht mehr die ganze Wand aus; es handelt sich um Familienbilder, Erinnerungen an "teure Verblichene".

L. Burger, "Zimmer in Burg Grafeneck" (1887; Rom, Sammlung Malfatti). In der Verteilung der Bilder herrscht noch die alte Symmetrie; auf der Wand im Hintergrund entdeckt man eine Gruppe von Miniaturen, aber es erscheinen auch schon Photographien, der neue Ersatz für die Miniaturen. Darüber hinaus alte Vasen und Teller, Erinnerungsstücke – wie die Kränze am Fensterrahmen –, ein Schiffsmodell und Jagdtrophäen.

fältig in dafür bestimmten Kassetten verwahrt zu halten) mit dem fast vollständigen Verschwinden der ältesten Exemplare zusammen.

Der Übergang zu andern, nicht mehr religiösen oder erotischen Themen ging langsam vor sich. Die neuen Themen wandten sich an eine gebildetere Kundschaft, die in der Mythologie oder der Allegorie bewandert war. Mit Raffael und vielleicht früher noch mit Mantegna begann das Kopieren berühmter Gemälde; Rubens entwickelte diese Sitte weiter durch die Gründung einer Malerschule, die seine Gemälde vervielfältigte. Der Boom der gedruckten Wiedergabe berühmter Bilder kam im 18. Jahrhundert auf; aber die Gemälde mit Intérieurs zeigen erstmals in den ersten Jahren des 19. Jahrhunderts den einen oder andern Druck an den Wänden. Vorher wurden die Drucke, die mehr als Dokumente denn als Wandschmuck betrachtet wurden, im allgemeinen ohne übermäßge Sorgfalt in dicken Alben gesammelt, die zu besitzen und anwachsen zu lassen, sich jeder nur halbwegs gebildete Mensch bemühte. Um 1850 herum gab es sogar in den Räumen von Schloß Charlottenburg Serien von Drucken an den Wänden, aber ihr Charakter war noch immer der eines "Verzeichnisses" zu dokumentarischen Zwecken. Doch kurz danach, unter der Führung des Biedermeier-Pietismus, konnte die Madonna der Sieben Schmerzen auch in jedem Zimmer eines Appartements Platz finden, während sich im Salon die Serien anderer Themen vermehrten. In der Folgezeit (mehr von Handel und der Technik als vom Geschmack abhängig) verließen die Drucke die häuslichen Wände nicht mehr.

Die Skulpturen (meistens Bronzestatuen) – als autonome "Stücke", d. h. losgelöst von den vier Wänden der Wohnung (in Nischen oder an andern vom Erbauer vorgesehenen Plätzen) – bildeten eine Ausnahme, da auch sie ursprünglich dokumentarische Aufgaben erfüllten (die Abgüsse antiker Meisterwerke), und traten ziemlich spät in die mittleren Wohnungen ein. Es war mehr die archäologische Passion als die für die Kunst an sich, die das Abgußwesen sich in der zweiten Hälfte des 18. Jahrhunderts ausbreiten ließ (z. B. durch Goethe und andere klassizistische Gelehrte). Während der Trend zur Wiederbelebung der Antike alle Formen bis hin zum Ofenrohr bestimmte, wurden in den bürgerlichen Innenräumen Reliefs vom Kopf der Medusa und andere ausgegrabene Stücke ausgestellt. In Ermangelung von Originalen verschmähte man auch Gipsabgüsse nicht, bis dann um 1900 herum die Industrialisierung durch die Herstellung der Bronze- oder (häufiger) Messing-Skulpturen einen neuen "Kurs" für die kleinen Statuen einleitete.

(Unten) K. A. Zelentsew (1790-1845), "Inneres eines russischen Hauses" (Moskau, Tretjakewskaja-Galerie). Wenige Bilder und Teller an den Wänden; eine Statue der "Mediceischen Venus" und andere auf dem Regal im Hintergrund: für Goethe z. B. waren solche Reproduktionen Arbeitsmaterial.

Die Freude an Erinnerungsstücken

Zu Beginn konnte ein Erinnerungsstück – als Zeugnis für einen eher unterschwellig vorhandenen als erklärten häuslichen Sammeleifer – jede beliebige Sache sein: Werkzeuge, Spielzeug, Geräte, Bruchstücke, Gefäße, Waffen, ja sogar Ziergerät. Doch erklärt die Freude an Erinnerungsstücken den Sammeleifer nur zum Teil, da ein alter Schlüssel oder eine Uhr der Urgroßvaters, zwei Miniaturen oder eine etruskische Schale noch keine Sammlung bilden. Die Ehrfucht vor dem Alten scheint recht heikel, da sie in einem Land schon allem erwiesen werden kann, was älter als 50 Jahre ist, während ein anderes Land nur Stücke von mehr als 20.000 Jahren als alt betrachtet. Weiter ist der gefühlsmäßige Wert eines Souvenirs sehr subjektiv. Sehr entscheidend ist schließlich auch das Attraktive, das Intellektuelle, die Natur. Damit etwas zum Erinnerungsstück werden kann, ist es wichtig, daß es gefällig in seiner Linienführung und Farbe ist, und daß es nicht allzu offenkundig unangenehme Funktionen in Erinnerung ruft. Noch besser ist es, wenn es sich, über das Angenehme hinaus, auch noch gut "einfügt".

Wie in andern Dingen besitzen wir für die Antike auch hier einige Zeugnisse, die wir vor allem den Klagen der Moralisten verdanken. Seneca erregte sich über die Passion "für Gegenstände, die die Verhaftung an die Materie darstellen und denen sich eine reine Seele niemals verbinden würde, wenn sie sich ihrer Herkunft bewußt wäre", was bezeugt, daß eine solche Passion bestand. Wie sie sich zeigte, wissen wir allerdings nicht.

Ägypten und Mesopotamien kannten einen besonderen Kollektionismus: eine Art Kunstansammlung, die darauf wartete, in den märchenhaften Gräbern begraben zu werden. Bei den Griechen der ältesten Zeit formte ein hoher Sinn für die Allgemeinheit den Kollektionismus in einen Öffentlichkeitsfaktor um: Die Sammler waren einzig und allein der Staat und vor allem die Tempel. Die Vorliebe für Gegenstände von "ausgeprägtem ästhetischem Wert", wie es ein heutiger Kunstexperte ausdrücken würde, kam später zur Zeit Alexanders des Großen auf und setzte sich dann auch im Rom der Cäsaren durch.

Es erfordert keine Erklärungen, wenn man eine direkte Beziehung zwischen häuslichem Kollektionismus und Stilleben-Gemälden annimmt, die im wesentlichen vom Interesse für reale Dinge beeinflußt werden. Soweit wir wissen, gebührt den hellenistischen Malern das Verdienst, mit den Stilleben begonnen zu haben, und gerade das zeigt uns, daß sich die alltäglichen Gegenstände über ihre nützliche Funktion hinaus einer wirklichen Wertschätzung erfreuten. Doch das, was wir "Stilleben" nennen, war für die Griechen die "rhyparographia", d. h. die "Schmutzmalerei". Eine solche Mißachtung darf nicht übersehen werden; sie entspricht ziemlich genau

Eine der bekanntesten Darstellungen, die W. Hogarth der "Hochzeit à la mode" widmete (1745; London, National Gallery). In der ein wenig unmodernen barockisierenden Einrichtung zwischen Wren und Vanbrugh, mit dem typischen Damast an den Wänden des Salons und dem Mobiliar drückt Hogarth seine übliche arglose Ironie aus. Zweitrangige italienische Gemälde im Hintergrund (eins ist so "frivol", daß man es hinter dem Vorhang verbergen muß) und auf dem Kamin Flaschen, unechte orientalische Statuetten und Kinkerlitzchen; mit diesen Nippsachen sind die Besitzer des Hauses als schlechte Kenner gekennzeichnet.

Dieser "Ritratto del museo di Ferrante Imperato", vielleicht in der zweiten Hälfte des 17. Jahrhunderts von G. M. Mitelli geschnitten, führt uns in eine Wunderkammer, mit heterogensten und exotischsten Stücken, die auch die ähnlichen Sammlungen in den fürstlichen Wohnungen charakterisierten.

der erstrebten geistigen Distanz von den in den Häusern zusammengetragenen materiellen Dingen, wie sie schließlich auch aus den griechischen und lateinischen Schriften hervorgeht.

Auch aus den gelegentlichen Stilleben des Mittelalters können wir kaum mehr herausholen. Man muß annehmen, daß der christliche Rigorismus für lange Zeit jeden nicht unbedingt notwendigen Gegenstand aus den Häusern entfernt hatte. Augustinus ist Zeuge dafür: "Wieviele überflüssige ... Dinge, die die Augen mit den verschiedensten Künsten erfreuen sollen ..., haben die Menschen den Kleidern und Beinkleiden, den Gefäßen und vielen andern Dingen hinzugefügt ..., die in allem zügellos die Grenzen der Notwendigkeit und der Mäßigung überschreiten, die sie einhalten sollten". Wie in Griechenland waren es die Kirchen, die das Monopol für alle künstlerischen Produkte der damaligen Gegenwart und Vergangenheit besaßen. Die Bücher, Sanduhren, Sternkarten, Tintenfässer, Scheren und Glocken, die wir in den Gehäusen der verschiedenen "Hieronymus" bis zum 14. und 15. Jahrhundert in guter Ordnung oder in großem Durcheinander entdecken, haben immer einen funktionellen Wert.

L. Lotto, "Kleriker im Studierzimmer" (Zeichnung; London, British Museum). Vielleicht handelt es sich um einen jener Sprößlinge großer Familien, die, jung zu Prälaten gemacht, in den italienischen Universitäten des 15. und 16. Jahrhunderts oft ein Leben "à la Bohème" führten. Die Unordnung in Büchern und Gebrauchsgegenständen scheint nicht völlig zufällig zu sein.

Zu Ende des 15. Jahrhunderts entstehen zur Zeit des Feudalismus in seiner reifsten Phase die ersten Kunst- und Wunder-Kammern: in der des Herzogs Albert V. von Bayern sind 347 Objekte aufgeführt, so z.B. "das Ei, das ein Abt in einem andern Ei gefunden hatte, ein wenig während einer Hungersnot vom Himmel gefallenes Manna, ein einbalsamierter Elefant, eine Hydra, ein Basilisk." Es war schon die Wunderkammer, die Apotheose des Eklektizismus, des Exotischen, des Bizarren, die neben dem Plunder Edelsteine, Bücher mit Miniaturen, phantastische Uhren, orientalische Handwärmer, Walfischzähne, das Horn des Einhorns, ja, sogar die Windeln Johannes' des Täufers beherbergten. Etwas ganz anderes waren die Sammlungen italienischer Fürsten, die staunenerregende "guardaroba" der Medici, die Galerie der Gonzaga oder der Montefeltro. Galileo scheint den Unterschied wahrzunehmen, wenn er ein Gedicht, das ihm nicht gefiel ("Gerusalemme" des Tasso), vergleicht mit dem "Studierzimmerchen eines kuriosen Menschleins, der sich daran erfreute, es mit Dingen auszuschmücken, die entweder wegen ihres Alters oder ihrer Seltenheit oder anderer Gründe etwas Reliquienartiges an sich haben, die aber tatsächlich reale Dinge sind: Er hatte dort – um ein Beispiel zu geben – einen versteinerten Krebs, ein getrocknetes Chamäleon, eine Fliege und eine Spinne ... in einem Stück von Bernstein, einige der irdenen Fußsoldaten, von denen man sagt, sie fänden sich in den alten Gräbern Ägyptens", während er für den "Orlando Furioso" des Ariost, den er bewunderte, "sich eine Garderobe öffnen sieht, eine Galerie die geschmückt ist mit hundert antiken Statuen der berühmtesten Bildhauer mit zahllosen vollständigen Episoden (die besten berühmter Maler) mit einer großen Zahl an Vasen, Kristallgefäßen, Achaten, Lapislazuli und andern Dingen."

Wahrscheinlich war in beiden Fällen die Freude an Erinnerungsstücken noch nicht geboren: zu sehr schein der erste ein naturwissenschaftliches Museum zu sein während der zweite zuviel höfischen Charakter offenbart. Jedes der beiden Beispiele scheint die Möglichke[it] auszuschließen, andere Ansammlungen in andern Räumen anzulegen. Und doch, müßte man einen Ahnen fü[r] die "Stilleben" angeben, die man heute mit bewußte[r] Nachlässigkeit auf dem Kamin, zwischen den Büche[rn] brettern der Bibliothek und auf den Tischchen schafft, würden wir der Wunderkammer den Vorzug geben. Auch der eine oder andere Liebhaber ohne ausreichende Mittel, sich eine zu bilden oder sich eine "Guardaroba" zu errichten, kann "Kompositionen" Raum gegeben haben, die den unseren ähnlich sind, wozu Launen und Exzentrik beitrugen, wie es bei einem von Lotto gemalten jungen Prälaten der Fall zu sein scheint.

Im späten 16. Jahrhundert kommen die "Kabinetts" oder "Schreine" in Mode, die sich von Flandern und den deutschen Ländern aus über ganz Europa ausbreiten. Selbst durch ihre Intarsien, seltenen Steine und kleinen Statuen schon Zierstücke, waren sie ein Anstoß, darauf andere Gegenstände zu verteilen. Zu Ende des Jahrhunderts sollte Madame de Rambouillet durch die Erfindung der lackierten Büfetts daraus die logische Konsequenz ziehen. In ihnen brachte man chinesisches Porzellan, Kristallgefäße, vergoldete Schmuckkästchen und Spiegel in Ebenholzrahmen unter. Sie waren der Wohnzone des Hauses vorbehalten.

Hier haben wir die notwendige Voraussetzung für den Triumph der Ziergeräte: die Unterscheidung zwischen den Räumen des Besitzers und der Dienstboten, da das Ziergerät einen innigen, eifersüchtigen Kontakt zwischen sich und dem, der es auswählt, erfordert. Darüber hinaus erfordert es, daß die Herrschaftswohnung weniger höfisch, kleiner und dichter mit Möbeln eingerichtet wird. Weiter war es notwendig, daß der Klassizismus zu Ende ging und, damit zusammenhängend, die strenge Symmetrie in der großen Flamme der Romantik verschwand.

In der Zeit des vorherrschenden Neoklassizismus hatte sich Thomas Hope (1769-1831), der englische Nebenbuhler Perciers und Fontaines, ein Haus in Deepdene nach den strengen Vorschriften seiner französischen Kollegen eingerichtet. Miss Edgeworth schrieb nach einem Besuch darüber: "Dieses Haus ist hervorragend, aber nach meinem Geschmack zu reich augestattet ... Auch wenn man die Frage der Bequemlichkeit außer Acht läßt, gibt es zu viele ägyptische Ornamente, zu viele Hieroglyphen in Gold oder Bronze, die alle schrecklich sind ... In jedem Korridor, in jedem Zimmer gibt es Mengen von erschreckenden Monstren aus Bronze, Stein und Stuck." Aus den noch bestehenden Zeichnungen wissen wir, daß jede Hieroglype, jedes "Monstrum" einen genau bestimmten Platz hatte.

Dagegen beschreibt Tennyson 1847 ein romantisches Milieu; "Heute morgen zeigte mir Walter das Haus. ... auf den Tischen waren Gegenstände jeden Ortes und Alters miteinander vermischt: ... Friedenspfeife, zweischneidige Schwerter und Schneeschuhe, kleine Lavastücke, Fächer aus Sandelholz, Bernstein, alte Rosenkränze ...; an den Wänden waren zwischen monströsen Geweihen von Elchen und Hirschen die Waffen und Rüstungen seiner Vorfahren aufgehängt." Es ist das Sammelsurium der Wunderkammer, aber in einem zügellosen ornamentalen Verlangen verwirklicht.

Vielleicht waren in dem von Tennyson beschriebenen Haus die zusammenhanglosen Ansammlungen noch von

Ausschnitt der "Bekleidung einer jungen Braut" (?), Wandgemälde aus Herkulanum oder Stabia (Neapel, Museo Nazionale). Mehr noch als der schöne Glaskrug unter dem Toilettentischchen interessiert der Geschmack, mit dem der Maler die verschiedenen Gegenstände angeordnet hat, Anzeichen einer Einstellung, aus der die Passion für Nippsachen entsteht.

einer gewissen Ordnung regiert, die die des Neoklassizismus widertönte. Das galt aber nicht für viele andere Häuser, die zu Ende des 19. Jahrhunderts eingerichtet wurden. "Blumen aus Wachs, schreckliche Dinge, in Wollstickerei im Kreuzstich ausgeführt, Schutzüberzüge ohne Ende" – mit diesem Worten faßte Oscar Wilde die neue Situation zusammen.

Die Verbreitung der Ansammlungen "à la Tennyson" konnte nicht überall zu gleicher Zeit geschehen sein. In Holland z. B. schien sie noch um die Jahrhundertmitte herum unbekannt gewesen zu sein. Doch hatte sie sich auf dem Höhepunkt der viktorianischen Ära und des Biedermeier allgemein durchgesetzt; der Wirrwarr fand sein Ventil in den kleinen Etageren, die gerade für die Möbelaufsätze entstanden waren. Nachdem die vier "schwarzen Schiffe" des Kommodore Perry 1853 vor dem See von Uruga erschienen waren, um die Botschaft des Präsidenten Fillmore zu überbringen, hatte die japanische Welle in Europa schon erstaunliche Mengen von Netsukes, Samurai-Schwertern, Lackschächtelchen, Jade, Lampions und Fächern verbreitet. Der Ausdruck "Folklore" war bereits in England erfunden worden, und die immer wachsende Sucht nach Neuheiten wandte sich jetzt rustikalen Produkten (Stoffen, Keramiken, Hölzern und Eisenwaren) zu, die zunächst aus Europa, dann aus der Levante, aus Asien und Afrika kamen; Wurfspieße, Kohlenbecken, Paravents, Banduren begannen so, das schon beachtliche Sammelsurium noch größer zu machen. Es ist klar, daß man nicht nur Vitrinen und Konsölchen damit anfüllen, Gruppen auf den Absätzen oder Trophäen an den Wänden schaffen wollte, sondern den Eindruck rauher Höhlen von Stalaktiten und Stalagmiten hervorrief (durch Lanzen, Spinnräder, Dreifüße usw.), die überkrustet waren von Moschus oder Frauenhaar (Samt, Brokat, Pelz, trockenen Palmblätter usw.). Drüber hinaus unterließ es das westliche Handwerkertum nicht, immer wieder verschiedene läppische Dinge auf den Markt zu bringen: kleine grell vergoldete Bronze-Statuen, von großen Gemälden kopierte Miniaturen, Seidenkissen, Rähmchen, Schachteln jeder Art, bis hin zu jenem Kleinschmuck für die Haare der Jugend. Selbst in Wien, der großartigen Rivalin von Paris, stellte man schreckliches Ziergerät aus Perlmutt her, das heute kein Altwarenhändler mehr annähme.

Um sich eine Vorstellung von der so erzielten Saturiertheit zu machen, wäre ein Besuch im Vittoriale d'Annunzios bei Gardone angebracht. Diese Mischung von Apotheke und Diözesan-Museum, von Tempel der Göttin Kalì und Flohmarkt, von Mittelalter, Byanz, Renaissance und gezähmtem Barbarismus, von erotischem Mystizismus und Don-Quichotte-haftem Patriotismus, dick, schwer, unbeschreiblich und erstickend, spiegelt vollkommen die Wurzeln des späten 19. Jahrhunderts wider, auch wenn der Bau gerade bis in die zwanziger Jahre unseres Jahrhunderts zurückgeht.

In dem von dem Maler Whistler ausgestatteten Haus in der Rue du Bac in Paris konnte man nur wenig später die ersten Anzeichen einer nüchterneren Konzeption entdecken: Ein Salon war "mit Einfachheit eingerichtet"; wenn sich im Saal auch weiterhin "weißes und türkisblaues Porzellan", "schönes altes Silber" und noch anderes drängte, so gab es doch Platz zwischen den einzelnen Gegenständen und harmonische Beziehungen zwischen den Linien des einen und denen des andern, obwohl man die Vorstellungen geordneter "altarähnliche" Aufbauten aus der alten Zeit vermied.

Ohne Zweifel war das ein Einzelfall, und der Trend zu einem unterschiedslosen Sammelsurium innerhalb der häuslichen Wände ist auch heute noch nicht zu Ende, trotz der vielfältigen Appelle zur Mäßigung, die die rationalistischen Ausstatter hervorgebracht haben. Doch heute, da man Ziergerät jeder Art im Wohnzimmer, im Vorzimmer, im Schlafzimmer oder sogar in der Toilette anbringt, versuchen viele, den Modellen zu folgen, die in Fachzeitschriften oder in jeder Zeitschrift "für die Dame" vorgestellt werden. Diese Modelle ahmt man mehr oder weniger bewußt in der Ordnung nach, die Mondrian in seinen Bildern aufgestellt hatte, wobei man die distributive Sauberkeit der japanischen Häuser vor Augen hat. Auch Whistler hatte sich übrigens sein Appartement in Paris unter dem Eindruck der japanischen Mode errichtet. Sie ist vielleicht die Erstverantwortliche für die präzise Asymmetrie, die die sich später ausbreitenden "Kompositionen" des Ziergeräts beherrschte.

Gegen Mitte des 16. Jahrhunderts sind in den europäischen Ländern die "Cabinets" flämischer oder deutscher Herkunft sehr modern, mit Skulpturen von Ebenholz oder Bronze, Applikationen von mehrfarbigem Marmor (wie dieses in der Galleria Nazionale in Rom), Intarsien von Elfenbein usw. Sie dienen zur Aufbewahrung von Medaillen, Bronze-Gegenständen, Kameen und anderen Ausgrabungsstücken.

Biedermeier-Blumenständer (die Zeichnung ist Teil der auf den Seiten 274 f. dargestellten Serien).

Freude an Blumen

Es wird manchmal behauptet, daß man auf den zahlreichen Gestellen der alten ägyptischen Häuser nicht nur Wertgegenstände, sondern auch Blumenvasen aufstellte. Das ist möglich; Blumenschmuck wurde in der Antike zumindest auf öffentlichen oder privaten Altären anläßlich von Opfern, Opfermählern, Hochzeiten, Beerdigungen, Stadt- und Nationalfesten angebracht; das gilt mit Sicherheit für die Ägypter wie für Juden und Griechen. Bei den Gelagen und Festen des alten Mesopotamien waren Blumen unbedingt erforderlich. Wir wissen von Triklinien und Säulen in Rom, die mit Blumen geschmückt waren, von Rosenblättern in den Weinkelchen, von ganzen Straßen, Foren und Plätzen, die zu den römischen Festen mit Blumen bestreut wurden. Varro, der lateinische Vielschreiber aus dem letzen vorchristlichen Jahrhundert, spricht in der Tat auch von Blumen, die als Schmuck für die Häuser benützt wurden; und das eine oder andere pompejanische Gemälde scheint Bräuche, die den unseren ähnlich sind, zu bestätigen.

Wenn die Antike die Liebe zu den Blumen mit uns gemein hatte, so scheint es doch, daß der Ansturm der Barbaren für ein Ende sorgte. Die Christen mögen den Heiligen in der Kirche und auch zu Haus weiter Blumen dargebracht haben, aber nur sehr schwer ließ sich ein so heiterer Brauch mit dem täglichen Leben der ersten Jahrhunderte des Mittelalters verbinden. Die Ritterschaft kannte sicher die Mode der Blumenkränze bei Turnieren, und in der Heraldik hatte die Blume einen vorherrschenden Platz: Die französische Lilie schmückte Waffenrüstungen, Banner, Rittertogen und Münzen; die Lilie wurde auch Verbrechern in die Haut eingebrannt.

Doch Blumensträuße in einer Vase – die sich nicht auf die Reinheit der Madonna beziehen oder auch Träger heraldischer oder allegorischer Bedeutung sind – kann man wahrscheinlich, mit Ausnahme derjenigen auf dem Fensterbrett eines sehr reichen Schlafzimmers im Stundenbuch der Marschalls von Boucicaut (S. 356), in der westlichen Malerei bis ins 15. Jahrhundert hinein nicht sehen. Danach treten sie auf einigen Gemälden von Carpaccio auf, aber auch sie sind für das 16. Jahrhundert noch Ausnahmen. Noch 200 Jahre später kannte die europäische Einrichtung zum großen Teil Blumen gar nicht oder kaum.

Doch nennt um 1530 herum der Historiker Guicciardini die Flamen an erster Stelle in der Kunst, Hauspflanzen zu ziehen. Um 1560 treffen dort aus der Levante die ersten Tulpen ein und bestimmen eine dauerhafte Mode: 1635 kostete ein gutes Exemplar der "Sempre Augustus" mehr als 10.000 Gulden. Man begann damals, die berühmten Delfter Kacheln mit diesen Blumen zu bemalen.

All das bedeutet sicher, daß die Blumen in den Häusern der Niederlande in reichem Maß vorhanden waren; aber die benützbaren Zeugnisse helfen nicht viel: Unter den holländischen Künstlern des 17. Jahrhunderts gibt es eine ganze Reihe, die sich der Wiedergabe von Blumensträußen widmen, aber ihre Kollegen, die sich auf die Darstellung von Innenräumen spezialisiert haben, vergessen sie so oft, daß wir nicht wissen, auf welche Möbel man die Sträuße stellte.

Im letzten Viertel des 18. Jahrhunderts entstehen die

G. F. Kersting, "Stickerin" (ca. 1815; Weimar, Schloßmuseum). Die beginnende Mode der Blumen und Grünpflanzen im Haus wird in diesem einfachen bürgerlichen Innenraum des Biedermeier nicht nur durch Blumentöpfe auf dem Fensterbrett, sondern auch durch den Grünkranz belegt, der um das Bild an der Wand links geschlungen ist.

(S. 371 oben) E. Delacroix, "Vase mit Blumen auf Konsole" (1848; Montauban, Musée In Das Werk ließ den Autor unbefri vielleicht lag es am zu luxuriösen D (Unten) Das Arbeitszimmer des Malers H. M. (auf einem Gemälde im Kunsthistori Museum zu Wien, 1885 von R. von Alt ge der als der "Erfinder" der Sträuße aus trockenen Bl betrachtet wird, faßt die Überfülle von Pf zu Ende des vorigen Jahrhunderts zusan

Blumengestelle, und einige Blumentöpfe erscheinen an den Fenstern. Die neoklassizistischen Innenräume kennem im allgemeinen keine Blumen; aber wenn es welche gibt, nehmen sie einen besonderen Platz ein: gerade und vorwiegend auf den Blumengestellen, die von Sphingen gehalten werden und von den Tripoden in Pompeji beeinflußt sind.

Damit dieser Brauch allgemein üblich werden konnte, mußte sich der romantische Geist durchsetzen. Gegen 1820 werden in den Häusern Mitteleuropas im Salon und im Boudoir Vasen voller Blumen üblich. Pflanzen in Blumentöpfen erheben sich auf verschiedenen Fensterbrettern.

Das idyllische Biedermeier verstreute überall reichlich Blumen und Blattpflanzen. Die Blumenkästen und Blumentopfgestelle nehmen die undenkbarsten Gestalten an; man formte sie sogar wie Pflanzen mit Behältern in verschiedener Höhe und oft sogar drehbar. Die Schlingpflanzen, die die romantische Sehnsucht nach baufälligen Ritterburgen sich schon vorher an den Außenwänden der Häuser ausbreiten ließ, klettern nun auch an den Wänden der Salons empor und nehmen jeden Raum zwischen den zahllosen Bildern und Bildchen ein. Häufig war das Postament einer Statue im Mittelpunkt des Raums (der übliche betende Engel) von Blattpflanzen umgeben, die es verbargen; der Diwan im Zentrum (der von Toulouse-Lautrec unsterblich gemachte "pouf", der für ganz andere Engel bestimmt war) hatte eine nie fehlende Pflanze in der Mitte. Hier und da wurden kokette Eckchen durch eine "Zimmerlaube" abgetrennt, an der der Efeu heraufklettert und sich an den Stäben aus dunklem Holz herumrankt. Auch der Ofen wird häufig von einer "Laube" dieser Art verbogen. Pflanzen werden auch an einem Haken über dem Fenster, fast so wie die Angeln in der Kirche angebracht. Der häusliche Wald benützt schließlich auch Bündel von trockenen Kräutern, Büschel von Disteln und Palmen, Binsen, Rohre von Seepflanzen mit den dazugehörigen Kolben und Wedeln: es sind die Makart-Buketts, deren Erfindung man dem Maler Hans Makart zuschreibt. Er ist daran zwar unschuldig, die Bezeichnung ist jedoch nicht ohne jede Rechtfertigung. Darüber hinaus finden jetzt Blumen aus Seide, Korallen, Granat, Papier und Wachs, wie man sie schon im 18. Jahrhundert herstellte, enthusiastische Aufnahme. Zu ihnen kommen andere echte (aber getrocknete) oder auch nachgeahmte, aber in einer neuen Art: in Stoff, Holz, Pappmaché mit Muscheln, Perlmutt und Glitzerschmuck schließlich (und das ist die exotische Note) hin und wieder gigantische Töpfe, aus denen sich kolossale Palmen zur Decke strecken.

Der heutige Gebrauch der Blumen im Haus schein also aus dem Norden Europas zu kommen. Ein Sträuß chen zu pflücken, in der Absicht, es zu bewahren, ist vo allem dort denkbar, wo die Blumen das kärgliche Ge schenk weniger Monate sind und wo sie darum einige auszudrücken vermögen. Welchen Sinn hätte es im Sü den in einer üppigen Natur, wo ein Blick aus dem Fen ster genügt, um jedes Verlangen nach Grün und Farben zu erfüllen? Und doch enthielten auch die Noguldun, die besondere Nische in den Repräsentationsräumen reicher islamischer Wohnungen, häufig Vasen mit Blumen. Was der Blumenkult in Japan ist, braucht nicht gesagt zu werden; man kann höchstens daran erinnern, daß die Blumenkompositionen neben den gemalten Rollen und andern Kunstgegenständen die innersten Gefühle, die ihre Ordnung bestimmen, ausdrücken sollen.

Gerade aus Japan gelangten nach 1860 mit den Lackwaren und den Lampions auch die Chrysanthemen nach Europa, die einer äußerst dauerhaften Mode den Weg öffneten. 1887 veröffentlichte Pierre Loti "Madame Chrysanthème", die direkte Vorfahrin der Madame Butterfly von Puccini. In derselben Zeit folgten ihnen in dem schon wegen seines Ziergeräts erwähnten Pariser Haus von Whistler andere seiner "modernsten" Dinge: "Da war ein japanischer Vogelkäfig in der Mitte des Tisches, auf dem Whistler und seine Frau nach ihrer Gewohnheit graziöse Blumenkombinationen auf weiße und türkisblaue Schüsseln und auf zungenförmige Platten verstreuten." Wenn man die Herkunft des Käfigs übersähe, könnte man an schrullige Neuerungen des amerikanischen Malers denken; so jedoch bleibt nichts, als wie beim vorigen Kapitel mit der Feststellung der Priorität des Fernen Ostens zu schließen.

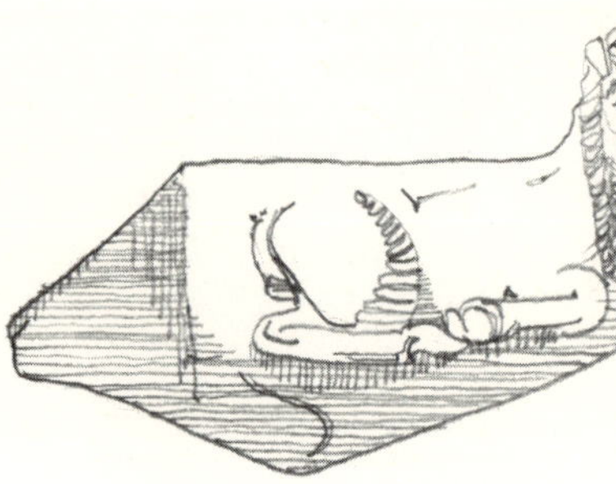

(Unten, von links) Leuchte in Kalzit (ca. 15 cm lang) aus den Königsgräbern von Ur (Mesopotamien, 2500 v. Chr.). – Persischer Kerzenleuchter (32 cm Durchmesser) in glasierter Keramik in Türkis (Nishapur, 13. Jahrhundert): die Form war sehr häufig, aber die Ausführung erweist sich als äußerst sorgfältig (früher Teheran, Sammlung Fourughli).

Beleuchtung

Spuren von Ruß in den prähistorischen Höhlen bezeugen, daß das Problem der künstlichen Beleuchtung kaum weniger alt als der Mensch ist. In der "Ilias" wird häufig von Fackeln gesprochen, die wahrscheinlich zu den ältesten Mitteln gezählt werden müssen, um Licht zu machen, und denen man schon bei den Überresten der Hallstatt-Kultur begegnet. Jedoch muß die Feuerstelle noch älter als die Fackel sein, sie lange Zeit hindurch begleitet haben, da in Haufen angezündetes Stroh und Rohr noch im 5. Jahrhundert n. Chr. die Beleuchtung bei den Goten bildete. Windlichter benützte man im frühen Mesopotamien, wie die kleinen Haltevorrichtungen beweisen, die man dort entdeckt hat; damit haben wir ein anderes Mittel von langer Lebenszeit, den eisernen Fackelträger, der auch in den mittelalterlichen Häusern noch angebracht wurde. An den Höfen bestand er noch im 17. Jahrhundert. Doch kannten die romanischen und gotischen Wohnräume auch Metallkörbchen, die mit Pechstücken oder häufiger mit Spänen von harzigem Holz angefüllt und angesteckt wurden. Aus dem Windlicht entwickelte sich die Kerze, die im Hinblick auf die Fackel mit ihrem dicken, undurchsichtigen, erstickenden Rauch einen beachtlichen Fortschritt darstellt. Schon die Etrusker bedienten sich ihrer und übergaben sie an die Römer.

Vielleicht ebenfalls älter als die Fackel ist die Lampe für flüssiges Brennmaterial. Platten aus gehöhlten Steinen, die das Fett und einen Docht aufnahmen, wurden in den Höhlen der Madeleine-Kultur gefunden. Mesopotamien und Ägypten kannten seit 2500 v. Chr. Lampen aus Ton von verschiedener Gestalt. Die Leuchten werden auch in der "Odyssee" zitiert. Auf hohen säulenförmigen Ständern tauchen sie in Bronze mit zwei großen Schnäbeln aus den Ruinen von Kreta und Mykene auf. Die Phönizier hinterließen sie in all ihren Kolonien. Seit dem 5. Jahrhundert v. Cr. scheinen sie das bei den Griechen verbreitetste Beleuchtungssystem dargestellt zu haben, von denen es die Römer übernahmen. Im wesentlichen bestanden sie aus zwei Typen, einem älteren offenen und einem geschlossenen. Dieser Typ unterlag größeren Veränderungen.

Wenn man nach den archäologischen Funden urteilte, könnte man glauben, daß ein großer Teil der römischen Handwerker damit beschäftigt war, Beleuchtungsgeräte herzustellen: Es wäre schon schwierig, die verschiedenen Formen der Kerzenleuchter zu beschreiben, aber ein Inventar der Lampenformen scheint völlig unmöglich. Die üblichsten waren aus Terrakotta; die andern aus Bronze, Silber und Gold.

Im koptischen Ägypten vereinfacht sich die Gestal der Lampe zu einem kelchförmigen Becher. Im islamischen Raum werden dagegen größere und großartiger Formen und gläserne Halbkugeln, die die Araber bi ins 15. Jahrhundert hinein benützten, vorgezogen. Eu ropa kannte schon um 1000 oder wenig später eine besonderen Lampentyp, ein kleines Gefäß auf schmalen Fuß und breitem Rand, der bis zur Gotik in Mode blieb Dann wurde die tragbare Leuchte eingeführt, die au

(Oben, von links) Bronze-Nachtlicht venezianischer Herkunft aus dem 16. Jahrhundert (Florenz, Museo Nazionale): es handelt sich um einen Vorläufer des Leuchters aus dem 18. und 19. Jahrhundert, bei dem das Licht aus kleinen Öffnungen kam, die als Löcher in die Ornamentik der Wände eingebohrt waren. – Wandteppich, den Monat Januar darstellend, aus der sog. Reihe der "Mois Lucas", die irrtümlich auf Entwürfe von Lucas von Leiden zurückgeführt und im 17. Jahrhundert verschiedene Male von der Gobelin-Manufaktur gewebt wurden (aus einem Schnitt von C. Goutzwiller): der reiche fürstliche Innenraum wird einzig von Fackeln erleuchtet. (Unten) Bronze-Lampe in Form eines Satyr-Kopfes aus Riccio bei Padua (Washington, National Gallery, Kress-Stiftung): einer der häufigsten Typen, die in der Renaissance gebräuchlich waren.

einem schmalen Schaft auf breitem Fuß, einem ringförmigen Verbindungstück und dem Aufnahmebehälter für den Brennstoff bestand.

Das kaiserliche Rom verfügte schon über zahlreiche Lampentypen für jede Art bekannter Beleuchtung (mit Öl, mit Kerzen oder beides). Im allgemeinen waren diese Lampen aus Bronze, wie kleine Bäume mit verschiedenen Zweigen, wie kannellierte Säulen, kleine Pfeiler usw. geformt. Auf jeden Fall hatten sie feste oder bewegliche Arme. Nur wenige Änderungen wurden in den folgenden Zeiten vorgenommen, und wenn überhaupt, waren es Vereinfachungen, bis in der Romanik die ersten von der Decke herabhängenden Lampen erschienen (in der Form, die dann durch van Eyck in den "Arnolfini" unsterblich gemacht wurde) oder auch jene deutschen, die später kamen und wie Hirschgeweihe mit daraufgesetzten Figuren geformt waren. Die italienische Renaissance zog Lampen mit nur einem Licht vor, Stiel und Arme den nördlichen Modellen ähnlich oder auch mit einem oder mehreren Glas- oder Metallschirmen, die von kleinen Ketten gehalten wurden. Zu Ende des 16. Jahrhunderts kamen die Lampen aus Glas in Mode, die in Böhmen hergestellt wurden; aber die Spätrenaissance verhalf vor allem der kleinen Bronzelampe zum Triumph, die auch von renommierten Künstlern unermüdlich verändert wurde, um die äußerst freien Linien mit den funktionellen Erfordernissen zu vereinigen.

Doch wer es sich im 16. wie im 17. und noch in einem Teil des 18. Jahrhunderts leisten konnte, zog die

Kerzen vor, die man mit der Hand putzte, wobei beachtet werden mußte, daß der Raum nicht verräuchert wurde. Es gibt eine ganze Reihe von Anekdoten über berühmte verbrannte Finger.

Inzwischen unterlag die alte Öllampe vielfachen Veränderungen und Vervollkommnungen. Gerolamo Cardano hatte gegen 1550 damit begonnen, als er sie mit einem säulenförmigen Reservoir ausstattete, von dem das Brennmaterial nur dann in die Schale floß, wenn diese leer war. Dann führten im Lauf der wenigen Jahre von 1748-64 Lesparre, Bellevaux, Préaux, Denoye, Marignier und Percier die "deutsche", die "chinesische", "optische", "wirtschaftliche", "prunkvolle" Lampe usw. ein. 1766 ersetzt ein gewisser Léger den alten Docht aus einem Faden durch einen solchen aus geflochtenen Fäden: Auf einen Schlag vermindern sich Rauch und Geruch beträchtlich. 1780 gibt Argand der Lampe von Léger eine zylindrische Form, so daß die Luft sie durchziehen kann und das Licht erheblich größer wird. Schließlich übernimmt Lange dafür das Glasrohr: Es gibt doppelten Luftzung, d. h. noch mehr Licht. Obgleich zahlreiche andere Typen aufeinander folgten (mit dem Ölbehälter an der Seite, der jedoch Schatten warf und auf den Philips mit der Lampe "ohne Schatten" antwortete usw.), blieb die Lampe von Lange, in der das Öl vom Petroleum ersetzt wurde, bis zur Einführung des Leuchtgases und der Elektrizität vorherrschend.

Die Lampe von Argand verstimmte Madame de Genlis; nach ihr zwang die neue Erfindung die Jugend Brillen zu tragen, während die alten, die dem Lämpchen treu geblieben waren, gute Augen hatten. Das Gas ersetzt diese Lampen, und der Schriftsteller Charles Nodier wendet sich mit Wut dagegen: Das Eingehen de Bäume, das Schwarzwerden der Räume, der verheerende langsame Erstickungstod, die Explosionen, die frühe oder später ganze Städte verschwinden lassen müssen gehen auf das Konto des Leuchtgases. Es erscheint di Elektrizität. Maxime Du Camp konstatiert: sie blende aber erleuchte nicht; der Journalist Edmond Texier is sicher, daß Paris dieses Friedhofslicht niemals einführe wird.

Dennoch wurde es angenommen, und die bisher i den Schatten getauchten Räume – deprimierend, müßte wir darin leben – erhellen sich außerordentlich. Dies Vorgänge rufen die Innenarchitekten auf den Plan, di da und dort die alten Gaslampen aufnehmen (die ih rerseits ein Kompromiß zwischen den Lampen des R koko mit den unzähligen Kristalltropfen und den ei facheren der neoklassizistischen Periode waren, die f Kerzen entstanden); aber es dauerte noch einige Zei bis geeignete Formen für die Erfindung Edisons gela gen.

374) Mittelteil der "Eheleute Arnolfini", berühmten von Jan van Eyck im Jahre 1434 ierten Gemäldes (London, National Gallery). dem Leuchter innewohnende allegorische Sinn einzige brennende Kerze bezieht sich auf die hzeit des Ehepaares) beeinträchtigt seinen umentarischen Wert keineswegs. Mit ziemlicher Sicherheit delt es sich um ein Stück aus Messing, das in Dinant mur) hergestellt wurde, von wo aus man ähnliche ke nach ganz Europa exportierte. Auf jeden Fall ist in typisches Beispiel gotischer Handwerkskunst, von m nüchternen Schaft gebildet, von dem die chiedenen Arme ausgehen, die im Kerzenhalter enden; chmal waren diese Arme in zwei oder drei Reihen bracht; sie waren immer mit stilisierten Distelblättern geschmückt. Die Leuchter aus Bronze oder n weisen die gleiche Struktur auf.

(Unten) G. F. Kersting, "Lektüre" (1814; Winterthur, Stiftung Oskar Reinhart). Wir verdanken Kersting zahlreiche Gemälde wie dieses, die Innenräume mit einer einzigen Person darstellen, schreibend, lesend oder mit andern Dingen beschäftigt (s. auch S. 370); häufig ist die Lichtquelle der Mittelpunkt der Komposition. So hat man wie in einer zierlichen Galerie des Biedermeier eine getreue Dokumentation der Leuchtkörperarten, die in dieser Periode aufeinanderfolgten. Im hier zur Diskussion stehenden Bild ist es eine Lampe mit drei Kerzen, die in den Empire-Einrichtungen sehr verbreitet war.

H. Birger, "Innenraum in Haus Fürstenberg" (1885; Göteborg, Konstmuseum). Das elektrische Licht tritt in diesem Bild vielleicht zum erstenmal in der Malerei auf: der Leuchter, der entstand, um mit den Kristall-"Tropfen" den verhaltenen Schimmer der Kerzen zu vervielfältigen und der dann für die Gasbeleuchtung adaptiert wurde, nahm schließlich die Edinsonschen Glühbirnen auf.

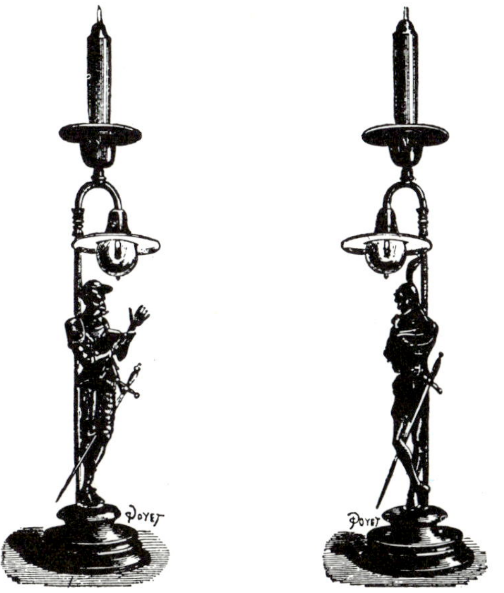

Lampen für elektrischen Schwachstrom, zwischen 1880 und 1885 von Trouvé entworfen: zwei der vielen, oft sehr seltsamen Formen, die die neue Entdeckung hervorbrachte.

Das Problem der Kälte und der Wärme

Das Haus entstand als Schutz vor Wetterunbilden; aber in gleichem Maße diente es dem Menschen durch seinen Ofen auch als Schutz vor der Kälte. Das gilt natürlich für kalte Zonen; je mehr man sich dem Äquator nähert, desto komplizierter wird das Problem. Schon Aristoteles riet: "Für das Wohlergehen und die Gesundheit muß das Haus im Sommer Durchzug haben und im Winter der Sonne ausgesetzt sein. Um diese Voraussetzungen zu erfüllen, werde es vor den Nordwinden

geschützt und sei länger als breit." Xenophon sagt etwas ähnliches: "Wir müssen die Südseite höher errichten, um die Wintersonne auszunützen, und die Nordseite niedriger, um die kalten Winde abzuhalten." In Damaskus, wo die stärksten Winde aus dem Süden kommen, haben die Häuser die Winterräume meistens im Norden und die Sommerzimmer auf der entgegengesetzten Seite.

Der Kamin ist ziemlich neu. Die griechischen "Kaminos" und der lateinische "Caminus" waren nichts anderes als primitive Feuerstellen, fast immer im Mittelpunkt des Raums mit dem Loch im Dach für den Rauchabzug; mehr als zur Heizung dienten sie zum Kochen der Speisen. Für die Heizung benützten die Griechen die Escharis: ein dem Kohlenbecken ähnliches Gefäß, wahrscheinlich vom Orient inspiriert, wo der Kangri – der mit einem schweren Stoff bedeckt und unter den Tisch gestellt wird – den verbreitetsten Heizkörper bildet, von der Türkei bis nach Indien und zum Himalaya. Zu Beginn des Kaiserreichs hatten die Römer ein unserer Warmwasserheizung ähnliches System, das Hypocaustum: ein unterirdischer Ofen, von dem warme Luft ausströmt, die sich über ein Netz von Blei-oder Tonrohren innerhalb der Mauern verbreitet. Die Chinesen kannten dieses System schon seit der Erfindung des Kang.

Der übliche mittelalterliche Rückschritt brachte den primitiven Herd wieder in Mode, der sich im allgemeinen im Mittelpunkt des Gemeinschaftszimmers unter einem großen Rauchfang befand, und darum herum die ganze Familie, die Besitzer und die Dienstboten.

Das Feuer an den zum großen Teil aus Holz errichteten Wänden zu entzünden, erforderte verschiedenartigste Vorsichtsmaßnahmen. Die ersten Notizen über Kamine an den Wänden, die gerade bis ins Jahr 1227 reichen, betreffen Venedig; 1298 gab es auch einen in Pisa. Aber innerhalb kurzer Zeit breiteten sie sich so aus, daß sie nach dem Zeugnis des Chronisten Giovanni Musso in Piacenza 1320 noch unbekannt waren, bis 1388 aber alle Häuser erobert hatten. Zunächst wurden sie den Wänden nur vorgesetzt; dann – vielleicht

76) Der großartige Kamin von Giuliano da Sangallo in n Saal im ersten Stock des Palazzo Gondi in Florenz, zwischen und 1501 von Sangallo selbst erbaut. Die alte ɔgraphie aus dem Archiv Brogi zeigt einen Notbehelf, m vorigen Jahrhundert ziemlich häufig war: den in den Kamin -fügten Kohlenofen, der das Ofenrohr ausnützen sollte.

(Rechts) Elegante Einfügung eines Rokoko-Kamins in die Dekoration des dazugehörigen Saals in einem holländischen Haus aus dem 18. Jahrhundert in der Wijnstraat Nr. 123-125 in Dordrecht. (Unten) Ofen des 1742 von Benjamin Franklin erfundenen Typs, der mehr als ein Jahrhundert lang eine starke Ausbreitung fand. Die beiden Skizzen sind "The American Family Encyclopedia" (New York 1845) entnommen, wo lange Belehrungen gegeben werden, die anhand des Längsschnittes (rechts) erklären wollen, daß das Feuer über die Tatsache hinaus, daß es durch die verschiedenen Metallteile des Ofens geleitet wird, durch die unter A sichtbaren Scheidewände einen Strom angewärmter Luft hervorbringt.

6, Mitte) Einige der zahlreichen von Sebastia- lio in seiner berühmten Abhandlung über die tektur (1537) veröffentlichten Kamine. Sie nach klassischen Vorlagen konzipiert: (von dorisch, jonisch (der zweite und dritte), ko- ch und komposit. Der Autor beschäftigt sich n Dimensionen des Kamins und schlägt z. B. veiten hier abgebildeten "für kleine Räume" obei er erklärt, daß seine Höhe niedriger sei, "vom Gesicht des Menschen" erreichte, "so as Feuer das Augenlicht nicht beschädigt"; r hinaus gibt er sich immer darüber Rechen- ob es günstig ist oder nicht, einen Kamin e Dicke der Mauer" einzufügen: das ist dann der Fall, wenn er einen Schornstein gen muß, der im darüberliegenden Stock ür einen andern Kamin da ist.

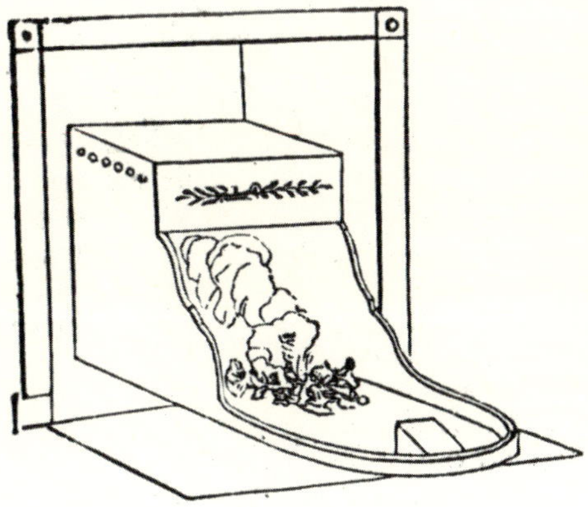

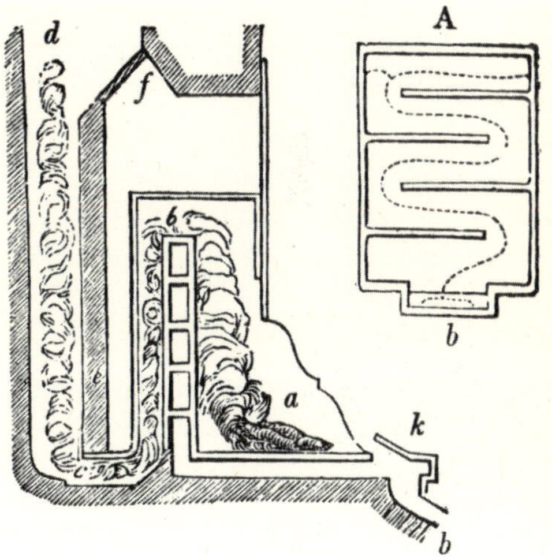

vom Nahen Orient inspiriert – wurden sie in die Mauer selbst eingelassen und bestimmten alle heutigen Formen, von den südlichen mit kleiner Öffnung und offensichtlich ohne Rauchfang bis zu den kolossalen Formen des Nordens. In seinem "Dictionnaire du mobilier" beschreibt Viollet-le-Duc den Kamin der Grafen von Poitiers, der zehn Meter breit und zwei Meter tief und in drei Feuerstellen aufgeteilt war; um zur Höhe des Feuers zu gelangen, müßte man ein Dutzend Stufen hinaufsteigen; der Rauchfang hatte eine kleine Tribüne, zu der man über Seitentreppen gelangte; weiter diente er dazu, einige an den Saal stoßende Zimmer ebenfalls zu heizen. Im Saal selbst nahm er die ganze hintere Wand ein.

Es ist bekannt, daß man im Kamin oft das ornamentale Thema des Gebäudes wiederaufnahm. Seit dem 17. Jahrhundert verzichtet der Kamin fast immer auf den Rauchfang, der nun von Wandspiegeln ersetzt wird. Gegen Ende des 18. Jahrhunderts wird der einfarbige Stein von lebhaftem buntem Marmor ersetzt.

Ofen mit Rost im viktorianischen Stil, nach einem englischen Katalog aus dem Jahr 1851. Die komplizierte Feinheit der Ornamente, ihre Eleganz, entspringt der Tatsache, daß sich die bedeutendsten Firmen an Maler und Bildhauer wandten und sie mit der Schaffung neuer Modelle beauftragten und manchmal sogar richtige Wettbewerbe veranstalteten, die eine große Resonanz hatten: So wurden die ersten Hochzeiten zwischen Kunst und Industrie gefeiert.

J. Heintz d. J. "Stierkampf auf dem Campo San Polo in Venedig" (Ausschnitt; 1648; Venedig, Museo Correr). Die Schornsteine der venezianischen Häuser – der Ausschnitt gibt einen Begriff von ihrer Vielzahl und ihrer großen Verschiedenheit: Kegel-, Glocken- und Vasenformen – wurden schon im 14. Jahrhundert von dem florentinischen Chronisten G. Villani bewundert. (Unten) Ein funktioneller Ofen, 1893 von V. Horta für sein eigenes Haus in Brüssel entworfen.

Übrigens beginnt mit dem 19. Jahrhundert die Zeit des Ofens, nachdem Franklin die Möglichkeit entdeckt hatte, den warmen Rauch des Kamins auszunützen, den er durch 304 große Flachziegeln hindurchziehen ließ, bis er das Abzugsloch erreichte. Der Neoklassizismus kam daher rechtzeitig, auch ihn mit einem antiken Mantel zu umgeben: in dem von Percier und Fontaine für den "Bürger C. I.", den Miniaturenmaler Isabey, entworfenen Zimmer will der Ofen (der "von einem Postament aus Terrakotta" umgeben und "mit Marmor und Bronze verkleidet" ist) das Postament für eine Büste der Minerva darstellen. Klassische Linien drückten auch den andern, sehr schönen Kachelöfen ihren Stempel auf. Sie waren zunächst bunt (berühmt sind die Produkte des Hauses Feilner in Berlin), dann weiß, und sie wiesen höchstens geometrische Relief-Motive und einige Bronze-Friese auf.

Um 1840 bildet die Entdeckung des Ofens für die Zirkulation warmer Luft (man beheizte ihn von einer Seite, der Rauch ging durch eine Reihe von Rohren hindurch) die Voraussetzungen für die Warmwasserheizung, die übrigens schon im Mittelalter von den grönländischen Mönchen vorweggenommen wurde, die den Konvent erwärmten, indem sie das Wasser einer nahen Thermalquelle in einem Rohrsystem zirkulieren ließen.

Schon seit Jahrzehnten setzt der Ofen den Kamin außer Gebrauch. Man stellt dort, wo der Kamin noch vorhanden ist, den Ofen davor auf und baut das Roh

Ebenfalls aus der Abhandlung des Serlio (s. S. 376) stammen die Entwürfe für die hier abgebildeten Schornsteine und Kamine: die ersten sechs (von links) "sind in der Art, wie sie in Frankreich gebaut werden"; die übrigen "sind in italienischer Art", jedoch mit Ausnahme von Ferrara, wo die Schornsteine "ein unausgeglichenes Gewicht für die Mauern" bilden, und von Venedig, wo sie eine Höhe erreichen, die "wegen der Winde Angst einflößt". (Rechts) Heizkörperüberzug der Firma Koerting in Hannover (ca. 1890) und Dampfheizkörper mit bambusförmigen Elementen (die die wärmespendende Fläche vergrößern sollen) aus Haus Meadow in Mansfield (1897).

in den Rauchfang ein. Damit war auch eine besondere Art zu leben mit ihren eigenen Gebräuchen und Ausdrücken zu Ende. Die Warmwasserheizung machte dann den Holz- und Kohlenkeller überflüssig, der bis zur Mitte des 19. Jahrhunderts in einem zivilisierten Haus nie fehlte.

Die andere Seite des Problems betrifft die Möglichkeiten, sich vor der Hitze zu schützen. Wir haben gesehen, daß auf den Grabgemälden des alten Ägypten Gebäude mit Verzweigungen auf dem Dach erscheinen, die den noch heute im Nahen Orient üblichen Windarmen ähnlich sind. Ebenfalls im Nil-Tal werden die großen Tonkrüge mit dem aus dem heiligen Fluß geschöpften Wasser, die auf Holzgestellen in den geschütztesten Winkeln des Hauses aufgestellt werden, von Sklaven mit großen Fächern kühl gehalten. In den islamischen Wohnungen kamen Quellen in feinen Strahlen aus dem Boden hervor, der von unterirdischen Zuleitungen durchzogen war. Ein weniger kostspieliges System, das alle warmen Länder eines bestimmten Zivilisationsgrades kennen, besteht in porösen Gefäßen, durch deren Wände ein Teil des Wassers durchsickert, verdunstet und dadurch das übrige kühlt.

Bevor die (schon 1632 von E. R. Boyle und dann im 18. Jahrhundert von andern vorgeschlagenen) Gefriermischungen soweit vervollkommnet waren, daß sie mit geringem Kostenaufwand für unsere Kühlschränke angenommen werden konnten, nahm man die künstliche Kühlung der Speisen im "Eisschrank" vor. Älteren Lesern kommt bei diesem Wort ein kleines hölzernes Möbel in Naturfarbe mit verchromten Ziernägeln in den Sinn, in dem die vom Milchmann gebrachte Eisstange aufbewahrt wurde. Tatsächlich kennt man schon seit langer Zeit die "Eisgrube", einen im Garten, unter dichten Bäumen, gegen einen Hügel gelegenen ausgehobenen Graben, der gemauert oder auch mit Erde oder andern Dingen bedeckt war, in dem man den Schnee aufbewahrte, den man während des Winters gesammelt hatte.

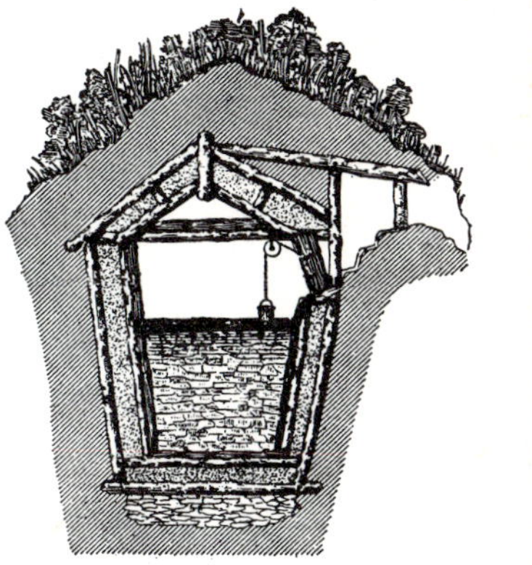

(Rechts) Isolierter Eiskeller des amerikanischen Typs aus der Mitte des 19. Jahrhunderts. (Unten) Luftsammler, die kühle Luft in das Innere der Wohnungen leiten sollen, auf Häusern in Hyderabad (West-Pakistan), einer der wärmsten Städte der Welt.

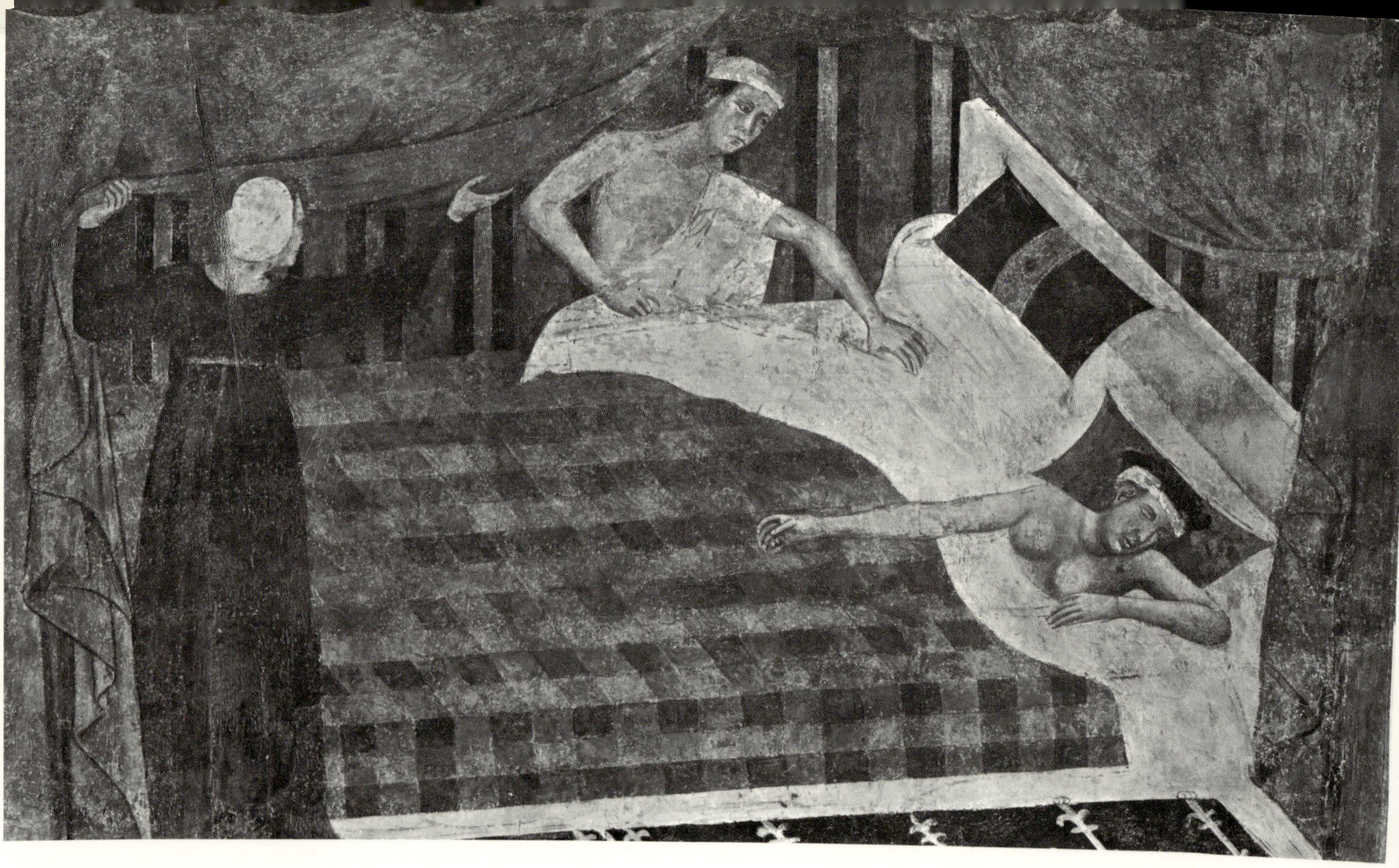

Ins Bett, um sich zu wärmen

Man muß leider sagen, daß der Kamin (ob klein oder groß) mit der Zeit große Unannehmlichkeiten mit sich brachte. 1520 wurde Raffael vom Herzog d'Este gebeten, einige Kamine im Schloß zu Ferrara zu erbauen. Es ging dabei nicht etwa um ihre Ornamentierung, sondern darum, eine Form zu finden, die nicht allzu viel Rauch erzeugte. Obgleich der Meister sofort zusagte, dauerte die Korrespondenz mit dem Hof von Este noch lange Zeit an, so sehr lag diese Angelegenheit dem Herzog im Sinn. Die glaubwürdigsten Chronisten berichten, daß die Könige von Frankreich in den Schlössern des Louvre, in Fontainebleau, Marly und Versailles schrecklich unter der Kälte zu leiden hatten. Die Königinmutter erinnert sich daran, daß 1695 Wein und Wasser auf der Tafel des Souveräns gefroren. Briefe der Pompadour an ihren Bruder berichten über das Eis in Marly im späten April. Malherbe ließ die Zahl der Beinkleider, die er übereinander trug, mit den Buchstaben des Alphabets markieren; eines Tages sei er, so erzählte er Racine, bis zum L gekommen. Bekannt sind die Klagen der Maintenon, als sie den Winter in den Gemächern des Sonnenkönigs verbrachte: "Keine Tür und kein Fenster schließen richtig, und man ist einem Wind ausgesetzt, der an die amerikanischen Hurrikans erinnert." Der königliche Leibarzt Delorme hatte entdeckt, daß es sich aushalten ließ, wenn man sich in der Sänfte nahe beim Kamin aufhielt; verschiedene Damen ahmten es nach. Die Maintenon vervollkommnete die Entdeckung durch die verrückbare, einem Beichtstuhl ähnliche "Nische", die immer größer wurde, bis sie neben dem Sessel auch noch das Bett aufnahm. Böse Zungen behaupteten, nur die Sehnsucht nach dem Thron habe sie dabei geleitet. Nach dem Tode Ludwigs XIV. wurde die Nische enthusiastisch von den Fürstinnen aufgenommen.

Türen und Fenster mögen verantwortlich für den mangelnden Schutz gewesen sein, aber ebenso sicher ist, daß es auch den Kaminen nicht gelang, die großen Barock-Räume zu heizen; im übrigen waren sie selbst in den reicheren Wohnungen keineswegs so verbreitet, wie man annimmt. Was die riesenhaften Kamine angeht, so verursachten sie dem, der sich nahe bei ihnen aufhielt, Migräne, Magenverstimmungen und Erkältungen. Die Schwierigkeit des Rauchabzugs wird ziemlich gut verdeutlicht durch die Beziehungen zwischen Raffael und den Este. Man begreift, warum Philibert de l'Orme ein

Die prunkvolle Frivolität eines Luxusbettes der Rokoko-Zeit findet ein wirklichkeitsnahes Zeugnis in diesem Schnitt von Moreau le Jeune (ca. 1770) mit dem Titel "Le coucher de la mariée". Die an die Decke gemalten Putten sind eine Wiedergeburt derer, die häufig am "Himmel" der Alkoven einer andern Zeit als "Modelle" für die künftigen Mütter abgebildet waren.

*), oben) Fresko aus dem 14. Jahrhundert im Palazzo del Popolo in
mignano, das seit kurzer Zeit Memmo di Filippuccio
brieben wird; das Thema wird nicht ganz
manche halten es für eine erotische Geschichte): sicher
n ist (lassen wir den galanten Inhalt
Acht) der Brauch, sich nackt ins Bett zu legen und den Schutz vor
lte nicht nur den Decken, sondern auch den um das
rum aufgehängten Vorhängen zu überlassen,
"ein Zimmer im Zimmer" schufen. (Unten) Dem Gebrauch der
ge begegnet man auch auf dem Druck von A. Bosse
1676), den dieser einem eigenen Gemälde entnommen hatte.
t das Bett sogar die hauptsächliche Funktion, die Wärme
en; und wenn Abbildungen wie diese oft "Besuch
Wöchnerin" genannt wurden, so war das gerade eingetretene Ende
wangerschaft gar nicht einmal notwendig, um
e Besuche am Bett zu rechtfertigen, die tatsächlich
waren und auf Personen beiderlei Geschlechts ausgedehnt wurden.*

Heute besteht das Problem nicht mehr so sehr darin, das Bett zu erwärmen, sondern darin, es so zu konstruieren, daß es so wenig Raum wie möglich einnimmt und möglicherweise verborgen werden kann. Diese Vignette aus dem Katalog der großen Ausstellung in Philadelphia von 1876 bezeugt die entsprechenden Versuche der Amerikaner.

ganzes Buch der "Architecture" dem guten Funktionieren des Ofenrohrs widmet, wobei man daran denken sollte, daß einige Wohnungen gerade wegen der "Unbequemlichkeit" der Kamine verlassen wurden. Andere Architekten – Cardano, Bernard, Serlio – bemühten sich darum, Durchlüfter, Feuerräder u. ä, anzubringen. Aber noch im späten 17. Jahrhundert konnte ein anderer Theoretiker, Savot, nichts anderes empfehlen, als "ein Fenster oder eine Tür" halboffen zu lassen, um die Flamme und den Rauchabzug zu beleben. Aber ein solcher Notbehelf hätte den schon genügend stark vorhandenen Durchzug nur noch stärker gemacht.

Daher scheint es einsichtig, warum die Damen des 17. und teilweise noch des 18. Jahrhunderts selbst zum Empfang im Bett blieben. Unter den Decken wurde die Wärme durch Bettwärmer verschiedener Art und Form gewährleistet, deren Namen im Italienischen sehr bezeichnend sind: trabiccolo, frate, prete, marito (Bettwärmer, Bruder, Pfaffe, Ehemann).

Über die kretischen und minoischen Betten wissen wir wenig oder nichts; Homer berichtet uns nur über das "weiche Lager", auf dem sich der Held mit seiner Lieblingsmagd tummelte; doch Experten, wie der Deutsche Weis, wollen wissen, daß das Bett des Paris und der Helena 2 mal 4,30 m maß. Auch für Rom und Griechenland bestand das Problem des Luftzuges. Nach hellenistischem Beispiel unterteilte sich das lateinische Schlafzimmer (wie z. B. in Pompeji) in zwei Zonen, von denen eine mit einem Tonnengewölbe versehen war; genau hier befand sich das Bett, das nicht mehr auf eine nützliche Ansammlung von Kopfkissen, Decken und Fellen beschränkt war, wie es in der Vorgeschichte gewesen sein muß, sondern das nun eine besondere architektonische Funktion zu erfüllen hatte: dank des Mauervorsprungs, auf dem es häufig angebracht war, und der Einlassung in einen Hohlraum der Wand gewährte es einen gewissen Schutz vor der Kälte.

In Mittelalter schien das ganze Haus dafür erbaut zu sein, gegen die Kälte zu kämpfen: Auch die Holzverkleidungen hatten diesen Zweck. Vorher schon hatte man in verschiedenen Teilen Europas Strohmatten benützt, während man auf dem Fußboden Stroh oder auch Heu und wohlriechende Kräuter ausgebreitet hatte, was man an verschiedenen Orten noch bis ins 17. Jahrhundert hinein tat. Über das eigentliche Bett weiß man wenig, mindestens für eine bestimmte Zeit. Zwischen 1000 und 1200 diente es oft dem kollektiven Gebrauch, der für uns unvorstellbar ist: Selbst in herrschaftlichen Wohnungen war das Bett eher ein Schlafsaal, der neben den Besitzern auch noch ihre treuesten Gefolgsleute aufnahm. Man lese im Roman des Tristan nach, wie der Held zu Isolde gelangt: auf dem königlichen Lager, ohne daß er auch nur den Fußboden zu berühren brauchte. Viele einfache und gepolsterte Decken, häufig aus Pelz und in einigen Fällen mit Stickereien geschmückt, werden das Problem der Heizung gelöst haben. Im 14. Jahrhundert müssen dann die Vorhänge aufgekommen sein, die einen letzten Schutz innerhalb der Wände des

Schlafzimmers schaffen sollten. Sie garantierten eine größere Wärme und eine Verdichtung verbrauchter Luft, die nach den Aussagen der Fachleute den Schlaf begünstigte. Die Historiker nehmen an, daß sich die Vorhänge eher aus dem wachsenden Wunsch nach Intimität als aus den neuen Möglichkeiten erklären lassen, die durch die Konstruktion feststehender Betten (die sich im 15. Jahrhundert durchgesetzt hatten) anstelle jener leicht zu transportierenden geboten wurden, die in der Feudalzeit üblich waren; es wäre möglich, aber über die mittelalterliche Zurückhaltung sind verschiedene Zweifel durchaus angebracht.

Doch nachdem das Bett erst einmal einen festen Ort hat, wird es feierlich von vier Säulen, die den "Himmel" tragen, flankiert dazwischen orientalische oder italienische Vorhänge. Die Maße lassen keinen Zweifel an der Monumentalität zu: Noël du Fail spricht in den "Propos rustiques" (1586) von Betten aus dem 15. Jahrhundert von 2,79 m mal 5,82. Einer der angesehensten Historiker Frankreichs, Henri Sauval (gestorben 1670), bestätigt, daß die alten Betten "estoient extraordinairement grands", und er gibt uns dafür einige Metermaße an: 2,33 mal 2,64, 3,10 mal 3,41, 3,41 mal 3,92. Dürer sah 1520 in Nassau ein "immenses" Bett: es konnte "fünfzig Personen" aufnehmen. Wir wissen zwar, daß diejenigen, denen man Vertrauen erweisen wollte, ins Bett eingeladen wurden, aber diese Notiz macht uns einigermaßen perplex.

In den italienischen Renaissance-Häusern erhebt sich das Bett majestätisch auf einer Erhöhung des Zimmers. Baldachin, Decken und Kissen für Haupt und Füße (alles bunt) vervollständigen es. Im 16. Jahrhundert wird die Form der Säulen anthropomorph; diese Mode verbreitet sich über ganz Europa. Zu Ende des Jahrhunderts erschöpft sich die Mode jedoch schon.

Bis dahin blieb das Bett in Vorhängen und Decken ertrunken. Im 17. Jahrhundert werden die Holz-Strukturen stärker betont; darüber hinaus schmückt man es mit großen Federn an den vier Ecken des "Himmels": Man gibt dafür respektable Summen aus, was sich aus den Funktionen des Schlafzimmers als Empfangsraum erklärt. Langsam ersetzt der Alkoven den Säulenbaldachin. 1699 betrachtet ihn La Fontaine noch als eine staunenerregende "invention moderne", aber bei den "Preziösen" war es schon seit 20 Jahren in Gebrauch; und Scarron spricht schon 1664 von Alkoven.

Im 18. Jahrhundert wird die Form des Bettes leichter. Seit etwa 1750 empfängt man fast ausschließlich im Salon, und der Alkoven wird in einen angrenzenden Raum verbannt; nach 1765 verschwinden die Säulen fast vollständig; das Kopfende steht nicht mehr an der Mauer, sondern gewöhnlich berührt nun eine Längsseite des Bettes die Wand; es entstehen zahlreiche neue Formen, die im übrigen mehr oder weniger Variationen des traditionellen Typs sind. Schließlich entsteht zu Beginn der napoleonischen Zeit die Form des Doppelbetts, das dem heutigen Bett mit einer Erhöhung und einem Abschluß nur am Kopfende sehr ähnlich ist. Der Ehebett-Typ "mit eineinhalb Plätzen" ist eine französische Erfindung aus der Zeit um 1900.

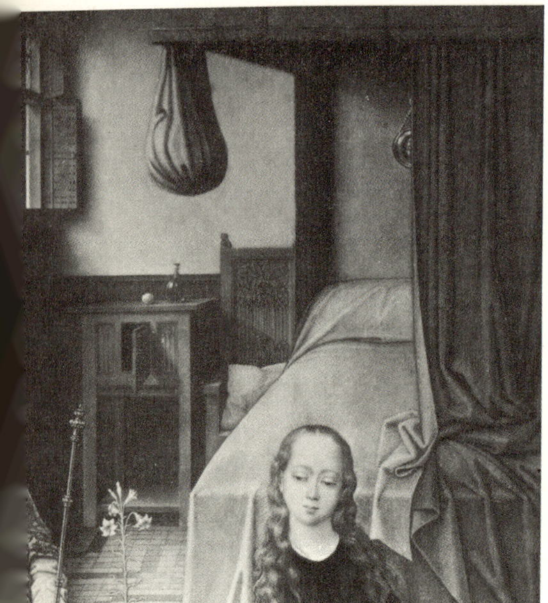

Einen beachtlichen Beitrag zur sehr wenig bekannten Geschichte des Nachttischchens liefert diese "Verkündigung" (Florenz, Gallerie Statali), ausgeführt zu Ende des 15. Jahrhunderts (wie manche meinen vom "Meister der Legende der hl. Ursula"), wo das Möbelstück zum erstenmal in der Malerei auftritt.

Andere Schutzmaßnahmen

Es ist möglich, daß der Schirm, den wir "Windschirm" (Paravent) nennen, ursprünglich eine andere Bestimmung als die vom Namen angezeigte hatte. Alte chinesische Zeugnisse sprechen über seinen symbolischen Wert. Dennoch scheint es sehr schwierig, daß er in der Han-Periode, als man ihn in jeder Form herstellte (vom kleinen, leichten, auf einem einzigen Fuß stehenden, der auf den Tisch gestellt wurde, bis zu jenem mit zwölf Abteilungen von einigen Metern Höhe), nicht als Schutz gedient hätte. In der T'ang-Periode war er noch verbreiteter und in der Ming-Dynastie setzten sich lakkierte Typen durch, die auch in Korea und Japan nachgeahmt wurden, um der großen Nachfrage aus Europa nachzukommen.

Hier ist eine Präzisierung angebracht. Für die Sprach-Puristen ist "Paravent" der viereckige Schirm, mit dem man den Kamin in der warmen Jahreszeit schloß, um so den Lufstrom aus dem Schornstein zu hindern.

Der andere, der "Paravent" der Umgangssprache, hat eine Geschichte, die sich anfangs mit der des eigentlichen "Ofenschirms" vermischt. Beiden gemeinsam war die ursprüngliche Form eines kleinen Schirms auf einem einzigen Fuß, die beim Ofenschirm unverändert blieb, wenn man auch schon auf den köstlichen Miniaturen der "Très riches heures" des Herzogs von Berry einen runden, aus Weidenruten geflochtenen entdecken kann. Die "Paravents" mit verschiedenen Rahmen, die von Scharnieren zusammengehalten wurden, wurden vielleicht im 12. Jahrhundert, vielleicht früher eingeführt, um das Bett der Herrschaft von den Betten der Dienerschaft abzuschirmen. Der Ursprung könnte auch mit dem üblichen Kampf gegen den Luftzug zusammenhängen. Es ist sicher, daß im 16. Jahrhundert ein "Paravent

J.-B. Mallet, "L'Amour au petit point" (ca. 1790; Paris, Musée Cognac-Jay). Der Titel des Bildes bezieht sich auf den kleinen Amor im Stickrahmen, der der Dame gezeigt wird: eine der vielen Nachahmungen der Ausgrabungen in Pompeji. Das Gemälde interessiert hier wegen des Wandschirms mit den vielen Gliedern, ein nahezu niemals fehlendes Möbelstück in den Räumen dieser Zeit, vor allem in denen für die Damen bestimmten, die den Luftzug stärker als die Männer verspürten. (Unten) Der Gebrauch von Windfängen wird noch klarer in dem Ausschnitt eines Bildes eines unbekannten Malers gegen 1775, das den Salon des Fürsten Max im Palast von Dresden darstellt (Berlin, Sammlung Haberstock): einer ist vor den Ausgang gestellt; der andere, von geringeren Ausmaßen und leichter transportierbar, befindet sich neben dem Sessel und stellt einen weiteren Schutz vor dem Luftzug dar, von dem man annehmen kann, daß er aus einem Kamin kam.

eben dem Altar den Zelebranten vor dem Luftzug :hützte. In die Salons trat er ein Jahrhundert später in, auch hier im Zusammenhang mit der kärglichen Ieizung. Im 18. Jahrhundert war er in den eleganten Vohnungen, die die Exemplare der asiatischen Fabriation gern aufnahmen, nahezu obligatorisch. Doch war er Bedarf so groß, daß die Damen viel Arbeit hatten, en Atlas und Samt für die Paravents zu besticken, und anchmal wurde die Dekoration der Flügel bekannten ünstlern wie Watteau anvertraut. Der Höhepunkt urde in der neoklassizistischen Periode erreicht, als sich jedem Zimmerchen und im Boudoir der Dame unhlbar ein oder mehrere Paravents befanden und diese Velle sich bis nach Rußland erstreckte.

Es ist symptomatisch, daß später mit dem Aufkommen r Warmwasserheizung zusammen mit dem Ofen- und aminschirm (die schon durch den Ofen unnötig geacht wurden) auch der Paravent verschwand.

Zu Tisch

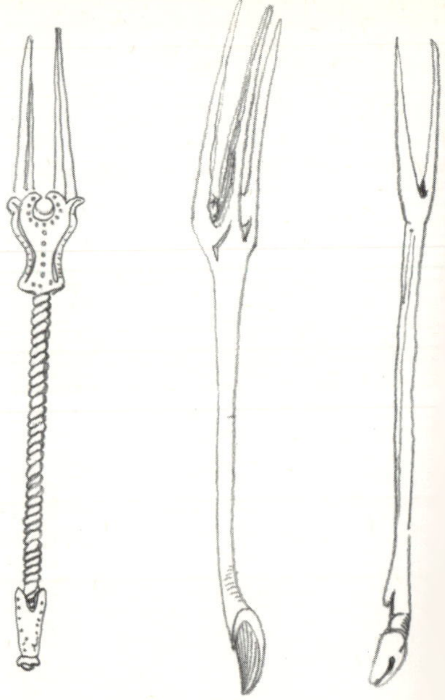

Holzschnitt aus dem 16. Jahrhundert, der König Artus und seine Ritter zu Tisch an der runden Tafel darstellt. Bemerkenswert ist der einzige Becher aus Metall auf dem Tisch, der für alle Geladenen bestimmt war; es fehlen die Gabeln und, da es sich um eine Fleischmahlzeit handelt, auch die Löffel. Es ist nicht nötig, darauf hinzuweisen, daß der Künstler die vornehme Versammlung in die im 16. Jahrhundert üblichen Gewänder gekleidet hat, die sicher bequemer als die der Zeit König Artus' waren.

Die reichhaltigen Menus, das kostbare Geschirr, die erlesenen Gläser, die edelsten Metalle, von denen man im Zusammenhang mit den reichen mesopotamischen und ägyptischen Gelagen redet, entsprechen im allgemeinen der durch die Ausgrabungen zutage getretenen Wirklichkeit.

In Griechenland tritt nach den bescheidenen Anfängen der homerischen Zeiten, als man auf primitiven Hockern sitzend aß, seit dem 7. Jahrhundert v. Chr. der Brauch, im Liegen zu tafeln wie in Vorderasien auf. Schon bald sollten auch die Etrusker diesen Brauch übernehmen und ihn an die Römer weitergeben. Filme und historische Romane haben bis ins kleinste Detail die drei Liegen um den Eßtisch herum behandelt: das Triklinium mit den Säulen, den Kerzenleuchtern, den zur Freude aufrufenden Inschriften, dem weißen Leinen, den grünlichen Weinblättern, den mit Blumen geschmückten Bechern usw.; man kann noch hinzufügen, daß sich die Raffiniertesten auf Schwämme niederlegten und daß der Eßtisch erst beim Untergang des römischen Reiches auftritt, als die Liege-Triklinien verschwanden. Es bleibt noch zu bemerken, daß die tägliche Speise der Griechen und Lateiner sehr bescheiden war. Sie bestand aus Brot und Brühe, häufig aus Fisch und selten aus Fleisch.

Nach dem Fall Roms kehrte man zu der im wesentlichen vegetarischen Kost der ersten Menschen zurück. Die großartigen Gelage des Mittelalters, die mit Strömen von Wein, Bier und Met begossen wurden, waren auch für die Reichen eine Ausnahme: Die Chronisten unterlassen es nicht, die wenigen Gelegenheiten aufzuzählen, zu denen sie abgehalten wurden, und die zahlreichen Fasttage zu erwähnen, die ihnen üblicherweise vorausgingen. Reiche und Arme aßen denselben Brei aus Fisch und Gemüse. Löffel, Messer und Finger reichten als Besteck aus.

Die schon in Mesopotamien übliche Gabel wurde nur in der Küche verwendet. Im 11. Jahrhundert erwähnt Pier Damiani unter den verschiedenen von der byzantinischen Braut des Dogen Orseolo II. nach Venedig gebrachten Bequemlichkeiten gerade gewisse kleine Zweizacken, die die Speise zum Mund brachten. Doch seit dem Ende des 13. Jahrhunderts tauchen sie in häus lichen Inventaren immer häufiger auf: mit zwei, manch mal mit drei Zacken, oft aus Gold mit Griffen aus Stein Kristall oder Elfenbein. Für uns wären es eher gefähr liche Werkzeuge, da sie nicht gebogen waren. Bis 170(blieben sie so. Man muß anmerken, daß die Gabel fü das Obst da war; die andern Speisen nahm man imme noch mit den Fingern ein. Erasmus riet (in seinen Ra schlägen an wohlerzogene Jünglinge), sich auf drei z beschränken und sie schnell von der gemeinsamen Pla te zu entfernen.

Jahrhunderte lang wurde das Essen also in einer Hinundhergehen der Hände, die höchstens einen Löff hielten, zwischen dem Mund und den Gefäßen mit de Speisen verwirklicht. Tiefe Teller für die Suppe kann man in Italien erst zur Zeit der Kreuzzüge, im übrige Europa nicht vor dem späten 17. Jahrhundert.

Um sich eine Vorstellung von den mittelalterliche Gelagen machen zu können, muß auch über das Tri ken gesprochen werden. Dafür genügt es, sich eine heutigen Tisch ohne die Gläser vorzustellen. Wer Du

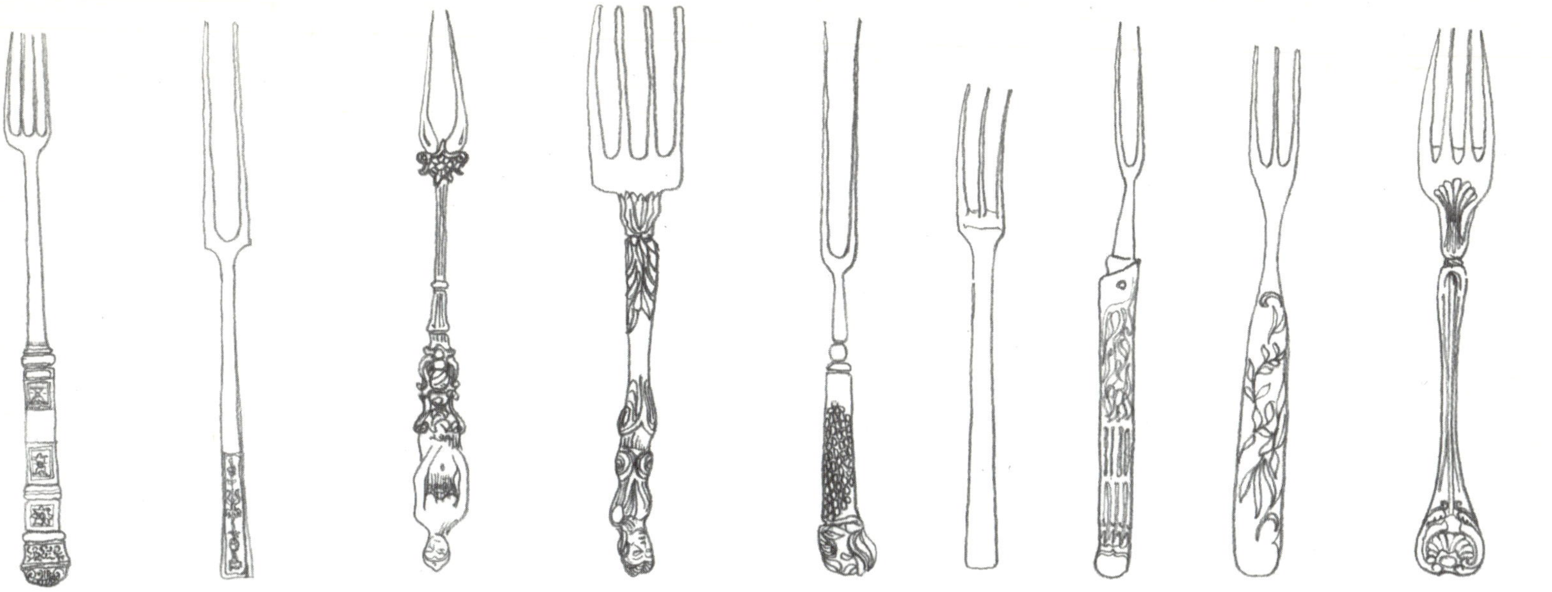

;e Gabeln: (von links) assyrisch, aus Bronze; römisch, aus Silber
'eiden folgenden); flämisch aus dem 15. Jahrhundert und
isch aus dem 16. (die nächsten beiden);
ianisch aus dem 17. Jahrhundert; italienisch aus der gleichen Zeit,
ergoldetem Bronzegriff; französisch aus dem gleichen
undert, aus Silber; italienisch (?) aus dem 18. Jahrhundert
eiden folgenden, von denen die erste zusammenklappbar
ranzösisch aus dem 18. Jahrhundert, aus Silber.

Moreau le Jeune, "Le souper fin" (Stich, ca. 1775). Endlich finden wir auf dem Tisch dieses Festmahls neben den Gabeln so viele Trinkgefäße – aus Glas – wie Teilnehmer; auf den kleinen Tischchen neben der Tafel bemerkt man Auflegeplatten, eine andere im vorhergehenden Jahrhundert fast unbekannte Raffinesse, ebenso wie die Tisch-Blumensträuße, die den "Triumph" des Mahls bilden; diese letzteren waren wahrscheinlich seit der Antike von den Tischen verschwunden.

hatte, wandte sich an einen Diener, der einen Becher mit nach seinem Geschmack gemischtem Wein und Wasser trug. Man trank ihn in einem Zug leer, da man bei der Zurückgabe wußte, daß man ihn nicht so bald wieder bekam. Und sofort füllte ihn der Diener wieder für einen andern Mahlteilnehmer auf.

Erst in der Rokoko-Zeit entsprach die Zahl der Becher der der Mahlteilnehmer; und kurz nach 1750 entdeckte man, daß es günstig sei, die Weinkrüge und Wasserkaraffen auf den Tisch zu stellen; vorher wurden sie Jahrhunderte lang auf den Kredenzen ausgestellt, die niemals in den Eßzimmern fehlten.

Es dürfte klar sein, daß unsere Darstellung nur für die reicheren Gesellschaftsschichten gilt; für die letzte Neuerung haben wir z. B. eine Notiz im "Journal" des Advokaten Barbier, der am 27. September 1760 eintrug: "Seine Majestät hatte die Güte, mehrere Male Monseigneur, dem Erzbischof von Paris, den Wein einzuschenken, da sich die Flaschen auf dem Tisch befanden." In weniger hochstehenden Schichten lebten die alten Bräuche noch wer weiß wie lange fort.

Durch die Einführung so vieler Neuheiten füllten sich die Tafeln vor allem mit glänzenden Metallwaren unglaublich an: Wärmplatten, Saucièren, Auftrageplatten, Gemüseplatten, Senfgläser, Ölkännchen, Sälzfäßchen, Krüge, Körbchen, Sahneschalen und unendlich viele andere Kleinigkeiten aus Silber und feuervergoldetem Silber. Zu Ende des Jahrhunderts befreien sich die Tische von einem solchen Exhibitionismus; und zum erstenmal seit der klassischen Zeit sah man wieder Dekorationen von frischen Blumen.

Die Küche

(Oben) Kochherd und Latrine, in einer kleinen Wohnung in Tell el-Amarna gefunden (Ägypten, gegen 1300 v. Chr.). (Links) Seltene Darstellung einer mittelalterlichen Küche auf dem dem "Letzten Abendmahl" gewidmeten Fresko von Pietro Lorenzetti (Assisi, San Francesco, Basilica Inferiore).

Sie ist vielleicht der Raum, der die wenigsten Veränderungen in Stil und Mode aufweist; doch wenn sie erneuert wird, behält niemand die alte Einrichtung bei, daher bleibt ihre Geschichte ziemlich dunkel.

Anfangs bildete die Küche keinen eigenen Raum; sie beschränkte sich auf den Herd, der im Atrium lag, da hier das Dach die Öffnung für den Rauchabzug hatte.

Als die Wohnung größer wurde und man Röhren für den Rauch und die Abwässer einführte, fand die Küche ihren Platz fern vom Atrium in Räumen, die auf den Binnenhof schauten; oft wurde sie noch mi[t] großen Fenstern versehen. Nahe bei ihr befindet sich der Herd. Um dieselbe Kloake auszunützen, liegt dane[-]ben auch der Abort.

Die Geräte der römischen Küche bestanden aus Drei[-]füßen und Bratrosten aus Eisen, großen Kesseln au[s] Eisen oder Bronze, Kasserolen und zahlreichen ander[en] Gefäßen aus Steingut, die auf der rechteckigen gemauer[-]ten Bank gebraucht wurden. Die Feuerstellen ware[n] rechteckige Herde oder verschiedenförmige Dreifüß[e], unter denen das Feuer durch eine bogenförmige Öffnun[g] angezündet wurde. All das war nicht sehr verschiede[n] von dem, was man heute noch in den Fischerhäuser[n] von Burano sehen kann.

Im Mittelalter wird die Küche wieder zum Hauptrau[m] des Hauses, wo der Herd überdies zur Erwärmung f[ür] die ganze Familie dient. Roste und Töpfe aus Eisen e[r-]setzen die Geräte aus Bronze; häufiger als früher benüt[zt] man jetzt verschiedene Typen von Mühlen für Getreid[e], Gewürze und andere Dinge und Metall- oder Steingu[t-]glocken für das Kochen in heißer Asche. Löffel, Koch[-]löffel und Siebe sind ebenfalls aus Metall oder Holz, d[ie] Auftrageplatten aus Holz, Steingut oder Zinn. Glas i[st] nur spärlich vertreten, obwohl die Römer sogar Bratpfa[n-]nen daraus herstellten. Die Töpfe wurden durch Kett[en]

P. Aertsen, "Christus im Haus der Martha" (ca. 1560; Rotterdam, Museum Boymans - van Beuningen). Auch abgesehen von der evangelischen Begebenheit, die als "Bild im Bild" dargestellt wird, erscheint diese Küche ziemlich idealisiert; doch ist die Szene mit solcher Wirklichkeitsnähe wiedergegeben, daß wir zumindest eine beachtliche Mustersammlung von Gerätschaften des 16. Jahrhunderts haben. (Unten) L. tom Ring d. J., "Die Hochzeit zu Kana" (früher in Berlin, Kaiser-Friedrich-Museum). Hier ist das heilige Geschehen auf ein "Fensterchen" beschränkt und der Wunsch, die Küche zu idealisieren, gibt der Dokumentation größeren Raum.

über dem Feuer gehalten. Die schon im Ägypten der Pharaonen üblichen Herde tauchen im 15. Jahrhundert wieder auf; aber während sie in den ägyptischen Küchen aus feuerfester Erde waren, kannte das späte Mittelalter solche aus Metall.

In den reichen Renaissance-Wohnungen breitete sich die Gewohnheit aus, die Küchen in die Unterstockwerke zu verlegen. Sie waren groß, hatten monumentale Kamine und waren spärlich beleuchtet. Mit dem Wohnteil waren sie durch Nebentreppen und später durch Lastenaufzüge verbunden. Erst im vorigen Jahrhundert betonte ein Wissenschaftler wie Urbano Vitry in seinem "Proprietario architetto" (Venedig 1832), daß die so gebauten Küchen "ungesund" und für die "überwiegende Sterblichkeit "unter den Köchen" verantwortlich seien. Dabei wären "die Mittel, sie zu schützen", sehr einfach, "es genügte, Herde unter dem Rauchfang aufzustellen, dessen Abzug hoch und groß wäre."

(Links) Ph.-L. Debucourt, "Inneres einer Küche" (Stich, 1812). Mit ziemlicher Sicherheit handelt es sich um einen ländlichen Raum, doch die entsprechenden Räume in den Herrschaftswohnungen waren nicht sehr verschieden davon. (Unten, von links) Seit 1830 werden die amerikanischen Küchen mit Allzwecköfen ausgestattet, wie diesem, der in "The American Woman's Home" von 1869 gepriesen wird. Er war mit Anthrazith für 24 Stunden zu beheizen, hatte einen großen Speicher für warmes Wasser (65 l in der Stunde) und verfügte über einen Spieß, Backröhren für Brot, für Kuchen und Bratfleisch; die Wegräumung der Asche wurde durch das beigefügte Gefäß ("ash box") erleichtert. - Die von Le Corbusier für seine Villa Savoye entworfene Küche (s. S. 322 f.)

Brunnen und Leitungen

Holz war wahrscheinlich das erste Material, das man für Wasseranlagen verwendete: als Brunnenverkleidung oder in Form von in der Mitte vertieften Stämmen als Leitungen. Leitungen aus Holz waren nach der vorgeschichtlichen Zeit auch bei den Römern in Gebrauch und im Mittelalter üblich. Sie wurden von 6 m langen Einzelstücken mit einem Durchmesser von 8-12 cm gebildet und waren in der Lage, den Druck von 3,5 Atü auszuhalten. Die Römer verwendeten jedoch auch Rohre aus Terrakotta, die 50 Atü aushielten; Rohre aus dem gleichem Material, aber offen, waren schon bei den Mykenern bekannt; in dieser Form gebrauchte man sie auch als kleine Leitungen aus Stein oder Backstein für Abwasser in den Indus-Kulturen. Die Kloaken im alten Mesopotamien könnten noch heute benützt werden. Die Griechen verjüngten die einzelnen Rohre in der Weise, daß ein Stück ins andere paßte. Schließlich benützte man im Ägypten der Pharaonen Rohre aus gehämmertem Kupfer, in Tyrus und in Griechenland solche aus Bronze oder Blei mit genau vermessenen Lötungen. Die römischen Bleirohre können als die ersten Produkte einer einheitlichen Serienherstellung betrachtet werden.

Praktisch brachten die folgenden zwei Jahrtausende auf dem Gebiet der Rohrleitungen nur technische Veränderungen. Die Geschichte der Brunnen ist älter. Die Holzverkleidung der ersten Brunnen wurde später durch Stein oder Ziegel ersetzt, auf Kreta und in den mykenischen Kulturen durch Tonrohre. Die Römer benützten aneinander befestigte Ketten mit Schöpfgefäßen, wenn sie Wasser haben wollten. Diese Anlage wurde von Sklaven durch eine Spindel bewegt. Im Mittelalter fing man nach dem Verfall der römischen Anlagen wieder von vorn an, und zwar mit Holzeimern. Die Kolbenpumpe, die von Wasserrädern bewegt wurde (sie wurde zu Ende des 15. Jahrhunderts in Deutschland erfunden), brachte eine erste beachtliche Verbesserung. Aber schon 1420 entwarf Giovanni Fontana eine Warmluft-Hebemaschine, die geeignet war, das System der Wasserversorgung, das auf dem Gesetz der Schwere beruhte, durch ein solches zu ersetzen, das mit Druck arbeitete. Dieses System ist – wenn auch nach vielfältigen Verbesserungen – noch heute in Gebrauch.

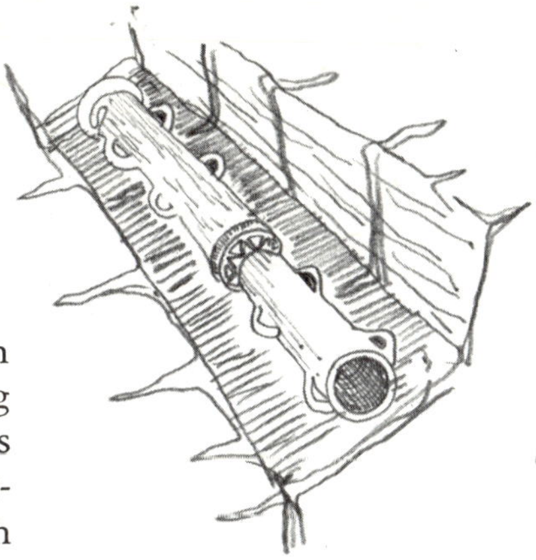

(Von links) Auf Kreta gefundene Röhrensysteme aus gebranntem Ton: jedes Element ist so verjüngt, daß es in die Mündung des folgenden Rohrs paßt. - Die Rolle des Archimedes, die von einem Sklaven mit den Füßen bewegt wird und so das Wasser nach oben befördert (aus einer Wandzeichnung in Pompeji).

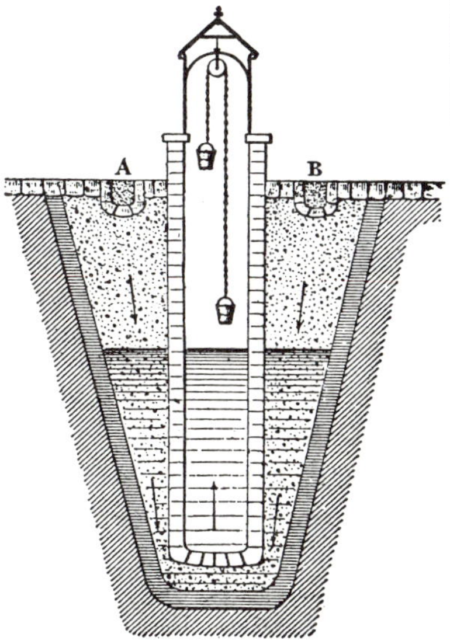

(Oben) Inneres Verbindungsfenster zum Brunnen in einem der oberen Stockwerke des Palazzo Davanzati in Florenz (s. S. 79). (Links) Brunnenzisterne herkömmlicher Konstruktion (Venedig, Mitte des 19. Jahrhunderts). In den Städten des 19. Jahrhunderts kam das Wasser selten bis zu den Häusern; wo es keine Aquädukte gab, belieferten die Zisternen ganze Viertel.

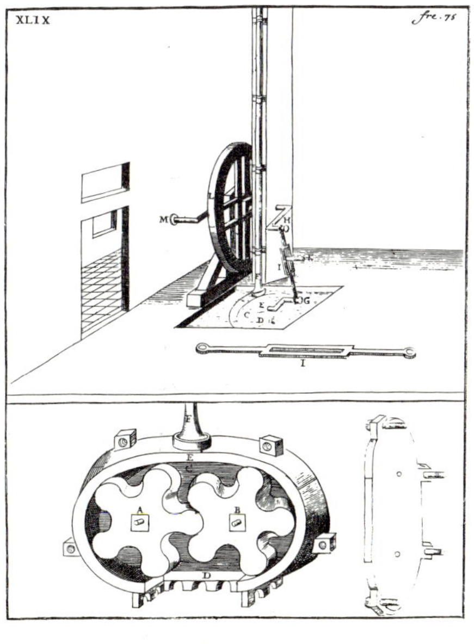

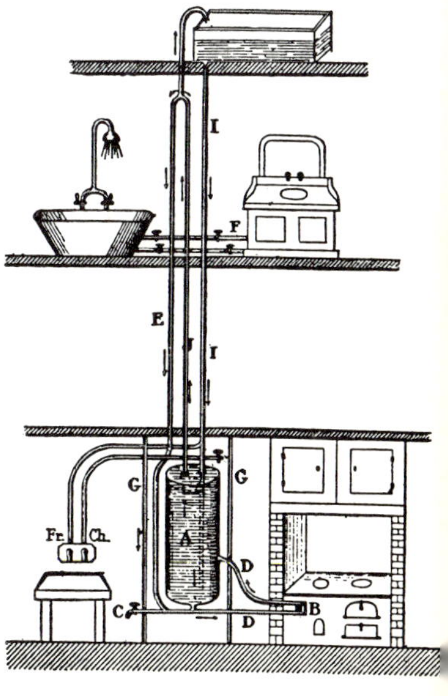

(Von links) Zahnradpumpe für die Wasserversorgung einer Wohnung aus der ersten Hälfte des 18. Jahrhunderts (aus Grollier de Servière, "Recueil d'ouvrage ... de mécanique", Lyon 1733). - Anlage zur Warmwasserverteilung für den Hausgebrauch (USA, Mitte des 19. Jahrhunderts). In den entwickelteren Ländern, vor allem den angelsächsischen nützte man seit 1860 – nach Kriterien, die von den unseren nicht allzu verschieden sind – die Gesetze über die Bewegung der Flüssigkeit in Röhren aus.

Frauen unter der Dusche, abgebildet auf einer alten griechischen Vase. Beachtlich ist die Verschiedenheit der Masken – Köpfe von Wildschweinen und mythischen Monstren –, die als Zapfen dienen; die sie verbindenden Querverstrebungen werden als Ablage für Kleider und Handtücher benützt.

(Unten) Auch auf dieser Darstellung auf attischer Keramik sprudelt das Wasser aus einer Maske; das Gefäß, wo es sich sammelt, scheint die modernsten Formen unserer Waschbecken vorwegzunehmen. Auf dem Fußboden, gegen die Wand gelehnt, ein Fläschchen für die Kosmetik und ein Kamm, der den auf S. 395 abgebildeten ähnlich sieht. - Ein Memmo di Filippuccio zugeschriebenes Fresko im Palazzo del Popolo in San Gimignano. Wenn man auch nicht annehmen kann, daß das Gemälde ein Bordell geschmückt hat, so tritt der erotische Charakter der Darstellung klar in Erscheinung. Immerhin war das Bad zu zweit oder zu mehreren im mittelalterlichen Europa durchaus üblich, wie noch heute in Japan.

Bad und Toilette

In den kleinen Badezimmern des mesopotamischen Eshunna, die bis ins 3. Jahrtausend v. Chr. zurückgehen, machte man sogar den Fußboden mit geteerten Ziegeln wasserundurchlässig. Das ägyptische Haus in Tell el-Amarna (vgl. S. 35) verfügte über mindestens einen Raum für das Bad, das mit Stein verkleidet war. In einer Ecke war ein Schirm aus Ziegelsteinen angebracht, hinter dem ein Diener stand, um Wasser über den zu gießen, der sich dort wusch. Neben dem Bad befand sich eine Sitzgelegenheit für Massagen.

Die bestens bekannten, äußerst bequemen römischen Thermen scheiden für unsere Untersuchung aus, da sie öffentlich waren. Die Bäder der Privathäuser wiesen keineswegs geringeren Luxus auf. Seneca kritisiert den Brauch, sie mit Statuen und andern Dingen zu schmükken. Was die Wannen, Duschen, Hähne, kaltes und warmes Wasser angeht, so dürften sie den unsern kaum nachstehen.

Von den Thermen wissen wir auch, daß sie oft zu Stätten der Ausschweifung wurden. Das mag die Abneigung des Christentums gegen das Bad erklären, aber es ist auch möglich, daß man hier allzu sehr verallgemeinert. Doch ist es eine Tatsache, daß es um die Hygiene des Mittelalters sehr schlecht stand. Bäder nahm man erheblich seltener als zuvor. Natürlich hatten die Reichen mehr Gelegenheit, es zu nehmen. Sie benützten dafür Wannen, die von Vorhängen beschützt wurden. Oft stieg der Ritter zusammen mit seiner Dame ins Bad. Noch 1403 kaufte Margarete von Flandern beim Wunsch, ihre eigene Einrichtung zu erneuern, 64 Ellen

"Porträt der Diana de Poitiers": das ist der Titel dieses von François Clouet signierten Gemäldes (Washington, National Gallery, Kress-Stiftung): wahrscheinlich ist das Bad nur ein Vorwand, um die Nacktheit der Dame darzustellen; bei den französischen Herren des 16. Jahrhunderts war es üblich, die Dame des Herzens posieren zu lassen, so wie man annimmt, daß Mona Lisa Leonardo für ein Gemälde gesessen hat, das dem berühmten im Louvre ähnlich ist. Immerhin können wir entnehmen, daß sich die Wanne unter einem Baldachin befand und darüber hinaus noch mit Leinen verkleidet war, was wir übrigens auch auf andern Archivstücken dieser Zeit entdecken können.

gewöhnliche Leinwand ("toille bourgeoise"), um zwei Wannen abzuschirmen, und rotes Tuch aus Mecheln für den dazugehörigen Baldachin. Weniger wohlhabende Personen begnügten sich mit einem kleinen Ausguß, der sich in der Küche oder sonstwo in einer Ecke befand, die für die ganze Familie leicht zugänglich war. Mit ein wenig Wasser säuberte man sich Gesicht und Hände und vergaß den übrigen Körper sogar Jahre hindurch.

Diese Situation änderte sich längere Zeit hindurch kaum nennenswert. 1655 bemerkte der Hygienist Theophrast Renaudot tendenziös, daß das Bad "außer in den vom Arzt verordneten Fällen nicht nur überflüssig, sondern äußerst schädlich ist". Ein in Paris zur selben Zeit herausgegebenes Anstandsbuch war sehr genau: "Man wird es sich zur Pflicht machen, sich täglich die Hände zu waschen. Gleichermaßen muß man sich fast genauso oft das Gesicht waschen, sich die Wangen rasieren lassen und sich manchmal das Haupt waschen." Es ist bekannt, daß sich der Sonnenkönig niemals wusch: ein bißchen Abtupfen mit alkoholgetränkten Bäuschchen war alles. Außerhalb Frankreichs sah es noch schlimmer aus.

Noch 1782 bemerkte J.-B. de La Salle in den Vorschriften der "Règles de la bienséance": "Es kommt anständigen Personen zu, sich das Gesicht jeden Morgen mit einem weißen Tuch zu reinigen, um es zu entfetten; es ist weniger gut, es mit Wasser zu waschen, weil es dann im Winter die Kälte und im Sommer die Hitze stärker spürt." So erklären sich die 25 cm Höhe, die Krug und Becken zusammen einnahmen, deren sich

(Unten) Badewanne aus dem 2. Jahrtausend v. Chr., im sog. "Gasthaus" am Hauptplatz von Knossos auf Kreta gefunden; sie ist der in dem äußerst aufwendig eingerichteten "Bad der Königin" befindlichen Wanne sehr ähnlich. (Ganz unten) Modell einer von Delafosse entworfenen Wanne (18. Jahrhundert). Es erforderte zu seiner Herstellung die Mitarbeit von Tischlern, Bronze-Verarbeitern und Malern.

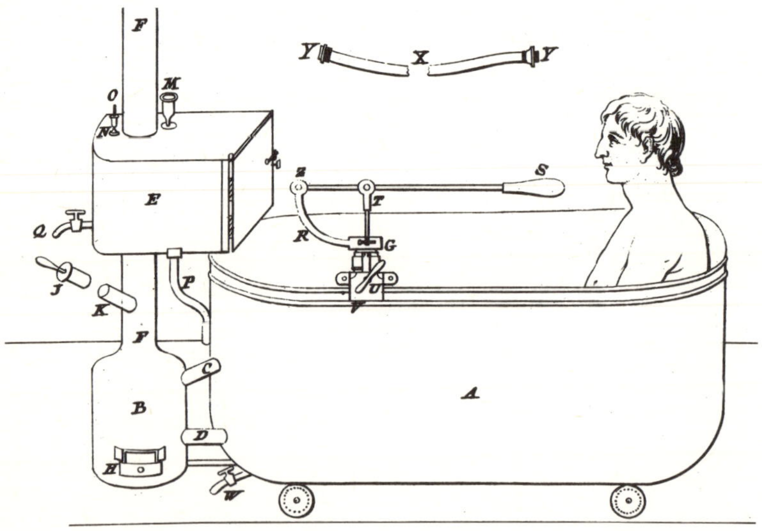

Marie Antoinette bediente; jene Napoleons und Josephines, die der große Percier entworfen hatte, waren kaum größer. Das Bad blieb weiter auf die Heilbehandlung beschränkt; doch seit 1768 gelang es einem fähigen Kupferschmied, einem gewissen Level, die Bottiche und seltenen Marmorbadewannen durch eine Wanne zu ersetzen, "in der die Person, die das Bad nimmt, wie in einem Sessel sitzt und von jeder Seite umfaßt wird."

Doch breiteten sich diese Sitzbadewannen erst unter Louis Philippe aus, obwohl das Badezimmer schon 20 Jahre zuvor in allen wohlhabenderen Häusern vorhanden war und für alle Reinigungsverrichtungen benützt wurde. Bis zur Mitte des 19. Jahrhunderts konnte man dort neben der Badewanne den einen oder andern Sessel, sogar ein Bett und einen Tisch mit den notwendigen Schreibutensilien, ja schließlich auch die Statue der Venus sehen, aber das Waschbecken (d. h. das "Service" von Krug und Becken das das mittelalterliche Ausgußbecken ersetzt hatte) blieb im Schlafzimmer, wo es zum Gebrauch bereit war, sobald man aus den Decken stieg. Der Zentralheizung ist es zu verdanken, daß das Waschbecken schließlich aus dem Schlafzimmer und seiner Wärme ausgeschlossen wurde.

Während die Körperreinigung vernachlässigt werden konnte, führte eine bestimmte Hygiene von unmittelbarerer Einsichtigkeit die französische Gesellschaft seit dem späten Mittelalter dazu, einen Gegenstand zu akzeptieren, dessen Spuren man umsonst in vielen Nachschlagewerken suchen würde. Über jeden Verdacht erhabene Historiker schrieben darüber als über "eine Erfindung von sozialer Bedeutung, die nur der der Hakenbüchse an die Seite zu stellen ist": vielleicht war sie sogar als Bremse für die Bevölkerungsexpansion noch bedeutender. Es handelt sich um das Bidet, von dem mindestens jedes Jahr ein Exemplar auf den großen Antiquitäten-Versteigerungen erscheint und Angebote bis zu einer halben Million Francs provoziert, wenn es die Signierung berühmter Urheber wie Dullin, Cochois und Péverie trägt. Ein Brief der Pompadour hat den Kauf von zwei Bidets durch die Absenderin zum Gegenstand, die von dem nicht weniger berühmten Duvaux ausgeführt waren: Eins "blumenförmig in Rosenholz furniert; es ruht auf Füßen und ist mit vergoldeten Bronze-Ornamenten und Golddrähtchen geschmückt", das andere ist "in Nußbaum, Überzug und Rückenlehne in rotem Maroquin. Es hat vergoldete Knoten, die auf der Rückenlehne zwei Kristall-Flakons aufnehmen."

Die märchenhaften arabischen Parfums, das aromatische Öl, die Salben und andere Kosmetika wurden im Orient eher als anderswo benützt. Von dort gingen sie in den klassischen Raum über. Die Kämme kamen aus der Levante zu uns. Sie behielten in ihren Formen Jahrtausende hindurch unverändert die des frühgeschichtlichen Mesopotamien bei. Sie waren zusammen mit den Spiegeln, Spangen, Nadeln und Perücken bei den ägyptischen Damen bekannt, die ihre Schönheitscremes in köstlichen Gefäßen und die entsprechenden Geräte – Löffen und Spatel – in Etuis aus Obsidian oder Elfenbein aufbewahrten, während die Fläschchen für die Essenzen aus feinstem Glas waren. Ähnliche Gegenstände

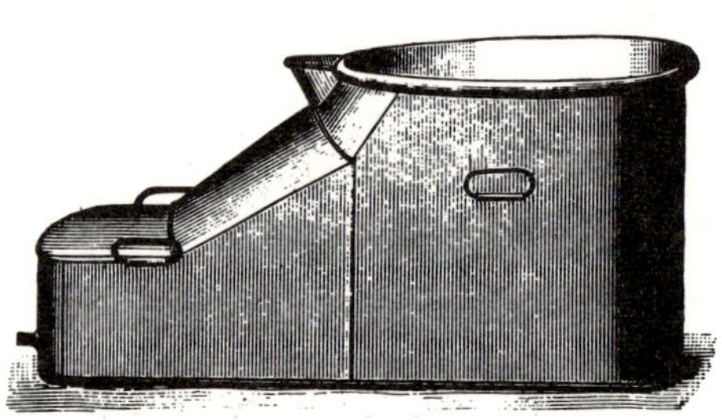

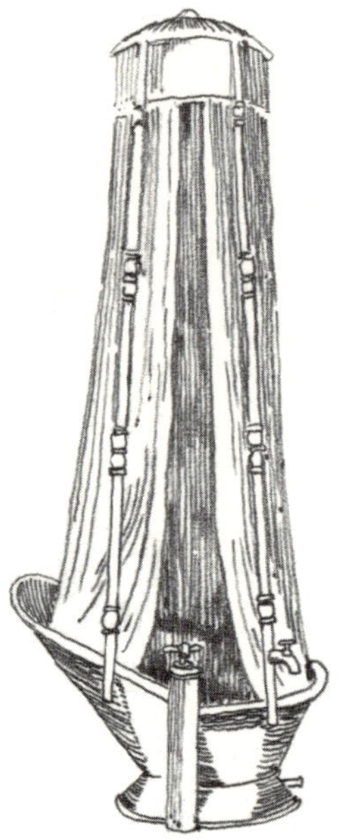

392, oben) Höchst kompliziertes Wärmesystem für eine -wanne, abgebildet in einem italienischen Manuale Architekten aus der zweiten Hälfte des 19. Jahrhunderts. Die -ne ist mit Rädern versehen, um sie auch in die Küche schieben zu -en; die verschiedenen Mechanismen tendieren auf den -gst möglichen Wasserverbrauch.

(Rechts) Krug und Becken in Bergkristall der Marie Antoinette (Paris, Louvre). Die kleinen Ausmaße des Service (der Krug ist 25 cm hoch) sind bezeichnend für den spärlichen Gebrauch des für die Reinigung notwendigen Wassers.

(Unten) R. Buckminster Füller, "Dymaxim"-Einheit: Block sanitärer Anlagen, in den Vereinigten Staaten gestanzt (1959).

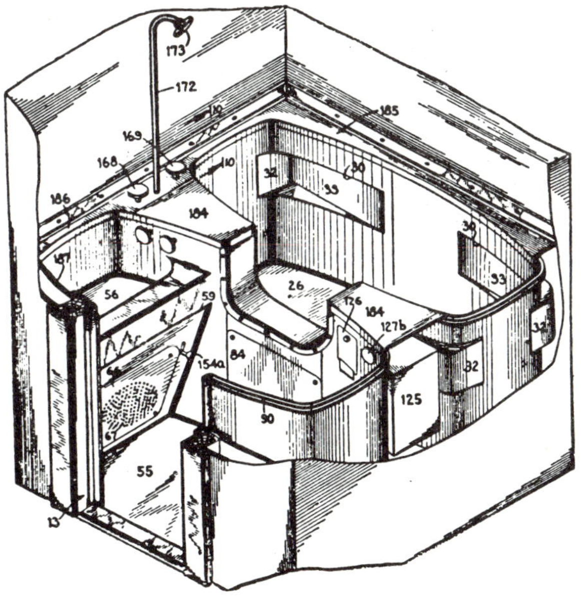

wurden von den Phöniziern an allen Mittelmeerküsten verkauft.

Mit den Invasionen der Völkerwanderung wurden die Toiletten zweifelsohne ärmer aber verschwanden nicht vollständig. Auch die Barbaren schätzten Kosmetika: Die Sächsinnen schminkten sich, die Burgunder waren stolz auf den Glanz ihrer Haare, den sie mit ranziger Butter erzielten. In den ersten Jahrhunderten nach 1000 forderte die weibliche Mode Europas, Teint und Haare zu bleichen, den Unmut der Moralisten heraus.

Die Renaissance vergrößerte den Verbrauch der Schminken spürbar: Pietro Aretino spottete darüber, daß sich die Damen sogar die Brustwarzen färbten. Als Heinrich IV. den Thron bestieg, wurde das Schminken zu einer Frage der Etikette. Das alles erklärt, warum die Verfahrensweisen und die dazu erforderlichen Geräte immer komplizierter wurden, obwohl die Geräte kaum wesentliche Verbesserungen erlebten. Ein so fundamentaler Gegenstand wie der Spiegel gab nur annähernde Eindrücke wieder, da er meistens aus Metall war. Für die ersten von den Häfen der Levante ins Abendland gebrachten Spiegel aus Blattzinn zahlte man ein Vermögen, zudem waren sie kaum größer als eine Hand.

Immerhin war das Toilettentischchen ziemlich gut ausgerüstet und elegant. Nach dem Tod Ludwigs XIII.

-2, von links) Das im Mittelalter verbreitetste -becken (aus einem deutschen Holzschnitt, -00): das Wasser floß aus dem kleinen, mit Hähnen -enen Behälter; in der Stütze des Beckens befand -s Gefäß zur Aufnahme des schmutzigen -rs; das Handtuch drehte sich um eine Rolle, wie es -oft noch üblich ist. - Die klassische -anne früherer Zeiten, hier mit einem Sitz für -ßwäsche versehen. - Die modernste Form der -ewanne: der "Sabot", der aus einem Metallschuh entstand; so etwa sah die Wanne aus, Marat sein letztes Bad nahm. - Mit -Dusche versehene Wanne. - 1868 von B. Waddy -am konstruierter Badeofen.

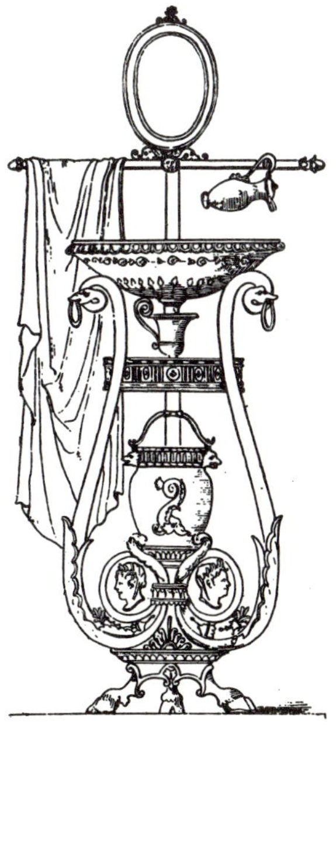

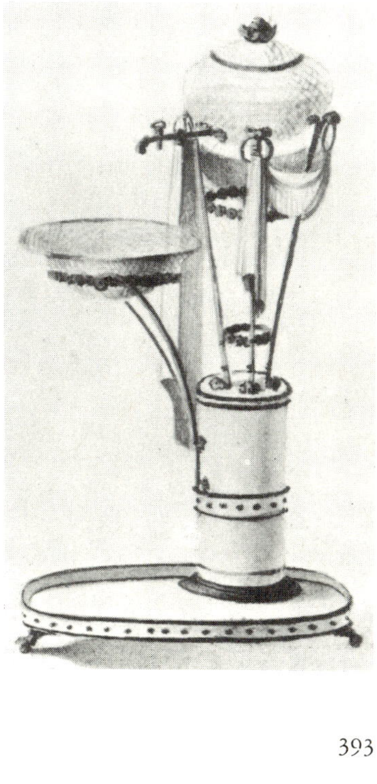

(Rechts) Ca. 1800 von Percier und Fontaine für Napoleon I. und die Kaiserin Joséphine entworfenes Becken; am Fuß die Medaillons der beiden. - Biedermeier-Waschbecken (s. S. 274): der Krug ist von einem Glasgefäß mit einem Hahn ersetzt; das Handtuch ist girlandenförmig angebracht.

In der zweiten Hälfte des 19. Jahrhunderts vermehren sich die Versuche zur "Konzentration". G. Jennings, einem der Aussteller auf der großen Londoner Ausstellung im Crystal Palace (1851), gelingt es, Waschbecken, Bidet, Fußwaschbecken und Toilette in diesem einzigen tragbaren Apparat zu vereinigen. Der Erfinder, wie er 1858 erklärte, arbeitete in der Gewißheit, daß "sich die Kultur eines Volkes auch an seinen sanitären Anlagen ablesen läßt."

wollte ihm seine Witwe, Anna von Habsburg, in allen Dingen nachfolgen, selbst im Grand und Petit Lever, wenn sie es auch von der Chambre du Lit zu der du Miroir verlegte, um die Schicklichkeit beim Wechsel des Hemdes nicht zu verletzen (die Königin war immerhin 40 Jahre alt, was man ihr wohl ansah). Die folgenden Phasen des Ankleidens geschahen dann vor der Öffentlichkeit. Das Beispiel machte Schule. Wenn Ihre Majestät Minister, Kardinäle, Diplomaten und Marschälle als Zuschauer hatte, so verfügten ihre Nachahmerinnen über Beamte, junge Äbte und niedere Offiziere. Die Sitzungen waren lang, auch deshalb, weil man durch reichlich Puder und Parfum die Folgen des spärlichen Wasserverbrauchs beseitigen mußte.

Sehen wir uns die Männer an, so kommt uns das Grausen an. Es genügt, das Beispiel des Herzogs von Vendôme anzuführen, der den Nachttopf auch als Rasiernapf benütze. Vielleicht war das beim Sonnenkönig nicht der Fall, der immerhin acht Barbiere in seinem Dienst hatte; aber auch er ließ sich nur einmal in der Woche rasieren. Der Barbier blieb übrigens solange unersetzlich bis ein gewisser Perrel 1770 die "Pogonotomie" oder "die Kunst zu lernen, sich selbst zu rasieren" veröffentlichte.

Man muß sagen, daß die bescheideneren Häuser, also die, die uns hier interessieren, erst seit 1820 den eleganteren Wohnungen nachfolgen, die schon vorher ein oder mehrere "Toilettenzimmer" aufwiesen. Der Theoretiker Vitry empfahl, dort Spiegel in großer Zahl und vor allem "die Psyche und Blumenvasen auf kleine Podeste gestellt" anzubringen. Übrigens mußte erst gut die Hälfte des Jahrhunderts vergehen, bevor sich neben dem Prunk auch der Komfort durchsetzte.

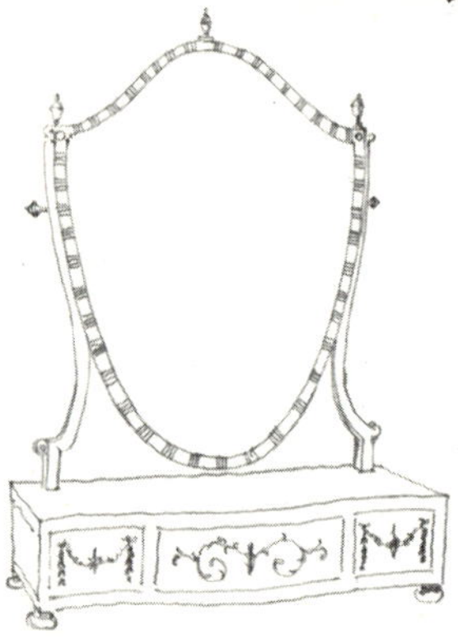

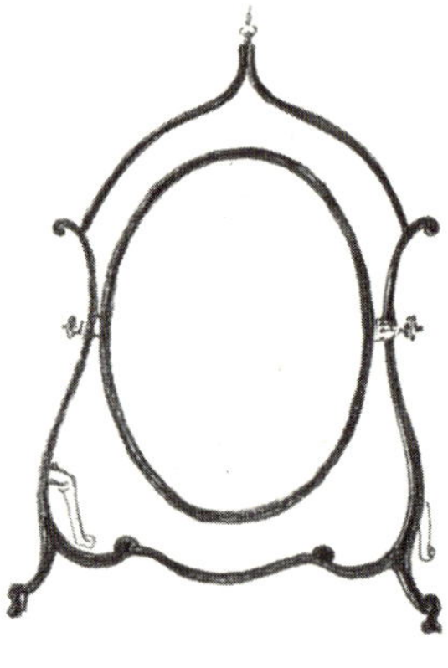

(Oben, von links) Florentinischer Metallspiegel (16. Jahrhundert) mit einer Schiebevorrichtung, die die Spiegelfläche vor der Oxydation schützen sollte. - Rückwärtiger Teil eines französischen Spiegels in Elfenbein: Gegenstände wie dieser sind typisch für die Gotik.
(Links) Englische Toilettenspiegel, konstruiert gegen Ende des 18. Jahrhunderts; der erste ist eine elegante Arbeit in Silber von exquisit "moderner" Funktionalität; der andere aus Holz zeigt feinste Intarsien-Dekoration.

Su Han-Ch'ên, "Die Toilette" (Boston, Museum of Fine Arts). Das kostbare Gemälde auf Seide bezeugt die Vielfalt der Gegenstände (viele sind in der Schachtel neben der Blumenvase verschlossen), die für die Frisur und das Make-up einer chinesischen Dame des 12. Jahrhunderts notwendig waren.

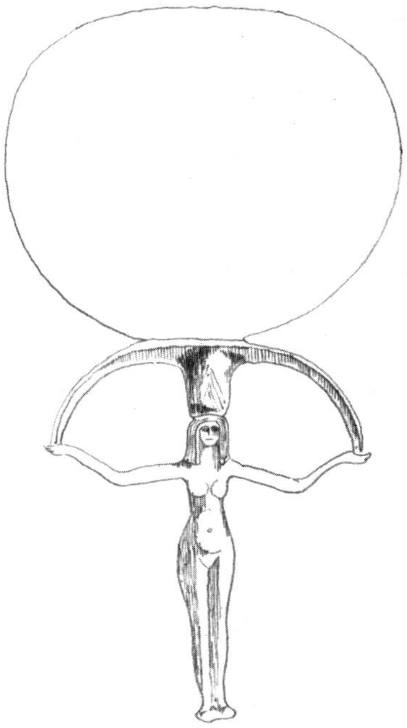

(Oben) Ägyptischer Bronze-Spiegel eines Typs, der schon in einem Grab aus dem Jahr 2500 v. Chr. gefunden wurde. Im Mittleren Reich hatte er eine größere Verbreitung und wurde auch aus Silber und Gold hergestellt: die Scheibe, meistens nur mit einer Spiegelfläche, war rund oder herzförmig, oder wie diese in der Form der Sonne. (Unten) Assyrischer Kamm in Ebenholz (Paris, Louvre). (Rechts) F. Brunel zugeschriebenes Gemälde (Lyon, Musée). Wie im Fall Clouets (S. 391) handelt es sich um ein Bild, das der Toilette gewidmet ist, um die Nacktheit zu rechtfertigen.

(S. 397) Ausschnitt aus einer Miniatur, die
Begebenheit aus dem "Decamerone" (II, 5) darstell
einem französischen Kodex aus dem 15. Jahrhun
(Paris, Arsenal): "der Platz zum Sitzen"
so sagt Boccaccio, "häufig zwischen zwei Häuse
zum Gebrauch der Bewohner be

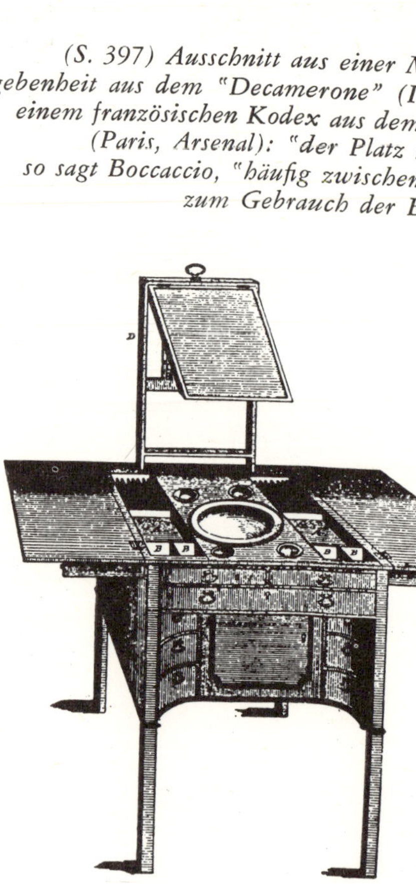

(Links) Das fast unglaubliche Toilettenzimmer D'Annunzios im Vittoriale von Gardone: sein Inventar umfaßt Hunderte von kleinen und großen Gefäßen, Flakons, Abgüssen, Kokosnüssen, Waffen, Nippsachen, Ausgrabungsstücken. (Rechts) Tischchen "zum Rasieren", von Chippendale unter seinen "Modellen" (1754) veröffentlicht.

(Unten) Kubanischer Toilettentisch aus dem vorigen Jahrhundert. (Rechts) Die Darstellung des Galans, der die junge Dame beobachtet, gibt J.-B. Pater (London, Wallace Collection) die Anregung, ein Badezimmer um 1730 abzubilden, mit der Badewanne und dem Frisiertischchen: Bemerkenswert sind die verkleinerten Dimensionen des Spiegels, die sich aus technischen Notwendigkeiten ergaben.

"Besondere Orte"

Herodot berichtet als über ein in der Welt einzigartig dastehendes Faktum über den Brauch der Ägypter, auf der Straße zu essen und zu trinken und im Haus die sich sozusagen daraus ergebenden Verrichtungen vorzunehmen. Tatsächlich scheint das Gegenteil eher die Norm für die Antike und heute noch für die "primitiven" Völker zu sein: Wie es keinem Eskimo einfiele, sich zu waschen, so findet er es auch nicht sonderbar, zur Verrichtug seiner Notdurft nach draußen zu gehen; das gilt für den Sommer. Im Winter kann eine nicht unbedingt abgesonderte Ecke im geschlossenen Iglu genügen. Montaigne, der Paris für "unvergleichlich wegen seiner Fülle an Bequemlichkeit" hielt, fuhr beim Gedanken an den "beißenden Geruch seines Schmutzes" zusammen, denn die zahlreichen Anordnungen der Polizei (von 1522, 1525, 1539 usw.) für jedes Haus, eigene "Kloaken und Latrinen" zu haben, blieben tote Buchstaben. Die öffentlichen Straßen erfüllten weiter diese Funktion. Im Sommer wurden die Fenster wegen des Fäulnisgeruchs geschlossen gehalten. Noch im 18. Jahrhundert mußte der Straßenverwalter von Versailles zum soundsovielten Male eine Anordnung erlassen, die verbot, "à toutes personnes de jeter de matières fécales, eaux et autres immondices par les fenêtres". Zu Beginn des 19. Jahrhunderts war es in Marseille noch üblich (wie übrigens in vielen andern französischen und nichtfranzösischen Städten), die Nachtgeschirre durch das Fenster zu entleeren, obwohl nur wenige Häuser aufs Meer gingen. "Wenden Sie die Laterne ab!" war in den Nächten des romantischen Italien der übliche Ruf, der von Bürgern ausgestoßen wurde, die an den Mauern entlang hingehockt saßen.

Man hatte also einen großen Schritt zurück gemacht im Verhältnis zu den äußerst raffinierten Installationen des frühen Knossos, die sogar mit deodorierenden Ventilations-Anlagen versehen waren; im Verhältnis zu denen von Eshunna in Mesopotamien aus dem 3. Jahrtausend v. Chr., und schließlich im Verhältnis zu den fast gleichzeitigen und nicht allzu verschiedenen sanitären Anlagen von Muan-jo Daro im Indus-Tal. Freilich waren das meistens Ausnahmen, die für Königspaläste bestimmt waren; was das übrige angeht, weiß man recht wenig, genausowenig wie über den griechischen Raum des klassischen Altertums. Wenn Aristophanes auch in seiner "Weiberversammlung" der Straße die Funktion der Latrine zuweist, müssen einige Häuser doch über geeignete Räume verfügt haben. Sicher gab es solche in Ägypten, wo z. B. der schon mehrfach erwähnte Palast von Tell el-Amarna eine Toilette direkt hinter dem Bad hatte, mit Kalk geweißt und mit einem Sitz aus Kalkstein versehen, der ein Loch aufwies und auf einen gemauerten, mit Sand gefüllten Kasten gesetzt wurde. Sicher hatten auch die römischen Wohnungen Vorrichtungen, die dem bis heute noch unübertroffenen "türkischen" Klosett ähnlich waren; darüber hinaus sorgten die Römer dafür, daß der Abfluß des Bades und des Spülsteins der Küche der gleiche war: Deshalb befindet sich in den pompejanischen Wohnungen die Toilette, die einen kleinen Raum für sich bildet, neben der Küche.

In den lateinischen Städten wurden die Kloaken des Nachts geleert, wobei man den Inhalt in eigens dazu bestimmte Wagen füllte. So wurde es wahrscheinlich auch im frühgeschichtlichen Mesopotamien gehandhabt, wo die Kloaken-Zisternen eine Öffnung zur Straße hin aufwiesen. Das gleiche System wandte man noch im Mittelalter in den wenigen Städten an, in denen das Pro-

Im mittelalterlichen England war der häufigste Euphemismus zur Bezeichnung der Latrine "Garderobe". Gewöhnlich handelte es sich in den großen Wohnungen um Anlagen mit mehreren Plätzen, die meistens in einem Türmchen lagen: so fanden sich im Langley Castle drei Stockwerke von "Garderoben" übereinander. Diese, von der wir die Vorderansicht und den Grundriß wiedergeben, ist die Toilette des Southwell Palace.

blem der Abwässer nicht durch den einfachen Rekurs auf die zwischen den Häusern einherlaufenden Gassen gelöst wurde. In Italien kann man darüber hinaus darauf hinweisen, daß einige Latrinen, die mit den an Orten dieser Art üblichen Kritzeleien versehen sind, in nichtfürstlichen Gebäuden wie dem Palazzo Davanzati in Florenz noch bestehen. Aber man muß bis ins 17. Jahrhundert vorstoßen, um in einem Kommentar zum "Malmantile" von L. Lippi zu lesen; "jedes Haus hat Dachboden, Abtritt, Kloake und Spülstein", was jedoch als allzu optimistische Behauptung betrachtet werden dürfte. So ist es nahezu überflüssig, sich auf die zwei oder drei Räume mit Stroh bedecktem Fußboden zu berufen (das einige Diener hin und wieder zu erneuern hatten), die in dem ungeheuren Königspalast von Versailles bestanden und dort die Funktion der Latrine erfüllten.

Hier ist eine Klärung angebracht. In Ermangelung einer gemauerten Toilette gebrauchte man in den lateinischen Häusern Gefäße, die unter einem festen oder beweglichen Stuhl angebracht waren, der "sella pertusa" (durchlöcherter Stuhl) genannt wurde. Dieser Gebrauch hielt sich bis ins Mittelalter hinein. Schon im 14. Jahrhundert kann man äußerst luxuriösen Exemplaren begegnen: Der König von Frankreich, Johann der Gute, gab bei dem Maler Girart d'Orléans einen dieser Stühle in Auftrag und forderte, daß er Bezüge und Miniaturen aufweise. Schon Montaigne schalt die Fürsten, daß "sie sich aus dem Kotstuhl einen Thron machten, um wichtigste Fragen zu erörtern". Wollte der Sonnenkönig seinen eigenen "Stuhl" benützen (in seinem Fall nannte er sich "d'affaires"), wandte er sich an einen eigens dazu bestimmten Adligen, der das Privileg hatte, das Schwert des Herrschers dabei zur Seite zu halten. In Versailles gab es neben diesem königlichen 274 von jenen Stühlen, von denen 66 truhenförmig und mit Damast oder auch mit andern meistens roten oder grünen Stoffen bezogen waren, aber äußerst einfache Geschirre hatten. Am Vorabend der Revolution war ihre Zahl so groß geworden, daß sich Marie Antoinette in einem Brief an ihre Schwester besorgt darüber äußerte. Wenn sie zur Zeit Ludwigs XIV. majestätisch waren, wurden sie unter Ludwig XV. gefallsüchtig und zeigten leichte Bezüge, vergoldete Reliefs und Bronze-Ornamente, Landschaften, Vögel und chinesische Motive. Die Pompadour kaufte sich mehrere davon und wandte sich dafür an den Kunsttischler Migeon, der für ein einziges Stück "3.000 livres" verlangte. Die Farbe der Bezüge variierte, aber im allgemeinen war sie die gleiche wie die der Stoffe, mit denen die andern Möbel bezogen waren. Oft wiesen die Stoffe heraldische Motive auf. In Trauerzeiten verwendete man schwarze Farbe. Dieses Möbelstück diente also den Audienzen und der Unterhaltung.

In weniger vornehmen Wohnungen simulierten die Kotstühle häufig aufeinandergetürmte Bücher und man ließ der Laune in Titeln wie "Die Reise durch die Niederlande", "Die Geheimnisse von Pari" und ähnlichen freien Lauf. Auch diese Einrichtungsgegenstände verschwanden mit der Revolution. Heute sind sie als Antiquitäten gesucht; 1959 erwarb ein brasilianischer Sammler im Hôtel Drouot für 700.000 Franc den Stuhl, der dem Kardinal Richelieu gehört hatte.

Das Bürgertum bediente sich des nüchternen Nachtgeschirrs, das mindestens bis ins Mittelalter zurückgeht, als es ein ähnliches Gefäß erlaubte, gewisse Bedürfnisse zu verrichten, ohne aus dem Bett zu steigen und sich damit der nächtlichen Kälte in völliger Nacktheit auszusetzen, in der man sich damals schlafen legte. Einige Nachtgeschirre sind in die Geschichte eingegangen, wie jenes, das um 1416 herum dem Herzog von Berry gehörte. Es war aus dekoriertem Glas und an vier goldenen Kettchen aufgehängt. Ansonsten waren sie, wie Viollet-le-Duc bestätigt, "von bleicher Form wie heute". Im 19. Jahrhundert schließlich waren sie meistens aus Porzellan oder Zink; hochgestellte Benützer bedienten sich solcher aus Silber. Die Nachtgeschirre aus Glas waren "in Form einer zylindrischen Glocke gemacht und mit Wolle überzogen": Um die Mitte des Jahrhunderts herum lösten sie Klagen wegen der "großen Unbequemlichkeit" aus, die sich daraus ergab, daß "man nicht aufrecht stehen konnte", wenn man das Geschirr nicht in die Hand nehmen wollte, und wegen der Beschrän kungen, die es mit sich brachte.

Die ersten Wasser-Klosettes (mindestens die entspre chenden Patente) gehen auf das Jahr 1617 zurück; abe erst seit 1870 begann man ihre Produktion zu industria lisieren, und bald gab es in vielen Häusern Porzellan geräte, die den heutigen ähnlich sind. Auf den britischer Inseln war diese Entwicklung am weitesten fortgeschrit ten.

Das Nachtgeschirr tritt in den mittelalterlichen Miniaturen sehr häufig auf, selbst unter äußerst vornehmen Betten. In späteren Abbildungen kann man es manchmal auf dem Tischchen neben dem Schlafenden entdecken; auf dem vorliegenden Stich (von J. Brune, "Emblemata of Zinnewerk", Amsterdam 1624) steht es auf einem Stuhl: für einen raschen Gebrauch in der Wärme der Decken.

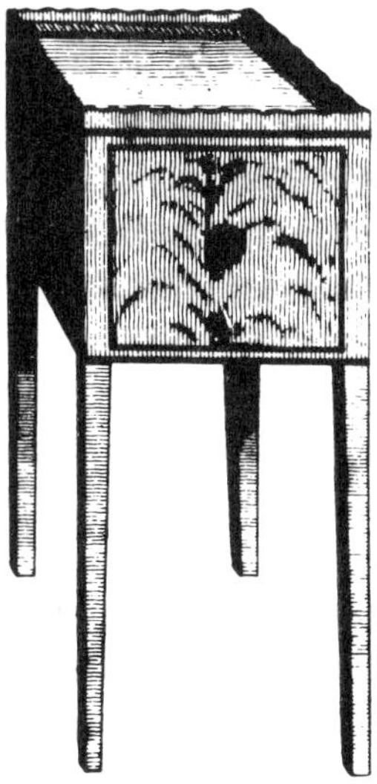

(Links, oben und darunter) "Durchlöcherter" Stuhl aus dem 18. Jahrhundert, der einen Bücherturm nachahmt (aus "Grand Dictionnaire historique, ou le Mélange curieux de l'histoire sacrée et profane", 1674 von dem Prediger Moréri veröffentlicht). - Anderer ähnlicher Stuhl, geöffnet. (Rechts) "Pot cupboard" – wörtlich "Schränkchen für das Gefäß"; d. h. "Nachttischchen", dessen Bezeichnung einen sehr genauen Verwendungszweck angibt – vorgelegt von Hepplewhite unter seinen 1787 veröffentlichten Möbel-Modellen. (Unten, von links) "Closet" mit einem löwenförmigen Fuß (aus einem Katalog der Firma E. John & Co. in London, ca. 1890). - Andere Form, genannt "Epic' Syphonic" mit Pflanzenmotiven (es sind auch solche mit Magnolien, Akanthusblättern usw. bekannt), ebenfalls englisch von 1897. - Schließlich ein Jugendstil-Modell von 1907.

Portale und Türen

(Oben rechts) Griechische Pforte in der typischen Trapezform (abgebildet auf einer Pyxis). (Links) Etruskische Pforte (auf einem Wandgemälde im Grab der Auguren in Tarquinia): offensichtlich stammt nicht nur die charakteristische Form, sondern auch das Relief, das von den Nägelköpfen als ornamentales Motiv gebildet wird, von den griechischen Türen. (Unten links) Reiche römische Pforte (in einen Sarkophag im Palazzo dei Conservatori in Rom gehauen): wie die griechischen öffnete sie sich offensichtlich nach außen. - Das außergewöhnliche Tor in Glas und Eisen, von Gaudí (1910) für die Casa Milá in Barcelona entworfen (S. 304).

Das Portal bildet wie das Fenster vor allem ein technisches Problem, die Mauer über der Öffnung fortzusetzen. Im wesentlichen gibt es praktisch zwei Lösungsmöglichkeiten, den Architrav und den Bogen. Die erste erfordert einen Monolithen und damit die Notwendigkeit, das Problem schon im Steinbruch zu lösen; das mit dem Bogen versehene Portal bietet dagegen theoretisch keine Schwierigkeiten, weder in der Form noch im Material. Praktisch jedoch fand die Frage eine wirkliche Lösung erst seit dem 19. Jahrhundert durch die neueren elastischen Materialien, denen wir die große Verschiedenheit der Typen und Dimensionen verdanken.

Schon die römischen Schlosser konstruierten Schlüssel und Schlösser, die von den heutigen nicht sehr verschieden waren, während die Griechen mit Haken versehene Brettchen benützten; auch andere Völker, wie die Normannen, benützten in der Folgezeit vorwiegend hölzerne Mechanismen. Der Schlüssel und das dazugehörige Schloß, die wir hier wiedergeben (München, Bayerisches Nationalmuseum) sind Produkte Süddeutschlands aus dem beginnenden 16. Jahrhundert.

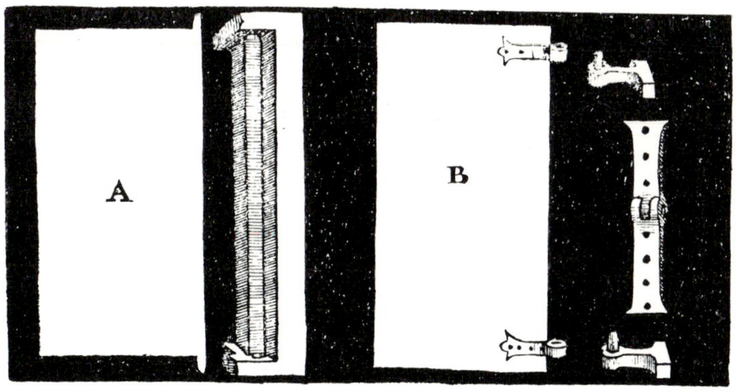

(Oben) Zeichnung für Türen und Angeln, veröffentlicht von Serlio in seiner Abhandlung (S. 376), wobei er darauf hinweist, daß früher jeder Schlosser wußte, wie er "jene Angeln" konstruieren mußte, "die man früher verwendete, die die Türen aufgehängt hielten, wie es die Figur A zeigt; sie nahmen weniger Platz im Gebäude ein und waren leichter zu öffnen und zu schließen als die, die man heute in ganz Italien in der unter B gezeigten Weise verwendet." (Unten) Türklopfer in Bronze aus dem 16. Jahrhundert, wahrscheinlich venezianisch (Washington, National Gallery, Kress-Stiftung): raffinierte Komposition aus Hörnern, Delphinen und einer Muschel.

In Ägypten hatten Häuser und Gräber gleiche Portale: aus Holz, mit zwei Flügeln, die im allgemeinen einen kleinen Raum über der Schwelle freiließen und von innen von einer oder mehreren Haltestangen geschlossen wurden. Die Türen verfügten über rudimentäre Schlösser. Alte Zeugnisse lassen annehmen, daß die Assyrer erheblich kompliziertere Portale von einer in der Antike unübertroffenen Größe und ungeheurem Reichtum kostruiert haben. Die großen Dimensionen erklären sich auch aus der Tatsache, daß die Innentüren die Beleuchtung der Räume übernahmen; natürlich suchte man sie mit Matten und Vorhängen zu regulieren. So scheint es, daß sie keine Flügel gehabt haben. Auch in Indien und im islamischen Raum ist die eigentliche Tür nur die am Hauseingang. Sie hat zwei hohe Flügel mit kreuzförmig angebrachten Leisten. Die Zwischenräume sind den Decken-Kassetten ähnlich. Sie wurden vom 17. Jahrhundert an oft lackiert. Die andern Öffnungen im Innern des Hauses waren im allgemeinen nur mit Vorhängen versehen.

Über die griechischen Portale gibt es zahlreiche Berichte. Danach waren sie sehr elegant und wiesen viel Gold und Silber auf. Meistens waren sie trapezförmig, d. h. sie verjüngten sich in der Höhe und hatten Schwellen und Pfosten aus Holz oder Stein. Die Längs- und Querbalken der Flügel wurden durch Nägel zusammengehalten, deren ordentlich aneinandergereihte Köpfe eine erste Ornamentierung bildeten. Dann fügte man den Nägeln andere Elemente hinzu, die zugleich dekorativ und funktionell waren: das Schlüsselloch, das oft in gesuchter Weise geformt war; den Schwengel in Ring- oder Palmblattform; die Lederlasche zum Schließen der Flügel, die später von Haltestangen geschlossen wurden, die in dafür in den Pfosten angebrachte Löcher gesteckt wurden. Da sie schwer und solide waren, hätten sie einen wirksamen Schutz garantiert, wenn die

Wundervolle Beispiele des im 18. Jahrhundert in den Bürgerhäusern Hollands erreichten Luxus. (Links) Dekoration einer Doppeltür in Haus Snouck van Loosenhuis in Enkhuizen, dessen Einrichtung etwa auf das Jahr 1740 zurückgeht. (Rechts) Ähnliche Verwirklichung im "roten Salon" des 1794 von Abraham van der Hart für H. Hope erbauten kleinen Palastes (heute Sitz der holländischen Gesellschaft der Wissenschaften) am Fluß Spaarne in Haarlem.

Wände nicht so schwach gewesen wären, daß Räuber sie durchbrechen konnten, ohne die Portale zu berühren. Weiter wissen wir, daß diese keine Klingeln hatten: Wer eintreten wollte, klopfte stark an, um sich den Bewohnern bemerkbar zu machen, die im allgemeinen im innersten Teil des Hauses versammelt waren. Da die Portale beim Öffnen zur Straße hin ausschwenkten, klopfte man auch, wenn man hinausgehen wollte, damit die Passanten ausweichen konnten. Soweit wir wissen, waren die Griechen die Erfinder der Türen, deren oberer Teil wie ein Fenster zu öffnen war. Seit dem 5. Jahrhundert v. Chr. benützten sie Schlösser (zuerst aus Bronze, dann aus Eisen), die mit geraden oder gebogenen, hakenförmigen Schlüsseln geöffnet werden konnten. Im Vergleich zu den früheren Schlössern aus Holz dokumentieren sie einen beachtlichen technischen Fortschritt.

Die Form der griechischen Portale ging auf die etruskischen und lateinischen über, die die Römer dann in verschiedene Gebiete des Imperiums verpflanzten.

Die spätere Geschichte zeigt nur Variationen in der Ornamentik und Modifikationen auf mechanischem Gebiet, aber nur, was die Schlösser angeht, da die Portale, die man in der Hochrenaissance errichtete, in allen übrigen Dingen schlechter als die römischen waren. Während einige gotische Portale mit einem Geschmack, der islamische Inspiration zeigt, intarsiert waren, herrschten im 15. Jahrhundert Flügel mit einfachen Gesimsgliedern vor, alles andere blieb glatt. Später brachte man auf den Pfosten und Architraven Friese und Kandelaber an, während die Flügel der Innentüren mit originellen Motiven geschmückt wurden (Landschaften, Perspektiven, einige Figuren, Stilleben), das geschah aber in einer Technik, die ebenfalls islamischen Einfluß bezeugt, dem wir auch die Bronzeplatten auf den spanischen Portalen mit ihren geometrischen Figuren und den Schrift- und Wappenmotiven verdanken. Im 18. Jahrhundert schmückte man die Türen gern mit Stuck, Vergoldungen und Spiegeln. Schließlich gelangte man schrittweise zur heutigen Nüchternheit.

Vielleicht sollte noch erwähnt werden, daß das äußere Atrium der angelsächsischen Häuser auf die griechischen Häuser zurückgeht, in denen der Eingangspforte ziemlich häufig ein Säulenportikus vorgelagert war oder die Tür von einem kleinen Vordach beschützt wurde, was durchaus angebracht war, da sich die Flügel nach außen öffneten.

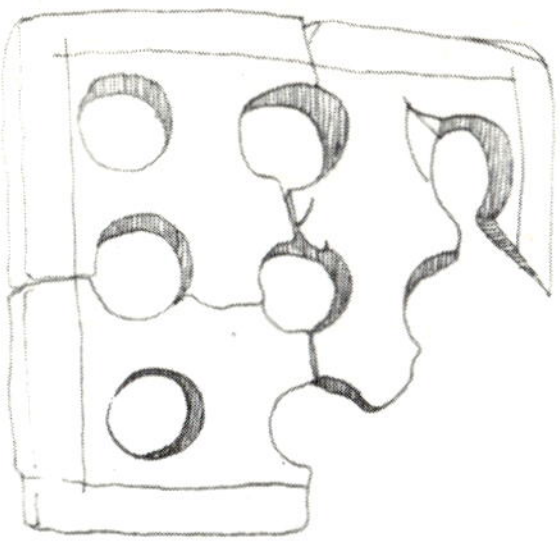

Fenster

Die "große" Architektur kann ohne Fenster entstehen, dagegen fehlen diese im Wohnhaus nie. Da es hier mehr als anderswo möglich scheint, die Wechsel eines architektonischen Elements aufzuzeigen, ohne sich auf öffentliche Monumentalbauten zu berufen, haben wir uns wie üblich auf das private Bauwerk beschränkt.

Die wenigen, kleinen und meistens wegen des schon erwähnten Mißtrauens hoch angebrachten Fenster in den mesopotamischen Häusern hatten eine rechteckige Form und wurden oft durch Holzflechtwerk odes Stein- oder Terrakotta-Blenden geschlossen. So war es auch in Ägypten, wo die Holzgitter zwei bewegliche Flügel sein konnten, die vielleicht mit Glas, sicher aber mit lebhaften und leichten Vorhängen versehen waren. Gitter aus Ziegelsteinen, Gips, Holz oder Stein waren darüber hinaus in den islamischen Wohnungen üblich, wo man mit der Zeit auch das Glas aufnahm, wenn man auch bis zum 18. Jahrhundert wegen seines hohen Preises den Bogen aus Permagent oder Wachspapier den Vorzug gab.

Die Griechen hielten sich an die orientalischen Gewohnheiten: die wenigen auf ihren Vasen dargestellten Fenster kann man sich nicht höher als 50 cm und kaum weniger breit vorstellen. Um die Mauer über dem obeen Teil der Fenster zu entlasten, nahmen die Lateiner len Bogen an, darin von der Ziegeltechnik begünstigt; o konnten sie in den großen Räumen hohe und breite 'enster verwirklichen, die manchmal von kleinen Pfeiern unterteilt waren. Was das Glas angeht, so dürfte es n den Privathäusern in Form von kleinen geblasenen cheiben verwandt worden sein. Sicher fehlte das Glas ei den kleinen Fenstern des frühen Mittelalters, die in

(Jeweils von links nach rechts) Terrakotta-Gitter (45 cm breit) für ein Fenster (3. Jahrtausend v. Chr.), in Mesopotamien gefunden. - Fenster römischer Bauwerke in der Via della Fontana in Ostia. - Balkon-Galerien der Ca' d'Oro in Venedig (s. S. 86). - Fenster im Erdgeschoß des Palazzo Medici Riccardi in Florenz, möglicherweise ein Werk Michelangelos. - Innenansicht eines Fensters in Haus Zambert in Delft (1537). - Tür-Fenster in Havanna mit barocken Elementen an der Einfassung und Rokoko-Teilen am Gitter.

L. Cranach, "Kardinal Albrecht von Brandenburg als Hieronymus im Gehäus" (1525; Darmstadt, Hessisches Landesmuseum). Das Fenster (rechts) ist die hauptsächlichste Lichtquelle, und der Prälat sitzt am günstigsten Platz.

(Rechts) Teil einer Fassade in Dordrecht: sie trägt das Datum 1702, das sich wahrscheinlich nur auf den oberen Teil bezieht, während das Übrige erheblich älter sein dürfte, wie es die gotische Form der unteren Fenster zeigt.

(Links) Das mit Tüchern verhängte Fenster (d. h. mit Tüchern geschlossen), das einer 1514 von Raffael gemalten berühmten "Madonna" den Namen gab (Florenz, Palazzo Pitti). (Unten) Eins der Masken-Fenster an der Fassade des Palazzetto des Federico Zuccari in Rom.

die dicken, kolossalen Mauern eingelassen waren. In der Romanik erscheinen die kleinen von zarten Säulchen gebildeten Öffnungen, für die man sehr bald wirkungsvolle Mischungen aus Stein und Bindemitteln benützte. Die Gotik vermehrt diese schönen Fenster, bei denen seit dem 14. Jahrhundert bewegliche Glasfenster aus kleinen Scheiben in festen Rahmen immer häufiger werden. Aber immer noch herrscht das Wachspapier vor, das noch in der Renaissance in Gebrauch war, als man aus Ehrfucht vor der Antike die nüchterne Anmut der rechteckigen Fenster wiederentdeckte.

Im Barock beherrschte das Fenster die Fassade zwar, aber gleichzeitig wird es zu einem Element ohne Autonomie in der komplexen Dynamik des ornamentalen Organismus degradiert. Dann gaben ihm die Anmut des Rokoko und mehr noch die klassizistische Strenge die antike lineare Wesentlichkeit zurück. Und schließlich erhält es von den modernen Architekten (wie schon im Mittelalter) in den asymmetrischen Aufteilungen seinen Ausdruck, der es unter Verzicht auf die vornehmen äußeren Erscheinungsformen in rationale Harmonie zur Innenstruktur des Gebäudes setzt.

Offene und geschlossene Balkons

Das Fenster, oder besser ein Teil des Hausinneren, das sich nach draußen fortsetzt und öffentlichen Platz der Straße in Anspruch nimmt: so könnte man den Balkon in all seinen mannigfaltigen Formen, den ihm verwandten Erker (der unmißverständlich in das Haus integrierte, aber auch mit dem öffentlichen Leben der Straße korrespondierende Raum) und die Mansarde (Dach-Erker) beschreiben.

Einige beginnen die Geschichte des Balkons z. B. mit einem präzisen Datum, dem Jahr 318 v. Chr., als der Prätor Caius Menius am Forum Romanum einige aufgehängte Loggien als Theatertribünen errichten ließ, die die Vorgänger der Balkons gewesen sein sollen. Aber die Haus-Urnen der Etrusker zeigen schon kleine Loggien, die durchaus die Priorität für sich beanspruchen könnten, wenn Aristoteles nicht schon an ein Athener Gesetz aus dem Jahr 403 erinnert hätte, das vorschreiben wollte, daß "kein Balkon errichtet werden soll, der auf die Straße herausragt". Geht man nach Osten, gelangt man nach Mesopotamien, wo zu Beginn dieser Kultur anscheinend schon vielleicht offene, vielleicht geschlossene Balkons aus dem Palast des Sumerers Gudea in der uralten Stadt von Tello herausragten.

Andere nahmen an, daß die geschlossenen Balkons (die auch in Italien bis zum 13. oder 14. Jahrhundert

(Oben) Renaissance-Haus mit großem Balkon, dargestellt von Angelico, mit Geschichten des hl. Nikolaus von Bari an der Predella (ca. 1437; Pinacoteca Vaticana). (Unten) Der Balkon des Palazzetto Balsamo in Brindisi aus dem 14. Jahrhundert; die neuen Streben zeigen verschiedene figurale Motive.

(Unten) Ausschnitt aus den "Wundern des hl. Augustinus" von Simone Martini (ca. 1330; Siena, Sant'Agostino). Der geschlossene Holzbalkon läßt an eine Herkunft von den Schießscharten-Vorbauten mittelalterlicher Kastelle denken.

(Von links) Das Haus in Innsbruck mit dem überdachten Balkon, dessen Dach Herzog Friedrich (1425) vergolden lassen haben soll, um zu beweisen, daß der ihm von seinen Gegnern zugelegte Spitzname "Leere Tasche" unverdient war. - Das vielteilige Mittelstück mit dem Balkon an der Fassade des Palastes, in dem sich heute die Koninklijke Bibliotheek im Haag befindet (Architekt D. Marot, 1734-36). - Teil der Fassade des Palazzo Roverella in Ferrara (1508) mit dem geschlossenen Balkon über dem Portal.

(Rechts) Ansicht und Grundriß des Eckbalkons im Haus der Sanabrias in Trujillo. Es handelt sich um eine sehr komplexe Verwirklichung, die in der Estremadura weit verbreitet ist.

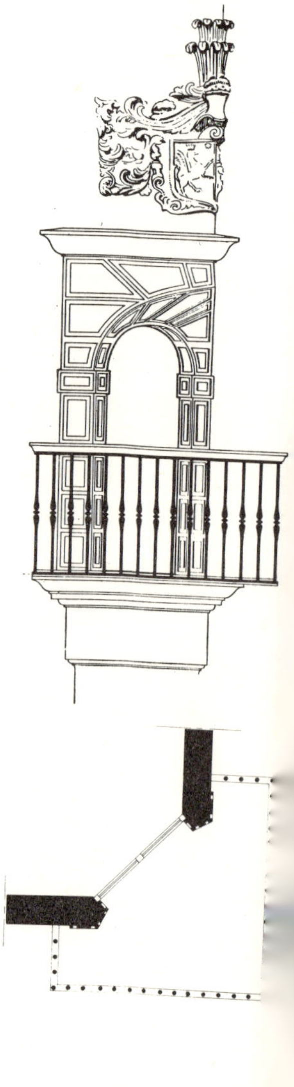

(Oben) Der wunderbare Balkon in Schmiedeeisen am Haus aus dem 17. Jahrhundert in der Via Durini Nr. 20 in Mailand, das Toscanini gehört hat.

(Rechts) Die äußerst originelle Plastizität, die Gaudí an den unteren Stockwerken der Casa Batlló in Barcelona (s.S. 302) ausdrückt, zerstört den Charakter der Gebäude-Mauern durch einförmige Öffnungen, durch die der eigentliche Unterschied zwischen Balkon und Fenster weitgehend aufgehoben wird.

üblich waren, dann aber fast verschwunden und zu einem Vorrecht des Nordens geworden sind) auf die hölzernen Anbauten mit Schießscharten zurückgehen, die provisorischen Holzkonstruktionen also, die in Kriegszeiten aus den Burgen herausragten; aber wahrscheinlich bilden sie ein weiteres Geschenk Asiens an Europa, da sich die geschlossenen Balkons vom Mittelmeer bis zum indischen Subkontinent finden. Sie sind aber nicht mit Glas versehen, wie im Abendland, sondern werden von robusten Gittern aus Holz, Eisen oder Stein mehr gegen neugierige Blicke als gegen die Hitze oder Kälte beschützt.

Die Mansarden waren schon im Mittelalter sehr gebräuchlich, drei oder vier Jahrhunderte, bevor der Architekt François Mansard – sein Verdienst ist, sie seit 1650 wieder verwendet zu haben (ihre erste Wiederaufnahme in der Barock-Zeit verdanken sie jedoch Lescot, dem Vorgänger Mansards) – sie mit seinem eigenen Namen verband. Wie sie sich vorher nannten, bleibt ein Rätsel.

Geschlossene Loggien und Balkone erweisen sich als ziemlich verbreitete Elemente in der römischen Architektur der Kaiserzeit, wie es auf Wandmalereien wie dieser hier oben in Erscheinung tritt, die den Teil einer Reihe bildet, die man in einer Villa in Boscoreale (Neapel) fand und die teilweise ins Metropolitan Museum in New York gelangte.

Zu den Gebieten mit der weitesten Verbreitung des geschlossenen Balkons gehört zweifelsohne der indische Subkontinent. In Jaypur (Rajasthan) – der 1728 entstandenen "Rosen"-Stadt – bildet der Hava Mahal (oben, links), d. h. das "Haus der Winde", mit seinen verschiedenförmigen Balkonen, die von kleinen bemalten Kuppeln gekrönt werden, keine Ausnahme. (Unten) Geschlossene Loggien in einem wahrscheinlich auf das 18. Jahrhundert zurückgehenden Haus in Katmandu (Nepal).

(Rechts) Miniatur in einem französischen Kodex aus dem frühen 15. Jahrhundert (Genf, Bibliothèque Publique): an den Dächern entdeckt man mansardenähnliche Lösungen.

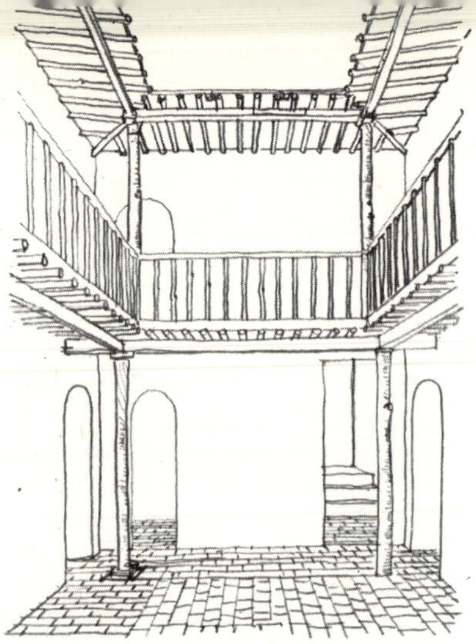

Modell-Rekonstruktion des Binnenhofes eines Hauses in Ur (s. S. 32).

Höfe und Gärten

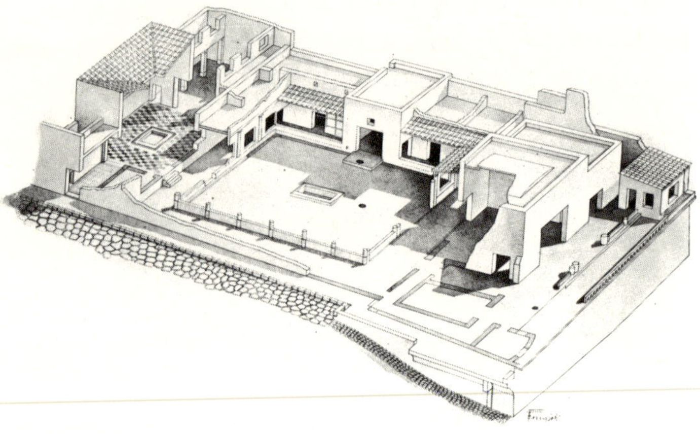

(Oben) Modell-Rekonstruktion des "Hauses mit dem Mosaik-Atrium", einem der schönsten in Herkulanum. Der Haupteingang wurde von der Pforte links gebildet; im Zentrum der Hof; auf der dem Atrium gegenüberliegenden Seite das Triklinium und die Räume des Besitzers. Dank des Laubengangs und der andern Öffnungen konnte man vom Garten aus das Meer sehen, das unterhalb der herrschaftlichen Zone lag. (Unten) Hof des Hauses Gamal ad-Din az-Zahabi in Kairo, 1637 erbaut.

Das gemäßigte oder warme Klima, das die Wiege der ersten großen Kulturen war, hat einen einheitlichen Stempel in den festen gemauerten Häusern hinterlassen, den Innenhof, mit dem die mesopotamischen und ägyptischen, die asiatischen und die Wohnungen Amerikas vor Kolumbus versehen waren. Ähnliche Höfe waren auch die Aulé des griechischen, das Atrium und das Peristyl des römischen und der nie fehlende Hosh des islamischen Hauses. Sie bildeten den eigentlichen Mittelpunkt der Wohnung. Der sie umgebende und sie mit der Mauereinfassung verbindende Portikus fungierte als Filter für die Wärme und das Licht, gewissermaßen als Klimaanlage. Est ist bezeichnend, daß es den Portikus in kontinentalen Zonen selten gab, auch wenn der Binnenhof vorhanden war. Dieser letzte garantierte auf jeden Fall immer dann Luft und Licht, wenn sich das Gebäude in Kriegszeiten nach außen hin schloß. Die Situation ändert sich in der Renaissance mit zunehmender Stabilisierung der innen- und außenpolitischen Lage. In den wohlhabenderen Wohnungen konnte sich der großartige Organismus des Binnenhofes entwickeln, der von Portikus – häufig nur auf drei (oder auch nur zwei) Seiten – umgeben war, wobei jener am Eingang wegfiel, da sich auf einer Seite die gedeckte oder offene Treppe erhebt, die zum oberen Stockwerk führt.

Bis zum Einsatz der Innentreppen, oder besser bis zur Ausmerzung der kolossalen Feitreppen in den großen Gebäuden des 19. Jahrhunderts ändert sich diese Aufteilung nicht; ja, der Innenhof bleibt weiter das koordinierende Element des Hauses. Eine andere Konzeption zeigte sich dagegen in den Hôtels particuliers die in Frankreich seit dem 17. Jahrhundert erbaut wurden: Vor dem prachtvollen Bau des Hauptflügels erstreckt sich der Ehrenhof, ein äußerst eleganter Übergang von der Straße zum Haus. Manchmal findet sich auf einer Seite des Bauwerks und mit dem ersten in Verbindung stehend ein zweiter Diensthof, auf den die Pferdeställe, Remisen und andere Wirtschaftsgebäude gehen.

Alte Gemälde und Stiche, Katasterkarten und ander indirekte Zeugnisse sind praktisch alles, was von der Gärten der Vergangenheit geblieben ist. Kurz nach 120 gab es innerhalb der Stadtmauern von Florenz siche Gärten, die zu den Häusern der Wohlhabenden gehören; ein Jahrhundert später, nachdem sich der Umkre

Die beiden Farbabbildungen können die Entwicklung des privaten Gartens zusammenfassen. (Links) Häuser in einem Dorf zwischen Tabriz und der türkischen Grenze mit Gärten, die zum Schutz vor dem Wind eingezäunt sind. Der Zweck bestimmt die Form, wie anderswo der Wunsch, die Ernte zu schützen, zu Einzäunungen führte, die nach und nach auch vom ästhetischen Standpunkt gestaltet wurden. (Unten) Garten des Hauses Cavanelas in Petrópolis (Rio de Janeiro), 1954 von Burle Marx entworfen. Der heutige Garten tendiert zur Überwindung jeglicher Einzäunung, um den Garten in einen weiten Horizont einzufügen, der nur von der Natur begrenzt wird.

der Mauern erweitert hatte, waren die Gärten zahlreicher und größer geworden: der des Herrn Durante Chiemontesi soll 3500 Orangen- und Zitronenbäume gehabt haben, der der Leoni war kaum kleiner, ebensowenig die der Frescobaldi und der Nerli und später die der Rucellai, des Giulio della Scala, der Busini, Pandolfini, Pitti, Bartolini, Serristori, Pazzi, Pucci, usw. Wieviele es sogar in Venedig, selbst in der Enge der kleinen Inseln zu Ende des 15. Jahrhunderts gegeben hat, zeigt der berühmte Plan des De' Barbari; und wie zahlreich sie weiter in ganz Europa vor dem Zweiten Weltkrieg gewesen sind, kann jeder bestätigen, der die Städte einmal überflogen hat, sogar so stark industrialisierte wie Mailand. Von dem vielen Grün innerhalb der Stadtmauern von Florenz besteht heute kaum mehr als der Boboli-Garten; und von dem, was den europäischen Metropolen bis 1940 ihren zauberischen Reiz verlieh, bleibt in vielen Fällen nicht einmal mehr die Möglichkeit zu einer Modell-Rekonstruktion. All das muß vorausgeschickt werden, um die Schwierigkeiten eines Berichtes über die Gärten der Vergangenheit zu zeigen.

Doch ist es immerhin sicher, daß der Garten zu Beginn Nutzfunktionen zu erfüllen hatte: jener des Alkinoos in der "Odyssee" war ein Gemüse- und Obstgarten, so wie die Gärten der Antike, selbst die märchenhaftesten, ganz allgemein beschrieben werden: um nur jene hängenden Gärten von Babylon zu nennen, waren sie ein wahres Reservoir an Lebensmitteln für Belagerungszeiten. Darum brauchten die Liebe zur Natur und der Wunsch nach einem angenehmen Anblick für das Auge keineswegs zu fehlen. Der Begriff des Parks, wie er Jahrhunderte hindurch von den Europäern verstanden wurde, stammt aus dem alten Persien, das ihn, wahrscheinlich von mesopotamischen Vorlagen ausgehend, nur vervollständigt hatte. Auch die Tatsache, daß die Zitronen-, Orangen-, Granatapfelbäume und Weinstöcke in Reihen gepflanzt waren, hinderte in den ägyptischen Gärten keineswegs verschiedenartige und offensichtlich überlegte perspektivische Lösungen: trotz des Festhaltens an der quadratischen Form mit der Mauer oder der Palisade darum herum, an einer Seite des Nil oder eines Kanals mit den sich im rechten Winkel schneidenden Wegen, gab es den kleinen Teich (der sich ebenfalls rechteckig oder quadratisch innerhalb einer gemauerten Einfassung befand und mit Wasserlilien bedeckt und mit Enten bevölkert war), der meistens

(Unten) Im Grab von Mektire in Theben entdecktes Holzmodell (ca. 2000 v. Chr., New York, Metropolitan Museum). Es handelt sich um das Atrium eines Herrenhauses und den davorliegenden Garten, in dem Sykomoren-Reihen ein mit Holz verkleidetes Becken beschatten.

Teil des Hintergrunds eines Gemäldes, das die Jungfrau mit dem Kind und eine von Magdalena vorgestellte fromme Frau darstellt (Lüttich, Diözesanmuseum), gegen 1480 gemaltes und dem "Meister der hl. Gudula" zugeschriebenes Werk: ein typischer "hortus conclusus".

im Zentrum lag und einen kleinen Pavillon auf einer Seite hatte. Ja, die Passion für den Garten war so groß, daß selbst in Theben, wo der Bauplatz so teuer war, verschiedene Häuser der Mittelklasse kleine Bäume im Innenhof hatten.

In China besteht der Garten im wesentlichen aus einem Weiher mit Steinmassen, die Felsen darstellen sollen; und wie auf den bemalten Rollen wird er schrittweise entdeckt, indem man auf den Fußwegen entlangläuft. Die verschiedenen Pflanzen gelten als Symbole. Der elastische Bambus stellt den "Edelmann" dar, "der sich den Widerwärtigkeiten beugt, sich aber nach dem Sturm rasch wieder aufrichtet", der Dornbusch bedeutet das wiedererwachende Leben, die aus schlammigem Grund auftauchende Lotosblüte versinnbildlicht das Aufsteigen der Materie usw. Die Pavillons sind geschlossen oder offen, rund, vieleckig oder in Kreuzform, je nach dem sie zur Meditation, zum Studium usw. anleiten sollen.

"Mono-no-aware", der japanische Name für "Garten", bezeichnet die "Harmonie mit den Dingen": eine Mischung aus Funktionalem, Ritualem und Archaischem. Mehr als Liebe zur Natur drückt er den Wunsch aus, sich ihr in subjektiver Weise anzupassen. Vor allem soll der Garten das von der Zeit begründete Altern durch verwitterte Steine oder Stämme, oxydierte Metalle usw. versinnbildlichen. Das Wasser ist für die japanische Landschaft unerläßlich, ebenso wie die Nadelbäume, während Laubbäume einen zweitrangigen Platz einnehmen; notwendig ist auch der Stein, um die Meeresklippen oder die Gebirge um die Gebirgsseen herum darzustellen. Die verschiedenen Elemente gruppieren sich nach den Normen einer "Natürlichkeit": z. B. muß der Weiher mit Deutlichkeit den eigenen Ursprung aus einer Quelle oder einem kleinen Wasserfall zeigen.

Einige Jahrhunderte früher wurde der Garten in Rom als Dekoration eines geschlossenen Raums verstanden, der in Mauermassen eingeschlossen und durch Säulen oder Portikus belebt wurde. Wie in Ägypten beherrschte eine genaue Symmetrie die geraden Wege, die von Reihen von Rosmarin und Myrte eingezäunt waren. Die symmetrischen Beete liefen in efeu- oder weinbedeckte Pavillons aus. An den Wegkreuzungen befanden sich Vasen, Statuen oder kleine Brunnen. Hier setzt ein gewisser Zug zur Idylle ein: die "ars topiaria" der Römer, die wir heute einfach als "Gartenarchitektur" verstehen, war in Wirklichkeit die Kunst, die Pflanzen so anzuordnen, daß sie im Garten idyllische Landschaften hervorbrachten, wie sie die Maler darstellten: Efeu und Frauenhaar nach genauen Vorschriften an den Wänden der Grotten, der Gartenhäuschen, Nymphäen oder an geeigneten Bäumen angebracht, Reihen von Gewürzsträuchern und in Form von Kugeln, Prismen, Tieren, phantastischen Bauwerken und Figurenpruppen aus der homerischen Dichtung oder der Mythologie, beschnittene Pflanzen in der Gestalt der Natur und der Naturgottheiten. So erklären sich die zahlreichen Statuen von Satyren, des Priapus usw. Im Kleinen gleichen einige Peristyle in Rom oder Pompeij das Fehlen von Bäumen und Miniaturgebäuden der großen Gärten durch gemalte perspektivische Malereien aus, die von Gottheiten, Jägern, Bauern und Wild belebt werden. Ein solcher Wunsch nach konzentrierter Komplexität spiegelt sich mit dem Vordringen des Christentums in den verschiedenen kleinen Pavillons, Gebäuden, Pergolen und Rohrzäunen wider, die Perspektiven, Schatten und abgelegene Winkel schufen.

Das lateinische Schema, soweit es die eifersüchtige Einfriedung und die Geometrie der Beete betrifft, blieb für das Mittelalter von Italien bis nach Flandern maßgebend, seitdem die Häuser wieder Gärten hatten, was wegen ihres eminent nützlichen Charakters rasch geschehen sein muß. Noch im 14. Jahrhundert war der Garten in Padua nahe beim Dom, in dem Petrarca verweilte, um bis in die Nacht hinein mit Boccaccio zu diskutieren, nicht mehr und nicht weniger als ein Gemüse-und Obstgarten. Doch ist anzunehmen, daß sich dort neben Gewürzkräutern für die Küche oder die Hausapotheke auch Lilien, Hyazinthen, Flieder und Jasmin fanden, die von den Kreuzrittern in das Abendland gebracht worden waren (wir wissen z. B., daß Karl der Große von Harun al-Raschid verschiedene Pflanzen zum Geschenk erhielt), aber die Form des islamischen Gartens interessierte Europa mit Ausnahme von Spanien wenig.

Für die iberische Halbinsel zur Zeit der Mauren haben wir in den von Ibn Loyoun von Granada hinterlassenen Ratschlägen ein schönes Zeugnis: "Um das Haus in einem Garten zu errichten, wähle man den beherrschenden Punkt aus, der seine Pflege und Übersicht er leichtert. Er richte sich nach Süden hin aus, mit der Pforte an einer Seite. Der Brunnen und das Becken seien ein wenig erhöht, oder besser noch, man ersetze den Brunnen durch eine Wasserkanalisation, die im Schatten verläuft. Nahe beim Brunnen pflanze man immergrüne Pflanzen an, um das Auge zu erfreuen, dahinter Blumen aller Art und Bäume mit widerstandsfähigen Blättern. Reihen von Weinstöcken sollen das Eigentum in der zentralen Zone einfrieden, Pergolen die Pfade beschatten, die die Anger begrenzen. In der Mitte wird man für die Ruhestunden einen nach allen Seiten hin offenen kleinen Pavillon errichten, der von roten Kletterrosen, Myrten und allen Blumen umgeben wird, die die Schönheit des Gartens ausmachen: Dieser Pavillon sei länger als breit, damit das Auge beim Betrachten nicht ermüdet. Im tiefergelegenen Teil wird ein Gebäudeflügel mit eigener Pforte und einem zwischen Baumgruppen verborgenen Becken für die Gäste reserviert sein. Wenn man noch einen Taubenschlag und einen bewohnbaren kleinen Turm hinzufügt, wird alles zum besten bestellt sein."

Im mittelalterlichen Abendland kannte man höchstens einige bescheidene Springbrunnen. Später, im 15. Jahrhundert begeisterten sich die Humanisten durch die Lektüre des Plinius an der ars topiaria, und so fand die Skulptur wieder Aufnahme im Garten. Die Buchsbaumhecken nahmen die Gestalt von Jägern, Feldgottheiten, wilden Tieren an. Als sich die Städte aus der Enge der sie umgebenden Mauern befreiten, konnte sich der "italienische" Garten voll entfalten.

Zu Ende des 16. Jahrhunderts wächst der monumentale Garten noch mehr bis zu seiner imposanten Größe und tendiert durch seine Triumphbögen, Pavillons, perspektivischen "Maschinen" aus Laubzweigen und Stein und seine märchenhaften Wasserspiele zum "Heroischen". Rasch findet der "italienische" Garten in Frankreich seine spektakulärsten Lösungen (und wird zum "französischen" Garten) und jeder Wohlhabende von Spanien bis nach Rußland will ihn zur Förderung seines Ansehens imitieren: Gärten, die im Wagen oder auch von einem Balkon am Haus durch ein Fernrohr genossen werden wollen. Einige vernünftige Menschen warteten die von der arkadischen Akademie des 18. Jahrhunderts verkündete Rückkehr zur Natur nicht erst ab, sondern legten sich Gärten an, die die "englichen" schon um einige Zeit vorwegnehmen. In einigen Städten im Flachland, die äußerst eintönig sein konnten, wie z. B. Cremona, wiesen einige Paläste seit dem 16./17. Jahrhundert auf die Wand gemalte Weiher und Gebirge auf, die in ihrer Vorliebe für die von den Malern ausgeführten phantastischen Landschaften dem Wunsch nach größerer Farbigkeit entsprachen.

Übrigens fehlte die Künstelei nicht einmal in den "englischen" Gärten auf den britischen Inseln. Hier schlug der Dichter A. Pope schon zu Beginn des 18. Jahrhunderts dem Architekten W. Kent in der "Epistole to the Earl of Burlington" einen neuen Begriff des Gartens vor, der dann von Brown weiterverfolgt wurde und der gerade der "englische" werden sollte, der so

Teil eines großen Gemäldes mit Venus und Cupido eines unbekannten Malers aus der Schule von Fontainebleau (ca. 1570). Verglichen mit dem vom "Meister der hl. Gudula" gemalten Garten weist dieser nur wenige Varianten auf.

typisch für die Zeit der Romantik und das ganze 19. Jahrhundert war: kleine Seen, Gartenhäuschen, klassische Tempelchen, ländliche Pavillons, Trümmer in diskretem Schatten (vor allem dem der Trauerweiden), die durch sich zwischen kurzgeschnittenem und samtartig weichem Rasen hinschlängelnden Fußwegen verbunden wurden. Es ist schwer, sich etwas Gekünstelteres als diesen äußerst gepflegten Rasen, die gotisch-chinesischen Pavillons, die nach Maß hergestellten Ruinen vorzustellen, auf die der aus den Wolken hervortretende Mond sein mildes Licht warf. Fast versöhnt man sich dabei mit der "italienischen" Geometrie, dem großen Opfer jener neuen großsprecherischen "Natürlichkeit", und wir denken mit Melancholie an jene wunderbaren Gärten, die selbst in der Toskana den von England importierten Künsteleien geopfert wurden.

Glücklicherweise setzen die englischen Architekten selbst und das Vordringen orientalischer, vor allem japanischer Ideen das Haus wieder in eine Umgebung, die sich von ornamentalen Richtmaßen gelöst hatte. Schon gegen Ende des 19. Jahrhunderts strebte man durch Hängeterrassen, Becken, Veranden, Blumenwannen, Kieselsteine und echte Felsen danach, die Natur in das Haus zu holen. Durch die Ausnützung der beständigeren Werte schuf man so eine innige Kontinuität zwischen Gebäude und Garten. Der Brasilianer Burle Marx fügte dann dieser neuen Ehrlichkeit die Raffinesse von subtilen Farbbeziehungen zwischen den verschiedenen Pflanzengruppen hinzu.

Die Dienstbotenräume und die Hausarbeit

Das wohlhabende Haus der Antike war dank der Beschäftigung von Sklaven, die mit Arbeiten betraut waren, die den heutigen mehr oder weniger ähnlich waren, und darüber hinaus von Handwerkern jeder Art – Tischler, Zimmerleute, Schmiede, Töpfer usw. – praktisch autonom. Unter den Bürgern der unteren Klassen war die Situation nicht anders. Diese Tatsache erklärt von selbst die große Zahl von Sklaven, die es in jeder Familie gab; auch in Griechenland, wo es die Scharen von Sklaven, die z. B. in Ägypten und später im kaiserlichen Rom üblich waren, nicht gab, war die Tatsache, weniger als sieben Haussklaven zu haben, Zeichen wirtschaftlicher Not. Wenn der Nomade den Kriegsgefangenen nur mit Schwierigkeiten bewachen kann und ihn deshalb tötet, so ist er dem seßhaften Bauern angenehm und wird mit der Verzweigung des Handwerks und der daraus folgenden Notwendigkeit, spezialisierte Arbeiter zu haben, noch nützlicher. Man mag sich daran erinnern, daß bis zur einer bestimmten, nicht allzu fernen Zeit auch der Maler, der Goldschmied, der Bildhauer zum Gesinde gehörten.

Über die Lebensbedingungen des Sklaven sollte man sich keine falschen Vorstellungen machen, sie waren schlecht, und das, was man darüber an Gräßlichem in Romanen liest, ist selten oder nie übertrieben. Als Güter betrachtet, die nützlich, aber eher unangenehm und offensichtlich gefährlich waren, war es logisch, daß man sie nicht im Hause, sondern in einem oder mehreren zweitrangigen Gebäudekomplexen hielt. So war es in Ägypten, Griechenland, Rom und den mittelalterlichen Abteien üblich. So blieb es auch in den amerikanischen Facendas, solange die Sklaverei bestand. Natürlich gab es zu jeder Zeit und in allen Breiten Ausnahmen, was auch immer die Motive gewesen sein mögen (häufig weniger edle), die sie begründeten. Immerhin war es

"Das Frühstück der Madame Geoffrin", gemalt von Hubert Robert (Paris, Sammlung Veil-Picard). Einer jener Dienstboten des 18. Jahrhunderts, die auf den Paradebildern so feierlich erscheinen, ist hier mit einer Arbeitsschürze neben dem Besen festgehalten. (Links) Beispiele für Zwischenstockwerke in italienischen Gebäuden des 15. und 16. Jahrhunderts. Der erste Fall (links) – es handelt sich um einen kleinen Bologneser Palast, in dem die frühere Struktur mit einem Spitzbogen-Fenster klar zum Ausdruck kommt – zeigt die Veränderungen, die den üblichen Hintergrund für die ältesten Zwischenstockwerke bilden.

Im "Morgen einer Landbesitzerin", gegen 1823 von A. G. Venetsianew gemalt (Leningrad, Russkij Musei) ist die russische Dienstbotenschaft abgebildet, die mittelalterlichen Gebräuchen verhaftet blieb.

Auch auf diesem Gemälde (Ausschnitt), eines der meist diskutierten des großen Vermeer ("Der Liebesbrief", ca. 1667, Amsterdam, Rijksmuseum) wird ein Teil des Hauses während der Hausarbeit dargestellt: die Pantoffeln, der Besen im Türeingang, der Wäschekorb, die Unordnung im Vordergrund, jedes Element gibt in großer Überzeugungskraft die alltägliche Wirklichkeit wieder.

Ein Anblick der Facenda Pau d'Alho, die schon auf S. 219 abgebildet wurde: Vedute der "Senzala", d. h. (der Ausdruck ist brasilianischen Ursprungs) der Wohnungen der Sklaven, die von kleinen Räumen gebildet werden, von denen jeder eine Seitenlänge von ca. 2 m hat. Der Komplex erhebt sich an der von der Herrschaftswohnung entferntesten Seite des Besitzes.

notwendig, damit der Diener unter dem gleichen Dach wie der Herr leben konnte, daß das Haus kleiner war, und vor allem, daß man liberalere Ideen entwickelte. Die Sklavinnen und kleinen Sklaven aus Afrika und dem Orient, die sich zwischen dem 13. und 18. Jahrhundert viele europäische Adlige erwarben, schliefen, da sie Luxusgegenstände waren, sogar mit der Herrin im Schlafzimmer, selbst in Palästen mit Hunderten von Räumen. Zwischen dem Feudalherrn und seinem Diener, die um 1000 herum im gleichen Zimmer schliefen, war das Band gewissermaßen reziprok: Ich mühe mich ab für dich; aber du, Herr, beschützt mich.

In den Stadtwohnungen schliefen die Diener wahrscheinlich auf den Böden, in Löchern und unter Treppen, die Spüljungen in der Küche, die Pferdeknechte in den Pferdeställen, der Pförtner neben dem Eingang. Später wurden sie in Zwischenstockwerken untergebracht. Schon im 15. Jahrhundert wurden sie in einigen Gebäuden durch die Erhöhung der Decke unter dem ersten Stock zwischen diesem und dem Erdgeschoß eingebaut.

Die französischen Herrschaften des 17. Jahrhunderts waren gewöhnlich sehr eifrig um das Seelenheil ihrer Dienerschaft besorgt und achteten darauf, daß sie die Messe an den gebotenen Feiertagen nicht versäumte und abends den Rosenkranz betete; äußerst selten dagegen wiesen sie ihr eine halbwegs würdige Unterkunft an. In den Hôtels particuliers stiegen die Diener, nachdem sie fast im Halbschlaf mit der Herrschaft um den Kamin herum den Rosenkranz gebetet hatten, in ihre zwei großen Kammern (eine für die männlichen und eine für die weiblichen) unter dem Dach oder in die Mansarden hinauf, wo es keinerlei Bequemlichkeit gab und mehrere Pagen und Lakaien oft genug nur ein einziges Bett, d. h. eine auf den Fußboden ausgebreitete Unterlage hatten. Der Kutscher schlief weiter im Pferdestall, die Köchin in der Küche, wo sie den Ablauf des häuslichen Lebens in keiner Weise störte, da ihr Arbeitstag um fünf Uhr morgens begann und sich praktisch ohne Unterbrechung bis elf Uhr nachts hinzog.

Erst der Komfort des 18. Jahrhunderts bringt auch den Dienstboten einige Erleichterungen: In Frankreich scheinen daran sogar die Lakaien, die mißhandeltste Kategorie, teilgehabt zu haben; und es scheint, daß in den "grandes maisons" die Kammerzofen – vor allem die Begleiterinnen von Madame (die niemals allein ausgehen konnte, nach einem Brauch, der mindestens seit den Zeiten des antiken Griechenland bestand) – jede über ein eigenes Zimmer verfügten, das hell und warm war. Sie und ihre andern Kollegen von höherem Rang aßen in einer Speisekammer und – so versichern einige Chronisten der Zeit – fühlten sich dort fast wie die Herren.

(Links) Manchmal wurden dieser Abbildung (auf einer attischen Vase aus dem 5. Jahrhundert v. Chr.) Titel wie "Verwundete Amazone" und ähnliche gegeben; jedoch handelt es sich um eine Frau, die sich die Wolle um das Bein wickelt, bevor sie zu spinnen anfängt.

(Rechts) Mit diesem "Füllstück" am Fresko der "Erscheinung des Engels bei der hl. Anna" (Padua, Cappella Scrovegni) hat Giotto die lebhafteste Spinnerin der italienischen Malerei gemalt, in einer Haltung, die schon auf den griechischen Vasen erscheint (in andern Gebieten, vor allem in Ägypten, spann man im Stehen).
(Unten) Singer-Nähmaschinen in spanischen Faltprospekten des vorigen Jahrhunderts. Die ersten Versuche des mechanischen Nähens gehen auf die Mitte des 18. Jahrhunderts zurück.

Um die ihr von den Freiern aufgedrängte Ehe hinauszuschieben, webte die treue Penelope nach der homerischen Erzählung tagsüber und löste die Arbeit nachts wieder auf: wenn es sich um ein wirkliches Gewebe gehandelt hätte, wie es Pinturicchio auf dem heute in der National Gallery in London befindlichen Fresko (ca. 1509) annimmt, wäre ihr das nicht möglich gewesen. (Unten, von links) Zunächst für Waffen bestimmt, hat der Schrank erst in neuester Zeit Wäsche aufgenommen: das in dem Bild von De Hooch (ca. 1630; Amsterdam, Rjiksmuseum) gebotene Zeugnis gehört zu den ältesten auf uns gekommenen. – Schrank aus Flußeisen, von Otto Wagner auf der Weltausstellung in Paris von 1878 ausgestellt.

Die Kinder

Das Kinderzimmer ist in Europa schon seit mindestens 200 Jahren bekannt, wenn man auch über seine Einrichtung recht wenig weiß. Manchmal setzte sie sich aus Liliputaner-Möbeln zusammen, die der Größe der Benutzer entsprachen und mehr oder weniger treu die der Erwachsenen imitierten; doch gibt es auch Zeugnisse, nach denen selbst in fürstlichen Wohnungen das Mobiliar vor allem das aus der Mode gekommene war, das man aus den andern Räumen ausrangiert hatte. Man kann die Geländer um die Öfen herum als für diese Zimmer typisch ansehen, auch wenn es sie manchmal in andern Zimmern gab: vielleicht in denen, in die die Kinder Zutritt hatten.

In der Antike lebten die Kinder zusammen mit den Frauen im Wohntrakt des Hauses; im Orient besteht dieser Brauch noch heute; ähnlich war es im mittelalterlichen Abendland und auch danach noch lange Zeit, als die Kinder nachts der Amme oder einem Dienstmädchen anvertraut wurden.

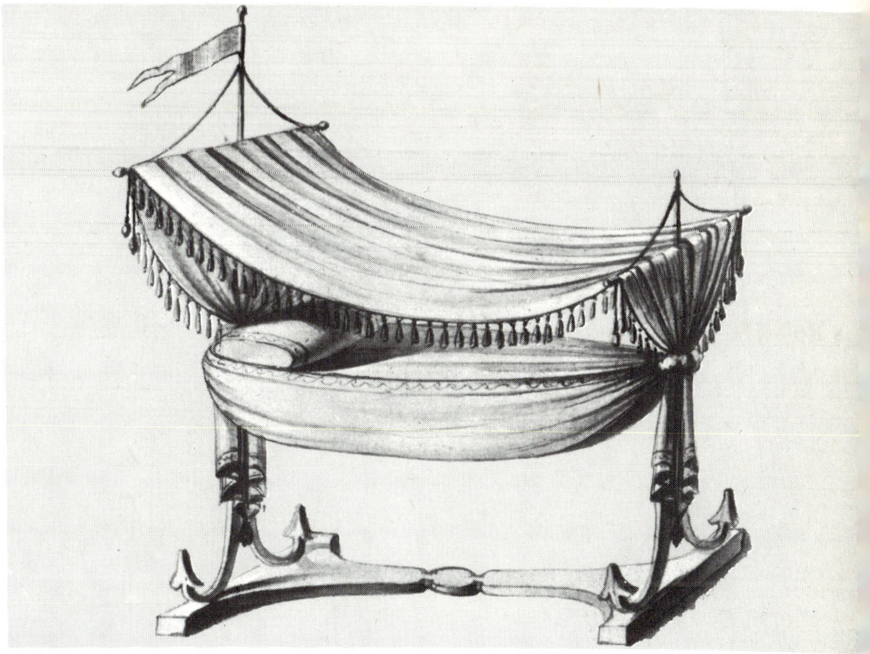

(Oben) Biedermeier-Wiege (der Entwurf gehört zu der auf S. 274 f. abgebildeten Gruppe): man möchte es ein "Schiffs"-Modell nennen, mit Oriflamme, Vorhang in Segel- und Füßen in Ankerform. (Links) Der Druck aus dem 17. Jahrhundert (aus J. de Brune, "Emblemata", Amsterdam 1624) stellt das übliche, kleine nächtliche Drama des Vaters dar, der das Söhnchen beruhigt: die Wiege aus Weidenruten mit Rädern bestätigt, daß es sich um einen mittelständischen Innenraum handelt. (Unten) Die äußerst bescheidene Wiege Heinrichs V. von England (14. Jahrhundert). - Eine Schaukelwiege mit Schnitzereien aus dem 17. Jahrhundert. - Im antiken Griechenland gebräuchlicher Kinderstuhl (aus einer Tonmalerei), mit zwei Löchern versehen, durch die die Beine gesteckt wurden, um gefährliches Fallen zu vermeiden.

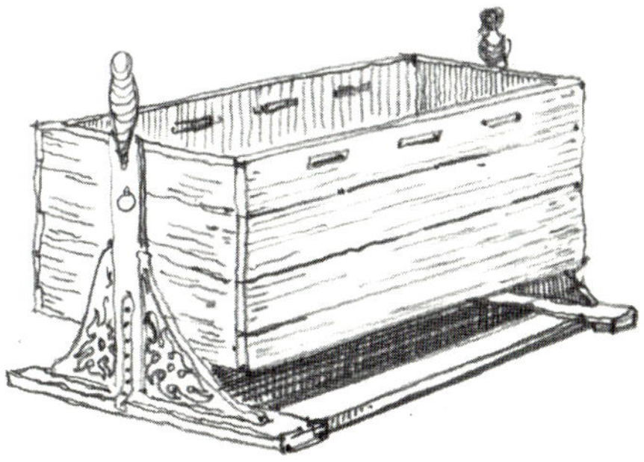

Die von Amedeo VII. für die 1392 geborene Johanna von Savoyen bestimmte Wiege kostete 15 Denare: ein Spottpreis. Tatsächlich ist die mittelalterliche Wiege schmucklos. Erst in der Renaissance wird sie zu einem Luxusmöbel: Die Holzintarsien werden reicher und bald wird sie von renommierten Künstlern entworfen und manchmal auch ausgeführt. Noch im 17. Jahrhundert sind die einfacheren Typen im allgemeinen aus Weidenruten geflochten. In verschiedenen europäischen Ländern benützte man eine an der Decke oder an einer Wand befestigte drehbare Achse, an der das Kind aufgehängt wurde, wodurch ihm so fast unfehlbar Deformationen der Schultern und der Beine verursacht wurden. So sieht die neuere Geschichte der Wiege aus, aber vielleicht ist sie älter als jedes andere Möbelstück; jedoch gilt das wohl nicht für alle Völker. In einigen Gebieten ist die Wiege unbekannt: so z. B. in Japan; ebenso fehlt sie auf dem afrikanischen Kontinent, sowie von Arabien bis nach Indien und schließlich im ganzen südasiatischen Gürtel bis nach Ozeanien hin; auch die Eskimos benützen sie nicht. Offensichtlich macht die Wärme sie überflüssig und es genügt der Rücken oder eine Seite der Mutter, um sie zu ersetzen, während die große Kälte dagegen dazu führt, ihr eine Kapuze im Pelz der Mutter vorzuziehen.

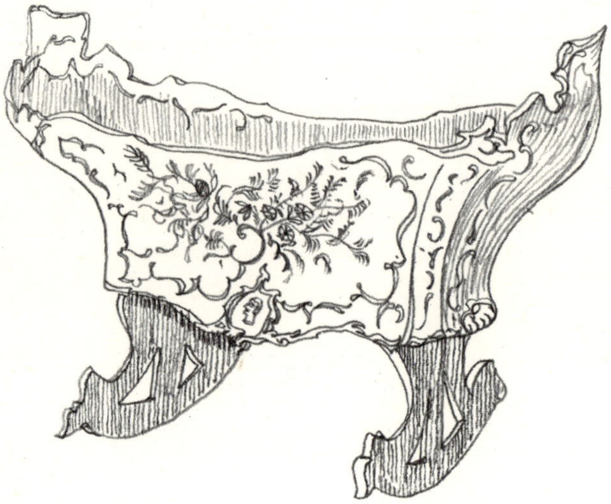

(Oben links) Venezianische Wiege von 1750 in geschnitztem und lackiertem Holz. (Rechts) Naiv zeigt dieses zu Beginn des Jahrhunderts veröffentlichte Ölgemälde die Folgen, die sich aus der Gegenwart der Kinder in den häuslichen Wänden ergeben: die Gefahr für die Möbel; daher verbannte man in die für sie bestimmten Zimmer die aus der Mode gekommenen Möbel. (Unten) "Nursery" im Palast von Noordeinde (Aquarell, 1853 von der Königin Sophia von Holland ausgeführt, in einem heute im Oranje-Nassau Museum im Haag befindlichen Album): mit alten Möbeln und Spielzeug sowie durch Gitter geschützten Öfen.

Die Tiere

Der häusliche Zoo war je nach Zeit und Ort recht verschieden. Aus Gründen der Religion, der Sicherheit oder andern konnten auch Tiere dazugehören, die von den in unseren Häusern üblichen sehr verschieden waren: Die alten Ägypter hielten Krokodile als heilige Tiere (die Ainus in Nordjapan tun das heute noch); in den indischen Häusern traf man oft auf die Manguste, den großen Feind der Schlangen; auf einem Grabgemälde in Saqqâra entdeckt man Sklaven, die damit beschäftigt sind, Hyänen zu füttern, die wie Gänse gezüchtet und gemästet zu werden schienen.

Es ist unwahrscheinlich, daß zwischen den Hütten der Altsteinzeit Rinder und noch weniger Pferde weideten, da diese erst sehr viel später gezähmt wurden; doch fanden ziemlich sicher Füchse dank ihrer Gefräßigkeit, die sie als Abfallschlucker nützlich machte, dort eine gute Aufnahme; das gleiche gilt für die Hunde, die ersten unter allen Tieren, die sich zur Lebensgemeinschaft mit dem Menschen bereit fanden. Schon Homer gibt uns dafür klare Beispiele; doch wird über ihr Lager in jenen frühen Jahrhunderten fast nichts berichtet, während schon bald das Talent des Hundes, alte Betten und Sessel zu besetzen, dokumentiert wird. Bestenfalls wissen wir, daß in Tell el-Amarna die Hundehütten im allgemeinen im Nordhof der reicheren Wohnungen lagen; aus den Jagdbeschreibungen des Mittelalters entnehmen wir, daß die Hunde in der Sonne lagen und täglich eine frische dicke Strohunterlage, Trinkwasser, Brot und Fleisch erhielten.

Neben den Hundehütten standen in den kleinen Palästen von Tell el-Amarna die Pferdeställe, die untrennbar mit den wohlhabenderen Häusern verbunden blieben, bis sich das Auto Bahn brach. Vom 14. bis zum 18. Jahrhundert besaßen die Begüterteren ungefähr 15 Vierbeiner: In Paris hielt sich der Herzog von Croy unter Ludwig XV. 17 davon, darüber hinaus noch 14 Maultiere für Traglasten, die ebenfalls in den Pferdeställen jener Zeit üblich waren. Normalerweise waren diese hell, da man sagte, das Augenlicht der Pferde nehme in der Dunkelheit ab; die Fenster befanden sich hinter den Tieren; im Winter wurden die Fenster im Süden und im Sommer die im Norden freigelassen; sie waren mit Entlüftungsklappen versehen.

Häufig stellten die Miniaturenmaler der Gotik Vögel in den Gärten der Herrschaftsresidenzen dar; in den geschlossenen Zimmern zeigen sie häufig Affen und Hunde, die jedoch fast immer nur einen symbolischen Wert haben; ein Pfau im Eßzimmer, auch wenn er auf einer Säule stand, bildete einen Teil des Menüs; so wurde er im allgemeinen auf den fürstlichen Tafeln dargestellt. Wir wissen, daß man sich im Mittelalter auch Vögel in Käfigen hielt, die fast immer aus Kastanienzweigen gemacht waren. Die Vögel gebrauchte man allerdings fast ausschließlich für die Jagd; der Brauch, sie nur deswegen zu halten, um ihr fröhliches Gezwitscher zu hören, ist dagegen mit geringerer Sicherheit bezeugt. Doch seit dem 17. Jahrhundert ist er überall klar dokumentiert; und im 19. Jahrhundert findet sich der kleine Vogelkäfig fast in jedem Haus: Gemälde aus den ersten Jahren dieses Jahrhunderts zeigen, daß einer sogar in dem so streng bürokratischen Arbeitszimmer Kaiser Franz' I. von Österreich stand.

In der holländischen Malerei des 17. Jahrhunderts gibt es viele Abbildungen von Tieren im Salon, vor allem von Hunden und Papageien im Käfig wie (links) im Detail von J. Steen (Amsterdam, Rijksmuseum) oder auf einem Leiterbaum wie in dem köstlichen Bild von Fr. van Mieris (London, National Gallery) (oben). Seltener sind die Käfige wie der auf S. 417 in Form eines Hauses mit Stufengiebel, der am Fenster aufgehängt wurde, in einem Gemälde von G. Dou (Turin, Galleria Sabauda).

"Cave canem" aus dem 1. Jh. n. Chr. in einem in Pompeji gefundenen Mosaik, heute im Museo Nazionale in Neapel.

Der Kult
und die Feste im Haus

Seit den ältesten Zeiten war die Wohnung der natürliche Ort für den Ahnenkult: In China war gerade das Ahnentäfelchen das verbreitetste Objekt der Verehrung; welche Bedeutung die Lararien für die Lateiner gehabt haben, braucht hier nicht wiederholt zu werden. In vielen Ländern hinterließ der häusliche Kult unzählige Spuren; z. B. kommt die große Zahl der Buddha-Statuen, die bei den südostasiatischen Ausgrabungen gefunden wurden, fast sicher aus privaten Heiligtümern; der äußerst komplizierte japanische Kami-dana reproduziert im Kleinen den schintoistischen Tempel für die Frömmigkeit innerhalb der Wände des Hauses; in keiner reichen Wohnung des pharaonischen Ägypten fehlte eine Kapelle, die in einigen Fällen sogar die ständige Anwesenheit von Priestern und Priesterschülern erfordern konnte; bei den Azteken war das Feuer das Bild des Feuergottes selbst.

Was das mittelalterliche Europa angeht, so haben wir schon gesehen, wie die Entwicklung des Holzschnitts von dem Wunsch abhing, eine Nachbildung der teuren gemalten Heiligenbilder im Haus zu haben. Doch wenn es schon schwierig ist, auf alten Bildern an den Wänden aufgehängte Drucke zu sehen, so wird man sie noch weniger zu Häupten des Betts entdecken, wie es heute bei den Katholiken Brauch ist. Gleicherweise ist auf den Abbildungen herrschaftlicher Zimmer die Wand über dem Kopfkissen immer frei, vielleicht mit einer einzigen Ausnahme, der "Verkündigung" von Rogier van der Weyden im Louvre (ca. 1435), wo das Bett der Maria von einem kleinen bronzenen Tondo mit dem Gottvater beherrscht wird: Dies ist – selbst im Zusammenhang mit der Verkündigung – so ungewöhnlich, daß man meinen möchte, Rogier habe Gottvater als bei der dargestellten Szene anwesend wiedergeben wollen und nicht als ein zur Wohnungseinrichtung gehöriges Andachtsbild. Nicht einmal im 17. und 18. Jahrhundert finden Andachtsbilder unter dem Baldachin oder im Alkoven Platz; sie erscheinen erst um die Mitte des 19. Jahrhunderts herum. In der Rokoko-Zeit zog man dafür galante mythologische Themen vor. Auch der Neoklassizismus bleibt den olympischen Göttern treu, nur daß er keusche Dianen an die Stelle der Venus- und Nymphen-Darstellungen setzt. Erst der Pietismus des Biedermeier beginnt damit, Kruzifixe, Rosenkränze, Heiligenbildchen und Skapuliere auf das Kopfkissen zu legen.

Bis dahin befand sich mindestens seit der gotischen Zeit ein Heiligenbild, wenn es überhaupt im Schlafzimmer auftauchte, über dem Kniepult neben dem Bett. War das nicht der Fall, so verband sich die Abwesenheit mit dem Brauch, das Abendgebet gemeinsam um den Kamin des Wohnraums herum oder auch in der Kapelle zu verrichten, mit der viele Herrschaftswohnungen ausgestattet waren.

(Oben) Lararium im "Haus der Vettier" in Pompeji. (Rechts) Ahnen-Heiligtum im "Haus des Mänander" in Pompeji (1. Jh. v. Chr.). In den alten lateinischen Wohnungen befand sich der Altar der Hausgötter neben dem Kochherd.

(Oben) Offener japanischer Hausaltar: ein luxuriöses lackiertes Stück, das neben dem heiligen Bild auch die Kultgegenstände enthält. (Links) Altar mit Ahnenfiguren, gebaut (1870?) in Nias (Sumatra), heute im Nationalmuseet in Kopenhagen.

(Links) Carpaccio verlegt den berühmten "Traum der hl. Ursula" (1495?; Venedig, Gallerie dell'Accademia) in ein Renaissance-Schlafzimmer. Der abgebildete Ausschnitt dokumentiert das, was eine typische Situation gewesen zu sein schien: kein Heiligenbild zu Häupten des Bettes, jedoch ein kleiner Flügel daneben über dem Betpult, und das Altarbild wird vervollständigt durch einen langarmigen Leuchter und den Weihwasserkessel mit dem Aspergill. - Ein gleiches Gebilde findet sich in einem andern Bild, ebenfalls in den venezianischen Gallerien; es stammt von G. Mansueti (sein Mittelteil ist auf S. 87 abgebildet). Hier ist das Andachtsbild im Salon aufgehängt, wo sich die Familie wahrscheinlich zum Rosenkranz versammelte.

(S. 421, oben) J. Steen, "Vorabend der Epi nie" (1662; Boston, Museum of Fine Arts) Türvorraum links die Ankunft der als die Könige verkleideten Personen. (Unten) Eben von Steen stammt das "Fest des hl. Nikol (Amsterdam, Rijksmuseum). Es handelt sich das Weihnachtsfest der nördlich der Alpen genen Länder, wer die Geschenke herbeibr personifiziert den hl. Nikolaus von Myra oder Bari, dessen Name im Lauf der Jahrhunderte der Variation der mittelalterlichen Trad wechselte, unter den Kindern einen "episc puerorum" zu wählen.

(Links) F. Schrank, "Familien-Porträt" (ca. 1810; Köln, Wallraf-Richartz-Museum). Der Raum wird von dem Gemälde mit der Allegorie des Glaubens beherrscht, das am Kamin über dem Tisch befestigt ist, vor dem, so kann man annehmen, das Gemeinschaftsgebet verrichtet wurde. (Unten) Rekonstruktion des Heiligen Abends in einem mittelständischen italienischen Haus um 1850 (Raum von G. Ragazzo, Figuren von A. Mazzeo; Mailand, 3. Krippenausstellung im Angelicum): man beachte links die Krippe, die geschäftstüchtige Liebhaber innerhalb kurzer Zeit unter Zuhilfenahme einfachster Mittel zum Teil beweglich machen und mit Lichteffekten versehen sollten.

Von frühen vorchristlichen Traditionen abstammend und sich von den alpinen Zonen über die protestantischen deutschen Länder und dann über einen Großteil der Welt ausbreitend, hat der Weihnachtsbaum eine sehr kärgliche Ikonographie: diese Ansichtskarte von 1888 ist das älteste Zeugnis, das wir finden konnten.

Erholung

RUHE - LEKTÜRE
SPIEL UND SPIELE
SAMMLUNGEN - MUSIK

Iberische Miniatur von 1283 in der Bibliothek des Eskorial. In Spanien, Italien und Frankreich war das Schachspiel – das wir wegen seines Alters als Symbol für die zahlreichen "Tisch-Spiele" auswählten – sicher schon seit dem 11. Jahrhundert in Gebrauch; es wurde von den Arabern eingeführt, die es wahrscheinlich von den Persern übernommen hatten. Diese wiederum lernten es wahrscheinlich im 6. Jahrhundert in Indien kennen, wo man seine Entstehung ansetzt, wenn seine Erfinder nicht sogar im China des 1. Jahrhunderts v. Chr. gesucht werden müssen. Der Übergang von den orientalischen zu den heutigen Formen scheint im 15. Jahrhundert in Spanien und Frankreich vor sich gegangen zu sein. 1928 wurden im Haag die Normen der Internationalen Föderation für Schachspiel angenommen.

"Ludwig XIV. besaß auf dem Höhepunkt seiner Macht im Vergleich zu dem, was sich heute Personen in mittlerer Position leisten können, nicht den hundertsten Teil an Herrschaft über die Natur und an Mitteln zur Zerstreuung, um sich zu erheitern oder sich Sensationen zu verschaffen", schreibt Paul Valéry. Wenn man an die Mittel denkt, die der häuslichen Erholung angeboten werden, an den Plattenspieler, das Radio und Fernsehgerät, an die Verlage und all die andern blühenden "Freizeit-Industrien", kann man dem französischen Schriftsteller nur zustimmen.

Doch wäre es schwierig, all diese Mittel erschöpfend zu behandeln, die eine Serie von Abhandlungen über das Schachspiel, die Spielkarten und Würfel, die Bibliothek, das Musikzimmer usw. erforderten mit den unendlich vielen Modifikationen, die sie in das Haus eingeführt haben, wie Sessel, Diwane, Morgenröcke und Pantoffeln und vieles andere mehr. Auf dieser und den folgenden Seiten beschränken wir uns daher darauf, einige Aspekte davon zu illustrieren, mehr, um ihre Weite sichtbar zu machen als sie erschöpfend zu behandeln.

Lesesessel, der 1894 auf den Esposizioni Riunite in Mailand auftauchte: die bequeme Lektüre; hier haben wir einen andern Aspekt dessen, was man heute "Freizeit-Industrie" nennt.

"Die glückliche amerikanische Familie" in einem Aquarell von 1905. Das Bild ist fast ein Kompendium der Erholungsmöglichkeiten innerhalb der häuslichen Wände nach Begriffen, die zum großen Teil vom Kino, dem Fernsehen und der fortschreitenden Motorisierung verdrängt wurden; diese neuen Formen machen es möglich, das Wochenende außerhalb des Hauses zu verbringen, was wegen der Ungastlichkeit der heutigen Großstädte notwendig wurde.

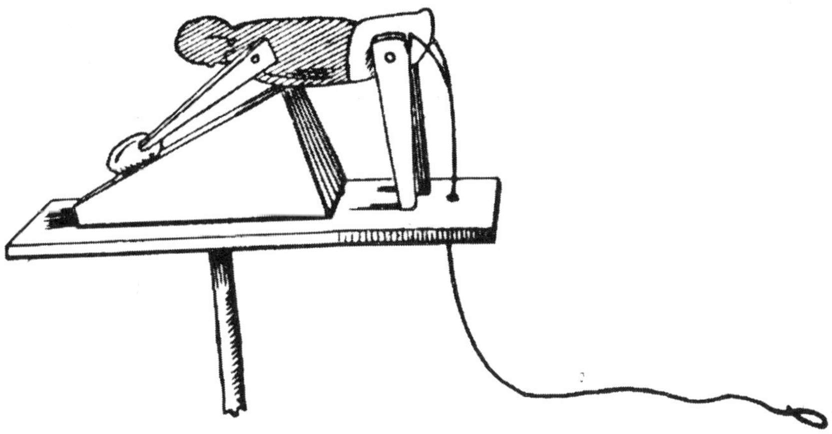

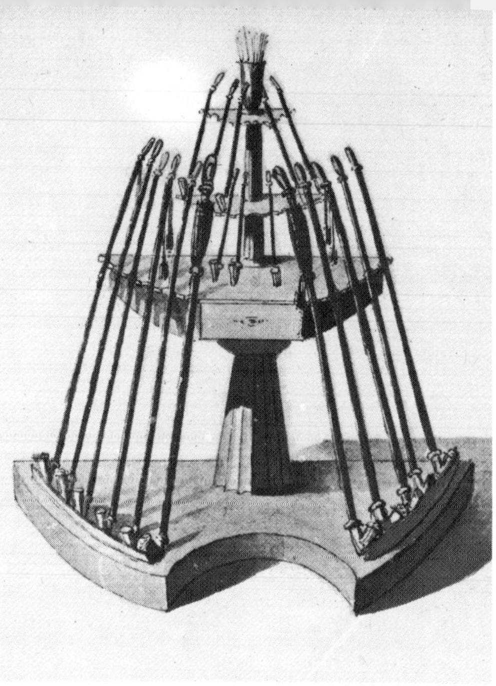

(Oben, von links) Ägyptisches Spielzeug, gefunden in einem Grab in Memphis, aus dem Jahr 2000 v. Chr.: kleine Holzfigur – Waschfrau oder Brotbäckerin –, die durch eine Schnur bewegt werden konnte. - Ein unentbehrliches Möbel für die Freizeit in den deutschen Ländern im Biedermeier: der Ständer für die langen Pfeifen mit dem Porzellankopf. (Links) "Im Speisezimmer" (1821; Stich von P. L. Debocourt nach einem Gemälde von M. Drolling). Das schon vervollkommnete Klavier wird zum Protagonisten der Hausmusik. (Unten rechts) Eine feine Satire für die Vorliebe für die aus Paris kommenden "übertriebenen" Romane im "Morgen des Adligen", 1849 von P. A. Fedotew gemalt (Moskau; Tretjakewskaja-Galerie).

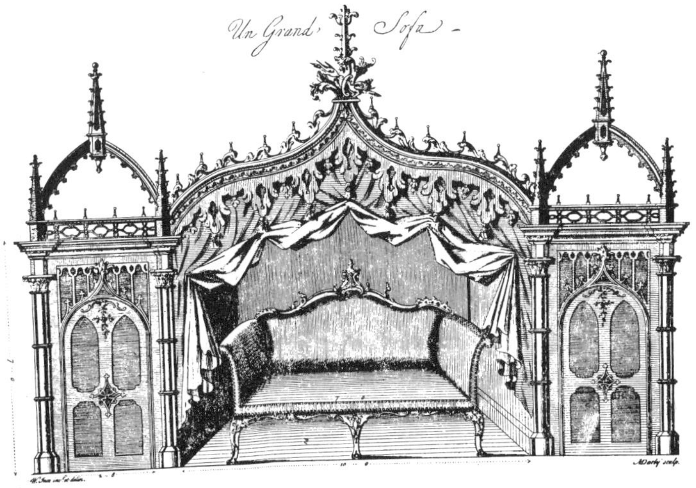

Im 18. Jahrhundert vom Orient nach Europa gekommen, unterscheidet sich das Sofa oder das "Tagesbett" durch die Armlehnen vom Kanapee; später sollte die Ottomane ohne Rücken- und Armlehnen aufkommen und gegen 1730 der Diwan.

Im 18. Jahrhundert wurde der obere Teil des Regals
als Bibliothek benützt, während der untere wei
als Schreibtisch und Truhe fungierte (ein elegan
Beispiel (rechts) nach englischen Modellen
Möbeltischler). Doch entstehen auf den britischen Ins
die ersten "spezialisierten" Möbelstücke in einer For
die in der Folgezeit lange unverändert ble
(unten auf dieser Seite). Sie wurden von einem Git
oder noch häufiger von Glastüren verschlos
(S. 424 und 425 Mitte). Z
gleichen Zeit finden auch die gemauerten Bibliothek
eine weite Verbreitung, die in den Hohlraum der Wän
eingelassen und von Glastüren verschlossen werd

In der griechisch-römischen Antike gab es kein Möbelstück, das ausschließlich für Bücher bestimmt war; man gebrauchte höchstens einige kleine Schränke, in dem die Bände nicht mit dem Rücken nach außen aufgereiht standen, sondern aufeinandergelegt wurden, wie es in diesem Mosaik (5. Jahrhundert) (oben) im Mausoleum der Galla Placidia in Ravenna sichtbar wird. Die andere Form solcher Behälter bestand aus kleinen Brettern, die an der Wand befestigt wurden. Dieser Brauch setzte sich bis ins 17. Jahrhundert fort, als man in Frankreich niedrige Schreine als Bibliothek benützte, die durch Vorhänge oder Glas verschlossen wurden.

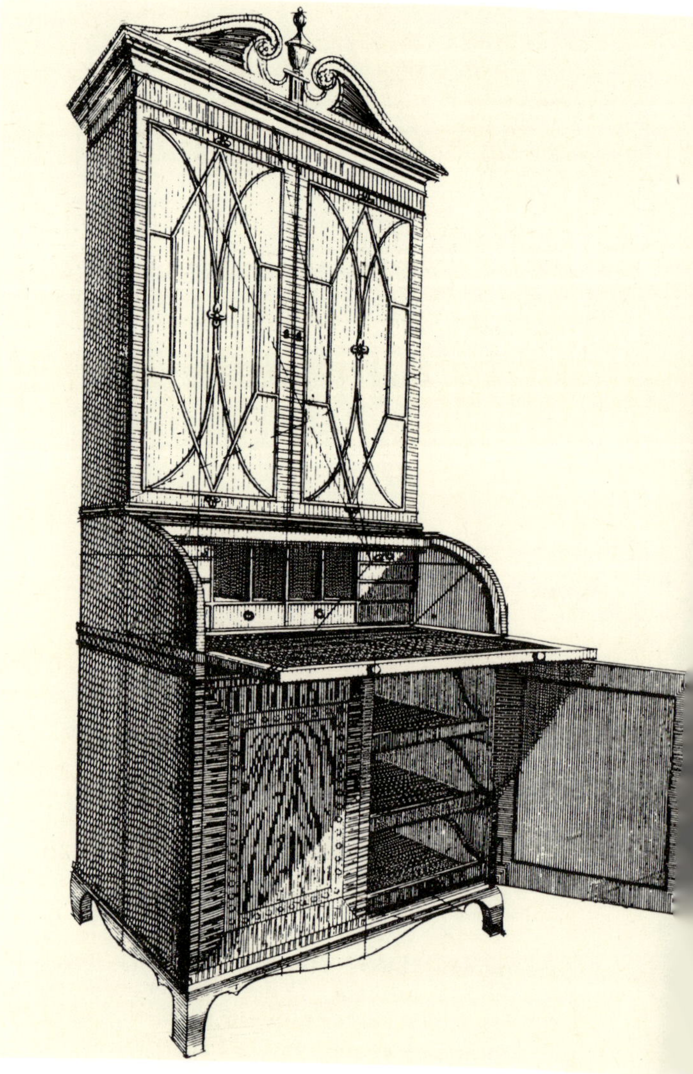

Der Brauch, die Bücher mit dem Rücken zum Inneren des Möbelstücks hin aufzustellen, bestimmt bis zum 16. Jahrhundert und noch länger die Titelaufschrift auf dem "Schnitt", wie in diesem 1588 veröffentlichten Aristoteles, den der Sohn Tizians, Cesare Vecellio, für den Patrizier Pilone di Belluno auf dem Schnitt dekorierte.

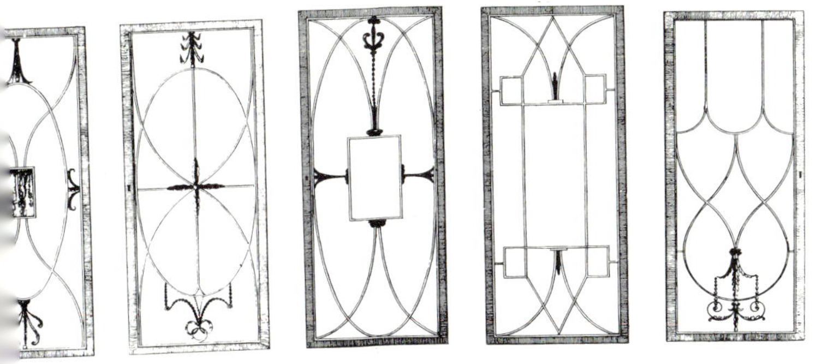

(Oben rechts) J. Zoffany, "Charles Towneley in seiner Skulpturen-Galerie" (Burnley, Towneley Hall Art Gallery). Es ist die berühmte Sammlung der klassischen Antiken abgebildet, die im frühen 19. Jahrhundert vom British Museum für 20.000 £ erworben wurde; ihr Begründer erscheint mit drei Freunden, C. Greville, M. D'Hancarville und Th. Astle. Trotz der Freiheit des Malers, der die Stücke in einem einzigen Zimmer darstellt, die in Wirklichkeit mehrere Räume im Haus in der heutigen Queen Anne's Gate Nr. 2 in Westminster einnahmen, ist dieses Gemälde ein Zeugnis für das Hobby (was es eher als eine berufliche Tätigkeit war), das vielen verdienstvollen Aristokraten des 18. Jahrhunderts teuer war.

G. F. Kersting, "Lektüre" (1812; Weimar, Schloßmuseum). Ein anderes typisches Werk dieses Malers: hier ist neben dem Leser eine Lampe Argand der Hauptgegenstand (s. S. 374). Im Halbdunkel rechts eine bescheidene Bibliothek, deren auf das Wesentliche beschränkten Bretter von einem Vorhang verborgen werden: eine der einfachsten Formen der neoklassizistischen Ära, in der solche Möbel (häufig von sehr viel ausgearbeiteterer Gestalt mit Türen und Säulen an den Seiten) erstmals ein niemals fehlendes Stück in der Einrichtung verschiedener Häuser wurden.

L.-L. Boilly, "Le concert improvisé" (ca. 1790-95; Saint-Omer, Musée des Beaux-Arts). Schon bei den Ägyptern bekannt, aber in einer rudimentäreren Form, empfing die Harfe 1710 von dem Bayer Hochbruecker ihre heutige Form. Vor dem Aufkommen des Klaviers gehörte das Harfenspiel zur Ausbildung der Mädchen aus guter Familie.

(Unten) Aufriß eines Hauses der Corner in Padua, von Serlio vorgelegt (S. 376). Interessant ist die Lösung für den Musiksaal; da er im Norden liegt, "soll sich nach dem Brauch der Antike das Feuer unter dem Fußboden befinden, damit die Musikinstrumente nicht unter der Feuchtigkeit leiden, noch durch die zerstörende Hitze des offenen Feuers rissig werden."

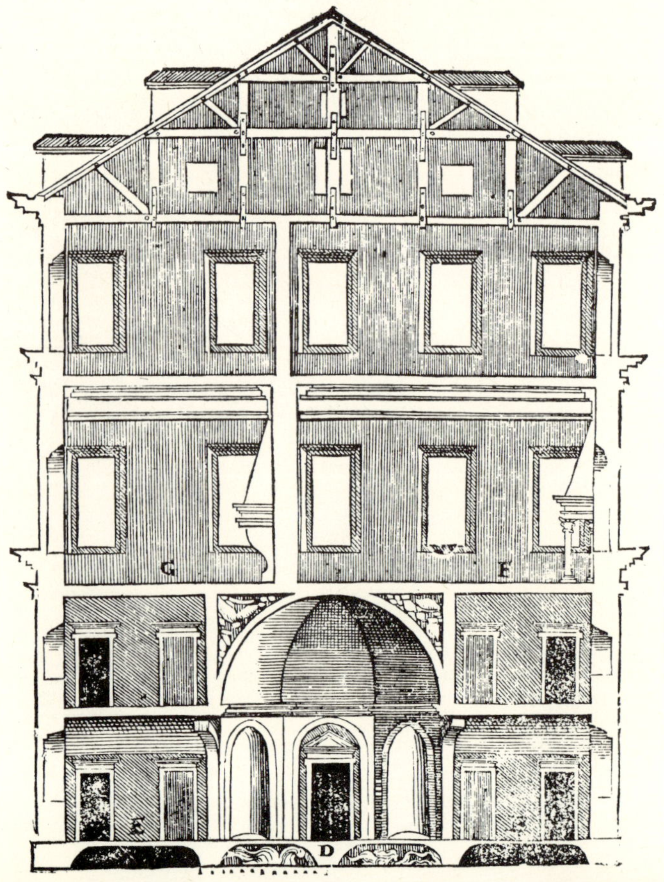

Die ersten Versuche, den Ton mechanisch festzuhalten, gehen auf den Phonautographen von Scott (1857) zurück: dann gab es den Phonographen von Edison (1876); danach das Graphophon von Bell und Tainter. Der Apparat mit dem Zylinder (unten), der von einem Pedal bewegt wird, entstand vor 1898, dem Jahr, als das Grammophon einen Walzenmotor erhielt. Die eingeschnittene Platte geht auf das Jahr 1897 zurück und wurde für die schon legendären Apparate mit dem Trichter verwendet (oben).

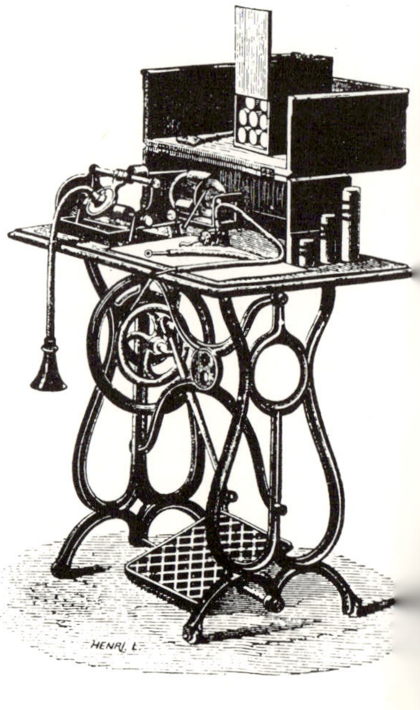

Anno VII - N. 6
Prezzo Cent. 15
(Estero Cent. 25)
Bologna, 30 Marzo 1903

IL CONCERTO
GIORNALE DI MUSICA
PER MANDOLINO E CHITARRA

ABBONAMENTI

	ITALIA	ESTERO
Un anno	L. 3,50	L. 5,—
Un semestre	» 2,—	» 3,—
Un trimestre	» 1,—	» 1,50

PAGAMENTO ANTICIPATO

Esce il 15 e il 30 d' ogni mese
DIRETTORE PER LA PARTE MUSICALE
PROF. SEBASTIANO ALDROVANDI

PREMIO AGLI ABBONATI
A tutti gli Abbonati annui viene spedito *gratis* un grande Album (20 pagine, edizione elegantissima) contenente scelte composizioni inedite per 2 Mandolini e Chitarra e per Chitarra sola, di rinomati Maestri.
Si spediscono i Numeri arretrati.

GRANDE SUCCESSO!!
L' Editore Clifford Essex di Londra ha pubblicato in elegantissime edizioni le splendide composizioni del nostro esimio collaboratore
Joseph Sgallari
Défilé des marionettes — Patrouille.
Rita — Grande Valse Caractéristique.
Brezza mattutina — Sérénade Intermède.
Prine — Mazurka Salon.
Rêve de printemps — Pizzicato
Czardas — Danse Tzigane.

PREZZI NETTI

Per Mandolino e Pianoforte	Lire 1.75
» Mandolino e Chitarra	» 1.85
» 2 Mandolini e Pianoforte	» 2.—
» 2 Mandolini e Chitarra	» 1.75
» Mandolino solo	» 0.60

Inviare cartolina-vaglia all' Amministrazione del *Concerto* in [illegible] (Italia) Via S. Stefano, 67

Questo numero contiene:
LA VITTORIA
(LA VICTOIRE)
MARCIA MILITARE
del Maestro AMEDEO AMADEI
Capo Musica del 73.° Reggimento Fanteria

Echeggiano gli squilli guerreschi delle trombe; la battaglia chiama alla vittoria; e le note della Marcia, che l' esimio Maestro *Amadei* ha scritto per noi, suscitano nei cuori il fremito generoso che guida alla conquista dei più cari ideali. E' una delle più elettrizzanti Marcie, destinata ad accompagnare nelle imminenti gite primaverili le allegre comitive piene di giovinezza e di canti....

In 4.° pagina:
LA FAVORITA
di G. DONIZETTI (romanza **Spirto gentil**)
Trascrizione per Mandolino con accompagnamento di un 2.° Mandolino (o Mandola) di
CARLO TURCO

DIREZIONE ED AMMINISTRAZIONE: BOLOGNA (ITALIA), VIA S. STEFANO N° 67. PIANO TERRENO

(Oben) Frühes Zeugnis für die "Freizeit-Industrie" in Italien: eine Zweiwochenschrift für Liebhaber der Mandoline und Gitarre, zu Beginn des Jahrhunderts ediert. Diese Nummer des "Il Concerto" präsentiert auch die Romanze "Spirto gentil" aus der "Favorita" von Donizetti, die eigens für die Mandoline umgeschrieben wurde.

Eishi, "Taki-koto Konzert" (12. Jahrhundert; Paris, Musée Guimet). Ein Art von Psalter mit 13 Saiten, der pizzicato gespielt wurde (während beim identischen kleineren Koto der Klang durch einen Bogen hervorgebracht wurde), der eins der bevorzugtesten Instrumente der japanischen Damen war. Häufig handelt es sich um Stücke in kostbarem Holz mit Intarsien in Elfenbein und lackierten Vergoldungen.

"Petite Galerie im Kastell Malmaison", 1812 von Auguste Garnerey begonnenes und 1832 von der Schwester vollendetes Aquarell (Malmaison, Kastell). In dem später in ein Musikzimmer umgewandelten Saal erscheint die Harfe, die in den "guten" Häusern eines großen Teils des 19. Jahrhunderts nicht fehlen durfte.

BOSCH, *Garten der Lüste* (Ausschnitt), Madrid, Prado.

INHALT

Die in diesem Band vorkommenden Zeichnungen, soweit ihre Autoren nicht angegeben sind, stammen von dem Architekten Sergio Coradeschi. *Die Originale der Schwarz-Weiß- und der Farb-Illustrationen wurden von den Sammlungen zur Verfügung gestellt, zu denen die darin abgebildeten Kunst- oder Kunstgewerbe-Werke gehören, sowie von den folgenden Agenturen und Photographen:* Alinari, *Florenz;* Alzati, *Mailand;* Arborio Mella, *Mailand;* Carraro, *Venedig;* Cooper (Colour), *London;* Elettra Cliché, *Mailand;* De Antonis, *Rom;* Gasparini, *Gorizia;* Gautherot, *Rio de Janeiro;* Germanisches Nationalmuseum, *Nürnberg;* Giraudon, *Paris;* Istituto Archeologico Germanico, *Rom;* Legrand et Mallet, *Paris;* Malvaux, *Brüssel;* Mas, *Barcelona;* Mercurio, *Mailand;* Novarese, *Florenz;* Pineider, *Florenz;* Positano de Vincentiis, *Mailand;* Preti, *Florenz;* Rozema, *Den Haag;* Sandak, *New York;* Scala, *Florenz;* Scheier, *São Paulo;* Stichting Lichtbeelden-Instituut, *Amsterdam;* Stichting tot bevordering van het kunsthistorisch Onderzoek in Nederland, *Den Haag. Die übrigen Originalaufnahmen stammen aus dem Archiv Rizzoli.*